HUMANITIES AND SOCIETY

柏拉图的伦理学

Terence Irwin

[英国] 特伦斯·埃尔文 著 陈玮 刘玮 译

译林出版社

图书在版编目（CIP）数据

柏拉图的伦理学 / （英）特伦斯·埃尔文（Terence Irwin）著；陈玮，刘玮译．—南京：译林出版社，2021.1
（人文与社会译丛 / 刘东主编）
书名原文：Plato's Ethics
ISBN 978-7-5447-8435-1

I.①柏… II.①特… ②陈… ③刘… III.①柏拉图（Platon 前427—前347）－伦理思想－研究 IV.①B502.232

中国版本图书馆 CIP 数据核字（2020）第 206809 号

著作权合同登记号　图字：10-2015-484号

柏拉图的伦理学　［英国］特伦斯·埃尔文 / 著　陈　玮　刘　玮 / 译

责任编辑　张海波
特约编辑　岳　清
装帧设计　胡　苨　黄　晨
校　　对　孙玉兰
责任印制　单　莉

原文出版　Oxford University Press，1995
出版发行　译林出版社
地　　址　南京市湖南路 1 号 A 楼
邮　　箱　yilin@yilin.com
网　　址　www.yilin.com
市场热线　025-86633278
排　　版　南京展望文化发展有限公司
印　　刷　江苏凤凰通达印刷有限公司
开　　本　880 毫米 × 1230 毫米　1/32
印　　张　20.625
插　　页　2
版　　次　2021 年 1 月第 1 版
印　　次　2021 年 1 月第 1 次印刷
书　　号　ISBN 978-7-5447-8435-1
定　　价　118.00 元

主编的话

刘　东

总算不负几年来的苦心——该为这套书写篇短序了。

此项翻译工程的缘起，先要追溯到自己内心的某些变化。虽说越来越惯于乡间的生活，每天只打一两通电话，但这种离群索居并不意味着我已修炼到了出家遁世的地步。毋宁说，坚守沉默少语的状态，倒是为了咬定问题不放，而且在当下的世道中，若还有哪路学说能引我出神，就不能只是玄妙得叫人着魔，还要有助于思入所属的社群。如此嘈嘈切切鼓荡难平的心气，或不免受了世事的恶刺激，不过也恰是这道底线，帮我部分摆脱了中西"精神分裂症"——至少我可以倚仗着中国文化的本根，去参验外缘的社会学说了，既然儒学作为一种本真的心向，正是要从对现世生活的终极肯定出发，把人间问题当成全部灵感的源头。

不宁惟是，这种从人文思入社会的诉求，还同国际学界的发展不期相合。擅长把捉非确定性问题的哲学，看来有点走出自我囿闭的低潮，而这又跟它把焦点对准了社会不无关系。现行通则的加速崩解和相互证伪，使得就算今后仍有普适的基准可言，也要有待于更加透辟的思力，正是在文明的此一根基处，批判的事业又有了用武之地。由此就决定了，尽管同在关注世俗的事务与规则，但跟既定框架内的策论不同，真正体现出人文关怀的社会学说，决不会是医头医脚式的小修小补，而必须以激进亢奋的姿态，去怀疑、颠覆和重估全部的价值预设。有意思的是，也许再没有哪个时代，会有这么多书生想要焕发制度智慧，这既凸显了文明的深层危机，又表达了超越的不竭潜力。

于是自然就想到翻译——把这些制度智慧引进汉语世界来。需要说明的是，尽管此类翻译向称严肃的学业，无论编者、译者还是读者，都会因其理论色彩和语言风格而备尝艰涩，但该工程却绝非寻常意义上的“纯学术”。此中辩谈的话题和学理，将会贴近我们的伦常日用，渗入我们的表象世界，改铸我们的公民文化，根本不容任何学院人垄断。同样，尽管这些选题大多分量厚重，且多为国外学府指定的必读书，也不必将其标榜为“新经典”。此类方生方成的思想实验，仍要应付尖刻的批判围攻，保持着知识创化时的紧张度，尚没有资格被当成享受保护的“老残遗产”。所以说白了：除非来此对话者早已功力尽失，这里就只有激活思想的马刺。

主持此类工程之烦难，足以让任何聪明人望而却步，大约也惟有愚钝如我者，才会在十年苦熬之余再作冯妇。然则晨钟暮鼓黄卷青灯中，毕竟尚有历代的高僧暗中相伴，他们和我声应气求，不甘心被宿命贬低为人类的亚种，遂把移译工作当成了日常功课，要以艰难的咀嚼咬穿文化的篱笆。师法着这些先烈，当初酝酿这套丛书时，我曾在哈佛费正清中心放胆讲道：“在作者、编者和读者间初步形成的这种‘良性循环’景象，作为整个社会多元分化进程的缩影，偏巧正跟我们的国运连在一起，如果我们至少眼下尚无理由否认，今后中国历史的主要变因之一，仍然在于大陆知识阶层的一念之中，那么我们就总还有权想象，在孔老夫子的故乡，中华民族其实就靠这么写着读着，而默默修持着自己的心念，而默默挑战着自身的极限！”惟愿认同此道者日众，则华夏一族虽历经劫难，终不致因我辈而沦为文化小国。

一九九九年六月于京郊溪翁庄

献给

H. E. I

M. M. K. I

目　录

序　言

任何人如果有兴趣了解亚里士多德、休谟或康德对道德哲学所做的贡献，都可以转向至少一本英文著作，只要该书试图对这些哲学家的主要伦理观点进行相当充分和详尽的论述。同样的建议也适用于柏拉图的伦理学。必须承认，柏拉图的阐释者所面对的问题与我们在阐释其他哲学家时所面对的那些问题不一样；不过，我仍然相信，为其他哲学家的伦理观点所做的工作也可以在柏拉图的伦理观点中展开。这也是我在这本书中尝试去做的工作。它并不全面，因为书中并未包括柏拉图伦理学的若干重要方面，但是它的焦点集中在我认为是核心问题的那些方面。

在书中，我努力呈现以下方面：柏拉图持有其伦理观点的理由，他对其中某些观点改变想法的理由，其观点的内容与内涵以及某些可能令我们倾向于接受或拒绝这些观点的理由。基于这些目标，我在前期对话中追溯了柏拉图观点的发展，并特别强调了《高尔吉亚》对苏格拉底式伦理学的辩护和（如我声称的）重述。本书的很大篇幅用于考察柏拉图在《理想国》的主要论证中对道德理论所做的最重要的贡献。我也增加了一个对后期对话的某些方面所做的非常简要的讨论，以此来表明它们如何进一步阐明了《理想国》提出的那些问题。

对柏拉图道德哲学的恰当理解要求对他的道德心理学、认识论以及形而上学有所理解(对于我提到的其他哲学家当然也是一样),所以我也讨论了柏拉图哲学的这些领域。苏格拉底方法和苏格拉底伦理学有助于相互解释,而且我们可以看到,在柏拉图的形而上学、认识论(产生于他对苏格拉底式方法的反思)以及他的伦理理论之间具有同样的互释关系。我对柏拉图的形而上学和认识论的某些特性的讨论显然不是充分的研究,但是我希望它描述了回忆理论和理念论的一个方面,如果我们不是参照柏拉图的伦理学来研究这些学说的话,我们可能不会对此有所领会。我论证中的不同线索结合在对《理想国》中的太阳喻、线段喻和洞穴喻的讨论中。

vii 这些关于柏拉图思想发展的主张,要求对他的苏格拉底对话的性质做出判定,而且更一般地说,需要判定柏拉图与历史上的苏格拉底之间的联系。我将早期对话看作同时展现了作为历史人物的苏格拉底的观点,以及柏拉图在写作这些对话时所持有的观点。对于早期对话的这个看法在本书第一章中得到了简要的辩护。

我试图将某种伦理理论归之于柏拉图,这可能会令某些读者觉得,我错误地理解了所有对话的特征。我还基于这些对话而将某种相对系统的学说归总于柏拉图;但是有些读者强烈反对这种关于对话的"学说式"观点。我承认,这些观点中有一点是对的,即强调了柏拉图与其对话中的人物之间存在距离;不过我还是相信,一种学说式的观点在宽泛意义上是对的,而且我相信它在亚里士多德对柏拉图的评论中,以及在对于这些对话所做的公平而严谨的考察中都能得到支持。在我看来,一种学说式的进路会是最令人信服的,只要它允许我们将某种关键性的哲学立场归诸柏拉图;这样的话我的主要目标就在于描述他所持有的这个立场。

我开始写作本书的时候,意在使其成为《柏拉图的道德理论》(以下简称《道德理论》)的第二版。出版社同意在先前的版本上适当增加篇幅,以期新版本能够首先对于某些有争议的问题提供一个比我先前那本书所做的更为客观全面的呈现；其次对主要问题进行不那么隐晦的详细解释,以使本书对于那些并非专门研究柏拉图的读者来说更好接受；第三,希望本书包含某些对于后期对话的讨论；以及第四,对先前那本著作问世以来关于这个主题新出版的论著加以考虑。囿于篇幅,前两个目标较后两个目标而言更为优先。

近来的讨论影响了我对本书各部分篇幅的安排。《道德理论》的很多批评者将目光集中在处理苏格拉底对话的相关章节。不仅如此,近年来这些对话得到了集中的研究(大部分是通过格列高里·弗拉斯托斯的影响)；的确,对它们的讨论似乎远比对《理想国》的讨论更密集。这个趋势在很多方面都是有益的,但是我并没有跟从它。这本书较《道德理论》所增加的篇幅,其中大部分都用来对《理想国》做出更充分的讨论。在我看来,柏拉图在《理想国》中引入的转变(这也是本书关注的话题)是一种改进。如果《道德理论》令读者不容易看清我对苏格拉底对话和《理想国》之间的比较性评价,那我希望这本书能够令我的观点更加清楚。

在这本书里,我增加了较短的两章来论述《斐莱布》、《政治家》以及《礼法》。它们绝不是对这些复杂而有益的对话所包含的伦理论证所做的充分探讨。我仅限于给出一些提示,指出柏拉图在晚期对话中对早期和中期对话里的一些问题增加了什么内容。

为了给主要的文本留出空间,我(遗憾地)删除或缩减了之前写的大部分较为偏离主题也更具争论性的脚注。多数注释仅仅提到或最简要地指明我采取某个特定观点的理由；这些注释并没有试着 viii
对二手文献中表达的不同观点做出充分的报告或讨论。有些地方的注释和参考文献不如《道德理论》充分。在少数情况下,我仅仅提到了《道德理论》中那些更长的注释。这些注释的长度不是由理解柏拉图所必须把握的不同问题的重要性决定的,而是由它们对本书的论证所具有的重要性决定的。

既然本书旨在为那些刚开始严肃地思考柏拉图伦理学的人们提供方便,我也就没有强调它和《道德理论》之间的差别。我写了一份附录,描述了针对《道德理论》的主要反驳,以及我现在想要接受或回应这些反驳的方式,不过写完之后我又决定不将这份附录收入本书,因为对于大多数读者来说,它很可能不像对我来说那样具有吸引力。然而,我并不想显得对这些有益的建议与反驳不知感激,毕竟提出这些意见的批评者(无论是友善的、敌意的还是中立的)都不辞辛苦地说明了他们认为《道德理论》的问题所在。我很感激这些批评激励我再一次去思考柏拉图的伦理学;即使我很可能没有达到我应当掌握的程度,但是我确信眼前的这本书已经因为《道德理论》受到的批评而有所改进,无论我是否接受了这些批评。

尽管我开始写作本书时是想把它作为《道德理论》的第二版,但是后来还是有一些变化。旧作中的文本完全没有在这本书中再出现,因此若将这本书看作一本新著而不是旧作的新版,这也很合理。然而,在某个非常重要的方面,它的确更像是第二版。我并没有试着和《道德理论》保持一定程度的距离,尽管这对于用新的眼光考察原始文本和二手文献来说是必要的;相反,我在旧作的基础上重读了原始文本并全面研究了二手文献。

在注释中,我试着对《道德理论》出版以来相关讨论的主要进展提出某种看法。我从新近出版的著作中收获很多,尤其是朱莉亚·安纳斯(Julia Annas)、理查德·克劳特(Richard Kraut)以及格列高里·弗拉斯托斯(Gregory Vlastos)的著作,以及特里·佩内(Terry Penner)、约翰·库珀(John Cooper)和尼古拉斯·怀特(Nicholas White)的论文。我还说明了从某些旧日作品中获得的新启发,均得自我在写作本书过程中对这些著作的阅读或重读。我在写作《道德理论》时已经采用了(比如)格罗特(Grote)、蒙若(Moreau)、约瑟夫(Joseph)和墨菲(Murphy)的观点,但是在重读它们的时候,我发现了很多建设性的评论,此前它们并没有真正对我产生影响。

对柏拉图的伦理学加以重新考虑，这项任务比我原来以为的更加复杂也更为有趣，我也很高兴能够有机会感谢那些在此过程中为我提供帮助的人。牛津大学出版社的监督委员会和员工向来十分乐意提供帮助和支持，无论是出版、印行《道德理论》还是同意对其进行扩充修订都是如此；我尤其得到了安吉拉·布莱克本（Angela Blackburn）在各个阶段给予我的建议与支持，并从中获益良多。在1990—1991年间，我有幸从康奈尔大学获得学术休假并从国家人文基金会（National Endowment for the Humanities）获得了资金支持。我的观点的发展，也是在过去数年间在康奈尔大学回应本科生和研究生提问的过程中逐步形成的，最近的一次是在1991年秋季的讨 ix
论班上。从康奈尔大学哲学系的同事那里，我获益良多，很难一一列举，但是就本书而言，我特别意识到从以下同事那里得到的启发：西德尼·舒梅克（Sydney Shoemaker）、大卫·里昂（David Lyons）、哈罗德·霍兹（Harold Hodes）、尼古拉斯·斯特金（Nicholas Sturgeon）以及艾伦·伍德（Allen Wood）。詹妮弗·怀廷（Jennifer Whiting）和苏珊·索维·梅耶尔（Susan Sauvé Meyer）针对某些地方提出了有益的评论和建议。丹尼尔·德弗罗（Daniel Devereux）和大卫·布林克（David Brink）对全书草稿提出了详尽而尖锐的批评，我也经常从他们的建议中获益。我对柏拉图的观点在很多问题上有所发展，这都源于盖尔·法恩（Gail Fine）的著作。她该为如此众多的改变负责，而且我不能排除她有将我引向新错误的可能，但是我可以很有把握地说，几乎所有的改变都是改进。本书的几版草稿都受益于她犀利的批评和持续的鼓励。

最后，我一定要对两位最近逝去的同事和朋友表达我的感激。迈克尔·伍兹（Michael Woods）自1974年读到《柏拉图的道德理论》的草稿开始就一直鼓励我从事对柏拉图的研究，并邀请我为克莱林登（Clarendon）的柏拉图系列撰写关于《高尔吉亚》的一卷，直到 1993 年去世,他一直在编辑该书。他对我的《高尔吉亚》研究工作以及希腊哲学的很多其他主题都给出了大量敏锐的建议和评论,令我获益匪浅。在 1971—1972 年间,格列高里·弗拉斯托斯指导了我写作关于柏拉图伦理学的博士论文。就在 1991 年他去世前不久,他还准备回复我对他论苏格拉底一书的书评。这些年来他一直是我关于苏格拉底和柏拉图之观点的坚定、严厉、同情且富有建设性的批评者。通过订立准则和亲身示范,他比任何人都更多地推动了苏格拉底和柏拉图伦理学研究在当今的兴盛与活跃。我特别想知道,他对我最近在这本书中做出的努力会有什么看法,在书中我继续展开了与他的讨论,这种讨论在过去二十余年里一直都是我的学术生活的一个重要部分。我知道自己恐怕不能说服他,我也知道他的批评仍然会进一步启发我去探究这些问题。

特伦斯·H. 埃尔文

x 伊萨卡,纽约州

1994 年 9 月

缩略语

本书所引柏拉图与其他古代作家的著作，有时以缩略形式标注其标题；完整的标题则在出处索引中给出，（必要情况下）带有所使用的版本信息。对柏拉图的引用采用标准斯特方页码及行号。我使用的版本是由伯奈特编订的牛津古典文本[1900]。

注释中所引用的其他著作，都会标出作者姓名与出版年。出版年通常标注首版日期，页码则依据所引用的二手资源。引用著名的哲学文本（例如休谟、康德）时，会标注作者和标题缩写，所使用的版本则在参考文献中列出。注释和参考文献中所使用的缩略语如下：

AGP	*Archiv für Geschichte der Philosophie*
AJP	*American Journal of Philosophy*
Ap	*Apeiron*
AP	*Ancient Philosophy*
APQ	*American Philosophical Quarterly*
BACAP	*Proc. Boston Area Colloquium in Ancient Phil.*
CJP	*Canadian Journal of Philosophy*
CQ	*Classical Quarterly*

CR	*Classical Review*
DK	Diels [1952]
HPQ	*History of Philosophy Quarterly*
JHP	*Journal of the History of Philosophy*
JHS	*Journal of Hellenic Studies*
JP	*Journal of Philosophy*
OSAP	*Oxford Studies in Ancient Philosophy*
PAS	*Proceedings of the Aristotelian Society*
PASS	*Aristotelian Society Supplementary Volume*
PBA	*Proceedings of the British Academy*
Phil	*Philosophy*
Phr	*Phronesis*
PQ	*Philosophical Quarterly*
PR	*Philosophical Review*
PT	*Philosophical Topics*
RIP	*Revue Internationale de Philosophie*
RM	*Review of Metaphysics*
RP	*Revue Philosophique*
SVF	Von Arnim [1905]
YCS	*Yale Classical Studies*

第一章

柏拉图、苏格拉底与对话

1. 预备性的讨论

本书的目的在于阐述和审视柏拉图的道德哲学。说到“柏拉图的道德哲学”,我是指两件事:第一,柏拉图对“我们应当如何生活?”这个规范性问题的回答;第二,他对“我们如何知道我们应当如何生活?”这个认识论问题做出的回答。柏拉图对规范性问题的回答立足于他对美德和幸福之间的关系的认识;由于他有关美德的观点依赖于他对理性、欲求和动机的认识,因而,对于规范性问题的讨论将会把我们引向他的道德心理学。他对认识论问题的回答则依赖于对知识、信念与探究的论述。既然柏拉图相信,只有当理念(Forms)存在并为知识提供基础的时候,知识才是可能的,那么他对认识论问题的回答就要求对关于理念的形而上学问题首先做出回答,因此我们也就必须试着去理解他有关理念的观点。

柏拉图全集中的每一篇对话都有助于我们在这个宽泛的意义上理解柏拉图道德哲学的上述不同方面。在决定本书的讨论内容时,关注的是在我看来对于回答这两个问题具有核心意义的议题。这种关注决定了我追问不同的阐释问题的范围。比如说,我没有对柏拉图的理念论提出任何详尽论述；我所专注的是其观点中那些看起来与道德哲学关系最紧密的方面。再者，他的很多伦理观点都与他对快乐、道德责任、政治、社会与宗教的观点密切相关；但是我并没有探究所有这些关联，因为我相信，他在道德哲学中的核心观点可以独立于上述方面而得到理解，尽管要对他关于道德的观点加以完整论述，毫无疑问应当包括以上方面。

出于类似的原因，本书将焦点放在柏拉图的早期和中期对话——尤其是《高尔吉亚》（*Gorgias*，它是对苏格拉底伦理学的最充分陈述）和《理想国》（*Republic*）。我相信柏拉图在这些对话中提出了其道德哲学中最核心也最重要的因素。特别是，我相信这些核心要素
3 在后来的对话中大都没有改变，这也是我没有充分审视后期对话的原因。我对《政治家》（*Statesman*）、《斐莱布》（*Philebus*）以及《礼法》（*Laws*）的讨论是经过高度甄选的，我也不会假装要对这些对话影响伦理主题的多种方式提出看法；相反，我已经描述了柏拉图后期关于某些主要伦理话题的思考，这些话题在《理想国》中得到了讨论。

即使在那些我更为详细地加以考察的对话中，由于篇幅所限，我也只能对其中某些问题讨论得更充分一些。关于那些对主要论证来说比较重要的观点，我都详细讨论了相关段落，并就有关阐释的主要问题提出了论述。在其他问题上我则宁肯武断，只对争论的要点简单地予以提及，而不再详细说明我采取某个观点的理由。

我已将主要论证呈现为某种论述，以此说明柏拉图的道德哲学从其苏格拉底式开端到它在《理想国》中最充分的阐述之间的发展过程。我这样做部分是因为我相信从历史层面上说这是准确的（本章会提到其中的原因，稍后再做详细解释）。但是我相信，就算这种方式在历史层面上不够准确，它依然是一种较好的、呈现柏拉图理论的方式；如果从我称为“苏格拉底式”立场入手并看到它引起的困难，那么我们就可以看到柏拉图本人观点的要点和旨趣。“苏格

拉底式”立场界定了关于道德和道德知识的重要问题，而柏拉图对这些问题的回答足够成功，并以此对我们理解道德做出了重大且深远的贡献。

2. 理解对话的进路

对柏拉图做出任何论述必须首先立足于柏拉图对话。[1] 如果我们要用这些对话作为柏拉图观点的证据，我们就必须决定（至少以一种预备性的方式）应当如何阅读它们。

首先，我们应该按照怎样的顺序来阅读对话？既然缺少足够的外部证据来断定这些作品确切的或相对的写作年代，我们就必须转向语言、风格和文学形式等方面所能找到的一切证据。

其次，我们是否应该将它们看作柏拉图观点的表达？由于这些对话所记述的交谈常发生在持有相反观点的对话者之间，因此我们不应假定所有这些观点都是柏拉图的观点。那么我们有没有好的理由来假定，柏拉图的观点与某篇对话中的某个谈话者的观点一致呢？

关于柏拉图及其对话中的人物问题就产生了关于“苏格拉底”这个人物的特殊问题。“苏格拉底”也是我们通过其他文献来源而得知的历史人物的名字。柏拉图的对话人物和历史上的真实人物之间是什么关系？这二者与柏拉图本人的观点之间各自具有什么关系？

如果对这些问题尚无预备性的回答，我们就无法对柏拉图的对话展开阐释。对上述问题更为深思熟虑的回答，部分地取决于我们对于对话内容所做的阐释。比如说，如果在不同的对话中（甚至是 4

1　在对柏拉图的道德理论的讨论中，有关文本真伪的最重要问题在于《阿尔西比亚德前篇》（*I Alc.*），我认为该篇是伪作。对该篇对话的真实性加以严肃拒绝的观点见 Vlastos（1975，第 155—161 页）。与此对照的观点参见 Annas（1985）。

那些写作年代相近的对话),对话人物苏格拉底对基本问题的观点变化很大,那么这就为我们提供了一个理由,以否认这些对话是要表达柏拉图固有的观点。因此,我们必须首先对对话的写作顺序和人物提出某种初步可行的论述,不过还必须根据我们对于对话所做的阐释不断加以修订。

要在这些方面做出决定,就要求我们对历史、文学和哲学问题做出复杂且广泛的讨论。我不会在此展开充分讨论,而只是提供一个简短的说明,它势必是表面化的、武断的。我只想澄清自己在本书后面的部分所采取的主张。如果读者不同意我对这些与对话有关的问题的看法,他们或许依然会觉得我对其中伦理主张的论述值得考虑;如果是这样,他们就必须按照我在后面所建议的方式来修改我的论述。[2]

3. 亚里士多德与柏拉图对话

亚里士多德对苏格拉底和柏拉图的学说所做的论述是我们现在能看到的第一份论述。他在有关哲学发展的历史和批判中包括了对柏拉图及其前人与同辈的介绍,在自己的讨论中也经常提起或论及柏拉图,对之既有赞同,亦有反对。不仅如此,柏拉图在世的最后二十年里,亚里士多德也是柏拉图学园中的一员。亚里士多德的记述并不是绝对可靠,读者总是能找到理由来挑战他对前人的阐释。[3]不过他是从一个我们无法企及的位置去了解柏拉图的意图;而且他

2 关于柏拉图与苏格拉底,尤其参见本书第 7 节、第 53 节、第 64 节、第 87 节、第 139 节以及第 167 节。

3 亚里士多德对柏拉图的阐释和批判遭到了 Cherniss(1944)的猛烈攻击;却得到了 Fine(1993,第 28—29 页)的赞许。但是,就连 Cherniss 也接受了亚里士多德有关克拉底鲁的主张,以及有关苏格拉底式的与柏拉图式的形而上学之间存在分歧的主张(第 206—219 页)。

的观点值得认真对待，除非我们找到某个明确的理由加以拒绝。

亚里士多德有证据表明，柏拉图的观点不限于其对话作品。他提到过柏拉图的“未成文学说”（*Phys.*，209b13—16）与口头评述（*EN*，1095a32—b1）。[4] 他也提到过柏拉图早期与克拉底鲁之间的联系（*Met.*，987a32—b1），对此柏拉图对话中从未提及，阅读《克拉底鲁》（*Cratylus*）或其他对话也无法推断出这一点。[5] 既然亚里士多德有条件去比较对话和其他关于柏拉图的信息来源，那么我们就应该非常严肃地看待这个事实，即亚里士多德解读对话的进路是坚定的学说式的（doctrinal）：他经常将对话看作柏拉图观点的证据，还常常把某些柏拉图的苏格拉底（Platonic Socrates）观点归诸柏拉图本人，而不觉得有必要对此加以解释或辩护。

在批判柏拉图理念论的过程中，亚里士多德提到了《斐多》（*Phaedo*，*Met.*，991b3—4）和“《斐多》中的苏格拉底”（*GC*，335b9—17）。在提到柏拉图名字的地方，他其实是在暗示《斐德若》（*Phaedrus*，*Met.*，1071b22—23）、《泰阿泰德》（*Theaetetus*，*Met.*，1010b11—14）、《智者》（*Sophist*，*Met.*，1024b14—15）以及《斐莱布》（*Philebus*，*EN*，1072b28—32）中的某些段落。他在考虑一个当时已经引起争论的问题：柏拉图在《蒂迈欧》（*Timaeus*）中对创世的论述究竟指的是什么（*DC*，279b32—280a3）。在批判柏拉图的时候，亚里士多德对比了《蒂迈
欧》和未成文学说中的观点，而没有或多或少严肃地指出应该把哪 5
一个观点看成是对柏拉图观点的说明（*Phys.*，209b11—16）。亚里士多德在《政治学》（*Politics*）第二卷对《理想国》和《礼法》的批判提

4　这里使用未完成时态（指亚里士多德在《物理学》209b13—16 提到柏拉图时采用了未完成时态。——译注）意味着亚里士多德是在引用某些柏拉图说过却没有写在对话里的观点（亚里士多德常用现在时来引用）。参见 Stewart（1892）；Gauthier and Jolif（1970）。

5　关于涉及克拉底鲁的重要性，参见 Ross（1924），I，第 xlvii 页。另一方的观点见 Kahn（1981a），第 49 页，注释 13。

供了一个非常醒目的例子,说明他把柏拉图与"柏拉图的苏格拉底"看成是一样的。在说到《理想国》中的苏格拉底之后,亚里士多德接着声称《礼法》是另一部"苏格拉底对话"(1265a10—13),即使苏格拉底并不是《礼法》中的发言者。[6]然后,他继续把《礼法》与《理想国》都看成是柏拉图观点的证据(1266b5,1271b1,1274b9—10)。

一旦我们注意到亚里士多德在这些章节中多数都是在批评柏拉图,那么他把"柏拉图的苏格拉底"的观点归诸柏拉图就尤为引人注意。假使亚里士多德最初的听众(柏拉图在世时或者在他去世后的至多二十五年之内)相信,柏拉图自己并不接受归之于对话中的苏格拉底的观点,那么亚里士多德的进路就不但完全不公正,而且还荒谬地自我挫败;那样的话,柏拉图的捍卫者只需要提醒亚里士多德,"柏拉图的苏格拉底"并不是要代表柏拉图的观点就可以了。如果当时人们对于"柏拉图的苏格拉底"是否表达了柏拉图本人的观点有争议,那么亚里士多德引用"柏拉图的苏格拉底"作为批评柏拉图的靶子却不做任何进一步评论,这就是不明智的。而亚里士多德认为没有必要为他的假设辩护,也没有人(就我们所知没有)想要质疑他的假设,这个事实令我们有充分的理由认为,柏拉图的同代人和继承者都把"柏拉图的苏格拉底"的观点看作柏拉图本人的观点。

亚里士多德以及(很明显地)他的同代人所持有的这种学说式进路并不是研究柏拉图对话的唯一可能的方式。[7]我们或许相信,柏拉图的对话本来是探索性的作品,它们阐明并审视了某些在柏拉图看来值得讨论但是不一定赞同的观点。如果我们接受这种"疑难式"(aporetic)进路,就不会坚持认为,不同对话中的主要发言者必定前后一致,也不会认为必须按照对于某一个人的思想而言合理的

6 Morrow(1960),第146页讨论了亚里士多德对《礼法》的评价。

7 对于柏拉图对话的几种阐释进路,简要讨论参见:Kraut(1992b),第20—30页;Irwin(1992b),第73—78页。

路线加以发展；而“苏格拉底”（等人物）可能只是传声筒，表达了柏拉图在不同时期选择讨论的观点。[8] 再者，我们或许认为柏拉图是根据某些他没有在作品中加以表现的观点写作了这些对话。根据这种“秘传式”（esoteric）阐释进路，这些未经表达的观点既为柏拉图评价他所讨论的观点提供了背景，也为我们能够评价的那些归诸苏格拉底的观点提供了背景。[9]

这些进路与亚里士多德的学说式进路针锋相对，后者认为对话中的主要言说者（包括剧中人苏格拉底）都是在表达柏拉图的观点。审读这些对话可能会令我们确信亚里士多德是错的；我们可能会发现“柏拉图的苏格拉底”的观点是如此缺乏内在的连贯性或详尽的阐述，因此最不可能是柏拉图本人经过深思熟虑而得出的观点。如果是这样，我们就不得不尝试以另外的进路去理解对话。但是，除非我们已经表明亚里士多德的看法完全站不住脚，否则它依然有条件充当我们的假设。

学说式进路可以容纳其他进路的某些方面。或许柏拉图有时也会感到真正的困惑，想要仅仅为了某种立场本身对之加以探究，而不必做出最终的决断；就此而言，疑难式进路强调了一种重要的可能性。我们同样可以找到理由假定，柏拉图在某一部特定的对话 6
中受到一些观点的影响，而他在对话中并没有完全解决这些观点；在这个经过严格限定的意义上，“秘传式”进路或许也包含了一点真理。

不过，如果一开始就从上述三种进路中选择一个作为主要方法，这就会影响我们关于对话的观点；而且既然这些进路彼此不相

8 Grote 的观点更接近这种疑难式观点（尽管有时候他会提出一种“学术训练的”观点，即柏拉图以为值得从问题本身对其加以审视）：Grote（1888），I，第 8 章，尤其是第 407—408 页。

9 秘传式进路的捍卫者诉诸柏拉图对话中的某些篇章和书信。参见 Krämer（1990），第 42—46 页。

容，那我们就必须有所选择。我们有理由跟从亚里士多德并尝试采取学说式进路，看看我们沿此方向究竟能走多远。

4. 为什么用对话形式？

我们可以像柏拉图的古代研究者那样合理地追问（参见 Anon., *Prol.*, 15），柏拉图为什么选择用对话写作，而不是用连续的论文形式来呈现苏格拉底和他自己的观点。[10] 这些对话本身暗示了一个答案，一位晚期柏拉图主义者将其概括如下：

> 柏拉图采取了对话的形式，因为它仿效的是辩证法。因为正如辩证法通过提问与回答而得以推进，对话也由不同人物不断地提问和回答而构成。于是，为了像辩证法迫使灵魂显露它所承受的劳苦（因为在柏拉图看来，灵魂就像一块尚无字迹的书写板）一样，[对话可以迫使读者]也对所讨论的事情予以赞同，出于这个原因，他使用了这类创作。（Anon., *Prol.*, 15.40—47）[11]

苏格拉底在《申辩》中声称，他四处奔走、审视众人，都是为了看清他们是否知道自称知道的事情，是否像他们应该的那样认真对待美德（*Ap.*, 21b9—c8, 29d2—30a4），尼西亚斯（Nicias）将这种行为描述成苏格拉底的独特活动（*La.*, 187e6—188a3）。柏拉图将这种活动归诸苏格拉底，意思是说苏格拉底实践了对话中所呈现的那种审视活动；因为《拉凯斯》（*Laches*）中对勇敢的探究显然是要说明尼西亚斯的观点。柏拉图将一种特定的论证与探究方法归诸苏格拉

10 关于对话形式的哲学功能，相关讨论参见 M. Frede（1992），第 215—216 页（在我看来，Frede 低估了对话的学理要素）。

11 关于辩证法，参见普罗克鲁（Proclus）的 *Alc.*, 169.12—171.6。关于对话和辩证法之间的联系，参见 DL III 48。

底，并宣称在对话中体现了这种方法。

苏格拉底声称，他所实践的、体系性的质询方式使其可以确保对话者赞同某些道德立场，而在面对苏格拉底的问题之前，他们本来会坚决地、往往还是愤怒地拒绝这些立场。这种质询并不仅仅是苏格拉底在当前情况下偶然用来达成结论的方式；事实上结论是以这种质询方式达到的，这也是苏格拉底使我们相信其结论的部分原因。他声称这些论证并不是仅仅对他本人构成冲击，而是确实能够令一个正常的对话者信服，只要后者按照正确的方式来处理这些问题。

如果柏拉图接受这些关于对话的认识论作用的主张，那么他就会合理地发现，除了自己所选择的这种形式，很难用其他形式来呈现苏格拉底哲学的基本要素。由于柏拉图严肃地看待苏格拉底哲学，因此他写作了苏格拉底对话。要理解为什么苏格拉底和柏拉图如此重视苏格拉底诘问法，我们就必须考察对话本身。不过在当前 7
这个预备性阶段，苏格拉底式方法和对话之间的联系也值得一提；因为柏拉图写的是对话而非论文，这个事实有时候被当作证据来支持一种非学说式的阐释。实际上，除非我们能够排除某种与学说式阐释相一致的、对柏拉图之所以选择对话形式的解释，否则就没有证据来支持这种非学说式阐释。既然对话与苏格拉底式方法之间的联系为柏拉图的选择提供了一种比较容易的解释，而这种解释与学说式阐释又完全一致，那我们就不能在缺少进一步论证的情况下假定，对话形式本身为学说式的阐释进路造成了困难。

5. 亚里士多德与苏格拉底

如果我们同意亚里士多德的学说式进路在初始阶段是可靠的，我们也就必须听取他的某些观点，即在对话中能够找到哪些人物的学说。我们已经看到，他将“《斐多》中的苏格拉底”提出的观点

（等等）归诸柏拉图，而未提及存在例外。然而，他有时又将某些特定的观点归诸苏格拉底，显然指的是历史上的苏格拉底，而不只是柏拉图对话中的发言者。多数情况下，他也把某种不同的立场归诸柏拉图。

亚里士多德似乎十分清楚自己在历史上的苏格拉底（historical Socrates）和柏拉图的苏格拉底（Platonic Socrates）之间所做的区分。实际上他也常用语法手段来暗示这一点。当他讨论一部对话中的人物时，他经常称之为“苏格拉底”（the Socrates，这是对例如“《斐多》中的苏格拉底”的简写；参见 *GC*，335b10；*Pol.*，1342a32—33）。但是当他说到历史人物时，他通常不用冠词而称之为“苏格拉底”（Socrates）。[12]

亚里士多德在认识论中说道，苏格拉底提出问题，却不予以回答；“因为他承认，自己并不知道答案”（*Top.*，183b7—8）。亚里士多德从未将类似的否认归于柏拉图。对苏格拉底只提问不回答的暗示适合于一部分柏拉图对话，但是很显然，它并不适于所有的对话。

对于苏格拉底的哲学兴趣，亚里士多德评论道，他关心的是伦理学，尤其关心普遍的定义，但是并不关心作为整体的自然（*Met.*，987b1—2；*PA*，642a28—31）。亚里士多德对柏拉图关于形而上学和自然哲学观点的批判表明，他相信就某些对话来说，关于苏格拉底的兴趣范围的这个主张明显是错的。

亚里士多德认为苏格拉底具有形而上学的观点，但是，与他关于苏格拉底兴趣范围的主张相一致，他并未暗示这些观点构成了一个与柏拉图和亚里士多德的学说立场相平行的明确立场。他说苏

---

12 这条冠词用法规则（“菲茨杰拉德规则”）由 Fitzgerald（1853，第 163 页）简要提出。该规则得到了 Ross（1924，I，第 xxxix—xli 页）的捍卫。对于相关困难的讨论，参见 Deman（1942），第 35 页，第 61—62 页，第 95 页；Nehamas（1992），第 169—171 页。这条一般规则的例外情况并不削弱它的普遍可信度。不管怎样，我们对这个问题的决定不会影响到主要证据，它表明了亚里士多德想要把历史上的苏格拉底和柏拉图区分开来。

格拉底认为普遍物（universals）是定义的对象，但是并没有将它们与特殊物（particulars）分离开来。在亚里士多德看来，理念的分离是柏拉图学说独有的，它来自柏拉图（而非苏格拉底）所持有的信念，即可感物处于流变之中（*Met.*，987a32—b10，1078b12—1079a4，1086a37—b11）。[13]

亚里士多德关于苏格拉底伦理学的主张对于我们的目标来说尤为重要。他说苏格拉底否认了不自制（incontinence）的可能性（*EN*，1145b22—31，1147b13—17；*MM*，1200b25—32）。他从各个方面批评 8
苏格拉底夸大了知识在美德中的重要性——因为后者认为勇气等同于经验知识（*EN*，1116b3—5；*EE*，1229a14—16，1230a6—8；*MM*，1190b28—32），将所有的美德界定为知识的实例（*EN*，1144b17—30；*EE*，1246b32—37；*MM*，1198a10—15），而且过分强调了理论知识在伦理学中的重要性（*EE*，1216b3—10；*MM*，1183b8—11）。[14]苏格拉底被说成是提出了错误的主张，认为无论是做有美德的人还是做有恶性的人都不在我们的能力范围之内（*MM*，1187a5—13）。在亚里士多德看来，苏格拉底把所有的美德还原为知识，并且消除了灵魂的非理性部分、情感以及品格，而柏拉图虽然正确地承认灵魂具有非理性的部分，却错误地用对于理念的思考损害了他的伦理讨论（*MM*，1182a15—30）。[15]

亚里士多德关于不自制的评论显然指向《普罗塔戈拉》（*Protagoras*）。那些关于勇敢的评论则可能是指《拉凯斯》。亚里士多德还根据《欧绪德谟》（*Euthydemus*）的伦理学部分和《美诺》（*Meno*）前面的部

13　参见本章关于克拉底鲁的注释 3。

14　《尼各马可伦理学》使用 *ho Sōkratēs*，而《欧德谟伦理学》和《大伦理学》只是用 *Sōkratēs*，指代历史上的人物（参见注释 12）。

15　我相信《大伦理学》大体上是真作。参见 Cooper（1973）；Rowe（1975）对此有所批评。如果亚里士多德伦理学著作的顺序是：《大伦理学》、《欧德谟伦理学》和《尼各马可伦理学》，那他就表现出自己对苏格拉底伦理学的批评渐渐变得不那么粗暴。

分而把某些观点归诸苏格拉底（*EE*, 1247b11—15；*Pol.*，1260a22—24）。关于苏格拉底伦理学的这些评论对于文本阐释来说是一个有价值的起点，而且在后面必须加以仔细审视。它们对于当下的目标来说是重要的，因为亚里士多德显然认为它们与历史上的苏格拉底有关；其中大多数观点如果被用在《理想国》、《斐德若》或《斐莱布》中的苏格拉底身上，则明显是错误的。

于是，在所有这些语境中，亚里士多德相信他可以将苏格拉底和柏拉图区分开来（即使他的区分可能是无根据的），只要他将对话人物苏格拉底所说的全部评论都看成是历史人物苏格拉底所持观点的证据。这也就导致他并不认为对话人物苏格拉底的所有评论都是在表明历史人物苏格拉底的观点；在某些情况下，他认为对话人物代表了历史上的苏格拉底，而有些情况下他则认为对话人物代表的是柏拉图（而非苏格拉底）的观点。

亚里士多德在苏格拉底和柏拉图之间所做的对比并不是随意的，也并非不重要。[16] 对于形而上学层面的问题，他主要同意苏格拉底而反对柏拉图；因为他认为苏格拉底不分离普遍物是正确的，而且柏拉图对于分离的信念是其"理念"出现悖论的根源。不过，亚里士多德并非不加思考就追随苏格拉底而反对柏拉图。在伦理学领域，他在大多数观点上都同意柏拉图而反对苏格拉底，而这些观点都是他选出来且认为是苏格拉底所特有的；实际上，将亚里士多德的伦理理论描述为对于某种理论的系统辩护也并不为过，而这种理论正是由柏拉图发展来反对苏格拉底的。

如果我们要去发现"苏格拉底的"和"柏拉图的"特征在某一部对话里结合在一起，或要发现某些纯粹"苏格拉底式"对话很可能晚于某些明显的"柏拉图式"对话，那么，亚里士多德认为在苏格拉底和柏拉图的观点之间存在尖锐对立，而这就是我们需要讨论的问

16 参见 Deman（1942），第 125—126 页。

题。如果我们能够合理地提出一种特殊的观点，认为柏拉图或许是
在整合这些苏格拉底的特征，那么，它们出现在“柏拉图的”时期的
某部对话之中，这也就不必构成对亚里士多德的反对。然而，如果
不能发现这种可行的解释，那我们就不能接受亚里士多德的建议。
如果他是对的，那么我们就不该指望那些被他归于苏格拉底的、典
型的伦理学说存在于柏拉图的全部作品之中。除非能够找到某种 9
特殊的解释[17]，否则我们就应当对于在某些文本中发现苏格拉底的
学说而感到惊讶，其中柏拉图捍卫了他关于可感物的流变和非可感
的理念的信念，或者超越了苏格拉底的纯粹伦理层面的关注。如果
亚里士多德有关苏格拉底的主张并未由这些对话加以证实，那么，
或许亚里士多德关于苏格拉底的看法是错的，否则柏拉图的对话就
并未对历史上的苏格拉底做出准确的论述。

实际上（就像我们后面会具体看到的），对这些对话作品的研究揭示出亚里士多德所描述的那些差异；而且，即使没有他的帮助，我们自己也应当能够看到这些差异。尽管没有他提供的证据，我们就无从得知这些差异与历史上的苏格拉底有关，但是我们会在论述柏拉图的思想发展时在某种程度上对它们加以考虑。

有一组对话展示了亚里士多德所描述的全部或者说大多数苏格拉底式特征：（1）它们的关注完全是或者说主要是伦理层面的。（2）苏格拉底不承认有知识。（3）他寻求定义而且并没有找到它们；结论常常存有疑难。（4）它们是典型地解释性的，而不是教义式的或者说明性的。（5）它们表达了关于美德和知识的苏格拉底式观点。（6）它们并不包含那些亚里士多德认为与某些信念相关的学说，这些信念相信存在着非可感的理念。

根据这些标准选出的对话有《拉凯斯》、《卡尔米德》（*Charmides*）、《游叙弗伦》（*Euthyphro*）、《吕西斯》（*Lysis*）、《小希庇阿斯》（*Hippias*

17 《理想国》第一卷要求某种特殊的解释。参见本书第 117 节。

Minor)、《欧绪德谟》以及《伊翁》(*Ion*);这些对话明显是苏格拉底式的。[18]《申辩》(*Apology*)和《克里同》(*Crito*)不是疑难性的对话,但是他们在学理上与其他苏格拉底式对话相仿。相较于其他的苏格拉底式对话,《普罗塔戈拉》和《高尔吉亚》经过更精心的构造;不过,在学理上它们与其他几篇对话一脉相承。其中任何一部对话都不包含柏拉图理念论的典型特征。[19]

然而,我们还必须在对"苏格拉底式"特征的这三种不同解释之间做出选择:(1)如亚里士多德所说,它们是历史人物苏格拉底的真正特征,而且这些对话反映了柏拉图思想的发展,即从与苏格拉底相一致发展为一种更独立的理论立场。(2)它们不是历史人物苏格拉底的真正特征(这与亚里士多德的观点相反),但是它们表达了柏拉图写作相关对话时的观点,因此对话的确反映了柏拉图思想中的某种发展。(3)无论它们是不是历史人物苏格拉底的特征,柏拉图将它们引入对话并不是因为相信它们,而是因为想要讨论它们,这或者是由于他拒绝这些特征并且自己心中有不同的观点[20],或者是因为他心里并没有任何明确的观点。

在第一种和第二种解释之间如何取舍,这取决于我们如何评估亚里士多德的可信度。我们很难相信他仅仅通过阅读这些对话来形成自己的观点。尽管一位谨慎的读者可能会注意到我们提到的"苏格拉底式"特征,而且也注意到这些特征与某些核心的柏拉图式立场之间的差别,但是为什么亚里士多德在没有外部证据的情况下

18　关于《吕西斯》的年代,参见本书第三章,注释 48。关于《欧绪德谟》,参见本书第四章,注释 1。

19　其中某些特征属于那些通常不被认为是苏格拉底对话的作品:《大希庇阿斯》和《美诺》需要进一步讨论。关于苏格拉底对话的特点,相关讨论参见 Vlastos(1991),第 2 章、第 3 章;以及 Penner(1992b)。

20　有人认为柏拉图一面提出苏格拉底的观点,一面在心里持有自己的观点,对这种主张的捍卫参见 Shorey(1903),第 10 页,第 12 页。参见本书第 167 节。

就将它们归于历史上的苏格拉底，而不是看作柏拉图思想中的某种
不一致或者发展变化呢？亚里士多德及其读者比我们拥有更多关于
苏格拉底（以及柏拉图）的信息；而且亚里士多德也提到了关于苏 10
格拉底的故事，他不可能是从柏拉图的对话中得知这些故事。[21] 不仅如此，他将苏格拉底和柏拉图之间的这些对立看作形而上学领域（他同意苏格拉底，反对柏拉图）和伦理学领域（他同意柏拉图，反对苏格拉底）之内真实观点和错误观点之间的对立。因此对亚里士多德来说重要的是，他的读者会接受他对苏格拉底和柏拉图所做的历史性评论。他认为无需对此加以辩护（同样不需要加以辩护的是，他为什么把对话看作表达了柏拉图观点的证据），这个事实构成了进一步的理由，使我们相信亚里士多德及其接受者将这些做法看成是明显正确的。[22]

尽管我们可以为亚里士多德论述苏格拉底的历史可靠性提出一个很好的论据，但是这个问题不能遮蔽聚焦于某些特征所具有的更为普遍的重要性，这些特征被亚里士多德看作苏格拉底式的。此处提出的三种解释中，无论我们最终更倾向于哪一个，认识到带有这些特征的对话作品中出现何种哲学立场（如果有的话），都是十分有益的。无论柏拉图自己是否相信这个立场，对之加以更细致的研究或许有助于我们理解某些问题，这也是他在对相同的伦理问题进行的更柏拉图式的（根据亚里士多德的说法）研究中尝试去回答的问题。

21　参见 Plutarch, *Col.*, 1118c［Ross（1955），第 73 页］；DL, II, 45—46（部分见 Ross，第 71 页）；以及 Aristotle, *Rhet.*, 1398a24—26。这两个段落与色诺芬的某些段落一致：*Rhet.*, 1393b3—8（参见 Xenophon, *Memorabilia*, I, 2.9），*EE*, 1235a35—b2（参见 Xenophon, *Memorabilia*, I, 2.54）。

22　参见 Vlastos（1991），第 97—98 页。反对观点见 Kahn（1992），第 235—240 页。

6. 对话的顺序

亚里士多德的评论有助于我们识别出一组对话，它们是我们在任何情况下（不需要亚里士多德的帮助）都能根据学理基础加以区分的；他提出了很好的理由使我们能够将这组对话看成是苏格拉底式的。由此我们可以合理推断，这组对话的写作时间也更早，而且这代表了柏拉图哲学生涯的一个时期，其时他主要呈现苏格拉底的观点。然而，这个推断也并非完全可靠；甚至在柏拉图转而构造自己的非苏格拉底的观点之后，他也同样可能呈现苏格拉底的观点。如果我们要为亚里士多德的证据增加年代学上的意味，那就必须考虑我们所能找到的、关于对话顺序的其他证据。

如果我们能够找到某些年代学上的迹象，且它们可独立于我们关于对话的哲学内容的阐释而加以评估，那会很有帮助；因为阐释问题易于引起争议，找到一个年代表作为哲学阐释的无争议的起点将是有益的。迄今为止还没发现这样的年代表；不过我们已经发现了虽然有限却十分重要的证据。

最有帮助的证据似乎来自对柏拉图的文体研究。如果我们可以识别出一些独立于我们的哲学判断和对话主题的文体特征，那我们就能使用这些特征去为对话做年代排序。如果我们同意那种将《礼法》视作最晚一部对话的解释传统[23]，就可以按照其他对话与《礼法》的相似程度来审视它们，我们可以在语法、词汇、句法和文风等方面寻找那些有意识和（可能）无意识的特征。[24]

23　参见 DL, III, 37; Anon., *Prol.*, 24.13—19。这并不意味着整部《礼法》都必须是在其他对话完成之后才写作的。

24　对文体研究所做的最好概述是 Brandwood（1990），在 Brandwood（1992）中亦有总结。较为晚近的统计研究见 Ledger［1989，对它的论述见 Brandwood（1992），第112—113页］。

有一个年代学意义上十分关键的文体特征看起来是有意识形成的。在柏拉图哲学生涯的某个时刻，他似乎明确决定要避免元音连读（hiatus，某种句子顺序，一个元音结尾的单词后面跟着一 11
个元音开头的单词）。[25]《礼法》、《斐莱布》、《蒂迈欧》、《克里底亚》（*Critias*）、《智者》和《政治家》几部对话明显避免了元音连读，《斐德若》中连读的程度较轻，而在其他对话中并非如此。这个检验方式似乎能够拣选出晚期的对话（因为《礼法》是避免元音连读的对话之一）。由于所提到的这些对话在主题和形式上相差很远，那就不可能说柏拉图决定只是在那些（比如说）他想在文学上追求精良水准的对话中避免连读。

通过注意到那些可能不那么有意识造成的文体特征（例如句子末尾重复出现的韵脚），我们似乎可以确认上述参考柏拉图避免元音连读这一事实而得出的结论。对散文韵脚的研究暗示了最后一组对话的顺序：《蒂迈欧》、《克里底亚》、《智者》、《政治家》、《斐莱布》以及《礼法》。[26]

对于（可能）无意识地使用小品词和复合词（combinations）的研究则得出了某些关于早期和中期对话的结论。一份看起来非常合理的年表认为早期对话包括：《申辩》、《克里同》、《拉凯斯》、《卡尔米德》、《游叙弗伦》、《小希庇阿斯》、《伊翁》以及《普罗塔戈拉》；第二组对话包括《吕西斯》、《克拉底鲁》、《欧绪德谟》、《高尔吉亚》、《大希庇阿斯》、《美涅克塞努斯》（*Menexenus*）、《美诺》、《斐多》以及《会饮》（*Symposium*），第三组则包括《理想国》、《巴门尼德》（*Parmenides*）、《泰阿泰德》（*Theaetetus*）以及《斐德若》。[27]

25　Brandwood（1990），第 9 页，第 153—162 页。

26　参见 Brandwood（1990），第 206 页。

27　这个列表出自 Brandwood（1976，第 xvii 页）。其他列表则参见 Ross（1951），第 2 页；Ledger（1989），第 224—225 页；Vlastos（1991），第 46—47 页；Penner（1992b），第 124 页。

上述文体研究不足以支撑关于对话顺序的坚实结论。一方面，我们不知道有多少文体标志是受到一部对话的主题或有意识的写作风格的影响；比如说，如果柏拉图选择以一种更具解释力的或者更说教的，或者更具修辞性的方式来写作对话，这会使他改变对小品词和词汇的选择吗？[28] 这些改变本身不一定是有意识的，但它们还是会受到他有意识做出的决定的影响。这个问题或许要在晚期对话那里才能得到令人满意的（尽管并非结论性的）回答，因为在这里，文体方面的证据（散文韵脚、避免元音连读）看起来并非与不同的主题或文风选择有关。对于前期对话（前两组）来说，这个问题还没有得到令人满意的回答；因此我们对于所做的分类也并不清楚。

不仅如此，无论在第一组和第二组对话之间，还是在这两组内部各对话之间，文体研究都无法确立坚实的界限。尽管大多数研究者将《斐多》和《会饮》放在第二组对话后期，并认为《美诺》和《克拉底鲁》更早，但他们对《欧绪德谟》和《吕西斯》的位置并未达成一致意见。尤为重要的是，对早期对话（第一组）的研究无法依赖于任何有关写作顺序的确定结论，也无法依赖关于《普罗塔戈拉》与《高尔吉亚》的相互关系或它们与明显更早的对话之间关系的结论。判断这些对话的内容为何，必然会决定我们在柏拉图的伦理思想中是追踪这条发展路径还是另外一条（还是不追踪任何发展路径）。

不过，这些年代学方面的考虑会影响到我们研究柏拉图伦理学的进路。比如说，这些考虑暗示我们应当将《斐德若》视作《理想国》和《会饮》的观点的某种修订或发展，而不是对后者的预先表述；再比如，它们暗示我们应当将《政治家》、《斐莱布》和《礼法》看

28 Ledger（1989，第88页）提出了这个问题，却又相当草率地把它打发掉了。

作柏拉图后期伦理思考的三个阶段。[29]

进一步说，当我们考虑前期对话时，我们应当将文体证据和从 12
亚里士多德对苏格拉底的评论中可能得出的结论加以比较。依照亚里士多德，所有我们看作苏格拉底式的对话在写作年代上都归入前两组。[30]任何一部非苏格拉底对话都不归于第一组；而且《斐多》和《会饮》接近于第二组对话写作末期，这也符合亚里士多德的标准。

因此，在这个意义上，亚里士多德主义的标准与文体标准倾向于彼此确认。我们不应该不加批判地接受这两种意见的融合并将其作为支持某种特定年代顺序的决定性论证。这两种标准都只能筛选出那些柏拉图出于说教或戏剧的理由而选择以一种“苏格拉底式”方式写作的对话，即使他当时已经形成了更为确定的“柏拉图式”观点。不过，如果我们仍然想要（我们也应当）将亚里士多德的论述看作初步可靠的，那么我们就依然有理由将之作为研究柏拉图对话的起点。

为方便计，我会说到“短篇的苏格拉底对话”（《申辩》、《克里同》、《拉凯斯》、《卡尔米德》、《游叙弗伦》、《小希庇阿斯》、《伊翁》、《吕西斯》、《欧绪德谟》），与此相对的是《普罗塔戈拉》和《高尔吉亚》。我相信这些短篇对话事实上比《普罗塔戈拉》更早写成，《普罗塔戈拉》比《高尔吉亚》更早，而《高尔吉亚》比第二组中的其他对话（除了那些列在“短篇对话”中的）更早。[31]但是要捍卫这个观

29　对于我们的目标来说，如果我们研究柏拉图的形而上学是为了对《巴门尼德》、《蒂迈欧》与晚期对话之间的关系形成一个确定的看法，那这就不是很必要。我不相信柏拉图认为（或本应认为）《巴门尼德》的论证对于中期对话所坚持的理念论来说是致命的，因此我不接受 Owen（1953）为了说明应该把《蒂迈欧》放在《巴门尼德》之前而提出的主要理由。参见 Fine（1988）。关于《斐莱布》，参见本书第十九章，注释 9。

30　关于《理想国》第一卷，参见本书第十一章，注释 1。

31　我无意将这个说法用于《美涅克塞努斯》，对这篇对话我没有给出自己的看法。

点，还需要我们更细致地审读对话。[32]

7. 柏拉图对苏格拉底的态度

如果柏拉图的前期对话因其呈现了历史人物苏格拉底的观点而是“苏格拉底式的”，那它们在什么意义上也呈现了柏拉图的哲学观点或哲学关切呢？有三种可能的观点：（1）在中期对话里，柏拉图通过对话人物苏格拉底来提出自己的观点，但是在苏格拉底对话里，他是作为一个传记作者，而不是一位哲学家而写作，因为他的意图仅仅是记录历史人物苏格拉底的观点，而未必支持这些观点。[33]（2）在早期对话里，柏拉图仅仅是苏格拉底的记述者，未添加任何自己的观点，但他是作为哲学家而写作，他赞同那种归于苏格拉底的理论立场。（3）在早期对话里，柏拉图接受了他归于历史人物苏格拉底的观点，但是在不同的对话中，他也以自己的方式对这些观点加以不同程度的发展、延伸和捍卫。在中期对话里，他在这个方向上更进一步，超越了历史上的苏格拉底。

如果我们承认柏拉图从苏格拉底式的观点转向（非苏格拉底式的）柏拉图式观点的过程是渐进的，那我们或许就可以找到某种理由来支持第三个观点而反对其他两个。在《美诺》、《克拉底鲁》[34]以及《大希庇阿斯》中，对话人物苏格拉底探讨了新的问题并得到了新的结论，而没有得出任何被亚里士多德看作典型柏拉图式的观点。在《斐多》和《会饮》这两部明白无误地确证了柏拉图理念论的中期对话里，对话人物苏格拉底强烈地、十分醒目地将历史上的苏

---

32 参见本书第 64 节以及第七章，注释 3。

33 Graham（1992）捍卫这种“传记”观。他的论证基于一种可疑的主张（第 158 页），即柏拉图所接受的赫拉克利特学说（参见本书第 113 节），与苏格拉底对话中所提出的关于技艺的主张相冲突。

34 关于《克拉底鲁》，参见本书第 106 节。

格拉底与柏拉图式的独特学说联系起来。《理想国》在对话人物苏格拉底对柏拉图式观点进行详尽辩护之前，先以一场对话（第一卷）开篇，这令人想起苏格拉底对话在先前所采用的方式。就是在这一刻，柏拉图明确地背离了历史人物苏格拉底的观点，他是想要令读者清楚地意识到历史上的那个苏格拉底。 13

因此，柏拉图暗示，说出柏拉图式观点的那个对话人物与历史上的苏格拉底有关。如果（就像上述第一种观点所说）他的苏格拉底对话仅仅是为了描述历史人物苏格拉底的观点，而不是在表达柏拉图本人的观点，那他这么做就很奇怪。如果上述第二种观点是对的，如果他接受了苏格拉底的观点而不想对之加以发展或扩充的话，那么他对苏格拉底的这种处理方式虽然不会那么奇怪，但也还是有些奇怪了。如果我们假定，在他的苏格拉底对话中，他想要对话人物苏格拉底既表达历史人物苏格拉底的观点，同时也表达柏拉图对于这些观点要如何加以陈述和捍卫的观念，那么他在中期对话里对苏格拉底的处理就更容易理解。在中期对话里，他以一种传记体的方式提及苏格拉底，这可能是为了强调，在柏拉图现在持有的观点和那些此前既为他本人所接受又归于历史人物苏格拉底的主张之间存在着连续性。

如果我们都认为，柏拉图将自己看作一位苏格拉底式的哲学家，而不是一个（可能不同意也可能同意）苏格拉底哲学的报告者，那么我们就不应假设，对于苏格拉底观点的阐述或捍卫必然全部直接来自苏格拉底本人。如果柏拉图在呈现苏格拉底的观点时也在呈现他自己的观点，那他就会尝试以一种最合乎情理的形式来陈述它们，找到自己的论证来证明它们，或改进在其他对话中已经提出的论证。[35]

35　我的结论与 Vlastos（1991，第 50—51 页）相一致，但是我对中期对话的苏格拉底式特点所做的论证在他看来是不可接受的（参见第 131 页）。

或许我们可以在亚里士多德那里找到证据来支持这个关于柏拉图和苏格拉底之间联系的论述。亚里士多德在描述他所认为的柏拉图和苏格拉底在形而上学领域的主要分歧(即分离的理论)时,声称这一分歧产生于柏拉图对苏格拉底寻求定义之预设的反思。柏拉图揭示了克拉底鲁的、极端赫拉克利特式的学说,这促使他对苏格拉底式探究所依赖的预设做出了清晰的阐述与审视,因为苏格拉底自己并没有试着去清楚地说明这些预设。对柏拉图思想发展所做的这个描述,对于苏格拉底式学说和柏拉图式学说的其他很多方面来说都是真实的;我们经常会发现,在其他同时期观点的启发下,柏拉图对苏格拉底式探究的自我意识促使他发展并修正了苏格拉底式的立场。如果他就是这样看待自己和历史上的苏格拉底之间的联系,那么他作为一个苏格拉底式的哲学家而继续写作就是可理解的,因为他捍卫了(他认为是)苏格拉底的立场中的核心要素,同时也发展了自己独特的、部分地非苏格拉底式的观点。[36]

如果我们假定某些苏格拉底对话包含了柏拉图对苏格拉底观点的反思,而这些观点是柏拉图认为自己在其他地方论证过,现在却觉得不够充分的,那么这些对话,尤其是《普罗塔戈拉》和《高尔吉亚》,就会变得更好理解。如果我们按照这种方式来解释《普罗塔戈拉》和《高尔吉亚》,我们也会更容易理解,为什么在柏拉图着手发展非苏格拉底式的论证时,他的中期对话却如此强烈地令我们回想
14 起历史人物苏格拉底。柏拉图很可能认为,他在中期对话里所表达的观点与他在《普罗塔戈拉》和《高尔吉亚》中的表述并不是截然分开的;反过来,这与短篇的苏格拉底对话也不是截然分开的。自始至终,柏拉图认为自己是在试着论述和捍卫某种在根本上是苏格拉底式的立场。当他考虑如何做到这一点时,他逐渐认识到,在某些问题上自己必须拒斥或者补充苏格拉底的观点。如果这是柏拉图

36 参见本书第115节。

本人的看法，那么他诉诸历史上的苏格拉底这一点就与亚里士多德的证词相一致，后者表明正是在这些对话中，柏拉图发展了与苏格拉底截然不同的、他自己的理论立场。

如果我们想要探究这些可能性，那么在呈现苏格拉底式立场时就必须小心谨慎。如果我们不加区分地在短篇对话和《普罗塔戈拉》及《高尔吉亚》中试图找到证据说明苏格拉底的观点，那就掩盖了这两部对话与短篇对话之间的关键区别。[37] 即使我们最终没有发现这样的区别，也必须保留发现它们的可能性。

我已经论证，柏拉图的早期对话呈现了历史人物苏格拉底的观点，柏拉图将它们当作自己的观点加以捍卫，而且它们与中期对话归诸对话人物苏格拉底的那些观点是不同的。我们可能会发现，这些观点要求一种对话作品无法合理承载的阐释思路。如果早期对话最终表明我们无法合理地将一系列连续而融贯的观点归于苏格拉底，如果中期对话并未以任何清晰的或可理解的方式偏离苏格拉底的观点，那么我们就有充分的理由判定，我们当前持有的结论是错误的。不过，从这些观点出发并看看会被它们带向哪里，这样做至少还是公平的。

8. 希腊伦理学史中的苏格拉底

虽然以亚里士多德为主，但我们还是必须对那些有关苏格拉底的更多信息来源加以考虑。在色诺芬（Xenophon）的记述中，我们也可以识别出亚里士多德式的苏格拉底和柏拉图式的苏格拉底所具有的主要特征。色诺芬式的苏格拉底关心伦理学，诘问别人，表达的某些伦理观点与柏拉图式的苏格拉底所持有的观点类似。但是

37　Vlastos（1983b，第 71—74 页）评论了他对《高尔吉亚》的依赖。亦参见 Nehamas（1992），第 165 页；Kahn（1992），第 251—252 页。

色诺芬增加了大量伦理与实践层面的积极建议，以及对于传统宗教的合乎习俗的虔敬态度，他还删去了柏拉图式的苏格拉底经常表现出来的对拥有知识的否定。这一增一减都契合色诺芬本人的宗教和道德观点，并与他为苏格拉底辩护所采取的一般策略相一致。我们有很好的理由更倾向于柏拉图和亚里士多德所提供的证据。[38]

另一个关于苏格拉底的证据来源也不应被忽视，尽管使用时必须小心。柏拉图之后的很多希腊道德家都声称受到了苏格拉底的启发。的确，奥古斯丁（Augustine）评论说，苏格拉底的论证所具有的这种有争议而无结论的特点启发了昔勒尼（Cyrenaics）和昔尼克（Cynics）这样截然相反的学派；无论是将幸福等同于快乐、主张快乐主义的昔勒尼学派，还是将幸福等同于美德、主张禁欲主义的昔
15 尼克学派，他们都声称自己是真正的苏格拉底学派。[39] 斯多亚学派（Stoics）也承认苏格拉底是他们的灵感来源；西塞罗（Cicero）将斯多亚学派的"悖论"（paradoxes）追溯至苏格拉底（*Parad.*，4）。

虽然所有这些道德家都声称受到苏格拉底启发，但是他们都将苏格拉底学说与柏拉图学说加以截然区分。昔尼克学派的第欧根尼（Diogenes the Cynic）拒绝柏拉图的理念论，据说他曾告诉柏拉图，自己能够看见桌子却看不见"桌子性"（tablehood，DL，VI，53）。他把苏格拉底学说中"美德对于幸福而言是充分的"这一观点发展到了极端；这或许可以解释为什么柏拉图会把他描述为"发了疯的苏格拉底"（DL，VI，54）。快乐主义者阿里斯提普斯（Aristippus）似乎认为，柏拉图的教义体系走得太远，其中没有什么观点能够合理

38　关于色诺芬，参见 Lacey（1971）；Morrison（1987）；Vlastos（1991），第 99—105 页。Zeller（1885，参见本书第五章，注释 25）、Boutroux（1912，参见本书第二章，注释 25）以及 Brochard（1912，参见本书第五章，注释 25）对苏格拉底的论述都在很大程度上依赖于色诺芬的记述。

39　参见 Augustine，*CD*，VIII，3，XVIII，41。

地归诸苏格拉底。[40] 阿里斯提普斯的快乐主义立场与苏格拉底在《斐莱布》中所捍卫的观点不相容，而且可能是受到了在那里遭到拒斥的快乐主义观点的启发。与此类似，斯多亚学派的“悖论”全然不同于《理想国》所表达的观点。尽管斯多亚学派的成员都声称跟从苏格拉底，但是其中某些人批评柏拉图，因为后者不同意那些既是苏格拉底式的，也是斯多亚式的观点（Plutarch，*SR*，1040d）。[41] 波塞冬尼乌斯（Poseidonius）在批评斯多亚学派捍卫苏格拉底关于不自制不可能存在的信念时，他是通过诉诸柏拉图与亚里士多德的权威来说明不自制的可能性，而不是诉诸苏格拉底。[42]

后来的这些道德家将某些确定的观点归诸苏格拉底，这些观点并非柏拉图自己在中期和后期对话中提出的伦理主张。必须承认，这些道德家可能误读了苏格拉底；但是他们声称那些互不相容的观点都拥有苏格拉底的支持，这是我们在试图理解柏拉图的论述时需要加以考虑的事实。如果我们不仅能够看到为什么柏拉图会认为自己对苏格拉底观点的发展与修正是合理的，同时也能看到为什么后来者会相信柏拉图抛弃的那些观点才抓住了苏格拉底学说的核心，那么柏拉图关于苏格拉底的论述对我们来说就应当是有道理的。如果柏拉图对历史人物苏格拉底的论述能够解释，为什么后来的哲学家对于苏格拉底伦理学的重要性采取不同观点是可以理解的，以及为什么可以在相互冲突的方向上对之加以发展，那么我们就有了进一步的理由认为，柏拉图对苏格拉底的论述是确切的。 16

40　参见 Aristotle，*Rhet.*，1398b30—33；DL，II，60，III，36。进一步的讨论参见本书第六章，注释 41。

41　关于斯多亚学派，进一步的讨论参见本书第 140 节。关于斯多亚学派对苏格拉底的态度，参见 Long（1988）。

42　关于波塞冬尼乌斯，参见本书第 168 节。

第二章

苏格拉底的方法

9. 苏格拉底式无知与苏格拉底式方法

苏格拉底是一个建设性的道德哲学家吗？从苏格拉底对话或许可以得出一个看似合理的结论，即苏格拉底仅仅是否定他人道德主张的批评者。在这些对话中，苏格拉底论证的典型方法就是对持某些正面道德主张的各位对话者提出某种系统的质询和诘问（elenchos）。[1] 这种诘问通常都会导致对话者的驳斥。

典型辩驳法的基本结构十分简单。[2] 苏格拉底提出一个问题，或要求对方告知某种美德是什么（例如“勇敢是什么？”），或关于一种美德的其他问题。对话者在回答苏格拉底最初的问题时主张某个

---

1 关于“elenchos”一词的用法，参见 Vlastos（1983a，第 28 页）。这是苏格拉底的法定术语之一（其他法定术语参见 *Ap.*，29e4—5；*La.*，188a3；*G.*，486d4，487a1）。参见 *G.*，473e6—474b5，475e7—476a2；*Rep.*，534c1—3；*Phdr.*，267a1，273c3，278d5。在后期对话中（*Phil.*，52d10；*Sph.*，230d7，231b5—6，239b1—3，242a7—b5，259d5）这个词有更专门的用法。“elenchein”有时候也含有实际上的反驳之意（例如 *G.*，458a，473b10），不过并非总是如此（参见 *Ap.*，39c6—d3；*La.*，187d10）。

2 关于辩驳法的类型，参见 Robinson（1953），第 2 章和第 3 章。

命题 p；在苏格拉底的质问下，他同意自己也相信 q 和 r；而且他发现，在进一步的质问下，非 p 也可以从 q 和 r 得出；因此，他发现自己的信念使之同时主张 p 和非 p。[3] 当他发现自己处于这种情况，他就感到“疑惑”（aporein），不知道要相信什么。[4]

感到疑惑的可不止对话者一个人。苏格拉底本人坚持说，对于他给对话者提出的问题，他自己也不知道答案；因此他得出结论说他们“都同样疑惑”（*La.*，200c5）。他比别人的情况要好一些，这并非由于他知道的更多，而是因为他不像其他人那样对知识抱有错误的自负（*Ap.*，22e1—5）。[5] 在早期对话中，对于在一个辩驳论证中得到考察的那些道德问题，他常常否认自己拥有知识。[6] 根据亚里士多德，苏格拉底从来不假装具有知识，而是“承认自己不知道”（*Top.*，183b7—8）。

古代晚期的某些读者非常严肃地看待苏格拉底这些否定的方面，声称苏格拉底是一个否定的批评者，因为他是一个怀疑论者；按照这种观点，苏格拉底不仅否定知识，甚至还避免确定自己有任何正面的确信［“ita disputant ut nihil affirmet”（“他没说任何肯定的东西”），Cicero，*Ac.*，I，16］。有些读者相信，柏拉图（在他的全部对话中）和苏格拉底都应该被解释成这类怀疑论者（Anon.，*Prol.*，10.57—65）。[7] 将苏格拉底视为纯粹否定的批评者，支持这种观点的证据看来不只是苏格拉底明确否认拥有知识，同样还有其辩驳论证所具有的特点。如果他仅仅限于辩驳论证的范围内，那么很容易就 17

3　关于自相矛盾，主要参见 *Sph.*，230b5—8。

4　参见 *Ch.*，162b9—11，169a3—6；*La.*，194a6—b4，196a7—b2，200e1—5；*Eu.*，11b6—8；*M.*，79e7—80b4；*R.*，334b7。

5　关于对知识的错误自负，参见 *M.*，84a3—c9；*Tht.*，168a2—7，210b11—c4；*Sph.*，230b4—e4；*I Alc.*，118a15—c2。

6　参见 *Ap.*，21b1—d7；*Eu.*，5a3—c8，15c11—16a4；*Ch.*，165b5—c1，166c7—d6；*La.*，186b8—187a8，200e2—5；*Lys.*，212a4—7，223b4—8；*G.*，509c4—7。后期对话中的相似评论参见 *M.*，71a1—7，80d1—4；*HMa.*，286c8—e2，304d4—e5；*Symp.*，216d1—4。

7　关于把苏格拉底和柏拉图看作怀疑论者，参见 Annas（1992）；Glucker（1978），第 35—50 页；Woodruff（1986）；Barnes（1988），第 233—236 页。

可以看出为什么他会否认拥有任何道德知识。

然而,亚里士多德在柏拉图和苏格拉底那里都没有得出这个结论;因为他将若干关于美德和知识的、明确而又具有悖论性的观点都归于苏格拉底。对话支持了亚里士多德的看法;因为苏格拉底有时也会说出一些明确的、不受欢迎的道德确信。然而这些确信提出了进一步的问题。它们是否基于任何论证?如果是,它们是否基于辩驳法或某种其他类型的论证?不管怎样,我们要如何使它们与苏格拉底否认具有知识相一致?如果苏格拉底承认自己对于伦理学一无所知,那这些主张还真的是他的观点吗?

处理上述问题的最好方式就是考察苏格拉底用辩驳法做了什么,以及他对这种方法提出了何种主张或假设。只要我们对辩驳法有了更清晰的观点,也就更容易理解苏格拉底否认拥有知识所具有的力量。因为如果辩驳法是纯然否定性的,那就更容易将苏格拉底否认拥有知识解释为怀疑论者对正面确信的否定。相反,如果辩证法被假定为支持正面结论的,那我们就应当寻求不同的方式去理解苏格拉底对具有知识的否认。

在本章以及接下来的三章里,我将试着在不涉及《普罗塔戈拉》和《高尔吉亚》的情况下呈现苏格拉底的观点。我相信它们能够在某些重要的方面为我们理解短篇对话中所提出的主张和假设而提供线索;但是要认识到事实如此,我们就必须从对这些主张和假设的论述开始。这一点尤其与本章相关;因为有时候人们相信,《高尔吉亚》推进了对辩驳法的正面主张,而这标示出它与短篇对话之间的一个根本区别。我不相信存在任何根本区别;为了表明这一点,我将不涉及《高尔吉亚》而去考察短篇对话中的正面主张。

10. 辩驳法的使用

乍看之下,与某位坚持某个命题 p 的特定对话者所进行的辩驳论证似乎只能表明，这位对话者无法前后一致地同时主张 p 和其他信念。它并不得出以下结论，即 p 是错的或者对话者应当拒绝 p。因此，苏格拉底不把自身局限于一个辩驳论证所能得出的最低限度的结论，这令人困惑。

首先，他假设有一种辩驳法可以表明对话者的某个信念是错的。在《拉凯斯》中，拉凯斯首先断言，勇敢就是在战斗中表现得坚定，但是苏格拉底的问题向他表明，这个论断与他的信念相冲突，即一个人可以在其他方面表现勇敢（*La.*，190e4—191c6）。当拉凯斯发现他的各种信念之间存在冲突时，他至少也得拒斥其中一个引发冲突的信念，但是这个论证本身并没有表明他应该拒斥哪一个信念。他也可以解决这个由其最初试图证明的勇敢定义而导致的冲突，只要他坚持这个定义，并且不再承认“勇敢并非总是要求我们表 18
现得坚定”。不过他没有选择这种方式来解决冲突；他和苏格拉底都不认为这是个合理的选项。相反，他们都假设最初的定义已经被驳倒。于是苏格拉底假设（至少在某些时候），当辩驳法揭示出存在的冲突时，也就产生了解决冲突的正确方式，而对话者就会选择这个方式。

既然苏格拉底假定对话者正确地解决了这些冲突，那就更容易看出，为什么他会声称自己是在严肃地试图寻求定义。在《卡尔米德》中，他声称自己不知道节制是什么，但是正在与克里底亚一起探究（zētein）答案（*Ch.*，165b5—c2）。[8] 诘问和驳斥的目的在于探究真理；消除对知识的错误自负也是这种探究的一部分（*Ch.*，166c7—e2）。苏格拉底的意思并不是说，辩驳法仅仅揭示无知或者还需要其他方法来找到真理；试图证明的定义在诘问之下是成功还是失败，

8　这里用了“探究”一词，这导致古代批评者将除《申辩》和《克里同》之外的所有苏格拉底对话都解读为探究性的（zētētikoi）对话，与说明性的对话相对。参见 DL，III，49；Grote（1888），I，第 291—295 页。

这可以被认为展现了它是真还是假。

在《卡尔米德》结尾，苏格拉底声称，虽然论证有其表面的走向，但是他并不相信节制真是无用的；相反，他认为（oimai）自己一直是一个不好的探究者，实际上，节制是有用的，它对于幸福来说的确是充分的（*Ch.*，175e5—176a1）。在这个例子里，苏格拉底并不接受辩驳法表面的结论，但是他暗示说，如果这个结论与我们对节制的坚定确信不冲突的话，那我们就不得不接受它。因此，他假设这种辩驳法达到了关于美德看似可信的结论，如果我们不接受这些结论，我们就必须表明，在辩驳论证中，有什么地方出了错。

在《申辩》中，苏格拉底似乎假设，应该以这种方式来严肃对待辩驳法的结论。因为他提出，参与辩驳是道德改革的一种手段。他问人们是否为他们致力于积累财富、忽略了对灵魂的照料而感到羞愧。如果他们声称的确在乎自己的灵魂，他就会审视他们；如果他们声称自己拥有美德而实际上并非如此，那他就为其颠倒的价值而批判他们（29d7—30a2）。他的这些所作所为都是为了劝说人们改变生活方式（30a7—b4）。[9] 苏格拉底提倡一种每天论辩美德的“经过省察的生活”；这种生活对人来说就是最大的善（38a1—6）。

苏格拉底并没有说自己是在从事两种不同的活动：辩驳法的诘问以及敦促人们最为关心美德。他是在提议辩驳法自身作为劝说人们关心美德的一种手段。这也是他在《克里同》中的观点。他声称要达成自己关于正义的主张，方式就是要“被那个每次当我把它说清楚［logizomenō(i)］时，对我来说都看起来最好的论证（logos）所说服”；他依然接受此前接受的那些相同的论证（*Cri.*，46b3—c6，
19 48b4—6，48d8—49a2，49a4—b6，49c10—e3）。他相信辩驳论证不仅给那位信念得到检验的对话者，同时也给他自己提供了充分的理由去接受这些结论并依照它们而行动。

9　关于这段内容，参见本书第20节。

11. 苏格拉底的建设性方法

如果苏格拉底认为他能从诘问中得出正面的结论，那他就必定假设，这些结论不只是表明了对话者具有捍卫其最初假设的能力。他还必定依赖于某些进一步的假设，这些假设涉及对话者回答的特征。

如果一场苏格拉底式的诘问仅仅是要检测一个人坚持一贯立场的能力，那么一个精于此道的对话者就不会承认任何苏格拉底用来引其走向自我矛盾的前提。比如说，拉凯斯就不该承认有时候勇敢就是要逃脱，也不该承认愚蠢的自信是坏的和可耻的。拉凯斯的这种让步是否表明他仅仅是不善此道？他是不是该要求一个重新考虑的机会（参见 *Ch.*，164c7—d3，165a7—b4）？

这个批评忽略了一个事实，即苏格拉底并不是在尝试检测对话者的逻辑技巧。如果他们更改主张仅仅是为了保持或恢复一致，那他们就是在破坏辩驳法的原则。苏格拉底要求对话者们对他提出的道德问题说出他们真正相信的观点。当拉凯斯看到自己倾向于接受的答案会为他本人造成麻烦时，他问苏格拉底："一个人还可以说什么？"苏格拉底回答道："没什么了，如果这就是一个人所相信的东西"；而且，当拉凯斯同意自己并不相信它的时候，他就给出了一个答案，即使这个答案对他最初的主张造成了困难（*La.*，193c6—8）。[10]

对真诚的要求旨在将苏格拉底式论证与《欧绪德谟》中所展示的那种"诡辩的"（eristic/contentious）形式区分开来。诡辩不给对话者任何真正的机会去表达他的信念。因为提问者要求"是或否"的答案，而对话者不被允许增加任何可以更好地表达其信念的条

10　关于真诚，亦参见 *Cri.*，49d1；*Pr.*，331b8—d1（见本书第 65 节）；*G.*，495a5—b6，500b；*R.*，346a；*Tht.*，154c7—e6；Vlastos（1983a），第 35 页。

件。很多情况下，不管对话者给出什么答案，他都会被驳倒。如果我们怀疑苏格拉底采取任何此类手段来保证他的论证要点，那我们就没有理由相信，他对人们关于美德的理解有所推进。[11] 苏格拉底拒斥诡辩的技巧；他期待对话者考虑他们所发现的冲突并根据自己真正相信的观点去解决这些冲突。比如说，拉凯斯并没有被期待去否定自己对勇敢的定义并坚持认为勇敢总是高贵的，除非这是他真正相信的观点。如果苏格拉底按照这些规则来引导辩驳法，那它就不只是检测对话者的各个信念之间是否一致的手段，也不是苏格拉底捍卫某个立场的技巧；它还引导对话者在反思自己的信念所导致的结论后再对之加以修正。

不过这一点并不能为苏格拉底的做法辩护，即在上述审视和反思之后接受那些从辩驳法中产生的结论。如果他自己要接受这些结论，那他也必须假设：（1）通常的对话者对于苏格拉底的问题，最终会接受同样的答案，而且会对哪些信念要保留、哪些要放弃做出同样的抉择，并以此来解决他们所持有的各个信念之间的冲突。（2）他们在回答和解决问题时所依赖的判断值得接受。如果没有第一个假设，苏格拉底就没有理由相信辩驳式的探究会倾向于支持某
20 一个道德立场而不是另一个。如果没有第二个假设，他也就没有理由相信，对话者的判断会影响我们对这些道德问题的判断。[12]

要想知道苏格拉底的这些假设是不是合理的，我们就需要鉴别出那些在对话者对苏格拉底的问题做出反应的过程中引导他们的原则。苏格拉底并没有列出辩驳法的“主导原则”（guiding principles）；我们最后必须试着发现它们并加以审视。[13] 目前注意到这一点就足够了，即如果辩驳法遵从这些主导原则，而且苏格拉底

---

11 关于诡辩，可进一步参见 Irwin（1986），第 61—63 页；Benson（1989）。

12 关于苏格拉底的这些假设有如下讨论：Vlastos（1983a），第 52—56 页；Kraut（1983），第 65—68 页；Brickhouse and Smith（1984），第 188—192 页。

13 关于主导原则，参见本书第 32 节。

也接受它们，那他就有某种理由声称，辩驳法在道德方面有所推进并且对明确的道德主张提出了辩护。

12. 对说明的要求

苏格拉底伦理探究的常规焦点（尽管不是他独有的）就在于他要求对某种既定美德的本质做出说明；为了向我们表明苏格拉底是如何通过探究美德而省察自身的，短篇对话呈现了他对定义的追寻。为什么对定义的追寻是重要的？为什么这种追寻与苏格拉底想要从他的探究中得出的实践结论是相关的？我们需要花时间来回答这些问题，而且我们必须先来考虑苏格拉底提出的问题。

在《卡尔米德》中，苏格拉底的首要问题是在讨论卡尔米德本人是否节制的时候引入的（157c7—158e5）。苏格拉底的意思是说，如果卡尔米德的身上体现出节制，那他就能够感觉到（aisthēsis）这种美德，而这就会形成一个关于"它是什么？它的性质是什么？"（hoti estin kai hopoion ti）的信念，他也能用言语将其表达出来（*Ch.*, 158e7—159a10）。苏格拉底假设，如果卡尔米德是真的节制，那他就不是不动脑子地遵循习俗规则，也不是仅仅因为其他人赞赏他遵循规则而这样做；他必定对于为什么要遵循这些规则具有正确的观点。苏格拉底要求一个说明，是为了确定卡尔米德对他自己节制行动的原因有所理解，也是为了表明，卡尔米德是否在这些行动中领会到了节制的人所看到的东西。

在《拉凯斯》中，对于美德的论述则是为了回答不同的问题。苏格拉底并不是问他的对话者是否具有某种特定的美德，而是问他们能否对如何获得美德给出建议。如果我们要在这个问题上成为一个好的建议者，我们就必须知道美德是什么；如果我们知道它是什么，我们就能说出它是什么（190b3—c7）。尼西亚斯和拉凯斯对于年轻人该不该上全副武装的格斗课这个问题产生了分歧。分歧的原因部分在于，他们对这些课程是否教授了和美德相关的东西意见不一。即使他们统一了意见，他们对于怎样才算一个高贵的好人的观念也是相当狭隘的，因为他们的焦点在于美德的军事方面，而不涉及其他令人称道的品质。苏格拉底提出那些为他们所忽略的、更宽泛的问题是恰当的。

21 《卡尔米德》和《拉凯斯》都没有提出，人们对于应该期待一个有美德的人做出什么样的行动这一点具有不同意见。而在《游叙弗伦》中，这种不一致则十分显著。游叙弗伦承认，如果他指控父亲谋杀，那他就会被认为是疯了（*Eu.*，4a1—10），但是他又坚持认为自己完全是有正当理由的。苏格拉底对这个主张感到惊讶，并且问游叙弗伦，他对虔敬的知识是否准确到足以支持他捍卫自己的行动（4e4—8）。由于游叙弗伦的行动引起了怀疑和争议，他就被合理地要求给出某些原则，以支持他对“虔敬要求什么”所提出的不同解释。这正是苏格拉底所寻求的那种原则；他要求游叙弗伦告知，“你所谓虔敬和不虔敬的那类事情是什么”（5c9），并假设这正是游叙弗伦自称知道的。苏格拉底要求对虔敬给出说明，看来这是非常合理且适合于这一文本背景的。

13. 说明与定义

在寻求对一种美德给出说明的同时，苏格拉底也在尝试对合理的问题做出回答。但是什么样的答案算是好答案？《卡尔米德》没有提出明确的标准。[14] 当卡尔米德提议说，节制就是“按照有序而平静的方式行事”（159b3—4），苏格拉底同意这个回答反映了通常的观点，即“平静的人都是节制的”（159b7—8）。然而，他认为，卡尔米德的回答并没有把握到节制行动的美好性质；平静与从容自身并

14 参见 Santas（1973），第 110 页。

非总是美好且值得赞扬，而且我们不会在所有场合都把它们看作节制（159c1—160d4）。[15] 苏格拉底暗示，如果我们只是尝试去描述那些节制之人最初显现的最典型行为，我们就不能真正捕捉到这些人身上值得赞扬的地方。

苏格拉底这样说，就好像他的否定为我们拒绝卡尔米德所做的说明提供了辩护一样。但是，即使平静对于美好的行动并不总是构成必要或充分条件，难道卡尔米德就不能发现节制行动的特殊范围？实际上，我们可以论证说，关于节制的通常信念确实涉及若干可分辨且可分离的性格特征。我们也可以将明智（good sense）和审慎（prudence）二者与自我控制（self-control）和适度（moderation）二者区分开来。如果我们接受对于节制的这种"分散的"（piecemeal）定义方式，那我们就可以为卡尔米德一开始对苏格拉底的要求所做的回应进行辩护，而且可以说，这种定义即使无法涵盖所有令人钦佩的、节制的行动，也还是能够涵盖其中的一部分；它所不能涵盖的节制行动就是那种不同意义上的节制。[16]

在《拉凯斯》中，拉凯斯提议说，一个在战斗中始终坚定的人就是勇敢的（190e4—6）。不过这个提法可能不够充分[17]，就当前的目的来说，苏格拉底愿意认为它提供了充分条件，目的在于表明它没有提供必要条件（191a5—8）。最初的这个关于勇敢之本性的问题涉及一切军事的以及非军事的情境，在这些情境里，一个人无论是在战争中、海上和病痛中抵御危险，还是在抵御快乐和欲望的诱惑时都勇敢地行动（191c7—e7）。有一种能力，即在短时间内做很

15　对于这个论证中存在的困难，有如下考察：Santas（1973），第112—117页；Kosman（1983），第203—208页。

16　Santas（1973，第108—110页）论证，《卡尔米德》是要表明柏拉图对这种分散的定义方式的同情。柏拉图对表面上的同名异义持何种态度，对此的不同观点，参见：Shorey（1903），第19—20页；Stokes（1986），第92页。

17　关于拉凯斯的提法，参见 Stokes（1986），第73页。

22 多事情的能力，构成了快跑、弹琴以及学习的基础；与此类似，苏格拉底建议，我们也应该寻求一种存在于所有勇敢的情形中的能力（191e9—192b8）。

分散的定义方式在这里似乎依然可行。如果我们接受它，我们就得拒绝苏格拉底的提议，即同一种勇敢美德可以在超出战争范围之外的所有情境中得到展现（191c7—e11）；或许“勇敢”抵挡快乐为这个术语引入了一种不同的意思。[18] 如果这是对的，那么拉凯斯就有理由将他的注意力限定在那些引起讨论的勇敢的情形。

苏格拉底对话并没有解释这种对于美德的分散论述有什么问题，但是这些对话显然没有使用它。[19] 在勇敢的例子中，苏格拉底认为，引导我们赞同重步兵的勇敢的那种道德判断同样令我们赞赏那些其他勇敢的事例，因为它们都展现了值得称赞的、坚持正确行动的决断。苏格拉底对拉凯斯的最初假设提出了一个合法的问题。我们不应当仅仅因为速度可以在不同类型的活动中得到展现就排除对速度的单一说明；同样，我们也不应当仅仅因为能够在很多不同类型的情境中认识到勇敢就排除找到一个单一的勇敢说明的可能性。他引导拉凯斯看过一系列的例子，这些例子都暗示了，为什么对所有这些各不相同的善与恶都持有同一种值得称赞的态度是合理的。与此类似，他在《卡尔米德》中假设，如果平静不能构成节制行动的美好本质，那它也就不可能是使节制的行动成其为节制的那个原因。

苏格拉底认为，我们对于美德的最初观念过分狭隘；我们用以拣选直观事例的那个属性不可能是令这些例子成其为勇敢或节制的属性。当我们的焦点集中在正确的属性，我们就会看到，它揭示

18 关于这一段，参见 Vlastos（1956），第 xlvii—xlix 页；Santas（1969），第 187 页；Stokes（1986），第 74—76 页。

19 关于分散的定义方式，参见本书第 28 节，第 105 节。

出在不同的勇敢与节制的行动中，存在着某种程度的类似之处，而我们一开始并没有注意到这种类似之处。如果我们过分狭隘地聚焦在某种特定范围的、已经识别出来的、有美德的行动上，那我们就无法真正地形成有美德的人所具有的观点。我们期望一个有美德的人不仅实施正确的行动，而且还要具有某种观念、能认识到使这些行动成其为正确行动的原因；我们不会把仅仅出于偶然的遵从行为看成是美德的证明。苏格拉底论证说，如果我们没有看到不同环境中的勇敢和节制的行动之间具有相似之处，那我们就没有真正认清在一个行动中究竟是哪些特征使它成为勇敢的，因此我们关注的也就不是勇敢或节制行动的正确特征。如果我们不接受苏格拉底的论证，我们其实就缺少某种洞察力，即人们能够合理地期待一个有美德的人所具有的那种洞察力。

14. 充分的定义

苏格拉底对一个单一说明的要求在《游叙弗伦》中得到了更清楚的解释，在那里他坚持认为虔敬在所有例子中必须具有某种同样的特性（*Eu.*，5d1—5）。[20] 苏格拉底假设，只有按照要求对虔敬所做的令人满意的论述，才是应用于全部且仅限于虔敬事物的定义。

尽管游叙弗伦回答说，“虔敬就是我现在的所作所为”（5d8— 23
9），但他并不只是要对虔敬的行动给出一个例子。他还对该行动中他认为是虔敬的东西给出了更宽泛的描述，说虔敬就是告发那些行不义的人，无论那是自己的父亲、母亲还是其他家庭成员（5d8—

20　我将 5d1—5 译为：“虔敬在每一个行动中不是都和它本身一样吗？反过来，不虔敬难道不是与所有的虔敬行动都相反？任何不虔敬的行动难道不都是类似于它本身、不是都具有某一种（在虔敬的例子中）与虔敬相应的特性？”我（跟从 Heidel）把 5d4 读作 kata tēn hosiotēta，以及 pan，hotiper。不同的观点参见 Robinson（1953），第 57—58 页；Guthrie（1975），第 120 页及注释；Vlastos（1991），第 57 页及注释。

e2)。他通过宙斯惩罚克洛诺斯(Cronus)不义行为的例子来支持自己的主张(5e5—6a5)。苏格拉底论证说,对于他的第一个关于定义的要求来说,这个答案并不令人满意[21];在游叙弗伦的描述之外,还有很多种虔敬的表现,我们也还需要一个能够涵盖这些表现的描述(6d6—e8)。只有给出存在于"多"中的"一"的说明,才是对"虔敬是什么"这一问题的恰当回答。

苏格拉底想要一个对虔敬的单一"形式"(eidos/form)或"特性"(idea/character)的说明,"所有虔敬之事由于它才是虔敬的,因为,在我看来,你说过正是由于一个特性,不虔敬的事物才是不虔敬的,虔敬的事物才是虔敬的"(6d9—e1)。当苏格拉底说,形式并不只是那些虔敬的事物共有的东西,而且必须也是它们"由于它"(by which)而成为虔敬的东西,他认为"由于它"对于决定某事物是否虔敬来说十分重要(6e4—6)。对于一种形式的描述必须也要描绘出虔敬事物的特征,正是这个特征解释了为什么这些事物是虔敬的。

游叙弗伦将虔敬看作众神所爱(6e10—7a1)。苏格拉底对此予以反驳,因为最持久的争议就是那些关于"正义的与不义的、美好的与可耻的以及好的和坏的"的话题(7c10—d5),这些争议暗含了众神关于什么是虔敬的争议(8a7—b6)。[22] 为了证明众神之间没有争议,游叙弗伦就只能表明,人们关于他或他父亲的行动是否虔敬的争议可以按照对他有利的方式加以解决;他可以通过自己关于"什么是明显的虔敬"的判断来说明,所有的神灵都能一致同意的事物是什么。如果是这样,那他诉诸神灵的偏爱就对自己毫无帮助。苏格拉底愿意承认的是,众神所爱与虔敬是同延的[因为他将之看作一种虔敬的感受(11a7)],但是他不同意对虔敬的这个描述回答了

21 关于苏格拉底的对话者就苏格拉底的问题产生的误解,参见本书第110节;Nehamas(1975b);Benson(1990b)。

22 在8b7—9b3,苏格拉底捍卫了自己关于众神之争的主张。

自己提出的问题。

按照苏格拉底的观点，除非我们能够说明为什么众神爱其所爱，否则就无法找到那个恰当的、虔敬事物所具有的解释性特征。如果我们对虔敬的评价并不依赖于这个单纯的事实即众神对它的爱，而是基于一个信念即众神对何者值得被爱做出真实的判断，那么我们就需要对众神所关注的属性有更多了解；而这个属性就是我们一直在寻找的、单一的形式（10d12—11b1）。[23]

苏格拉底的问题同时表达了认识论和形而上学两方面的要求。认识论方面的要求规定我们必须以正确的方式了解虔敬（等等）；形而上学方面的要求则规定我们将虔敬看作某种属性，它能真正解释虔敬的事物所具有的各种相关属性。如果我们引入一个谓语而它的例子有争议（“正义”、“美好”和“善”，7b6—d7），那我们就违背了认识论方面的要求。当苏格拉底拒绝那种仅仅通过诉诸进一步的判断（什么是正义、美好或善）才能加以应用的论述时，他建议（而没有对此形成要求），有些术语在某些例子中的应用没有争议而在其他例子中有争议，它们就不会按照我们所能判断一个行动是不 24
是虔敬的方式来界定一个属性。[24] 如果我们在所有虔敬的行动中都找到某种共同的特征，那我们就违背了苏格拉底在形而上学方面的要求，不过这反过来可以由进一步的特征加以解释。只有当我们找到这个进一步的特征，我们才能满足形而上学方面的这个要求；只有这个进一步的特征才是那些虔敬的行动“由于它”而成其为虔敬的真正原因。

23　对 *Eu*.10—11 最出色的讨论是 Cohen（1971）以及 Sharvy（1972），后者特别强调了苏格拉底的定义理论中解释性的方面。

24　关于有争议的术语，参见本书第 64 节，第 107 节。关于形而上学和认识论方面的要求，主要参见本书第 115 节。我把对于解释性属性的要求描述成形而上学方面的而不是认识论方面的要求，这样做并不是想表明解释的概念完全是非认识论层面的，而仅仅是想表明它不是纯然认识论层面的概念。

苏格拉底论证说,说明虔敬是“众神所爱”违背了认识论方面的要求。如果这个说明是正确的,那除非我们知道众神爱的是什么,否则就不能知道哪些行动是虔敬的;但是既然游叙弗伦已经承认,关于众神的所爱是有争议的,那么诉诸这一点就不能解决对于某事物是否虔敬的争议。游叙弗伦的说明也同样违背了形而上学方面的要求,因为众神爱虔敬的行动这一事实并不是使虔敬行动美好的基本事实;众神爱虔敬的行动,因为它们(首先)是虔敬的,而且众神对这些行动的爱本身并不能使其成为虔敬的行动。因此苏格拉底得出结论,游叙弗伦并没有发现虔敬的本质,而只是简单描述了体现虔敬本质的事物,因为这事物是虔敬的(10e9—11b5)。我们仍在寻找对虔敬的描述,后者解释了为什么众神会爱它。

因此,苏格拉底坚持认为,一个言及美德是什么的说明必须是一个单一的定义,它能鉴别出令一个行动成为有美德的行动的那个属性。他希望我们看到,寻求一个说明是合理的,寻求一个他所要求的确切说明是合理的。

15. 定义的类型

现在我们已经了解苏格拉底是在寻求什么样的说明,对于苏格拉底式的定义必须是什么样子,它如何区别于其他类型的定义,我们可以给出更多的说明。

亚里士多德相信,在寻求定义的过程中,苏格拉底其实“是在寻求普遍物(universal)”(*Met.*,987b1—4):

> 因为他是在寻求演绎推理,而“是什么”(what-is-it)是推理的始点……我们可以将两件事情公平地归于苏格拉底,归纳论证与普遍定义——因为这二者都与科学(epistēmē)的始点有关。(*Met.*,1078b23—30)

亚里士多德声称,苏格拉底想要构建一个伦理学方面的科学知识(epistēmē)集合,而这就是他需要定义的原因。[25]

定义提供科学知识的首要原理,这个主张基于亚里士多德在名义上的(nominal)定义和真正的(real)定义之间所做的区分。他将以下二者加以对照:(1)我们在探究的开始用"F"这个名称来表示所意指的东西;(2)F的本质最终表明的是探究的结果。通过发现F的本质,我们就应当能够解释最初使用"F"所意指的特征(*Apo.*, 93b29—94a10)。[26]F的本质是(非语言上的)普遍物,也是对F的研究要试图去发现的。当亚里士多德说苏格拉底试图界定普遍物时,他是在暗示,苏格拉底是在寻求真正的定义;因为这些定义与名义 25
上的定义相反,它们是科学知识的基础。

亚里士多德有关苏格拉底的主张提醒我们,要去反对一种关于苏格拉底式定义的草率观点。[27]我们或许可以假定,苏格拉底是在寻找那些在一个很浅的层面上把握意义或概念的定义;这些都被亚里士多德笼统地称为名义上的定义。一种定义出现在词典中,也就是有语言能力的说话者的用法辑要。另一种定义则对概念做出了说明,也就是对词典定义背后的那些假设与信念所做的说明。然而,这两种类型的定义都不能恰当地构成科学学科的基本原理,而且如果苏格拉底认为这些类型的定义能够成为知识的基础,那他就是误入歧途。[28]

25　苏格拉底对道德科学的探索在Boutroux(1912,第36页)那里得到了强调,后者依赖的只是色诺芬的记述。

26　进一步的讨论,参见Irwin(1982a)。

27　我对苏格拉底式定义之性质的观点与下述观点相近:Penner(1973a;作者在1992b中重新对此加以考虑);Fine(1993),第46—49页。这些观点与Vlastos(1981b)的主张相左。

28　不过,在观念探究和苏格拉底式对定义的寻求这二者之间划出一条截然分明的界限,这也是不明智的。"概念"(Concept)、"意义"(meaning)、"理解"(understanding)、"感觉"(sense)等观念在不同理论中可以按不同方式加以理解。

我们或许可以代表苏格拉底论证，我们需要名义上的定义，因为如果不能把握所使用的词语的意义，我们就无法清晰有效地进行交流；而如果不能给出定义，我们就无法把握到这个意义。古代人已经对这个论证提出了很好的反对。爱比克泰德（Epictetus）记录了演说家泰奥彭普斯（Theopompus）对柏拉图的批判，他指出我们可以进行交流而不必把握形式（Epictetus, *Diss.*, II, 17.5—6）。如果苏格拉底假设人们只有在对他的问题有了答案之后才能从事交流，那他就错了。[29]

相反，真正的定义所描述的不是由具备语言能力的言说者和倾听者所把握的"名义上的本质"，而是他们所指的"真正的本质"。[30] 假定我们用以交流的"金"（gold）这个字，其名义上的本质被描述为"闪闪发光的黄色金属"；我们仍然可能发现某些事物满足这个描述，实际上却是黄铁矿（fool's gold, iron pyrites）。在这种情况下，这种由金属的内在构造而形成的自然种类就不能涵盖所有那些满足最初描述的例子。

发现名义上的本质和真正的本质之间的差别，这取决于和名义上的本质相关的那些事实。我们必须假设，我们意图使用"金"这个字来指一种天然的金属。我们本来可以有一个词，仅仅用它来指特定的表面特征，而不是任何基础性的构造；但是我们相信"金"并不是这样一个词，因为我们将它看作某种自然种类的名称。当我们看到在真正本质和名义上的本质特性之间存在着某种矛盾时，我们承认真正本质决定了我们用以命名某个自然种类的术语之外延。

如果苏格拉底是在寻求这种真正的定义，那么亚里士多德假定他在寻求某种其视为科学知识之基础的定义就是对的。如果是那

---

29 参见 Grote（1888），I，第 450—452 页。他还恰当地引用了 Origen, *Cels.*, V, 47。

30 关于名义上的和真正的本质，参见 Locke, *Essay*, III, 3.13—17。

样,苏格拉底就可以接受爱比克泰德对泰奥彭普斯关于寻求定义的批判所做的回应。爱比克泰德同意,即使没有科学的论述,我们也可以按照我们关于F的前观念(直觉性的信念)对多个F做出有意义的言说;但是他论证说,我们不能正确地"应用我们的前观念",除非我们通过科学论述对其加以阐明(Epictetus, *Diss.*, II, 17.7—11)。我们需要阐明我们的前观念,由此一致地、合理地将其应用于特殊情形,而不是依赖于那些我们所得到的、如果对前观念不加以阐明就会相互冲突的判断。爱比克泰德假设苏格拉底是在试图为伦理学做出类似于希波克拉底(Hippocrates)为医学所做的贡献,即发现某种对事实的说明,它是我们关于美德的常识信念的基础。如 26
果苏格拉底是在寻求名义上的定义,那这些批判就是正当的,但是它们不能用于寻求真正定义的情况。

苏格拉底自己对定义的评论支持了亚里士多德和爱比克泰德关于他在寻求真正的,而非名义上的定义的观点。他追问F是什么、所有的F具有什么共同的东西,而不是在问"F"这个字指什么。他想要得知"那个令所有虔敬的事物之为虔敬的形式"(*Eu.*, 6d10),或者说是某种"在所有(虔敬的)行动中按其自身存在的"东西(5d1)。与此相似,他寻求那个对于所有勇敢的情形来说都是共同的单一力量(*La.*, 191e9—192b8)。他归于"这一个F"的解释性功能,即所有的F"通过"它或"因为"它而成其为F,则是由真正的本质,而不是由名义上的本质来满足的。

16. 知识与定义

我们已经看到苏格拉底使用辩驳法来寻求定义,也看到了他想要的定义是什么样的。如果这是对的,我们就必须拒绝那种乍看起来有道理的观点,即认为苏格拉底不承认存在知识;他不可能一贯刻意地否认所有关于道德的合理且正面的确信。我们必须试着找到一种关于苏格拉底对无知的论述，这个论述要与他的其余观点相契合。[31]

要理解苏格拉底自己通过否认知识所要表达的观点，我们就应当看到，他是如何揭露其他人缺少知识的。他通过表明别人知道的比自己多，以此来检验德尔斐的神谕。他诘问人们，发现他们其实缺乏自己曾经以为他们具有的知识；神谕所声称的内容却抵住了苏格拉底试图将之驳倒的意图而得以保存，苏格拉底的主张则被同样的辩驳测试驳倒（*Ap.*，21b9—d7）。

就像我们已经看到的，苏格拉底式的诘问并不表明对话者关于美德的信念全是错的，也不表明其中任何信念都无法得到辩护。那些不能通过辩驳测试的对话者就表明了，他们无法给出苏格拉底所寻求的那种定义。在这个意义上，苏格拉底的境况也没好到哪里去；因为他不相信自己能够提供对话者不能提供的定义。

如果在辩驳中失利就是苏格拉底表明他人缺乏知识的证据，那么他必定认为给出定义的能力对于知识来说是必要的。他同时做出以下假设：（1）对于（比如说）“勇敢是什么”的知识就是在要求一个“勇敢”的定义；（2）对于“某些东西是勇敢的”的知识要求对“勇敢是什么”的知识。如果他做出第一个假设而不做第二个假设，那么辩驳法就不能表明人们缺少关于美德的知识，而只能表明他们缺少对于“美德是什么”的知识。如果他做出第二个假设而不做第一个假设，那么辩驳法就不能表明人们缺乏对于“美德是什么”的知识。

苏格拉底确认自己接受了这两个假设。有时他暗示说，我们不能回答某些关于美德的问题，除非我们知道美德是什么并能由此对美德给出一个定义（*Eu.*，5c4—d5，6d9—e6；*La.*，189e3—190c6；
27 *Lys.*，211e8—212a7，223b4—8）。对知识的这些要求并未明确承认定义在知识中所具有的优先性，但是它们最容易被理解也最容易被捍

31　关于对知识的否认，进一步的讨论参见本书第 86 节。

卫，只要它们以关于定义优先性的普遍观点作为基础；这个普遍观点在后来呈现或讨论辩驳论证的对话中得到了确认（*HMa.*，286c8—d2；*M.*，71a1—7，80d1—4；*R.*，354a12—c3）。[32]

亚里士多德也主张，苏格拉底认为定义对知识来说是必要的。因为他声称，苏格拉底之所以寻求定义，是因为想要获得科学知识（epistēmē，*Met.*，1078b23—30）。[33] 亚里士多德追随柏拉图，将知识与纯粹的意见加以区分；将类似的区分归诸苏格拉底也是合理的，因为虽然他并没有说定义对于任何有关美德的真实信念而言都是必要的，但是他的确暗示，对于有关美德的知识来说它是必要的。[34]

如果我们假设，对美德的知识要求某种苏格拉底式的定义，我们就既能解释苏格拉底本人对知识的否认，也能解释为什么他认为自己的对话者缺少知识。他本人对知识的否认是非常彻底的；他坚持认为，仅仅就他意识到自己缺乏关于伦理问题的知识而言，自己比别人聪明（*Ap.*，21d2—7）。如果苏格拉底声称知道同代人所不知道的伦理真理，那他就在这个方面比他们更智慧。而他既然声称仅在其认识到自己缺乏知识的情况下，他才更具智慧，那他就不能前后一致地声称知道别人不知道的伦理真理。[35] 根据苏格拉底认为

32　这些段落的重要性在以下作者那里得到了讨论：Geach（1966）；Irwin（1977a），第 40—41 页；Burnyeat（1977）；Santas（1972，1979），第 116—117 页；Kraut（1984），第 267—279 页；Beversluis（1987）；Benson（1990a）；Vlastos（1990）；Fine（1992），第 200—204 页。尽管我相信有充分的理由认为，苏格拉底相信道德属性（例如正义的定义）对关于正义以及什么是正义的知识来说是必要的，但是苏格拉底的全部言说是否与这个信念一致则是另一个问题。参见本书第 17 节。

33　关于亚里士多德的观点，参见本书第十五章。

34　关于知识与信念，参见本书第 100 节。

35　关于苏格拉底否认知识的范围，这一点在 Vlastos（1991，第 238 页）那里得到了强调，这与 Lesher（1987）和 Woodruff（1990）提供的解决方案相左。它还为 Reeve（1989，第 32—53 页）捍卫的观点造成了困难。

知识要求苏格拉底式定义这一观点，这种对知识的全面否认是非常合理的。

17. 关于苏格拉底式无知的困难

即使苏格拉底拒绝承认知识是目前对人类来说唯一可能达到智慧的途径，他也依然声称存在“人类智慧”（20d5—9，23a5—b7）；目前这种智慧仅仅在于合理地、有担保地承认，自己的伦理确信并不等于知识（尽管苏格拉底并没有声称所有人都能做到这一点）。当他说到人类智慧的时候，他在这个语境下谨慎地取消了主张智慧的常规含义，后者通常暗示一种对知识的主张。我们无权假定，只要他说自己具有某种智慧或知识，他就一定要提出某种对于知识的日常观点。如果他说自己拥有知识，但是在某个语境中他已经明确表示自己只是在说人类智慧，那么他表面上对于知识的主张可能等于只是在说，他意识到自己的确信并不真正算作知识。

如果我们始终记得这一点，我们或许就能解释那个相当惊人的事实，即苏格拉底有时候会说自己知道某些道德真理。[36] 当他决定宁愿面对死亡也不愿做不义的事时，他说如果自己逃离危险，那他就会假装自己知道死亡是某种恶，而实际上他并不知道这一点。与他对死亡的无知相反，他坚定地确知自己应当做什么；“做不义的事
28 或不顺从更好的人（无论那是神还是人），都是坏的、可耻的，我知道这一点”（29b6—7）。[37] 如果苏格拉底接受定义在知识中具有优先性，那么他就不能前后一致地声称知道自称知道的一切。要么他不接受定义的优先性，要么他就是前后不一致，要么这个评论就没有

36　Vlastos（1985）认为，苏格拉底是在两种意义上使用“知道”（know）这个词。与这个主张相反的观点，参见 Irwin（1992a）。

37　这一段在以下各处得到了讨论：Vlastos（1985），第 7—10 页；Beversluis（1987），第 117—118 页；Mackenzie（1988），第 338 页；Reeve（1989），第 53—62 页。

真正道出某种对知识的要求。

如果我们认为苏格拉底的主张表达了他的“人类智慧”（也是一种道德确信），伴随着他有合理担保的进一步确信，即道德确信并非真正算作道德知识，那么上述第三个选项就值得进一步考虑。进一步的确信并不破坏原初的道德确信，而只是确认它有认知局限。在说到人类智慧时，苏格拉底坚持认为，他具有的完全不是真正的智慧，而只是最接近他能达到的智慧；我们可以按照同样的方式来解释他对知识的主张。

无论我们是否相信苏格拉底关于知识的主张是内在一致的，我们都应该认识到，他对知识的否认并不意味着，他的确信是主观上不确定或者实践上不可靠的。他的确信优于对话者所持有的那些确信，因为它们在辩驳法的考量下并没有崩塌；它们是牢靠的且以某种理性辩护作为基础（*Cri.*，46b4—c6）。因此他在自己的各个信念中拥有某种可以提供信心的基础，即使他并不知道这些信念是真的。

18. 苏格拉底方法中的困难

我们已经看到，苏格拉底相信辩驳法是某种道德探究的方法，它能够支持正面的道德确信；我们已经看到这一信念如何能够与他对知识的否认相协调。他的信念可以由恰当的假设加以支持，这些假设关系到对话者和辩驳法的主导原则。至此我们已经将焦点一方面集中于苏格拉底对每一种美德给出论述的基本要求，另一方面也集中于那些被提出来或者得到暗示的理由，以此接受他对于在某种单一的解释性定义中表达论述的进一步要求。苏格拉底给出了一些理由，相信这些要求都是对合理问题的合理反应，但是仍然需要考虑的是，他是否具有任何合理的成功前景。他的前景取决于他关于对话者以及主导原则的假设是否合理。

有五个主要问题值得追问：

第一，苏格拉底的起步之处是否正确？他的对话者接受那些常识性的道德信念，这些信念关于存在着多少种美德、它们的名称是什么、通常情况下哪些类型的行动是合乎美德的。如果这些信念在很大程度上是错误的，那么通过辩驳法所达到的结论也很难指望说是真的；调整错误信念以适于主导原则，其结果可能只是一组更加前后一致的错误信念而已。

第二，苏格拉底是否表明通常情况下的对话者真正接受了主导
29 原则？还是说他仅仅是威逼、操纵或通过诡辩的方式迷惑他们，直到他们同意他的提议，尽管他们如果更谨慎地思考之后可能并不接受这些提议？

第三，苏格拉底所担保的这种同意程度是否仅仅取决于他所挑选的对话者？他是不是挑选那些一开始就对其假设抱有同情观点的人？如果只有这样一些人倾向于接受他的主导原则，那他有关对话者在辩驳法中的作用的观点就不是特别出色。

第四，即使通常的对话者（无论他们是否顺从还是富于同情）接受主导原则，为什么这就表明这些原理很可能是真的呢？

第五，如果主导原则是真的而且得到恰当地应用，它们是否经过设计以引导苏格拉底走向一个正确的定义？

苏格拉底对第二个问题具有最充分的意识。他经常坚持认为，对话者必须说明他们相信什么，并且试图表明他并不使用诡辩术来反驳他们。[38] 他并没有提出其他问题；如果我们想要回答它们，我们就必须更加细致地考查对话。当我们看到苏格拉底关于对话者的假设，看到是什么样的主导原则决定了他对辩驳法的使用，我们就能更好地判断，辩驳法是否真的给了他充分的理由去相信那些在

38　关于诡辩，参见本书第 11 节。

他看来得自辩驳法的结论。尤其是我们必须试着判断，为什么苏格拉底并没有真正获得知识。找到一个充分的定义的确是真正的困难，这是否足以解释苏格拉底无法找到任何定义？还是说苏格拉底为充分的定义假设了错误的条件，而这对他自己构成了困难？[39] 我们对这些问题的回答取决于对苏格拉底的具体伦理论证的看法。 30

39　关于苏格拉底对定义所要求的条件，参见本书第 107 节。

第三章

苏格拉底关于美德的论证

19. 对话的特点

有几部苏格拉底对话讨论了五种基本美德。[1]《拉凯斯》讨论勇敢,《卡尔米德》讨论节制,《游叙弗伦》讨论虔敬;这三部对话都关心定义,也最明显地堪称是探究性的对话。[2]没有一部苏格拉底对话会以同样的方式讨论智慧和正义,但是《拉凯斯》和《卡尔米德》都就智慧提出了一些说法,而《申辩》、《克里同》和《游叙弗伦》则表达了某些关于正义的观点。[3]

这些对话并不依循某种标准模式。这三部关于定义的对话涉及不同类型的对话者,他们的观点导致了不同类型的问题。不过,把它们放在一起加以讨论并对那些从个别讨论中浮现出来的共同问题、论点和进路进行比较也是有益的。苏格拉底声称他那些不同的论证与探究都支持同样的结论(*Cri.*,46b3—c6,49a4—b6;参照

1 《普罗塔戈拉》(329c6—d1,329e6—330a2)中列出了主要的美德。

2 关于"探究性的对话",参见本书第二章,注释8。

3 关于《理想国》第一卷,参见本书第117节。

G.,482a5—c3,509a4—7),这些不同的对话提出了看起来不同的问题,但是这些对话在观点上的收敛支持了他的主张。

尽管《申辩》和《克里同》不是关于定义的对话,而《申辩》甚至不是一部严格意义上的对话,但是它们也应当和那些关于定义的对话密切联系起来加以讨论。因为它们既表明了苏格拉底持有某种明确且有争议的道德立场,也表明了他声称这些立场立足于那类在其辩驳探究中展开的论证。这两部对话警示我们,不要假定苏格拉底认为他自己的探究根本上是负面的或解释性的;它们迫使我们去追问,这些探究何以能够支持正面的道德结论。

如果我们将这些对话放在一起考虑,那就既不会把其中那些负面的、没有结论的方面仅仅作为论证技巧而打发掉,也不会在试图区分苏格拉底和柏拉图自己的观点时受到阻碍。将某个明确的观点归诸柏拉图并不是要声称他不去处理所有可能从某部对话中产生的、对于该观点的异议,也不是说他相信自己对这些反驳具有清楚的答案。实际上,研究这些明晰或不明晰的反驳或许都有助于我们理解柏拉图本人后来的反思。

研究这些对话中不同的伦理论证将会解答某些我们在上一章结 31
尾提出的问题。一旦我们看到苏格拉底关于他的对话者,以及他在其论证中所依赖的原则所做的假定,我们就会看到,他在多大程度上有资格声称,他的辩驳探究是实现道德发现和道德进步的一种手段。

20. 通常的信念

苏格拉底没有像亚里士多德那样,声称要遵循从通常信念开始的辩证程序。[4] 他将自己的论证引向一个特定的对话者,有时候还会

4　参见亚里士多德,*EN*,1005a22—30,1145b2—7;Polansky(1985),第249—253页;Vlastos(1991),第94页,第111页。

发现这个对话者的观点或许不是为人们广泛持有的（*Cri.*，49c11—d5）。然而，大多数人在着手处理苏格拉底的论证时都会想到一些道德信念和问题，从这里入手对我们来说仍是有益的。如果苏格拉底声称（他也这么做了）其论证的结果给了他一个好理由以将自己的道德主张视为正确的，那他就不能忽视通常的信念（*Cri.*，46b3—c6）。如果这些论证取决于选择同情自己观点的对话者，如果苏格拉底以不那么怪异的观点开始，它们就会有完全不同的走向，那这些论证就不足以代表苏格拉底的主张。

不仅如此，如果苏格拉底相信存在着某些非常普遍的、他可以予以拒绝却无法反驳的道德立场，那他就是在对所做的自我描述提出反对。他声称自己经常和碰到的人一起辩论，“说服你们，年轻人和老年人，不要去在意你们的身体和财产，而要首先且更加在意你们的灵魂，以便尽可能地令它们变好”（*Ap.*，30a7—b2）。如果苏格拉底经常和他碰到的所有人辩论（就像他声称的那样），而他又不和那些拒绝其中某些有争议的前提的人辩论，那他的关切就远不像他所表现的那样普遍。

最重要的是，如果苏格拉底不得不承认自己最重要的道德主张在那些依赖通常信念的对手面前无法得到捍卫，他就破坏了自己对于过一种经过省察的生活的劝勉（*Ap.*，38a）。然而，如果他能捍卫自己富有争议的主张，反驳那些起初倾向于拒绝这些主张的对话者，那他就表明了自己的主张应该得到重视。[5]

因此我们不仅应当考虑苏格拉底是如何妥善地处理他所讨论的这些观点，也要考虑他是否讨论了所有应该讨论的问题。要看到什么问题是他应该讨论的，我们就该对那些关于主要问题的通常信念有所认识，而这些问题与对话有关。

5　关于苏格拉底的辩词，参见本书第 44 节，第 85 节，第 94 节。

21. 幸　福

在《欧绪德谟》中，苏格拉底通过追问我们是否都想要“做得好”（*Euthd.*，278e3—6）或“变得幸福”（280b6）而开始了他的伦理学讨论。他假设这是我们的最终目标，因此接下来的伦理学问题就关系到我们必须要做什么才能获得幸福。这个问题引导苏格拉底进入对美德和其他善事物的讨论。亚里士多德对通常的伦理观点的论述支持了苏格拉底关于最高目的的假设：“因为从实践层面上 32
对于每一个个人以及对于所有人来说，都有一个目标是他们在选择以及避免一切事物时加以追求的；而这个目标，总的来说，就是幸福（eudaimonia）及其各个部分。”（*Rhet.*，1360b4—7）[6] 这也是常识和传统的观点。荷马说到“神圣的”（blessed）众神享有不灭而安定的繁盛。人类无法指望能够享有同样不灭的繁盛，因为他们的成功与众神相比是不安定且短暂易逝的；不过，财富、权力和荣誉，这些都为希罗多德（Herodotus）笔下的克洛伊索斯（Croesus）和珀勒克拉底斯（Polycrates）所享有，俄狄浦斯（Oedipus）在位期间也是一样，这些都代表了人们所追求的目标，而这种成功就被描述为“神佑”（blessedness）或“幸福”（happiness）。[7]

6　幸福（*eudaimonia*）经常被看成是包括了比某种精神状态更多的东西：很多希腊人认为，富有、兴旺和成功都是获得幸福（*eudaimōn*）的途径，而不仅仅是指某种对幸福的感觉。出于这个原因，“兴旺”（prosperity）、“过得好”（well-being）、“福利”（welfare）都暗示了幸福的各个方面，它们可能会被“happiness”这个译法掩盖。关于 *eudaimonia* 与 happiness，参见 Sidgwick（1907），第 92—93 页；Ackrill（1974），第 23—24 页；Kraut（1979）；Dybikowski（1981）。

7　参见 Homer，*Od.*，6.39—46；Herodotus，I，32；III，39—43；Sophocles，*OT*，1186—1204。关于不同的幸福观点，参见 Dover（1974），第 174 页。他对于物质生活富足的观点或许可以参考 De Heer（1969，第 3 章，尤其是第 80—81 页，第 99—100 页）和 McDonald（1978，第 1 章）的观点加以修改。

在将幸福作为最终目的之后，苏格拉底问道，我们该如何实现幸福？他认为显而易见的是，我们获得各种善事物的良好供给并由此变得幸福，他列出的善事物有：(1)财富；(2)健康、美貌以及其他身体上的优点；(3)良好的出身、地位以及在自己的城邦中具有荣誉；(4)节制、正义与勇敢；(5)智慧；以及(6)好运气(*Euthd.*，279a1—c8)。苏格拉底认为，清单上列出的所有这些要素都是没有争议的，除了美德与智慧。亚里士多德提出了一个类似的善事物清单(*Rhet.*，1360b19—23)，并解释说它们被普遍认为确保了幸福所需的"自足"(1360b14，24)和"安定"(1360b15，28)。只要我们拥有可能想要的一切，不再需要添加更多东西，在这个意义上我们就是自足的；我们的好运保护我们不会遭受突然的挫折并丧失幸福，就此而言我们就是安定的。

由于幸福要求安定和稳定，我们就会很自然地假定幸福必定要求良好的外部条件，而后者并不完全处于行动者的掌控之中。看来我们首先需要适当类型的"在先的"(antecedent)好运，按比例拥有恰当的资源即财富、健康以及社会地位。但是即使我们拥有这些资源并明智地使用它们，我们似乎也还是需要"随后的"(subsequent)好运；尽管我可能很有天赋、勤奋、富有而且著名，但我也不能排除这样一种可能：某种我无法控制的事件毁了我，就像毁掉珀勒克拉底斯和俄狄浦斯一样。

然而，如果强调安定和稳定在幸福中的重要性，我们就可能会怀疑其他那些被认作幸福各部分的善事物是否真的构成了幸福。荷马笔下的阿喀琉斯(Achilles)最终选择了短暂而辉煌的一生，而不是寂寂无名、湮没无闻却安定平稳的一生(*Il.*，9.410—416，18.95—106)；但是梭伦(Solon)推荐给显贵的克洛伊索斯的幸福生活却更像阿喀琉斯所拒绝的那种生活(Hdt.，I，31—32)。关于幸福的常识观点反映了幸福所表现出来的各个不同面向之间具有的紧张关系。

22. 美　德

在幸福的各部分中，亚里士多德提到了“诸美德”（或“卓越”）。各种美德对应的不是行动者拥有的资源或外部环境，而是他们自身适用于幸福的不同方式。因此亚里士多德将美德描述为“一种…… 33
保障并保有各种善的能力，一种用很多方式和重要的方式在所有事情上从各个方面对人有益的能力”（*Rhet.*，1366a36—b1）。按照这种普遍的描述，健康与力量也算作美德，而且他确实将它们算作身体的美德（1360b21—22）。

然而，亚里士多德区分了一个更狭义的“美德”用法，应用于那些值得称赞的品格特点。一个具有这些特点的人可以被恰当地称为“好的”（agathos）而不用进一步的明确说明（与“一个好士兵”或“一个好木匠”形成对照）。他列举的诸美德有“正义、勇敢、节制、大方（magnificence）、大度（magnanimity）、慷慨（generosity）、温和（gentleness）、明智（intelligence，phronēsis）和智慧（sophia）”（1366b1—3）。当亚里士多德宣称美德就是“美好的”（kalon）和值得称赞的（1366a33—36），他指的是美德既令行动者受益，也令其他人受益（1359a1—5，1366b36—1367a4，1367b6—7）。

将美德限定为令他人受益且值得称赞的品格状态，这在希腊伦理思想中并不是被普遍接受的。当荷马式的英雄被劝勉说“要永远做最优秀的，要胜过其他人”（*Il.*，11.784），他并不是受到劝告去做一个比别人更合作、周到、正义或节制的人；他是被勉励变得更勇敢，在战斗中取得更大的战功，而这才是使得阿喀琉斯成为“阿凯亚人中最优秀者”的优越之处（*Il.*，1.240—244）。阿喀琉斯和埃阿斯（Ajax）缺少很多亚里士多德所列举的美德，但是荷马从未暗示这些过失使他们无法成为好人（参见 *Od.*，11.549—551，555—558）；《伊利亚特》的确清楚地表明，一个人专注于追求自己的荣誉和地位，这有可能和他朋友的福祉或依赖于他的人的福祉相冲突，就像阿伽门农、赫克托尔和阿喀琉斯的例子所表明的那样。这种冲突在索福克勒斯的《埃阿斯》(*Ajax*)中呈现得尤其生动；尽管埃阿斯可能会变得只顾自己且对他人的福祉漠不关心，他还是配得上一个极为卓越的英雄所应得的荣誉。这种荷马式的观念（当然绝不限于荷马），表现出一个“好人”(agathos)具有在生活中实现自身成功所要求的能力，无论这些能力是否惠及他人，也无论它们是否实际上确保了他在生活中的成功（很显然这些能力并没有确保埃阿斯的成功）。

不过苏格拉底的很多同时代人都相信，就像亚里士多德所说，美德是寻求他人的善。在修昔底德(Thucydides)的《米洛斯对话》(*Melian Dialogue*)中，雅典人评价斯巴达人在处理内政事务时的行为“展现了最高程度的美德”，而在处理与其他城邦之间的事务时则以这样一群人为典型：他们“将那些令其感到快乐的事物都看作美好的，将那些对其有利的事物都看成正义的”(Thuc., V, 105.4)。[8]雅典人的意思显然不是说，斯巴达人在对外事务中没有那么充分地展现荷马式的、独断专行的美德；相反，他们恰恰是说斯巴达人在其内政事务中考虑共同利益，而在对外事务中富有侵略性、追求私利、完全不顾及他人利益。修昔底德只说斯巴达人在其内政事务中展现出“美德”并以此表达了这个对比。

修昔底德描述了战争导致的错位是如何将人们的注意力引向两种美德观念之间的冲突。有些人改变了他们关于“哪些行动值得
34 称赞”的看法[epē(i)neito; III, 82.5]。按理该被称为“没头脑的鲁莽”行动却被看作勇敢，按理算作节制的行动则被视为怯懦地踌躇(III, 82.4)。[9]阿尔西比亚德(Alcibiades)表述并利用了这个关于美

8 Andrewes 对这段解释得很好[见 Gomme et al.(1945)]。进一步的讨论参见 Creed(1973)；Adkins(1975)。

9 关于这一段的含义，参见 Wilson(1982)和 Hornblower(1991)对该处的评论。

德之要求的争论；他暗示爱国者对自己城邦的爱（参照 *Ap.*，24b5）并不排除对后者的反叛，实际上反而为他与敌人密谋并返回雅典的行为提供了辩护（Thuc.，VI，92.4）。柏拉图也提到了那些反对有关美德要求的日常观点的人（*R.*，560d1—561a1）。

这些反对习俗观点的人否认美德要关系到对他人的考虑；他们试图将美德与荷马式典型的独断专行的观点联系起来。他们以某种传统作为依托，而该传统在希腊伦理学中具备良好的基础，因此阿尔西比亚德对习俗价值的异议本身体现在非传统的语境中，体现了被认可的道德要求，而不是体现在对这些美德的明确拒绝之中，也就不会令人感到惊讶。

既然这些争论提出了关于美德的基本问题，那我们最好能指望苏格拉底会着手处理这些问题。事实上，他没有在那些短篇的苏格拉底对话中处理这些问题。我们应当对他的沉默感到惊讶并寻求某种解释。一旦我们考察了他所处理的问题及其提出的论证，就更容易看出为什么他会处理某些问题而忽略另一些问题。

23. 美德与诸美德

苏格拉底的对话者很容易识别出不同的行动和人群，因为他们展示了勇敢、节制和虔敬；这些对话者似乎假定，如果我们将人们评价为好的或坏的，那么追问他们是不是勇敢、节制等也就是恰当的。在《卡尔米德》和《拉凯斯》中，这个争论选定了一个特殊的美德，因为后者看起来是回答"什么使一个人成为好人"这个较为普遍的问题的最佳途径。

在《卡尔米德》中，苏格拉底声称能对灵魂产生裨益的恰当药物正是这种能在灵魂中产生节制的交谈；因为节制确保了整个灵魂处于健康的状况，而健康从灵魂扩展至整个身体（*Ch.*，156d6—157c1）。节制并非只是已经发现的诸多好品质之一；它被认为决定我们是否具有一个有美德的灵魂。这项探究的这个总体目标在《拉凯斯》中说得更加清楚。尽管这个迫切的问题关注的是阿里斯忒德斯（Aristeides）与修昔底德是否应当在全副武装的战斗中受训，但是更宽泛的问题则关系到什么样的教育会使他们变得“美好且善”（186c4）。正是由于这些年轻男子的父亲希望孩子变成好人，他们才希望自己的儿子接受各种具体的美德的训练（190c8—d5）。

这些介绍性的观点影响了论证的走向。既然苏格拉底探究各种具体的公认美德，假设它们都是真正的美德且能令一个人成为好人并以此作为探究的基础，那他似乎从一开始就带有某种偏见，反对那种认为（比如说）节制终究不是一种真正美德的观点。如果我
35 们必须通过自己关于美德和有美德的人的看法来探究节制是什么，那么任何旨在表明节制不是美德的论证显然都必须予以拒斥。

于是，苏格拉底考察了特殊的美德，以期发现一个“美好且善”的人是什么样子，他假设每个人都想要知道这一点，而且这个发现会影响人们关于应该如何生活的观点。这也是为什么尼西亚斯（Nicias）警告吕西马库斯（Lysimachus），他们将会发现自己是在省视过去与现在，是在为了该如何度过一生而进行辩论（*La.*，187d6—188c3）；尼西亚斯假设人们会想要遵照他们有关“美好且善的人”的观念而行动，这也是为什么他们会有兴趣去探究某种具体美德的原因。

这个潜在的假设并没有得到考察，甚至都没有清楚地表达出来，但是它影响了论证的过程。既然它是一个重要的假设，那我们就应该公平地要求对美德加以说明，而不仅仅是对这种或那种美德做出论述。然而，苏格拉底既没有提供一个对美德的一般论述，也没有试图去寻求它。[10]

10　关于普遍的美德，参见本书第 91 节，第 105 节。

24. 行动、品格与美德

有时候,苏格拉底认为“勇敢”等美德是对人的谓述(predicates)。在《卡尔米德》中,他寻找节制的人的共同特性,这种特性属于所有节制的人。与此类似,《拉凯斯》中的讨论关系到训练,它能使青年人成为勇敢的人。然而在《游叙弗伦》中,“虔敬”似乎被看成是对行动的谓述。苏格拉底问道:“难道一切行动中的虔敬不是和它自身相同吗?”(*Eu.*,5d1—2)他还暗示,如果自己发现了虔敬是什么,他也就找到了判断一个行动是否虔敬的标准(*Eu.*,6e3—6)。《游叙弗伦》后面的对话又回到了人们的虔敬。[11]

关于行动的问题与关于人的问题是不同的,但它们也未必相互分离。我们可以试着界定节制的行动,这并不依赖于对一个节制的人的界定;在这种情况下,一个节制的行动在定义上先于一个节制的人。相反,我们可能发现,一个节制的人在定义上先于一个节制的行动。或者我们还可以声称定义是相互依存的,这样任何一方都不先于另一方。

苏格拉底并未宣称他在优先性这个问题上有何观点,但是他的论证暗示了自己拒绝承认行动对人具有定义上的优先性。当卡尔米德将节制界定为平静(quietness),苏格拉底认为他是在声称,节制是一个人行动的外在特征,就像步调或语速的缓慢一样。苏格拉底不承认,如果我们不涉及动机而只是将某种行动的外部特征看作节制的充分条件,我们就会发现很多反例(159b7—160d4)。卡尔米德的下一个论述试图通过转变人们的品格来避免这些反例。他说,节制令一个人易于感到羞耻,并因此而等同于羞耻(160e2—5);出于

---

11 12e5 及以下可能是指行动也可能指人,但是 14e6 对某种技艺的引入暗示了其所涉及的是人的虔敬。进一步的讨论参见 Vlastos(1981a),第 435—436 页;McPherran(1985),第 237 页,注释 34。关于行动和人的特性,见本书第十一章,注释 17。

节制而做正确事情的人是出于羞耻或敬重(aidōs)而这么做。

36 与此类似,苏格拉底使拉凯斯确信,勇敢不是依照被独立界定为勇敢的行动而得到界定的,因为出于勇敢的行动不能被独立地说成是具有某种单一的特性,这种特性脱离人们所具有的美德而存在。[12] 拉凯斯因此提出,勇敢是"灵魂的某种忍耐"(192b9—c1)。他现在意识到,一个人不能仅仅通过在某些不涉及勇敢的特定情况下,被训练得按照指定的方式行动,就变得勇敢起来。拉凯斯认识到,我们并非想要勇敢的人仅仅在战斗中保持坚定;我们想要他们在各种需要忍耐的情况下表现得坚忍。如果我们是要训练他们变得坚忍,我们就必须训练他们去识别危险的等级以及面对危险的重要性;因为这种识别是灵魂的一种状态,而不仅仅是某种行为的倾向,勇敢必须存在于灵魂的某种状态之中。

25. 美好与善

一旦人们一致认为美德是行动者灵魂的某种状态,苏格拉底就追问它是什么状态。当他寻找更为确切的答案时,苏格拉底假设美德必定是美好的以及善的。[13] 苏格拉底反对卡尔米德的第二个建议即节制是羞耻,他暗示说,如果节制是美好的,它就令节制的人们是好的,因此它自身就必定是好的;因此它就不可能与羞耻相等同,因为后者有时候是坏的(160e6—161b2)。[14] 我们有时候会将羞耻作

12 关于行动与人,参见本书第120节;Joseph(1935),第6—7页;Burnyeat(1971),第230—231页;Dent(1984),第28—30页。

13 苏格拉底否定卡尔米德对节制的第一个论述,这也依赖于他的假设,即节制必须是美好的。

14 这个论证如下:(1)节制是美好的(160e6—7);(2)节制的人是好人(160e9);(3)如果有任何事物使人成为好的,那它自身必定是好的;(4)因此节制是好的(160e13);(5)但是,羞耻既是好的又是坏的(161a6);(6)因此,羞耻不是节制(161a11—b2)。苏格拉底并没有说他是在从(1)论证到(2),但是如果他不是这样,那么(1)在这个论证中就毫无用处,而(2)也就失去了所需要的支持。

为坏的而加以谴责，如果人们错误地为自己做出了一个行动感到羞耻，而实际上这个行动是美好且有美德的（参见 *Ap.*，28b3—5；*Cri.*，45d8—46a4），那么他们是在错误的场合表现出羞耻；但是（根据苏格拉底的说法）我们绝不会认为在这样或那样的场合展现节制是一件坏事。如果这是对的，那么苏格拉底就已经表明，节制不可能像卡尔米德声称的那样“就是羞耻”[15]，因为它不能被等同于羞耻。

然而我们还是可以把节制等同于某种羞耻，它排除了那种坏的羞耻。这种论述在《拉凯斯》中有进一步探讨。拉凯斯并未提出勇敢等同于忍耐，而是将它看作“灵魂的某种忍耐”（192b9—c1）。如果某种忍耐（而不是所有的忍耐）可以算作勇敢，那么我们就需要对相关的忍耐有一个更为确切的描述，这样我们才能对照具体情况来评价这个提议。

苏格拉底发展了拉凯斯的含蓄建议即勇敢不能直接等同于忍耐。他论证说，并非所有的忍耐都是美好的和有益的，而勇敢是一种美德，因此它必定总是美好的和有益的（192c4—d5）。既然愚蠢的忍耐是羞耻的和有害的，那么并不是所有的忍耐都可以成为勇敢的。

苏格拉底有权假设勇敢和勇敢的行动必定是美好的。[16] 但是什么令一个行动成为美好的？苏格拉底和拉凯斯一致认为，愚蠢的忍耐和莽撞都是有害和伤人的（192d1—2，193d1），这类忍耐毫无美好可言。他们假设勇敢是一种美德，且每一种美德都是美好的。我们 37
也可以论证美好的行动必定令那些应该获益的人们受益。一个胆敢背叛自己的城邦，向敌人投降以获取奖赏的人所做的是羞耻的而非美好的行动；他显现出自己是邪恶的而不是有美德的，因此他大

15　参见 160e4—5，hoper aidōs。对比“某种平静”，hēsuchiotēs tis，159b5。关于 tis 的这种用法，参见本书第 97 节；*La.*，192b9—c1；*M.*，73e1；Graeser（1975），第 174—175 页［回应 Detel（1973），第 8 页及注释］；Stokes（1986），第 76—80 页。

16　参见 179c3，大阿里斯忒德斯和修昔底德所说的“美好的行动”当然包括了勇敢的行动。亚里士多德对美德和美好的评论支持苏格拉底的假设，参见本书第 22 节。

胆无畏的行动就不能被看成是勇敢的。[17]

每一种美德都必定既是美好的又是善的，这个结论与某些关于勇敢和节制的通常看法相冲突。很多人相信，勇敢令我们热烈而无畏地去追求我们自己的目标，而节制缓和了我们的目标和欲望，以调适我们对自身福利的计划或他人的要求。这个普遍的观点构成了将勇敢等同于保持坚定、把节制等同于平静倾向的基础。从节制之人的角度来看，勇敢的人冲动而富有侵略性，但是从勇敢之人的角度来看，节制的人冷淡而且反应迟钝（*St.*，306a12—308b8）。[18] 出于类似的原因，勇敢似乎与正义相冲突：有些人论证说，勇敢的人热烈地追求他自己的目标，而只有怯懦才劝服人们听从正义的要求（参照 *R.*，561a1；Thuc.，III，82.4）。

苏格拉底假设，一旦我们认识到自己对于勇敢、美德和美好的观点所具有的含义，我们就会拒绝常识。既然我们试着去描述一种美德，那我们就会承认，这必定是一种美好且令人钦佩的品格状态。如果我们不得不承认勇敢并不总是美好的，那我们也就不得不承认勇敢并不总是一种美德；既然（苏格拉底假设）我们坚持假设勇敢就是一种美德，那么我们就必须拒绝任何暗示"勇敢并非总是美好"的论述。

26. 节制与知识

一旦苏格拉底说服卡尔米德相信，由于节制总是美好且有益的，因而不能等同于羞耻，卡尔米德就提出节制是"做分内之事"（161b6）。这似乎解释并修正了他早先的提议。因为我们可以说，节制的人知道什么是他"分内的"事，什么是对他合适的事，并且由于这个原因，他是"安静的"而非不恰当地具有侵略性，如果超出了适

17 对比 Stokes 对"有害的"的解释（1986，第 85 页）。

18 关于节制和勇敢之间的冲突，参见本书第 228 节。

当的分寸就会感到“羞愧”。

但是苏格拉底提出，“分内事”或“恰当的事”是一个“谜题”（161c8—9，162b3—6），因为我们很难弄明白“分内事”指的是什么。[19] 我们需要对“分内事”做出某种解释，以便说明这个或那个行动是否提供了它的例证；苏格拉底要求对此提出充分的定义（参照 *Eu.*，6e3—6）。[20] 克里底亚（Critias）论证说，我们应当以“对自身恰当”的方式“做自己的事”来解释“分内事”，因此它就是“美好且有益的”（163c4—8）。[21] 由此产生的对节制的论述就是宽泛的，缺少具体内容。

克里底亚现在同意，节制的人必须知道他们的所作所为是好的而且有益（164b7—c6）。他忽然就转向了另一个论述；他忘记了 38
节制的人必须做善的和美好的行动，假定节制的全部内容都可以在“认识你自己”之中表达出来（164e7—165a4）。苏格拉底问道，自我知识是“关于”什么的？通过举例说医学是“关于”健康的知识，他清楚表明自己想要知道的是自我知识的产物。[22] 克里底亚建议说，甚至这种产物对于自我知识来说也不是必要的；它只是知识的知识（166b7—c6）。因此他现在宣称，节制就是对于知识和无知的知识。[23]

苏格拉底对自己的描述暗示了他部分地同意克里底亚。他坚持说自己不是简单地试图驳倒克里底亚，而是同时审视自身，因为他真的不知道该怎么回答自己提出的问题（165b5—c1）；他想要省视自身以避免认为自己知道某些实际上并不知道的东西（166c7—

19　苏格拉底以直接阐述“分内事”开始（鞋匠只修补自己的鞋子，教写字的老师只写他自己的名字等；161d—162a），并表明这是不可接受的。他并没有认为自己已经驳倒了对节制的论述。

20　他认识到对正义的论述中存在同样的“谜题”，后者提到了“应有的”，却没有解释这是什么（*R.*，332b9—c3）。参见本书第 14 节，第 107 节。

21　关于亚里士多德对这段内容的使用，参见本书第 49 节。

22　参见 *apergazetai*，165c11。关于技艺与产品，参见本书第五章，注释 13。

23　关于从自我知识转变到关于知识的知识，参见 Dyson（1974），第 103—105 页；Irwin（1977a），第 298 页，注释 45。

d2)。苏格拉底对自身的描述令人想起他在《申辩》中宣称,自己缺乏那种影响他人的、对于知识的自负(*Ap.*,21d1—7),因为他具有"人的智慧"。很明显,他看重自我知识,并且把承认自己的知识与无知看成是自我知识的一个重要方面。[24]

接着,克里底亚似乎已经发现了节制的一个重要方面。实际上,他的论述可以用来解释前面那些论述的正确之处。如果我们具有自我知识,那么我们就会知道什么是"我们的分内事",什么是我们应得的,以及什么东西对我们来说是恰当的;根据这种知识,我们就会展现出恰当的羞耻以及恰当的平静。尽管此前的论述都是不充分的,但是它们也并非完全错误。

然而,如果这是《卡尔米德》的论证策略,那么有一处省略就会令人吃惊。将节制理解为自我控制(self-control)或自我约束(self-restraint)的观念在《卡尔米德》中并没有得到明确讨论,即使在对话的开始,苏格拉底本人似乎提供了一个自我控制的例子(155d3—e3)。事实上,苏格拉底完全忽略了节制中的非认知因素。

卡尔米德的第一个回答或许暗示了节制和自我控制之间的某种关联;这恰恰是高尔吉亚把节制说成是"秩序"(*G.*,506e1—507a1)时提到的那种关联。然而苏格拉底没有注意到卡尔米德提到了秩序(159b3),而且在解释他对"平静"的评论时似乎更像是在抬杠,就好像"平静"说的就是缓慢和迟钝。与此类似,卡尔米德建议将节制看作羞耻,这就识别出一个非认知的要素,但是后来的论述就没有与此相似之处了,而苏格拉底从未认可卡尔米德论述中的这个特征。既然苏格拉底忽略了节制的非认知方面,那他不追求那种将节制视为某种类型的自我控制的观点,也就不令人惊讶了。

"自我控制"暗示了一部分自我处于控制的地位,而另一部分自

24　与苏格拉底相对,克里底亚对于如何捍卫自己的主张或后者所引发的困难毫无意识,因此他缺少苏格拉底所达到的那种程度的自我理解。

我受到控制；如果要按照字面意思来理解这个主张，那我们就必须承认有两类冲动和欲求，并且对于其中一类如何控制另一类做出解释。在《普罗塔戈拉》、《高尔吉亚》和《理想国》第四卷中，柏拉图讨论了一切关于自我控制的话题都会采取的预设。[25]《卡尔米德》中没有任何内容表明苏格拉底承认节制具有非认知的方面。[26] 即使这 39
部对话充满了反对与疑问，苏格拉底甚至也没有给出任何暗示说，节制等同于某种知识这一点可能会遭到反对。

27. 勇敢与知识

在《拉凯斯》中，苏格拉底和拉凯斯着手寻找那种总是美好和有益的忍耐。拉凯斯笼统地同意，愚蠢的忍耐是羞耻和有害的，而且只有明智的（phronimos；参见 *La.*，192d10）忍耐才是美好的；然后苏格拉底追问与此相关的是哪一种智慧。拉凯斯发现，A 比 B 更勇敢，如果 B 在某方面的专门知识（比如说对潜水的知识）向他表明潜入一口井没有特别的危险，而 A 尽管比 B 更相信潜入井内有很大危险，却还是这样做（193a3—c5）。我们倾向于说，在这种情况下 B 不像 A 那样需要勇敢。[27]

拉凯斯困惑地发现，更不明智的人恰恰是更勇敢的人（193c9—e5）。他不知道要如何避免下面这个主张，即：有些人以为自己直面

25　在 *Cri.*，47d3—48a4，苏格拉底将正义与灵魂的健康相比，而《高尔吉亚》将它与灵魂的和谐与冲突相联系；见本书第 79—80 节。然而，在《克里底亚》中，这个比较仅仅暗示了正义是对灵魂高度有益，而不义对灵魂极为有害。苏格拉底没有提到任何冲突或和谐，因此他并没有暗示《高尔吉亚》或《理想国》中的学说。

26　O'Brien［（1967），第 125—126 页］提出，柏拉图在这里想到的是《理想国》第四卷。

27　这一点关系到早先那个在全副武装的战斗中进行训练的问题，181d8—184c8。因为结果表明：如果这种训练实现了它的初衷并使一个人获得了步兵战术的专业技能，那它就令勇敢变得不那么必要；那它提供的就是勇敢的替代品而非勇敢本身。

某些危险并对此无动于衷，有些人对自身行动的成本与收益做出了真实的评价并以此引导自己的行动，前者比后者更勇敢。但是这个主张混淆了纯粹的鲁莽和勇敢（参见 *Pr.*，350b1—5）。[28]

苏格拉底现在转向尼西亚斯，他引用了苏格拉底的评论，即一个人在那些他具有智慧（sophos）的方面是勇敢的。尼西亚斯提出，与此相关的智慧就是关于恰当地怀着恐惧或自信所面对的事物的知识（194e11—195a1，196d1—2）。在此前的例子中，一个人似乎是具有知识而行动，但这些例子实际上并不涉及有关整体上的善与恶的知识；这种知识的呈现解释了为什么经验不足的潜水者会在入水时表现得更加勇敢（比如他要去救一个溺水的孩子）。勇敢的人知道冒很大的风险是值得的（如果他们不是专业潜水者），因为他们知道，相对而言的好处和坏处可以说明，冒着这样的风险去行动是具有合理性的。

尼西亚斯的评论表明，将勇敢视作明智的忍耐，这个论述可以如何加以修改和辩护；我们或许会期待他说，勇敢是以知识为基础的忍耐，而这种知识关系到什么是该害怕的、什么是不该害怕的。然而，他并没有谈及忍耐。尼西亚斯认为知识对于勇敢的行动来说是充分的，苏格拉底和拉凯斯都没有反对。我们不是明知道最好应该抵挡某种危险，却因过于软弱而无法加以抵挡吗？要消除这种软弱，我们就需要培养忍耐。如果是这样，那么智慧和忍耐对于勇敢来说似乎就是必要的。[29]

28　关于 *La.* 和 *Pr.* 对勇敢和知识的论述及其关系，参见本书第六章，注释 9。

29　有些读者论证说，柏拉图想要我们得出结论，认为一个正确的论述必须包括对忍耐的某种讨论，将它视为勇敢之中的某种独立因素，不依赖于知识而存在。参见 O'Brien（1963），第 139 页；Devereux（1977），第 135—136 页。Stokes（1986，第 88 页）和 Kahn（1986，第 18 页）则不是很有信心。Devereux 特别提到 193e8—194a5。但是，苏格拉底承诺的就只是这个观点：他们应当忍耐；即使忍耐并非勇敢定义中的一个独立因素（比如说，如果知识自动产生恰当的忍耐行为，这就是真的），他依然可以主张这个观点。194a4 的 "ei ara pollakis"（果真总是的话），苏格拉底并不认可将忍耐看作勇敢这一主张的真实性。

柏拉图是否认为这是对尼西亚斯的勇敢观念的合理反驳？借拉凯斯或苏格拉底之口提出这个反对本来会很容易。然而，受到挑战的那个假设仅仅是“知识对勇敢来说是必要的”；没有人挑战这个假设，即知识对于勇敢来说是充分的。[30] 如果柏拉图想要我们拒绝这个假设，那他甚至都没有暗示某种反对，这就很奇怪了。

《拉凯斯》中的这种沉默与《卡尔米德》中的沉默相符，在后一
篇对话中，没有人就节制是某种知识而提出争议。我们可以提议 40
说，在这两部对话中，柏拉图都意欲使敏锐的读者看到，美德中的非认知因素没有理由被搁置不理。然而，一旦我们不得不承认柏拉图甚至无法给这位敏锐的读者做出微妙暗示，那这个提议也就没那么有吸引力了。我们至少应当认真地考虑下面这种可能性，即柏拉图相信苏格拉底的改变是可辩护的，即使这些对话并没有呈现对它的辩护。

28. 节制与美德的统一

一旦苏格拉底澄清了下面这个提法，即节制是知道我们的知识与无知的程度，他就追问这个提法是不是正确。如果我们接受了这里提出的对节制的论述，我们就不能将节制等同于对善和恶的知识；苏格拉底认为，拒绝这个等同的后果是不能接受的。[31]

30　苏格拉底对尼西亚斯论述狮子和野猪的“勇敢”（196e）提出了一个可能的反对。拉凯斯接受了这些“被接受的”（197a3）例子作为针对尼西亚斯的反例，但是尼西亚斯驳回了这些反例，论证道，无畏与勇敢并不相同（197a—b）。尼西亚斯是对的，因为拉凯斯并非想要放弃他之前承认“勇敢总是美好的”这一观点；因为拉凯斯这里所说的这种不动脑子的无畏当然不会总是美好的，而是有时候十分愚蠢且令人遗憾。

31　苏格拉底的主张是，关于我知道什么或不知道什么的知识（170d1—3），或许在道德上和政治上都是有用的（171d1—172a5）。他明确地挑战了某些人的假设，他们主张寡头制是政体的节制形式；他论证说，节制的人会想要确保统治者拥有恰当的知识，以确定他们是统治者。

苏格拉底认为，如果节制是“有益的”（169a8—b5），那它必须等同于对善和恶的知识。他的论证如下：

> 1. 每一种技艺都只是独特产物的生产者（医术是健康的科学，制鞋术是鞋的科学，等等）。
> 2. 节制不是益处的科学。
> 3. 因此节制不是益处的生产者。
> 4. 因此节制不是对我们有益的。（174e3—175a7）[32]

这个回答看起来仍然不能令人满意。如果一种科学的产物是对我们而言的益处，那么即使这种科学不同于关于有益之物的科学，难道它不是确实有益的？

苏格拉底或许可以通过以下两种方式之一加以回应：（1）经过全盘考虑，在各个方面，其他科学的产物都不是善的。如果这些产物要对我们有益，它们就必须为关于善和恶的知识所用。（2）其他科学的产物都不是真正的善；唯一产生善的科学就是关于善和恶的科学。第一个回应表达了一种关于智慧的温和观点，断言我们需要关于善与恶的高级科学，如果普通的善事物在我们使用它们的每一个场合对我们来说都是真正的善（经过全盘考虑）的话。第二个回应表达了一个极端的主张，断言那些由其他科学产生的所谓善事物并不是真正的善事物。

苏格拉底看似接受了这个极端的主张，因为他假设关于善和恶的高级科学对于幸福而言是充分的（174b11—c3）。他并没有暗示，任何非认知的条件对幸福来说都是必要的。他同样假设，没有任何不利的外部条件会阻碍我们的知识去实现我们的幸福。如果苏格

---

32 关于这个论证，参见 Santas（1973），第 130—131 页；Ferejohn（1984），第 113—115 页。

拉底要捍卫他的这个主张,即关于善和恶的知识对幸福来说是充分的,那么他就必须接受极端的观点,认为次级科学的产物完全不是善的;因为如果对善和恶的知识不能保证拥有次级科学的产物,而且如果这些产物是真正的善事物,那么关于善和恶的知识对幸福来说似乎就不是充分的。[33] 这样的话,苏格拉底似乎就接受了极端的 41
主张,认为高级科学的产物才是唯一的善。

在这部对话的结尾,苏格拉底重申了这个极端主张。他告诉卡尔米德,假设如果我们具有节制,我们就会幸福(175e6—176a1);尽管他保留了对于论证过程中所做出的其他让步的判断,他还是强势地坚持认为节制确保幸福(175b4—d5)。如果节制对于幸福来说是充分的,那它就必须等同于关于善和恶的科学,而那些其他科学的产物就不可能是真正的善事物。苏格拉底在《卡尔米德》中的最终转变可以被证明为合理的,当且仅当他有资格主张这个极端的观点。

《卡尔米德》的结尾仍存有疑难,但是我们不应由此推断,苏格拉底对于节制的品格不具有确定的观点。相反,正是他的确定观点导致了疑难。他发现,关于节制行为的不同观念和关于节制的不同标准将我们引向一种美德而不是数种美德;在这个意义上,他不相信那种分散的定义方式。[34] 不仅如此,这一美德最终表明是与关于善的知识相同的,而且对于行动者的幸福来说也是充分的。常识不能接受这些结论,所以苏格拉底就认为,我们感到困惑和迷茫是正确的。但是他相信,常识不能合理地拒绝他的论证。

33　这个论证假设幸福包含了所有的善事物。苏格拉底似乎假定了这一点,Vlastos 有关苏格拉底论幸福的说明讲得很清楚。参见本书第 41 节;Vlastos(1991),第 8 章;Irwin(1992a),第 252—253 页。

34　关于分散的定义方式,参见本书第 13 节。

29. 勇敢与美德的统一

如果苏格拉底在《卡尔米德》中的论证是要表明,节制必须与对善和恶的知识同一,那么他就暗示了,节制等同于其他每一种美德。因为支持苏格拉底论证的那些对节制的假设似乎也相当于对其他每种美德的合理假设。这层含义在《卡尔米德》中并没有予以指明,但是对于勇敢的类似含义在《拉凯斯》中得到了阐明。

苏格拉底暗示,如果尼西亚斯正确地将勇敢等同于对恐惧和信心的特有对象所具有的知识,那么它就必须等同于全部美德(199d—e)。关键要点如下:

1. 对于恐惧和信心的特有对象的知识,也就是对于将来的善和恶的知识。
2. 对将来的善和恶的知识就是对于整体的善和恶的知识。
3. 对于整体的善和恶的知识就是美德整体。
4. 因此,勇敢就是美德整体。

苏格拉底是否认为这个论证成立?[35]

我们可以否认,勇敢要求对于作为整体的善和恶的知识。或许每一种美德都要求其特定类型的、关于某种恰当的善恶子集的知识或信念。例如我们可以说,勇敢要求的是那些在容易唤醒恐惧的环

---

35 Vlastos(1972,第266—269页)论证说,苏格拉底接受了(1)中对勇敢的论述,但是不接受(2),因此他不相信(1)会和"勇敢是美德的恰当部分"这个观点相冲突。不过Vlastos(1981a,第443—445页)后来拒绝了这个论述;他后来的观点与Devereux(1977,第137—141页;1992,第771—773页)相一致:既然苏格拉底既认为该论证是有效的,又认为勇敢是美德的恰当部分,那么这个论证就被导向(1)的反面。Vlastos(1993,第5章)后来再次考虑了这个问题。

境之中关于善恶的知识，节制要求的是那些在容易唤醒可能的快乐的环境之中关于善恶的知识，等等。

苏格拉底对明智的忍耐所做的评论已经削弱了这个回答。他说，愚蠢的忍耐不是有益的，因而不是美好的，因此也就不是勇敢的。勇敢的人不会不加辨别地面对所有危险；他们必须知道哪些危险值得面对。值得我们去面对的危险并不包括那些例如抢银行或者恶作剧所需要面对的危险；确实，随时准备去面对某些类型的危险（比如《唐璜》里描述的那些情况）标志着不节制或不义，而不是勇敢。如果是这样，那么发现勇敢的行动就需要具备属于正义和节制的知识；在关于善的知识的各个分支中，没有哪个是自身就足以构成勇敢的认知方面的。 42

这个结论可以通过诉诸一个强版本的主张而得到辩护，即勇敢必须是美好的和有益的。[36] 这个强版本的主张意味着，如果某种品格特征导向那些比其他行动更坏也更可耻的行动，那这种特征就不是美德。既然每一种美德在没有其他美德相伴随的情况下，有时会将我们引向某些行动，而它们比我们同时具有其他美德的时候做出的行动更差，那么任何美德都不能真的从其他美德中分离出来。如果苏格拉底接受这个强版本的主张，他就有了一个理由坚持认为，美德是不可分离的。

对美德不可分离的这个辩护不能证明它们是同一的；因为这并不意味着知识对于美德而言是充分的。我们可以论证，对于善的知识是一切美德的组成部分，但是每一种美德都有非认知的成分将之与其他美德区分开来。[37] 然而，一旦我们接受尼西亚斯将勇敢化约为知识，我们就会接近这个回应。如果关于善的知识是导致一切有美德的行动的灵魂状态，那么对于诸美德的正确论述，除了接受这

36　关于诸美德的不可分离，参见本书第 56 节。

37　关于美德间的互易与统一的对比，参见本书第 43 节，第 56 节，第 97 节，第 166 节。

种知识之外，就无法容纳其他东西。[38]

于是，柏拉图相当仔细地构造了《拉凯斯》中的论证；最终论证中看起来有争议的步骤都在对话较早的部分得到了辩护，而表面上可行的反对已经得到了回答。然而，也不是所有的反对都得到了回应；苏格拉底指出，美德同一的结论与最初认为勇敢只是一部分美德的假设相冲突（199e3—11）。要明白这个冲突能否驳倒该结论，我们就必须考虑接受最初假设的基础。[39]

勇敢是美德之恰当部分的假设之所以被引入，目的在于令探究更加容易一些，因为勇敢似乎是与全副武装地战斗训练最为接近的美德（190c8—d5）。但是就像我们看到的，一开始的主要问题并非关于特定的勇敢，而是关于如何令人们"美好且善"；勇敢仅仅作为美好和善的一个方面被引入，它看上去与这个场合最为相关。[40] 苏格拉底没有给出理由来支持这个关于勇敢的最初假设，而且对话中的这个论证也没有什么地方依赖于该假设。

所以，柏拉图从未说过，将勇敢视作美德之恰当部分的假设比论证美德统一的前提最终所表现出来的更加合理；因为这些前提已经得到了很强的辩护。这种勇敢作为"美好且善"的人的典型特征肯定不会只是不加留心的大胆，也不会是纯粹技术性的专业知识；
43 苏格拉底使以下观点看起来合理，即美好且善的人之所以行动勇敢是因为具有这种知识，它对于其他美德而言也同样是充分的。

38　对照 Gould（1987），第 277 页。

39　关于勇敢是美德之恰当部分的主张，参见 Vlastos（1981c），第 421—422 页；Vlastos（1991），第 132 页，注释 8；Ferejohn（1984），第 108—109 页；Devereux（1977）；Stokes（1986），第 67—69 页；Penner（1992a）。在 *M.*，78d—79c，苏格拉底承认：（1）美德有不同的部分，以及（2）除了主要美德之外，还有很多其他美德（79a3—5）。既然他很可能不支持（2），我们就不应（像 Vlastos 和 Ferejohn 那样）假设他也支持（1）；他仅仅是出于对当前论证的考虑而在（1）上对美诺做了让步。见 Irwin（1992a），第 244 页；对照 Taylor（1991），第 221—222 页。

40　关于美好与善，参见本书第 23 节。

如果柏拉图愿意，他本可以轻松表明，主要论证应当引起怀疑。如果论证美德统一性的关键步骤在引入之前没有任何辩护，或者说如果它们与我们在前面的对话里有充分理由相信的东西相冲突的话，那么这些就应该是警示的信号。柏拉图没有给我们提出任何此类警示。[41] 这个论证的全部分量倾向于支持最终论证中提出的关于勇敢的观点。不仅如此，《拉凯斯》可能引发的疑虑在《卡尔米德》中部分地得到了回答，在那部对话里，苏格拉底似乎接受了某些前提，而要支持《拉凯斯》中的论证就需要这些前提。《拉凯斯》反过来支持了《卡尔米德》的论证。我们可以拒绝承认苏格拉底在《卡尔米德》中的论证必定是错的，因为它暗示了美德的统一；《拉凯斯》论证说，这个暗示不但没有破坏，实际上反而支持了《卡尔米德》的论证。[42]

就像在《卡尔米德》中一样，《拉凯斯》中的一个表面上令人信服的关于勇敢的论证挑战了下面这个常识信念，即一种美德与所有其他美德是有区别的。苏格拉底将这个问题看作一个真正的难题，因为他并未假定，一旦我们从他所接受的前提中得出一个反直觉的结论，我们就应当立刻抛弃我们所有的最初信念。他相信，我们会愿意重新考察这个问题，而且一旦我们这样做了，就会同意苏格拉

41　关于《美诺》中的警示信号，参见本书第 99 节。

42　某些关于美德统一性的结论得到了《游叙弗伦》的支持。苏格拉底考察了“虔敬是公正的一部分”（11e7—12d10）这个主张。游叙弗伦最后的主张遇到了困难，因为他暗示，我们在虔敬中所做的事情是令神满意的（15b1），因此也是为他们所爱的；这就令我们回到了这个主张，即虔敬就是为神所爱的正义的一部分，而“众神所爱”之前作为对虔敬的定义已经遭到拒绝（15b1—c9）。[论证的这个方面由 Weiss（1986，主要在第 450—451 页）加以讨论。] 游叙弗伦需要避免这个困难，如果他坚持认为（就像他之前的评论所暗示的那样，4b7—c3，7b7—9），所有正义的行动就其是正义的而言对神来说都是令其愉悦的。但是，这么说就否认了虔敬是正义的一个恰当部分。因此就需要一个进一步的论证来表明，正义不能与其他的美德区分开来；《卡尔米德》中的最后一个论证填补了这个裂隙。《游叙弗伦》和美德统一性之间的联系在 Taylor（1982，第 114—117 页）和 McPherran（1985，第 221—222 页）那里得到了讨论。

底式的论证是令人信服的。[43]

30. 正义与行动者的善

《卡尔米德》和《拉凯斯》并没有确切表明,苏格拉底通过他的关键主张即"节制和勇敢总是美好的、善的和有益的"想要说的是什么。尽管我们一开始可能假定"总是善的"仅仅意味着一种美德总是一种善(因此总有某种东西被说成是以它为目标的),但是这些对话的结论依赖于一个很强的主张,即美德总是比其他事物更好(因此经过全盘考虑,它就总是好的)。苏格拉底声称,如果一种美德是美好的,那它必定是有益的,这么说的时候他并没有说明所考虑的是谁的益处;是行动者的益处?还是那些受到行动影响的人的益处?还是二者兼有?既然《卡尔米德》的结尾暗示,一个人的节制对于他自身的幸福来说必定是充分的,苏格拉底似乎就接受了进一步的强主张:如果一种美德是美好的,它必须也是经过全盘考虑之后对行动者最好的。

如果我们考虑到苏格拉底在《申辩》和《克里同》中关于正义的主张,他的立场就更加清楚;在这里他坚持认为正义是美好的,并因此在经过全盘考虑之后对于正义的行动者来说是最好的。这个主张似乎非常不合理,因为似乎很明显:正义的人遵从正义的要求行事,即使以其自身利益为代价。然而苏格拉底否认了这个关于正义的、表面上很明显的事实。

在《申辩》中,苏格拉底坚持认为,他对正义的承诺必定不能出于自我保存的缘故而放松;与做正义的事还是不义的事、做好人该

43 Schulz(1960,第267—268页)论证说:(1)《拉凯斯》的论证暗示柏拉图相信勇敢是关于善和恶的知识,因此(2)这个难题并不是真正的疑难。我不认为从(1)会得出(2)。

做的事还是坏人该做的事这种问题相比，任何有生命价值的人都不会去考虑危险或死亡（*Ap.*，28b5—9）。[44] 苏格拉底后来否认在有美德和保护个人利益这两者之间存在冲突，因为他声称，恶事不会发生在好人身上（41c8—d2）。如果没有什么能够伤害一个好人，那么他的正义行为也就不会伤害他。他在这里并没有解释，为什么他认为对正义毫不妥协的承诺会增进行动者的幸福。 44

他开始处理《克里同》中的这个问题。在回应克里同的主张时——苏格拉底待在监狱里既是有害的又是不义的，并因此是可耻的（*Cri.*，46a3—4）——苏格拉底重申了他对正义所做的不可更改的承诺，并坚持认为他不可能受到正义行动的伤害。他坚持认为，活得好，而不仅仅是活着，才应该是我们的首要关切（48b3—6）。于是他主张，活得好、活得高贵与活得正义都是一样的（48b8—9）。这个观点解释了为什么好人不可能受到伤害；一个人只要不被剥夺幸福就不可能受到伤害，而只要他活得合乎正义，他就是幸福的。[45]

为了说明正义是如何与幸福相联系的，苏格拉底声称灵魂中的正义与不义相应于身体的健康与疾病（47d7—48a1）。在他看来，正义是如此重要的一种善，它不应与一个不义的灵魂在一起；因此不义的行动是要加以避免的，因为它产生了灵魂中具有破坏性的不义状态。在提出这些观点时，苏格拉底暗示，美好与正义的事物必须对行动者有益。

这个主张无论如何都不是毋庸置疑的。在索福克勒斯的《菲勒克忒忒斯》（*Philoctetes*）中，涅奥普托勒摩斯（Neoptolemus）明确地将正义从公共利益以及他自己的利益中区分出来。他并不否认奥德修斯的计划对于希腊人的利益来说是最有用的，因此也是“聪明

44　关于苏格拉底对美德的态度，参见本书第41节，第51节；Vlastos（1991），第209页。

45　关于美德与幸福，参见本书第41节。

的”（sophon）行动；但是当他判定这个计划是可耻的（aischron）和不义的（1234），他更愿意采取正义的行为方式并说道：“如果这个行动是正义的，那就比聪明更好。”（1245—1246）

如果我们考虑一下苏格拉底看作正义的那些具体行动，我们也会期望他能同意涅奥普托勒摩斯。在《申辩》中，苏格拉底受审的罪名是不虔敬，是做了败坏青年、教唆他们行为不端等不义的行动（19b4）。在他的辩词中，他声称自己向来都是一丝不苟地、正义地行动，陪审员们自己就能看出这一点。他拒不认同（在他看来）不合法的、阿尔吉努塞（Arginusae）海战后对将军们的审判，而且他拒绝配合三十僭主（the Thirty）不合法地（在他看来）逮捕莱翁（32a4—e1）。苏格拉底并未假设陪审团必定同意他在这两个场合下的所作所为；他们也可能假定，苏格拉底在对将军的审判中过分强调自己对严格合法性的关注而忽视了当时情况的严重程度。但他仍然假设，陪审团在两个事件中看到的都同样是对正义的关注。这份关注似乎尤其表现为法律对于受其影响的个体的保障，而与苏格拉底自己的好处或任何社会利益的托词无关。

不过，这并不是苏格拉底对于正义和行动者利益之间关系的看法。相反，他反对涅奥普托勒摩斯，坚持认为所有的美德都必定对行动者有益；在讨论那种似乎会证明这个观点不成立的美德时，他
45 尤为坚定地坚持这一点。

31. 正义与他人的善

《克里同》应当进一步阐明苏格拉底关于正义和利益的观点，因为这篇对话提出了苏格拉底为某种基于其正义观的特定道德立场所做的辩护。在假设正义令正义的人受益之后，苏格拉底论证道，它也令其他人受益。克里同赞同这一点，因为：（1）我们必不能行不义，由此导出（2）我们必不能在报复不义的时候行不义（49b10—

11)；因为他也同意(3)糟糕地对待一个人(kakourgein，49c2；kakōs poiein，49c7)就算行不义，他同意(4)我们不应当通过糟糕地回敬别人(antikakourgein，49c4)来报复不义。

苏格拉底所说的“糟糕地对待”是指什么？如果仅仅是指“伤害”(blaptein)，他的第三步就会引起争议且得不到辩护。[46] 或者也可以认为，“糟糕地对待”指的是“以某种方式对待别人，如果不是因为违背正义，这种方式本来是道德上可接受的”。如果是这样理解，那么为复仇辩护的人可能对苏格拉底的论证提出至少两个反驳：(a)一种辩护可能接受(3)，但是否认(1)，声称我们有权为了报复不义而行不义。(b)另一种辩护可能接受(1)和(2)，但是否认(3)，声称A出于报复B对自己的不义而对B做出某些在其他情况下不可接受的事，这是正义的。

苏格拉底拒绝了上述两种对报复的辩护，但是他并没有令人信服地加以反驳。为了拒绝第一个辩护，他必须解释为什么报复不义的行为会和无缘无故的不义行为一样，损害一个人的灵魂；他并没有解释这一点，因为他根本就没有说明，不义和不义的行动是如何损害一个人的灵魂。为了拒绝第二个辩护，他必须说明为什么B之前对A的不义行动不能使A的报复行为成为正义的。

如果苏格拉底已经反驳了对报复的第二个辩护，那他就可以澄清自己关于报复的观点。如果他声称A不公正地对待B这个事实绝不应该影响B对A的做法，那他就暗示正义给人们强加了绝对的义务，而不管对行动者或其他人有什么影响。如果是这样，那苏格拉底就很难表明，正义和美好的事物对于行动者和其他受到影响的人来说(经过全盘考虑)都是善的。

然而，苏格拉底事实上仅限于提出更温和的主张，即A对B的

46　关于kakourgein的意义，参见Kraut(1984)，第26—27页；Vlastos(1991)，第196页。关于糟糕地对待和伤害，参见本书第119节。

不义本身并不是B将A区别对待的一个充分理由。[47] 当“法律”（The Laws）接管了论证，他们就把这种状态与父母相比，而父母有权采取特殊的考虑作为对他们的付出的回报；他们论证说，苏格拉底已经做出了一个约束性的协议来保持法律，并且在与某条法律发生冲突的时候仅限于进行劝说。他们声称，只要苏格拉底决定如此，那么他不服从法律就是在毁坏法律与城邦（50a8—b5）；但是他们并没有立即假设他的行动必定是不被允许的。他们仅仅是拒绝了一种辩词，即认为苏格拉底的不服从可以由城邦对他先做出不义的行动这一事实而得到充分辩护（50c1—2）。

46 在拒绝这一辩词时，法律仅仅依赖于有关非报复（non-retaliation）的温和主张。如果他们在所有可能的情况下都拒绝报复，那就不需要考虑任何进一步的论证来支持回应不义的不服从；但事实上他们考虑了进一步的论证。他们论证说，苏格拉底在当前情况下，不能在雅典之外有效地展开他的哲学活动，如果他接受了惩罚而不是试图逃脱，那么这对他的孩子们会更好（53a8—54b1）。

如果苏格拉底在这些方面需要被说服，那他就必须假设，如果他不被说服相信自己的逃跑在这些方面都没什么影响，那他就能够

47 不报复的极端原则如下：（R1）如果（1）A对B行不义，且（2）如果A在此之前没有对B行不义，那么B对A做x就是不义的，因此（3）B对A做x就是无法得到辩护的。较温和的原则如下：（R2）如果（1）A对B行不义，且（2）如果A在此之前没有对B行不义，那么B对A做x就是不义的，因此（3）A对B做了不义行动的这个事实并不能为B对A做x而辩护。Kraut［（1984），第35—38页］含蓄地否认苏格拉底接受R1。Vlastos［（1991），第190页］似乎也只把R2归于苏格拉底；他的观点在第194—197页更不清楚。

R1比R2强得多，因为R1暗含了一个意思：只要A没有对B行不义，就绝不允许B用不义的方式来对待A。R1排除了（尽管R2允许）惩罚中的报复因素。我们或许相信报复本身并不是进行惩罚的一个充分理由，但是我们更相信惩罚涉及的伤害仅应强加于那些做了不义之事的人，而将其强加于那些没有做不义之事的人实际上就是不义的。这个信念会违背R1，因为它意味着A之前的不义行动影响了B对A的所作所为的合法性。报复性的考虑所具有的这个地位得到了Hart（1968，第11—13页）的捍卫。

有正当理由不服从。如果他相信这种关于非报复的温和主张，那么对他来说提出这些问题就是有关的；如果他的不服从可以为他赢得这些进一步的好处，那他就可以在非报复的基础上声称这是有正当理由的。因此他似乎承认了一个论证，而产生这个论证的一致意见所确立的仅仅是一个反对不服从的前提；他也承认，为了表明不服从在整体上是不是公正的和善的，就需要对后果做出进一步考虑。

这些论证倾向于肯定一个观点，即苏格拉底将正义的行动看作既是整体上好的，也是对于正义的行动者而言好的。它们表明，当苏格拉底捍卫特定的道德决定时，他并没有破坏自己将正义、美好和行动者的善联系起来的理论原则。但是，这些理论原则在被用来捍卫苏格拉底的立场中最有争议的部分时，仍然存在问题。他没有解释不义或不义地行动是如何伤害一个人的灵魂，也没有解释什么样的伤害可以算作对他人的不义对待。

从《吕西斯》中也可以得出类似的结论，苏格拉底在那里讨论了关注他人的道德的另一方面。[48] 在友爱(philia)当中，一个人关心另一个人的善；该对话探讨了对他人的这份关注在哪些方面可能与一个人自己的善相联系。这部对话也是丰富的资源，并提出了关于友爱的各种难题[49]，而苏格拉底解决它们的路径也非常间接。有时候他的反对似乎既吹毛求疵又不可靠，但是随着对话的进行，问题的模式开始显现。关于友爱的不同难题，在苏格拉底的一般假设下，最终表明是可以解决的，该假设即认为有美德的行动令有美德的人受益；如果我们假定，人们在互相供给需求的意义上(215b—c)都是因为他们所具备的有用性而被爱(212c5—d4，214e3—215c)，那么

48 我将 *Lys.* 看作一部苏格拉底对话。有些学者试图表明这里涉及柏拉图的理念论[参见 Levin(1971)]，Vlastos(1973，第 35—37 页)对此做出了回应。

49 *Lys.* 中的很多难题在亚里士多德对友爱的讨论中继续存在。参见 Dirlmeier(1963)，第 435—436 页；Annas(1977)，主要是第 532—538 页；Price(1989)，第 9—14 页。Adams(1992)指出了这些难题的一贯特征。

友爱的那些最初令人惊讶的特征就会变得更容易理解。[50] 爱的对象是某种美好的东西；苏格拉底做了某些类似的更改，并由此假设它也是善的（216d2），这样我们就会发现爱的对象真是善的（216c4—217e2）。苏格拉底并没有给出明确的信号，否认或挑战这些假设。[51] 考虑到他对正义和行动者利益的主张，我们对此不该感到惊讶。

这些对话讨论了美德与其他人的利益之间的联系，它们表明在苏格拉底看来，每一种美德恰恰是因为它既是美好的又是有益的，因此必定既在整体上是善的又对行动者来说是善的。我们已经看到，苏格拉底在《卡尔米德》的结尾依赖于这个强的主张；而我们刚
47 刚考虑过的对话表明，这是苏格拉底的观点中一个固定不变的部分。它是引导苏格拉底的辩驳论证最重要也最引发争议的原则之一。

32. 苏格拉底式探究的主导原则

我们已经考察了苏格拉底对美德的若干探究，并鉴别出其中某些积极的探究结果。我们现在可以识别出其辩驳探究的主要引导原则；它们引导苏格拉底提出问题，引导他接受或拒绝答案，同时也在回答问题和解决冲突的过程中引导对话者。如果苏格拉底能宣称通常的对话者都接受这些原则，那他就可以支持自己的主张，后者与辩驳探究中形成的结论有关。如果他有很好的理由相信这些原则，那他也就有很好的理由接受辩驳探究的结论。

我们发现的主要引导原则如下：

（1）对话者同意（有时是在预备性的解释之后）寻求对“F

50　关于 *Lys.* 中的手段与目的，参见本书第 37 节，第 46 节。

51　*Lys.* 中对友爱的假设所具有的利己特征在 Vlastos（1973，第 6—11 页）那里得到强调，他的观点受到了 Price（1989，第 10—11 页）的挑战。

是什么”这个问题的回答是合理的，因为可以假设有某种单一却包含丰富信息的答案能够应用于所有F的真正的例子，这使得我们能够决定，那些不熟悉的例子是不是F的真正的例子（*La.*，190d7—192b8；*Eu.*，5c8—7a3）。[52]

（2）他同意自己对于有美德的行动和有美德的人的例子持有一些非常可靠的观点。因为当苏格拉底提议，一个与清晰且肯定的、对具体例子的判断相冲突的定义是要加以拒绝的，对话者就同意他的判断是清晰且肯定的，而且这是一个拒绝定义的好理由。

（3）他同意合理的做法是将美德等同于行动者的一种状态，而不是试图在行为方面对之加以界定。当对话者试图用纯粹行为层面的术语来描述行动模式的努力遭遇困难的时候，他就做好准备去考虑涉及行动者状态（知识、忍耐等等）的定义（*Ch.*，159b7—160d4；*La.*，191d3—e2）。

（4）他同意一个有美德的行动必须总是“美好的”（kalon）、“善的”（agathon）以及“有益的”（ōphelimon）。如果一个行动是可耻的或有害的，对话者同意它不可能是有美德的，而且产生这种行动的行动者的状态也就不可能是某种美德（*Ch.*，160e7—11；*La.*，192b9—d9）。这就是苏格拉底之所以相信美德必定是知识的部分原因（因为他认为关于善的知识对某种美好且有益的品格状态来说是必要且充分的）。[53]当苏格拉底阐明这个原则的内容时，他说得很清楚，即这蕴含了他对美德和自我利益的强主张。

52　Allen（1970，第69—70页）提到这个原则，以之为例说明辩证法中形式的“调适”功能。

53　关于认为“知识对美德而言是充分的”这一主张，参见本书第97节，第98节，第165节。

> (5)前四个原则在具体情况下可能相互冲突。的确,第二点和第四点似乎尤其容易冲突;我们为什么不能找到一个表面上清楚的例子来说明,有美德的行动看起来既不美好也并非有益?苏格拉底看到了这两条原则之间可能存在的冲突,并用第
> 48 四条推翻了第二条。这就是为什么尼西亚斯和苏格拉底反对拉凯斯试图对尼西亚斯的勇敢论述举出反例(*La.*, 197a1—c9),而且这也是苏格拉底之所以拒绝接受这个辩驳法的表面结果,因为它与相信节制总是有益的这一信念相冲突(*Ch.*, 175e5—176a1)。

以上即辩驳法的主导原则,而不仅仅是苏格拉底自己的信念。因为他假设(而且他的假设在我们已经考察过的对话中得到了恰当的证明)对话者将会接受这些原则,并在回答苏格拉底问题的过程中受到它们的影响。有时候对话者在接受主导原则或认识到它们的含义之前需要某种解释或论证,但是只有当他赞成这些原则之后,论证才能继续进行。

33. 辩驳法与寻求定义

主导原则的作用使我们更容易理解,苏格拉底如何能够合理地声称自己是在逐步发现定义。我们已经看到,苏格拉底在寻求与名义上的定义相对的真正定义;他想知道的是当我们谈及美德,我们究竟是在指什么属性;而不仅仅是我们附着在不同术语上的意义。如果他寻求的是名义上的定义,那他认为美德不能加以区分就是愚蠢的;因为我们很难否认(比如说)"勇敢"和"正义"具有不同的意义。然而,声称这些术语指的是同一个美德,也并不是如此明显的愚蠢。苏格拉底的实践暗示了他并不是在寻求名义上的定义,但是他能合理地声称是在向着真正的定义前进吗?

如果我们将道德属性的名称与自然属性的名称加以对比，就能看到他面临的问题。比如说，在发现"金"背后的真正本质的过程中，我们假设（1）"金"是某种自然属性的名称（而不是某种可观察的特征集合的名称）；并且（2）我们对这个术语的使用大致正确，因此"金"背后的真正本质就是那个属于我们称之为"金"的大多数例子或者典型例子中的东西。

对于自然属性的多种名称来说，这两个假设会导致同样的结果。然而，它们也并非总是导致同样的结果，这种情况下我们有时就会依靠第一个假设来推翻第二个假设。如果我们的某些"金"的典型样本最后证明是黄铁矿，其他样本则是刷了黄色的铅（等等），我们也不会推断认为，金终究不是具有这种特殊的原子结构的金属；我们只会判定这些不是真正的例子。

就道德属性而非自然属性而言，我们必须更经常地面对我们的一般假设与我们对具体事例的信念之间的冲突。苏格拉底所从事的正是爱比克泰德称之为"清晰表述我们的前观念"的任务。[54] 如果我们要正确地对它们做出清晰的表述，我们就必须拒绝很多一开始所持有的、关于哪些行动合乎美德的信念。苏格拉底和爱比克泰德一致认为，如果要找到我们使用各种美德名称背后的那个真 49
正的美德，我们就应当去寻找一个答案，它能容纳我们所说的大部分例子。因为苏格拉底相信，很多人关于美德的某些例子犯了严重错误：（1）他们将以牙还牙视作正义行动的明确而典型的例子；（2）他们将某个获得财富和世俗成就的人看作幸福（eudaimōn, well-off）之人的明确例子，并将某个遭受贫穷与病痛的人视为明显的不幸福；（3）他们认为那个无所畏惧地冲锋陷阵却不明白为什么值得这么做的人，还有那个喝得酩酊大醉，在战役结束后奸淫掳掠的人，显然都是勇敢的人。

54　关于爱比克泰德，参见本书第 15 节。

苏格拉底的第二个主导原则意味着他不能假定人们总是或通常是错误的,就像在这些特定的情况下一样;很明显,除非他认为自己的对话者能够非常可靠地鉴别美德的某些例子,否则他的探究就无法开始。然而,如果他的探究必须接受所有或大多数生活中的陈旧观念,那就会导向错误的结论。为了避免这个错误,他诉诸另外四个主导原则来为自己在冲突的情况下推翻第二个原则而辩护。既然他不能不加批判地依靠典型例子,那他就必须更多地依赖其他几条主导原则。当我们以这些原则作为基础的时候,我们就"清晰地表述了我们的前观念"(像爱比克泰德所说的那样);因为我们向自己清楚地表明,什么是蕴含在一种美德中的东西,以及这些含义必须以何种方式来修改我们关于这个特定美德所具有的最初观念。

34. 苏格拉底对通常信念的处理

不过,苏格拉底是否有理由以这些主导原则作为基础?如果想要这些主导原则在辩驳法中具有他所设想的地位,那他就必须宣称它们比我们对有美德的特定行动所做的判断更加可靠,而且对话者必须同意这个主张。但是他能恰当地指望一个普通的对话者同意这一点吗?

我们对通常信念的最初概括揭示了人们对于幸福所需要的条件、对于美德、行动者的善与他人的善之间的联系等问题都有不同意见。苏格拉底与人们的普遍意见之间存在严重分歧,后者认为那些公认的美德(尤其是正义)可能与行动者自己的善相互冲突。既然在苏格拉底的道德观与更接近日常观念的其他观点之间加以取舍时,这种不一致是如此重要,那我们就很可能对他不去公开面对挑战其美德与幸福观点的对话者而感到惊讶。

苏格拉底或许会回复说,他不需要直接面对这种挑战,因为任何一个接受了辩驳法主导原则的人都会看到,对所有此类挑战必须予以拒绝。如果我们同意这些公认的美德就是真正的美德，如果我们同意每一种美德都必定是美好的和有益的（就苏格拉底附加于这个主张的意义而言），那么我们就能看到，正义必定是对行动者有益的。他不需要面对那些一开始就声称正义与行动者的幸福相冲突的对话者，因为主导原则确保这样的对话者将不得不拒绝自己最初提出的主张。

然而，苏格拉底的这个辩护只是把问题又推了回来。只有当我 50
们可以期待对话者接受主导原则，这个辩护才能成立。但是如果我们一开始就同意这个广泛传播的观点，认为公认的美德可能不会促进行动者的利益，那我们为什么还要接受那些主张每一种美德都美好而且对行动者有益的主导原则呢？如果苏格拉底的辩驳法依赖于这个主导原则，那它就会仅仅对以下对话者起作用，即那些含蓄地接受它的对话者，以及那些认识到它是如何要求对其他信念重新予以审视时才同意接受它们的对话者。但是苏格拉底尚未表明，如果我们也像人们一样对美德与幸福之间的联系持有普遍的怀疑，那我们为什么还要接受这些主导原则。

这些观点足以表明，我们不仅应当发现苏格拉底的主导原则是有争议的，同时也应该发现他的同代人有很好的理由去挑战这些主导原则。如果他假定，这些主导原则不需要进一步的辩护，那他可
能就是错的。他能提出进一步的辩护吗？ 51

第四章

苏格拉底：从幸福到美德

35.《欧绪德谟》的重要性

现在我们已经说明，有理由相信某些短篇的苏格拉底对话表达了苏格拉底接受某些关于美德的有争议的主张。为了审视关于这些对话的论述，考虑一下《欧绪德谟》会有帮助。在这里，苏格拉底提出了一个“劝勉的”对话（*Euthd.*，278c5—d5），用来向克雷尼亚斯（Cleinias）表明“他应当培养智慧与美德”（278d2—3）。他提出了一些关于幸福和美德的非常普遍的观点。如果这些观点所蕴含的意义与那些探究美德的对话所提出的观点相契合，那么我们就有进一步的理由相信，我们真的发现了一种苏格拉底式的美德观念。

《欧绪德谟》从关于幸福的普遍观点出发，其他对话则从关于美德和有美德的行动的特定信念出发。这两个论证方向互相补充；因为从《欧绪德谟》中产生的论证暗示了，苏格拉底可能会如何去捍卫其美德探究中的某些主导原则，而且对美德的这些特定探究暗示了《欧绪德谟》中宽泛地加以概述的计划是如何得到更详细的辩护的。[1]

---

1 《欧绪德谟》的成书时间是有争议的。我同意亚里士多德，将之看作苏格（转下页）

36. 幸福论

在《卡尔米德》、《申辩》和《克里同》提出的有关美德的主张中，苏格拉底关于幸福的观点十分重要，但是它们并没有得到解释。《欧绪德谟》为幸福在苏格拉底论证中的作用提供了最清楚的论述。

苏格拉底认为，每一个人显然都想过得好、变得幸福（*Euthd.*，278e3—6，280b6），一旦这一点得到同意，他就追问我们如何能够获得幸福，以及为了获得幸福我们必须做什么（279a1—2，282a1—4）。苏格拉底假设，这必定是每一个实践问题的形式；只要我们考虑要做什么或如何生活，正确的答案就会告诉我们，为了过得幸福，我们必须做什么。[2] 与此类似，他在《卡尔米德》结尾处假设，如果卡尔米德有任何理由来培养节制，那节制必定是对他有益的，而如果节制对他有益，那它就必定会促进他的幸福（*Ch.*，175d5—176a5）。[3]

就像亚里士多德总结的那样，通常信念（common beliefs）与苏 52
格拉底一致地将幸福看作我们在一切行动中旨在获得的目标。[4] 但是苏格拉底走得更远，将幸福作为压倒一切的目的，它决定了一切行动的合理性。他致力于幸福论的立场，因为他主张：（1）在我们

（接上页）拉底对话；参见 *EE*，1247b15，亚里士多德提到的是“Socrates”（而不是“the Socrates”；参见本书第 5 节）。它很有可能写作于《高尔吉亚》和《美诺》的自我批评式反思之前。参见 Dodds（1959），第 22—23 页，并对比 Hawtrey（1981），第 4—10 页。它的成书时间有时也被归入柏拉图晚期，因为它关于辩证法的主张（290b—c）被认为预设了《理想国》第六卷和第七卷的观点［见 Gifford（1901）相关评注；Hawtrey 则对此更为犹豫］；但是它们对于辩证法所暗示的东西并不比《克拉底鲁》390c 处暗示的更多（不必涉及《理想国》也仍然可以理解）。

2　在 *G.*，472c7—d1 和 *R.*，344e1—3，“我要如何生活”这个问题（参见 *R.*，352d5—7，*La.*，187e10—188a2；*G.*，492d3—5，500c1—8）就等同于“我要如何变得幸福”这个问题。

3　关于节制与益处，参见本书第 28 节。

4　关于幸福的通常信念，参见本书第 21 节。

所有的理性行动中，我们都追求自己的幸福。（2）我们追求幸福仅仅是出于它自身的缘故，而不是为了其他的原因。（3）关于其他任何我们合理地加以追求的事物，我们追求它们都是出于幸福的缘故。

这些幸福论的观点依然需要澄清，因为对于很多问题，我们都可以回答说“这样行动是出于幸福的缘故”。我们可能是在回应对解释性理由的要求（回答“你为什么追求 x”这样的问题），也可能是要求给出一个辩护性的理由（回答“为什么 x 值得追求”这种问题）。[5] 苏格拉底并没有区分这些不同类型的理由，但是认识到这一点总是重要的，即他诉诸幸福究竟是想要回答哪些问题。如果他是要用幸福来提供唯一的终极辩护理由，那么我们可以说，他接受了**理性的幸福论**（rational eudaemonism）；如果他用幸福来提供唯一的终极解释理由，那他就是接受了**心理的幸福论**（psychological eudaemonism）。

《欧绪德谟》对幸福的评论就其本身来看仅仅意味着，如果我们不追求自己的幸福，我们就不是在合理地行动；它们并不意味着我们实际上在所有的行动中都追求幸福。就此而言，苏格拉底主张的只是理性的幸福论。然而，他并未在理性的、非理性的（non-rational）或无理性的（irrational）行动之间做出区分。如果他假设，我们所有的行动都是理性行动（就其涉及幸福论的观点而言），那么他就相信，我们总是出于幸福的缘故且永远不会为了其他的终极目的而行动。如果是这样，他就是坚持了心理的幸福论。

与理性的幸福论相对，心理的幸福论要求拒斥三种通常观念认可的可能性：（1）常识相信，我们有可能是出于他人自身的缘故，而不是为了自己的幸福而做出对他人有益的事。（2）它承认存在着冷

5　关于激发性理由和辩护性理由之间的区别，参见 Hutcheson 的表述，在 Raphael（1969）I，第 361 节（区分解释性理由和辩护性理由）；Raz（1975），第 15—19 页（区分解释性理由和主导理由）；Smith（1987），第 37—41 页（区分动机性理由和规范性理由）。

漠的恶意、怨恨与愤恨。(3)它相信我们经常按照我们意识到对自己有害的方式去行动；比如说，我可能意识到自己少喝一杯酒会更好，但我仍然想要再喝一杯，而且我可能很强烈地想要这么做，以至于最后真的又喝了一杯。

一个心理的幸福论者必定主张这样的行动不可能发生，而且通常观念是因为被误导才会相信它们会发生。理性的幸福论主张的不是这些行动不可能，而是它们不合理(irrational)；该主张本身有争议，但是不像心理的幸福论那样自相矛盾。如果我们能够看到苏格拉底的伦理观点在多大程度上与通常观念认可的这三种可能性相冲突，那我们就能了解他所接受的是哪种幸福论。

37. 为什么是幸福论？

在《欧绪德谟》中，苏格拉底认为幸福论是如此明显的真理，因此他甚至没有解释自己为什么接受这个观点。然而，《吕西斯》有
助于解释为什么幸福论可能看起来合理。在讨论过描述友谊、爱 53
(philia)及其对象的不同方式之后，苏格拉底发现，有必要区分不同类型的爱的对象，以及我们爱某些事物的不同理由。尤其是，他区分了爱的首要(primary)对象和从属(subordinate)对象。一个从属对象之所以被爱，是因为某个首要对象，首要对象被爱则是因为其自身，而不是为了任何进一步的爱的对象。

苏格拉底暗示，只有首要对象才是因其自身被爱；因为首要对象而被选择的善都不是因其自身而被选择的(219c1—d5，220a6—b5)。他的结论是，"真正被爱的事物(philon)不是因为其他事物而被爱的"(220b4—5)；真正被爱的事物是因其自身而被爱，而且苏格拉底暗示说，当且仅当一个爱的对象不是因为任何其他事物而被爱时，它才因其自身而被爱。

苏格拉底相信，必定存在着一个首要的爱的对象，因为爱的对

象序列必须是有限的。如果我们认为,一个东西被爱是因为第二个东西,第二个东西被爱是因为第三个东西等,那么“我们就必须拒绝[这种说法]并且到达某个起点,它不会将我们继续引向另一个爱的对象,而是到达第一个爱的对象,正是因为它,我们才说其他那些东西也是爱的对象”(219c5—d2)。[6] 如果我们说, A 选择 x 是因为 y, 但是不清楚 A 为什么选择 y,那么就可以说我们仍然不理解为什么 A 选择 x; 因此我们必须引入 z 作为某个进一步爱的对象, A 选择它是出于其自身的缘故。

这些观点似乎能应用于对行动的解释,而不能(或者说不只能够)应用于对行动的辩护。苏格拉底并没有说为了一个事物而无限制地追求另一个事物是愚蠢的; 他暗示(在“我们必须拒绝……”这个表述中)这是不可能的。因此他维护一个关于行动和动机的心理层面的论点,而不是(或者不仅仅是)一个关于什么东西使得行动变得合乎理性的论点。

他所维护的论点不足以得出心理幸福论,因为他没有说明存在多少爱的首要对象。或许父亲会将儿子(在苏格拉底举的例子里)看作爱的首要对象,而把为了儿子的健康而开的药看作从属的善。苏格拉底并没有暗示说,幸福是唯一一个爱的首要对象。[7]

然而在《欧绪德谟》中,苏格拉底暗示说,幸福是唯一能满足《吕西斯》对爱的首要对象所提出的各个条件的目的。他并没有提议说,我们追求幸福是为了别的东西。[8] 相反,当他考虑我们为什么

---

6 在 219c6 我依各种抄本读作 iontas kai [Schanz (1874—1879) 和其他人读作 iontas ē]。关于 apeipein 的相关意义(放弃做 x 而做 y), Stallbaum (1877) 引用 *Phdr.*, 228b3; 亦参见 *Cra.*, 421e3。

7 对 prōton philon 和幸福之间关系的讨论,参见 Versenyi (1975),第 193 页; Vlastos (1991),第 210—211 页。

8 对于善和幸福的这个主张在以下对话中表示得还要更清楚一些: *G.*, 468a5—b8, 499e8—500a1; *Symp.*, 205a1—3。

要追求幸福之外的其他那些公认的善的时候（279a4—b3），他所考虑的唯一理由就是它们对幸福的促进作用。于是，他假设幸福就是唯一的目的，我们追求它不是为了任何进一步的理由，因此它就是唯一一个我们不会为了进一步目的而加以追求的目的。

其他对话确认了《欧绪德谟》提出的观点，即我们必须参照幸福来提出一个理由，以此说明为什么我们选择幸福之外的其他东西。苏格拉底相信，当我们需要在一个有美德的行动和一个恶的行动之间做出选择时，我们不应该把有美德的行动所要付出的代价当作任何一种反对它的理由（*Ap.*，28b5—9）。[9] 然而，他的意思并不是说，我们对美德的追求没有也不应给出任何理由。相反，他在《克里同》中的论证一开始就假设，活得好就是最重要的事；只有当他确 54
立了以下观点，即活得好、活得高贵与活得正义这三者都是一样的，他才捍卫了正义的行动过程（*Cri.*，48b4—10）。为了解释他为什么没有理由去害怕控告者所提出的刑罚威胁，苏格拉底回答说，好人不可能被伤害（*Ap.*，41c8—d2）；他假设，在他决定什么该做或者什么应该予以避免的时候，除了他的幸福之外就不需要或不应当考虑任何其他事情。与此相似，在《卡尔米德》中，他理所当然地认为，节制和任何其他技艺都不能产生某种不从属于幸福的善。

这些不同的评论不仅指出苏格拉底接受了幸福论，也提出了他接受幸福论的原因。《吕西斯》中的一段暗示说，行动要求涉及某种爱的首要对象；还有其他的章节认为，幸福是唯一的爱的首要对象。

这个论证并不令人信服，因为它没能区分理性的幸福论和心理的幸福论。《吕西斯》肯定了一个不符合幸福论的心理层面的论点。另外一些章节明确地肯定了理性的幸福论，却没有明确地表明它们也肯定了心理的幸福论。如果苏格拉底明确地将理性的幸福论与心理的幸福论区分开来，那他或许能够一致地主张，就像《吕西斯》

9　关于苏格拉底对有美德的行动的态度，参见本书第 51 节。

所界定的那样，存在着多个爱的首要对象（因为很多目的都能提供充分的解释性理由），但幸福是其中唯一能够合理地作为爱的首要对象而加以追寻的（因为只有它能提供充分的辩护性理由）。如果这是对的，那么我们目前所考虑的这些段落就无法提供结论性的证据，来说明苏格拉底接受了心理的幸福论。

38. 幸福、智慧与运气

苏格拉底认为，人们普遍同意，我们通过获得多种善事物来实现幸福（279a1—4），但是他论证说，我们所需要的唯一善就是智慧。他通过三个步骤来论证这一点：（1）幸福并不要求智慧再加上好运（279c4—280a8）；（2）智慧对于正确且成功地使用其他善事物来说是必要的和充分的（280b1—281b4）；（3）智慧是唯一的善（281b4—e5）。苏格拉底据此得出结论，如果我们想要保障幸福，我们不需要获得多种善事物；我们只需要获得智慧（282a1—d3）。

在第一个阶段，苏格拉底否认了幸福在其他的善事物之外还需要加上好运。他的论证如下：

1. 在所有的情况下，智慧的人比不智慧的人有更好的运气（280a4—5）。[10]
2. 真正的智慧不可能出错，而必定总是成功（280a7—8）。
3. 因此，智慧总是让我们走运（280a6）。

苏格拉底的第一步是要说明什么？他可能会被认为是在主张，

10　苏格拉底的论证要求我们去理解 eutuchia，这样它就意味着成功，但不一定是完全出于运气的成功。他对“eutuchia”的用法并没有为 279c—280a 的论证造成任何错误。相关讨论参见 Stewart（1977），第 23 页；Sprague（1977），第 60 页；Hawtrey（1981），第 81 页。

当其他事物都处于同等条件下，智慧就会确保我们获得比在缺乏智慧的情况下所能期待的更大成功；在拥有同样材料、处于同样的外部环境时，智慧的匠人了解自己的技艺，他就会比无知的人更加成功。但是这个温和的结论不可能是苏格拉底的全部想法，因为它不能证明苏格拉底的论点，即我们除了智慧以外不需要好运。如果我 55
们仅仅接受这个温和的结论，那我们就同意有智慧比没有智慧更好，但是我们必须同时承认外部环境可能妨碍对幸福而言必要的成功（因为苏格拉底至此已证明了这一点）。如果幸福要求实际的成功（比如说，赚钱或者保护我们的朋友），那我们似乎就需要好运来提供有利的外部环境。

既然这个温和的结论显然不能支持苏格拉底的观点，即智慧不需要再加上好运，那他就需要提出一个极端的主张：无论环境如何，智慧都能保证成功。如果我们认为他的第二步就是在主张这个，那他的结论（第三步）就能捍卫他的观点，即不需要任何进一步的好运。但是他并没有提出论证来支持这个关于智慧和成功的极端主张。

39. 智慧与正确运用财产

在第二个阶段的论证中，苏格拉底证明，幸福并不仅仅在于拥有各种各样的善事物，而且也在于对它们的正确使用（280b7—d7）。某些据称能产生幸福的、表面上的善可以被称为“财产”。如果某种东西是财产，在其他条件都相同的情况下，通常会被认为我们拥有它比缺乏它过得更好，但是除非我们很好地使用它，否则它并不会真的令我们受益。苏格拉底现在论证说，我们必须承认，智慧在各种善事物中占有一个特殊地位，这使它与财产有所不同：

1. 人们可能良好地也可能糟糕地使用财产（280b7—c3，280d7—281a1）。

2. 正确地使用它们对于幸福来说是必要的和充分的(280d7—281e1)。

3. 智慧对于正确地使用财产来说是必要的和充分的(281a1—b2)。

4. 因此,智慧对于幸福来说是必要的和充分的(281b2—4)。

苏格拉底似乎又一次断言了一个比他能够得出的结论更为极端的结论。他的论证是有效的,但是第二步有可能招致反驳。如果我们一开始就没有足够的财产,或者说如果我们正确地使用它们,结果却不够走运(我们有很出色的航行技巧,但是一场不可预知的风暴毁灭了航船),那么正确地使用财产似乎就不能保障幸福。如果我们接受苏格拉底从其反对给智慧添加好运的论证中得出的强版本结论,那么这个反驳就不成立,但是苏格拉底的论证似乎仍有可能招致反驳,它们与当前论证所招致的反驳非常相似。

40. 智慧作为唯一的善

苏格拉底开始了第三个阶段的论证,方式是声称在没有智慧的情况下,财产并不令我们受益(281b4—6)。[11] 他问道:"如果一个人有很多财产且(用它们)做很多事情而不动脑子,那它们还对他有益吗?还是说,如果他有很少财产而且(用它们)做事时动脑子,则它
56 们对他更有益?"(281b6—8)[12] 他提出,如果我们不知道如何去使用我们所拥有的财产,那么我们拥有的财产越多,我们的境况就越差,因为那种情形会使我们更为活跃,这样就更容易伤害到自己。财产

11 281b8, hōde de skopei,标志着一个新的论证(参见 *Phd.*, 74b7)。

12 在 281b8,我依各种抄本读作 ē mallon oliga noun echōn;参见 Long(1988),第 166 页,注释 59。Iamblichus 的改写只有 mallon ē oliga [*Protr.*, 5, p.57.12(Des Places)],但他或许仅仅是为了简洁而修改了文本。

不只包括物质资源，例如财富（281c2—3），也包括了力量、荣誉、勇敢、节制[13]、勤奋、速度和敏锐的感觉（281c4—d1）；的确，并且它们包括了智慧之外全部公认的善事物，并且它们最初都被认为能促进幸福。

苏格拉底现在论证智慧是唯一的善：

1. 每一种公认的善与其反面相比都是更大的恶，如果使用它的时候没有运用智慧的话；而每一种公认的善都是比其反面更大的善，如果它由智慧来加以使用的话（281d6—8）。

2. 因此，智慧之外的每一种公认的善按其自身而言（auto kath'hauto）都是既不善也不恶（281e3—4）。[14]

3. 因此，每一种公认的善都既不善也不恶（281e3—4）。

4. 因此，智慧就是唯一的善，而愚蠢就是唯一的恶（281e4—5）。

这个论证将智慧之外的所有公认的善都看成财产，并声称智慧具有某种特殊的地位因而不同于财产。

然而我们很难确定苏格拉底是在说什么。以下两种观点值得考虑：（1）一种温和的观点：当苏格拉底说公认的善"按其自身"并不是善，他的意思是，如果它们脱离了智慧就不是善，而只有当它们恰当地被智慧使用时才是善。[15] 当他得出结论说智慧就是唯一的善

13　在 281c6，有些校订者［例如 Gifford（1901）与 Hawtrey（1981）］错误地删去了 kai sōphrōn。

14　我对 281d3—4 的翻译与 Hawtrey（1981）和 Sprague（1965）一致，而不同意 Gifford（1901）与 Waterfield（1987）的译法。

15　Vlastos（1991，第 228—229 页，第 305—306 页）对这个观点做了很好的解释，他有力地批判了认为"善自身"与作为手段的善相对的观点［持此观点者例如 Klosko（1981），第 98—99 页］。亦参见 Zeyl（1982），第 231 页；Kraut（1984），第 212 页；Ferejohn（1984），第 111 页；Brickhouse and Smith（1987），第 6 页；Reeve（1989），第 128 页及注释。Long（1988，第 166—167 页）则对 Vlastos 所接受的观点提出了充分的批判。

时，他的意思仅仅是，只有智慧按其自身是善的，而没有结合任何其他东西。[16]（2）一种极端的观点：当苏格拉底说，公认的善并非“按其自身”就是善的，他的意思是，它们不是善事物；一切善都归于对它们的智慧运用，而非归于公认的善事物本身。当苏格拉底得出结论，认为智慧是唯一的善时，他就是在说，其他的事物都不是善。

这两种观点对应于我们考虑过的两种阐释，阐释的对象是苏格拉底在《卡尔米德》结尾处关于“益处的科学”（science of benefit）的主张。[17]在那里，我们看到苏格拉底似乎拥护极端的观点，因为他宣称节制对于幸福来说就是充分的。在《欧绪德谟》中他持有哪种观点呢？

温和的观点使第一步和第二步合理，但是不能解释苏格拉底如何达到他在第三步与第四步的结论。如果苏格拉底能够从第二步推出第三步，那么“按其自身而言的善”（“good in itself”）就必须被认为是在表明（比如说）健康本身（health itself）不是善的，而且任何善的事物都只能从智慧的运用中产生。

苏格拉底稍后的评论表明，他在第四步达到的结论并不是一时的夸张。这个论证是要确保苏格拉底前面的主张，即智慧对幸福而言既是必要的也是充分的，因为它声称要表明，智慧是唯一的善，而且人们已经一致同意，幸福要求所有合适的善事物都存在。苏格拉底在对论证的总结中澄清了这一点（282a1—7），并且他继续主张我们应当追求智慧以排除其他公认的善，因为“智慧才是唯一令人快乐且幸运的事物”（282c9—d1）。后来（292b1—2）他又重申了“智慧是唯一的善”这个主张；除非他此前坚持了极端的观点，认为财
57 产完全不是善事物，否则这个主张就得不到支持。

16　参见 Grote（1888）II，第 204 页；Shorey（1933），第 162 页，第 519—520 页；Taylor（1937），第 94 页；Moreau（1939），第 176 页；Festugière（1973），第 46 页；Guthrie（1975），第 270 页。

17　关于 *Ch.* 结尾的讨论，见本书第 28 节。

尽管苏格拉底坚持极端的观点，但他并没有捍卫它。为了捍卫这个观点，他需要让我们信服，我们只能从运用自己所拥有的财产当中获得益处[18]，因此只要我们起初拥有少量的财产并且很好地使用它们，我们就是幸福的；但是苏格拉底并没有捍卫这个观点。他似乎做出了一个转变，就像在前两个论证中所做的那样，他首先声称智慧令我们处在恰当的良好条件下，从而使境况更好，进而主张智慧对于幸福来说是充分的。如果我们已经被他说服，相信外部环境和财产对我们的幸福来说没什么影响，那我们就可以看到一个对苏格拉底的结论（只有智慧是善）有利的论证。但是，苏格拉底并没有提出他所需要的这个论证。他确信，只有智慧对幸福来说是要紧的，这一确信影响了他的论证，但是缺少相应的辩护。

不仅如此，苏格拉底并没有考虑其主张的全部含义，即智慧是唯一的善且对幸福而言是充分的。因为如果外在的善事物没什么好的，那为什么当健康确实要求牺牲某种美德的时候，一个有美德的人还要努力确保健康而不是让自己生病？苏格拉底自己同意，在这种情况下，外在善更为可取；因为他声称，如果智慧引导我们选择运用健康，那么健康就是比疾病更大的善，就此而言健康也就能更好地符合其引导者的需要，而这个引导者就是善（参见 281d6—7）。

这个使用比较方法的主张（“更大的善”）不需要暗示健康是一种善[19]；如果两个东西都不算大，其中一个仍然可能比另一个更大一些；如果两条线都不算直，其中一条也仍然可能比另一条更直，因为它更接近直。在这种情况下，苏格拉底的意思可能是，健康或疾病

18　他已经提出了这个观点，只要我们保留 281b8 的 noun echōn；参见本书第四章，注释 12。

19　在 *Lys.*，218e5—219a1，苏格拉底列举了善事物中的外在善；他只是从常识观点着手，目前自己并未挑战这种观点。在 *Euthd.*，279a4—b3，他也是这么做的。然而，在这两部对话里，他都继续去挑战把外在善当作真正的善事物的主张（*Lys.*，219e5—220b5；*Euthd.*，281e2—5）。

都不是善,但健康仍然是更大的善,因为它的好处更多,而且与善更加接近。[20] 如果这就是他的意思,那他的观点就与“智慧是唯一的善”这个观点一致。如果是这样,那么对健康和疾病的评论就不要求苏格拉底采取温和的观点。

41. 美德对于幸福的充分性

如果我们同意,苏格拉底在《欧绪德谟》中似乎接受了关于智慧和外在善的极端观点,但是没有对它做出很好的辩护,那我们还该不该假定他是认真地持有这个观点?我们必须转向他在其他对话中的某些评论,它们与幸福问题有关。[21]

《申辩》中的一段看来或许可以支持温和的观点。苏格拉底声称,美德是财富和所存在的任何其他善事物的根源(*Ap.*,30b2—4)。在申明这个观点时,苏格拉底似乎是想提出,财富是一种真正的善。[22] 苏格拉底的观点很难理解,因为如果他是在倡导将美德看作积聚外在善的最佳策略,那他就会毁掉在《申辩》中做出的整个论
58 证。如果他的意思是,美德是财富、健康等对人来说真正的善事物的根源,那这与他的总体观点会更加一致。或许他的意思是,既然对外在善事物的欲求不会使有美德之人无心实践美德,对这些财产

20 *M.*,88c6—d1 承认,外在善在某些条件下确实是有益的。因此,这里的观点似乎与 *Euthd.* 中的主张不同。参见本书第 96 节。

21 苏格拉底关于美德和幸福之间联系的观点得到了讨论,参见 Vlastos(1991),第 8 章[对它的评论参见 Irwin(1992a),第 251—264 页];Zeyl(1982);Brickhouse and Smith(1987);Klosko(1987)。

22 Burnet(1924)就此做过相关评注;Vlastos(1991,第 219 页及注释)将 *Ap.*, 30b2—4 译为:“由于美德,财富和其他事物成为善的”(他认为 agatha 表谓述)。我更偏向通常的翻译(“财富和其他善事物来自美德”),这个翻译与前面的从句形成了更好的对应关系(“美德并不来自财富”)。Burnyeat(1971,第 210 页)对将 chrēmata 翻译为“财富”(wealth)提出了异议。

的欲求也不会妨碍有美德之人的幸福，那么就此而言，这些财产对他们来说就是好的，而不是坏的。如果这就是苏格拉底的意思，那么他就不必承认，有美德的人会被夺去财富和健康并由此丧失有价值的事物。[23] 如果是这样，那他的评论就不会令其承诺关于外在善的温和观点。

有时候苏格拉底认为，美德对幸福而言是充分的（*Ap.*，30c6—d5，41c8—d2；*Cri.*，48b8—9；*Ch.*，173d3—5，174b11—c3）。[24] 大多数人都认为一个有美德的人可能遇到坏运气，并因此缺少某些构成幸福的善，但是苏格拉底相信常识是含混的，而且他可以通过诉诸他自己的幸福论来揭示这种含混。

为了揭示常识中存在的含混，苏格拉底考虑了有美德的人相较于其他的善事物而言对有美德的行动所持的态度。我们同意以下行动都是高尚的和令人敬佩的：勇敢的人出于正当的原因而牺牲自己的生命；正义的人拒绝以不义的方式行动，即使可以预期获得某种巨大的奖赏；朋友们互相帮助，即使自己要为此付出很大代价。在每一种情况下，我们都假设，如果有美德的行动会导致损失更多其他的善事物，那它实际上就更加高尚。因此（苏格拉底论证说），很明显，我们假设有美德的人为了美德而牺牲其他的善是在理性地行动，因为我们赞赏他们的行为。

苏格拉底从他的幸福论观点来阐释这个假设。在他看来，理性行动旨在获得行动者自身的幸福，而充分知情的行动者对于构成其自身幸福的事物具有真信念。由于有美德的人为了美德而牺牲其他的善，他们是在做出正确的决定且不会被无知误导，所以在苏格拉底看来，我们必须同意有美德的人是在做对于他们来说最好的事。由此我们得出结论：有美德的人必定正确地相信，有美德的行

23　关于健康和正义，参见本书第 30 节，第 76 节，第 173 节。

24　关于美德与幸福，参见本书第 30 节。

动较其他行动而言会更好地促进他们自身的幸福。

诉诸理性的幸福论可以支持一种比较性论题(comparative thesis),即认为与其他事物相比,美德更能构成幸福。但是,它不能支持苏格拉底所接受的充分性论题(sufficiency thesis),即认为美德对幸福而言是充分的。我们也可以接受比较性论题,然后由此捍卫(举例来说)苏格拉底决定合乎美德地行动而不是逃避惩罚,尽管同时我们依然坚持认为,在他当时所面对的情况下,有美德的行动不会给他带来幸福,因为随之而来的伤害已经严重到足以阻碍他获得幸福的地步。苏格拉底有任何理由来为他偏向充分性论题而不是比较性论题进行辩护吗?

既然他没有比较这两种关于美德和幸福的论题,我们就无法确知他的观点。不过我们可以看看,如果考虑到对有美德行动的不同态度(它们可能分别得到上面两种论题的支持),他可能会说什么。如果我们接受比较性论题而拒绝充分性论题,那么我们就会相信,从整体上看,有美德的行动过程是最好的,但是相关的牺牲太大,所
59 以有美德的人也有充分的理由为美德的代价而惋惜。如果我们将外在善的价值看得很重,那么尽管它们的价值绝对不会高到足以令我们放弃美德,但是我们有时也会在面对有美德的行为时感到某种不情愿。

苏格拉底不承认有美德的行动可能涉及这种类型的牺牲。比如说,他在审判中并没有告诉陪审团,他为了成为有美德的人而必须做出如此沉重的牺牲是得到辩护的;相反,他似乎是在告诉他们,自己没有做出任何有理由感到惋惜的牺牲。我们或许期待着他向克里同承认,在接受死刑的同时,他也放弃了某些重要的善事物;但是他从未暗示过这种想法。如果根据苏格拉底自己的态度来判断,他期待有美德的人不仅仅是选择了一个有美德的行动过程,而且是没有丝毫惋惜或不情愿地选择它。

如果苏格拉底不能表明,只有有美德的行动过程所具有的善才

能胜过该行为可能导致的一切代价，那他就无法提倡对美德的这种没有不情愿和丝毫惋惜的承诺。然而，如果他能表明有美德的人所做的选择不会损失任何真正的善，因此也就不存在需要被其他价值胜过或需要加以惋惜的损失，那么他就能够提出这种承诺。这样苏格拉底也就有理由相信，美德对幸福而言是充分的。如果他相信这一点，那他也就有理由坚持认为，人们所相信的那些其他的善就其自身而言并不构成幸福。他在《欧绪德谟》中主张的极端观点不是某种古怪的想法；他要论证自己对美德所做的无保留的承诺，就需要这个观点作为论证的一部分。

42. 对知识的使用与误用

我们已经论证，苏格拉底相信美德对于幸福而言是充分的，这个信念支持我们对他在《欧绪德谟》中的观点提出极端解释。不过，即使美德对于幸福是充分的，它也不一定得出智慧对于幸福而言是充分的结论。如果智慧对美德而言不是充分的，我们就可能虽有恰当的知识，却仍然会因为运用得不好而伤害自己；如果是这样，智慧最后也就被证明只是一种财产，而不是（按照苏格拉底的标准）某种真正的善。

后来的劝勉对话（从 *Euthd.*，288d5 开始）含蓄地提出了这个问题，但是没有直接予以回答。苏格拉底指出，不是每一种知识都能保证幸福；某种特定的技艺（technē）懂得正确地运用某些财产来制作产品，不过反过来，这种产品也成为新的财产并可以加以良好或糟糕地运用，而我们就需要某种更高的技艺来使用这种从属性技艺的产品（289a7—b3）。因此我们就需要一种科学（epistēmē），“生产和使用产品的知识在它身上结合在一起”（289b4—6）。苏格拉底称之为“高贵的科学”，而较高的技艺所拥有的特性能够确保幸福（289c6—8，d8—10）。

那么相关的科学是什么？我们可以说，它是产生幸福的技艺，但是我们想要知道它是如何产生幸福的。苏格拉底论证说，它必须是有益的，因此就必须产生某种对我们而言的善；由于我们到现在为止发现唯一的善就是知识，那么很显然，高贵的科学就必须通过在我们身上产生某种类型的知识，由此产生对我们而言的幸福。但
60 这样就会出现一个问题：高贵的科学在我们身上产生了什么样的知识？如果我们说，就是那种在他人身上产生同样知识的知识，我们仍然没有说明这是何种知识。除非我们能回答那个问题，否则我们就不能说明高贵的科学产生了什么（292a4—e7）。这场讨论以没有答案而告终。

苏格拉底假定高贵科学的产物必须是某种知识，他是不是错了？他这样假定是因为，他认为知识就是他们发现的唯一的善；但是我们或许想要对这个观点提出争议。因为我们发现，知识之所以是一种善，是因为它确保了对财产的正确使用，而后者能够保障幸福。如果这种对财产的正确使用并不是一种善，那么关于如何正确使用财产的知识又怎么会是一种善？当然，我们已经找到了一个答案来回答苏格拉底提出的关于高贵科学之产物的问题；我们该不该说，它的产物就是正确地运用那些导向幸福的财产呢？

对苏格拉底的问题来说，这并不是一个好答案。什么是对财产的正确运用呢？要说清楚它是什么，我们就需要对促进幸福的因素有一个更清楚的观念。比如说，如果我们知道幸福要求财富或声望，那我们就知道，幸福的科学必须保障我们的财富或声望。但是，苏格拉底拒绝了这些关于幸福的观点，也没有用其他关于幸福科学的恰当产物的描述来取代它们。在提出最后这个难题的时候，苏格拉底将我们的注意力吸引到其论证中存在的裂隙上。[25]

即使这个反驳可以得到回应，我们也可以论证说，苏格拉底做

25　关于知识的误用，参见本书第 47 节，第 62 节。

出了一个进一步的假设，而这使得他的难题无法得到解决。因为他假设，要回答“是什么保证了我们正确地运用我们的知识”这个问题，我们就必须发现进一步的知识，后者保证了我们正确地运用其他知识；他将这个关于正确运用知识的问题化约为一个关于高级科学的问题。但是，我们还可以怀疑，一种高级的知识能否解决这个真正的问题。为什么我就不能在知道某样东西可以促进我的幸福的情况下，还是选择以另一种方式去行动呢？

这些困难不仅仅限于《欧绪德谟》。我们讨论过的其他对话并没有暗示，苏格拉底可以避免这些困难，或可以给出任何回答。《欧绪德谟》确实在其他对话的基础上有所推进，因为它令我们更容易看到这些困难是如何产生的。

43. 苏格拉底对其主导原则的捍卫

《欧绪德谟》从某些关于幸福的普遍且（在苏格拉底看来）明显正确的主张入手，达到某些关于智慧和幸福之关系的有争议的观点。在论证过程中，苏格拉底澄清和捍卫了某些主导原则，而提出这些原则的对话是从关于美德的日常信念开始的。

其中最重要的原则声称，每一种美德都必定是美好的和有益的。苏格拉底在一种非常强的意义上解释这个原则，坚持说每一种
美德都必须在整体上对行动者有所助益。他在《欧绪德谟》中接受 61
的理性的幸福论，说明了为什么他相信自己能够主张这个强版本原则。理性的幸福论假设，（1）A 有恰当的理由选择 x 而不选择 y，当且仅当 x 比 y 更好地促进 A 的幸福。苏格拉底还假设（而且他的对话者并没有反对），（2）我们总有恰当的理由选择美德而不是别的东西；如果我们发现，某种假定的美德没有满足这个条件，我们就有恰当的理由得出结论，认为它并非真是一种美德。这两种假设都支持苏格拉底关于美德和幸福的强的结论。

如果我们同意这一点，我们就可以了解，为什么苏格拉底有理由相信各种美德不能彼此分离；因为如果一种假定的美德可以和其他美德分离开来，那它就有可能不再促使我们去选择对我们来说整体上最好的事物，因此这种假定的美德就不能被证明是一种美德。[26]

《欧绪德谟》不仅阐明了苏格拉底敦请他的对话者去接受的原则，也有助于解释为什么他会接受一些不去询问对话者就予以相信的原则。在提倡智慧的同时，《欧绪德谟》似乎是将美德降低到了对幸福来说并不必要的财产的地位（*Euthd.*，281c6—7）[27]，但是只有在它们与智慧不能等同的前提下才能将之降级。《欧绪德谟》说得很清楚，要么我们必须将美德看成从属性的善并受到某种高级科学的制约，要么我们必须把每一种美德都等同于高级的科学本身。《卡尔米德》和《拉凯斯》暗示苏格拉底选择了第二种可能；考虑到他在《欧绪德谟》中关于智慧的观点，他的这个选择是合理的。

在《欧绪德谟》中，苏格拉底假设，如果我们有智慧，我们就不需要关心外部环境的影响，因为智慧确保了对我们的财产的正确运用。如果在这一点上他是正确的，而且他是正确地将每一种美德都等同于智慧，那他就能支持在《申辩》、《克里同》和《卡尔米德》中提出的假设，即美德对幸福而言是充分的。

然而，将美德等同于智慧的做法不只是要求理性的幸福论。如果我们假定以下这种情况是可能的，即相信 x 对我们来说比 y 更好却仍然选 y 而不是 x，那么我们就会坚持认为，勇敢不仅要求知识也要求忍耐，节制不仅要求知识也要求自我控制。理性的幸福论并不意味着这些不合理的选择是不可能的，因此它也无法提供任何理由来确定知识对美德来说是充分的。尽管理性的幸福论（出于前面说

---

26 更确切地说，这个论证支持以下观点，即智慧对于其他美德来说是必要的。为了表明智慧对其而言也是充分的（如果诸美德是不可分离的，那就必须表明这点），就必须更加仔细地审视智慧的性质。参见本书第 165 节。

27 Ferejohn（1984，第 117—118 页）相信这是苏格拉底深思熟虑的观点。

到的原因）支持诸美德的不可分离，但它并不意味着每一种美德都等同于对善的知识。

要表明美德只是知识，苏格拉底就必须坚持认为，我们不可能不合理地选择表面上更小的善；要坚持这一点，他就必须坚持心理的幸福论。尽管《欧绪德谟》并没有明确地主张心理的幸福论，但是苏格拉底的观点意味着智慧对幸福来说是充分的；这同一个心理幸福论的主张有助于解释，为什么他在《拉凯斯》和《卡尔米德》中论 62
证每一种美德都等同于有关善的知识。如果心理的幸福论是真的，那么苏格拉底忽略每种美德的非认知方面就是正确的。

44. 关于苏格拉底辩护的问题

我们已经看到，辩驳法的主导原则是如何与常识观点相冲突的，后者认识到了各种美德之间的冲突，以及美德和一个人自身利益之间的冲突。[28] 如果苏格拉底通过诉诸理性的和心理的幸福论来捍卫主导原则，他是否给出了充分的理由让我们同意他的主导原则呢？

苏格拉底的评论暗示了对这个问题的一个可能回答。他暗示说，即使是问一问我们是否都想过得好，这也是荒谬和愚蠢的（278e3—6）；显然，"我们都想过得好"这一主张是如此明显和不容置疑，以至于我们甚至都不需要去问，它是不是真的。我们不知道，《欧绪德谟》的论证里有多少前提在苏格拉底看来是同样不容置疑的。但是如果他能够令我们确信他的结论（同意智慧对于幸福来说是必要和充分的）取决于那些就像关于幸福的主张一样不容置疑的前提，那么他就能合理地声称，自己已经捍卫了辩驳法的主导原则中的一个关键要素。

28　关于苏格拉底对美德和幸福之间所谓冲突的态度，参见本书第 30 节。

如果这就是他的观点，那么，对于那些甚至在辩驳法的主导原则与关于美德的日常观点发生冲突的时候，仍想知道自己为何还要接受那些原则的批评者，他就有了一个回答。[29] 苏格拉底可以回答说，主导原则立足于理性的和心理的幸福论，或立足于类似的不容置疑的前提，这些前提具有明显的真理，这对于任何一个对此具有清醒认识的人来说都是清楚的。比如说，如果我们发现自己被迫同意美德对幸福而言是充分的，我们必须做的就只是打发掉那些引导某些人相信美德和幸福可能冲突的观点。

对批评者的这个回答可以解释，为什么苏格拉底实际上并没有考虑那些可能与他的主张发生剧烈冲突的、关于美德和自我利益的常识观点。如果有什么东西在我们看来是如此清楚和明显，以至于完全不容置疑，那我们也可能感到可以推断，任何与之相冲突的观点都应该予以放弃；不管它们看起来是多么合理，其证据必定是误导性的，因为我们不可能有充足的理由接受任何与我们认为是完全不容置疑的观点相冲突的东西。在某些情况下，这种态度可能是合理的；如果我们发现 p 是不容置疑的，而人们已经虚构出某种证明非 p 的误导性证据，那我们就不需要去费力揭穿他们精巧的伪装。

虽然这些可能是苏格拉底需要满足的精确标准，但他并没有表明自己满足了这些标准。他对幸福的本性或幸福与美德之间的预期联系说明得还不充分，还不足以捍卫那些为他自己的道德立场充当基础的观点。他的前提本身就是悖论性的，而只要一个理论的某些部分依赖于这些显然是悖论性的前提，那么这些部分也同样有争
63 议。他相信知识对美德而言是充分的，如果这个信念是由以下观点即“不存在威胁知识的最高地位的非理性欲求”辩护的话，那么它看起来就并不是很有道理；因为如果我们一开始并不同意知识对美德而言是充分的，那么苏格拉底就没有给我们提出任何理由来接受这

29 关于对通常信念的处理，参见本书第 34 节。

个进一步的主张。与此类似，如果苏格拉底想要捍卫对美德的一种无保留的承诺，如果他用来支持这个主张的理由只是他对美德的辩护要求这个主张，那么他就不能通过宣称美德对幸福来说是充分的从而非常有效地捍卫那个承诺。这个有争议的假设还需要某种独立的辩护。

如果这是真的，那么苏格拉底从这样一些美德入手的策略就没有取得成功：这些美德激起的争议最少，而且将会揭示出那些不容置疑的假设以支持他的更有争议的主张。当我们令苏格拉底的主张面对那些为他所拒斥的常识观点时，我们为什么就不会发现自己对其主张的信心正在减退呢？即使自信并未减退，那如果我们发现，反对苏格拉底的主张看起来同样不容置疑，又该怎么说呢？如果苏格拉底的对话者发现他的主张不容置疑，但是其他人发现反对苏格拉底的主张不容置疑，那我们要如何在这些彼此不一致的、不容置疑的直觉之间选择呢？

对苏格拉底的这个反驳假设，他求助于其前提所具有的明显性和不容置疑性，但是这个假设本身依赖于一个猜测性的概括，这个概括涵盖了他对幸福之欲求的评论及其论证中的其他前提。苏格拉底是否使用了我已经描述并批判过的论证策略，这并不清楚。但是我已经对之加以仔细研究，从而提出三点看法：（1）它是一种苏格拉底可能觉得有吸引力的论证策略；（2）它可能招致严重的反驳；（3）如果他没有遵循这个策略，那他就需要对一个非常自然也非常合理的问题给出其他回答，这个问题就是，我们为什么应该如此严重地依赖于辩驳法的主导原则。如果这是真的，那么《欧绪德谟》的论证就仍然给我们留下了一些严肃的问题，它们关系到苏格拉底式的方法和伦理学。《欧绪德谟》给了我们某种理由去相信，苏格拉底在其他地方所依赖的某些假设并不是勉强的、未经辩护的主张；因为这部对话表明了苏格拉底可能用什么方式去捍卫它们。不过，《欧绪德谟》所提供的辩护依然十分有限；因为苏格拉底所依赖的某些前提本身是很有争议的。 64

第五章

苏格拉底的困难

45. 关于幸福的问题

在《欧绪德谟》中，苏格拉底论证智慧对幸福而言是必要且充分的。如果我们要评价这个论证，就需要问他如何设想幸福，以及如何将智慧与幸福联系起来。要看到为什么需要提出这些问题，我们可以从某些理解苏格拉底的看似简单的问题时所遇到的困难开始："既然我们想要过得好，那么我们如何能够过得好？如果我们拥有很多善事物，是不是就能过得好？"（*Euthd.*，279a1—3）对这些问题最明显的答案似乎就是收集各种善，它们被亚里士多德列为幸福的"各部分"（*Rhet.*，1360b19）。但是，苏格拉底在这些善事物（或者说是这种善，因为最后表明，只有智慧对幸福而言是必要和充分的）和幸福本身之间建立了何种联系呢？

亚里士多德在其伦理学著作中（与《修辞学》形成对比）提出的某些评论，表明了为什么这是一个非常复杂的问题。在《欧德谟伦理学》（*Eudemian Ethics*）中，他敦促我们将"我们的好生活包含哪些部分？"与"我们的好生活要求什么必要条件"这两个问题区分开来，并评论说，处于健康的状态并不等同于处于健康状态的必要条件（*EE*, 1214b11—15）。他评论说，很多争论产生的原因就在于不能区分这两个问题，因为有人会把幸福的必要条件当作幸福的构成部分（1214b24—27）。亚里士多德认为，对幸福各部分的描述回答了他的第一个问题（“我们的好生活包含哪些部分？”），而不是他的第二个问题。

《修辞学》并没有观察到这两个问题之间的区别。被列为幸福之“部分”的某些善似乎回答了第一个问题；其他的善似乎回答了第二个问题。金钱与奴隶似乎只是必要条件。我想要金钱是因为它的因果属性；它能为我提供获得幸福所需要的保障和资源；如果我能获得金钱所带来的结果而不必拥有金钱，那这就是善（比如说，我可能依赖于拥有所有那些我通常购买的善事物，而不必去购买它们）。奴隶的例子则更加清楚；他们牵涉到很多不好的方面，比方说，如果我能用其他方式耕种我的土地，那我倒更愿意自己去做。与此相
对，友爱看起来不仅仅是某种必要条件。我当然有理由看重友爱所 65
带来的后果，但是完全不清楚的是，如果我能没有朋友而生存，而且我不需要他们的照顾，那我是否愿意离开他们而生存。我可能会说，如果没有朋友我就不会感到快乐，或者说要拥有一个好生活，拥有朋友就是其中的一部分。[1]

在《尼各马可伦理学》中，亚里士多德区分了有关幸福的不同问题，以便解释为什么以及在哪些方面人们对于幸福意见不一。他的意思是，人们并不知道幸福是什么；他们同意幸福是最终目的，但是对于构成幸福的状态和活动则意见不一（*EN*, 1095a17—23）。由此看来，他们的争论是非常深层的，而且很难予以解决，因为它们反映了对幸福是什么的不同意见，而且这些观点导致了对幸福各部分（按

1　亚里士多德（*EN*, 1169b3—10）拒绝了一种纯粹工具性的友爱观念，拒绝了欧里庇得斯（*HF*, 1336—1339; *Or.*, 665—668）表达的观点。讨论古希腊友爱观的有：Adkins（1963）；O’Brien（1967），第 31—37 页；Blundell（1989），第 32—36 页。

照《欧德谟伦理学》的话来说）的不同主张。这个问题在《修辞学》中也被忽略了，在那里亚里士多德并没有暗示关于"幸福是什么"存有任何争议，也没有暗示这样一种争议导致了关于"幸福由什么构成"的更多争议。为了回答这个"幸福是什么"的问题，《伦理学》诉诸幸福的标准（完满与自足）并论证，已接受的幸福备选项（快乐的生活、荣誉的生活以及有美德的生活），由于不能满足这些标准而应当予以拒绝（*EN*, I, 5）。

亚里士多德所做的这些评论有助于我们认识到，"我们如何才能幸福？"（或者"为了幸福我们必须做什么？"）这个问题可以被用来回答两个不同的关键问题：（1）幸福是什么；也就是说，构成幸福的那些部分是什么？（2）实现幸福的手段是什么；也就是说，如果我有一个关于幸福是什么的观念，需要做什么才能得到它？

认识到下面这一点很重要：通过回答上述问题而拣选出来的善事物和幸福之间有着不同的联系，即使我们说它们都是"出于幸福的缘故"而加以追寻的。尤其是，幸福论主张我们做每一件事都是（或者说应该是）为了幸福，这并不意味着每一个因为幸福而被选择的事物对于幸福来说都是纯然工具性的（就像财产或奴隶作为必要条件而是纯然工具性的一样）。幸福论的主张与下面这个观点是相容的，即除了幸福之外还存在着其他的善事物，它们出于自身的缘故而值得选择，而且是作为各构成部分，而不是作为工具性的手段从属于幸福。我们或许会说，修补一把坏了的小提琴和出色地演奏交响乐的第一乐章都是"为了"很好地演奏整部交响乐而做出的行动，但是这两个行动与很好地演奏整部交响乐之间存在不同的联系；只有第二个行动实际上构成了很好地演奏整部交响乐这个行动。与此类似，如果美德或健康（比如说）是幸福的一个构成要素，那它在幸福中的角色就不是纯粹工具性的，因为它的作用不仅仅是纯然地引发一个与自己截然不同的结果。达成幸福的工具性手段和构成幸福的要素都是"因为"（for the sake of）幸福而被选择的，但是在这两种情形中,“因为”所指称的联系有所不同。[2]

苏格拉底并没有提到这些亚里士多德式的区分,他也没有告诉我们,当他说有些事物促进幸福而其他事物不促进幸福的时候,哪些亚里士多德式的问题是他要予以回答的。他跟我们说的是关 66
于幸福的构成因素?抑或仅仅是那些实现它的工具手段?如果想要理解苏格拉底对于美德和幸福二者间关系的观点,我们就必须回答这个问题。我将考虑某些论证,以表明苏格拉底相信美德对于幸福来说是工具性的;然后我将从另一个方面考虑它们是不是好的论证。

46. 美德对幸福来说是工具性的吗?

在《吕西斯》中,苏格拉底论证说,首要对象不是因为其他事物而被爱,而其他爱的对象之所以被爱,是因为首要对象,而不是因为它们自己:

> 然而,我们说很多事物为人所爱(phila)是因为另外某个为人所爱的东西,我们这样说显然是在使用不恰当的说法。[3] 看起来那个真正为人所爱的东西,就是所有这些所谓人们喜爱之

2　亚里士多德鉴别出纯然的工具性手段与构成要素之间的区别,*EN*,1095b1—5(参见 *EE*,1214b11—27;*MM*,1184a25—29),1140b6—7,1144a3—6。在 Greenwood(1909,第 46—48 页)之后,这个区分被很多亚里士多德研究者使用;例如 Ackrill(1974),第 19—20 页;关于苏格拉底,见 Zeyl(1982),第 231 页及注释;Vlastos(1991),第 205—207 页。这个区分在 Lewis(1946,第 486—487 页)那里得到了探讨(关于“工具性的”和“构成性的”价值)。

3　我依 Stallbaum(1877)和各种抄本将 220a7—b1 读作:heneka philou timos, heterō(i) rhēmati。Schleiermacher(1977)和 Wright(1910)翻译了这个文本。它可以被视作对以下提议的反对:Kraut(1984),第 212 页及注释;Lesses(1985),第 171—172 页。[也参见 Bolotin(1979),第 60 页,注释 72。]

> 事物最终归于其中的那个东西……因此，真正为人所爱的事物被人喜欢就不是因为其他东西。(220a7—b5)

苏格拉底声称，任何因为更进一步的目的而为人所爱的事物，都不是我们真正所爱的，而且我们唯一真爱的事物，就是那个我们爱它而不是为着任何其他东西的事物。他暗示说，如果为了 y 而选择 x，我们就不能也为了 x 自身的原因而选择它。[4] 如果这个一般原则是可接受的，那我们就不能说，美德是幸福的一个构成成分；因为如果它是一个构成成分（就像亚里士多德所设想的构成成分），那它被选择就必须是既因为它自身又因为幸福。由于苏格拉底的原则将那些为了某个目的而被选择的事物化约到某种纯然的工具性手段的地位，那我们就不妨说，它是关于那些非最终的（non-final）善事物的**工具性原则**（Instrumental Principle）。

这一段自身并不含有美德对于幸福而言就是纯然工具性的意思，因为（就像我们已经看到的）它并没有说必定存在着唯一一个爱的首要对象。但是苏格拉底也在《欧绪德谟》中提出，我们出于其自身的缘故而渴望幸福，并且因为幸福而渴望其他一切事物[5]；因此他坚持这个结论，认为我们渴望幸福之外的一切事物都仅仅是为了幸福而不是为了它们自身，现在苏格拉底相信，就像《欧绪德谟》所说，美德和有美德的行动是出于幸福的缘故而令人渴望。因此，如果他接受工具性原则，那他就必须推断，美德对幸福来说是纯然工

4 关于这一段，参见 Versenyi（1975），第 193—194 页；Glidden（1981），第 57 页；Klosko（1981），第 99—100 页；Zeyl（1982）；Lesses（1985）；Vlastos（1991），第 306 页。与 Lesses（第 171—172 页）和 Glidden（第 56—58 页）相反，苏格拉底暗示，将 x 视为 philon 就等于把 x 看作善（218e6，219a4，219b2，220b7），并且做出选择或加以考虑都是为了 x（219d5—220a6）。

5 关于对幸福的渴望，参见本书第 37 节。

具性的，而不是由于其自身具有价值。[6]

苏格拉底真的接受了在《吕西斯》的这个阶段采取的工具性原则吗？在《吕西斯》中，论证的很多前提当然都是有问题的；苏格拉底或者明确或者含蓄地质疑了其中一些前提。但是他并没有挑战工具性原则。要想在其他地方找到他接受这个原则的证据，我们就必须转向《高尔吉亚》。此处苏格拉底宣称，当我们做 x 是为了 y 时，我们想要的不是 x 而是 y；当他说，我们在这些情况下想要 x 仅仅是因为 y，而不是因为 x 自身时（*G.*，468b7—c5），他是在更加精确地陈述自己的主张。[7] 苏格拉底又一次没有提到美德，但是他暗示， 67
由于我们是为了幸福而想要美德，我们就不是为了美德自身而想要它们。

于是，在这两段里，苏格拉底提出了关于非最终的善事物的观点，这个观点和他对美德构成幸福的信念一起，暗示了美德对幸福而言是纯然工具性的，不能出于其自身的缘故而被选择，并因此既不能等同于幸福，也不能等同于幸福的一部分。他并没有提到自己的主张的内涵；我们可以认为，他没有意识到这一点，而如果他意识到了这一点，就会重新构造他的主张以避免工具性原则。我们应当审视苏格拉底其余的主张，看看它们是否与工具性原则相冲突。[8]

如果我们回想一下，为什么苏格拉底一开始就诉诸幸福，或许

6　Lesses（1985，第 169 页）认为，如果我们把 *Lys.* 中的这个层级表应用于 *Euthd.*，我们就应当发现，智慧是爱的首要对象（prōton philon）。Vlastos（1991，第 230—231 页）则认为幸福是 prōton philon。

7　Vlastos（1991，第 303—304 页）讨论了这一段。在 468c2—5，苏格拉底论证说，当中立的行动促进善的时候，我们确实也想要特定的中立行动（即像这种不好不坏的行动类型）；因此 467d6—e1 就应该被修改为："我们做任何事情都是为了某个事物，我们想要它们仅仅是出于那个我们这样做的原因。" 这仍然暗示，我们并不是出于其自身的缘故而想要这些东西。

8　诉诸 *R.*，357b—d 来解释 *Lys.*［例如 Versenyi（1975），第 193 页］是不合逻辑的。参见本书第 139 节。

就可以了解为什么苏格拉底会倾向于一种工具性的美德观念。幸福提供了某种评价标准，其评价对象是那些关于美德的主张，以及其他那些成为合理的追求对象的事物。如果苏格拉底相信，人们对幸福的本性具有一致意见，而实现它的工具性手段是备受争议的，那么诉诸最终目的就可以帮助我们解决关于美德之合理性的争论。比如说，如果我们要在不同的木工技艺中选择，那就应当考虑其中哪一个最适合造床。如果我们有了一个足够清楚的关于“床应该是什么”的观念，如果所讨论的唯一问题就是关于如何造床，那么提到技艺的目的就可以解决争论。如果同样的条件对美德来说也能得到满足，那么关注最终目的就能产生同样有效的方法来解决争论。

因此，如果苏格拉底诉诸幸福论并诉诸某种美德和幸福二者关系的工具性的观念，那他就有一个清晰且理智的方法为道德美德的合理性提出辩护。如果他否认美德对幸福而言只是工具性的，那么诉诸幸福就不能解决关于道德美德之合理性的争论；因为关于美德的争论仅仅揭示了涉及幸福特征的分歧。工具性原则和工具性的美德观念可能属于捍卫美德的一个可以理解的策略。

47. 美德是技艺吗？

我们对工具性的美德观念加以捍卫时采取了一个生产性技艺的例子，通过表明它们是如何对产品的生产具有工具性的作用，而该产品具有的特征已经被用来界定该技艺的恰当目的，它就可以对其程序提出解释和辩护。苏格拉底本人假设，在美德和生产性的技艺之间存在某种程度的类似之处。当他看似在假设知识对美德来说是充分的时，他就是在通过给出技艺的例子来说明他对知识的观点（*La.*，198d1—199a5，*Ch.*，174b11—175a8）。在《卡尔米德》和《拉凯斯》中，他从未提出过，他所考虑的这种知识（epistēmē）属于任何技艺（technē）之外的东西。在《欧绪德谟》中，他着手回答“什么样

的知识能保障幸福”这个问题，方式就是先试着回答“什么样的技艺 68
能保障幸福”（*Euthd.*，288d9—291d3），而且他试图通过说出这种技艺产生什么样的产品来回答这个问题（*Euthd.*，291d7—e2）。苏格拉底究竟是在多大程度上认真地处理了这种美德和技艺之间的相似关系？

要回答这个问题，我们应当明白苏格拉底是如何处理某些困难的，我们可能会希望这些难题是对那些将美德等同于某种技艺的人提出的。一旦我们注意到技艺可能被错误地用来追求坏的目的，就会产生一个严重的困难。由于苏格拉底认为美德是美好的、有益的且对幸福而言是充分的，因此他当然就不会相信，美德也可以被误用于坏目的。这难道不会得出结论，认为美德不能是一种技艺吗？

苏格拉底的某些论证指向这个困难却没有予以回答。《卡尔米德》论证说，其他类型的知识有可能会被误用，除非它们受到关于善的知识之调节（*Ch.*，173a7—d5）。一个类似的关于误用的问题也出现在《欧绪德谟》中；回答它的方式是引入“高贵的技艺”（royal craft），后者结合了如何制造一个产品的知识，以及如何使用这个产品去产生幸福的知识（*Euthd.*，289b4—d10）。这些回答似乎不具备直面该难题的效力。如果高级的科学是某种技艺（就像苏格拉底假设的），那它难道不是仍有可能被误用吗？诉诸某种更高程度的技艺以便去除误用的可能性看来是错误的方式，因为这种误用的可能性在所有的技艺那里都会发生。我们可以得出结论认为，苏格拉底或者没有认识到这个困难，或者他并不真的相信美德可以是一种技艺。

然而，《小希庇阿斯》提出了一个另外的选择。首先，苏格拉底对那种似乎会在所有技艺中出现的关于误用的普遍困难做了陈述。技艺就是某种能力（*HMi.*，366b7—c4），而一个具有这种能力的人要么能够使用它生产出常规的产品而不加以运用，要么错误地使用它制造出一个完全不同的产品。懂得如何造床的木匠会结合二者，比方说，他同样最擅长造出一张一周之后就分崩离析的床，而技艺最精湛的医师也会是最高明的毒师。出于这些原因，一种技艺，就像亚里士多德所说的，就是一种“对立的能力”（*Met.*，1048a7—11）；懂得如何说出真理的人也是最高明的骗子，而一般而言最好的人也就是最具技巧的作恶者（*HMi.*，375d2—e1，376a2—4，376b4—6）。[9] 如果是这样，那么美德似乎就不能被等同于技艺。

对这个反驳，苏格拉底暗示了一种答案，他得出结论说，好人应该是有意愿地（willingly）犯错并做出可耻的、不义的行动，“如果真有这样一个人的话”（376b4—6）。[10] 他承认每一种科学，包括高级的科学，都是一种技艺，它的存在与对它的误用在逻辑上是相容的。这进而引出一个观点：如果一种美德也是一种技艺，那它被误用在逻辑上就是可能的。但是苏格拉底的保留在于“如果真有这样一个人的话”，这意味着误用只有逻辑上的可能性，它并不证明美德不能是一种技艺。如果恰当运用最高技艺所推动的那个目的就是每个人想要的目标，那么逻辑上误用的可能性在事实上就永远不可能实现。如果有某种技艺的误用是逻辑上可能而心理上不可能（考虑到实际的人性和动机），那么苏格拉底或许就还想将这种技艺鉴别为美德。

苏格拉底的其他学说支持这个解决方式。最高的技艺就是那
69 个其恰当运用能促进行动者幸福的技艺，而苏格拉底在《欧绪德谟》中认为，每个人都将幸福作为最高目的加以追求，并且追求其他一切事物都仅仅是出于幸福的缘故。这就得出结论认为，如果有人相信恰当运用某种特定技艺的产物就是他的幸福，那他也就想要恰当地运用这种技艺；误用或者无用的所有情况都是对恰当运用技艺

9　苏格拉底不需要表明，比如说，正义的人会经常使用他们关于正义的知识去行不义之事（参见 *R.*，333e3—334b6）；如果不论人们是否使用他们的知识去遵守协议（举例而言）或打破协议，他们都是正义的，那这对他的目的来说就已经足够了。关于误用的论证有以下讨论：Weiss（1981）；Vlastos（1991），第 275—280 页。

10　这个限定的重要性经常得到讨论。例如 Taylor（1937），第 37—38 页。

的后果无知的结果。苏格拉底式的心理幸福论让我们很容易相信，《希庇阿斯》提出的逻辑上的可能性不会对我们把美德等同于技艺造成任何困难。

如果这就是苏格拉底的观点，那么《小希庇阿斯》就不是在质疑美德与技艺的同一，而是要表明，如果我们要将美德等同于技艺，我们就必须接受心理的幸福论。如果是这样，那么关于误用的困难就不一定使得苏格拉底去否认美德是技艺。[11]

48. 亚里士多德论美德与技艺

如果苏格拉底明确或隐含地将美德等同于一种技艺，那他关于美德的本性又有什么暗示？这个问题很难回答；因为苏格拉底不会确切地说出，他在说某事物是一种技艺或者类似于一种技艺的时候是要表达什么。我们也不能假设，他的听众或者柏拉图的读者不需要进一步的指导就一定能把握相关含义。因为当苏格拉底的同时代人承认医学、制鞋和木工作为显而易见的技艺实例时，他们也没有确切的或明白的说法，来阐明是什么使得某物成为一种技艺，而不是仅仅作为诀窍、技能或者（我们可能会说）技术（参见 *G.*, 465a2—7）。[12]

然而，亚里士多德有一个相当清楚和明确的观点，既关乎技艺的特征，也关乎将美德处理为某种技艺所蕴含的意义。所以更有帮

11　关于心理幸福论的关联，参见 Penner（1973b），第 142 页。

12　关于 technē 的条件，参见 Hippocrates, *VM* 1.11—16（Loeb）; *De Arte*, 4—5; Democritus, DK, 68B, 197。古希腊的 technē 观念在以下各处得到了讨论：Schaerer（1930），第 1 部分；Festugière（1948），第 xv—xvii，第 32 页；O'Brien（1967），第 2 章；Kube（1969），第 1 部分；Nehamas（1986），第 298—300 页；Nussbaum（1986），第 94—99 页；Cambiano（1991）。苏格拉底和柏拉图在美德和技艺之间使用类比的重要性在以下各处得到了讨论：Gibbs（1974）以及 Tiles（1984）。

助的做法是，将那个不够准确的问题，即"苏格拉底是否将美德看作某种技艺"替换成更加准确的问题，即"苏格拉底是否将美德看作某种亚里士多德视为技艺的东西"。应当承认，亚里士多德关于技艺的观念和苏格拉底及其同代人的技艺观念会有所不同；但它仍然值得考虑，因为它不能被草草打发掉，就好像是处理某个不熟悉古希腊技艺观念的阐释者所持有的观点一样。如果苏格拉底看来接受了暗示，像亚里士多德所设想的样，将美德视为技艺，那我们就有了充足的理由相信，苏格拉底将美德看作某种技艺。不管怎样，如果我们表明，苏格拉底将那些亚里士多德归诸技艺的特质也归诸美德，那我们就发现了某种关于苏格拉底伦理学的重要东西。

亚里士多德拒绝了一个通向《小希庇阿斯》的难题的关键假设。他认为那里的论证被误解了，因为它无法区分两个东西：一个是能力（capacity），可用于两个相反目的之中的任何一个；另一个是品格状态（hexis），其中包括只能为了一种目的而使用能力的某种稳定倾向（*Met.*，1025a6—13）。

在这一段中，亚里士多德实际上并没有将这个错误（就像他所认为的）归诸苏格拉底或柏拉图。但是他在别处的某些评论表明，
70 他相信苏格拉底犯了错。他论证说，美德的品格必须被等同于状态，因为它们涉及能力的正确运用（*EN*，1106a6—10）。然而在亚里士多德看来，苏格拉底忽视了技艺与美德之间的这个重要差别（*EE*，1216b2—10）。

49. 亚里士多德论生产与行动

通过解释为什么技艺知识必须和道德智慧（phronēsis）区分开来，亚里士多德部分地解释了他和苏格拉底之间的分歧。在他看来，智慧关系到行动（praxis），而技艺关系到生产（poiēsis）。行动和生产就其与所追求的目的之间的关系而言是不同的：

> （智慧）并不是技艺知识，因为行动和生产属于不同的类型。于是，仍然存在一种可能，即智慧是一种把握真理的状态，它涉及理性，所关心的行动涉及对人而言的好事物或坏事物。因为生产的目的在它之外；而行动并非如此，因为它的目的就是“做得好”本身。（*EN*，1140b3—7）

智慧关心的是发现有美德的行动，而且有智慧的人选择这些行动是出于它们自身的缘故（1144a11—20）。亚里士多德反驳了以下观点：如果我们将道德智慧等同于任何类型的技艺，我们就无法把握它的关键特征。[13]

亚里士多德是否把这个批评用在苏格拉底身上？我们有某种理由假定他是这样做的，因为我们从其他章节中得知，他认为苏格拉底把美德看作技艺。在关于行动和生产的这一段里，一旦我们注意到它使我们想起《卡尔米德》中令人困惑的一段，就有了一个更具体的理由。克里底亚使用同样的对比来论证狭义的“行动”（praxis）与生产性的工作（poiēsis）不同（*Ch.*，163a10—c8）。但他对这个区分的使用毫无帮助；他仅仅是将“行动”等同于“产生美好的和有益的事物”（163c3）。反过来，苏格拉底并没有为了亚里士多德的目的而试着去利用这个区分。[14] 的确，在一个关键点上，他明确拒

---

13 在*MM*，1197a3—20（参见1211b26—33），亚里士多德提到了演奏里拉琴来作为某种行动的例子，这种行动并不是完全为了某个外在目的而做出的。他假设这种行动既不是poiēsis，也不关注technē。令人惊讶的是，苏格拉底从不会以这种行动作为例子，来说明technē是做什么的。[对比以下论证：Gosling（1978），第100—101页；以及Taylor（1979），第599页。]

14 Moreau（1939，第116页）承认，克里底亚没有明确地做出亚里士多德式的区分，但是仍然声称这个区分是“前面所有分析所指向的，将从这段对话中极为清楚地析出，并在亚里士多德那里成为经典(的内容)”。我相信，只有当我们从一种亚里士多德式的而不是苏格拉底式的视角来阅读这部对话，这个区分才会从中显现出来。我同意Gauthier and Jolif（1973）对*EN*，1140a2—3的讨论，反对Hirschberger（1932，（转下页）

绝了亚里士多德区分行动和生产的理由。在《卡尔米德》稍后的部分，他拒绝了克里底亚的提议，即科学不需要有任何不同于其运用的产物；的确，他坚持认为每一种科学都必须有一种产物，它是“某种不同于科学自身的东西”（166a3—7）。[15] 苏格拉底拒绝在生产性的知识和实践知识之间做出亚里士多德的那种区分，而且他对克里底亚的提议所持有的态度很自然地来自他对这个区分的拒绝。他并不认为智慧（phronēsis）应该与技艺加以区别，也不认为应该按照亚里士多德的路线加以区分。[16]

《欧绪德谟》（292d8—e7）的劝勉插曲中那个最终的难题，为苏格拉底提供了进一步的机会去否认，智慧是一种生产某种不同于它自身的产物的技艺。如果他否认这个假设，那他就能够消除这个难题，但是我们没有理由相信他选择了这个解决方案。[17]

（接上页）第 18 页，第 55—57 页）的观点。尽管苏格拉底实际上并没有把 poiēsis 和 praxis 之间的区分归功于普罗狄科（Prodicus），但是他也提到，这个区分类似于普罗狄科的区分（*Ch.*，163d3—4），他经常将后者视为（根据他自己的伦理观点来说）理论层面不重要的。参见本书第九章，注释 29。

15　关于这段内容，参见 Klosko（1981），第 102 页；Zeyl（1982），第 229 页及注释；Roochnik（1986），第 187 页。虽然苏格拉底确实没有要求某种 technē 来生产某种不同于技艺本身之运用的物理对象，这个事实也并不表明他不把 technē 看成（用亚里士多德的术语来说）生产性的；因为正如亚里士多德所构想的，一个物理性的人造物对于生产来说并不是必要的。

16　关于柏拉图之前对 phronēsis 的应用，参见 Schaefer（1981），第 1 章。苏格拉底恰当地使用它来表示勇敢所需要的实践智慧。（关于其他实践语境，参见 Democritus，DK，68B2，119；*Cri.*，44a9，47a10；*Lys.*，209c5，209d3，209e2，210a4，210b1；*Euthd.*，281e8，285b6。对比 *Pr.*，337c3。）但是他也将之用于技艺，*La.*，192e，而且他说到某种美德也是 phronēsis，epistēmē 以及 technē；参见 *La.*，193b5，195a1，195c11。他不需要将这三个术语看成是同义的；但是他假设，适合于实践的 phronēsis 的这种 epistēmē 也会是一种 technē［对比 Stokes（1986），第 80 页，第 93 页］。进一步讨论参见 Schaefer（1981），第 3 章。

17　与 Moreau（1939，第 188 页）相反，他相信这个论证是要将我们的注意力吸引到美德和技艺之间基本的非类似性的关系上：“因为幸福的技艺，如果同别的技艺一样，旨在将任何一种属性的对象实现出来，按理说，确保幸福就同样由（技艺）做出，若和其他技艺定要有形式上的相似之处，那就是反思活动的纯形式性特征。”这种亚里（转下页）

因此，与苏格拉底相反，亚里士多德相信，需要在生产与行动之间做出一个重要的区分。他坚持认为，这个区分表达了技艺知识与道德智慧之间的一个关键区别。他因此含蓄地批判了苏格拉底，因为后者没能认识到这个区分的重要性。 71

智慧关注那些目的在其自身之中的行动，在亚里士多德看来，这个事实解释了为什么智慧要求节制："因为做出行动的原理（principle）也就是它所追求的目的；如果快乐或痛苦腐化了一个人，随之而来的就是，这个原理不再向他显现……因为恶会败坏原理。"（1140b16—20）亚里士多德评论说，并不是每一次对原理的把握都会被恶败坏。对于三角形本性的纯然理论层面的把握就不会被恶毁坏，亚里士多德还暗示说，对技艺的把握同样不会被恶毁坏。只有关于行动的原理才会受到恶的影响（1140b14—15）。

亚里士多德现在解释了他如何处理《小希庇阿斯》中关于误用的悖论："此外，有关于技艺的美德，却没有关于智慧的美德。进一步，在技艺中，自愿犯错的人就更为可取；而对智慧来说，就像对于美德一样，自愿犯错的人更糟糕。因此，智慧是一种美德，而不是技艺知识。"（1140b21—25）如果美德是一种生产性的技艺，那么更有美德的人就是那个更能自愿犯错的人；因为既然自愿犯下的过失来自对应当予以追求之目的的错误观念，那么这种错误就与充分拥有一种只关心工具手段的技艺完全不矛盾。亚里士多德论证说，我们可以正当地否认，智慧令我们更能自愿地犯下过失，当且仅当我们看到它与目的有关且因而不是一种生产性的技艺。

我们知道，亚里士多德批判苏格拉底是因为后者错误地将美德看作技艺。亚里士多德没有明确声称，苏格拉底的错误中也包括错

（接上页）士多德式的阐释路线在苏格拉底对话中缺少支持。当 Moreau 假设，如果智慧产生某种不同于它自身的产品，它就不能保障幸福的时候，他未能顾及苏格拉底的心理学。[以下学者接受类似 Moreau 的观点：Taylor（1937），第 99 页；Sprague（1976），第 51—53 页；以及 Hawtrey（1981），第 137—138 页。]关于这个难题，参见本书第 62 节。

误地将美德看成生产性的。但是,既然他暗示了《卡尔米德》和《希庇阿斯》中的段落,其中苏格拉底未能挑战那些(在亚里士多德看来)暗示了道德智慧仅仅是一种生产性技艺的假设,因此他很有可能认为,苏格拉底不能将实践智慧从生产性知识之中区分出来,而且这是包含在将美德视作技艺的观念中的错误之一。如果我们没有意识到生产与行动之间的区分,我们可能就不会注意到美德和技艺之间的差别;同样,如果我们已经被美德与技艺之间的某些相似之处吸引,那我们就会否认或忽略行动与生产之间的差别。

50. 美德、技艺与工具性手段

我们已经在这些对话中看到了对亚里士多德观点的某些证明,即认为苏格拉底不能区分生产与行动,并因此不能区分道德智慧与技艺知识。苏格拉底并没有做出亚里士多德式的区分;相反,如果我们将美德看作某种高级的技艺并接受苏格拉底式的心理幸福论,就能很快解决《小希庇阿斯》中出现的困难。

72 这个结论对于回答我们之前的问题来说十分重要,该问题关乎苏格拉底是否将美德看作实现幸福的纯粹工具。亚里士多德做出区分的部分要点是要表明,美德在什么意义上并不是纯然工具性的。如果道德智慧仅仅是关于生产的,那它就指定了实现某个目的的工具手段,而这个目的与美德和有美德的行为是有区别的(就其效果区别于其动力因而言)。然而,由于智慧与行动有关,其中目的与行动本身并没有区别,那么有美德的行动自身就是目的,并因此是最终的善(也就是幸福)的一部分,而不仅仅是一个工具性的手段。亚里士多德认识到,美德与有美德的行动不能仅仅是实现幸福的纯粹工具,因为有美德的人和邪恶的人并非只是对实现幸福的手段有分歧;他们对于幸福的构成也是意见不一,而有美德的人,他们的行动所表达的独特确信关乎幸福的本性,而不仅仅是关于如何实现幸福。

如果苏格拉底相信,有美德的人和邪恶的人产生分歧的问题并不在于幸福的本性,而在于有美德的行动或邪恶的行动能否促进幸福,那么苏格拉底没能反对美德与技艺之间的相似之处就是完全可以理解的。如果我们假定,苏格拉底隐含地接受了亚里士多德式的区分,那我们就必定会对他如此不带批评色彩地处理美德和技艺之间的相似之处感到非常困惑。然而,如果他相信美德对于幸福而言纯粹是工具性的,那么他的非批判态度就是很好理解的。

现在我们已经考虑了四个独立的论证,以便表明苏格拉底认为美德对幸福而言仅仅是工具性的:(1)他没有提出亚里士多德针对幸福的本性与构成所提出的问题,所以他也不认为捍卫美德要求校正我们的幸福观念;因此,他并未有意识地着手证明,美德就是幸福的一个构成要素。(2)《吕西斯》和《高尔吉亚》中的一些章节使苏格拉底对于美德和幸福之间的关系持有一种工具性的观念。(3)亚里士多德很可能将一种工具性的美德观念归诸苏格拉底。(4)苏格拉底并没有做出任何类似于亚里士多德用来标示美德与技艺之间差别的区分。

如果我们能够从另一方面找到清楚的证据,那么以上论证中没有任何一个可以单独证明工具性的解释是正确的。因为如果我们有了清楚的反面证据,我们或许就会判断苏格拉底的沉默是不重要的,认为他对非最终的善事物所做的明确评论是对其真正观点的错误表述,或者会判断亚里士多德误读了他。不过,所有这些论证都指向同一个方向。尽管其中任何一个都可能不是结论性的,但是它们累加起来的分量要求我们认真对待这种工具性的阐释。

51. 为什么美德对于幸福是充分的?

然而,我们也可以假定,有清楚的证据表明,苏格拉底不可能持

有一种纯粹工具性的美德观点。他断然声称,美德对幸福而言是充分的。我们可以论证,通过这个主张,他一定是要表明,自己对美德
73 的承诺是如此深刻地影响了他的生活,以至于它实际上决定了他对幸福本质的观念,因此他和其他人也就不是真的要试着通过不同的方式以达到同样的幸福要素。尤其是,他对涉及美德的选择所持有的态度,看起来可能与任何一种纯粹工具性的观点相冲突。因为他坚持认为,我们应当考虑的只是有美德的行动过程是什么,而对另一个方面不必加以考虑(*Ap.*,28b5—9)。[18] 如果我们接受某种工具性的观点,我们就必须同意,工具性的考虑可能在根本上反对美德;这样的话,苏格拉底的承诺似乎就排除了纯粹工具性的美德观点。

不过,这个论证证明了太多;如果它表明苏格拉底不可能是一个工具论者,那么一个类似的论证就表明他不可能是一个幸福论者。因为如果他是一个幸福论者,那他必定认识到,幸福的各种前景在根本上都可能与美德相冲突;如果是这样,那就可能得出论证说,他不能真的对美德“在另一方面不加考虑”,这样他就不可能无条件地致力于美德。

认为苏格拉底不可能是幸福论者的论证则是明显不成立的。作为回应,我们可以指出,如果他是一个幸福论者,那他仍然能够毫无保留地承诺美德,因为他确信,有美德的行动总是比其他任何事物都更能促进幸福;他拒绝听取任何对特殊情境的相反考虑,仅仅是因为他已经得出结论,认为没有任何与美德相反的事物能促进幸福。但是,如果这个论述表明,无条件地致力于美德是如何与幸福论相容的,那么一个平行的论证就会表明,苏格拉底何以能够无条件地致力于美德,却仍然相信美德对幸福来说纯粹是工具性的。因此,他对美德的无保留的承诺没有给下面这个观点造成任何困难,即他认为在严格意义上美德对幸福来说是工具性的。

---

18 参见 Vlastos(1991),第 205 页,注释 24。

那么,工具性的美德观点如何能够支持苏格拉底关于美德对幸福而言是充分的这一主张呢?我们都同意,根据《欧绪德谟》,存在着这样一种称为幸福的东西,它是最高的目的,仅仅出于其自身的缘故而被追求,如果我们获得它,那我们的欲求都能得到充分满足(因为我们对幸福之外的任何事物都没有欲求)。苏格拉底可以假设,这是一个对于幸福充分确定的描述,能够证明他关于美德的观点是正确的。如果他能表明,美德保证有美德的行动者的欲求能得到满足,那他就表明了(他可能假定)美德对幸福来说是充分的。

一个有美德的人显然不可能期望满足所有的欲求,而一个普通的没有美德的人可能会有这些欲求。普通人强烈地渴望不去面对苏格拉底必须面对的死亡,而且这样一个人会认为,苏格拉底遭受了某种严重的伤害。不过,苏格拉底可以回答说,他毫无保留地致力于美德,因此他就没有欲求去做任何与他对美德的承诺相冲突的事。一旦他发现,在某些情况下,财富或安全,甚至自我保护都与美德的要求相冲突,那他就没有欲求去追求任何一种在这些情境下人们公认的善事物。尽管在苏格拉底的境遇下,没有美德的人可能会承受欲求的挫败,但苏格拉底并没有承受任何欲求的挫败;不过正是他自己的欲求,而不是其他人处在他的条件下可能会具有的欲求,决定了他是否幸福。他声称,既然他想要尽其所能成为一个有 74
美德的人,并且对任何与美德相冲突的事物没有欲求,那么如果他损失了任何有美德的人必须放弃的并为人们所公认的"善事物",他也没有损失任何幸福,因此也就没有受到伤害。

苏格拉底也可能明确主张,与没有美德的人相比,有美德的人不太容易有受挫的欲求,因为没有美德的人更容易受到挫败,而此类挫折不会影响一个有美德的人。如果我渴望荣誉或者财富或者政治上的成功,以之作为获得幸福的手段,能否获得它们就并非取决于我;即使我明智地行动,我也可能不够走运,这样的话我的欲求可能就会受到挫败。苏格拉底声称,这种挫败不会发生在他身上,只要他尽可能地具有美德[19]；因为这个目标是在他的能力范围之内的，而且他也不容易由于外部条件而失望。

如果是这样，苏格拉底的信念（即美德对于幸福是充分的）就不能排除他相信美德对于幸福来说是纯粹工具性的，而不是构成的一部分。因为我们所描述的幸福观念会支持这个主张，即美德是实现幸福的一贯正确的工具性手段。我们不必为了表明美德对幸福来说是工具性的而去证明，苏格拉底接受了这种幸福观念和这个论证；这样一个论证的可能性足以表明，他关于美德的主张自身并不排除他对美德和幸福的关系采取一种工具性的观点。

52. 美德、技艺与非理性欲求

基于亚里士多德在生产和行动之间做出的区分，我们已经考虑了他区别道德智慧和生产技艺的某些理由，而且我们也看到了为什么苏格拉底似乎没有做出亚里士多德那样的区分。同样重要的是，要去考虑亚里士多德划分美德和技艺的另一个方面。在前面引用的某些段落中（*EN*, 1106a6—10；*EE*, 1216b2—10）[20]，他坚持认为，美德不能仅仅等同于能力，因为美德要求情感的恰当训练，这部分地决定了我们是出色还是糟糕地运用我们的能力。在这一点上，美德明显不同于技艺，后者作为能力并不要求同样的情感训练。

根据亚里士多德，苏格拉底将美德看得好像是生产性的技艺，这种意愿反映了苏格拉底未能认识到美德中非认知要素的重要性。当苏格拉底把美德等同于知识，他就去掉了灵魂中非理性的部分，并由此去掉了感情和品格状态（*MM*, 1182a15—23）。这也是为什么

19　如果苏格拉底相信美德要求知识而他缺乏知识，那他就不能相信自己是有美德的。因此，他能达到的目标就是尽可能地具有美德。参见本书第八章，注释 21。

20　关于亚里士多德对苏格拉底论技艺的评论，参见本书第 48 节。

他拒绝了不能自制的可能性。

苏格拉底式对话给我们提供了充分的理由去接受亚里士多德对苏格拉底之理论立场的描述。非理性的欲求从《拉凯斯》和《卡尔米德》的考虑中消失了,《欧绪德谟》则没有表明它们对美德来说可能是必要的。如果苏格拉底不相信存在着非理性的欲求,那么他就不能将非理性的欲求看成是阻碍人们正确运用知识的错误之根源。如果这是苏格拉底的观点,那它就解释了为什么他不把《希庇 75
阿斯》中的论证视为对作为技艺的美德观念的严肃反对。[21]

柏拉图写作这些对话是为了提出这些对于严格意义上的认知论美德观点而言的困难吗?[22]《希庇阿斯》中提出的这些难题并不支持这个提议,因为我们已经看到苏格拉底能够用什么方式回答它们。亚里士多德没有将《希庇阿斯》中的论证归诸苏格拉底,但是他的其他评论表明,他相信苏格拉底无法在能力和品格状态之间做出区分,而这对于拒绝《希庇阿斯》中的论证来说是需要的。因此,亚里士多德暗示,苏格拉底非常严肃地对待美德与技艺之间的相似关系,而且考虑到他对美德本性所持有的观点,他这样做是对的。

亚里士多德在道德智慧和生产技艺之间所做的区分引出了行动与生产之间的区别,并且解释了,为什么道德智慧不会像技艺那样可能被误用。他在美德和技艺之间所做的区分与之前的区分不同,因为它在这里并不是首要地关注道德知识的本性,而且也没有首要地聚焦于误用;相反,它聚焦于无用(non-use)。

亚里士多德的焦点在于以下情境:一个人具有合适的认知条件

21　根据 Vlastos(1991,第 280 页),苏格拉底“不能分辨未被描述为能力或技艺的道德美德,因为,如果道德美德只是这个,那它就既可以被用于好的目的,也可以被用于邪恶的目的,他发现背离了自己,走向了(尽管是犹豫不决地)一个结论,即那个自愿地使用这种力量去追求邪恶目的的人必定是更好的人”。Vlastos(第 279 页及注释)不同意苏格拉底接受了技艺类比的其他方面。

22　Gomperz(1905,第 296 页)论证说,*HMi* 是要削弱美德作为一种技艺的观念。

却不能按照恰当的知识行动。非理性的欲求不能令我们为了错误的目的而使用我们的道德知识，但是它们似乎阻碍我们正确地使用道德知识。不能自制的人不使用他们的知识，比如“明天头脑清醒比今晚多喝一杯更好”，因此他们并不误用它；但是如果他们再喝一杯的欲求足够强，那他们就让知识闲置在那里不去使用。既然不正当的非理性欲求阻碍知识的正确运用，那么一个有美德的人就必定在正确的方向上拥有知识，并因此必定拥有一种包含了正确的认知和情感状态的品格状态。[23]

在亚里士多德对智慧的评论中，他坚持要把智慧从属于技艺的生产性知识中区分出来；在他对于学习美德的评论中，他指责苏格拉底是被误导了，所以才把技艺的特征视作美德的特征。亚里士多德在第二个评论中对苏格拉底的批判比第一个评论更加清楚，但是在第二个评论中，他声称苏格拉底依赖于美德和技艺之间的相似关系，这个事实令我们得以合理地宣称，他在第一个评论中也打算对苏格拉底提出类似的观点。

53. 工具性观点的内涵

既然这些对话不是要排除工具性的美德和幸福观，而且正如我们已经看到的，苏格拉底的某些主张也暗示了他接受一种工具性的观点，因此我们就应当得出结论，认为这个观点是最切合这些对话的。苏格拉底不可能拒绝这个工具性的观点，也不可能在应用美德与技艺之相似关系时认为其中有任何误导性的成分。

不过，如果苏格拉底明确地构造了工具性的观点并审视了它的内涵，那么推断苏格拉底实际上会接受它也是不明智的。我们已经
76 看到为什么它能回答一些对苏格拉底来说比较紧迫的问题，也看到

23 这是亚里士多德相信智慧本身要求品格美德的部分原因。参见本书第165节。

为什么它可能提供一种表面上很有吸引力的解释方式，以说明我们为什么会有充分的理由去成为有美德的人。然而，他也有可能不欢迎所有这些后果。特别是，一种工具性的观点或许不能为他所有的核心主张提供最可行的辩护。

比如说，我们可以论证，他对正义的忠诚可以更容易理解并且更有说服力，只要他将之作为一种是对幸福的本性而不只是对实现幸福之手段的确信而加以呈现。同样，我们也可能对苏格拉底所做的强烈辩护留有深刻印象：一是为了探究美德的重要性，一是为了寻求对我们所持有的道德确信的理性理解（*Ap.*，38a1—6）。[24] 我们可能会怀疑，他对关于道德探究和理解的确信所做的最佳辩护是否应当基于这种工具性的观点。确实，对苏格拉底的道德确信采取一种工具性的论述，这看上去似乎剥夺了这些确信的力量及其对这些对话的读者（无论是古代的还是现代的）所呈现出来的魅力。

我们不应抑制对于工具性的美德观念的这些疑虑，也不应任由它们控制我们对苏格拉底的阐释。如果我们要试着去理解苏格拉底自己对美德和幸福的理论论述，既然他持有或者说预设了这样一个论述，那我们就应当被说服，认为他接受了一种工具性的观点。即使它并未对苏格拉底的某些确信提供一种非常可行的辩护，这本身也不足以构成充分的理由来假定苏格拉底不接受这个观点；很多哲学家都接受了那些不能为他们的某些确信提供辩护的理论。[25]

不过仍然有可能的是，苏格拉底并没有看到，他必须在对美德

24　关于知识的价值，参见本书第 103 节。

25　Zeller（1885，第 148—153 页）很充分地论证了苏格拉底接受一种对美德与幸福之关系的工具性论述，声称苏格拉底“以幸福论者的方式”对善做出判断。（Zeller 用“幸福论”指的大概就是我用“工具论”所指的理论立场；他使用这个术语时保留了其黑格尔式的含义。）他得出结论（第 153—162 页），有关美德之善的这种工具性论述与苏格拉底对于照护一个人的灵魂所具有的最高价值的信念相冲突。这个结论遭到有力的争辩，参见 Brochard（1912），第 42—43 页。

和幸福间关系的工具性论述和非工具性论述之间做出选择，也有可能是出于这个原因，即他没有注意到技艺类比中蕴含的有争议的假设。我们或许可以说，这些有争议的假设对亚里士多德来说格外鲜明，因为他意识到了苏格拉底予以简单地忽略的问题。在这些对话中，苏格拉底从未问过幸福由什么构成，也没问过“我们必须为了幸福而追求美德”这一主张的含义是什么。既然他没有提出这些亚里士多德式的问题，那他没有追问工具性的观点如何影响了他的基本道德确信，这也就不令人惊讶了。

所以，我们或许能够更进一步，说明苏格拉底真正相信的是什么。不过，如果我们想要理解柏拉图对苏格拉底式道德理论的反思，那么最重要的结论就是，苏格拉底并不拒绝一种工具性的美德观念。如果这个结论是正确的，我们就必须同意，如果柏拉图明确地拥护非工具性的美德和幸福观点，那他就背离了苏格拉底。如果苏格拉底没有直接确定一种工具性的观点，那么柏拉图接受非工具性的观点或许就不会导致他与苏格拉底的公开冲突；但是如果我们关于苏格拉底的论述是对的，那么要拒绝一种工具性的观点就要求柏拉图提出一些苏格拉底未能提出的基本问题。不仅如此，如果苏格拉底关于美德的某些核心确信看起来比工具性的观点更加可行，而后者本来被认为是要为它们辩护的，那这就可以帮助我们去理解柏拉图对苏格拉底的某些回应；因为我们将会看到，柏拉图精确地修订了
77 苏格拉底的相关主张，它们影响了对核心确信所做的辩护。[26]

26　关于柏拉图对苏格拉底观点的修订，主要参见本书第102节，第103节，第139节，第164节。

第六章

《普罗塔戈拉》

54. 对话的目标

苏格拉底考察了普罗塔戈拉关于智术教学(sophistic teaching)之价值与用处的观点。既然普罗塔戈拉声称自己教授有用的东西,因为他教授的是美德,所以苏格拉底就考察了普罗塔戈拉要做一位美德教师的声明。首先,他对普罗塔戈拉的声明提出了怀疑,方式是怀疑他能否教授美德。雅典人的政治实践是从每一个人那里采取政治建议,不承认任何专家,这使得他假定美德是不可教的,而普罗塔戈拉的主张将其引往相反的方向(320b4—8)。苏格拉底像怀疑论者经常做的那样,征引不同的人所具有的“相冲突的表象”,最后发现自己感到困惑。[1] 普罗塔戈拉通过最终论证美德可教来回答这些疑惑。

在对话的结尾,情境发生了变化。苏格拉底评论说,如果他们所做的论证能够自己开口说话,那它一定会嘲笑他们。它会指出,

---

1 与此类似,*Dissoi Logoi*(DK,90,第6节)论证了“美德是否可教”这一问题的两个方面。

苏格拉底已经放弃了自己最初对于美德是否可教的疑问，因为他一直在“着手证明”所有的美德都是知识，而这暗示了美德是可以教授的（361a6—b7）。另一方面，普罗塔戈拉一直在否认美德是知识，而这样他就削弱了自己之前的主张，即美德是可以教授的（361b7—c2）。苏格拉底说，他愿意采取进一步的讨论，并在再次思考美德是否可教之前先考虑美德是什么（361c2—d2）。尽管苏格拉底对定义的寻求并不是这部对话的核心关切，但他提醒我们，这部对话与我们一直讨论的问题有关。

这部对话的结尾是一个难题，而不是对一个开放式问题的明确解决。然而，它并不因此就得出结论说，柏拉图认为对话双方都没能捍卫真正的答案；就算结果表明会有令人困惑的后果，真正的答案也是有可能被找到的。[2] 要明白这部对话实际上说明了什么，我们就必须考虑普罗塔戈拉和苏格拉底双方的美德观念。普罗塔戈拉在其“宏大演说”（Great Speech）中充分说明了他的观念。苏格
78 拉底仅仅在论证过程中发展了他的观念。

55. 普罗塔戈拉与苏格拉底论美德

普罗塔戈拉的“宏大演说”（320c8—328d2）提出了智者的美德和教育观念。为了表明雅典人和他都教导美德，他就必须表明，雅典人和他都算是在从事教导，而且他们所教授的是真正的美德。为了成功完成这些任务，仅仅表明雅典人和他成功地训练人们遵从其描述为有美德的行为模式是不够的。普罗塔戈拉还需要说明，为什么这些行为模式称得上是有美德的；因为如果他不能说明真正的美德是什么，他就不能将任何关于美德的清晰理解传达给别人，这样就会令人怀疑他声称自己是一个真正教师的说法（参见 *La.*，

2 关于令人困惑的结论，见本书第 28 节，第 29 节。

190b3—c7)。

普罗塔戈拉声称,雅典人和他都教导某些美德。这些美德是“羞耻感和正义”(322c2,332c4,322c7,322d5),“正义和那些公民具有的其他美德”(323a6,323b2),“正义”(322b6,327c5—6),“正义与美德”(327b2),或者“正义、虔敬以及一个公民具有的美德整体”(323e3—324a1,325a1—2;参见325d3—4)。根据普罗塔戈拉用来解释其观点的神话,每一个人都被赋予美德,因为它对社会生活来说是必须的;因此被教授的这些美德就应该是好公民所具有的美德。

不过,这些就是这位智者教给学生的美德吗?在他的开场白部分(318e—319a),普罗塔戈拉提供了某些对他的学生有利的东西:对他们自身以及城邦的事务进行慎思并出色地予以管理的能力。苏格拉底提出,这相当于教授政治技艺并且使学生成为一个好公民,普罗塔戈拉同意这一点;但是他们似乎忽略了一个重要问题。促进个人成功的技艺和能力在多大程度上与归诸全体公民的正义美德及羞耻感相联系,这是不清楚的。如果我自己的成功需要的是冷酷和欺骗而不是正义,那么普罗塔戈拉会教导我成为一个冷酷的人,还是一个正义的人?[3]

普罗塔戈拉对其目标的论述引起了怀疑和争论,它们在希腊人关于美德之要求的观念中广泛流传。在短篇对话中,苏格拉底并没有公开面对这些怀疑与争论。他在《普罗塔戈拉》中也没有面对它们[4];的确,他接受了普罗塔戈拉的假设,认为真正的美德对于行动者和他人来说必定都是有益的。但是他论证说,普罗塔戈拉并没有看到这个关于美德的假设所蕴含的意思。

对美德统一性的一系列预备性讨论提出了关于美德、行动者

---

3 普罗塔戈拉关于他所授内容的主张得到了下述学者讨论:Adkins(1973);Taylor(1991),第72页,第81—83页。

4 关于美德的争论,参见本书第22节,第23节,第68节。

的善以及他人的善之间关系的问题（329c2—334a6）。苏格拉底问普罗塔戈拉，他认为存在着多少种美德：他所使用的这些不同名称是不是同一种美德的真正名字，还是说它们是美德的各个不同“部分”的名字（329c2—d2）？苏格拉底构造了“统一性论题”（认为所有的美德名称都是同一个事物的名字，因此各种美德就是同一的），
79 并使它区别于认为所有美德都相似的主张，也区别于“互易性论题”（认为各种美德相互蕴含并因此不可分离；参见329b5—330b6，349a8—c5）。[5]

这个讨论较之短篇的苏格拉底对话更加清晰地界定了问题的范围。我们在短篇对话中已经看到两种论证：（1）为了表明每一种美德都是美好且有益的，苏格拉底论证说，没有美德能够规定那些为任何其他美德所拒绝的行动。他推论，美德是不可分离的，并由此支持了互易性论题。（2）他也论证说，知识对美德而言是充分的，因此所有美德都能被鉴别为关于善的知识。只有第二个论证实际上捍卫了统一性论题。《普罗塔戈拉》通过区分互易性论题和统一性论题并轮流对每一论题做出具体论证，从而澄清了这个问题。

---

5 有关美德统一性的问题，相关讨论如下：Vlastos（1972；1981c）；Penner（1973a）；Woodruff（1976）；Ferejohn（1982）；Taylor（1982；1991），第103—108页，第221—224页；Devereux（1992）。在尚未解决的问题中，最重要的是：（1）苏格拉底着手反对普罗塔戈拉的是什么论题？（2）与苏格拉底其他关于美德的主张相容的是什么论题？349a8—e5这部分强烈地提出了一个对（1）的回答，即苏格拉底尝试证明五种美德是同一的。对这个答案的怀疑首先产生于以下观点，即对于美德同一性的这个信念会与苏格拉底的其他主张相冲突。所谓的冲突如下：（a）统一性论题会与苏格拉底关于美德包含各个部分的信念相冲突。（b）它会和苏格拉底认为美德具有不同定义的信念相冲突。关于（a）请参见本书第三章，注释39；关于（b）请参见第15节。一旦我们理解了苏格拉底式定义的本性，我们就不应假设，（所谓）不同美德必定具有不同的定义。只有当我们错误地假设，苏格拉底式定义F必定存在于某些与“F”同样意义的表达之中，我们才能假设这一点。

56. 对美德统一性的预备性讨论

在区分了不同的可能性之后，普罗塔戈拉不仅声称各种美德彼此区别且并不相似，而且认为它们是彼此分离的。他接受了苏格拉底的提议，即正义、节制和虔敬是美德的各个部分（329c2—d4），而且他一开始并没有提出这些美德是相互分离的。但是，后来他还引入勇敢和智慧，并认为我们可以勇敢却不义，也可以有正义却没有智慧（329e2—330a2）。

苏格拉底在回应中暗示，一个人不能既展现一种美德，同时又展现某种恶。他认为节制的人不可能同时也表现出愚蠢（332a4—333b6）；而普罗塔戈拉不情愿地承认，一个节制的人可以不义地行动（333b7—c3）。如果普罗塔戈拉没有转移讨论，苏格拉底就会论证一个节制的人不可能做任何无益的事，而不义的行动是有害的（333d4—e1）。

如果我们接受一种强形式的假设，即有美德的行动必须是美好的和有益的[6]，那这些建议看起来就是可行的。在短篇对话中，苏格拉底似乎假设，如果任何所谓有美德的行动都可能招致来自任何其他美德的反对，那它就不是一个真正有美德的行动；比如说，表面上勇敢的行动，如果不是由节制和智慧引导，就终究不是勇敢的。尽管苏格拉底并没有这么说，但是他似乎假设，如果一个所谓勇敢的行动是愚蠢或不义的，那它就不可能是美好的和有益的，因此也就不可能是勇敢的。

《普罗塔戈拉》中的论证没有捍卫短篇对话中的假设，但是它们更加清晰地说明了这些假设。不过，对其目标来说，这些论证仍然

---

6 关于美德是美好的和有益的，参见本书第 29 节。关于这个论证背后的假设，参见 Taylor（1991），第 132 页；Mckirahan（1984），第 22 页。

不够充分。苏格拉底所需要的前提或许可以被短篇对话里更顺从的对话者接受,但它们不能说服一个像普罗塔戈拉这样更机智也更挑剔的对话者,他在关键步骤拒不同意苏格拉底(334a3)。

尽管普罗塔戈拉为苏格拉底的理论立场造成了困难,但是他对苏格拉底的反驳也提出了一个苏格拉底未曾谈及的问题,它关乎普罗塔戈拉自己对美德的论述。普罗塔戈拉拒绝接受互易性论
80 题,但是通过反驳这种论题,他为自己造成了一个严重困难。如果互易性论题是正确的,那么普罗塔戈拉的假设就是正确的,即我们无法在获得对自己有利的美德并且追求自身成功的同时,却不获得对他人有利的作为好公民而具有的美德。然而,既然普罗塔戈拉拒绝了互易性论题,那他就无法反驳下述意见,即我们可能得到充分的暗示去培养对自身有利的美德而不必同时培养对他人有利的美德。这个表面上反直觉的苏格拉底式论题最后证明,它为普罗塔戈拉的美德可教观点提供了辩护,而且比普罗塔戈拉自己所能提供的辩护更好。这位智者被展现成并不理解他自己的美德可教观点背后所蕴藏的美德观念,因此就显得还需要从苏格拉底式探究那里获得启蒙。

这些预备性的论证捍卫了互易性论题,但是苏格拉底自己并没有清楚表明这一点。他的言谈就好像自己已经表明,节制和智慧是“一”,而正义和虔敬在实践层面(schedon)就是同一个(333b4—6);于是,他似乎假设自己已经捍卫了统一性论题。[7]或许他对智慧和节制的看法是对的,但是关于正义和虔敬,或者关于正义和节制,他的观点就并非如此显而易见地正确。在后两种情形下,似乎是互易性而不是统一性构成了主要的问题;的确,如果苏格拉底已经论证了互易性而不是统一性论题的话,那他对于智慧和节制就会有更

7 关于苏格拉底对其结论的构造,见 Taylor(1991),第 115—116 页,第 121 页(关于 332a2—4)。

加令人信服的论证。

我们可以合理地推断，苏格拉底区分了互易性和统一性论题，并相信二者都成立，但是还没有选出支持每一个论题的论证。尤其是他并未做出如下评论，即辩驳法的主导原则（特别是认为美德必须是美好的和有益的这个主张）更有利于互易性论题[8]，却没有确证统一性论题。然而，他没有完成这些论证并转而对统一性论题采取一个不同的论证，这可能是关键的；他或许认识到，美德是美好的和有益的，这个观点背后的考虑并不真正支持统一性论题。

57. 诉诸快乐主义

对美德统一性的讨论以论证勇敢和其他美德之间的关系（349d2—8）而重新开始（349a8），尤其是关于它和智慧之间的关系（349e1—350c5）。[9] 普罗塔戈拉坚称，勇敢不能等同于智慧，因为勇敢要求"自然与灵魂的好训练"（351a3—b2），智慧不足以做到这一点。[10]

在此，苏格拉底直接将注意力集中在关于统一性论题的关键问题上。如果我们相信，知识对于美德来说并不充分，而且不同的美德有不同的非认知性要素，那我们就可以拒绝统一性论题。《拉凯斯》和《卡尔米德》并未探究相信美德必须具有非认知性要素的可

---

8 关于保留"更有利"（tend to favour），参见本书第四章，注释 26。

9 有观点认为，*La.*，192e1—193d10（参见本书第 27 节）意在修改《普罗塔戈拉》中的这一段，这个观点是没根据的。这两段话提出了不同的观点。《普罗塔戈拉》论证，仅仅是缺乏对风险的了解而产生的无畏，这算不上勇敢，而是疯狂（350b1—6），而《礼法》不同意这一点。《礼法》的章节坚持认为，并不是所有的知识都构成勇敢；《普罗塔戈拉》没有提出这个问题，因为苏格拉底想要对普罗塔戈拉提出的问题与此不相关。不同的观点参见 Taylor（1991），第 154 页；Devereux（1977），第 136—137 页；Gould（1987），第 270—272 页；Vlastos（1991），第 50 页，注释 20；Vlastos（1993），第 5 章。

10 普罗塔戈拉的反驳可能来自对苏格拉底的论证的误解，这个论证本身很难解释；见 Taylor（1991），第 160 页。但是这个反驳本身相当有道理。

能理由[11],但是普罗塔戈拉的异议非常清楚地提出了这种可能性。

为了回答普罗塔戈拉,苏格拉底诉诸关于选择和动机的更加普遍的观点。首先,他提出了一个快乐主义的论题(351b3—c6)。普
81 罗塔戈拉对此予以拒绝,就像大多数人一样(351c7—e8)。苏格拉底没有立刻回应,而是转向否认不自制;普罗塔戈拉在此同意苏格拉底而反对多数人的意见(352a1—353b6)。苏格拉底论证说,多数人错误地接受了不自制,因为他们错误地拒绝了快乐主义。在转向多数人的论证之前,苏格拉底声明了他自己的快乐主义信条(351c4—6)。[12] 他捍卫快乐主义(353c1—354e2);然后他提出了反对不自制的论证(354e3—357e8);最终他直接论证了统一性论题,诉诸快乐主义的观点和不自制不可能存在。

通过分析判断,我们表面上反对快乐主义关于选择的观点,苏格拉底的论证支持了快乐主义(353b—354e)。有时候我们说,x 是令人痛苦的而 y 是令人愉快的,但是 x 比 y 更好;这样的观点似乎与快乐主义相冲突。苏格拉底对此并不同意。比如说,当我们自己采用某种并不令人愉快的药物或强力来面对某些我们愿意逃脱的危险时,权衡二者总体上的效果,我们期待这种“令人痛苦的”行动过程产生快乐而非痛苦,而那种“令人愉快的”行动过程产生痛苦而非快乐。[13]

---

11 关于美德的非认知性要素,参见本书第 26 节,第 27 节。

12 关于 351b—e,见 Taylor(1991),第 162—170 页;Gosling and Taylor(1982),第 47—58 页。我将 351c4—5 翻译如下:“因为我说:就这些事物是令人愉快的而言,它们难道在这个意义上不是善的吗,如果不是(mē ei)还有其他东西从它们之中产生的话?”[此处我同意 Schleiermacher(1977),反对大多数编纂者和译者]。mē ei……从句[见 Adam and Adam(1893)相关评注]解释了前面的从句,它说除了快乐之外,好的事物不会和别的后果有关。这给了普罗塔戈拉一个充足的理由在 351e5 将快乐主义的观点归诸苏格拉底。

13 关于苏格拉底对“令人愉快的”(pleasant)一词的使用,见 Taylor(1991),第 179 页;Gosling and Taylor(1982),第 56 页。对于这个有关快乐主义相当粗糙的构造,参见本书第 77 节。

苏格拉底建议,把针对我们关于善和快乐的主张所做的这个解释,应用于我们所有追求快乐的行动。他问多数人,“你难道不是将快乐作为善来追求并把痛苦作为恶加以回避吗”(354c3—5),而他们都同意这一点。接下来,他们也同意,在将 x 而不是 y 作为善而加以追求的过程中,他们追求 x 是因为相信它总体上(overall)比 y 产生更大的快乐。[14] 苏格拉底可以得出结论,只要我们为了 x 的快乐追求 x 而非 y,我们追求它就是因为相信 x 总体上会比 y 产生更大的快乐。[15]

多数人现在已经接受了关于快乐和善的三个主张:(1)我们相信 x 总体上比 y 更好,当且仅当我们也相信 x 总体上比 y 产生更多快乐。(2)如果我们相信 x 总体上比 y 更好,我们相信这一点是因为我们相信 x 总体上比 y 产生更多快乐(354b5—d3)。(3)我们追求作为善的快乐,并避免作为恶的痛苦。

上述第一个主张令我们承诺一个信念,即最好的事物也是最快乐的,但它并没有说明这些信念是如何联系的。第二个主张肯定了这个关于善的信念立足于一个关于愉快的信念。它在认识论层面对应于以下信念:善之所以是善的,是因为它是令人愉快的。由于苏格拉底将“令人愉快的”和“善的”看作同一事物的两个名字,因此他就相信,同样的属性可以被正确地归于愉快和善。这样将善同一于快乐意在予以化约,并声称在某些方面愉快更为根本。在苏格拉底看来,我们将事物看作善的,是因为我们假定它们是令人愉快的,而我们并不会因为假定事物是善的就将它们看作令人愉快的。苏格拉底劝说多数人相信,快乐是当他们称某些事物是善的时候所考虑到的目的(354b5—e2)。在这个过程中他表明,“令人愉快的”

---

14 我把“总体上”(overall)和“总的来说”(all things considered)看作相等的。参见本书第七章,注释 12。

15 Richardson(1990,第 15—18 页)认为苏格拉底承认各种快乐不可通约,这与 354c4—6,355a1—5,356a5—9 相冲突。

和“善的”之间存在着差别。

我们渴望并追求快乐是因为我们将其视作善的，这一点依然是真的，就此而言善必定在动机上先于快乐。但是 x 产生快乐，这一点使 x 成为善的，这也给了我们理由去追求 x，因为我们将快乐视
82 作善的，而我们追求善；我们不需要别人来说服自己相信善是快乐的，由此相信我们有理由去追求善。苏格拉底并没有将快乐主义作为代替幸福论的另一个选项，而是作为一种对善的不同论述，因为幸福论认为善是我们最终的目的。[16] 因此我们可以说，他肯定了**认识论层面的快乐主义**，认为对快乐的判断在认识论层面先于对善的判断。

苏格拉底请多数人仔细考虑，他们是否被他支持快乐主义的论证说服；因为他相信，如果人们接受了这个主张，他们就不再坚持认为不自制可能存在（354e3—355b3）。为什么他相信认识论层面的快乐主义可以削弱不自制的可能性呢？

58. 否认不自制

关于不自制的问题与美德统一性问题之间有很清楚的联系。为了证明统一性论题，苏格拉底想要证明知识对于美德来说是充分的，因此美德并不因其具有不同的非认知要素而有所不同。但是，如果除了知识，勇敢还要求其他东西，那么，知道什么东西更好对于选择更好的东西来说就不是充分的。多数人相信，知识可以被各种非理性的欲求和冲动“拖住”（352a1—c7），因此他们拒绝这个观点，即知识对于美德是充分的。

16　对于这个问题，苏格拉底的幸福论快乐主义表面上不同于阿里斯提普斯以及（或许还有）伊壁鸠鲁所捍卫的幸福论版本，后者认为追求快乐在动机上先于对善的追求。参见 Irwin（1991）。

苏格拉底论证说，相信不自制的可能性会导致荒谬。他的论证如下：

(1) 假定（就像常识那样）A选择y而不是x，虽然A知道x总体上比y更好，但还是被y带来的快乐所压倒（355a5—b2）。

(2) “令人愉快的”和“善的”是同一个事物的两个名字（355b3—c1）。

因为(2)允许在(1)中用“令人愉快的”替换“善的”，我们就可以把(1)换作：

(3) A选择y而不是x，虽然A知道x总体上比y更好，但是被y具有的善所压倒（355d1—3）。

这个论证并没有明显地说明，为什么(3)是荒谬的，但是苏格拉底相信，这是显而易见的，只要多数人记得他们接受了快乐主义（354e3—355b3）。[17] 苏格拉底认为，多数人持有认识论层面的快乐主义；我们需要看到，当它被添加到这个论证中的各个明确步骤之后会造成什么差别。

多数人已经同意，他们追求作为善的快乐并避免作为恶的痛苦（354c3—5），也同意，如果他们追求某种作为善的东西，他们就是为了总体上最大的善而追求它。[18] 现在所谓不自制的人显然是在追求快乐；多数人就是这样来解释其不自制的行动。因此，他必定追求

17 我相信多数人的这个观点的荒谬之处是要在355d1—e2加以说明的；参见本书第六章，注释23。要了解不同的论述，参见Taylor（1991），第181—186页；Gallop（1964）；Vlastos（1969a），第81—83页；Santas（1979），第202—209页；Klosko（1980），第314—316页。

18 关于快乐与善，参见本书第57节。

作为善的这种快乐，因此必定是因为相信它会产生总体上的最大善
83 而追求它。因此，认识论的快乐主义蕴含着：

(2a) 当A选择y而不是x时，A选择y是因为A相信y总体上比x更令人愉快。[19]

既然（如多数人所同意的）不自制的行动是自由的且不受外力强迫的有意行动（355a8），那么由于（2a），它就必定依赖于一个信念，即被选择的行动比另一个选项更令人愉快。但是这个信念与下面这个信念相冲突，而根据（1），前一信念对于真正的不自制来说是必要的，即被选择的行动比另一个选项更坏。

苏格拉底设法展现这些信念的相关冲突，方式就是替换"令人愉快的"和"善的"。他这样做能得到辩护吗？他假设，如果"令人愉快的"和"善的"是同一事物的两个名字，那么在陈述行动者的理由（"因为他相信y比x更好，而这是因为y更令人愉快"）时用一个代替另一个就是合理的。[20] 我们可以假定，苏格拉底依赖于一种不正当的替换；从"A购买保时捷跑车是因为A相信它速度更快更可靠"和"A相信保时捷贵得足以令人倾家荡产"到"A购买保时捷是因为A相信它贵得足以令人倾家荡产"的论证就是不合逻辑的。[21]

这个特定的替换是不合逻辑的，但这个事实并未表明苏格拉底的替换也不合逻辑。因为认识论的快乐主义所蕴含的"令人愉快的"和"善的"之间的联系为我们提出了辩护，使我们既能说A追求

---

19 在声称苏格拉底论证支持（2a）时，我不同意 Taylor（1991，第80页）的观点，他认为这个论证是不成立的。但是他的主张对这个论证的可靠性提出了一个很有力的反驳，参见本书第八章，注释5。

20 关于替换的一个相关问题在 *Eu.*，10e9—11a4 得以提出；参见本书第14节。

21 要了解这个反驳，参见 Taylor（1991），第180—181页。

x是因为A相信x是最令人愉快的(因为A根据关于快乐的信念而相信一个东西是好的),也能说A追求x是因为A相信x是最好的(因为A由于相信快乐是善而渴望快乐)。苏格拉底已经确保多数人接受了他用来动摇其相信不自制可能存在的前提;他们相信,快乐与善之间的联系允许做这个替换,后者为从(2)到(3)的推论提供了辩护。既然苏格拉底必须诉诸认识论层面的快乐主义来证明"令人愉快的"和"善的"之间的交换,我们就有了进一步的理由相信,他接受认识论层面的快乐主义。

一旦我们互换"令人愉快的"和"善的",苏格拉底论证的其余部分就是令人信服的。因为我们现在必须承认(3)蕴含:

> (4) A选择y而不是x,虽然A知道x总体上比y更好,这是因为A相信y总体上比x更好。

既然多数人必须同意(3)蕴含(4),而(4)认为不自制的行动者持有矛盾的信念,所以苏格拉底就认为多数人接受(3)是荒谬的。[22]这就是为什么苏格拉底相信,接受他这个版本的快乐主义会削弱相信不自制存在的信念;因为认识论的快乐主义允许进行替换,而这个替换揭露了隐藏在关于不自制的常识信念中的荒谬之处。

59. 对美德统一性的最后论证

苏格拉底引入了认识论的快乐主义来解释,为什么不自制是不可能的;一旦他解释了这一点,他就削弱了对美德统一性的反对。

---

22 应当承认,有些相互矛盾的信念在心理上是可理解的;比如说,我们经常持有蕴含着矛盾的信念,因为我们还没有看到这些意蕴。但是这个辩护对多数人来说没什么帮助;因为他们相信,当所有相关的评价性信念都是明确的,不自制就是可能的;(4)中明显矛盾的信念并未被表明为心理上可理解的。

84 在这部对话最后的主要论证中(从 359a2 开始),他表明自己关于快乐主义和不自制的结论是如何结合起来,并对进一步的结论(即所有美德都只是有关如何实现快乐最大化的知识)加以支持的。

既然苏格拉底相信对于不自制的信念是荒谬的,因此他就寻找另一个解释来说明多数人用这些荒谬的术语所描述的错误观点。实际的错误在于以更大的恶为代价而选择更小的善(355e2—3),[23] 苏格拉底解释了这个错误;既然短期的快乐和痛苦看起来比它们实际上更大,我们就对快乐和痛苦做了错误的判断,因此就选择了实际上更少快乐的结果,因为我们相信它会更令人愉快(356c4—e4)。这个描述与多数人的荒谬信念不同,因为它否认,当 A 选择 y 而不是 x 时,A 知道或相信 x 比 y 更好。如果我们要避免这个被多数人描述为不自制的错误,我们就需要衡量的技艺,它计算快乐和痛苦的未来量值。由于这种技艺保证了正确的行动(359e1—360b3),它就相当于每一种美德。

当苏格拉底将美德等同于一种快乐的度量技艺时,他依赖于认识论的快乐主义。因为勇敢的人通过考虑何种行动过程会最大化快乐而发现勇敢的行动;这就是为什么度量快乐的技艺(并不是某种不同的技艺,能够偶然地令快乐最大化)决定了正确的行动。这个主张也可能是错的,比如说,如果勇敢的人相信勇敢的行动是最令人愉快的,这仅仅是因为他相信它们是美好的,而美好的行动是最令人愉快的。对快乐的判断必须是基础性的。

如果苏格拉底接受认识论的快乐主义,那么如果他想要表明自己已经正确地描述了美德,他就面临着一个比较明确的任务。他必须表明,度量快乐和痛苦的科学,不依赖于任何进一步的伦理判断,

---

23 关于"anti"的力量,参见 Taylor(1991),第 185—187 页。Santas(1979,第 204—207 页)和 Vlastos(1969a,第 82—83 页)相信,355a2—3 是要展示多数人观点的"荒谬"方面(参见本书第六章,注释 17)。我相信(同意 Taylor)它是要准确地描述这个被多数人描述为"被快乐战胜"的现象。

所达到的结论对每一种美德来说都是能表示其特性的。他对勇敢的处理暗示了在一般情况下他是如何论证这个观点的。他认为,当我们将短期的和长期的快乐与痛苦放在一起加以考虑,我们就会看到,快乐的最大化,而不是持续更长的时期(在我们的整个生命里),要求我们去面对勇敢的人所面对的痛苦。我们可以看到,这位快乐主义者的分析如何能够被用来解释某些勇敢的行动;一个类似的分析或许也可以应用于节制。苏格拉底并没有对正义提出一个类似的分析,但是如果他要在快乐主义的基础上捍卫美德之统一性,那他就需要做出那样一种分析。

60. 关于苏格拉底式快乐主义的问题

《普罗塔戈拉》的这个部分从认识论的快乐主义出发,去论证不自制的不可能以及美德统一性。到目前为止,我已经假设,苏格拉底既接受了这些结论,也接受了快乐主义的前提。然而这种假设需要某种辩护;因为某些批评者认为,苏格拉底本人并不接受快乐主义的论题,而是仅仅用它作为一个流行观点,为自己在与多数人的论争中达到目的而提供支持。

这种"从个人偏好出发"(ad hominem)的快乐主义解释依赖于 85
三个主要论证:(1)苏格拉底试图表明,多数人如何承诺快乐主义的观点;他没有论证说它是真的,而仅仅说他们不能避开它。因此我们就不能推断他接受快乐主义。(2)快乐主义的真理对于苏格拉底拒绝不自制及相信美德统一性来说并非必要,而且苏格拉底和柏拉图肯定已经意识到了这一点。(3)任何其他的苏格拉底对话都没有肯定快乐主义;的确,快乐主义与其他对话中的伦理学说是不相容的,苏格拉底和柏拉图肯定已经意识到了这一点。

第一个论证依赖于一个事实,即苏格拉底试图表明,多数人隐含地接受快乐主义。要假定苏格拉底自己并不接受这个主张,这并不是充分的理由。苏格拉底对这一点的论证真是太常见了：尽管他的对话者最初持有不同意见，但是他们也会承诺某些原则，这些原则要求他们同意苏格拉底。这就是他说服克里同放弃后者最初反对苏格拉底待在监狱里的观点的方式，只要克里同仔细审视他自己所持有的真诚信念的含义（*Cri.*，49c11—d1）。苏格拉底假设，对话者通过辩驳法所得到的这些结论都是真的。[24] 辩驳法的第二人称特点及其诉诸对话者的信念，这些都是苏格拉底在追求真理的过程中使用的辩驳法所具有的令人信服的特征。[25] 在《普罗塔戈拉》与多数人的论争中，没有什么能令其在任何意义上是“从个人偏好出发”的，这使这个论证得以与一般意义上的辩驳论证相区别。[26]

如果我们发现，苏格拉底小心地将快乐主义观点限定在多数人的范围，并且使自己和该观点分离开来，那么我们就有更好的论证来支持一种出于个人偏好的解释；但是我们完全没有发现这一点。事实上，苏格拉底自己提出了快乐主义，针对普罗塔戈拉和多数人最初的反驳，以之作为自己论证美德统一性的第一步（351b3—c6）。只有当他出于自己的目的而声明快乐主义的时候，他才试图表明多数人实际上是同意他的，只是他们没有意识到这一点。[27]

为出于个人偏好的阐释所做的第二个论证坚持认为，《普罗塔戈拉》仅仅是要表明，多数人和智者必须接受苏格拉底式的美德学说，因为他们承诺了快乐主义；这些快乐主义的论证并没有（在这种

---

24 *G.*，472b6—c2，474b6—8 以及 479c8 在这些观点上甚至更为明确。

25 参见 Vlastos（1983a），第 46—48 页。

26 苏格拉底的论证被认为是出于个人偏好的，持这种观点的有：Sullivan（1961）；Zeyl（1980），第 250—257 页；Stokes（1986），第 358—370 页。Hackforth（1928，第 41—42 页）有力地回应了这样的观点。

27 苏格拉底稍后假设，普罗塔戈拉和其他智者都会同意快乐主义者对善的论述（360a2—8）；这个论述在与多数人的讨论中得到了辩护，在其他地方则没有。如果对快乐主义的辩护仅仅是面向多数人的，普罗塔戈拉就没有理由接受快乐主义。

观点看来)为苏格拉底提供接受其学说的理由。[28] 这个论证诉诸以下事实,即快乐主义的前提对于一种支持苏格拉底学说的有效论证来说是充分但非必要的;一种非快乐主义的论证可以从苏格拉底的幸福论假设出发以达到这些学说,而不需要诉诸快乐主义。

然而,这个观点并不支持一种出于个人偏好的解释思路,因为并非每一个有效的论证在这个语境中也都是可行的或并非尚在争论的。我们已经看到,对不自制的常识信念构成了对苏格拉底心理幸福论的强反驳。如果苏格拉底要回答这个反驳,他就不能完全把心理的幸福论看成是理所当然的,而必须论证它。快乐主义的论证就是他所提供的全部论证。《普罗塔戈拉》或短篇对话中没有暗示任何其他论证可担当此任。快乐主义的论证完成了苏格拉底需要它完成的任务,只要苏格拉底相信这个理论主张。

因此,对出于个人偏好的阐释所做的前两个论证并不成功。这 86
些反证构成了一个强案例来支持下述主张,即认为苏格拉底接受认识论层面的快乐主义。然而,这个例子也不是结论性的;我们还可以赞同出于个人偏好的阐释,只要我们确信第三个论证。于是我们必须追问,为什么根据苏格拉底对话的伦理学说,快乐主义看起来既可以有吸引力,也可以没有吸引力呢?

61. 幸福论与快乐主义

快乐主义旨在对善并由此对幸福给出一种解释。根据快乐主义,我们认为幸福就是快乐在我们的整个生命中相对于痛苦而占据

---

28 有观点认为,快乐主义仅仅是多数人和智者持有的观点,Vlastos(1956,第 xl 页,注释)对此提出了简明且令人信服的回应[尽管 Vlastos 后来改变了想法,见(1969a),第 76 页,第 86—87 页]。持有这种观点的有:Moreau(1939),第 65—66 页;Sullivan(1961);Weingartner(1973),第 121 页及注释,第 129—130 页;Dyson(1976),第 42—43 页;Klosko(1979);Zeyl(1980)。

优势。要看到，根据苏格拉底对话，快乐主义应否可行，我们就应当看看这种对幸福的论述是否切合苏格拉底式的幸福论。

既然苏格拉底同时承诺了理性的和心理的幸福论，他就将幸福看作唯一令解释和辩护终止的目的，因为它不需要进一步的解释或辩护，而是令其他观点可以理解且得到辩护。[29] 然而，关于幸福的这个主张并没有准确说明，一种对幸福的诉求是如何在解释和辩护中扮演恰当角色的。

一种常见的知识和辩护的进路坚持认为，要避免辩护的恶性后退，唯一可接受的方式就是找到某种自我辩护的基础。如果我们也能拒绝解释和辩护行动中的无穷后退（*Lys.*，219c5—d2），那么这个基础主义的思想路线就会导致我们相信，必定存在着某个欲求对象，而且它是能够自我辩护和自我解释的。而这就是对幸福在理性行动中所扮演角色的一种描述方式。

另一种不同的辩护进路则拒绝了一切自我辩护的基础，并声称融贯和解释这两种人们相信的命题之间的联系能够提供辩护。我们可以沿着类似的整体路线来认识幸福，不是将之理解为某个特定的自我解释或自我辩护的欲求对象，而是作为一个目的系统，每一种特定的欲求和特定的目的都可以根据它得到解释和辩护。如果我们怀疑是否真的存在任何目的，这样的目的是脱离于一切语境之外且完全能够自我解释的，同时也怀疑这样的目的（假定我们可以找到一个）是否都能真正地为我们追求其他每一个合理目的进行辩护，我们就会对基础主义的路径产生怀疑。如果我们接受这种整体论的幸福观念，那我们就可以避免上述困难。

但是整体论也提出了相反的困难。因为只用融贯方法似乎能辩护太多的信念和欲求，如果它承认除了疯狂之外，任何一致的信念集合都是有理据的，而不管它们的内容是什么。这个困难似乎又

29 关于理性的和心理的幸福论，参见本书第 36 节，第 37 节。

将我们引回基础主义的辩护观念。如果我们拒绝基础主义,我们就必须说明相关类型的融贯不止于单纯的一致性。我们需要说明,哪些欲求应该被算作最初合理的,这样我们就可以在这些欲求中,而不是在某些任意选取的欲求集合中寻求融贯。

快乐主义似乎支持了基础主义版本的幸福论。快乐似乎是一 87
个最终的、自我解释的欲求对象。苏格拉底认为每个人都追求幸福,这是显而易见的[30],而每个人都追求快乐也可能被认为同样显而易见。如果(就像基础主义的幸福论者声称的)只存在一个完全自我解释和自我辩护的目的,如果快乐就是一个完全自我解释和自我辩护的目的,那么我们就会得出结论认为,幸福和快乐必定是同一的。

我们已经找到某种理由相信,一种基础主义的图景吸引了苏格拉底。他似乎暗示,辩驳法的主导原则可以从关于幸福和美德的显而易见的真理当中得到支持。[31] 如果这就是他的策略,那他就有了某种理由欢迎快乐主义。因为快乐似乎是一种确实值得选择的目的;如果它可以被表述为一种自我辩护的始点来捍卫苏格拉底的道德立场,那么苏格拉底就可以证明,他对相反观点所采取的间接进路是正确的。

62. 快乐主义的优势

即使苏格拉底有这些理由严肃地看待快乐主义,该学说的更深层意蕴也仍有可能导致他对其加以拒绝。所以我们必须考虑一下这些意蕴。

苏格拉底在《欧绪德谟》中诉诸幸福是为了声称,某些公认的善事物之所以值得追求,是因为它们对幸福而言是必要的,其他事

30 关于对幸福的追求,参见本书第 36 节。

31 关于苏格拉底对主导原则的态度,参见本书第 44 节。

物之所以不值得追求，是因为它们对幸福而言不是必要的。他会如何捍卫这个主张？如果你认为苏格拉底式的美德之所以是有价值的是因为它们促成了你的幸福，就像你以为的那样，而我却觉得它们是浪费时间，因为它们并不促成我的幸福，就像我以为的那样，那么诉诸幸福就没有解决我们之间的争论，因为它们涉及美德的价值或哪些公认的美德才是真正的美德。我们仅仅是把关于美德的争论改成了关于幸福的争论，而这看来造成了同样的问题。

如果苏格拉底能够找到一个更加明确且具体的幸福观念，那他就能解决这个争论。《欧绪德谟》中关于最高科学的这个论证以一个难题作结，如果我们能达到一个更清晰的幸福观念，我们就能解决它。苏格拉底所寻求的科学是一旦拥有即足以实现幸福的科学，但他不能说这是什么科学，除非他能说出其内容是什么。这是关于幸福的科学，但是苏格拉底无法对这种科学是什么说出任何有实际内容的东西，除非他能更明确地说明幸福是什么。

快乐主义似乎提供了一种对于幸福的恰好准确的描述。亚里士多德提到“一种安稳的快乐生活”（*Rhet.*，1360b15）作为对幸福的一种普遍描述。他的其他普遍描述还有：“做得好且具有美德”，“生活自足”以及“家财与奴仆的兴旺，且具备保有他们和与其共同行动的能力”。[32] 我们可以论证说，上述第一个论述是最为基础的；或许
88 我们认为美德、自足、确定的财产以及对外在善的运用是有价值的，仅仅因为它们增进快乐并减少痛苦。如果苏格拉底用这个方式论证，他就能诉诸快乐主义来解决《欧绪德谟》中的难题。[33]

---

32 关于幸福的通常信念，参见本书第 21 节。

33 Grote［（1888），II，第 208 页］认为，《普罗塔戈拉》的快乐主义解决了《欧绪德谟》中的难题：“善是君王或政治的智慧；然而什么是善？……只有一部对话肯定地回答了这个问题，用清楚无误的语言，获得了重要进展，这就是《普罗塔戈拉》。其中苏格拉底声称并充分证明，善实际上等于快乐，而恶等于痛苦……”要了解这个论证的其他观点，参见本书第 49 节。

如果我们知道,在苏格拉底的同代人中,有声望的思想家都不会倾向于认真地对待快乐主义,那么这个支持认真看待快乐主义的论证就会被削弱。普罗塔戈拉和多数人最初的抵抗暗示了,柏拉图相信,反快乐主义对他的同代人来说是充分可理解的,不需要加以详细解释。另一方面,认为幸福与快乐和喜悦紧密相连,这个观点也是非常普遍的。的确,如果一个当代道德家表面上分享苏格拉底关于美德的重要性和照看灵魂的信念,那他看来也是一个快乐主义者;因为德谟克利特关于"精神振奋"(euthumiē)的目标很容易承认一种快乐主义的阐释。他关于追求或躲避快乐的某些建议,可以通过在短期和长期快乐中进行区分来加以理解,《普罗塔戈拉》中也提出了这些区分。[34]

于是我们没有理由假定,苏格拉底的同代人普遍认为快乐主义太不体面从而不值得讨论。[35] 相反,我们也许会惊讶于短篇的苏格拉底对话没有明确地论述快乐主义关于善的观点。《普罗塔戈拉》再次填补了一个空白,这或许会令一个具有适度理解力的读者在阅读短篇对话的时候感到突然。

63. 快乐主义与工具论

如果苏格拉底诉诸快乐主义是为了澄清他关于幸福的主张,那他对于美德和幸福的关系必须提出什么说明?

---

34 关于德谟克利特论 euthumiē,参见 DK,68, A,167, B,3,4,188,191。关于追求和躲避快乐,参见 B,74,207,232,235;Taylor(1967),第 16—19 页;Gosling and Taylor(1982),第 27—37 页。

35 据色诺芬记载,在普罗狄科讲的故事里,赫拉克勒斯在美德与恶习之间的选择是对长期快乐胜过短期快乐的辩护(Xen., *M.*, II,1.21—34;29—33 屡屡诉诸快乐)。色诺芬并没有暗示,苏格拉底和普罗狄科的观点是粗俗或愚昧的,也没有暗示,它们完全不符合传统。进一步的讨论参见 Gosling and Taylor(1982),第 14—15 页;Stokes(1986),第 366 页。

在《欧绪德谟》中，苏格拉底问起，我们要如何变得幸福，并通过提及美德而最终提及智慧来回答这个问题，但是他并没有说，自己将美德看作幸福的一个构成部分，还是实现幸福的工具手段。认识论的快乐主义可以让我们更合理地主张，美德对幸福来说纯粹是工具性的。因为如果认识论的快乐主义是正确的，那么对善的判断就必须得自对快乐的判断，即快乐本身并不依赖于对善的判断。然而，如果美德是幸福的一个构成部分，那它就必定构成一类特殊的快乐，我们仅仅由于将美德看作为其自身的善而享受这种快乐；如果是这样，那么对善的判断就先于对愉快的判断，这与认识论的快乐主义相反。在认识论快乐主义的约束下，要论证美德促进幸福，我们就必须论证，在不诉诸任何对善的进一步判断的情况下，美德也可以被证明为最大快乐的根源；因此我们就必须论证，美德对幸福而言是工具性的。

苏格拉底应该接受这个快乐主义的后果吗？短篇对话给了我们一些理由相信，他认为美德对幸福而言是工具性的，但是没有给我们任何理由相信，他认为美德是幸福的一个构成部分。[36] 如果这是正确的，那他关于幸福的观点就令其倾向于接受认识论的快乐主义。

89 苏格拉底关于美德的某些工具论式的评论与美德和技艺之间的相似关系有关；认识论的快乐主义关系到那种相似关系。如果我们能够使用某种描述来界定技艺的产物，而该描述是可以接受的并且独立应用于我们有关正确实践技艺的信念，那么我们就能解决关于正确实践某种技艺的困难与争论；我们按照关于一件好外套的观点来形成关于如何正确制作一件外套的观念，而不是相反。[37] 我们或许希望自己能够以同样的方式来解决关于美德的争论，但是我们

---

36 关于苏格拉底和美德之工具性观念，参见本书第46—50节。

37 这个主张，即我们拥有某种对于好的技艺产品的独立观念，不必对所有可能被称为 technē 的事物而言都完全是真的。参见本书第五章，注释13。

或许也相信,我们的愿望只是镜花水月,因为我们不可能形成一个恰好独立的幸福观念。

认识论的快乐主义似乎回答了这个反驳。因为我们从表面上可以看出,一个或另一个行动能否产生更大的快乐,这是独立于我们的道德观点之外的。就我们所知,我们可以分辨哪个行动更有助于幸福。我们可以赋予下述主张以清晰确切的意义,即美德是促进幸福的技艺。

64. 快乐主义与诸美德

我们已经看到,《普罗塔戈拉》如何从认识论的快乐主义来支持苏格拉底式的学说,即美德是知识且所有的美德都是一个整体。这些并不仅仅是苏格拉底式的美德学说,从快乐主义的角度来看,它们更为可行。

快乐主义允许苏格拉底声称,不仅每一种美德都是技艺,而且所有的美德都是追求同一目的的同一个技艺;因为根据《普罗塔戈拉》,在一种快乐和另一种快乐之间,唯一重要的差别就是量的差别(356a5—c1)。[38] 如果这是对的,那么苏格拉底关于美德统一性的信念就更加可行。如果我们只是同意,所有的美德都追求幸福,那么统一性论题就缺乏保障;如果幸福只是各种各样甚至相互冲突的善事物的集合,如果一种美德追求其中一个善事物而另一种美德追求另一个善事物,那我们就没有理由假定,这两种美德真正相同。然而,如果快乐是一种统一的、同质的目的,那么诸美德全都追求它,它们就可以更好地被认为是对同一种善的同一种知识,因此也就是同一种美德。快乐主义允许苏格拉底预先提出并回答在短篇对话中没有得到回应的一系列反驳。

38 关于对定量的快乐主义的反对,参见本书第 77—78 节,第 200 节,第 216 节。

认识论的快乐主义和美德统一性暗示了，我们可以如何回应苏格拉底对诸美德提出定义的要求。在短篇对话中，苏格拉底对所有已提出的美德定义都不满意；他关于可接受的定义的认识论限制解释了为什么他不能对此感到满意。[39] 在《游叙弗伦》中，他暗示道德术语（“美好”、“正义”、“善”及其反义词）引入了争论，而只有当我们用其他术语来替换它们的时候，才能消除那些争论。这些术语指的是可以通过度量而确定的属性——大概是通过每个人都能接受的定量判断，它们在某个具体的争论中最初占据什么位置并不重要（*Eu.*，7b6—c8）。苏格拉底实际上并没有提出以这个观点作为某种
90 成功的美德定义的明确条件，但是他也没有提出其他获得定义的方式来解决与美德的要求有关的争论。[40]

认识论的快乐主义在定义上制造了这样一种限制，看起来既合理又能令人满意。快乐似乎对幸福提供了一个更确定的描述，因为说一个人是不是在享受，比说一个人是不是感到幸福更容易。要说一个人是不是幸福，我们就需要一个更确切的幸福描述；诉诸快乐似乎提供了这个更确切的描述。关于一种行动或一种品格状态是否促进幸福，可以被化约为一个问题，即行动或状态如何影响一个人的感觉；至少我们知道，为了回答这个问题要去寻找什么证据。因此，一个涉及快乐的美德论述，似乎就开启了某种充分的苏格拉底式定义的前景。

声称苏格拉底在短篇对话中隐含地接受了快乐主义，或者说他通过其他观点承诺了这一点，这可能是错误的；这两种主张都会缺少辩护，偏离我们的证据太远。另一方面，这些短篇对话使我们更容易看到，为什么苏格拉底能够合理地接受快乐主义。它们并未表

39 关于对定义的认识论限制，参见本书第 14 节，第 42 节。

40 快乐主义也可以用来满足解释苏格拉底的定义观念的要求。参见 Sharvy（1972），第 136 页（他并没有提到快乐主义）。

明,如果他在《普罗塔戈拉》中接受快乐主义,这就是令人惊讶的。相反,苏格拉底的辩护者可以自然且合理地转向快乐主义。

在《普罗塔戈拉》中诉诸快乐主义是可以理解的,如果这部对话呈现了柏拉图对苏格拉底式方法和伦理理论的反思。如果多数读者都不能被说服去相信,柏拉图无法严肃看待快乐主义的这个版本,那么《普罗塔戈拉》的这个观点很可能得到更广泛地接受。但是,在短篇的苏格拉底对话中,没有什么与接受这个快乐主义版本相冲突的东西,因此我们也就不能诉诸这些对话来表明柏拉图必定拒绝快乐主义。由于《普罗塔戈拉》的快乐主义对短篇对话中的道德理论提出了一个合理的辩护,那么我们也可以公正地作结,说这也是柏拉图的意图。

因此我们不能确定,《普罗塔戈拉》中的创新(就像它们看上去的那样)代表了历史人物苏格拉底的观点。如果我们看一下外部证据,就必须保留观望态度。尽管亚里士多德援引《普罗塔戈拉》作为证据来说明,苏格拉底拒绝承认不自制,但是不管怎样,他并没有说到苏格拉底和快乐主义。或许我们可以从下面这个事实了解更多:苏格拉底的一派追随者(即昔勒尼学派)是快乐主义者。如果苏格拉底拒绝了快乐主义,如果多数人相信他的观点与快乐主义是明显不相容的,那这个事实就会令人吃惊。然而,如果昔勒尼学派假定,他们是在发展《普罗塔戈拉》中出现的某种论证,那他们是快乐主义者这一点就完全不会令人吃惊。[41] 昔勒尼学派的观点本身当然没有证明,苏格拉底必定接受《普罗塔戈拉》的快乐主义;它只是暗示,苏格拉底可能并不拒斥快乐主义。

苏格拉底的其他追随者(即昔尼克学派)则是激烈的反快乐主

---

41 关于昔勒尼学派,参见 Irwin(1991),第 57—62 页。他们与苏格拉底的关联得到了以下学者的注意:Zeller(1885)(本书第五章注释 25 对此有所讨论);Grote(1888),I,第 178 页,第 199—201 页;Vlastos(1991),第 301 页。

义者，他们或许认为，苏格拉底相信美德对幸福而言是充分的，这排除了任何一种对美德的快乐主义辩护。[42] 如果人们普遍认为苏格拉
91 底拒绝快乐主义，那么昔勒尼学派就很难自称苏格拉底主义者。同样，如果苏格拉底被认为毫无疑虑地拥护快乐主义，那么昔尼克学派可能也很难自称苏格拉底主义者。最合理的理解是，把《普罗塔戈拉》中对快乐主义的阐述看作柏拉图的添加，认识到它在苏格拉底思想中有其根源，并辨识出关于快乐主义的这些阐述在多大程度上是苏格拉底的，多大程度上是柏拉图的，最后这个问题仍然没有定论。

65.《普罗塔戈拉》中的苏格拉底方法

我们已经通过考察苏格拉底式的伦理学而找到了某些理由，认为《普罗塔戈拉》中的快乐主义是要表达柏拉图的深思熟虑的观点。这个结论得到了《普罗塔戈拉》中苏格拉底方法所具有的某些特征的进一步支持。在某些方面，他试图为我们提供理由，以相信其论证的严肃性与合理性。

首先，相较于短篇对话中的其他对话者，普罗塔戈拉与苏格拉底不相上下。他通过对自己的美德观念提出一个详细而有说服力的辩护，来解答苏格拉底关于美德是否可教的疑惑。苏格拉底的问题并没有令他动摇，而他十分灵巧地捍卫了自己的立场。柏拉图使用普罗塔戈拉对苏格拉底的独立和批判的态度让我们确信，苏格拉底在捍卫其观点的过程中，对合理的反驳和其他观点做出陈述。不仅如此，苏格拉底并不满足于回答普罗塔戈拉想要提出的那些反

---

42 某些古代文献认为“我宁可疯掉，也不愿意体验快乐”这个评论是安提斯提尼（Antisthenes）做出的；参见 DL，VI，3［即 Giannantoni（1983），V，A，122］。阿斯帕西乌斯（Aspasius），见于 *EN*，142.8—10［即 Giannantoni（1983），V，A，120］，声称安提斯提尼认为快乐既不是内在善也不是偶然的善。

驳；他实际上迫使普罗塔戈拉提出了后者自己都想放弃的合理反驳（331b8—d1，333c1—9）。

苏格拉底的目标令他偏离了普罗塔戈拉。因为普罗塔戈拉假设，他和苏格拉底首先都想要赢得论证，这样他就论证说，他们二人都应当自由地选择看上去最可能获胜的策略（334d6—e3，335a4—8）。然而，苏格拉底否认胜利是他的主要目标[43]；他想要检视论证的真正好处，也想了解当一个人持有这样或那样的立场时，他真正承诺了什么。[44]

与特定对话者的陈述相反的是，苏格拉底考察观点和论证的目标在对不自制的论证当中尤为重要。苏格拉底和普罗塔戈拉一致认为，我们不可能知道什么是更好的却去做那个更糟的事，但是苏格拉底并不想让论证的其余部分仅仅建立在为普罗塔戈拉所接受的基础之上（352d4—353b5）。因此，关于快乐主义的论证就是一场想象中的对话，一方面是苏格拉底和普罗塔戈拉，另一方面是和多数人。苏格拉底希望他不仅是基于普罗塔戈拉的赞同，同样也要基于多数人的反思性赞同；因此他坚持认为，他们应自由地收回自己的论证，只要他们能看到任何可以取代快乐主义的选项（354e8—355a5）。对于不自制的关键论证甚至更加复杂。它是一场发生在苏格拉底和普罗塔戈拉之间的对话，后者代表了多数人的观点，此外还有一个想象的对话者，声称反对这些观点。采用一个想象的对话者的角度，使我们得以脱离自己作为特定个人的观点来审视这个论证的优点，而作为特定的个人，则可能或好或坏地在这个特定的场

43 普罗狄科在 337a6—b3 所做的区分暗示了（尽管不是非常准确）这个对立。

44 苏格拉底论证的构建性目标和普罗塔戈拉论证的竞争性特征之间的对立在讨论西蒙尼德斯（Simonides）的那一段中表现得尤其清楚；在 348c5—7，苏格拉底强调了他的主要关切。就像《欧绪德谟》提出的诡辩论证的例子那样，《普罗塔戈拉》也提出了一个竞争性论证的例子。参见 Vlastos（1991），第 135—139 页。就像 Klosko（1979）的做法一样，使用这个段落作为证据来说明这部对话整体上是诡辩性的，这种做法是错误的。

合对该论证提出辩护。

92 这部对话的结尾打破了苏格拉底与普罗塔戈拉对这个论证的态度之间的对立。当普罗塔戈拉看到自己已经遭到反驳，他就不情愿地继续扮演对话者的角色；他暗示，苏格拉底在迫使自己作答的时候十分好胜，这样所有人都会看到苏格拉底赢得了论证（360b6—e5）。[45] 苏格拉底不接受关于其目标的这个论述；他坚持认为，自己只想澄清他们关于美德的论证所具有的意蕴（360e6—361a3）。

苏格拉底将论证的结论拟人化，描述了它如何在自己和普罗塔戈拉的最初立场之间做出裁断（361a3—c2）。苏格拉底不是在为自己宣称胜利；他是在宣称，这个论证实际的好处要求他们双方都修正自己最初的主张。这个人格化的结论认为，苏格拉底实际上已经着手证明美德的统一性[46]；他并不只是为了论证而捍卫这个论题，而是面对普罗塔戈拉严肃坚持的相反观点，捍卫了美德的统一性。苏格拉底声称，这个讨论已经得出了结论，该结论同与其相反观点的优点有关。普罗塔戈拉则没有说明，有可能对这样一种来自苏格拉底式诘问的结果加以保障。

普罗塔戈拉对苏格拉底的方法和目标的误解，妨碍了他去理解自己的主张所蕴含的意思，这些主张与美德以及他自己作为教授美德的教师有关。苏格拉底以一种相当惊人的方式暗示了普罗塔戈拉在理解上的失误，即提出对不自制的反驳以作为对智者的辩护。他声称，多数人能够克制自己，不去付钱让孩子接受智者的教育，因为他们没有认识到知识对美德的充分性；既然他们相信不自制的可能性，那他们就没有意识到，我们所需要的全部就是治愈自己的无知（357e2—8）。我们不应该将苏格拉底的结论看成反讽而草草打发。没有理由怀疑他在这里的（以及在《美诺》，91b2—92c5）观点

45 关于对好胜的指责，参见本书第 86 节。

46 参见 361c1，epicheirōn apodeixai。

的真诚，即大多数人都出于糟糕的理由而对智者抱有偏见。但是，如果我们假定他对智术（sophistic）毫无批判之意，那也会错失苏格拉底的论证要点。他没有说明，普罗塔戈拉和其他人能够治愈导致错误的无知；他只是说，他们声称能够治愈无知（357e3—4）。他已经给出了理由来怀疑智者的声明。

产生怀疑的主要理由出现在对统一性论题的讨论中。一方面，普罗塔戈拉声称，勇敢与其他美德相分离，因此他拒绝统一性论题。另一方面，他拒绝不自制的可能性（352c8—d3），因为他同意苏格拉底，认为知识对于正确行动来说是充分的，并且不能被拖离正轨；他说，在他看来最为可耻的确实就是否认知识具有这种力量（352c8—d3）。

我们可能会对普罗塔戈拉同意苏格拉底而感到惊讶，因为他之前拒绝了苏格拉底关于勇敢和智慧的提议；如果知识对正确行动而言是充分的，那为什么勇敢还需要知识以外的东西？柏拉图并非不公正地对待普罗塔戈拉。苏格拉底可以论证，如果普罗塔戈拉真的声称能教授美德，而不只是教授某种可以或好或坏地加以使用的技艺，那他就必须同意苏格拉底的观点，即认为知识对美德来说是充分的。[47]

普罗塔戈拉对快乐主义的态度泄露了一个更深层的困惑。因 93
为，尽管他拒绝了不自制（并因此削弱了他相信勇敢与其他美德相分离的理由），他一开始还是拒绝了快乐主义，而根据苏格拉底，反对不自制的论证依赖于快乐主义。无论他是接受还是拒绝不自制，他都对自己的其他某些主张造成了困难。

他对美德统一性的态度提出了一个更深层的问题。正如我们注意到的，他主张自己所教授的美德就是那些既令行动者受益又令

47 柏拉图没有强调普罗塔戈拉观点的这个后果，而且我们也没有理由来假定，历史上的普罗塔戈拉注意到了这一点。高尔吉亚对修辞学的观点也是一样；参见本书第68节。

共同体受益的美德，如果他也坚持统一性论题或互易性论题，那么坚持这个主张也就更容易。然而，既然他坚持认为，勇敢是与其他美德相分离的，那他就会招致批评家的质疑，即为什么我们不该培养关注自我的美德（它们与那些关注他人的美德无关）？我们不能肯定地说，柏拉图想要我们看到普罗塔戈拉立场当中的这种明显的不一致，但正是一种更深层的不一致呈现了柏拉图所指出的同样困惑。无论普罗塔戈拉对自己推进通常信念感到多么自豪（328a8—b5，352e2—3），他常常以那些未经审视的常识为基础。因为他没有审视过自己的立场，他也就没有看到他对常识的反对与他自己的观点相冲突。

与此相反，苏格拉底的辩驳法设法发现常识中那些未经觉察的冲突；苏格拉底在揭示普罗塔戈拉立场的冲突时，也证明了他自己对于常识持更具批判性的态度。在他对美德统一性的论证中，苏格拉底捍卫了其观点中最反直觉的部分，并且表明他的观点何以经得起普罗塔戈拉未能通过的批判性审视。

当柏拉图强调苏格拉底方法的这些方面时，他设法消除批评者的疑虑，后者对于短篇对话中辩驳法的使用感到不满。苏格拉底并非仅仅依赖于那些同情他的对话者的赞同。柏拉图想要表明，这些结论的基础在于对这个例子的好处做出公平的审视，就像它们在一个最初并不倾向于赞同苏格拉底的人眼中所显现的那样。关于苏格拉底方法的这些主张，应该鼓励我们将这部对话的伦理论证中的
94 前提和结论看作在表达柏拉图的真正观点。

第七章

《高尔吉亚》的论证

66. 主要问题

正如《普罗塔戈拉》说明了某些智者喜欢的论证方法与苏格拉底提倡的论证方法之间的区别,《高尔吉亚》也说明了修辞术和苏格拉底式辩驳法之间的区别。苏格拉底抨击修辞术是非理性的且缺乏理解能力。他论证说,修辞术产生了劝服与确信,它们可能是真的也可能是假的;与之形成对照的,是那些具有以理性的理解方法来获得真正信念的技艺(454c—455a,465a)。

苏格拉底声称,他的辩驳方法值得合乎理性的自信,而修辞术并非如此。为了捍卫这个主张,苏格拉底否认其目标或策略是一个诡辩家所具有的,而且他清晰地区分了对真理的辩证追求和对论证胜利的诡辩追求(457c4—458b3)。[1] 就此而言,柏拉图设法捍卫短篇对话中使用的论证方法。然而,就像在《普罗塔戈拉》中一样,他并非仅仅将前期苏格拉底对话中的方法呈现为一个确定的标准,以此来与修辞术比较。他也发展了自己的方法以回应先前方法的正

1 关于诡辩与辩证法,参见本书第 11 节。

确批判，并更为清楚地表明，为什么先前的方法实际上并不会招致某些可能看上去合理的批判。

对苏格拉底方法的捍卫使得苏格拉底走向对其道德确信的捍卫，这并不令人惊讶。伊索克拉底，柏拉图的有影响力的同代人，不断针对诡辩家的主张来捍卫修辞术的道德与教育方面的好处，这些诡辩家吹毛求疵的论证产生了古怪的道德主张，不能期望会有人认真地对待这些主张。伊索克拉底的某些指责是由卡里克勒斯提出的；在《高尔吉亚》中，与短篇苏格拉底对话相反，柏拉图针对伊索克拉底的批判捍卫了苏格拉底式的哲学和苏格拉底式的道德。[2] 既然苏格拉底式的方法由于允许苏格拉底捍卫古怪的道德主张而受到奚落，那么对苏格拉底来说，重要的就是要表明，他所捍卫的主张毫无古怪之处。

为了捍卫苏格拉底式的道德，柏拉图的焦点集中于一个核心的苏格拉底式的主张，它最可能引发伊索克拉底这种批评者的奚落。
95 在短篇对话中，苏格拉底假设，正义对幸福而言是充分的，但是他没有论证自己的假设；常识观点可能会合理地得出结论，认为他急于捍卫正义，这使他自己和他那过于轻信的对话者陷入了一个完全难以置信的悖论。

在《高尔吉亚》中，柏拉图着手捍卫苏格拉底关于正义的信念。他想表明，苏格拉底式的方法可以产生令人信服的论证，甚至能迫使极为挑剔的对话者也接受苏格拉底式的信念，而且苏格拉底式的信念即使令人感到惊讶，也是那些我们无法合理抛弃的道德信念的必然结果。[3]

2　要了解伊索克拉底的观点，参见 *Antid.*，50，84—85，270，285；*Helen*，1，5；参见 *Soph.*，7。

3　《高尔吉亚》和《普罗塔戈拉》成书的先后顺序得到了下述学者既简明又出色的讨论：Rudberg（1953）；Dodds（1959），第 16—21 页。最近的讨论见 Kahn（1988）；Taylor（1991），第 xviii—xx 页。我认为《高尔吉亚》晚于《普罗塔戈拉》和短篇对话，主要理由会在对快乐主义（本书第 77—78 节）和对苏格拉底方法（本书第 85—86 节）的讨论中体现出来。

67. 反对修辞术

《高尔吉亚》中对修辞术的批判发展出一种论点，它在《普罗塔戈拉》中得到了简要勾勒和暗示。在《普罗塔戈拉》中，苏格拉底建议，相信智术（sophistic）的人都被误导了，就连那些不相信智术的人也无法认识到它真正错在什么地方。在《高尔吉亚》中，他论证说，人们并不了解修辞术的真正错误是什么，因为他们尚未考察那些有关修辞术的标准观点背后的错误假设，不论是认识论层面的还是道德层面的。修辞术与智术类似，它之所以在我们看来有其道理，仅仅是因为我们分享了某些关于美德和知识的错误假设，苏格拉底想要动摇的就是这些假设。苏格拉底的主要关切并不在于智者、修辞学家和演说家本人，而在于那些听他们发言的人。[4]

苏格拉底论证，演说家本人或他的观众都没有任何理由看重修辞术。它不是一种真正的技艺，因为它缺少任何以对其题材的理解为基础的理性方法（454c—455a，462b3—c3，465a）。修辞术不能对于它为什么从事这些事情给出任何论述（logos）或原因（aitia），而且它并不理解自己所使用的事物的性质。某些事情缺乏一种技艺的理性方面，因此它必定仅仅是一个经验性的"诀窍"（465a1—7）。演说家和修辞学家没有好的理由相信，他们应当劝说其他人相信一件事情而不是另一件，因此他们的听众也就没有理由相信他们的建议。[5]

在苏格拉底看来，厨艺、化妆和修辞术都不是技艺，这个事实在某种程度上与另一个事实相联系，即他们追求的目标是令其顾客感

4 我用"修辞学家"（rhetorician）来指称高尔吉亚这样的职业教师，他们教授公共演说的技巧，而"演说家"（orator）指使用这些技巧的公共发言人。

5 苏格拉底反对修辞术的论证，相关讨论参见：Penner（1987a）和 Vickers（1985），第 83—120 页。

到愉快的东西，而非真正善的东西（464a3—e2）。精于一种手艺的专家参考某种客观的规范，它决定了产品应该是怎样的，而不去考虑什么东西会偶然地取悦顾客。如果我们能说的只是人们喜欢这些结果，那我们就没有参考正确的规范。尽管存在某种制造汽车的技艺（因为对汽车的要求应该是驾驶中不需太多修理，应该还算安全且耐用，等等），按照苏格拉底的标准，在设计汽车的时候也不存在诉诸大众品味的技艺；如果这样的话，设计师的目标就由各种幻想和冲动左右了。

苏格拉底必定同意，我们对汽车的偏好关系到我们要去解释，为什么一辆好车不应该老出故障，不应该太大以至于总是要停进车库里；这些都是一辆好车的特性，因为它们与消费者对汽车的需要
96 有关。但是这并不意味着对一辆好车的规范不是客观的；因为理性的购买者希望一辆汽车在具有令消费者愉快的倾向之外，还具有某些客观属性。如果一辆车易于令我感到愉快（比如说因为它的颜色、外形，或者因为一直以来的有效广告），但是并非真正可靠或安全，那我就有很好的理由对它表示怀疑。

技艺的这个特征解释了下面这个事实为什么构成了怀疑修辞术的理由，即修辞术并非基于恰当的客观规范。有时候我们可能会充分地意识到有人是在"献媚"（就像苏格拉底称呼它的那样），因为这人有取悦我们的"诀窍"。比如说，如果我们意识到烘焙多纳圈的师傅擅长取悦我们，却不了解健康的食物，这并不必然破坏我们的信心；因为我们去他们那里并不是首先为了健康饮食。但是，如果我们发现医生或者汽车制造商拥有这种"献媚"的技艺，却不能获得任何一种进一步的善，那我们就有理由对其产生怀疑。因为我们到这些专家那里并不是为了让他们取悦自己，而是为了变得真正健康，或者为了购买真正可靠的汽车。

这个比较对于修辞术来说是有破坏性的。从它的"顾客"（也就是被演说家说服的听众）的角度来看，修辞术与关于善的知识的

分离应该是怀疑修辞术之价值的基础。确实，苏格拉底指出，我们倾向于赋予修辞术的价值与理解修辞术的本性是不一致的。演说家的政治建议之所以能够劝服我们，并不是因为我们认为他懂得劝服我们的有效技巧，而是因为我们相信他的建议是好的；如果我们后来意识到，相信他的建议是好的，仅仅是因为他拥有有效的劝说技巧，而不是因为他的建议是真正好的，那我们就会合理地发现，他的建议其实不那么有说服力。一旦我们理解了为什么演说家是有说服力的，我们就会发现，他不那么值得信任，因此也就不那么有说服力。[6]

68. 修辞术与正义

高尔吉亚可以回应苏格拉底的反驳，只要他能表明演说家给我们的建议基于可靠的确信，而后者涉及对我们来说什么是善。他认为，当修辞术被正义地使用，就能产生有价值的产物，就像其他技艺一样（456a8—457c3）。有些人误用修辞术，这个事实并不构成总体上不信任修辞术的理由。

苏格拉底论证说，高尔吉亚的立场是不一致的。高尔吉亚同时相信（1）演说家可能误用修辞术以服务于不义的目的，以及（2）如果他的学生不知道什么是正义和不义，高尔吉亚自己会教导他们。但是他也接受（3）如果一个人已经懂得了正义，他是正义的而且不会想要行不义（460a—c）；而且（2）和（3）都与（1）相冲突。

苏格拉底的反驳是否公正？高尔吉亚没有理由抱怨，因为上述所有步骤都是被明确提出的，而且高尔吉亚将其全部接受。然而，认识到下面这一点更为困难：如果他是要捍卫自己的观点，即修辞

6 *Phdr.*，271a—272b 暗示了，根据对善的理解和劝说的心理，修辞术如何可能得到某种合法的使用。

学家不应因其学生错误地使用修辞技巧而遭受指责，那他为什么需要同时接受（2）和（3）？[7]

97 波路斯（Polus）暗示，高尔吉亚不该接受（2），而且他接受（2）仅仅是因为羞于否认这一点。在波路斯看来，高尔吉亚对正义问题本来就该直接表示漠不关心，并说清楚他是在教导人们成为好的演说者，而不管他们如何选择使用他们的技巧（461b3—c4）。这个态度与柏拉图在其他地方归诸高尔吉亚的态度相近。[8] 如果柏拉图把这个观点归诸高尔吉亚并以此为《高尔吉亚》的开篇，同时代的读者不会有人指责他不公正。既然他很明显没有将这个立场归诸高尔吉亚，而且波路斯将注意力放在这个立场上，那么柏拉图必定意图揭示某个困难，它应该令高尔吉亚对于是否接受波路斯给他提供的立场感到犹豫。

如果高尔吉亚接受了波路斯的建议，那他就动摇了自己辩护中的两个观点：（a）他能够劝说一位病人接受有益的治疗，这种能力表明政治讲演术是多么有用；（b）我们不应该认为修辞学家要为他的学生错误地使用修辞术负责。高尔吉亚的第一个观点是可行的，条件是我们可以指望演说家能被关于其听众利益的真实观念所引导；但是，如果演说家学习修辞术而不学习正义，我们就不能指望他们去关心其听众的利益，更别说对之有真实的观念。因此，高尔吉亚辩词中的第一个观点不成立。第二个观点也随之崩塌。因为，如果他知道他的学生可能会不义地使用修辞术，但是他完全不去干涉这件事，那他就应该受到责备，即使他希望学生们不要不义地使用修辞术；以同样的方式（为了继续高尔吉亚的比较），我们也可以恰当地责备一位枪贩子，他出售枪支，尽管知道购买者是要用它们进

7　关于这个反对高尔吉亚的论证的讨论，见 Penner（1987a），第 323—325 页。

8　在 *M.*，95c1—4，高尔吉亚奚落那些声称教授美德的智者；他只是自称令人们变成聪明的演说者。在 *Ap.*，19e，高尔吉亚是那些专职教导人们的教师之一，但是据说他并不声称自己教给人们美德。这两段都没有暗示高尔吉亚是智者。

行谋杀。

拒绝(2)所产生的这些困难可能暗示,高尔吉亚应该保留(2),拒绝(3)。苏格拉底相信(3)是因为他相信知识对美德而言是充分的,但是为什么高尔吉亚应该同意如此呢?为什么高尔吉亚不能简单地说,他能教给人们什么是正义和不义,但是不能确保人们通过他的教导变得正义?

对苏格拉底的这个回复也会动摇高尔吉亚辩词中的观点(a)和(b)。因为,如果正义中的指令并不能令演说家变得正义,那我们就没有理由相信他们的建议;如果高尔吉亚承认,尽管他告诉人们什么是普遍被认为正义的和不义的,他也很清楚地意识到,他们不会正义地行动,那么就算他告诉人们这一点,也算不上努力确保该技艺被正当地使用。[9]

因此,苏格拉底期待高尔吉亚同意他的观点就是合理的,即一个人学习了正义并知道正义,他因此也就是正义的。如果苏格拉底在这一点上是正确的,那么高尔吉亚就可以针对对修辞术的反驳提出辩护;不过,如果是这样,正如苏格拉底指出的,高尔吉亚就不应当承认,真正学习了修辞术和正义的人会不义地使用修辞术。或者,如果学过修辞术和正义的人仍有可能不义地使用修辞术,那么高尔吉亚就没有表明,为什么这种不义的使用不足以令人对修辞术产生怀疑。又一次,我们对修辞术理解得越充分,我们相信它的理由就越少。

对高尔吉亚的立场所做的这个反驳也可能不那么有力,如果像高尔吉亚所认为的那样,修辞术能被应用于任何技艺,而技艺可能被不义地使用的话。如果苏格拉底的论证是公正的,那它岂不是同 98

---

9 Kahn(1983,第 80—84 页)注意到了高尔吉亚同意苏格拉底的这些理由,但是他没有恰当的理由就推断高尔吉亚做了“一个让步……它不仅是错误的,而且高尔吉亚做出这个让步的时候就知道它是个错误”(第 84 页)。参见本书第 86 节讨论 508b—c 的部分。

样表明,一位医生或体育教师也必须教授他的学生什么是正义？如果我们不会因为其学生的不义行动而责备这位医生,那我们为什么应该责备修辞学家呢?

苏格拉底或许公正地指出,修辞术的目标和产物令关于正义的问题更加紧迫。一位不正义的木匠能够制造一张极好的床；如果我们确信他不会欺骗或漫天要价的话,我们或许会购买他的床。我们只需要确信他能出色地实践他的技艺就可以了。然而,如果一位演说家是不正义的,我们能否依赖他给我们提供好建议的能力？他的纯熟只在于说服的技巧,而如果他并非同时也是正义的,那就没有理由看重它们对我们的影响。我们无法通过确保他出色地实践技艺来避免他的不义所造成的影响。那么,他的不义似乎会妨碍他制作有价值的产物的能力,而在一个真正的手艺人那里,不义则未必妨碍这种能力。苏格拉底关于修辞术和正义的反驳给我们提供了一个特殊的理由,不去信任一位演说家对我们提出的建议。

因此,苏格拉底反对高尔吉亚的论证也就并非只是依赖于墨守苏格拉底的观点,即知识对美德而言是充分的。这表明,高尔吉亚没有充分地回应由不正义地使用修辞术引起的怀疑,因此我们也没有理由接受他对修辞术的辩护。我们注意到,普罗塔戈拉相当鲁莽地声称能够教导美德,而没有仔细考虑,美德必须具有什么性质时才是可教的；当这个问题被提出,我们可以看到,当苏格拉底建议普罗塔戈拉应当接受苏格拉底自己的立场时,这一建议为什么并非不合理。[10] 与此类似,如果高尔吉亚拒绝苏格拉底的观点,那他的立场坚持起来则更加困难。在这两种情况下,柏拉图都表明了,为什么苏格拉底的观点比我们一开始所设想的更难拒绝。

---

10 关于普罗塔戈拉和苏格拉底的立场,参见本书第 65 节。

69. 权力与正义

像普罗塔戈拉一样，高尔吉亚声称，他教导某些既对他的学生们是善又对整个共同体是善的东西。[11] 不过他仍然意识到，在演说家自己的利益和正义的要求之间可能存在冲突，而且他没有解释为什么演说家还有理由变得正义，如果他从不义中获益的话。波路斯更尖锐地提出这个问题；他拒绝了高尔吉亚教导正义的声明，认为高尔吉亚做出这个错误的声明仅仅是因为羞耻（461b3—c4）。当苏格拉底论证修辞术之所以不是一种真正的技艺，是因为修辞学家和演说家不知道对于他们所建议的人来说，什么才是有益的（464e2—465a7），波路斯回答说，苏格拉底是在为错误对象的益处考虑。波路斯的关注点在于（和高尔吉亚的关注点一样，452e1—8）修辞术对演说家的益处，声称演说家具有巨大的权力，而这显然对他是好的（466a9—c2）。为了驳斥苏格拉底，波路斯需要表明，演说家的巨大权力对他来说是好的，总的来说[12]，无论演说家本人是否正义，都是如此。

首先，苏格拉底指出，仅仅具有能力去做看起来对我是好的事
情，总的来说并不确保我总是获得实际上对我是好的东西（因为我 99
可能不知道什么东西对我来说实际上是好的）；因此这种能力总的

11 关于普罗塔戈拉的教导，参见本书第 55 节。

12 我说"总的来说 x 对 A 是好的"和"x 对 A 总体上是好的"，是要表明 x 比其他事物更能促进 A 的幸福。我已经在柏拉图只是说"好的"、"更好的"或"有益的"的地方补充了"总的来说"和"总体上"，即 467e4，468b2，468b7，468c3，468d3。（在 468b6 和 468d3，很清楚他想的是对行动者来说什么是好的。）按照这个方式来理解波路斯和苏格拉底的主张是合理的；如果波路斯仅仅坚持较弱的主张，即修辞术所赋予的能力总的来说是一种善，它有时候对于行动者而言也可以是坏的，那么他就不会驳斥苏格拉底式的主张，即演说家为了确保其总体上的善而需要正义。

来说对我而言就并非总是好的(466d5—468e5)。[13] 接下来,他聚焦于演说家在监禁、没收财产和判处死刑方面的具体能力。他表明,施展能力去杀害或掠夺别人对我们来说并不是好的,如果我们做出行动却不知道对我们来说什么是好的(469c8—470b8)。

波路斯回答说,演说家的各种能力,结合关于在不义的行动中使用它们的恰当时机的知识,可以令他赢得权力、财富以及篡位者阿尔凯劳斯(Archelaus)的地位,而任何达到这个状况的人都是幸福的。尽管波路斯放弃了他的第一个主张,即总的来说修辞术本身总是善的,但是他仍然坚持认为,一个人为其自身的益处而使用修辞术所需要的知识,就是关于如何模仿阿尔凯劳斯的知识,而不是关于如何变得正义的知识。

苏格拉底回答波路斯的方式是声称,正义对于幸福而言是必要的和充分的(470c1—471a3)。与克里同不一样(*Cri.*,48b8—10),波路斯拒绝接受这个有争议的苏格拉底式主张,于是苏格拉底就着手去捍卫它。在捍卫该主张的过程中,他引入了另一个在短篇对话中总是被接受的假设,即由于有美德的行动是美好的,因此它也是有益的。[14] 波路斯拒绝了这个假设(474c9—d2),因此苏格拉底不得不捍卫它。

苏格拉底设法表明,波路斯的立场是不一致的。他的论证如下:

(1) 与遭受不义相比,行不义更为可耻,因而也就更坏(474d3—475c9)。

(2) 波路斯不会选择(dechesthai)更坏的和更可耻的,而不

13 我已经陈述了466d5—468e5的论证结果,忽视了苏格拉底所做的某些有争议的步骤。参见Irwin(1979)相关评注;McTighe(1984);Weiss(1985);Vlastos(1991),第148—154页;Penner(1991)。我不认为有合理的基础来接受以下主张,即苏格拉底是在深思熟虑地迷惑人。

14 关于*Pr.*,333d以及美好与益处之间的关系,参见本书第56节。

选择更好的、更不可耻的(475d1—e3)。

(3) 因此他就不会选择行不义,而宁愿遭受不义(475e3—6)。

(4) 因此对他来说遭受不义比行不义更好。

苏格拉底得出结论,认为他已经驳斥了波路斯最初的主张,即我们在不必是正义的同时也可以是幸福的。

苏格拉底对(1)给出了一个合理的辩护,如果(1)被认为指的是行不义对于共同体(或对于那些受到影响的人)来说比遭受不义更坏。苏格拉底从(1)和(2)推出(3)也是有道理的,因为"更坏"在(2)中,就像在(1)中一样,被理解为是指"对共同体来说更坏"。然而,他推出(4)似乎是没有得到辩护的。为什么波路斯不去论证,我有很强的道德理由去选择美好的行动,因为它们对共同体来说更好,并以此来捍卫(3)呢?看起来他依然可以论证,这些行动对我来说比某些可耻的行动更坏,并由此而拒绝(4)。[15]

然而,波路斯已使自己无法再对苏格拉底做出这个回答。此前,他否认了行不义对行动者来说比遭受不义更坏。当苏格拉底表示,波路斯和其他所有人"认为行不义比遭受它更坏,而且不受惩罚比受惩罚更坏"(474b3—5),波路斯否认了这一点,问道:"原因在于,你会宁可选择遭受不义,而不愿行不义吗?"(474b6—7)在这个阶段,"更坏"必定意味着"对行动者更坏",因为当前讨论的就是这个问题。波路斯假设,既然我们不会在二者之间选择遭受不义,那我们就无法认为它对我们来说更好。因此他暗示,如果我们认为 100
它对我们更好,我们就会选择它(474b9—10)。波路斯于是采取一个主张:

(5) 如果A相信x对A来说比y更好,那么A就会选择x而

15 Canto(1987,第71页)相当不合理地指责波路斯伪善。

不是y(474b6—10)。

一旦波路斯接受(5),他就不能只接受(1)到(3)的推论而不同时接受(4)。[16]

不可否认,(5)是一个苏格拉底式的假设,表达了苏格拉底的心理幸福论的一部分。但是,它并非毫无预警地强加给波路斯;苏格拉底提前宣告了幸福论的立场(468b1—7, d1—7)[17],而波路斯已经接受了它。波路斯并不是突然想到要接受苏格拉底的幸福论假设和常识信念,即正义的行动值得选择是因为它是美好的,他自己选择了接受苏格拉底式的观点,即一切美好的事物对行动者都是有益的。但是苏格拉底指出,波路斯确实承诺了这个结论,无论他自己对此会感到多么惊讶。

与波路斯的争论回答了一个反驳,它可能被合理地用来反对与高尔吉亚的争论。苏格拉底假设,且高尔吉亚同意,任何一个知道什么是正义的人也会是一个正义的人;但是苏格拉底一开始并没有对这个假设给出任何理由。波路斯关于正义和权力的观点隐蔽地挑战了苏格拉底的假设,因为它们暗示,一个人的不义行动有时候对他自己来说是有益的。在反对波路斯的时候,苏格拉底捍卫了他关于正义的假设:当我们知道什么是正义,我们也就知道它是美好的,而如果我们知道任何美好的事物对我们来说都是善的,我们就想要(根据苏格拉底式的幸福论)成为正义的。

这个关于修辞术的最初争论,现在就允许柏拉图将注意力集中在两个相关的假设上面,它们存在于苏格拉底对话的论证背后。苏格拉底经常假设,正义对幸福而言是充分的,而且任何美好的事物

16 苏格拉底反对波路斯的论证得到以下审视:Santas(1979),第233—240页;Irwin(1979)相关论述;Mackenzie(1982);Kahn(1983),第84—97页;McKim(1988),第44—48页;Vlastos(1991),第139—148页。

17 这两段说得很清楚,行动者所追求的善就是对行动者本人而言的善。

对行动者也必定是有益的。与波路斯的这场争论已经表明,面对一位最初与苏格拉底立场相敌对的对话者的怀疑,这些假设也可以得到辩护。确实,苏格拉底声称自己已经表明,波路斯终归将与自己达成一致。

不过,对苏格拉底伦理学的辩护还没有最终完成。因为苏格拉底仍然未经论证就将两个立场视为理所当然:不仅是幸福论的主张,也包括常识性假设,即认为关注他人的正义是美好的。这个假设接下来就要受到挑战。

70. 与卡里克勒斯的争论

和波路斯一样,卡里克勒斯声称,苏格拉底利用了对话者在坚持令常人惊讶的主张时所处的尴尬境地,以此使他们陷入困境;即使波路斯认识到了苏格拉底对高尔吉亚所用的这个策略,他自己也落入了同一个陷阱(482c4—e2)。高尔吉亚和波路斯都未能逃脱这个陷阱,是因为他们赋予涉及他人的正义原则以某些价值。如果我们接受苏格拉底式的幸福论(卡里克勒斯没有挑战这一点),我们就会发现,苏格拉底关于正义和幸福之间联系的主张受到了常识假设的支持,后者涉及与他人有关的正义。卡里克勒斯问道,如果我们 101
拒绝了这些常识假设,苏格拉底是否还能令我们确信,我们有好的理由接受这些假设?还是说他必须承认,这些假设无法依据更基础的东西而得到辩护?

在《克里同》中,苏格拉底或许被认为是在论证,不可能存在任何对正义的进一步辩护。在与克里同争论他应当经受不义而不是去行不义的过程中,他要求克里同同意,正义促进幸福,而他没有向克里同提供进一步的理由去支持这个主张(*Cri.*,48b8—10)。相反,在《高尔吉亚》中,苏格拉底给了波路斯一个理由相信正义促进幸福;因为卡里克勒斯拒绝了他给波路斯的理由,苏格拉底就同意对这个问题重新加以讨论。在接受卡里克勒斯的挑战时,苏格拉底暗示,他并不认为对话者坚持将涉及他人的正义作为讨论的基本观点;他相信,辩驳法能够令一位对话者确信,自己拒绝这个承诺是错误的。

既然苏格拉底想要考察并捍卫他的道德立场,而不依赖于任何未经审视的习俗假设,那他认为卡里克勒斯是特别恰当的对话者就是对的。[18] 卡里克勒斯不会因为愚蠢、尴尬或不真诚而做出错误的赞同(487d7—e6);他的“坦率”(487a7—b5)确保了他会坚持反习俗的立场。不过,当苏格拉底宣称他们两人达成一致的观点就是真理时(486e5—6,487e6—7),他似乎仍然有所夸张。因为这个论证仍然要求卡里克勒斯在一开始就同意某些观点。为什么卡里克勒斯就不能撤回他的赞同并由此毁掉苏格拉底的论证?即使他坚持赞同,那这对结论的真理性来说又能表明什么?卡里克勒斯指出,如果高尔吉亚和波路斯坚持他们的赞同,那这就表明了与他们相关的某些东西,但不是必然关系到其主张的真理。苏格拉底需要令我们确信,他和卡里克勒斯之间的一致不会引发反驳,卡里克勒斯不会提出反驳来反对先前的一致意见。

71. 卡里克勒斯的道德立场

卡里克勒斯论证,苏格拉底没有好理由来重视关注他人的正义。他声称,这完全不是真正的正义,是真正可耻的而不是美好的[19];它“按照习俗”(by convention)是正义的和美好的,“按照自然”(by nature)则不是(482e2—483d6)。卡里克勒斯同意,给予人们以他们

18 参见 *Pr.*,348d5—349a6;苏格拉底暗示,普罗塔戈拉的职业使其成为一个合适的对话者。

19 这个区别存在于卡里克勒斯和特拉叙马库斯对关涉他人的正义所进行的反驳之中。参见本书第 123 节。

应得的、该还给他们的和对他们来说是恰当的东西是正义的。但是他论证说，关于正义的常识观点是由一种错误的合意构成的，即关于对不同类型的人来说什么是恰当的。这种合意反映了低位者的观点，他们想要抑制和约束高位者的目标（483e1—484a2）。

卡里克勒斯将关注他人的正义视为习俗而不是自然的产物。在他看来，自然正义要求低位者从属于高位者，以便高位者能够获得与他们更优越的能力和目标相宜的东西。卡里克勒斯并没有试
图表明，遵守自然正义的原则对于低位者来说是美好和有益的。但 102
是他论证，高位者遵守自然的而不是习俗的正义，这对他们来说是美好的和有益的，而且如果这样的人遵守习俗正义的规则，那就是纯粹的懦弱。

在诉诸正义的时候，我们通常都假设我们是在诉诸某个不偏不倚的理由，区别于某个特定之人的目标，这支持了正义的行动过程。[20] 如果我们接受习俗正义，我们就相信（在卡里克勒斯看来是错误地相信），居于下位的多数人的利益应该决定对待每一个人的恰当方式。卡里克勒斯提出了一个相互竞争的不偏不倚原则，声称高位者的利益应该为正义设定标准。正是在高位者居于统治地位的意义上，这个不偏不倚原则被假定为不仅仅对高位者自己来说是好的，而且从某种不同于他们的立场来看，它也是可欲的（desirable）。

要审视卡里克勒斯的立场，我们就需要审视他的以下主张：（1）破坏涉及他人的正义规则符合某些人的利益；（2）这些人是高位者；以及（3）对这些人的利益有所促进的是自然的正义。或许卡里克勒斯相信，第三个主张得自第二个，但是无论我们怎样判断第二个和第三个主张，第一个主张都是独立于它们的。

在卡里克勒斯看来，有价值的生活的一部分就在于超越——发展一个人的能力和欲求并且满足它们。一个高位者的渴望不会停

---

20 关于正义的不偏不倚性，参见本书第 213 节。

留在当前对他来说容易达到或唾手可得的层面上；他想要的比拥有的更多，他想要的是那些既能令他将渴望转化成实践目标，又能令他实现这些目标的美德。这就是为什么卡里克勒斯看重智慧和勇敢（491a7—b4）。他所钦慕的这种人寻求政治权力和成就（491b1—2），因此也看重哲学（就其本身）和修辞技艺（484c4—d7，485d3—e2）；他使用这些技艺来帮助自己和朋友，伤害他的敌人（492b8—c3）。[21]

在呈现卡里克勒斯对涉及他人的正义所做的批判时，柏拉图把注意力放在一种对苏格拉底伦理学的有力反驳上，而这种反驳在短篇对话中被忽视了。如果卡里克勒斯是对的，那么苏格拉底的某些假设就完全是错的；但是短篇对话从未针对卡里克勒斯的立场提出过论辩。柏拉图并不想让卡里克勒斯的立场成为一个关于习俗正义的古怪或极端激进的观点；它只是有力地陈述了那些吸引很多苏格拉底和柏拉图的同代人的观点。美德和好人的观念在个体的权力、财富和地位中得到关注，在希腊伦理思想中也具有良好的根基，而且它和某种美德观念并非稳定共存，后者与涉及他人的正义诸义务相联系。普罗塔戈拉提出（但并没有论证），这两种美德观念在雅典人的美德和他自己所教授的美德中结合在一起。[22] 在卡里克勒斯看来，这两种观念是彼此冲突的，而且一种关于有价值的人生的正确观念要求我们拒绝与他人有关的正义。

苏格拉底通过提问开始了对卡里克勒斯立场的审视，即为什么
103 高位者破坏正义的习俗规则就是自然的正义，为什么低位者约束高位者就不是自然的正义。他论证说，卡里克勒斯不能一致地将高位者的优越性等同于他们具有更强大的力量。因为如果更大的强力意味着优越，那么多数低位者集合起来就比单一的高位者更强，他

21 关于使用权力去帮助朋友、伤害敌人，参见 *R.*，343e5—7；Blundell（1989），第50—51页。不能使用这种权力是懦弱（anandria）的标志；参见 *Cri.*，45d8—46a4（关于《克里同》和《高尔吉亚》，见本书第八章，注释 18）。

22 关于普罗塔戈拉的美德观念，参见本书第 55 节。

们集合起来也就必定更优越。因此,高位者臣服于低位者才是自然的正义,而这与卡里克勒斯之前的观点相反(488b8—489b6)。

如果卡里克勒斯只是简单地说,高位者就是那些具有更高级的智慧的人(如果把所有类型的智慧都算在内),他的境况也不会更好;因为这样的话他就不能解释,为什么更有智慧的人应当拥有更多(490a1—491a3)。[23] 苏格拉底认为,声称更好的鞋匠就应该拥有更多的鞋,这是愚蠢的;尽管声称更好的农民应当拥有更多的种子是合理的,但这不是卡里克勒斯的"拥有更多"所要表达的意思。

作为苏格拉底常用的论辩策略,这些反驳对卡里克勒斯形成了打击(490e9—491a3),但是它们还有更严肃的观点。如果卡里克勒斯是要捍卫他的主张,即高位者对习俗正义的破坏是真正的正义,而不仅仅是对高位者自己有利,那他就不得不解释,为什么高位者的优越性使他们获得了优先待遇。苏格拉底迫使他去描述,是什么样的优越性支持了这种自然正义的诉求。

卡里克勒斯回答说,高位者就是那些在城邦事务中有智慧,在完成其目标的时候勇敢的人(491a7—b4);这些人适合统治,而正义就在于他们拥有更多,因为他们是统治者(491c6—d3)。这个答案还是不能解释,在统治者的优先待遇中自然正义何在;但是苏格拉底现在搁下了这个问题,转向关于幸福的问题。[24]

72. 卡里克勒斯的幸福观

苏格拉底表面上转换了讨论的方向,方法是敦请卡里克勒斯同意,统治别人的高位者必定也统治和控制他们自己;他指的是,统治

23 参照特拉叙马库斯论不自量力,参见本书第 123 节。

24 关于《理想国》中统治者利益和人们追求的共同利益之间关系的问题,参见本书第 213 节。

者应当控制自己的快乐和欲望(491d10—e1)。卡里克勒斯回答说，这个建议要求对欲求做出太多限制(491e5—6,492c4—e2)。在卡里克勒斯看来，幸福要求大量的、程度很高的欲望以及对这些欲望的满足(491e5—492c8);“一个人[如果]受到任何[东西]的奴役，他又如何能够是幸福的呢?”(491e5—6)幸福的人自由地满足他的欲求，拥有满足它们的资源，并且利用他的自由和资源去满足他的欲求。

卡里克勒斯设法阐明一种支持他拒绝正义的幸福观念。他必须声称，一个人所有的欲求，尤其是那些最难满足的欲求，都必须予以扩展并得到满足。如果我们有一个很强的欲求想要变得正义，并满足了这个欲求，我们就仍然是幸福的(按照某种幸福的观念)，而且不亚于那个满足了难以满足的强烈欲望的人。然而，卡里克勒斯
104 不能接受这个结论。他不只是想说，没有正义，幸福也是可能的；他论证了如果我们是正义的，那就不可能幸福。[25]因此他必定论证，幸福要求某一类欲求的发展和满足，全心全意地追求这类欲求与对正义的尊重是不相容的。而且他不想主张说，一个幸福的人所满足的欲求就是尤其好的欲求；因为这样一来就会产生一个问题，它关系到为什么卡里克勒斯所偏爱的那些欲求比一个正义的人所满足的欲求更好。他不得不坚持认为，唯一与需要满足的欲求相关的事实就是，它们在最大限度上是强烈的并难以满足。因此，他就不得不拒绝按照任何其他基础对欲求加以区分。

这个幸福观念表明了高位者是如何区别于普通人，以及为什么他们应当被赋予更多资源。在卡里克勒斯看来，大多数人都不能获得他所描述的这种幸福，这既是由于他们缺乏必要的物质资源，也是因为他们犹疑怯懦(492a1—3)。[26]既然他们为自己品格的弱点而感到羞耻，他

---

25 对比卡里克勒斯、特拉叙马库斯、格劳孔和阿德曼图斯的立场，参见本书第123节和第132节。

26 Olympiodorus(152.1—3)只提到了大多数人缺乏物质资源。

们就通过宣称节制是美好的而自我放纵是可耻的来加以隐藏(492a3—b1)。在卡里克勒斯看来,正确使用充足的物质资源的方式就是以之为基础来过一种自我放纵的生活;他建议,如果拥有这些资源的人受到蒙蔽而对一种自我放纵的生活加以谴责,那这就是可耻的(492b1—c3)。

既然卡里克勒斯拒绝了这种习俗的正义观点,并坚持认为自然的正义要求将资源分配给高位者,他就需要解释,什么样的优越性要求我们破坏习俗正义。他回答说,自然正义要求将资源分配给高位者,因为他们是唯一拥有合理的幸福前景的人。把资源给予低位者,则是将它们愚蠢地浪费在那些心理上无法从中获得幸福的人身上。指责柏拉图为了令苏格拉底更容易驳斥卡里克勒斯,而把一个极端的幸福观念强加给后者,这是不公平的。卡里克勒斯的幸福观念就是他需要的,他需要用这个观念来支持自己对习俗正义的反驳。[27]

为了捍卫自己的幸福观念,卡里克勒斯引入了快乐主义。他论证说,自我控制的人具有适度的欲求,满足这些欲求不可能获得幸福。这种人活得像块石头,既不能享受快乐也不能感觉痛苦;相反,活得快乐要求大量的满足,并因此要求最难满足的欲求,因为只有这些欲求是需要大量投入才能满足的(494a6—c3)。卡里克勒斯于是论证道,如果我们认为幸福就是最大程度的快乐,我们就应当同意他的扩展性的幸福观念,因为一个实现了难以满足的强烈欲求的人,也就将快乐最大化了。尽管这些欲求中有的出于其他理由可能看起来令人厌恶,但是幸福就在于我们从满足这些欲求的过程中所获得的快乐;唯一的问题是,这快乐的量是否够大(494c4—495d5)。

柏拉图说得很清楚,卡里克勒斯关于幸福的主张意味着他接受了快乐主义;因为苏格拉底着重指出,卡里克勒斯最终也同意,卡里克勒斯确认了令人愉快的和善的是同一的(495d2—5)。这些正是 105

27 卡里克勒斯的幸福观念得到了以下学者的讨论:Kahn(1983),第104—105页;Rudebusch(1992)。

《普罗塔戈拉》陈述快乐主义立场的用语。

73. 苏格拉底的幸福观

苏格拉底回应了卡里克勒斯的主张，即幸福与自我控制不相容（491d4—e6），同时提出了一种不同的幸福观。卡里克勒斯拒绝了下面这种幸福观，即认为“那些什么都不需要的人是幸福的”（492e3—4）。[28] 相反，苏格拉底描述了不受控制的欲求的糟糕后果，希望劝说卡里克勒斯选择“放弃无法充实和不受约束的生活，代之以有序的、有充分供给的和每次都能由现有的事物加以满足的生活”（493c5—7）。

卡里克勒斯和苏格拉底关于幸福的主张都能够从与之相关的常识观点中获得辩护。[29] 卡里克勒斯同意，幸福要求外在的成功和兴旺。既然它要求良好的外在条件，我们就需要大量资源来保障这些良好的条件；既然公认的美德阻止我们去获得幸福所需的大量资源和外在成就，我们就不能将它们看成实现幸福的手段。因此，卡里克勒斯将幸福视为常识所承认的一个方面，并论证，由于它对幸福来说具有如此核心的地位，因此它就应该优先于任何一种与涉及他人的美德之价值相关的常识观点。

苏格拉底也对常识采取了一种批判态度，但是他得出了相反的结论。他诉诸下面这个常识观点，即幸福的生活是“自足的”（autarkēs），因为它不需要再添加任何东西，也是“牢靠的”（asphalēs），因为它能免于厄运的侵袭（Ar., *Rhet.*, 1360b14）。苏格拉底提议说，我们满足这些条件，当且仅当我们令自己的欲求适应于能够获得的并用来满足它们的条件，而且由此确保它们得到满足。我们可以称

28 “需要”（deisthai），也可以用“缺乏”（lack）或“想要”（want）替换。

29 关于幸福的常识观点，参见本书第 21 节。

之为“调适性的”幸福观。[30] 如果这是对的，那么对自足的常识要求就驳斥了“幸福要求外在成功”的常识观点。对于外在成功的要求支持卡里克勒斯的扩展性幸福观，但是它不能（根据苏格拉底的观点）与对自足和牢靠的优先要求相调和。

这个苏格拉底式的幸福观念表明，卡里克勒斯的幸福观念不是从常识性幸福信念中构造一致理论立场的唯一方式。对话的其余部分应当表明，卡里克勒斯式的和苏格拉底式的解决方案哪一个更值得选择。

74. 苏格拉底对卡里克勒斯的回应

苏格拉底提出了两个论证来反对卡里克勒斯的观点，即令人快乐的等同于好的。这两个论证指向一种区别，它存在于瞬间的快乐和一个人的善之间，后者被认为延续到人的完整一生。然而，难以判断的是，苏格拉底是否公正地使用了这一区分，以及他是否揭示了任何存在于快乐主义内部的真正困难。 106

首先，苏格拉底指出，我们可以同时感受到快乐和痛苦。但是我们不可能同时过得好和过得不好（495e1—497d8）。这一区别表明，在某个时刻感受到某种程度的快乐和痛苦，这和在一个人的整个一生中过得好或过得不好是两回事。但是，这并不表明，过得好或过得不好就不能等同于在一个人的一生中，快乐的盈余大过痛苦。因此，这个论证并不能驳倒快乐主义的幸福观念。

的确，我们很难相信，柏拉图本来可以试着用这个论证驳倒快乐主义。卡里克勒斯已经说得很清楚，他考虑的是人们对其生活方式的选择（491e7—492a3，494c2—3）。而苏格拉底已经认识到，做出对一个人是否幸福的判断要关注他的整个一生（494c6—8）。第一

30 这个观念与 Elster（1983，尤其是第 3 章）所讨论的某些适应性策略密切相关。

个论证很有可能是要表明，为什么快乐主义必须将善等同于一个人一生中的最大快乐；无论如何，这都是苏格拉底需要加以驳斥的快乐主义立场，如果他想要驳倒卡里克勒斯的话。

在第二个论证中(497d8—499b3)，苏格拉底设法表明，卡里克勒斯的快乐主义与"勇敢是一种美德"的信念不一致。[31] 对一个快乐主义者来说，美德是一种状态或能力，它有助于快乐的最大化。但是根据苏格拉底的论述，我们没有理由相信，勇敢对这个目的特别有用。苏格拉底观察到，在战争中，懦弱的人至少能和勇敢的人获得同样的快乐。因此对于确保快乐来说，勇敢似乎并不比懦弱更有效。

卡里克勒斯钦慕勇敢的人，因为他们"足够强大，能够实现心中所想，并且不会由于灵魂的软弱而退缩"(491b2—4)。这些强大且坚定的人自己有规划，并且想要实现这些规划；既然恐惧和"软弱"(softness)妨碍我们实现自己的机会，那么关心其计划实施的那些行动者就会想要抵制恐惧并避免懦弱。卡里克勒斯理想中的人会实施自己的计划并满足自己的欲望(491e8—492a3)，而不必怀有其他人会有的恐惧(492a3—b1)。

苏格拉底指出，卡里克勒斯对这种良好计划和坚定执行的生活方式的钦慕，与他假设该生活方式所包含的具体内容相冲突，后者即不受约束地追求满足一个人的各种欲望。因为卡里克勒斯看重的这种计划和坚定要求如果要获得快乐主义者的赞同，就只有成为一个人一生中快乐最大化的合理策略。懦弱者的例子表明，计划与坚决作为最大化快乐的策略或许并不比懦弱更好；因此快乐主义就不能为卡里克勒斯提出辩护，说明他有理由在勇敢和懦弱之间更看

31 这个论证得到了以下学者的讨论：Santas(1979)，第270—276页；Irwin(1979)，第202—204页。

重前者。[32]

在回应苏格拉底的论证时，卡里克勒斯选择放弃的是他的快乐主义而不是对美德的论述。一个完全缺乏勇敢的人只要感觉到痛苦或不情愿，就不会坚持任何理性计划；但是他仍有可能为了快乐而做得很出色，因为他对痛苦的敏感可能会使他在去除痛苦时尤其感到快乐。的确，卡里克勒斯对快乐和欲求的讨论暗示的正是痛苦、欲求和快乐之间的这样一种成比例的增长。但是，这样一个人就很少有机会去执行他的理性计划；他会令自己无法形成计划，完全无法将实践理性应用在将来的状态上。卡里克勒斯拒绝做出放 107
弃理性能动性这样巨大的牺牲是有理据的。

75. 修辞术与快乐

在这部对话先前的部分，苏格拉底批判了修辞术，因为它排除其他一切因素而关注快乐，并且对善漠不关心。他建议，从顾客的角度来看，我们不应当信任修辞术，因为我们不能期待追求直接快乐的建议能够保障我们的善。苏格拉底在驳斥了卡里克勒斯的快乐主义之后，又回到了对修辞术的这一批判（500e4—501b1）。就像他在这部对话中常做的那样，苏格拉底诉诸其后来的论证表明，一个较早的结论已经得到了辩护，即使它当时似乎遭到了反驳。与卡里克勒斯的争论表明了，为什么演说家的听众不应该相信他的建议，以及为什么演说家本人在遵从波路斯的建议去追求自己的权力时受到了误导。

---

32 与卡里克勒斯的争论的这个方面得到了 Lafrance（1969，第 25—26 页）的简要讨论，以及 White（1985）更充分的讨论。White 提出，卡里克勒斯版本的快乐主义反映了一个观点，即在评价一个人的好生活时（第 149—150 页），只有当前的事实才有吸引力，但是我并不确信这一点。［在我看来，这更适合某种昔勒尼学派的观点；参见 Irwin（1991）。］我相信，卡里克勒斯之观点的扩展部分回答了关于 498b—c 这部分的问题，White 想要通过诉诸他对卡里克勒斯的观点来回答这个问题（第 152 页）。

如果卡里克勒斯的幸福观念是正确的，那么我们对修辞术进行质疑的某些基础就会崩塌。[33] 因为如果幸福由快乐构成，而快乐产生于当欲求一出现时就对它们加以满足，那么演说家就可以声称是在促进我们的幸福。既然他能美化一个行动过程，那他就能在我们之中引发对该行动过程的强烈欲求，并因此许给我们某种满足强烈欲求的愿景，只要我们做出他所建议的行动。如果我们对这个行动失望，演说家或许能够劝说我们不再这么在意它，只要他能提出其他的东西，并令我们对之产生强烈的关切。

苏格拉底提出，这就是我们可以从修辞术中预期获得的那种满足。伯利克里满足了人们的欲望并接着使之增长，这样人们就会要求更多；他甚至会使人们要得太多以至于他们会转而反对他，因为他还是不能令他们得到满足（515b6—516d4）。如果我们只是考虑最大化快乐，我们就没有理由说，伯利克里的政策对雅典人来说是不好的。只有当雅典人的欲求超出了提供资源以满足欲求的能力时，这一政策对他们来说才是坏的。

与此类似，卡里克勒斯的幸福观念会支持波路斯的看法，即演说家通过拥有并实施他们的修辞技巧所带来的权力来促进自身的善。苏格拉底和波路斯一致同意，演说家做了他们决定要做的，而卡里克勒斯应当同意，演说家能够满足他们的欲求。如果一个人的善就在于欲求发生时对之加以最大程度的满足，而不是别的，那么演说家似乎就不是在对自己做很糟糕的事。

然而，如果卡里克勒斯的幸福观念是错的，那么那些追求快乐而不追求善的人，他们就追求在特殊的欲求产生时对之加以满足，而不去关心在整个一生中什么东西对他们来说是善的。尽管演说家擅长创造并满足特定的欲求，他也不具备技巧来创造或满足那些

33　关于驳斥卡里克勒斯和判定修辞术之间的联系，亦参见 White（1985），第149—150页。他的论述与我的不同，可供参考的原因见本书第七章，注释32。

在一生中都能促进我们的善的欲求。与此类似,演说家没有理由相信他自己的技巧。如果他遵从波路斯的建议,那他就能在欲求产生 108 的时候满足它们,但是演说家没有理由相信,这样做的时候,他也促进了自己的善。

于是,在强调与卡里克勒斯关于快乐和幸福的争论具有重要性的时候,苏格拉底就得到了充分的辩护。他想要说清楚,卡里克勒斯不肯放弃这个论证的前提,这样他就能表明,卡里克勒斯无法避免论证的结论。卡里克勒斯声称,苏格拉底的探究并不重要,而且无法造成任何重要的结果,因为它们依赖于诡辩的花招。苏格拉底已试图表明,这些反驳不能用来反对他刚刚提出的论证。卡里克勒斯一被驳倒就声称,之前并不是真心承认关键的前提(499b4—8),但是此前的论证已经表明,他不可能坚持最初关于正义的观点,却不同时坚持那些导致他被驳倒的前提。苏格拉底声称,自己已经破坏了卡里克勒斯对于涉及他人的正义提出的反对意见,他是正确的。

76. 幸福和理性秩序

在回应苏格拉底的论证时,卡里克勒斯选择放弃快乐主义,而不是放弃他的信念即"勇敢是一种美德"。他是否做了正确的选择?

苏格拉底论证了一个人的善要求其欲求中存在某种理性秩序,以此来捍卫卡里克勒斯的选择。在《克里同》中,苏格拉底诉诸身体健康和灵魂正义之间的一个类比(*Cri.*,47d3—48a1),但是他并未表明,这两种情况是如何彼此类似的。在《高尔吉亚》中,他试图令这个类比更加准确。他区分了灵魂的两个部分以及相应的两种不同类型的欲求。[34] 欲望的部分是不受控制且无法满足的(493b1—3);

34 苏格拉底实际上并没有用任何表示"部分"的词;他只是用了中性的冠词和形容词(493b1—2)。参见本书第十三章,注释2。

如果我们只是培养对欲求的满足，我们就会加强这个非理性的、无法满足的部分，并使我们自己无法进行理性规划。如果各种欲求在这个方面有所差别，那么任何对我们自身作为具有长期规划的持续行动者的关注，都会要求我们认识到灵魂内部秩序的价值，并抑制那些不应予以满足的欲求（503d5—504e5）。具有这种秩序也就是令一个人的各种欲望得到控制（505b1—5）。

这样看来，卡里克勒斯看重勇敢就是对的，因为一个理性的行动者需要勇敢来执行自己的理性计划。勇敢的人坚持他的理性计划，并且不会由于恐惧而偏离它们。苏格拉底指出，我们有同样的理由看重节制；因为节制的人坚持他的理性计划，并且不会由于对快乐的期望而偏离这些计划。如果卡里克勒斯认识到勇敢对限制欲求的要求是合理的，他就必定也会看重灵魂的秩序，后者既来自勇敢，也来自节制（504d1—3，505b1—11，506d2—507a2）。

苏格拉底现在可以回应卡里克勒斯的看法，即涉及他人的正义对我们来说是坏的，因为它干扰了我们最大限度地扩展和满足欲求。苏格拉底论证，有关习俗正义的这个事实并不是谴责它的理由，而是倡导它
109 的理由；因为理性和非理性的欲求的本性令我们确信，对欲求做某些限制符合我们的利益。既然正义通过要求我们抑制某些非理性的欲求而干扰我们的欲求扩展，那么它就是有益的而不是有害的。

这就是《高尔吉亚》主要的伦理论证的结尾。它很有说服力地论证了一个重要的结果，即卡里克勒斯用来假定正义的人因为正义而受到伤害的理由，并不是一个足够好的理由；因为苏格拉底表明，卡里克勒斯无法坚持他对正义的批判而不承诺某种版本的快乐主义，后者则破坏了他自己关于有美德的行动者的观念。如果苏格拉底已经充分表明了这一点，那么他就表明，他拒绝牺牲正义以换取其他表面的善，这并不像一开始看起来的那样，是一个明显的错误。波路斯和卡里克勒斯已经试图解释苏格拉底的立场有何错误，但他们未能表明该立场有任何错误的地方。

正如苏格拉底所说，他的对手最终承诺了某种荒谬的立场（509a4—7），而他自己的立场则始终毫发未损：

> 这些事物先前对我们来说显得真实，在之前的论证里，它们都得到坚定的主张并受到约束，所以我说——即使这样说有点不太礼貌——主张和约束它们的是严酷而坚定的论证；因此至少目前看来是这样。（508e6—509a2）

“显得”是指与波路斯论争的结论，但是“得到坚定的主张并受到约束”指的是与卡里克勒斯的论争所提供的确证。[35]

然而，要在这个意义上同意苏格拉底，并不是要接受他的所有结论。因为他所说的就好像他已经论证了某些东西，而我们从他的明确论证中得出的结论并不包括这些。他声称，已经证明了自己关于“正义对幸福而言是充分的”这一观点是正确的，但是他所论证的实际上只是卡里克勒斯有关“正义与幸福不相容”的主张是错的。

苏格拉底在《高尔吉亚》中所说的是否足以允许我们提供进一步的论证，以支持他有关正义和幸福的更强的观点？要回答这个问题，我们就必须更加仔细地审视其幸福论的某些方面。 110

35 对“显得”（phanenta 的过去体）和“得到坚定的主张并受到约束”（katechetai 的现在体和 dedetai 的完成体）之间的这个关键区分加以明确标注的有：Cope（1883）；Woodhead（1953）；Schleiermacher（1977）；Canto（1987）。模糊化这个区分的有 Croiset and Bodin（1923）；Robin（1950）；Kahn（1983），第 87 页。

第八章

《高尔吉亚》的含义

77. 定量的快乐主义

苏格拉底对正义的论证立足于对幸福的主张。他拒绝了卡里克勒斯的扩展式观念，将之描述为一种快乐主义的观点，而且他通过诉诸一种调适性的幸福观念来提出反对卡里克勒斯的论证。要评价苏格拉底的论证是否成功，我们就需要审视他关于幸福的观点。

首先，《高尔吉亚》中出现了一些关于如何处理快乐的问题，尤其是它和《普罗塔戈拉》的快乐主义之间的联系。[1] 卡里克勒斯确认快乐与善相等同，而苏格拉底否认了这一点。《普罗塔戈拉》中接受的这个论题，与《高尔吉亚》中苏格拉底所拒绝的论题，是用完全一样的语言表达的（*Pr.*，354e8—355a2，355b3—c1；*G.*，495d2—5）。柏拉图的意思是不是普罗塔戈拉的快乐主义要求接受卡里克勒斯关于幸福的结论呢？

1　对《高尔吉亚》和《普罗塔戈拉》中的快乐主义学说的比较，参见 Gosling and Taylor（1982），第 70—75 页；Kahn（1988），第 72—73 页，第 93—95 页；Rudebusch（1989），第 37—38 页。

我们已然有理由相信,《普罗塔戈拉》中的快乐主义表达了柏拉图自己的观点,并非仅仅为了论证的需要而设定。如果《高尔吉亚》实际上拒绝了这种快乐主义的学说,那么柏拉图就明显改变了他对快乐主义的想法,而我们应当找到某种理由去解释这种改变。

然而,我们或许不应当假设,《高尔吉亚》中拒绝的快乐主义学说实际上与《普罗塔戈拉》中的学说就是同一个。《普罗塔戈拉》看来考虑了苏格拉底对卡里克勒斯的反驳;因为它坚持认为,对快乐的评估不仅要考虑一时的快乐,也要考虑一个人整个生命中最大化的快乐。就这种对长期规划的强调而言,《普罗塔戈拉》的"度量科学"似乎表达了对理性审慎的同一个承诺,苏格拉底用它驳倒了卡里克勒斯的快乐主义。

在将快乐等同于善的时候,卡里克勒斯声称,在一切快乐的方面不加限制地放纵,无论怎样都会构成一个人的善。这个主张可能表明,他已经忘记了快乐是按照一个人的整个一生来评价的。即使我们承认,懦弱的人具有更多的短期快乐,我们还是可以论证,勇敢的人有更多的总体上的快乐。这就是为什么《普罗塔戈拉》认为,最 111
大化快乐的生活要求勇敢和节制。

这足以表明,《普罗塔戈拉》中伦理立场的捍卫者不会同意卡里克勒斯。然而,这还不足以表明,他们有资格不同意卡里克勒斯;因为我们还必须追问,他们是否有资格声称,在一种严格的快乐主义的立场上,勇敢的人比懦弱的人获得更多的长期快乐。这恰恰是苏格拉底在《高尔吉亚》中提出的问题。

苏格拉底的论证想要表明,懦弱者至少获得和勇敢者一样多的快乐(497c8—499b3),一旦快乐主义者区分了一时的快乐和长达一生的快乐,苏格拉底的这个论证是不是就会崩塌?苏格拉底隐含地挑战了这个快乐主义的回答。他评论说,当敌人长驱直入时,懦弱的人感受到更多的痛苦,而当敌人撤退时,他们感到更大的快乐(498b2—7);当危险过去,来自恐惧的痛苦就使解脱的快乐增强。

现在,卡里克勒斯已经同意,如果我们在非常饥饿的时候吃东西,我们就会比在不太饿的时候吃东西感到更大的快乐;既然懦弱的人远比勇敢的人更害怕危险,那么如果危及他的恶远去,他就会更加快乐。

不仅如此,如果懦弱者的懦弱使他在未来面对更大的危险,那他就可以期待获得更大的快乐,只要他足够幸运能避免危及他的恶。当然,他也可能不够走运,但是从一个纯粹快乐主义者的角度来看,他的处境是不是比勇敢的人更糟,这一点并不确切。因为,即使勇敢的人能够在某些未来的痛苦面前保障自身的安全(这又是不确定的),他也是既将自己暴露在痛苦面前(而这是懦弱的人所避免的),同时又克制自己不去获得懦弱者所体会的强烈快乐,而当危险过去,懦弱的人是会松一口气的。

因此,卡里克勒斯很难否认,作为整体快乐最大化的方式来说,懦弱者的策略至少和勇敢者的策略一样好。苏格拉底论证的力量并不依赖于任何对一时快乐和一生快乐之间的差别所做出的不公正忽略;这样一来,这个论证就挑战了快乐主义的观点,后者为勇敢辩护,认为它是一生快乐最大化的最好策略。

这个论证揭示了用纯粹定量的快乐主义术语来阐明幸福的一个困难。在《普罗塔戈拉》中,苏格拉底模糊地暗示,如果我们过着充满痛苦的生活,那我们就不算过得好,而如果我们在走向生命尽头时"过得愉快"(*Pr.*,351b3—7),那我们就真是过得好。这个方案需要说得更加确切一些。不过,没有哪种更确切的构想看起来在整体上令人满意。坚持幸福的生活完全不包含任何痛苦,这是不现实的。另一方面,我们大概无从确保幸福,如果我们的生活包含的只是快乐超过痛苦的微小净盈余,而坚持这一点似乎有些多余(或许也是不可理喻地),即我们只有在达到一个人所能达到的最大快乐净盈余的时候才算幸福。

或许我们可以说,快乐的生活必须具有足够显著的快乐优势,才能整体上明显算作快乐。但是,这样似乎也隐含了一种可疑的幸福观点。我们是否愿意,比如说,去积累强烈的痛苦,并使这样的快乐足以产生对于痛苦的较大净盈余?还是说痛苦的绝对量值更重 112
要?这个问题是在一个很琐碎的情况下提出的,提问者是一个想要搔痒以获取挠痒痒的快乐的人;还有一次,这个问题是在一种较为重要的情况下,由一个想要承受更大痛苦以换取更强烈快乐的懦弱者提出来的。《高尔吉亚》中的这一论证向我们表明,当我们试图用快乐主义的术语来构造这种恰好定量的幸福观念时,我们也可能会感到好奇:一种定量的幸福观念是不是完全可行。

同一个论证也挑战了《普罗塔戈拉》中的认识论快乐主义。认识论层面的快乐主义不仅声称,某种东西是令人愉快的,当且仅当它是善的;而且还声称,我们相信善就是愉快,我们因此相信,某种东西是善的,正是因为就此而言它是令人愉快的。在《高尔吉亚》中,苏格拉底暗示,如果我们只是想要将快乐最大化,那么懦弱者至少可以为懦弱提出一个理由,这与勇敢者为勇敢提出的理由一样好。

78. 快乐与善

为了回应苏格拉底的反驳,卡里克勒斯设法将好的快乐从坏的快乐中区分出来,并声称勇敢者的快乐比懦弱者的快乐更好(499b4—d3;与 *Pr.*,351c2—e7 形成对照)。《普罗塔戈拉》表明,一个快乐主义者可能会用何种方式去把好快乐和坏快乐之间的差别,降低为总体上更多和更少的快乐之间的差别。不过令人怀疑的是,这种降低方式是否立足于一种可行的、关乎快乐本性的观点。

在《普罗塔戈拉》中,苏格拉底重点讨论了一些例子,其中我们可以合理地假定,我们可以通过放弃某些短期的东西,而在长期过程中获得更多同样的东西;我们忍受牙痛是因为牙痛完全类似于我们补牙时所遭受的那种痛苦,忍受它使我们容易得出结论,我们现在(补牙的时候)忍受一点痛苦是为了避免将来更多地遭受同一种痛苦。既然我们可以假设,在损失的快乐和得到的快乐中存在某种一致性,那就很容易看出,我们何以能够认为,我们得到或损失了同样的东西。

然而,并非所有对善和恶的比较都容易通过这些纯粹定量的术语加以理解。懦弱者愿意忍受坏名声和长期危险的痛苦,是为了获得从危险中解脱的快乐。卡里克勒斯所说的不节制的人是如此偏爱过分的身体快乐,以至于他愿意把正义和节制的要求放在一边不予理会,这是否意味着他最终只能获得少量自己所追求的快乐?或许正义的人从“做正义的人”这件事情上获得如此大的快乐,这样他们就会发现,为了那些对不节制的人来说有吸引力的快乐而破坏正义,是令人无法忍受的。但是,难道不节制的人就不能比较自己的快乐和正义之人的快乐,并做出同样的评价吗?我们还不清楚,一种纯粹定量的比较如何能够解释不节制之人和节制之人之间的不一致,而且苏格拉底并未说明,一个快乐主义者如何处理这些情况。[2]

113 我们可以论证,懦弱者的快乐是坏的,因为一个人不应当对于从直接的危险中解脱而感到快乐,也不该在想到将来的危险时几乎不觉得烦恼。或者我们也可以论证,勇敢者的快乐来自理性能动性(agency)的施展,而不是被动地等着从痛苦的感觉中解脱。每一个论证都给了我们理由去赞同勇敢者的判断,但是二者都抛弃了认识论的快乐主义。如果懦弱者的价值决定了他们的快乐,而勇敢者的价值也决定了他们的快乐,那我们就无法依据某种对快乐的独立计算来判断谁是对的。正如苏格拉底所说,我们必须将善作为我们的目的,并为了善去选择快乐的事物,而不是相反(500a2—4)。在确

2 有人认为,从不同类型的行动中获得的快乐在质上有所不同,这可能是普罗狄科的区分的基础,*Pr.*,337c1—4,358a6—b2 提到了这一点[参见 Taylor(1991),第 137—138 页]。像往常一样(在苏格拉底对话中;与本书第九章注释 29 以及第 100 节形成对照),苏格拉底暗示普罗狄科的区分并不具有启发性。

信我们必须追求的目的是善而不是快乐时，苏格拉底拒绝了在认识论层面快乐相对于善的优先性。

如果这是理解这两部对话的正确方式，那么《普罗塔戈拉》并没有捍卫一种复杂版本的快乐主义，而这种快乐主义避免了《高尔吉亚》中提出的反驳。相反，《高尔吉亚》中反对快乐主义的论证恰恰对《普罗塔戈拉》中所捍卫的认识论快乐主义提出了某些严重的挑战。的确，《高尔吉亚》中提出的反驳所具有的力量或许会使我们想要知道，柏拉图在《普罗塔戈拉》中是否严肃地倾向于快乐主义的学说。难道没有可能是这些困难对他形成了冲击，而且它们证明了他对快乐主义的接受？我们无法反驳这个方案，但是《普罗塔戈拉》本身看起来并不支持它，因为柏拉图并没有表现出任何相对的怀疑或犹豫。我们最好得出结论，《高尔吉亚》表达了柏拉图关于快乐主义的进一步想法。

79. 灵魂的秩序

在解释理性审慎的重要性时，苏格拉底声称，幸福要求人的灵魂中具有理性秩序。在他看来，有美德的人必定是“自我控制的”（491d11）。关于自我控制的这场谈话表明，还有另一个与《普罗塔戈拉》的道德心理学相关的表面冲突。在《普罗塔戈拉》中，苏格拉底论证，通常被人们归于缺少自我控制的这些后果其实是对善无知的后果。如果这是真的，那么我们所有的欲求就聚焦于善，而如果我们发现了什么是对我们而言的善，那么任何欲求都不能转移我们对善的追求。然而，在《高尔吉亚》中，苏格拉底识别出灵魂有两个部分，并说其中一个部分由欲望构成，而这些欲望使它难以驾驭且无法满足（493b1—2）。如果他是在严格意义上这么说，那他就拒绝了苏格拉底对话的心理幸福论特征。回顾一下《普罗塔戈拉》是有益的，因为这部对话提供了一个论证，它基于认识论的快乐主义，而幸福论者声称,这在短篇对话中是未经论证就提出的假设。有什么理由会导致柏拉图去质疑这一论证呢?

关于不自制的信念与苏格拉底式的心理幸福论相冲突。苏格拉底假设,幸福提供了一个自我解释的目的,而且其他所有目的都必须按照幸福加以解释。但是,如果不自制是可能的,这种关于解
114 释的幸福论观点就是假的。根据常识,我们可以知道,对我们来说不要逃离危险会比较好,但我们还是逃跑了,因为我们被恐惧"压倒",就像我们所说的那样(*Pr.*,352b5—c2)。如果常识是正确的,诉诸"压倒"就提供了一种不涉及幸福的充分解释。苏格拉底不应简单地诉诸心理幸福论来回答这个常识观点;这种诉诸心理幸福论的方案是未经证明的,因为常识观点对幸福论的真实性提出了挑战。[3]

在《普罗塔戈拉》中,苏格拉底认识到,他不能仅仅诉诸幸福论;因为他引入快乐主义恰恰是为了令人确信,一个人若相信我们有时候选择我们认为最快乐的东西,而不是我们认为最好的东西,他就可能会拒绝幸福论。在这种情况下,一个相信不自制的人将"A 选择 y 而不是 x,是因为 A 被 y 的快乐压倒"理解为"A 选择 y 而不是 x,是因为 A 相信 y 比 x 更令人愉快"(*Pr.*,355a5—e4)。苏格拉底能够这样去解释多数人的想法,因为他确保他们同意以下原则,即我们选择 y 而不是 x,是因为我们相信 y 在总体上比 x 更令人愉快。[4] 这个原则紧跟着其他那些为多数人所接受的选择原则。于是,他的论证就不是用未经证明的假定与多数人进行辩论,因为他们接受了他的提议,即我们总是选择我们相信的总体上最令人愉快的事物。

然而,我们并不清楚,是不是每一个相信不自制的人都必须跟

---

3 关于苏格拉底式的幸福论和不自制,参见 Vlastos(1969a),第 83—88 页;Santas(1979),第 209 页(诉诸 *G.*,468c 和 *M.*,77b—78b);Zeyl(1980),第 262 页。关于 *M.*,77b—78b,参见本书第 98 节。

4 这是苏格拉底的论证中的步骤(2a),参见本书第 58 节。

从多数人接受“被快乐压倒”的解释，这个解释假设我们总是追求我们认为的总体上最令人快乐的东西。即使我们接受快乐主义作为关于善的一种论述，我们也不必同意，我们在所有的选择中都追求总体上的快乐最大化，因为我们不需要同意，我们总是追求总体上的善。苏格拉底劝说多数人同意，我们总是追求总体上的快乐，方式就是表明，他们将快乐作为善来追求（354c4）。但是，他的建议对于一个相信不自制的人而言，看起来应该不是可行的。如果我假定自己被愤怒压倒了，我就不需要假定，我相信现在复仇所产生的总体上的快乐会比我忍住怒气而获得的快乐更大。我可以承认，不自制的行动过程既是总体上更坏的，也是总体上更少令人快乐的，但我还是会觉得它足以吸引我去追求它。

如果是这样，那么苏格拉底就没有驳倒这个观点，即不自制的人受到了一些事物的吸引，而他们认为这些事物既在总体上更糟，同时又不如其他选择在总体上令人愉快。另一种表达这个反驳的方式则是说，吸引和推动我们的事物是取决于其他东西，而不是取决于我们对总体价值的判断（不论我们如何判断总体价值）。[5]

苏格拉底如果能够假设，我们总是选择我们最看重的东西，那他也就能够拒绝这个关于不自制的观点。而如果他可以假设心理上的幸福论，那他也就能够假设这一点。但是假定的心理幸福论是有待证明的，因为不自制的表面真实是心理幸福论的一个表面上的反例。如果我们并不依赖于心理幸福论，那么（从《普罗塔戈拉》的

5 以下学者提出了这条反驳的路线：Santas（1979），第 209—214 页；Taylor（1991），第 180 页，第 188—189 页。然而，Taylor 的意思是，不自制仅仅在一个对当下和直接事物的无理性偏好中才能展现出来。Davidson（1969，第 30 页）则表明了为什么这是一个过窄的观念。苏格拉底从更高的价值转向更强的吸引力，这得到了以下学者的辩护：Nussbaum（1984），第 112—113 页；Nussbaum（1986），第 115—116 页；以及 Rudebusch（1989），第 29—30 页。Wiggins（1978，第 257 页）描述了一个从更高的价值到更强吸引力的论证，但是并不支持该论证。

所有论述来看),我们为什么应该假设,我们总是选择自己最看重的东西,这就是不清楚的。

快乐主义在苏格拉底的论证中是重要的,因为它允许苏格拉底
115 拒绝不自制的可能性,而不必诉诸任何有待证明的幸福论前提。然而,他所诉诸的关于选择的原则是对很多同样类型的怀疑开放的,它可能会使一个人根据不自制的表面例子而拒绝幸福论。这样的话,诉诸快乐主义来反对某些怀疑似乎就并非在逻辑论证上有效,而这些怀疑关系到苏格拉底想要消除的那种幸福论。

80.《高尔吉亚》中的苏格拉底式幸福论

关于《高尔吉亚》对快乐主义的处理,如果我们的论述是正确的,那么柏拉图就有了一个充分的理由去重新思考《普罗塔戈拉》所提供的反对不自制的论证,因为他拒绝了该论证中关键的快乐主义前提。更难判断的是,他是否看到,即使快乐主义被接受,这个论证也是不成立的。不管怎么说,他有关自我控制和灵魂的非理性部分的观点给了我们某种理由来假定,他对幸福论者拒绝不自制的可能性有所怀疑。这些相同的疑虑可以解释,为什么《高尔吉亚》没有明确地将美德等同于知识。[6]

相信不自制可能存在的信念,为反对卡里克勒斯的论证提供了进一步的要点。苏格拉底似乎论证了,正义和健康是类似的,因为两者都要求对可能相互冲突的元素加以有序安排,而且欲求的多样性意味着灵魂中潜在地存在相互冲突的元素(504a7—d3,505a2—b12)。灵魂内部冲突的可能性,以及由此而来的对灵魂秩序的需要,就为卡里克勒斯对勇敢的偏好提供了辩护。忽略那些能够确保灵魂中理性元素对非理性元素居于统治地位的美德,也就是忽略了

6 参见 Kahn(1988),第 89—90 页。

理性能动性的条件。[7]

然而，如果《高尔吉亚》在某些时候拒绝了心理幸福论，那就会产生一个严重的困难；它似乎也确认了心理幸福论的观点，即所有欲求都聚焦于善（467—468）。这个观点在苏格拉底反对高尔吉亚和波路斯的论证中扮演了一个重要角色；在对话的那些部分它绝不会遭受质疑，即使苏格拉底的其他某些前提受到了质疑。如果苏格拉底后来在这部对话中拒绝了幸福论的主张，那么《高尔吉亚》在这个重大问题上就是内部不一致的。

如果我们决心避免在这部对话中发现这种不一致，那我们就可以认为，苏格拉底的意思是，一个无知的人具有无法满足的欲求，为了他自己的善就必须阻止他去满足这些欲求。但是（根据这个观点），一旦他了解到对他来说什么是真正的善，那些无法满足的欲求就会消失，也就不需要对其加以进一步的限制。根据这种对灵魂秩序的评论所做的幸福论阐释，《高尔吉亚》与那些短篇对话不同，因为它认识到某些欲求的过分满足实际上会导致我们对于自己的长期利益不加考虑。但是苏格拉底仍然相信（按照这种观点），一旦我们注意到这些欲求的这一特性，我们就不会再受到诱惑去过分地满足它们。[8]

我们很难判断，柏拉图是否意在拒绝心理幸福论。如果他承认不自制，并由此拒绝心理幸福论，那他就进一步说明并强调了关于灵魂秩序的主张。如果一致性的问题不出现，那么这就是一个更好的阐释。但是，幸福论的阐释不能被排除。 116

即使柏拉图意图拒绝幸福论并承认不自制的可能性，但是表面看来，他没有提出一个能够捍卫其立场的有关欲求的论述。在反思本性和理性能动性的重要性时，他提出，并非所有欲求都以同样的方式与理性能动性相关，但是他并没有充分地发展这个观点。

---

7 Olympiodorus，174.23—25 或许提出了这一阐释。

8 对这个阐释的捍卫参见 Cooper（1982），第 580—585 页。

81. 适应性的幸福观

既然柏拉图关于理性能动性的观点向他表明，快乐主义的幸福观念是错的，那么他指出，什么样的幸福观念切合于一个有关理性审慎之本性和重要性的恰当论述，这就是合理的。苏格拉底提出了一种适应性的幸福观念，它与卡里克勒斯的扩展性幸福观念相反。我们为什么应该接受这种适应性的观念？

苏格拉底提出，卡里克勒斯的扩展性的幸福观点基于一种困惑。我们或许会受到诱惑去同意卡里克勒斯，如果我们就像苏格拉底一样，相信幸福在于对欲求的满足；而且我们还要与苏格拉底相反，假设对某些欲求所要求的水平必须被看成是理所当然的。根据这个观点，如果我缺少所需的资源去满足我的欲求，或者如果坏运气妨碍了它们的实现，那我就缺乏幸福，因为我使自己的欲求落空。根据这个观点，我的幸福要素必须包括所有我满足自身欲求所需的东西；因此它们必须包括外在的善事物。

苏格拉底论证说，这个观点错误地假设，我的幸福需要我满足自己实际具有的欲求。如果我的欲求变得越来越大，那么按照这个观点，我就必须找到越来越多的资源去满足它们(494b6)。这样一种欲求和幸福的观点，忽略了欲求的可塑性与适应性。我们不会仅仅因为无法满足可能有或有过一次的、明显不可行的欲求，就必然认为自己不幸福。理性之人的反应会是放弃那些变得不可行的欲求；一旦他放弃这些欲求，它们无法得到满足的这个事实就不再导致自己不幸福。既然缺乏外在善不会导致我们损失幸福，那么它们对于幸福来说就不是必要的。

我们也可以反驳说，我们的欲求并不总是可塑的。即使我们认识到一种欲求不可行，我们还是可能保持它，这样我们就可能继续因它受挫而感到痛苦。苏格拉底可以回应这个反驳，只要我们承认不可行的欲求的持久存在对我们来说总是不好的。因为一旦我们意识到这种欲求对我们来说是不好的，它们就会消失（根据苏格拉底式的心理幸福论）。因此，对于那些知道持久存在的、无法满足的欲求对于自身不好的人来说，无法获得外在善对他们来说并不是坏事。

正如损失外在善这件事本身并不会导致不幸福一样，它们的存在本身也不会保证幸福。我们仍然可能误用它们；无论我们有多少外在善，我们仍然可能有这种过度的、无法实现的欲求得不到满足。无论是在有利的还是在并非有利的条件下，我们都需要可行的欲求。根据苏格拉底的论述，一旦具有这些欲求，我们就能通过满足自己的欲求来保证幸福。一个智慧的人将会看到，有了可行的欲求，他的境遇将会更好；如果外部条件的改变使得他的某些欲求变 117
得不可行，那他就会放弃它们。通过改变欲求以适应外部环境，无论环境是什么样的，他都能保证自己的幸福。

这种适应性的幸福观念并没有告诉我们，我们为了自身的幸福应当形成什么样的欲求。就像苏格拉底在《欧绪德谟》中（279a—c）所做的那样，这种观念是从关于值得追求之事物的常识观点展开的。它就如何调节、培养、消除和满足我们最初的欲求提出了建议，这样它们就能恰当地适应环境。如果自足要被等同于欲求的完全实现，那么调适我们的欲求以保证对它们的满足，这样做似乎就是合理的。

82. 智慧与幸福

这种适应性的幸福观念填补了短篇对话论证中的一个空白，因为这些对话令苏格拉底提出了关于如何获得幸福的主张，却没有提出任何明确的幸福观念。这种适应性的观念解释并支持了短篇对话中的某些观点。

在《欧绪德谟》中，苏格拉底同时主张两个观点：（1）外在善不是真的善（281e3—4），因为智慧是唯一真正的善；以及（2）在智慧的控制下，它们是比相反的方面“更大的善”（281d8）。第一个观点似乎是苏格拉底的确信所要求的，即美德对幸福而言是充分的。这个确信反过来得到了他要求对美德做出全心全意且毫无保留之承诺的支持。[9] 这个要求更容易理解，只要苏格拉底主张美德对幸福而言是充分的，但是《欧绪德谟》以及其他短篇对话并没有说明，什么样的幸福观念会支持这一关于美德的强主张。

一种适应性的幸福观念支持了苏格拉底的观点。根据这一观念，智慧的人知道，一种适应性的策略会保证幸福；这种智慧保障了他的幸福。如果美德就像苏格拉底所相信的，是对于善和恶的知识，那么美德对于幸福而言就是充分的。一个有美德的人已经看到，他的幸福要求自己具有灵活的、可行的欲求；他因此培养这些欲求而消除其他欲求，并由此保障了其欲求得到满足。他由此也就保障了自己的幸福，而且任何外在善的损失都不会威胁到他的幸福。既然美德令我们放弃那些不能实现的欲求，并让自己的欲求适应身处的环境，那么它们就工具性地构成了我们的幸福。在这一点上，就像在其他问题上一样，《高尔吉亚》澄清了苏格拉底的幸福观点，并由此澄清了他关于美德的某些观点。

83. 幸福与外在善

苏格拉底并没有简单地声称，智慧对幸福来说是充分的；他也声称，公认的外在善较之与其相反的事物而言更令人偏爱。[10] 适应性的幸福观念是否有助于说明这些主张是如何一致的？

118 苏格拉底在他提供给波路斯的一个清单中提到了各种外在善，它们也是常识观点所认可的善事物（467e4—6）。他说，自己既不

9 关于美德，参见本书第 41 节。

10 关于外在善的地位，参见本书第 40 节。

想行不义也不想遭受不义(469c1)。稍后他承认,具有反思意识的舵手会想要知道,自己将溺水的人救起来是令他们受益还是受害(511e6—512b2)。在这些段落里,苏格拉底只是就通常公认的善事物向他的对话者发问;论证并不需要基于他与对话者的一致同意,即都认为这些事物就是真正的善事物。这些段落因此就为那种认为他真正将外在善看作善事物的观点,提供了非常弱的证据。当苏格拉底说,他不希望遭受不义的时候,他避免说自己希望不要遭受不义。[11] 他没有理由希望受到不义的对待,因为这本身对他毫无益处。而且他依然可以这样说,即使不遭受不义对他来说也没有什么益处可言。[12]

然而,苏格拉底有时候似乎相信,拥有某些外在善比没有它们更有益。按照苏格拉底的说法,一个人如果被不义地杀害,他反而不如那个不义地杀人的人更悲惨、更可怜(469b3—6),而且行不义是比遭受不义更大的恶(509c6—7)。这些评论可以被认为是在暗示(尽管它们并没有严格地表明这一点),被不义地杀害是有某些可怜之处的,遭受不义也有某些糟糕的地方。至少苏格拉底似乎承认,不遭受不义和不做不义的事一样,都是有益处的(509c8—d2)。

如果这些段落是要暗示,外在善是真正的善,那么它们就与《申辩》中的表面建议相一致,即美德实际上产生财富和其他好的东西(*Ap.*,30b2—4)。[13] 但是这个提议似乎与苏格拉底的以下主张相冲突:美德对幸福而言是充分的,因此一个好人不可能受到伤害。因为如果没有什么东西不构成幸福而是善的,那么外在善如果是真正的善事物,就必须对一个有美德之人的幸福具有构成作用。但是,如果它们是善事物,那么失去它们就会伤害有美德的人,这就与苏

11 Kraut(1984,第38页及注释)与Vlastos(1991,第229页)对这个段落有不同解释。

12 这个论述也解释了*Ap.*,30c6—d5。

13 关于*Ap.*,30b2—4,参见本书第41节。

格拉底认为好人不会受伤害的观点相反。

如果苏格拉底在不同的关于善的标准之间做出决定，那他的某些主张就会清楚一点。可能他要么认为（1）x 对我来说是善的，当且仅当它对我的幸福来说是必要的；要么认为（2）x 对我来说是善的，当且仅当它令我感到比没有它的时候更加幸福；要么是（3）x 对我来说是善的，当且仅当它积极推进了我实现自身幸福的计划。既然他没有说自己所依靠的标准是什么，那么我们就不清楚，他在一个地方表面上否认外在善是善，这是否就真的否认了，他在另一个地方确信“外在善是真正的善事物”时所确信的东西。

如果苏格拉底接受一种适应性的幸福观念，那么他关于外在善的不同主张就可以得到阐释、澄清或修订，这样它们就可以相互一致。这种适应性的观念说得很清楚，这三个标准对于“哪些事物是善的”给出了不同的回答。有时候，“健康”这样的事物满足第三个标准而不满足另外两个标准，而“疾病”通常不会满足第三个标准。只有“智慧”才能满足全部三个标准。

这第三个标准有助于我们解释《欧绪德谟》中的一个主张，即
119 健康有时候是比疾病更大的善。[14] 如果智慧的人想要行动，他们常常会发现，如果自己是健康的，那么像自己所想的那样去行动，就比自己生病的时候去行动更加容易。如果我决定散步二十英里，而且我精力充沛，那我就能轻易做到这一点。但是如果我没这么健康，那我就需要更谨慎地计划出行。在这个意义上，健康积极地促进了我的计划，而疾病没有。尽管智慧的人根据他们所处的情境同时“利用”健康或疾病，但疾病仍是某种他们必须加以应对的情况，而不是能积极地帮助他们的事物。不过，苏格拉底提出，如果我明智地进行计划，我就在两种情况下都能到达我想要去的地方，因此整体上来说，我更健康时的处境并不比我不那么健康时的处境更好。

14 关于健康和疾病，参见本书第 40 节。

按照这个观点,健康本身并不是善的,因为在良好地使用健康这个方面,所谓善是来自健康的使用而不是健康本身;智慧的人对健康的使用与他们对疾病的使用都是同样地好,也同样能保障幸福。

那么,如果苏格拉底持有一种适应性的幸福论,他就有了某种理由承认,外在善是善(因为它们满足第三个标准),也就有了理由否认这一点(因为它们并不满足前两个标准)。如果苏格拉底并不确定这三个标准中哪些是正确的,或者如果他没有充分地区分它们,那我们就很容易看出,为什么他会倾向于既确认外在善是真正的善,同时又否认这一点。他对自己观点的陈述在某些方面是模糊的,而这个观点本身及其陈述中的含混之处,都是适应性的幸福观念所造成的可理解的结果。

84. 幸福、美德与正义

波路斯和卡里克勒斯否认关涉他人的正义会促进行动者的幸福。就像波路斯所看到的,正义的全部意义似乎都是要限制我在他人的利益中去追求自身利益。因此卡里克勒斯主张,正义的习俗规定来自弱小之人对强大之人的阴谋,后者能够捍卫自己去追求自身利益的主张(482e—484c)。强大之人拒绝关注他人的正义,是因为他相信,这种正义要求我们以与自身幸福相冲突的方式抑制我们的欲求。苏格拉底就这种对正义的反对做出了论证,其方式是表明,卡里克勒斯的幸福观念是错误的,尤其是他低估了理性秩序的重要性。

然而,如果苏格拉底要捍卫他所确认的强主张,即正义实际上对幸福来说是充分的,那就还需要更多论证(470e9—11,507b8—c7)。[15] 如果他持有一种适应性的幸福观念,那他能否捍卫这个关于

15 奥林匹奥多鲁斯(Olympiodorus)对这个论证的改写(178.21—179.3;184.11—19)暗示,苏格拉底主张的仅仅是幸福的人拥有美德,而不是相反。但是,他又认为苏格拉底在对话的前面部分提出了相反的观点(102.12—17)。

正义的强版本主张？

我会相信，幸福要求我做一个不义或者不节制的人，如果我想得到那些要由这些恶来保证的外在善的话。如果我偷盗，我就能得到钱，我想我需要它来满足自己的欲求；如果我不偷而是放弃了钱，那么表面看来我就失去了一些幸福所需要的东西。然而，适应性的
120 幸福观念暗示了这个论证是错的。如果我放弃了某种外在善，我就只需要调整我的欲求以适应新的环境，而不需要放弃任何幸福。

波路斯和卡里克勒斯对正义的反驳基于一种非适应性的幸福观念，它夸大了外在善的价值。如果我们看到美德对外在善不是充分的，并且相信外在善对幸福是必要的，那么我们就会否认美德对幸福而言是充分的。然而，如果我们接受适应性的幸福观念，我们就不能声称外在善对幸福来说是必要的；因此我们就必须同意，美德自身就是充分的。[16]

苏格拉底陈述这个论证的时候，并没有把适应性的幸福观念与"美德对幸福来说是充分的"这个结论联系起来。然而，他说得仿佛自己已经证明了这个结论，他也接受适应性的幸福观念，而且没有暗示其他论证来支持自己的结论。这是一个很好的理由去相信他接受了我们所给出的论证，因此也可以相信，他是认真地在主张适应性的幸福观念。

85. 如何对待对话者

现在我们已经审视了《高尔吉亚》的主要伦理论证，我们应当考虑这部对话为其他的苏格拉底对话添加了什么东西。苏格拉底着手表明，他的辩驳方法支持了他所确认的强版本的道德结论。他表明了这一点吗？

16　这就是奥林匹奥多鲁斯提出的论证（153.1—5）。

在短篇的苏格拉底对话中，对话者的角色似乎在于阻止他们的讨论以证明苏格拉底更具争议性的主张是对的；关键的步骤并没有表明，除了这个或那个特定的对话者之外，还对什么人提出了任何合理主张。苏格拉底和对话者被允许将关于美德的、有争议的假设看成理所当然的。他们在各种美德的名称上达成一致（*La.*，199d4—e3），都同意，有一种美德对行动者来说必定是美好的和有益的（*La.*，192c4—d8，193d4）。这些论证永远不会受到质疑，哪怕它们与其他关于美德的信念相冲突。

在《普罗塔戈拉》中，苏格拉底更不愿意将他的结论建立在与这个或那个对话者相一致的基础上；他认识到，他需要对这种基本的一致意见采取一种比短篇对话中更具自我批判性的态度。[17] 不过，这种自我批判并没有走得太远。尽管快乐主义既受到了挑战又得到了捍卫，它还是没有受到任何批判性的审视；而关键的假设也没有受到挑战，即每一种美德，就像通常所称谓的那样，都是美好的和有益的。

在《高尔吉亚》中，苏格拉底并非仅仅尝试不要依赖于特定对话者的一致意见。他还坚持认为，他想要与对话者之间达成真诚的一致；演说家引入证人是为了使一个人的判断发生非理性的动摇，与他们相反，苏格拉底想要的唯一证人就是对话者本人（471e—472c）。像平常一样，对话者必须接受这些结论，唯有当他们仍然坚持自己最初的一致意见（479c4—6，480a1—4，480e1—4），但是苏格拉底认为，他们有同等的机会可以收回或者重新考虑最初的一致意 121
见（457c—458e，461a4—b2；参见 *Pr.*，354e8—355a5）。

为了表明那些关键的和有争议的前提在没有充足理由的情况下都不能被视为理所当然，柏拉图采取了一个前期对话没有用到的步骤，并且引入了连续的对话者，他们对于前任对话者做出的让步又进行了挑战。在《普罗塔戈拉》中，苏格拉底考虑了第三方会说些

17 关于《普罗塔戈拉》中的辩驳法，参见本书第 65 节。

什么，以及他和普罗塔戈拉应该如何回应他们。在《高尔吉亚》中，柏拉图通过对话的各位参与者提出了不同观点。对卡里克勒斯观点的构造并不是为了对柏拉图自己有利，从而令苏格拉底能够轻易地驳倒它们；它们陈述了苏格拉底和柏拉图的同时代人严肃持有的观点，以及对于苏格拉底式伦理学做出的严肃反驳。在他选择对话者及其提出的观点时，柏拉图想要表明，他并没有对任何合理的反驳视而不见。

86. 辩驳法的建设性运用

柏拉图意在通过选择对话者来支持他的观点，即辩驳法达到正面的结果，并提供充足的理由让我们相信这些结果是真的。他在短篇对话中也提出了这个观点；《克里同》对辩驳法的建设性作用做出了最清楚的陈述，这样做也为《高尔吉亚》中的问题和论证提供了一个始点。[18] 没有一部短篇对话就苏格拉底如何能够支持这些观点做出说明。

然而，《高尔吉亚》试图支持这些观点。苏格拉底说，自己已经证明了他的结论是真的，而不只要是这个特定的对话者必须接受它们。在与波路斯争论的过程中，他声称，自己已经通过驳倒波路斯对其观点的反对而"证明了"（apodeiknunai）[19] 它们的真实性（*G.*，

---

18 关于《克里同》和《高尔吉亚》之间的类似关系，参见本书第 70 节，第 76 节，以及第七章，注释 21；Irwin（1979），第 5 页；Kahn（1988），第 74—75 页。

19 "证明"一词，在短篇的苏格拉底对话中很少出现。在 *Ap.*，20d2，它出现在一个法律语境中，当时苏格拉底提供证明以"表明"对他的指控是缺少事实根据的。希庇阿斯在 *HMi.*，367c3 也在这个意义上使用了这个词（参见 *Euthd.*，285e3，285e5）。苏格拉底在《普罗塔戈拉》中使用这个词是为了他在辩驳法中所做的工作，参见 354e6（"表明"），357b8—c1，以及 361b1（此处宜用"证明"）。在《高尔吉亚》中，这个术语既被用来指一般意义上的"表明"和"证明"（454a2，470d3），也特别用来指辩驳法（479e8）。苏格拉底提出辩驳法是为了提供一种证明（apodeixis），而他的对手当时无法提供证明（466e13，527a8—c2）。苏格拉底论及 apodeixis 的意愿表明，柏拉图对辩驳法所能获得的结果具有信心。

479e7,480e3)。他告诉卡里克勒斯,如果他们两人能够达成一致,那么他们的统一意见将会达至真理(487e6—7)。在为卡里克勒斯的反驳作结时,他声称已经通过不容置疑的论证而证明了自己的立场是真的;而且他支持自己的主张,方式是说明,尽管他不知道事情何以如此[20],但是没有人能因不同意他的立场而不变得荒谬(*G.*,508e6—509b1)。

最后这段话特别值得注意。苏格拉底在一连串的句子中都声称,他已经通过辩驳法证明了其观点的真理性,以及他不知道事情何以如此。接下来的评论表明,苏格拉底何以认为他的两个观点是一致的:通过表明任何不同意他的人都会走向荒谬,他就充分表明能够证明自己的立场,但是还不足以证明自己声称知道事情何以如此。苏格拉底这样将他确信的结论和他对知识的否认审慎地并置在一起,因此他就暗示,他经常否认知识并不是在否认积极的确信。[21]

---

20 当苏格拉底说“tauta ouk oida hopōs echei”(我不知道这些事情如何是这样的)的时候,他的意思是他不知道他声称已经证明的这些命题是不是真的。他并没有声称知道 hopōs echei(如何是这样),而是说他认为事情是以某种方式如此;tithēmi tauta houtōs echein(我认为这些事情是这样的),509a7—b1[参照紧接着的 ei de houtōs echei(如果这确实如此)]。在把 hopōs echei 和 houtōs echein 放在一起讲的时候,苏格拉底说得很清楚,他认为(tithēmi)是真的那些命题,正是那些他不知道是真的命题。这个解释与 Reeve(1989,第 52 页)的解释正好形成对照。

21 关于对知识的否认,参见本书第 16 节。521b4—7 是否暗示了苏格拉底认为他自己是善的,因而(既然美德要求知识)声称自己终究具有知识?(参见本书第五章,注释 19)苏格拉底并没有声称他是有美德的。在这个语境中,他是在追问卡里克勒斯是否敦促他“趋向”(epi)实行奉承或真正的政治技艺(521a2—7)。苏格拉底声称,如果他践行的是政治技艺,那么控告他的人就是一个正在控告好人的坏人(521b4—7)。如果他拥有政治技艺,他就拥有美德所需要的知识,但是他并不声称自己实际上拥有政治技艺。他声称的只是他“从事”(epicheirein)该技艺(521b5—7),而从事并不意味着拥有。因此,他也没有声称他实际上是有美德的。苏格拉底认识到他的处境在某些方面会类似于一个被厨子控告的医生(521e2—522a7),但是他并没有说他实际上拥有与医学知识相应的知识。与此形成对照的观点是 Vlastos(1991),第 240 页,注释 21。

柏拉图声称，自己已经证明其结论的部分原因，这从他对于对话者的选择中可以看得很清楚。然而这并不充分。对柏拉图来说，引入恰当的对话者是没有用的，如果他并不公正地让其论辩的话。如果苏格拉底是一个诡辩家，就像卡里克勒斯所相信的那样，那么
122 他在论辩中的成功就不构成理由以使人相信，该论证具有充分的说服力。根据卡里克勒斯，苏格拉底赢得论辩仅仅是因为，对话者并没有看穿苏格拉底用以迷惑他的诡辩伎俩；一旦我们看到对话者身上的这些限制，我们就不再会被吸引着去相信苏格拉底的结论（482c4—e2，489b7—c1）。[22]

波路斯和卡里克勒斯批判苏格拉底不仅仅是因为他的诡辩伎俩，也是因为他善于操纵对话者对“羞耻”或“尴尬”的感觉（aischunē，461b3—e4，482d2—e2）。如果我们已经正确地描述了苏格拉底式辩驳法的方法，那么苏格拉底诉诸其对话者具有羞耻感的时机，这就既不令人惊讶，也不会显得不合理了。因为他诉诸的不仅仅是他们对一致性的意识，而且还有他们的道德判断；既然羞耻和厌恶的感觉常常反映我们的道德反应和道德判断，它们就可以充当一个好的引导者，引出与苏格拉底的问题相关的答案。苏格拉底提议说，一个像拉凯斯那样的人当然会把勇敢看成美好的，而拉凯斯强烈地同意这一点（192c5—7）；他显然会觉得否认“勇敢是美好的”十分令人震惊，而他的观点，即这是令人震惊且感到羞耻的，会合理地引导他去回答苏格拉底的问题。另一方面，羞耻感是可以被误导的。拉凯斯认为，尼西亚斯拒绝通常观点，即人们可以是勇敢的而不需要智慧，这是“鲁莽”（daring）或“冒失”（presumptuous）的，因为他是在拒绝承认这些人应该获得荣誉（*La.*，197a1—5，197c2—4）。在这个例子中，尼西亚斯没有对其观点给常识造成的明显冒犯感到震惊，他是正确的。

22　关于诡辩，参见本书第 11 节。

对话者羞耻心的不可靠或许解释了,为什么《普罗塔戈拉》与短篇对话相反,它避免诉诸羞耻感。普罗塔戈拉声称,从他自己的利益来看,如果他说一个人能够既是节制的又是不义的,或承认知识是可以被抑制的,那他会感到羞耻(333c1—3,352c8—d3)。但是在这两种情况下,苏格拉底都拒绝依赖于普罗塔戈拉的羞耻感,并且坚持讨论那些不像普罗塔戈拉这样良心不安之人的观点。他并不同意普罗塔戈拉在两种情况下做出的结论,但是他不想依赖于羞耻感,不想将其作为唯一的支持。

于是,《高尔吉亚》避免诉诸羞耻就是合理的。苏格拉底并不是在说,在考虑他提出的某些问题时,被羞耻感打动是不好的,但是他并不想独立地诉诸羞耻感。如果有人挑战羞耻感在某个特定情形下的适切性,那么诉诸某种仅仅立足于特定对话者的羞耻感的承认就没多大用处。出于这个原因,与卡里克勒斯的讨论就刻意避免诉诸任何人的羞耻感(494c4—495c2)。[23] 苏格拉底并未允许卡里克勒斯通过诉诸羞耻来逃避其立场引发的后果,但是他要求卡里克勒斯承认,后者真心地赞同其主张的后果,即善和快乐是同样的。[24] 就像某位古代评注者所说,被驳倒的是卡里克勒斯的观点,而不仅仅是他的断言。[25]

苏格拉底在对卡里克勒斯所做的一个重要评论中,陈述了他关于羞耻和真理的结论:“最终表明,你认为波路斯出于羞耻而向我让步的这些事情是真的…… ;而且最后表明,任何一个要正确地运用

23 在494e7—8,卡里克勒斯确实试图通过无关痛痒地诉诸苏格拉底的羞耻感,以躲避其立场所蕴含的意义。

24 Olympiodorus(156.29—157.8)论证说,苏格拉底并不允许卡里克勒斯避免诉诸羞耻,因为这会妨碍他看到其立场的后果(ouk anechetai aischunthēnai hōs eidōs hoti estin hote blaptei,156.30—31)。相反的观点见Kahn(1983),第106页[相关讨论见Irwin(1986),第72页及注释];McKim(1988),第41页。

25 参见Olympiodorus,158.21—22:hē gar prohairesis elenchetai, ou to legomenon[因为是这个选择被驳倒,而不是这个说法(被驳倒)]。

123 修辞术的人都必须是正义的……,而波路斯反过来说高尔吉亚已经出于羞耻感而做出了让步。”(508b7—c3)波路斯宣称,高尔吉亚已经过于羞耻而无法说明他真正相信的是什么,因此没有真诚地回答苏格拉底(461b3—c4)。卡里克勒斯声称波路斯也是一样(482c4—e2),因为“他耻于说出自己是怎么想的”(482e2)。此前苏格拉底已经同意,高尔吉亚和波路斯都因为他的问题而感到羞耻(494d2—4);在我们当前的章节中,他既不拥护也不拒绝这个主张,即他们在回答他的问题时都不真诚。但是苏格拉底坚定地拒绝了这个提议,即只有羞耻才能解释他们的回答;他论证说,事实上,除了羞耻感,他们都有很充足的理由同意他的观点。[26] 与卡里克勒斯的论争旨在表明,即使诉诸羞耻感的方法被搁置一旁,对话者依然有很充足的理由同意苏格拉底。[27]

于是,卡里克勒斯不得不赞同那些他认为高尔吉亚和波路斯已经接受的结论,因为羞耻感事实上已经被证明是真的(508a8—c3)。柏拉图已经试着向读者保证,这部对话的结论不可能由于对话者过分同情苏格拉底的立场而受到攻击,也不可能由于苏格拉底使用诡辩策略或他利用对话者的羞耻感而受到攻击。苏格拉底式的对话保持着它的特点,它是两个人物之间的偶遇,而不是对某种理论的系统阐述。但是柏拉图设法向我们保证,对话的这个特性不会使我们丧失充足的理由去相信这个论证的结论为真。相反,柏拉图设法表明,这个论证可以战胜卡里克勒斯的反驳,它给了我们充足理由去严肃地看待它的结论。

那么,柏拉图所依赖的基础是什么呢?我们为什么要假定,除了诉诸特定的对话者,卡里克勒斯所接受的观点还具有某些理性诉

26 参见 Olympiodorus,179.21—26,183.25—29。相对照的解释参见 Kahn(1983),第 79 页。

27 对《高尔吉亚》中羞耻的不同方面的讨论,参见 Race(1979);McKim(1988),第 40—43 页。

求？苏格拉底不承认有能力找到那种乍听之下就立刻令多数人信服的论证，但是他说，“我知道如何令一个人为我所说的作见证，这个人就是我同他一起进行讨论的那个人”（474a5—6）。当他声称知道如何令一个对话者同意自己的时候，苏格拉底并没有声称在论辩策略方面具有任何特殊技巧；如果这些技巧对于达成一致来说责任重大，那么我们就没有理由相信，苏格拉底的观点已经被证明为真。他必定是指，他的道德立场会令任何理性的对话者信服，他们对其优点加以审视，而且不会因其最初看上去的悖论而分心。要看到苏格拉底是否能够这样说，我们就必须考虑其道德论证的特点与结果。

87.《高尔吉亚》对苏格拉底式道德理论的贡献

《高尔吉亚》不只是断言正义具有最高的价值，并为苏格拉底的主张给出某种确定的论证。它是说给那种从未在短篇对话中出现的对手的：这位对手强烈地反对苏格拉底的核心道德主张，特别是对他有关公认美德之价值的观点予以拒绝。这种对手在前期对话中并没有发出声音；比如说，《卡尔米德》就没有质疑节制的价值，正像卡里克勒斯所做的那样，尽管引入卡尔米德和克里底亚作为对 124
话者本来就会使这成为一个高度相关的问题。在《高尔吉亚》中，苏格拉底放弃了他在短篇对话中所遵循的旨在激进批判的间接策略。他捍卫这些可以支持其使用辩驳法的主导原则。尤其是，他捍卫了以下观点，即每一种美德必定既是美好的也是对行动者有益的。他没有假设我们将关涉他人的正义看作一种美德，而是使用了一位对涉及他人的正义采取拒绝态度的对话者，而且他试图解释，为什么这样一位对话者必定也拒绝理性的审慎。

苏格拉底对勇敢的论证解释了，为什么他相信，与卡里克勒斯的这个论证支持了一些结论，后者的合理主张是关乎一切理性行动者的,而不仅仅是针对某个具有卡里克勒斯这样特定特征的人。苏格拉底提出,如果卡里克勒斯不否认懦弱者寻求最大化快乐的方式,那他就完全不能支持理性的审慎,而是必定拒绝他明确赋予果敢(resoluteness)和理性计划的价值。理性计划被赋予的这种价值可以通过诉诸一种适应性的幸福观点而得到解释,由此,苏格拉底捍卫了美德对于幸福而言所具有的充分性。

当柏拉图把焦点集中于理性的审慎时,他识别出了一种可能的基础来支持每一个理性行动者都不得不认真对待的论证。在此,《高尔吉亚》对苏格拉底式方法的处理和对苏格拉底伦理学的处理互相强化。我们可以说,柏拉图意识到了辩驳论证应当取得那些极度反对苏格拉底之人的一致意见,而且一旦他看到这一点,他就会提出那种应当使这些人信服的论证方案。或者我们还可以说,柏拉图了解如何捍卫苏格拉底关于正义的观点,一旦他了解到这一点,他就看到了自己如何能够成功地与习俗道德的批评者进行辩论。或许这两种说法都不是很确切;柏拉图可能同时采取了两种步骤,而没有区分先后。在任何情况下,他都提出了一种伦理理论,对于那些可能完全不会为短篇对话所提供的这种论证撼动的人来说,这个理论有其合理的主张。

这个论证说明了为什么苏格拉底相信,他能说服所有诚实且有能力参与辩驳法的理性对话者,使他们相信苏格拉底有关正义和节制的观点是正确的。他暗示说,一个理性的对话者必定具备理性的行动者所具有的特点,而这样的行动者会从美德中受益。要能胜任这样的辩驳法,我们就必须能够以正确的方式修改自己的信念,这样才能保持那些更重要的信念,并抛弃那些与前者相冲突的、不那么重要的信念。为了就相对的意义做出评价,我们必须能够区分我们有好的理由予以坚持的信念,以及那些我们此时此地碰巧特别喜欢的信念。我们可能对于(比如说)拉凯斯最初关于勇气的主张所具有的真理性极有信心,但是如果我们被这种草率的信心所引导,我们就会放弃某些信念，而进一步的考虑会表明，它们与我们的其他信念之间具有更为广阔的联系。我们所需要的最低限度的才能，就是区分当前确信的强度和对于该确信的理性保证的能力，以及按其理性保证程度，而不是按其当前的强度来修改信念的能力。

苏格拉底提出，如果我们在各种信念之间做出了这一区分，我
们就必须在各种欲求之间做出同样的区分，而且我们必须更偏爱那 125
些理性保证程度更高的欲求，胜过那些当前更强烈的欲求。在拥护勇敢胜过懦弱的时候，卡里克勒斯含蓄地接受了欲求之间的这一区分；勇敢者按其关于“什么是最值得做的”信念行动，认为其逃脱危险的欲求在当下所具有的强度并不重要。苏格拉底论证说，若卡里克勒斯将这一态度普遍化，他就不能专断地将其限定于勇敢，他会看到这同样支持了对节制和正义的偏好。

如果这个论证是成功的，那它就支持了苏格拉底的确信，即他能够对任何理性的对话者都给出无法抗拒的理由去“见证”苏格拉底式立场的真理性。因为这个论证并不依赖于道德确信或偏好，有些人与苏格拉底共享这些确信或偏好，有些人则拒绝它们；它仅仅取决于理性对话者所必定具备的偏好。

这一野心勃勃的论证路线若要成功，条件是苏格拉底关于幸福的主张是可行的，而且他所得出的关于美德的结论也是有理据的。最好是推迟对这些问题的讨论，直到我们处理《理想国》，因为我们将会看到，柏拉图对《高尔吉亚》论证的更深层想法有助于解释《理想国》中道德理论的某些显著特性。[28] 不管怎么说，当柏拉图看到这样一种论证的可能性，他就超越了短篇苏格拉底对话中的抱负；要实行最初在《高尔吉亚》中提出的任务，《理想国》就是进一步的
尝试。 126

---

28 要了解柏拉图有关《高尔吉亚》的更深层想法，主要参见本书第 172 节，第 173 节。

第九章

苏格拉底方法与苏格拉底伦理学:《美诺》

88. 关于苏格拉底方法的问题

在早期对话中,苏格拉底依赖于辩驳法,但是人们通常没有解释为什么他相信自己可以依赖辩驳法。在《高尔吉亚》中,柏拉图有更明显的自我意识;他试图捍卫某些苏格拉底式探究的主导原则。在《美诺》中,他的自我意识更强;他审视了某些基本的假设,它们构成了苏格拉底的方法及美德观念的基础。

这部对话聚焦于知识,尤其聚焦于苏格拉底在早期对话中提出的两个有关知识的观点:(1)重要的是找到一种美德的定义,既然他不能给出这样的定义,他就缺乏对于美德的知识;(2)知识对于美德来说既是必要的也是充分的。《美诺》的第一部分审视了苏格拉底的第一个主张,第二部分审视了他的第二个主张。

在第一部分,柏拉图试图解释,一种苏格拉底式的定义是什么,以及为什么它与知识相关。在早期对话中,苏格拉底很轻易就做出假设,认为某些东西是美德,并且它们依赖于有关"美德必须是什么样的"假设,而这些假设是非常有争议的;然而他从未试图提出《美诺》中出现的一般问题来为这些假设辩护。[1] 在这部对话的第二部分,柏拉图考虑了某些将美德等同于知识的论证,并且表面上拒绝了它们。

我们可以合理地发问,同一种类的知识是否与上述每一个苏格拉底式的主张相关?第一个主张似乎是指理论知识,它关系到那个想要理解美德的人;第二个主张似乎是指实践知识,它关系到想要具有美德的人。然而,苏格拉底似乎假设,同一种知识同时与这两个主张都相关;因为他似乎将苏格拉底式探究之中的失败看成是缺乏美德的标志(*Ap.*, 29e3—30a2)。[2] 或许《美诺》被期待能澄清这个问题;要么柏拉图应当拒绝苏格拉底的表面假设,要么他就应当说明,为什么这个假设是有辩护的。 127

89. 探究与知识

当美诺问苏格拉底美德是否可教时,苏格拉底提出,一个雅典人会对此给出一个适度的回答:

> 陌生人,你似乎觉得我是某种有福的人;因为在你看来,我知道美德是不是某种可教的东西,以及它是如何产生的。但是事实上,我非但不知道它是可教的还是不可教的,我甚至完全不知道它究竟是什么。(71a3—7)

这种雅典式的谦虚对于像美诺这样的色萨利人来说应该是令人惊讶的。因为色萨利人习惯于听从高尔吉亚这样的人,他们回答

1　关于一般而言的美德,参见本书第 23 节。

2　关于苏格拉底式探究与美德,参见本书第 10 节。

像美诺提出的这种问题时“无畏又大方[3],就像一个人对那些具有知识的人所期待的一样”(70b7—8)。高尔吉亚对自己有能力回答人们提出的任何问题感到颇为自信;在《高尔吉亚》中,柏拉图将这种自信与苏格拉底否认自己具有知识做了对比(*G.*,447c—d)。《美诺》标示出同样的对比;苏格拉底不能给出这种自信的回答,“因为这等于宣称自己具有知识”。然而,苏格拉底在暗示这种谦虚是雅典人的特点时又太过慷慨;阿努图斯(Anytus)在这部对话中的行为表明,就像苏格拉底在《申辩》中所宣称的那样,苏格拉底是唯一认识到自己缺乏知识的人。

当苏格拉底否认具有任何关于美德的知识,美诺对此感到惊讶(71b9—c2),而苏格拉底会继续让他感到惊讶,因为他说自己从未见过有任何人知道美德是什么(71c3—4)。美诺问道,苏格拉底是否并不认为高尔吉亚知道美德是什么(71c5—7),但美诺明显是在假设高尔吉亚的确知道。对知识的要求在美诺这里并不是被迫的;他假设这个要求是合法的且容易满足。柏拉图暗示,苏格拉底和美诺心里必定是想着某种知识和单纯信念之间的区分;对这种区分逐步加以详细阐述是这部对话的一个任务。

苏格拉底公开表明,自己没有能力回答美诺的问题,因为他非但不知道美德是否可教,甚至不知道美德是什么;他假设,如果真对美德有所了解,那他就必定知道美德是什么。为支持这个假设,苏格拉底提出,如果自己不知道美诺是谁,那就不可能知道美诺是不是英俊、富有或出身优渥(71b1—8)。美诺并没有挑战苏格拉底的假设。他向苏格拉底保证,“不难说明”美德是什么(71e1),而且对于美德来说,说出它是什么“也没有什么困难可言”(72a2)[4]。

---

3 70b6 的“大方地”(magnificently)或许指的是高尔吉亚的回答中令人印象深刻的特点;他没有简单地回答这个问题,而是做了一番高蹈的演说。参见 Bluck(1961)的相关讨论;*Symp.*,199c6—7;*St.*,277b1—6。

4 72a2 的“没有困难”,在 80c8 又被重提。

迄今为止,美诺并不奇怪,苏格拉底还在寻找知识。也不奇怪苏格拉底认为,要知道“美德是否可教”先要知道“美德是什么”。他奇怪的仅仅是,在这些看起来相当容易的认知任务上,苏格拉底居然声称自己失败了。 128

90. 说明与定义

在早期对话中,对话者欣然同意去回答“它是什么”的问题(*La.*,190c6,190e4;参见 *HMa.*,286c8);他们一致认为,寻找某种对美德的说明是合理的。他们花费了更多的时间才认识到,苏格拉底式的定义才是正确的说明类型,这种定义对 F 给出了一个单一的描述,所有的事物 F 都根据它才成为 F。[5]在《美诺》中,柏拉图试图捍卫对苏格拉底式定义的需求。

有时候苏格拉底反驳说,对话者最初的说明还不够全面;他告诉拉凯斯和卡尔米德,除了他们提到的那些事物之外,还有很多类型的行动和人物也是勇敢的和节制的。类似地,苏格拉底批评了游叙弗伦,因为他只说出了“很多虔敬事物中的一两件”(*Eu.*,6d9—10)。然而,美诺的第一个回答就表明,对全面性的要求并不能为某种苏格拉底式的定义辩护。他提议说,完整地列举很多不同类型的有美德行动,这为美德给出了一个适当的、全面的说明,这样一来他就提到了各种资质、能力以及成就,它们使不同类别的人(男人、女人、小孩、奴隶等等)适应于不同的社会地位与角色(71e—72a,91a)。

美诺认为,美德在根本上是异质的。他首先想到的是一个贵族被期待去做的事情是什么,并期待美德使他有能力通过那种带来荣誉和成功的方式去完成要做的事情。然而,他不一定对关涉他人的道德漠不关心;当他说到高贵地安排城邦事务时,他或许是在暗指

5　关于苏格拉底式定义,参见本书第 13 节。

正义的要求。如果一个人认识到有关美德的常识观点中存在着这些相互区别、互不协调且潜在地相互冲突的元素，他就可能得出结论认为，美诺提出的这种说明必定是对的。美德这两个方面之间的潜在的冲突在短篇苏格拉底对话中没有得到承认；在《普罗塔戈拉》和《高尔吉亚》中则更容易看到这一点。[6]它也表现在美诺所列举的各种类型的美德之中。

与美诺相反，苏格拉底寻找的是F具有一种且是同一种不可分的特点，它表现在所有F的例子之中。他比较了相似的问题，即蜜蜂是什么。一旦美诺同意，“就它们都是蜜蜂而言，一只蜜蜂与另一只蜜蜂毫无区别”（72a8—9），苏格拉底就会提出关于健康、大和强的类似观点，并敦促美诺同意这种观点也适用于美德：

> 即使它们是多个且涉及所有种类，它们仍然具有某种相同的形式，由于这个形式（di’ ho）它们才成为美德，作答者将焦点集中在它身上，就可以很好地向提问者表明，美德实际上是什么。（72c6—d1）

美诺并不确定，这个类似的主张在这种情况下是真的（72d4—73a5），但是苏格拉底说服他相信，这样一种对美德的说明必定是可能的。美诺已经假设，有美德的人都很好地履行他们的功能（73a6—7）。而他现在同意，很好地履行一个人的功能涉及正义和节制，因
129 此同样的条件必定在每一种情况下都得到满足（73a6—c5）。

91. 定义、解释与知识

苏格拉底和美诺之间达成一致有赖于某些假设，这些假设的

6 关于美德的不同方面，参见本书第55节，第68节。

确需要进一步的讨论。[7]然而就目前来说,我们应当注意到,为什么对定义的这一讨论与最初关于知识的问题相关。当苏格拉底提出不同类型的美德具有“某一个相同的形式,因为它,它们才是美德”(72c7—8)的时候,他在暗示我们可以识别出某一个事物,是它解释了为什么我们将美诺列举的所有条目都看成是美德的真正种类。一旦美诺承认这一点,他也就承认了苏格拉底式的定义关系到前述对知识的要求。因为他跟从高尔吉亚,在列举各种美德类型的时候展示出的这种自信将会受到挑战,只要他无法说出为什么某个特定的事物真的存在于他所列举的类型之列。这样一来,回答该问题的这种能力,对于那种有所保证的自信(美诺把它和知识联系在一起)来说,就是必要的。

因此,这场讨论预见到苏格拉底后来提出的主张,即知识不同于单纯的信念,因为前者包括了“对一种解释的推理”。一种对于美德的定义向我们解释了,为什么各种不同的特性都是美德,而苏格拉底暗示,这种解释对于美诺寻求的那种知识来说是必要的。美诺有理由认为,苏格拉底式的定义对关于美德的知识来说是重要的,因此苏格拉底试图澄清一种充分定义的更深层特性,这就是有理据的(73c6—79e6)。

美诺同意,一个充分的定义具有所有这些更深层的特性;但是一旦他认为它们已经得到了澄清,他就会发现自己仍然无法对美德提出一个定义。失败的不只是美诺一个人;早期对话中的对话者也发现,他们很难满足苏格拉底的要求,而苏格拉底坚持认为,自己也无法满足这个要求。为什么找到定义是如此困难?我们可以对某些特性重新加以考虑,苏格拉底将它们归为一种充分的定义,并论证说,一个可接受的定义或许也会缺少这些特性;如果苏格拉底对定义提出的要求没有这么严格,那可能会比较容易找到它们。

7　关于对定义的假设,参见本书第 105 节。

苏格拉底的这一批评当然值得加以探究，但是美诺并没有考虑它。[8]他相信，对于苏格拉底对定义的寻求，他已经发现了一种更基本的反驳方式。如果在这一点上他是对的，那么修改苏格拉底对定义的特定要求就没有意义，因为最后将会表明，对定义的寻求在一开始就被误导了。因此，美诺的反驳需要予以回应。

92. 探究的悖论

在美诺看来，正是苏格拉底对知识的否认令对美德的整个探究徒劳无功：

> 苏格拉底，你要用什么方式去寻找那个你完全不知道它是什么的东西？在你不知道的那些东西之中，什么是你提出来并要去寻找的？另一方面，无论你偶然发现的东西有多真实，你又怎么知道这就是你之前不知道的东西呢？（80d5—8）

130 美诺暗示说，如果苏格拉底真的不知道 F 是什么，那他就无法获得探究 F 所需要的最低限度的必要条件。[9]

如果苏格拉底没有确认关于 F 的知识需要“关于 F 是什么”的知识，那么美诺提出的这一困难看起来也就不会如此紧迫。如果我们不知道 F 是什么，但是能够知道某些关于 F 的事实，那么我们对 F 的了解或许就足以将它选为探究的一个对象。苏格拉底排除了这个回答。既然他坚持认为，对于 F 是什么的知识要求一个对 F 的定义，那么看来美诺的困难就会出现。因为苏格拉底相信，我们会通

---

8 关于苏格拉底对定义提出的条件，参见本书第 107 节。

9 美诺的知识观念得到以下学者的讨论：Ebert（1973），第 173—175 页；Fine（1992），第 220 页，以及注释 24。

过对 F 的探究而发现关于 F 的定义；但是如果我们事先不知道 F 是什么就不能展开对 F 的探究的话，我们就必须在能够展开探究之前知道 F 的定义，而该探究被认为会引导我们走向关于 F 的定义。

美诺的论证经过适当扩充可归纳如下：

(1) 如果我们不知道F是什么，我们就不知道任何关于F的事情。

(2) 如果我们不知道任何关于F的事情，我们就无法将F从我们不知道的其他事物中区分出来。

(3) 如果我们不能将F从我们不知道的其他事物中区分出来，我们就不能探究F。

(4) 因此，如果我们不知道F是什么，我们就无法探究F。

(5) 如果我们无法界定F，我们就不知道F是什么。

(6) 苏格拉底和美诺无法界定美德。

(7) 因此，他们不知道美德是什么。

(8) 因此，他们无法探究美德。

这个扩充表明了美诺关于知识和探究的假设——从(2)到(4)——是如何与苏格拉底对知识和定义的假设一起——在(1)和(5)中——产生这个悖论的；如果其中有一组假设被拒绝，这个悖论就会得到解决。一种知识观念使美诺的假设成为可行的；另一种观念则使苏格拉底的假设成为可行的。

苏格拉底已经给出某些理由，它们更支持他对知识的假设，而不是美诺当前提出的假设。确实，他已经说清楚，在对话开始，美诺同意的是苏格拉底关于知识的假设，而不是那些产生美诺悖论的假设。苏格拉底暗示说，如果高尔吉亚真的知道自己在说什么，那他在回答每一个人的问题时所具有的那种权威信心就会得到辩护；而美诺断言，高尔吉亚具有恰切的知识。接下来苏格拉底表明，美诺对美德的列举为合理的信心(justified confidence)提供的基础并不充分。他邀请美诺考虑,为什么他对各种美德的列举仅仅包括了这些具体事物而没有其他事物;如果高尔吉亚(以及站在同一立场上的美诺)不能回答这个问题,那么他对美德之列举的自信也就不具备适当的基础。高尔吉亚和美诺自身所具有的隐含的知识观念为合理的信心提供了基础,这表明了为什么苏格拉底可以恰当地拒绝美诺为知识设定的最低条件。[10]

如果美诺关于知识的假设被拒绝了,那么他设定的关于探究的条件也应该被拒绝。关于知识的这些假设是苏格拉底和美诺在对话开始时所共享的,它们意味着我们在展开探究的时候不需要知
131 识;如果我们要把对探究的反驳与其他反驳区分开来,那我们似乎就不需要美诺归诸高尔吉亚的那种认知状态。无论我们关于F的信念可能含有多少推测性和试验性的成分,它仍然可以被用来将F鉴别为一个探究对象。要解决美诺悖论,苏格拉底就需要说明,探究要求的是关于探究对象的初始信念,而不是初始知识。[11]

93. 成功的探究

然而,苏格拉底并没有在知识和信念之间做出明确区分。相反,他讲了一个故事,关乎不死的灵魂及其化成肉身之前所拥有的知识。尽管他在总体上对这个故事表达了一些保留(86b6—7),他仍然捍卫了关于人在出生前具有知识的信念,呈现方式在于和一个奴隶[12]就几何学进行讨论。

---

10 苏格拉底和美诺共享这些关于知识的隐含假设,这个事实不利于以下观点,即他们关于探究的不一致看法取决于“知道”的不同意义。柏拉图小心地避免让人们以为,苏格拉底依赖于这种诡辩步骤。

11 对这个悖论的一个不同回答参见 White(1974);White(1976),第47—50页。

12 “pais”(就像某些时期的英语单词“boy”一样)可以用来指任何年龄的奴隶,因此并不意味着这个奴隶年纪很小。

与这个奴隶所做的讨论旨在回顾与美诺的讨论。[13] 像美诺一样,这个奴隶开始对话的时候也相信自己知道如何回答苏格拉底的问题(82e5—6);他与很多对话者都有同样的信心(参见 71e1;*La.*,190e4;*Eu.*,4b9—5e2),他们没有看到苏格拉底的问题中存在困难。苏格拉底像通常一样,坚持认为他的角色仅仅是提出问题,并且不让一种确信反对另一种确信(82e4—6)。这些问题促使这个奴隶看到了他的一般观点(即如果第一个图形的边长二倍于第二个图形的边长,那么第一个图形的面积也就二倍于第二个图形的面积),与他在眼前的特定情形中认为最合理的东西之间的冲突之处。在这个问题上,这个奴隶感到困惑和"木然",就像美诺在对于取得进展感到绝望的时候一样(84a3—c6;参见 79e7—80b4;*La.*,193d11—e6;*Eu.*,11b6—8;*R.*,334b7—9)。

苏格拉底竭力主张,这种困惑的状态是取得进展的先决条件(84c4—9;参见 *Sph.*,230c3—d4)。他并没有提出,困惑以及意识到一个人自己的无知,仅仅是在对自己的观点做出断言时因刺激而产生谦逊,也没有说它会使我们不愿意坚持任何正面的主张。在这个问题上,与奴隶的讨论在与美诺的讨论中断了的地方继续下去;进一步的提问促使奴隶找到了正确的答案。当正确答案被找到时,苏格拉底说,提问唤醒了奴隶心中的真信念,但奴隶不同时具有知识,而进一步的正确提问则会引向他对于同样事物的准确知识(85c6—d1)。[14] 他当前不具有知识的信念状态就好像一个梦(85c9—10),而

13　和奴隶的对话与苏格拉底式辩驳法之间的联系,相关讨论参见 Irwin(1977a),第 315—316 页;Nehamas(1985),第 305—310 页;Benson(1990c);Brown(1991);Vlastos(1991),第 118—120 页。

14　柏拉图并没有暗示,在这场对话结束的时候,这个奴隶具有了知识。在 85d9,现在(nun)可能指的是 85d1 所说的时间,当时这个奴隶已经完成了他的回忆。在 *Phd.*,73a9—10,克贝斯说人们不能对有关图形的问题给出正确的回答,除非知识和正确的论述"已经在他们心中了";但他可能仅仅是指知识在出生之前的存在。相反的观点参见 Brown(1991),第 608—614 页。

知识就相当于清醒的状态(86a6—8)。

从与奴隶的讨论中,苏格拉底得出了三个结论:

> (1) 这个奴隶从自己心里得出或“收集”(analambanein;85d4)了答案,因为苏格拉底并没有告诉他答案,而他不得不从对苏格拉底问题的回答中发现它。当他追求进一步的探究时,在他已经获得知识的地方,他就会从自己身上收集到知识(85d3—4)。
>
> (2) 从一个人自身收集正确答案的这个过程实际上就是回忆,是逐渐发现我们在之前的存在中曾经拥有却又同时忘却的知识(85d6—7)。[15]
>
> 132 (3) 我们应当在探究中感到自信与乐观(86b6—c2)。尤其是,我们应当不是将对话者的困惑视作失望的理由,而是仅仅将之看作进一步探究所需的必要前提。

苏格拉底声称,他对自己的第三个结论有信心,但是“考虑到其他要点,将不会在捍卫这个论证时完全予以坚持”(86b6—7)。如果苏格拉底想要支持的只是第三个结论而对其他两个结论犹豫不决,那么他的立场就很奇怪。因为如果与奴隶的讨论没有给我们提供任何支持第三个结论的理由,那我们为什么要接受它呢?如果苏格拉底指的是,我们应当予以明确承诺的只是论证的其他部分,而支持它们是出于支持第三个结论的需要,那么他的立场就更合理。如果这就是他的意思,那么他很可能是要支持第一个结论,表达对

---

15 在 85d4, analabōn 不一定在实际上指“回忆”或“恢复”(意味着我们之前就已经拥有它);它可能就只是指“采取”(参见 *Ap.*,22b2; *Symp.*,185e1; *R.*,606e4; *Tht.*,203a1; *Sph.*,255e9; *St.*, 261c5)。关于回忆的关键主张并非以下观点,即这个奴隶 analambanei,而是进一步的观点即这种 analambanein 必定是回忆,参见 85d6—7(也就是说,这个奴隶的行为只能按照“他在回忆”这个假设加以解释)。对回忆范围的讨论参见 Scott(1987); Fine(1993),第 137—138 页。

第二个结论的怀疑。因为如果我们同意,这个奴隶已经从他自己心中收集了真的信念,那我们就有了某种理由对探究的前景产生信心,即使我们并不确信,这个收集的过程同时也是原原本本地回忆起他曾经知道的事物之过程。

94. 对苏格拉底式探究的辩护

与奴隶的讨论旨在给我们一些理由去信任苏格拉底的探究。要看到它是如何做到这一点的,我们就应当考虑:(1)它在某种苏格拉底式的探究中如何令人有理由产生信心,以及(2)令人产生信心的同样理由能否应用于《美诺》和苏格拉底对话中继续进行的那种道德探究。这两个问题需要加以区分,因为与奴隶的讨论探究的是数学问题,而不是道德问题,而这两种例子在某个相关的方面并无差别,这一点应该令我们感到满意。[16]

可以说,与奴隶的讨论回答了美诺的悖论,条件是我们确信,这个奴隶已经成功地进行了探究,尽管他不具有任何关于所探究事物的初始知识。这个奴隶开始时带有某种信心,这正是美诺在说到"回答苏格拉底的问题没什么困难"的时候所表露的信心。但是最后表明,就像美诺最后发现的一样,他完全没有合理的基础来支持这样的信心,因此他也就不具有知识。然而苏格拉底说得很清楚,这个奴隶具有充分的真信念,足以取得进展。因此,美诺对知识的缺乏就不再引导我们得出结论,认为他缺少成功的探究所需要的真信念。这个奴隶还没有获得知识;但是他的探究已经成功了,因为他已经增加了真信念的存量。

这个奴隶一直在进行探究,没有简单地复述正确答案,因为苏格拉底还没有教给他,但是他已经从自己心里收集了正确的答案。

16　关于与奴隶的讨论以及辩驳法的可靠性,参见 Fine(1992),第 207—213 页。

在说到自己并没有教导这个奴隶时，苏格拉底的意思不是说，他没有给奴隶提出任何建议，而是说，这个奴隶绝不会仅仅因为被告知这是正确答案就给出某个具体的回答。在每一个例子中，他都只是回答在他看来最为合理的答案，其基础在于他之前的信念；这就是苏格拉底说奴隶“从他自己心里”收集答案时所指的意思。他只是
133 做了早期对话中的对话者们被告知去做的事情；他们被要求真诚地回答，不要说那些他们认为苏格拉底相信或者他想要听到的东西，而是说那根据对话者之前的确信来看，对他们而言合理的东西。[17] 这场讨论应该令我们有信心，相信这个奴隶有能力从他自己的资源中找到他认为正确的答案。

因此，我们就有理由相信这个探究取得了进展，因为我们有理由相信它满足了以下条件：

(1) 这个奴隶的初始信念并非过于远离正轨。他对具体的长度和面积的判断大部分还是正确的。

(2) 当他发现自己的信念中存在不一致时，他能通过修改令它们变得更加一致。

(3) 他能在合理的方向上修改信念。他没有调整自己的其他全部几何学观点以使它们切合当前的原则，即一个图形的边长二倍于第二个图形的边长，其面积也就二倍于第二个图形。

(4) 这种修改消除了错误的信念并代之以真信念。

既然柏拉图已经给了我们理由去相信，与奴隶的这场讨论满足这些条件，那他就使我们有理由对某种苏格拉底式的探究具有信心。

关于信心的这些理由似乎被应用于《美诺》中的道德探究。美诺满足了第二个条件。在苏格拉底看来，他也满足了第一个条件，

17 关于真诚，参见本书第 11 节。

因为苏格拉底同意,美诺对大多数问题的回答都是合理的;这些答案都是苏格拉底用来说服美诺拒绝他对美德所持的一般观点的。[18]在这里,就像在其他对话中一样,苏格拉底假设,通过诉诸一个对话者的其他信念,尤其是诉诸辩驳法的主导原则,令其拒绝最初的一个观点,这样自己就帮助对话者以使他的信念更加合理。因此苏格拉底必定假设,对话者一开始就具有一个相当大的合理信念的储备。[19]

在苏格拉底看来,美诺也满足了第三个条件。他本可以顽固地否认,正义和节制对于所有他最初列举的美德来说都是需要的,这样他就可以否认自己的清单中存在任何不完善。事实上,他并没有这么做。苏格拉底相信,美诺的信念已经变得更加一致也更加合理,因为他已经抛弃了那些与更合理的信念不一致的信念,而不是那些与不合理的信念不一致的信念。在《美诺》中,就像在早期对话中一样,苏格拉底假设,如果我们依赖于辩驳法的主导原则,以之作为解决信念冲突的向导,那我们就是在正确的方向上修改我们的信念。苏格拉底通过提出引导性问题而保证了美诺的赞同,这个事实并不重要,更重要的是与奴隶的讨论,因为美诺赞同那些在他看来是好的理由,而这不仅仅是因为苏格拉底告诉他要去赞同这些理由。

但是,对美诺信念的这一辩护似乎缺少理由来说明以下观点,即这些信念真的充分满足第一个和第三个条件并足以支持这个论证的目的。因为我们可能会怀疑,苏格拉底的判断,即美诺的某些
信念是合理的以及美诺是在合理的方向上修改他的信念,是否足以 134
保证通往探究过程中的自信。在奴隶的讨论中,毫无疑问存在着一个正确答案,因此也就没有反驳某些判断的可能,苏格拉底在令奴隶的注意力聚焦于一个问题而非另一个问题的时候依赖于这些判断。

18　并不是美诺的所有信念都作为合理的信念而得到支持。关于他对美德各部分的信念,参见本书第三章,注释 29。

19　关于主导原则,参见本书第 32 节。

不过我们还可以论证说，在道德的例子中，依然存在着反驳的可能。

苏格拉底自己在《游叙弗伦》中承认，关于善、正义、美好的问题就是那些会产生争议的问题，而这种争议并不发生在那些我们可以诉诸度量的问题之中。在与奴隶的讨论中，柏拉图选择了一个数学的例子，因为它是一个无争议的能推进探究的例子，但是使之成为这样一个能推进探究的好例子的特性似乎也为以下尝试造成了困难，也就是像柏拉图想要做的那样，将这个结论扩展到了道德探究方面。

在《高尔吉亚》中，柏拉图暗示了一个对于这些反驳的可能回答。苏格拉底公开表明，要从卡里克勒斯本人所接受的始点展开论证，不包括常识的道德信念（正如卡里克勒斯对它们的理解）式的纯粹习俗；他试图表明，卡里克勒斯必须修改自己的信念以与苏格拉底一致。《美诺》并没有表明，这个奴隶坚持他关于不同图形面积的初始信念在逻辑上是不可能的，但是我们很容易看出，所需要的修改会使得接下来的几何学信念在理性上令人难以忍受。苏格拉底暗示，如果卡里克勒斯抵制苏格拉底的问题所暗示的修改，那么卡里克勒斯接下来的信念也会导致理性上不可容忍的结果。

《美诺》并没有进一步去追求这个方案。柏拉图最初的反思或许有理由令他确信，《高尔吉亚》中概括的建议若得到恰当发展，必定会阐述得十分详尽。他将需要表明，为什么苏格拉底的始点是理性上可接受的，以及为什么对信念在特定方向上加以修改是理性上不可避免的。《美诺》反而转向了更基础的问题，即关于苏格拉底式的探究是否立足于对知识和定义的有违初衷的主张。一旦这个更基本的问题得到了回答，柏拉图就能回到《高尔吉亚》遗留的那些问题。他在《理想国》中又将它们重新拾起。

95. 回忆的各方面

我们已经考虑了柏拉图对美诺悖论的回答，而不涉及他的主张

(尽管对此带有疑虑),即我们在苏格拉底式探究中所取得的进展是一种原原本本的回忆。[20] 这个主张是否令这些问题更易解决?

诉诸回忆无法合理地令我们确信,我们通过苏格拉底式的探究发现了真理。因为如果我们不是预先确信,这个奴隶已经通过理性探究的过程发现了真的答案,而且这个过程与苏格拉底称为教导的过程不同,那我们就没有理由说他已经回忆起任何东西。不会存在任何需要诉诸回忆来加以解释的东西。这样的话,引入原原本本的回忆也就不能回答某些疑虑,它们可能会在涉及苏格拉底式的道德探究及其结论之真实性的地方出现。

不过,诉诸原原本本的回忆也并非毫无意义。它回答了一个关 135
于苏格拉底式探究的合乎情理的问题。如果我们确信苏格拉底式的探究是朝着真理推进,那么诉诸原原本本的回忆就有助于解释这种推进是如何可能的。因为如果我们在出生之前就真的知道道德真理,那么期待我们在展开探究的时候就具有真实的道德信念,以及期待我们能够在探究的过程中引出更多真实的道德信念,这就是合理的。如果我们不接受诉诸回忆,那我们要如何解释在苏格拉底式的探究中所获得的表面成功?难道我们不是只能说,我们开始时具有很多真的信念并且具有能力通过探究来消除假的信念,这都是基于运气的偶然?

如果柏拉图想要回答这个问题,而不诉诸原原本本的回忆,那他就必须对我们如何获得苏格拉底借以展开探究的常识信念做出

20　既然柏拉图将知识等同于回忆,我们就能说,我们对 F 的回忆是完整的,或者说我们已经回忆了 F,只有当我们达到了关于 F 的恰当的真信念,并且将它们与恰当的 logos 联系在一起。但是,这并不意味着回忆(当它被理解为回忆的过程而不是存在于回忆中的结果时)只有在我们获得知识时才能继续进行。尽管拉凯斯(比如说)不能被说成回忆起勇敢,但他也可能仍然在不完整的、对勇敢的回忆中,忆起某些关于勇敢的真相。关于探究和回忆之间的联系,参见本书第九章,注释 15;Nehamas(1985),第 309—310 页。

更多说明。如果他同意某些东西,比如普罗塔戈拉对于我们如何获得信念的说法,那他肯定不会相信,形成道德信念的机制能够保障所形成的信念的真实性。但是他或许可以表明,为什么这些机制可能产生苏格拉底式探究所预设的那种信念。如果(1)美德的目标在于有美德的行动者之善,以及共同体的共同善,而且(2)个体的善与共同体的善在过去都得到了促进,只要人们根据他们关于美好和善的判断去修改他们对美德的观点,那么苏格拉底就有某种理由声称,他所提倡的这种修改在过去已经倾向于使通常的道德信念更接近真理。只要这些过程倾向于形成那些我们借以出发的通常信念,我们就有了真信念的充足存量(混合了某些假信念)以展开探究。

苏格拉底式对话和《美诺》都接受了上述第一个观点,但是他们没有对关键的第二个观点做出明确论证。一个支持这个观点的论证会涉及某些复杂的历史观点,这种观点只有在普罗塔戈拉的宏大演说中才被提到。但是柏拉图可以为这个观点构造一个合理的例子;这样,他就能为关于原原本本的回忆的信念提供另一个合理的选择。

96. 美德作为知识:支持与反对

在与奴隶的讨论之后,苏格拉底同意考虑美德是否可教,即使他们还没有发现美德是什么(86c4—e1)。或许柏拉图认为,我们能够有益地探究关于美德的问题,而不用回应苏格拉底对定义的要求。他在《高尔吉亚》中当然暗示了这一点;尽管反对波路斯和卡里克勒斯的主要论证并不依赖于任何对正义或幸福的定义,但是苏格拉底认为,只有通过强有力的论证才能确立他的结论(*G.*, 508e6—509a4)。

不过,苏格拉底在探究美德是什么之前还是不情愿地开始了这个探究(86d3—6)。就像他在对话末尾说的,我们会知道某些清晰的(saphes)东西,条件是当我们在考虑如何获得它之前先审视美德

136

是什么(100b4—6)。探究美德是否可教可以用来支持这个定论,方式在于警示我们,除非立足于有关美德是什么的知识,否则探究关于美德的问题就是有欠缺的。《高尔吉亚》提出了一个类似的警告;在得出结论之后,苏格拉底坚持说他不知道这些结论是真的(*G.*,509a4—6)。

在给出警告之后,苏格拉底提出了关于美德的三个论证:第一,他论证美德是知识,并因此必定是可教的。第二,他论证美德不可教并因此不可能是知识。第三,他在知识和正确的信念之间做出了一个区分,并论证美德是正确的信念而不是知识。既然柏拉图看到这些论证的结论是不一致的,那他肯定相信,至少有一个论证是不成立的。第三个论证通过暗示知识并非唯一引导行动成功的事物而挑战了第一个论证;苏格拉底则断然主张,知识和信念之间的这种区分为第三个论证提供了基础。

然而,我们不应当推断,柏拉图所要挑战的只是第一个论证。我们得到建议,不要不加批判地依赖我们的最初印象,认为某个给定的论证是合理的(89c5—10);不仅如此,全部三个论证都先于一个最终的警告,即一个令人满意的、关于美德是否可教的结论要求首先具备关于"美德是什么"的知识。在这个警告中,柏拉图邀请我们重新思考那些观点,在它们这里,任何论证都可能因为一个关于"美德是什么"的错误观念而徒劳无功。如果我们跟从柏拉图自己的提议,我们能否发现这些论证可提出任何合理的反驳?

97. 美德与益处

首先,苏格拉底论证,既然美德是知识,那它就是可教的。[21] 他

21　在美德与知识之间所做的这种等同并不算是一个令人满意的定义;因为它并未说明美德是何种知识,而且正如《欧绪德谟》表明的,这不是一个容易回答的问题。

论证那就是知识，方式在于论证美德是善（87d2—3）而且只有知识是善。苏格拉底声称灵魂的其他状态如自信、自制等等，都是有益的，当且仅当它们与知识相结合（88c6—d1）。他得出结论："根据这个论证，美德由于是有益的，因而必定是某种智慧。"（88d2—3）[22]

如何理解这个结论？我们需要考虑两个选项：（1）它的意思是，美德仅仅是某种知识类型，因此它不要求非认知性的要素；（2）它的意思是，美德是"某种智慧"，在这个意义上它结合了某种其他事物的智慧。正如勇敢可能被称为"某种忍耐"，如果它是结合了智慧的忍耐的话，美德可以被称为"某种智慧"，如果它是智慧结合了勇敢、节制等非认知的方面。[23]

第一个选项是对这个段落更自然的阐释，而且它说明了苏格拉底为了树立"美德可教"的观点所需要的结论。然而，我们有理由怀疑上述观点，因为只有第二个选项切合苏格拉底给出的论证。当苏格拉底论证，自信等事物只有在和智慧结合时才是有益的，他难道不应当得出结论说，美德就是自信（等等）加上智慧？这个论证似乎
137 表明，知识是美德的必要部分，但并不表明它就是整个美德。[24]

关于美德之有益特点的主张切合于辩驳法的一个主导原则，也切合苏格拉底用来支持至少某些美德的不可分离性的那些考虑，因此它倾向于支持互易性论题。[25] 但是这个主张并不意味着知识对美德来说是充分的，因此它也不意味着所有的美德都等同于知识（统

---

22 关于《欧绪德谟》，参见本书第 38—40 节。对《美诺》与《欧绪德谟》中论证的比较，参见 Devereux（1977），第 130—132 页；Ferejohn（1984）。

23 关于"某种"（tis），参见第三章，注释 15。

24 这个论证的这一特性或许支持了 Thompson 对 89a4 的翻译，即（1）"智慧要么是美德，要么是美德的一部分"，而不支持 Bluck 和 Sharples 的翻译，即（2）"美德要么是智慧，要么是智慧的一部分"。尽管要表明美德是知识就需要（2），但是只有（1）得到了捍卫。这一点或许也可以支持将 87d7 读作 ti autou（"美德的某一部分"），支持这个读法的有 Bluck（1961）；以及 O'Brien（1967），第 95 页。

25 要了解对互易性论题的限定，参见本书第四章，注释 26。

一性论题)。在《普罗塔戈拉》中,尽管柏拉图没有做出明确陈述,但他还是暗示了在论证互易性论题和论证统一性论题之间的差别[26];他对统一性论题的主要论证取决于一个证明,即知识对美德是充分的。

重要的是判断哪些论题是柏拉图想要在《美诺》的这一论证中加以表达的。如果这个论证的结论真的声明美德就只是知识,那么这个论证就是无效的,而我们就必须追问,柏拉图是否认识到了这种无效性。如果这个结论只是声称知识对美德来说是必要的,以此来表达互易性论题的一个方面,那么苏格拉底就不能根据美德仅仅是知识来推断它是可教的。我们必须追问,柏拉图是否认识到,这样一种推断在逻辑上是不成立的。

98.《美诺》中的心理幸福论

为了回答这个关于论证的问题,我们应当回到对话第一部分的一个论证。苏格拉底有理由将美德等同于知识,因为他坚持心理幸福论,并由此排除了不自制的可能;我们可以假定,他暗自依赖心理幸福论为美德等同于知识辩护。在《高尔吉亚》中,我们发现有理由怀疑,柏拉图是否依然接受心理幸福论。在《美诺》77—78,他讨论了一个与心理幸福论相联系的问题,但是很难确定他的结论是什么。

苏格拉底论证,在美德的定义中包含"欲求好的事物"这个从句是多余的,因为没有人会欲求坏的事物(77b6—78b2)。[27] 这听起来像是《普罗塔戈拉》中的学说,即我们总是且仅仅是欲求我们认为更好的事物,并因此不会欲求我们认为更坏的事物。

26　关于 *Pr.* 中的互易性论题,参见本书第 56 节。

27　从 kala(美好)到 agatha(好)的步骤(参见 77b6)也会产生问题。

然而,苏格拉底是否捍卫《普罗塔戈拉》中强版本的心理幸福论,这并不清楚。人们可能认为他支持以下两个结论中的某一个:(1)我们绝不会欲求这样的坏东西;这就是说,这些事物是坏的,这个事实绝不会成为令我们欲求它们的那个特性。(2)按照任何论述,我们都不可能欲求那些我们相信是坏的事物;这就是说,相信它们是坏的,这个信念总是阻止我们欲求它们。只有第二个结论才确证心理幸福论,但是只有第一个结论可以由这个论证保障。这个论证留下了一种可能性:我们可能想要 x,知道 x 是坏的,但是依然相信它还具有某种其他好处(比如说它是令人愉快的)。

138 柏拉图是否看到了这两个结论之间的差别,他是否看到了他的论证只支持第一个结论?在对论证加以总结的时候,苏格拉底说到所提出的美德定义,"想望(boulesthai)好的事物并且能够(获得它们)"(78b3—4),应该把第一个连接词删去,因为"想望属于每一个人,在这个意义上,一个人并不比另一个人更好"(78b5—6)。苏格拉底不一定是在断言心理幸福论(第二个结论);他可以仅仅意指善是每个人所欲求的一个对象,而不必意指善是所有欲求的对象。[28]

我们必须面对一个更深层的困难。尽管美诺同意,所提出的定义是"想望好的事物……"(78b4),苏格拉底也还是着手讨论一个论述,后者称"欲求(epithumein)好的东西"(77b3—7)。柏拉图是否意指某些想望和(纯粹)欲求之间的区分?苏格拉底在说到没有人想要变得悲惨时(78b4)引入了"想望"(wish),而且他推断没有人想望坏的事物,因为出于悲惨状态无非是"欲求坏的事物并得到它们"(78b6—8)。这个论证并未表明,柏拉图认为"想望"和"欲求"是同义词。他可能是指,既然没有人具有想要变得悲惨的理性

28 Santas(1979,第 194 页)似乎把对不自制的拒绝归诸我们当前的章节[也参见 Nakhnikian(1973)]。然而他对这个论证的说明(第 185—189 页)并未捍卫这一归因。

想望,那也就没有人具有对于被认为是坏东西的理性想望;这也将允许我们说,某些人具有一种对于那些他们相信是坏东西的非理性欲求。[29]

苏格拉底对话提到了“想望”和“欲求”之间的一个区分,柏拉图或许在这个语境下合理地利用了这个区分(*Ch.*,167e1—5;*Lys.*,221a3;*Pr.*,340a7—b2)。[30] 他在某些苏格拉底对话中没有利用这个区分,在那里,这一区分将引起对心理幸福论的严重疑虑。在《高尔吉亚》中,柏拉图或许隐含地区分了“想望”与“欲求”或“欲望”(epithumia),前者导向善(*G.*,468e5—7),后者则似乎导向快乐(*G.*,493b1,503c4—6),但是他并没有探究这个区分的含义,因为他主张,我们做任何事情都是出于善的缘故。[31] 然而,在《美诺》中,我们不应当假设,他不打算处理心理幸福论。

此前进行的这场有关欲求和善的讨论,与后来对美德和知识的论证有关(87d—89a)。如果较早的讨论并非要支持心理幸福论,那我们就无法明确地得到辩护,将心理幸福论看作后来的论证所暗中预设的;这样就不清楚柏拉图是否认为后来的论证有效地支持了美德与知识之间的等同。他可以承认,他尚未给出充分的理由将勇敢等同于知识,而不是等同于受知识调节的信心;如果是这样,他也可

29　关于 boulesthai 和 epithumein,见 Bluck(1961)。关于 78a5,他正确地拒绝了 Croiset 和 Bodin 的主张(1923),他们认为《高尔吉亚》466b—468a 中的 boulesthai 和 dokein [亦见征引于 O'Brien(1967),第 87 页]标志着一个区分,这个区分可能也由 boulesthai 和 epithumein 在《美诺》中加以标示。参见本书第 145 节。这个区分令人想起普罗狄科,他在《美诺》中受到的对待与他在早期对话中受到的对待不同。参见本书第五章,注释 14;第六章,注释 43;第八章,注释 2。与此相对照的是本书第 100 节。

30　Kahn(1987,第 91—92 页)认为《卡尔米德》中的这段论述表明,当柏拉图写作这一段的时候,他并不相信所有的欲求都是趋向善的。然而,这段文字表明这一点,条件是我们有理由假设,柏拉图并不认为,趋向美好和快乐的欲求能被化约到趋向善的欲求。关于柏拉图在早期对话中所持观点的这个假设是没有理据的。

31　关于《高尔吉亚》中的欲求,参见本书第 80 节。

以承认，他尚未给出理由接受统一性论题，而不是接受关于美德不能与知识相分离的主张。

我们无法确定，柏拉图看到了自己对美德与知识相等同的论证中存在的缺点，但是通过下面这个事实，我们更有理由这么认为，即他之前的论证未能支持心理幸福论，而后者可以反过来支持统一性论题。在提出这两个论证时，柏拉图可能是要暗示，我们应当再度开放“美德
139 是什么”这个问题，尤其是关于在多大程度上美德能够被等同于知识。

99. 知识与教导

第一个论证已经得出结论，美德必定是可教的。第二个论证（89c5—96d4）直接反对这个结论，具体如下：

（1）美德是知识，当且仅当它是可教的。

（2）美德是可教的，当且仅当有教授它的老师（89d3—e3）。

（3）没有教授美德的老师（96c4—10）。

（4）因此美德不是可教的。

（5）因此它不是知识。

这个论证的第一步是从之前的论证接过来的，而且不容挑战。然而，论证的第二步既没有得到辩护也没有充分的解释。

美德是知识，当且仅当它是可教的——如果这个观点的意思是，美德是知识，当且仅当它是人们对之有了充分了解就能教授的那种东西，那这个观点就是真的。但是，如果我们就是这样理解第一步中的“可教的”，如果我们把同样的意义赋予第二步中的“可教的”，那么我们就没有理由接受第二步。如果只有当赋予“可教的”一个不同意义时，第二步才是真的，那么这个论证就包含了一个致命的模糊之处。

柏拉图的某些评论暗示,他看到了论证中存在的这个缺陷。当我们受到指导将回忆包含在“教导”之下时(87b5—c3),他特别将我们的注意力吸引到关于可教性(teachability)的问题上。这个指令相当令人惊讶;因为对回忆的论述否认了苏格拉底是在教导奴隶,而且既然回忆产生知识,那么回忆知识似乎就会导致,认为“所有知识都可教”的主张是错误的。要避免这个反驳,“教导”的范围就要加以扩展,以便将回忆包括在内。

一旦柏拉图这样做了,他就容易看到以下主张的虚假之处,即如果美德是可教的,那就必定有能够教授它的人。因为如果我们仅仅通过回忆就能被授予美德,那就只有当有人能够引导回忆直至获得知识时,才会有教授美德的老师。柏拉图表明,如果与美德相关的知识是被回忆起来的,那么很有可能的是当前没有人能教授它;因为苏格拉底尚未表明自己知道如何引导回忆一直抵达知识,甚至也没有其他人相信相关的知识就是回忆。[32] 于是,如果我们考虑柏拉图本人提醒我们注意的知识类型,如果我们假设“可教的”具有同样的意义,我们就会看到论证的第一步和第二步不能同时为真。[33]

因此,我们就有了一个充分的理由来假定,柏拉图并不接受上述论证的所有步骤。表面上看,“不同的人无法教授美德”被用来作为理由以否认美德是可教的(95a4—96b4)。然而,《美诺》之前的部分给了我们充分的理由来怀疑,这些人不能教授美德是否表明美德并非可教。[34] 他们的观点明显受其关于美德是什么、所教的是什么

32　关于回忆的主张与关于可教性的主张之间的相关性得到了 Wilkes(1979)的注意。回忆的重要性也得到了 Cornford(1952,第 60 页及注释)的竭力提倡;Devereux(1978)得出了与我的观点不同的结论。

33　对可教性的论证得到以下学者的讨论:Bluck(1961),第 21—24 页;Sharples(1985),第 162 页,第 168 页;Kraut(1984),第 288—304 页(对这个论证的最佳捍卫);Barnes(1991);Brunschwig(1991)。

34　关于柏拉图对雅典政治家的态度,参见 Penner(1987a),第 316—320 页;Penner(1992b),第 165 页。与此相对照的有 Vlastos(1991),第 125 页;Snider(1992)。

140 的观念影响；苏格拉底已经清楚说明，他们在这两个问题上的观点都有可能是错的。他已经表明，说清“美德是什么”是困难的，因此形成一个恰当的关于什么是应当被教导的正确观念也是困难的；而且他也表明，学习关于美德的事情，正确的途径是回忆。如果那些试图教授美德的人们对于什么是他们试图要教授的，以及什么可以算得上是教授美德持有错误的观念，那他们的努力就很可能受到错误的引导；因此他们的失败也并不表明美德不能被教授。[35]

100. 知识、信念与苏格拉底式探究

在第三个论证中（96d5—100b6），苏格拉底假设第二个论证具有可靠性，并通过挑战第一个论证前提的真实性解决了前两个论证之间的冲突。第一个论证断言，只有知识才是有益的，但是在第三个论证中，苏格拉底暗示正确的信念也是有益的；因此我们就能通过将美德等同于正确信念来解决前两个论证结论之间的冲突。

苏格拉底一反常态地声称，普罗狄科所做的区分之一是有启发性的（96d5—7）。[36] 的确，他非同寻常地强调，要支持知识与正确信念之间的区分（98b1—5）。他的强调有充分的理由；因为整部对话已经表明，我们需要做出这个区分，而且除非我们始终记得这个区分，否则苏格拉底的探究将会是没有意义且不可理解的。知识与正确的信念不同，因为正确的信念仅凭自身是不稳定的，而知识通过“对解释进行逻辑推理”而使它稳定（97e5—98a8）。美诺自己就评论了他那些在苏格拉底的诘问下迷失方向的信念所具有的倾向（79e7—80b7，95c7—8），同样的情况也发生在那个奴隶身上（84a3—

35　这个观点削弱了一个类比的力量，提供该类比的是 Kraut（1984），第 289—290 页；类似的观点参见 Brunschwig（1991），第 595—596 页。

36　关于 Prodicus，参见本书第九章，注释 29。

b1)。《美诺》也将其比作代达罗斯(Daedalus)的迷失状态,方式如同《游叙弗伦》中一样,后者用它来比喻游叙弗伦对苏格拉底式探究的反应(*Eu.*,11b6—e1)。苏格拉底的对话者的状态阐明了一个具有正确信念却没有知识的人的状态。

然而,正确信念的不稳定性不一定产生那种影响到苏格拉底的对话者的困惑。因为苏格拉底本人否认具有关于美德的知识,尽管他对美德的要求似乎持有很稳固的信念。在解释自己为什么缺乏知识的时候,苏格拉底并没有说他自己的信念是动摇的;他暗示说,由于他无法对美德给出一个论述,因此他缺少关于"美德是什么"的知识,并由此缺乏关于美德其他属性的知识。既然知识与信念之间的明确区分使得解释对于知识来说成为必要,那么我们就可以推断,对于美德之定义的知识通过提供解释以使一个人关于美德之真理的信念更加稳固,进而提供了对这些真理的知识。

《高尔吉亚》被假定为,在给出一个解释和给出一个论述之间具有联系。苏格拉底论证,一种技艺(与单纯的窍门相反)能够给出解释,这种解释显现在提出论述(logos)的过程中,"通过这种论述[一 141
种技艺]就应用于它所应用的那些事物,[说明]就其本性它们是何种事物"(*G.*,465a3—5)。给出解释就蕴含了对"它是什么"这个问题给出论述并加以回答的能力。

那么苏格拉底式定义如何提供一个解释?《美诺》的第一部分事实上并没有使用与苏格拉底式定义有关的"解释",但是十分接近。要解释一个人做了什么(参见 *G.*,501a2),也就是说明他为什么要这么做,而要解释 x 是 F,就是要给出理由说明为什么 x 是 F。[37] 当苏格拉底要求美诺用一个简单的答案来回答"美德是什么"的时候,他说,所有的美德"都有一个相同的形式,它们因之而成为美德。焦点在于,回答者或许能够很好地向提问者表明,美德实际上是什

37　关于"解释",参见本书第 109 节。

么”（72c6—d1）。

当苏格拉底说到苏格拉底式的定义时，他清楚地确认，这种定义回答了与之相关的“为什么”的问题；他暗示说，这种做法给出了恰当的解释。苏格拉底在《游叙弗伦》中也提出了同样的观点，声称一种对美德的定义可以鉴别出一种属性，我们在界定一个行动是否具有美德的时候可以聚焦于该属性（*Eu.*，6e3—6），因为它是一切有美德的行动“因之”而具有美德的属性（*Eu.*，6d11—e1）。一个定义为我们的信念提供了某种辩护与解释性的论述，柏拉图和亚里士多德都将之看作知识的独特特性。

知识、解释与苏格拉底式定义之间的这种联系为早期对话的隐含假设提供了证明，即辩驳法通过表明人们无法给出一个正确的定义，揭示了他们缺乏知识。辩驳法能表明人们缺乏知识，因为它表明了，他们缺乏定义所能提供的特定辩护。尽管他们可能正确地声称，勇敢要求在某些情况下面对危险坚定不移（在另外的情况下则不然），但是他们无法说出**为什么**是这样。如果他们能够提出一个苏格拉底式的定义，那他们就会像亚里士多德说的一样（*EN*，1095a31—b8），既说明“是什么”（that）也说明“为什么”（why）。这样一来，当苏格拉底声称自己和其他人都对美德无知，他也就是在声明他们无法说出“为什么”，而这个解释会令他们的信念转变为知识。

柏拉图对知识和回忆所做的评论确认了这个暗示，即苏格拉底式定义满足了解释的要求。因为在引入这个要求以后，苏格拉底说道，“而这……就是回忆，就像我们在之前的讨论中同意的一样”（98a4—5）。“这”指的就是对解释的推理；苏格拉底回溯了他的评论，即奴隶具有信念，这信念通过进一步的恰当探究能够转换为知识（85b8—d2）。然而，关于奴隶的这个评论并没有对寻找解释做出说明。我们只有将回忆与对话第一部分中展开的苏格拉底式探究联系起来，才能看到它与解释的关系，因为该探究的目标在于找到一个令所有美德成其为美德的东西。我们可以看到,为什么柏拉图认为"找到解释"就是回忆,当且仅当我们认为他对回忆的暗示也就是对寻求定义的暗示。

如果这是对的,那么柏拉图在知识和信念之间所做的明确区分就解释了前期对话中的言行。根据《美诺》,苏格拉底否认自己具有 142
关于美德的知识,这样做是正确的,因为他缺乏恰当的解释;而他寻求定义也是正确的,因为这会为他提供那种有助于形成知识的解释。既然《美诺》提出了一个早期对话中未出现的、明确的知识论述,它也就给出了一个清晰的构想,并说明了那些在早期对话中隐而未发、未经论证的观点;它并未引入一个前期对话中不具有的、新的认识论要求。[38]

101. 知识、信念与稳定性

柏拉图明确接受了第三个论证的一部分,即确认知识与正确信念之间存在差别,但他是否接受了那些引导我们将美德等同于正确信念的更深层前提?这取决于他对以下两个观点所做的考虑:(1)正确的信念像知识一样有益;(2)总是有益的状态都是美德。如果柏拉图同时接受这两个观点,而且如果它们都在同一个意义上使用"有益的",那这两个观点就构成了一个论证来表明,知识对美德而言不是必要的。

在捍卫观点(1)的时候,苏格拉底解释了他用这个观点指的是什么。美诺提议说,正确的信念有时候或许会出错,而知识永远不会出错(97c6—8)。苏格拉底似乎是说,这个提议的基础是一个误解:"在某种情况下,持有正确信念的人获得了成果,这不正是因为

38　关于早期对话中的知识,参见本书第 16 节。苏格拉底对知识提出的条件,相关讨论参见 Kraut(1984),第 280—285 页;Penner(1992b),第 140—143 页。

他相信了正确的东西吗？”（97c6—8）[39] 他同意正确的信念“只要正确地相信”就还算不错（97c10），但是它易于偏离方向，而知识的功能就在于对它加以牵制。当苏格拉底声称，单纯正确的信念只要是正确的就还算不错，他并不是在陈述一个同义反复的命题。他可能是指在某些环境中，我的信念并非知识，而这个事实并不会改变信念的可靠性。

这如何可能发生？真信念在两种不同的意义上易于偏离方向：（1）在我感到困惑且不知道该相信什么的条件下，我丧失了相关的信念；这就是游叙弗伦所处的状况（*Eu.*, 11b—e）。（2）我仍然持有同一种信念，但它不再是正确的，在这种条件下我所坚持的信念就被证明是错误的。知识因此就通过两种方式限制了信念：（1）阻止它在不熟悉的条件下发生偏离；（2）阻止它偏离真理。在第一种情况下，行动者的信念本身是不稳定的；在第二种情况下，信念的真实性是不稳定的。既然柏拉图关心的是信念所具有的稳定的正确性，而不仅仅是坚持信念，那他就必须对这两种偏离做出论述，而知识必须保护我们远离这两种偏离。

柏拉图也需要考虑不同的环境，它们或许会导致真信念以上面说到的某一种方式偏离，这样他就能说出，有多少情况是和我们的信念是否具有正确的稳定性相关的。对稳定性的不同要求或许会依赖于可靠性的不同标准。比如说，如果我相信这些动物是绵羊，
143 而它们真的是绵羊，那么我对这些动物的信念就是可靠的，就算我不知道是什么令它们是绵羊也没有关系。然而，如果我无法认识绵羊与山羊之间的区别，而且不知道为什么这些动物是绵羊而不是山羊，那么如果我碰到了山羊，我的无知就是重要的。如果我们关心“经验上的可靠性”（在经验上相似的条件下趋于正确的倾向），我的信念（即具有某种外表的动物是绵羊）就可能是完全可靠的（只

39 “aiei”在 97c6—8 的重复出现强调了苏格拉底的观点。

要我能够指望不碰到任何山羊)。如果我们关心的是“反事实的可靠性”(在反事实的且并非必然经验上可能的条件下趋于正确的倾向),那么我无法区分绵羊与山羊这个事实就令我的信念不可靠(即具有某种外表的动物是绵羊)。当我们说我们关于绵羊的信念在反事实层面是不可靠的时候,我们就是在指出,我相信这些东西是绵羊的理由是错误的,即使这个错误并不影响我在实际情况下做出的判断。

当柏拉图说到一个给定信念“偏离了方向”,他是在描述一种错误,如果能用另一种方式对之加以描述的话,我们可能更容易认出这个错误。如果我是通过某些特性来识别绵羊,而这些特性并不能使其与山羊区分开来,那么我就是在没有山羊的情况下依靠错误的原则来达到真信念,即“这是一只绵羊”。如果我在有山羊的情况下还依靠同样的原则来鉴别绵羊,那么当我碰见一只山羊的时候,我往往会达到假信念,即“这是一只绵羊”。我们或许想要通过提及以下三种事物来描述这些事实:(1)真的象征性信念“这是一只绵羊”(应用于第一种情况下的一只绵羊),(2)假的象征性信念“这是一只绵羊”(应用于第二种情况下的一只山羊),以及(3)我在两种情况下用来鉴别绵羊的、错误的一般原则。然而,柏拉图似乎倾向于认为,错误的一般原则导致某一个以及同一个信念(“这是一只绵羊”)在不同情况下发生从真到假的变化。[40] 一旦我们记得这一点,就更容易理解他说信念“偏离了方向”是指什么。

如果我们考虑到,信念的稳定或不稳定会表现为不同方式,我们就可以捍卫苏格拉底的主张,即仅仅正确的信念不如知识稳定。如果我们考虑的仅仅是经验上的可靠性,那么说正确的信念必定不够稳定,这个例子就比较弱。因为在特定的经验情况下,我可能永

40　在 *Catg.*,4a21—b13,亚里士多德用不断变化的真值来识别信念。要了解柏拉图关于信念的观点,参见本书第 183 节,第 184 节。

远不会面对那种会导致我的信念或者其真实性发生偏离的情况；这样一来，如果这些情况并不是需要考虑的备选，那么我的信念就可能是完全稳定的，这就与苏格拉底的主张相反。然而，如果我们考虑的是反事实层面的可靠性，并参考恰当范围的反事实情况，那么苏格拉底声称正确的信念在没有知识的情况下必定是不稳定的，他就是正确的。即使在给定范围的情况下，正确的信念与知识一样好，它面对某种类型的挑战也将无法保持正确，而一个具有知识的人则可以战胜这种挑战。[41]

于是，柏拉图给出了一个明确的理由去偏爱理性理解和我们从知识中获取的解释。如果我们知道为什么在我们面对的所有情况下都遵守承诺是对的，那么我们就有了更好的准备去发现，在某种我们尚未考虑到的情况下遵守承诺会是错误的（参见 *Rep.*，331c），
144 而我们也能更好地准备抵抗那些似是而非的论证，它们暗示这个规则并不适用于某种我们之前未曾遇到的情况。

如果柏拉图认为这个反事实的可靠性对于区分知识与真信念的稳定性来说是必要的，那么这两个表面上将知识和真信念区分开来的特性就变得更难分离。我们可以首先假定，无论是在稳定性方面还是在包括"对解释的推理"方面，知识都与单纯的正确信念不同；这样的话我们就可以假定，某些正确的信念可以具有其中一个特性而不必同时具有另一个。然而，如果相关类型的稳定性要求反事实层面的可靠性，而后者聚焦于相信 p 的正确理由，那我们就无法具有相关类型的稳定性而不同时理解相信 p 的正确理由。如果这是真的，那我们就不能在未满足理性理解的要求时达到稳定性。

41　在关于可靠性和辩护的问题上忍受反事实层面的辩护与相关备选的情况，相关讨论参见 Dretske（1970）；Dretske（1981），第 129—134 页；Goldman（1976），第 44—50 页；Goldman（1986），第 103—113 页。

102. 知识、信念与美德

如果这就是柏拉图关于知识与真信念之差别的观点,那么关于“正确信念与知识一样有益”这个观点,它又蕴含了什么意义呢?对不同类型的可靠性加以考虑就会看到,这个问题或许很难回答。如果我们关心的是实际结果,我们就会得出结论,只有经验的可靠性才重要,因此正确的信念就和知识一样有益;或许这就是当苏格拉底提出,真信念就其达到每一个行动的结果而言并不输于知识(98a7—9),而且也同样“对行动”(98c1—3)有益时,他的心中所设想的东西。然而,如果相关类型的益处包括了反事实的可靠性,那么知识就比正确的信念更有益。

我们正在考虑的这种关于益处的观点也会影响我们对以下观点的判断,即任何始终有益的状态都将等同于美德。如果只有相关益处才是在实际结果中体现出来的“实用的”益处,那么将美德鉴别为有益的状态就意味着,对于美德来说只有实际的结果才是重要的;如果是这样,正确的信念就和知识一样。苏格拉底在运用知识和信念的区分来反对此前论证(87d—89a)的过程中假设了这个“实用的益处”观念,用它来支持美德与知识的等同。这种“实用的益处”观念支持了第三个论证的看似成立的结论,即有美德的人具有美德是因为某种神圣的命运,而不是因为自然本性或教导。

然而,苏格拉底通过添加条件而限制了这个结论,条件就是:只有我们在追问如何获得美德之前先问美德是什么,我们才会对此有清楚的了解(100b4—6)。上述三个主要论证中的每一个(自87d始)都容易遭受怀疑,而这种怀疑会引发关于美德本性的质问。如果我们在这些论证的语境中正确地对之加以理解,那么柏拉图就充分地证明了他的提议,即它们依赖于有争议的假设,而这些假设需要通过对美德是什么进行探究来加以澄清。在这种情况下,我们需

145 要对美德有充分了解，以判断纯粹“实用的益处”观念是不是唯一与美德相关的观念。

苏格拉底声称，知识比正确的信念更有价值（timiōteron，98a7）。他暗示了知识的更大价值并不在于它在经验上更加可靠，因为事实上也有可能，它在经验层面并不比正确信念更加可靠。知识有助于某种并非纯然实用但在道德上相关的信念。如果A的知识和B的正确信念只有在反事实的条件下才会给出不同的答案，那这就仍然与美德相关；因为或许A和B之间实际的行为差别并非全都重要，但是我们还应该关心它们的动机与态度。如果这些对我们来说是重要的，那么关系到美德的利益也就不只是具有实用的益处。

103.《美诺》与苏格拉底伦理学

关于知识价值的这个问题引入了一种特性，在亚里士多德看来，这个特性将美德与技艺区分开来。他论证，既然我们是通过考虑人们如何有效地生产正确的产品来评价他们拥有的技艺，那么我们就通过考虑独立于结果的更深层特性来评价一个人的品格：

> 依照美德而产生的行动是正义地或节制地做出的，条件不在于它们自己处于某种特定状况，而在于除此之外，行动者也是在某些状况下完成它们——首先，如果他知情地完成这些行动；其次，如果他经过选择那样做，并且是因那行动自身而选择它们；第三，如果他完成这些行动也是出于一个坚定的、不可动摇的状态。（*EN*，1105a28—33）

如果柏拉图在《美诺》中关心的是鉴别出亚里士多德在此提到的美德的特性，那他就有充足的理由坚持认为，知识，而不仅仅是正确的信念，对美德来说是必要的。既然他坚持认为知识比美德更有价值,同时又认识到它在行动中并非更加有用,他就提出以下可能的情况,即知识中所具有的进一步有价值的元素也是美德的一个元素。

如果柏拉图采取了这种美德观点,他就超出了在早期对话中的态度。因为在早期对话中,苏格拉底并未提及亚里士多德在美德与技艺之间发现的那些差异;确实,他似乎将美德比作技艺。[42] 他从未暗示说,对于有美德行动的正确原因的理解,除了它对行动产生的后果之外,其本身就是美德的一个因素。

然而,这些对话的读者可能恰当地论证,苏格拉底对于清晰理解之重要性的强调似乎超过了他能有效地加以辩护的任何事物。尼西亚斯警告吕西马库斯,任何同苏格拉底讨论过的人都发现自己不得不"对自己给出一个论述,关于他如何引导自己,以及如何组织自己之前的整个生活"(*La.*,187e10—188a2)。苏格拉底确认了尼西亚斯对他的印象;他坚持说未经审视的生活不值得过,而且对人 146
来说,每天讨论美德就是最大的善(*Ap.*,38a1—6)。[43] 尽管我们可以对苏格拉底的活动给出某些有效的辩护,人们依然可以怀疑,这个辩护能否真正解释苏格拉底所赋予这些活动的重要性。

如果没有《美诺》做出的区分,我们也就不能恰当地提出关于苏格拉底伦理学的这个问题及其与苏格拉底方法之间的联系;这也是前期对话没有提出这个联系的原因。一旦柏拉图区分了知识与正确信念,他就能考虑知识的特点(这个特点不是实际的结果,因为正确信念也可能具有实际的结果),而且他也可以追问,只有知识才具备的那种合理而清晰的理解,作为美德的一个方面,是否因其自身而具有价值。在提到知识自身即具有某种价值时,柏拉图暗示说,一个纯然实用的、关于美德之益处的观念无法解释苏格拉底本

42　关于美德与技艺,参见本书第 49 节,第 50 节。

43　关于苏格拉底对经过审视的生活所持观点的意义,参见 Vlastos(1991),第 125 页。

人的确信，即知识对美德来说是必要的。尽管把握知识和信念之间的区分倾向于支持苏格拉底式的探究实践，但它还是可能挑战苏格拉底想要解释美德之特点的尝试。我们最终看到，早期对话中的苏格拉底只具有关于美德特性的正确信念，而没有这方面的知识。

在《美诺》中，尤其是在对回忆、知识与信念的讨论中，柏拉图引入了认识论的问题，它们在早期对话中并没有得到考察。但是他引入这些问题就表明，它们对于苏格拉底方法和苏格拉底伦理学来说是重要的。柏拉图暗示说，历史人物苏格拉底使得捍卫他的道德确信变得不必要地困难，因为他将自己限定于伦理讨论。如果我们要像苏格拉底一样严肃地看待这些伦理讨论，那就需要对苏格拉底方法做出某种辩护，而对苏格拉底式方法的辩护很快将把我们引向认识论。不仅如此，苏格拉底强调理性理解和自我审视的伦理重要性，这种强调要求对知识和信念有更充分的理解，比苏格拉底自己所达到的理解更加充分。

《美诺》的很多读者已经认识到，它表达了柏拉图对苏格拉底的批判性反思。有些读者已经论证说，柏拉图的批评主要是外在的；根据这个观点，当柏拉图对照那些不为苏格拉底所接受的认识论和形而上学标准来评价苏格拉底时，他发现苏格拉底有所欠缺。[44] 相反，我们已经发现，柏拉图的批判是内部的；他坚持认为，如果我们想要根据苏格拉底自己必定认为是合法的问题去理解并捍卫苏格拉底，我们就不能局限于他的纯然的伦理探究。就此而言，中期对话的认识论和形而上学探究背后的这种推动力是严格意义上的苏
147 格拉底式推动力。

44　对于柏拉图批判苏格拉底的一种“外部”论述，参见 Vlastos（1991），第 4 章。他声称柏拉图在数学方面的兴趣将他“带离了苏格拉底这个精神依托”，走向“其中期思想中的‘苏格拉底’，追求非苏格拉底式的研究和反苏格拉底式的结论”（第 131 页）。对于数学的重要性，一个类似的观点参见 Cornford（1952），第 4 章，尤其是第 48 页，第 55 页。对 Vlastos 观点的出色批判见 Gentzler（1991a），第 4 章。

第十章

理念论

104. 苏格拉底方法与柏拉图式形而上学

在《美诺》中，柏拉图审视了苏格拉底式探究的某些预设。他考虑了一个充分的苏格拉底式定义都要求哪些条件，并探索了知识与信念之间的区别。他暗示知识是回忆的结果。在《斐多》中，他重申了回忆说，但是现在他声称，我们所回忆的是关于非可感的理念的真理，它们经由不完美的可感实例而来（*Phd.*，74e8—75a3）。[1] 既然根据《美诺》，当我们持有一个苏格拉底式的定义，我们的回忆就是完整的，于是柏拉图就声称，苏格拉底式定义必须首先应用于非可感的理念。《理想国》断言了同样的认识论和形而上学的主张；柏拉图论证，知识不可能是主要地关于任何可感物，而是必须关于非可感的理念。

按照亚里士多德的观点，以下信念是苏格拉底和柏拉图在形而

1　我将“理念”（Form）以及各种理念名称［例如“正义”（Just）等］的首字母大写，以此指称非可感的实体，这是在柏拉图看来唯一满足苏格拉底对形式提出的条件的事物（即在一个苏格拉底式的定义中得到界定的事物）。

上学和认识论问题上的一个核心差别（*Met.*，987a32—b10，1078b12—1079a4，1086a37—b11），即可感事物在认识论层面是有缺陷的，而与这些可感事物“分离”的理念在认识论层面具有必然性。根据亚里士多德的看法，柏拉图发展了他关于非可感的、分离的理念的理论来回应苏格拉底在伦理学方面对定义的寻求，因为柏拉图相信，苏格拉底式的定义不能用于可感物，这是因为可感物会经受变化。于是，亚里士多德令我们期望，当柏拉图论证可感物是有缺陷的或者不完美的，他就会特别提到变化。为了理解亚里士多德是否正确，我们就必须查明他指的是什么，以及他的观点在多大程度上可以从柏拉图的对话中获得辩护。一旦我们考察了柏拉图认为可感物有缺陷的理由，我们就更容易着手处理这些问题。

这些问题与理解柏拉图的道德理论有关。柏拉图关于苏格拉底式定义的理论观点值得考察，因为他在《理想国》中的实践迥异于他在更早的对话中的做法。尽管早期对话未能达到他们所寻找的苏格拉底式定义，但是《理想国》第四卷对每一种主要美德都做出了论述。柏拉图对苏格拉底式定义的反思是否影响了他对寻找这些
148 定义的前景的看法？

105. 定义与统一性

从《美诺》中已经提出但没有被追究的问题入手是有效的。当苏格拉底向美诺暗示需要一个关于美德的定义时，美诺并没有立即同意这样一种定义是可能的（*M.*，73a4—5）。的确，柏拉图也承认，对美德提出一个单一论述的要求，并不像它在苏格拉底对话中得以展现出来的那样无可争议。美诺最初对于不同类型的美德所持的观点，反映了人们对“什么应该算作一种美德”所持有的不同观点在常识中尴尬并存的局面。美诺直接想到荷马式的观念，把美德与行动者自己的世俗成就联系起来；苏格拉底逐步劝服了他，不止一次

地回到同一个观点，即正义和节制对于任何真正的美德都是必要的（73a6—c5，78c4—79a2）。苏格拉底假设，真正的美德都必须具备一个既使行动者自己受益，也使其他人受益的倾向。他没有辩护这个假设，而是在更清楚地表明苏格拉底依赖它的时候发现了一个有争议的主张，这个主张与其他同样有争议的主张一起成为苏格拉底对话中关于美德的论证的基础。

美诺很快就赞同苏格拉底对美德给出一个单一定义的要求（73a6—c5）；他并没有暗示说，苏格拉底是在问一个错误的问题。他也没有挑战苏格拉底对一个定义提出的其他标准，即使他对苏格拉底式探究怀有疑虑。他假设，他之所以无法取得进展，是因为苏格拉底尚未具备先前的知识就试图进行探究，而不是因为苏格拉底对他正在寻求的定义所持有的想法。不过关于苏格拉底对定义提出的条件，还是值得提出一些问题。

当美诺给出一份各种美德的清单时，苏格拉底暗示说，美诺认为其清单上所列的项目之所以应该归入这个清单，是因为它们都具有某个更深层的特性（而不仅仅是它们都在清单上这个事实本身）。承认这个更深层的特点就是承认"一"属于所有的多（dia pantōn；74a9；参见 75a7—8），承认某事物可以被"普遍地"归于它们（kata holou；77a6）。这是一种我们熟知的苏格拉底式要求，但它的含义是什么呢？

让我们假设，美诺未曾接受苏格拉底的提议，即正义和节制是美诺一开始提到的所有类型的美德的共同特点。在那种情形之下，他本可以说，除了它们在一个析取的清单中的成员资格之外，不同类型的美德无需具有任何共同之处。如果愿意的话，我们也可以说，这种成员资格是令所有美德成为美德的单一特点。

苏格拉底有任何理由拒绝把这个观点作为对"一"的论述（"多"所共有的那个东西）来加以接受吗？在"多"中要求"一"的时候，苏格拉底似乎受到了以下事实的影响：我们将"美德"这个单一的名称应用于多种不同类型的美德。他有没有可能假设，每当我们将一个单一的词汇“F”应用于多种情况时，它就具有了一个单一的意义，而这个事实本身就让我们有理由要求这样一个苏格拉底式的F定义——这个定义揭示出所有的F都共同具有的某种理念，也就是使得F的所有实例因之而成为F的那个东西，让我们得以聚焦并说某事物是不是F的那个东西。

149 如果苏格拉底在寻找定义时说的就是这个意思，那么寻找一个对于多而言的共同的一，这相对来说就会比较简单，但是相对来说也比较无趣。比如说，如果“F”是用析取的方式来定义的谓述，那么（按照这个观点）就必定有某种所有F都共同拥有的东西；如果与“F”相应的定义为“是G或H”，那么这就会告诉我们所有F都共有的东西。如果这就是苏格拉底的观点，那就很容易修改美诺的第一个答案来回答苏格拉底的问题；如果不列清单的话，美诺就应该坦率地说，它们共同拥有的那个理念只是清单上的一项，这样美德就会成为一种本质上具有析取性的特征。

然而，苏格拉底并没有暗示，这样一个答案就能令他满意。在假设美德必须是一个单一的理念时，他似乎不仅假设“美德”是一个有意义的谓述，而且也假设它对应着一个非析取的属性，作为各种美德的析取性清单的基础。这个单一的属性必须说明，为什么不同类型的美德都属于同一种。[2]在《美诺》后面的部分里，这个假定既没有受到挑战也没有得到澄清。苏格拉底因此宣称，名称（或者至少某些名称）与某种统一的、解释性的属性相关联，后者并非直接对应于语言上的谓述；比如说，如果“美德”仅仅对应于某些特征的一个析取，那它就不会对应于一个真正的解释性属性。为了看到在柏拉图那里对于此类属性的信念究竟意味着什么，我们就必须把眼光投向《美诺》之外。最好的研究起点是《克拉底鲁》。

---

2 关于苏格拉底对单一属性的要求，参见本书第13节，第14节。

106. 约定与客观性

《克拉底鲁》关心的是"名称的正确性"（383a4—b2），尤其会考虑它们的正确性是约定的还是自然的。[3] 这个问题可以分为两个进一步的问题：（1）名称的内在特性和结构是不是纯然约定性的？（对马来说，英文的"horse"是比希腊文的"hippos"更为正确的名称吗？）（2）一个特定的名称是特定种类的事物的正确名称，这是一个自然的问题还是一个约定的问题？苏格拉底承认，诉诸约定可能对第一个问题给出正确回答（435a5—d3），但是他拒绝承认，约定可以作为第二个问题的答案。

苏格拉底假定，约定主义者（conventionalist）对第二个问题的答案依赖于普罗塔戈拉式的观点，即"事物对于每个人来说像什么样子，它们也就像什么样子"（386c4—5）。在苏格拉底看来，约定主义者的意思是说，没有什么关于（比如说）马自身的东西可以让下面这种做法变得正确：为所有的马匹给出一个单一的名字，而不是为在一周之中奇数的日子里碰到的马和狗给出一个单一名字，再为一周之中偶数的日子里碰到的马和猫给出另一个单一的名字。按照这个观点，没有什么关于外部实在本身的东西能够令我们用一种方式（而不是另一种方式）来对事物进行分类变得正确。

苏格拉底在《美诺》中的问题预设了存在着某种关于美德自身

---

3 《克拉底鲁》这部对话的写作年代不明；参见 Luce（1964）；Mackenzie（1986）。它处理了某些在《泰阿泰德》中以更大篇幅加以处理的问题，这个事实可能被认为是在提示，像《泰阿泰德》一样，它也成书于《理想国》之后。然而，这并不是一个必须把它看成晚期对话的充分理由；同样可能的是，柏拉图在后期对话中回到某些之前讨论过的问题并对之再度加以审视，因为他认为这些对话需要得到更加全面的处理。如果我们认为《欧绪德谟》是一部早期对话（参见本书第四章，注释 1），那我们就会对它与《智者》和《政治家》的关系提出同样的观点。

的东西，它使得把同样的名称给予美德变得正确。然而，如果一个约定主义的理论是普遍正确的，那么在各个美德自身的本性中就没有什么东西能令我们正确地将所有这些状态和特征划分为美德。
150 如果我们仅仅是因为约定而承认我们实际上所承认的种类，如果没有什么东西（它与这些被分为不同种类的事物有关）使得一个分类是正确的而非错误的，那我们就没有理由跟从苏格拉底去假设，由那个名字指称的事物，除了是我们已经选择划归于一个名称下的事物之外，必定还具有某种共同的东西。

苏格拉底通过攻击普罗塔戈拉式的立场来攻击约定主义观点的动机。他问赫尔墨格涅斯（Hermogenes），“事物的存在（ousia）对于每一个人来说是不是私人的”（385e5），抑或恰恰相反，事物自身有某种稳定性（386a3—4），因此它们并不随着我们对它们的观点变化而变化（386d8—e4）。[4] 苏格拉底根据一个事实提出论证，即我们区分更好的人和更坏的人，并在这个过程中区分智慧的人与无知的人，以此来捍卫他对客观事物和属性的信念（386b10—12）。如果普罗塔戈拉是对的，我们就不会有资格做出这些区分；因为既然每个人都有同样真实的信念，那么每个人就会同样有智慧，因此也就没有人比其他人更有智慧（386c2—d1）。[5]

这个论证帮助我们看到，为什么苏格拉底相信他是在向美诺追问那些关于美德的正确问题。他假设，一个对话者会对苏格拉底问题的正确答案持有某些观点。更加重要的是，他假设对话者同意存在着正确的答案，而且我们能够在找到这些答案方面有所进展。这个假设立足于一个更加基本的假设，即某些人在美德这个问题上比其他人更有智慧。

一旦苏格拉底确保赫尔墨格涅斯对智慧的不同程度具有一致

4 关于变化和稳定的相关性，参见本书第 113 节。

5 这个问题也在以下对话中得到了讨论：*Pr.*，327e—328c；*Tht.*，178a5—179b5。

意见，他就推断说，存在着某种我们可以正确地或错误地加以把握的东西，这种东西必定就是事物不依赖于我们对它们的信念而自身具有的本性（386d8—e5）。由此推出，当我们谈论或不谈论客观存在的事物时，我们其实也是在正确地或错误地谈论（387b11—c5）。既然命名是一种行动，是言说的一部分，那么命名就同样可以是正确的也可以是错误的（387c9—d8）。[6]一个名称的恰当功能在于教导和区分事物的存在（388b6—c1），而一个正确的名称会施展这个功能。[7]苏格拉底暗示说，只要一个名字将其所指的一个“概要”（tupos）传达出来，它就是正确的。F的概要越好，F的名称也就越正确；不过只要F的某个概要得到了传达，这个名称就仍然能为F命名（431c4—433a2）。

某些谓述就是维护了概要的名称，这个假设构成了与美诺进行讨论的基础。因为苏格拉底假设，当美诺使用“美德”这个词时，他就维护了一个真正本性的概要，就像苏格拉底所设想的那样。为什么苏格拉底要做出这个假设？很有可能的是，某些名称（或假定的名称）与实在的联系是如此糟糕，以至于它们并没有维护任何真正本性的概要，或者它们是如此含混地把两种本性的元素结合起来，以至于我们无法确定地说哪一个本性得到了命名。[8]美诺可能会论证说，他的美德清单中的条目不具有任何共同的东西，或者它们所

6　如果柏拉图是要避免承诺区分的谬误，那他就需要假设命名是一个行动［断言这一点的有 Robinson（1956），第123页］。对名称之正确性的讨论，见 Kretzmann（1971）。

7　对话接下来的部分考虑了命名可能正确的一种方式；因为它考虑了名称的词源是否传达了关于它们所命名的对象的真理。最后苏格拉底承认，词源学并不是寻找正统性的恰当所在（435a5—d3）。一个名称，其词源学传达了被命名的对象物的错误信息，即使如此它也能作为名称在正确的语境中指称对象，就像“赫尔墨格涅斯”能被用来命名赫尔墨格涅斯，即使他并不是赫尔墨斯的后代（429b11—c5）。为了取代词源学理论的正统性，苏格拉底的方式是保留“概要”［对此的评论见 Fine（1977）］。

8　“Barbaros”（野蛮人）在 *St.*，262c10—263a1 中得到了讨论，它是一个表面名称无法保留真正类别的概要的例子。柏拉图在《克拉底鲁》中并没有讨论此类例子。

共有的就是这样一个事实，即它们被约定俗成地认定为美德，因为它们对应于被约定俗成地认定的角色。另一种选择是，他可能暗示说，如果一个人的某种品质最终受到广泛赞誉，或受到某些人的赞誉，那么这品质就是一种美德，也就是一种美德的本质所在。这个
151 回答并没有将美德划分为多，而且它提供的也不仅仅是一个清单。但这也不是那种能令苏格拉底满意的答案。在《游叙弗伦》中，他考虑过并拒绝了一个这样的答案，提出论证来反对以下提议，即虔敬应该被定义为神灵所爱的东西。

苏格拉底拒绝了这种答案，因为他相信，存在着某种关于美德自身的东西，它使我们能够恰当地将它们列入美德清单中。他假设存在着某个关于美德的客观特性的问题，而这个问题是我们可以正确地或不正确地予以回答的。《克拉底鲁》提出了这种关于语言及其背后之实在的形而上学观点，它由苏格拉底在《美诺》和早期对话中的要求所预设。苏格拉底表态说，存在着真实的种类以及客观的相似性，它们为我们实际上对事物所做的分类提供了辩护。他假设，而且美诺也同意，存在着某个来自行动和特征自身之本性的单一标准，这种标准捍卫了我们的判断，即所有类型的美德都是真正的美德。

这就是为什么苏格拉底拒绝了美诺对美德所做的尝试性定义，“用正义来统治”。美诺的方案是有缺陷的，不仅因为某些类型的美德与统治无关（73d2—5），而且也因为诉诸正义并不会恰当地捍卫我们对于美德的判断。苏格拉底假设，关于美德的某个进一步的事实说明了“正义是一种美德”这一事实，而为了对美德提出一个恰当的定义，就需要由这个进一步的事实来提供说明。

对一个客观的、说明性的属性的要求使得对一个单一定义的要求变得更难满足。要是苏格拉底满足于一个与 F 相对应并应用于 F 的所有实例的单一描述，那么美诺要让他感到满意就更加容易。然而，既然他要求一个客观的说明性的属性，那么他就不会对那种无法提供正确说明的答案感到满意。

107. 对定义的认识论要求

对苏格拉底式定义的这个要求是形而上学的，因为它要求一个与其实例处于正确的解释关系之中的单一的客观属性。一旦我们理解了这个要求，我们就必须将它与苏格拉底对定义所提出的其他要求加以比较，以便看到期待这些要求都得到满足是否合理。

在《游叙弗伦》中，苏格拉底结合了他的形而上学要求和认识论要求；对一种理念的恰当论述必须提供一个"模式"或"标准"（paradeigma）来判断某件事情究竟是不是虔敬的一个实例。他似乎假设，这样一种论述必须消除"有争议的术语"（*Eu.*，7c10—d5）。[9] 苏格拉底似乎相信，如果我们只能用若不引起争议就无法应用于特殊情况的术语来描述虔敬的形式，那么我们就不能把我们对它的论述用作一个判断标准。既然对于哪些行动是正义的存在争议，那么对虔敬的说明如果涉及正义，就不足以确定哪些行动是虔敬的。

《游叙弗伦》只是暗示了这个约束，而没有加以陈述；尽管苏格 152
拉底强调了因为在一个论述中使用有争议的用语而产生的困难，但他并没有明确地坚持说，一个可接受的论述必须消除这些用语。不过他没有提出任何方式来消除他自己指出的困难。不仅如此，如果他相信有争议的用语必须予以消除的话，那就更容易理解，为什么他从不明确地声称要对一种美德给出一个令人满意的定义。他提供了一些描述，例如"勇敢是对应该害怕的东西和应该充满信心地面对的东西的知识"（*La.*，199d1—2；*Pr.*，360d4—5），也在《高尔吉亚》中提供了对美德作为各种灵魂秩序的描述（*G.*，506e2—507b8），但是他并没有把这些描述为适当的定义。他好像不愿意接受这种定义，而如果他接受了《游叙弗伦》对某种度量和决定之方法（这种

9　关于有争议的用语，参见本书第 14 节，第 26 节；Kraut（1984），第 281 页及注释。

方法将会消除在道德属性上的分歧）的隐含要求，那么他的不情愿就是可以理解的。如果苏格拉底是在寻找这样一种方法，那么像“勇敢是对于应该害怕的东西的知识”这样的论述看起来就没什么前途。

如果苏格拉底依靠《普罗塔戈拉》中认识论的快乐主义，并由此声称，我们可以知道什么东西能够独立于我们对善的信念而使快乐最大化，那他或许就能克服《游叙弗伦》中提出的困难。[10] 在《普罗塔戈拉》中，他提到了“度量技艺”，这种技艺通过评估当前和未来的快乐而解决了关于好（goodness）和坏（badness）的问题；这看起来解决了《游叙弗伦》中提出的困难。度量正是《游叙弗伦》提出的用来消除争议的方法，而《普罗塔戈拉》则指出，对于道德问题来说，这个方法并不像它一开始看上去那样是外在的。[11]

在《美诺》中，柏拉图注意到苏格拉底式定义的认识论方面，并且把它和形而上学的方面加以区别。苏格拉底劝告美诺，对于寻求一个定义来说，正确的回应必须“不只是回应真正的事物，而且也要通过提问者同时承认他所知道的那些事物来回应真实的事物”（*M.*，75d6—7）。[12] 这个条件，据说是与诡辩对立的辩证法的特征，被用于美诺后面对定义的尝试。他最终承认，“任何与正义一同产生的东西都是美德，任何不伴随这种事物而产生的东西都是恶”（78e8—79a1）。苏格拉底反驳说，如果我们不知道美德是什么，我们就不知道美德的任何一个部分是什么；因此我们也就不知道正义是什么。这样的话，在对美德的定义中提到正义的做法就（按照辩证条件的标准）没有正当性（79d1—e4）。

苏格拉底的意思是，如果在对 G 的定义中提到了 F 而我们不知

---

10 关于认识论层面的快乐主义，参见本书第 57 节。

11 关于度量，参见本书第 64 节。

12 我跟 Thompson 一样读作 ho erōtōn。在 79c2，gnōsomenou emou 意味着提问者的赞同是相关的。将之修订为 prohomologē(i)（受到 Thompson 和 Bluck 的辩护）有它的吸引力，但是没有必要。

道 F 是什么，那么我们就无法知道 G 是什么；这样一来，既然知识要求定义，我们就无法知道 G 是什么，除非我们能够不涉及 G 而定义 F。这与消除有争议用语的要求并不完全相同，但是它可能由那个要求来加以说明。因为苏格拉底可以论证说，如果 G 是通过 F 来定义的，而 F 不能独立于 G 来定义，那么从表面上看，当我们考虑 F 是什么东西时，我们最初关于 G 是什么东西的争论就会再次出现。

即使我们把《游叙弗伦》中关于有争议用语的评论和《美诺》中的辩证条件结合起来，我们仍然无法确定苏格拉底或柏拉图打算接 153
受什么或排除什么。但是这些不同的评论意味着，苏格拉底将某个认识论的要求施加于定义。如果他是这样做的，我们就应当提出一个《美诺》未曾提出的问题：认识论的要求如何影响我们对一个解释性的属性所提出的形而上学要求？

只要我们的重心在于解决争论，那么辩证条件看来就是合理的，即便如此，它所施加的限制仍有讨论的余地。苏格拉底何以能够排除一种可能性，即某些定义是相互依赖的？如果他承认这种可能性，把这种定义作为对某种探究的回应，这又如何能够是公正的呢？从苏格拉底对定义的形而上学约束来看，这样一种限制似乎尤其不受欢迎。如果它们被假定为鉴别出了真正的解释性属性，那他何以知道用辩证条件所要求的那种用语来指定这个性质是可能的呢？苏格拉底并没有考虑这种认识论要求和形而上学要求之间存在分歧的可能性，因此他就没有说明，哪个要求更为重要。

既然苏格拉底同时接受了认识论要求和形而上学要求，却没有说明，哪一个更加重要或者我们要如何解决二者之间的冲突，那他就使得寻找一个苏格拉底式的定义这个任务变得尤为困难。美诺如同苏格拉底及其早期对话中的对话者一样不成功。美诺没有挑战苏格拉底的要求；他相信自己所面对的困难来自苏格拉底关于知识和定义的主张。他的这个信念是错误的；当我们看到他的错误时，我们或许想要知道，苏格拉底的其他要求会不会令任何人都难以找到一个让人满意的定义。在研究柏拉图对理念的本性以及我们对它们的知识所进行的反思时，我们可能合理地期望发现，柏拉图是否同时接受了苏格拉底所施加的形而上学要求与说明性的要求，以及他何以相信它们能够得到满足。

108. 对立物的共存

在《斐多》中，柏拉图讨论了苏格拉底式定义的形而上学方面和认识论的方面。他考虑了理念（*Eu.*，6d9—e1；*M.*，72c6—d1），并且问道，我们如何能够根据关于它们如何存在的事实而知道它们？为了表明他是在讨论苏格拉底所关心的理念，柏拉图引入了“正义本身”以及在辩证讨论中被恰当地称为“F 本身”的其他所有事物（*Phd.*，65d4—5，74a11，75c10—d3，76d7—9）；这些恰恰都是苏格拉底试图定义的“存在”或“本质”（参见 ousias；65d13）。

一旦他表明自己是在谈论苏格拉底所谈论过的同样的理念，柏拉图就提出了一个认识论的主张：这些理念不可能为各种感官所获得（65d4—5）。为了支持这个主张，他提出了一个形而上学主张：F 的理念（Form）具有任何可感的 F 都无法具有的属性。关于理念的这个事实说明了为什么它们不能通过感觉而得知（74a9—b7）。在苏格拉底对话中，并不存在类似的主张以及支持它们的论证；我们必须试着去理解它们对柏拉图的理念论所具有的重要性。

154 为了表明理念不可能是可感的，柏拉图声称，虽然同样的棍子与石头看上去既相等又不相等，但是理念依然无法具有这些相反的属性（*Phd.*，74b7—9）。[13] 在后苏格拉底（post-Scocratic）对话中，柏

---

13 在 *Phd.*，74b6—9，我把 tō(i)men ... tō(i)d'ou 读作阳性的（正如在 *HMa.*，291d1—3，*Symp.*，211a2—5），且 phainetai 有其断然为真的意义（正如在 *HMa.*，289b5—7；*R.*，479b6—7）。按照这个观点，一个人判断两根棍子相等是正确的，而另一个人判断它们不相等也是正确的；他们可能集中关注棍子的不同特性（或许它们的（转下页）

拉图经常将F的理念与既是又不是F的F事物加以对比。他在一个漂亮的女孩身上认识到一种赫拉克利特式的对立物的统一，因为这个女孩与众神相比又是丑陋的（*HMa.*，289a2—c6）。在某些情况下，我们埋葬父母和我们自己被子孙埋葬是高尚的，在另外一些情况下则是可耻的（293b5—e5）。多数的美好事物（正义、平等，等等）都既是美的又是丑的（*R.*，479a5—b10）。与这些既是F又不是F的F事物相反，F的理念必定脱离了这种对立物的共存（*Symp.*，210e5—211a5；参见*HMa.*，291d1—3）。

对立物的共存有什么问题吗？为什么柏拉图可以断言，理念就必须脱离这种共存？一个错误的思路是去论证，如果一个事物既是F又不是F，那它终究不是真正的F，或者说它是一个自我矛盾的实存（entity）；柏拉图从未诉诸这个错误的论证。[14] 在《理想国》第四卷，他坚持认为下面这种情况是不可能的："同一个事物在同一个方面或者在与同一个事物的关系中，做出或者承受相反的事情。"（436b8—9）[15] 虽然柏拉图实际上从未评论说，多个F并不是自我矛盾的，但是他所说的每一句话都暗示了，他相信它们的相反属性是完全相容的。当他谈论多个F中对立物的共存时，他说得很清楚，这种共存涉及不同的方面或不同的关系，而且他从未依靠任何要求他忽略这个关于相关共存的事实的论证。那么，为什么F和非F在

（接上页）同等长度与它们的不同宽度相对，抑或它们对彼此来说是相等的，与它们对于其他某个长度不同的事物来说是不等的，这二者彼此相对）。相关讨论参见Murphy（1951），第111页及注释1；Owen（1957），第175页及注释35（与Murphy一致，但是根据74c1做了重要保留）；Mills（1957）；Kirwan（1974），第116—117页；Gallop（1975），第121—122页；Bostock（1986），第73—77页；Penner（1987b），第20—22页，第33—40页，第48—52页，第352页；White（1987）；White（1992），第280—283页；Fine（1993），第331—332页。

14　与以下观点形成对照：Ross（1951），第38页；Mills（1958）。

15　诉诸*R.*，IV中的这段话是相关的，即使它没有明确陈述矛盾律。参见本书第十三章，注释4。

一个给定 F 中的共存,就意味着这个 F 不可能是 F 的理念呢?

109. 共存与解释

为了回答这个问题,柏拉图就提到了理念的解释功能。像苏格拉底一样,他也想找到 F 的理念,因为他想要找到所有的 F 事物之所以是 F 的“那个原因”(*M.*,72c6—d1, *Eu.*,6d9—e1)。为了澄清这个解释性的要求,他引用了据称非常令人不满的解释。比如说,要是我们试图通过提出什么东西使得 x 比 y 更大来说明“x 比 y 更大”,并说 x 比 y 大“一头”(*Phd.*,96d7—e1),那我们就给出了一个糟糕的解释,因为“[大]一头”这个说法对“x 比 y 更大”的解释就类似于它对“y 比 x 更小”的解释。同样,我们不可能说两个事物的结合就是把“二”造就出来的那个东西,因为同样为真的是,对一个事物的划分也可以产生“二”(96e5—97b3)。[16]

这些都是尝试性的解释的奇怪例子。毫无疑问,柏拉图本来就打算让它们显得奇怪,这样它们就可以表明他打算避免的一种根本性错误。他暗示说,作为解释,它们有着无法弥补的缺陷;一个属性 G 无法解释“x 是 F”,如果(1)G 在 y 中出现,但 y 不是 F;或者当(2)G 不在 z 中出现,但 z 是 F(97a5—b3,100e8—101b2)。G 也可能在 x 中出现并且可能与“x 是 F”具有某种联系(“[大]一头”
155 显然就是如此,如果我们说泰阿泰德比苏格拉底高一头),但是如果(1)或(2)中只有一个是真的,那么 G 就缺少与 F 之间的解释性联系,而如果 G 真是那个令 x 成为 F 的东西,那么 G 就会具有这种联系。用亚里士多德的术语来说,如果(1)和(2)中只有一个是真的,那么我们就不能说,就 x 是 G 而言,x 是 F(即 x 是作为 G 的 F)

16 关于被拒绝的解释中的错误,不同的观点如下:Vlastos(1969b),第 95—102 页;Gallop(1975),第 172—174 页;Bostock(1986),第 136—142 页。

（参见 *Phys.*，196b24—29；*Met.*，1026b37—1027a5）。

当柏拉图断言他对解释提出的约束时，他假设一个解释涉及一个对比。[17] 如果“是 F”和“是 G”对于 x 来说是两个可能的条件，而且我们想要说明为什么 x 是与 G 相反的 F，那么，如果我们提到的是某个其他的状态 H，它既不能说明 x 是 F 也不能解释 x 是 G，我们就还是没有解释这一点。因此“[大]一头”没有解释 x 比 y 更高也没有解释 x 比 y 更矮，因为它不过使用说明 x 比 z 更矮的方式来解释这一点。这样一来，如果 F 和 G 在我们对解释的要求中形成了对比，以至于我们想知道为什么 x 是 F 而不是 G，或者为什么是 G 而不是 F，那么我们就必须诉诸 x 的不同的解释属性。[18]

这些关于解释的一般主张向我们表明，为什么柏拉图会聚焦于对立物的共存。如果我们想要知道是什么令某个东西正义，而且所谓解释性属性使得某个事物是正义的，一如它使得某个事物是不正义的，那么我们就没有发现我们想要的那个解释性属性。比如，柏拉图论证说，子女埋葬父母这个事实不可能是使得这些子女埋葬其父母这个特定行动成为高尚的原因；因为在一个可耻的行动中同样可以找到这个事实（比如说，如果子女先谋杀了其父母）。

柏拉图在详细表述这个对解释的要求时，利用了某种标准的苏格拉底式的异议，但是他发展这些异议的方向是苏格拉底所没有的。当卡尔米德暗示节制是羞耻时，苏格拉底使他确信，这是一个错误的定义，因为羞耻是好的（在某些情况下）也是坏的（在其他情况下），或者“好坏差不多”（*Ch.*，161a2—b2）。他本可以向拉凯斯指出（尽管他没有用这些词语这么说），忍耐既是高贵的也是可耻的

17　解释与对比之间的联系由 Dretske（1988，第 42—43 页）提出；基于 Dretske（1972）；Van Fraassen（1980），第 127—128 页。

18　我之前一直泛泛地说到“解释”是为了避免暗示柏拉图排他性地关注因果性的解释，也是为了避免暗示他想的只有非因果性的解释。对这个问题的讨论参见 Taylor（1969）；Vlastos（1969b）；Annas（1982）；Fine（1987）。

（参见 *La.*，192d7—8）。他没有说羞耻既是节制的又不是节制的，也没有说忍耐既是勇敢的又不是勇敢的。《美诺》中针对美诺所提议的定义而提出的某些异议，很可能是用涉及对立物共存的措辞来陈述的（参见 *M.*，73d6—8），但这并不是用来陈述它们的方式。这些章节都没有陈述这个一般原则，即 F 无法既是 F 又不是 F，不过各种"是 F"的备选项实际上既是 F 又不是 F，并因此不可能是 F。《大希庇阿斯》接近于陈述这个一般原则（*HMa.*，291d1—3）。但是，在那些把 F 的非可感理念与多个可感的 F 进行对比的对话中，它得到了最清楚的表达。[19]

110. 理念与"多"

一旦我们看到柏拉图为什么将 F 的理念与多个 F 加以对比，我们就可以看到多个 F 被认为是什么，以及一个可接受的对理念的描述究竟是什么样子。[20] 为了明白他可能想要表达的意思，我们应当回忆一下，当苏格拉底暗示说（在《拉凯斯》中）忍耐既是高贵的又
156 是可耻的，或断言（在《卡尔米德》中）羞耻既是好的又是坏的，他的意思是什么。他并未暗示说，忍耐（例如莱昂尼达斯最后的抵抗）或感到羞耻（例如当莱昂尼达斯坚持抵抗时，临阵逃跑的斯巴达人所感到的羞耻）的每一个具体例子都既是好的又是坏的（或既高贵又可耻）。他的意思是说，相关行动的某些实例是好的而另一些是

19　关于《理想国》第一卷中论及对立物的共存，参见本书第 120 节。

20　关于"多个 F"的本性，参见 Murphy（1951），第 110 页；Owen（1957），第 174 页及注释 32；Crombie（1962），II 79，第 293—295 页；Gosling（1960）[受到的批判参见 White（1977）；White（1979），同时还有一个回应参见 Gosling（1977）]；Nehamas（1975a），第 116 页 [将多个 F 看成特殊项；与他在（1975b）中的观点相反]。如果我们相信，多个 F 是类型或属性，我们就不会假定，柏拉图主要是在论证反对唯名论 [就像 Penner（1987b，第 22 页，第 53—55 页，第 236—237 页）所提出的]。关于苏格拉底，参见本书第 14 节。

坏的，或者是相等的，而我们所讨论的那个属性（在忍耐或羞耻的例子里）使得某种行动的一些实例成为好的，而另一些实例成为坏的。同样清楚的是，《大希庇阿斯》中对于埋葬一个人的父母所做的评论并非指这种行动的每一个实例都是既高尚又可耻的，而是说其中有些是高尚的，另一些则是可耻的。[21]

《斐多》中对解释的讨论主要涉及属性：有一头，高一头，等等。当柏拉图将这种涉及理念的“可靠”解释与他已经阐明的有缺陷的解释加以对比，他坚持认为，我们应当说，美丽的事物之所以是美丽的是因为美本身，而不是“因为具有某种明亮的色彩或者某种形状，或者其他此类东西”（*Phd.*，100c9—d2）。他似乎是通过以下三种说法意指同样的东西：（1）颜色明亮的事物（比如说）是既美又丑的，（2）明亮的颜色是既美又丑的，或者（3）明亮的颜色使得事物既美又丑。第三个原则最准确地传达了他的主要观点。

如果有人声称，柏拉图说到“多个F”的时候，他的心里总是毫不含糊地想起与具体的F相对立的所谓“产生F的属性”，那这个主张就走得太远了。在某些情况下，我们不容易看到这个区分。因为对于相等、大和小的例子来说，具体事物和属性看起来都允许相关种类的共存。大和相等的比较性特征意味着，任何大的或在某种比较中相等的东西，在另一种比较中也会是小的、不相等的。但是我们无法给出任何类似的合理论证来表明，这对于苏格拉底主要关心的道德属性（善，勇敢，正义，等等）来说也同样为真。[22] 柏拉图从未暗示说，勇敢的行动（比如说）的每一个单一的实例也是懦弱

21　柏拉图并没有论证，由于（比如说）坚定不移“并非”（ou mallon）总是高贵而绝非可耻，因此，没有哪个坚定不移的具体例子是确切地高贵的。关于ou mallon，参见Woodruff（1988），第146—150页；Annas（1992），第66—68页。

22　有学者坚持认为，柏拉图对于理念的信念是对某种特定谓述中的相对性做出的回应，参见Owen（1957）；Strang（1963）；以及Bostock（1986），第77页，第79—80页。对这个观点的批判参见White（1989a），第45—57页；Fine（1993），第161—168页。

的，而且这样的主张在他对多个 F 和理念的论证当中没有起到任何作用。[23]

111. 感觉的作用

现在我们已经看到，柏拉图通过他的主张（多个 F 既是 F 又不是 F）是要表达什么。虽然理念不能容许这种对立物的共存，但我们还是应当回到他的观点，即多个 F 是可感的，而理念是不可感的。对感觉的强调是中期对话的一个方面，它在任何前期对话中都没有出现。在《美诺》中，柏拉图引入了通过回忆获得的知识，但是他没有明确地将其与感知觉（sense perception）对立起来，而且他没有讨论感知觉在回忆过程中的作用。相比较，在《斐多》和《理想国》中，感知觉和思想（thought）之间的对比与多和一之间的对比有密切联系。柏拉图相信，为了回忆苏格拉底所寻求的 F 的形式，我们就必须将它从 F 的所有可感实例中区分开来，F 的所有可感实例容许对立物的共存，这样我们就必须通过感觉之外的某个东西来把握它。

157 各种感觉和共存的对立物之间的联系在《理想国》第七卷中得到了最强烈的坚持。当柏拉图描述推理和反思的生长，他特别提到了数学属性。对于这些问题，感觉都无法为我们提供令人满意的回答："在某些情况下，感觉给予我们的事物不会促使思想趋于审视，假设它们是由感觉适当地辨别出来的；但是在其他情况下，它们在每个方面都敦促思想趋向审视，假设感觉无法产生任何可靠的东西。"（*R.*，523a10—b4）不激发思想的那些情况包括了我们对手指的知觉；那些激发思想的包括了我们对其大小的知觉。

柏拉图解释了"各种感觉有时不会激发思想"是什么意思。他说得很清楚，他想的不是知觉错误或幻觉（比如说从远处看手指产

23 对照 Ross（1951），第 38 页。

生的知觉；523b5—e2）。他所关心的情形在于，那些感觉报告说同一个事物是又大又小或者又硬又软的例子（523e2—524a5）。

为了理解这段话，我们需要回答两个问题：（1）柏拉图想要在感觉和思想之间做出什么对比？（2）说“同样的事物”又大又小是什么意思？柏拉图将对立物的共存归诸“同一个事物”，而他通常会将对立物的共存归诸多个 F，而我们已经看到，“多个 F”可以指特殊物，或指属性，或指类型；那么他在这里指的是哪一个呢？

对于第一个问题，我们无法做出特别详细的回答，因为柏拉图在这里对感觉和思想之间的对比并没有说太多。我们或许会倾向于做出这个对比，这样感觉自身就不包括思想；如果是这样，感觉的作用就是知觉判断的基础，但是它自己并不包括任何概念或判断。这就是柏拉图在《泰阿泰德》中接受的感觉观念，其目的在于表明，感觉并不产生知识；知识要求概念和判断的运用，而这并不是感觉的任务（*Tht.*，184b4—186e12）。

然而，在当前的章节中，柏拉图似乎并不倾向于这样一种最低限度的感觉观念。[24] 他说，在知觉到一根手指时，“视觉无论如何都不会向它（即灵魂）指出这根手指是一根手指的反面”（523d5—6）。这个判断，即这个东西是一根手指而那个东西不是一根手指，被归诸感觉；只有当感觉给出了这种矛盾的判断时，思想才会被激发来提出问题。柏拉图没有说，知觉判断不涉及思想，但是他提出，在某些情况下，感觉“适当地进行辨别”（523b1—2）而不激发思想趋于审视。因此，要点似乎就在于，在某些情况下，知觉判断（这是一根手指）所需要的思想程度并不引导我们通往进一步的问题，即一根手指是什么。

如果感觉并非意在排除所有的思想，回答关于这段话的第二个问题或许会更容易。最重要的阐释要点在于柏拉图的主张，即那些

24　这一点在 Adam（1902）相关论述中说得很清楚。

关于大小轻重的知觉判断（与关于手指的知觉判断相比）促使灵魂
158 去追问重和轻是什么。灵魂之所以感到困惑，是因为感觉指出同一个事物既轻又重，或者（同样根据柏拉图的主张）重即是轻、轻即是重（524a9—10）。视觉所显示的轻和重是混淆的（524c3—4），因此灵魂被激发去追问，轻和重是一个还是两个（524b3—5）。这种问题是由这样一种情形提出的：我们无法通过感觉来适当地把握一种"就其本身而论"（524d10）的东西[25]，而只有在它与其对立物相混淆的情况下才能把握它（524e2—4）。

如果"同一事物"、"轻"等指的是具体对象，例如我们觉得既重又轻的这根手指，那么柏拉图提到的困难看起来就是虚假的。原因在于，感觉将相反的属性归诸同一个对象，这个事实本身看来不会造成任何特殊困难；比如说，如果视觉报告说一块方糖是既方又白的，我们并不会指责说视觉混淆了方与白。即使是相互排斥的属性也不一定引起任何困难。没有什么是整体上既红又绿的，但是如果视觉告诉我们意大利国旗的不同部分是红的和绿的，那它也并非混淆了红和绿。那么同样，视觉告诉我们某个东西既是相等的又是不相等的，或者既是大的又是小的，这个事实本身就不应引导我们说，视觉混淆了这两个属性；如果它报告一只老鼠在挨着一只小老鼠的时候是大的，但是在挨着一头大象时是小的，那这个报告本身看来并没有混淆大和小。这些知觉判断为什么应该提出一个关于大和小是一还是二的问题，这也是不清楚的。

如果我们认为"同一个事物"等指的是属性（"大"等）而不是具有这些属性的特定对象（"这根粗大的手指"等），那么柏拉图的观点就会合理得多。这就是当他说视觉并不充分地看到事物的"大和小"的时候，他所要表达的意思（523e3—7）。他声称，各种感觉混淆

25 在这段中，"auto kath'hauto" 显然不是指存在上的独立性（这种独立性不涉及相反的属性）。参见本书第十章，注释 32。

了相反的属性，而不仅仅是将同一事物看成具有相反的属性。当柏拉图说到根据这些感觉，“坚硬者”（the hard）也是柔软的（524a1—10）时，他是用“坚硬者”来指被感觉鉴别为坚硬性（hardness）的那种属性。

于是，柏拉图提出，视觉在所有的情形中把某个东西称为“一根手指”时所依赖的证据，在大和小的情形中也被它用作表明相反属性的证据。这些感觉可能招致反驳，而这种反驳来自《斐多》对各种解释的讨论。如果我们考虑一下，这只老鼠的哪个方面令它成为大的，那我们就会提到它的体长，比如说，六英寸。但是如果我们被问到是什么令它成为小的（与一头体长十二英尺的大象相比），我们还会再提到它体长六英寸。这样的话，我们就是在说同一种属性既是大（largeness）又是小（smallness）。[26]

在柏拉图看来，像大、相等以及正义这样的形式都不可能是由感觉来把握的属性。无论感觉为我们提供什么来回答有关“大”的问题，这个属性最终既是（某些事物中的）大，又是（另一些事物中的）小；这样的话，一个六英寸的长度作为“多个F”之一，它最终既是F又是非F，而且不可能是F本身。当这种对感觉报告的反思令我们感到困惑时，我们就开始询问，大和小是什么；我们就会发现，它们不可能是我们经由感官把握的属性。 159

112. 可感的属性

是什么原因令柏拉图得以宣称，这些令某物成其为一根手指的属性可以由感觉获得，而且对于这些属性是什么，感觉从来不会产

26　对这段话的这个观点，有如下辩护：Irwin（1977a），第318页；Penner（1987b），第114—115页，第142页。不同的观点可见：Adam（1902）相关论述；Kirwan（1974），第121—123页；White（1992），第286—287页。

生不同的观点，相反，感官无法把握那个使得某物成其为相等的或大的属性？[27]

为了避免将同一个事物判断为既大又小，我们就必须避免将这些属性鉴定为确定的长度（或其他量度），我们还必须认识到，x是不是大的，既取决于与其他事物的比较，也取决于是否参照一个恰当的比较标准。为什么视觉没有能力在向灵魂报知"大"是什么的时候，同时也对"大"的这些特性加以考虑？反过来，感觉被假定为有能力找到那些令某物成其为一根手指的特性，而它永远不会告诉我们，同一个属性令一物成为一根手指而另一物不是手指。这是为什么？

柏拉图可能会论证说，如果我们更加仔细地观察手指，我们就能够消除关于某物是不是一根手指的疑虑，不过我们并不会进一步观察具有这些相反属性的事物，以此来消除"同一事物既大又小"的表象。如果我们要理解六英寸既是大（在老鼠身上）也是小（在大象身上），我们就必须不仅注意这个长度，而且要注意相关的比较标准以及相关语境，而这些特性并不是我们能够在一个特定的情境中观察到的。如果我们想的是老鼠，那老鼠就是大的；如果我们想的是动物园的动物，那与其他老鼠的比较就是不相关的，而与大象的比较就是相关的，因此老鼠就是小的。从我们对老鼠及其环境的观察中，我们无从得知，是运用这个标准正确还是用另一个标准正确。如果我们本来是要说，我们本该更仔细地观察一只大老鼠以便发现它是小的，那我们就是误解了我们错误的根源；我们的错误并不在于（我们可能会说）任何对于老鼠的观察，而且我们需要从某个资源（外在于我们对这种情况的观察）获得相关的信息。

在算术属性的情形中，就像柏拉图希望的那样，同样的观点显

27　感觉的不充分性得到以下学者的讨论：Gosling（1973），第165—168页；Penner（1987b），第114—116页。

露得更为清晰。我们可以观察到桌子上有一本书的三个复印本,每一本都有三百页,而且每一本都有封面和护封。但是桌子上有什么呢?有一个东西?三个东西?还是至少九百零六个东西?如果我们是出版人,考虑的是自己已经出版了多少新书,书商考虑的是自己的利益,印厂考虑的是自己所需要的材料,那么不同的答案就都是恰当的。但是,仅仅通过观察在目前环境中的这些书本,我们就发现不了哪个答案是合适的。在我们判定某事物是不是我们之前读的同一本书或同一页时,同样的问题也会产生;答案似乎取决于我们心中所想的问题,而不是取决于我们通过观察这些书籍或这些页码本身就能确定的东西。在柏拉图感兴趣的这些例子中,外在于可观察情境的那些语境事实所发挥的作用意味着,观察不可能为相 160
关的属性提供论述。令一个情境充分相似于另一个情境的东西是一个外在的、与语境有关的事实,它不是一个观察问题。

语境的相关性解释了,为什么对立物共存应该成为某些属性的可观察实例的一个标志。"六英寸长"自身并不是大的;它在一个语境中称得上是大的,在另一个语境中则算是小的。同样的长度可以体现这两个属性,但是体现哪一个并不是由长度本身决定的,而是由它所在的那个语境(是与老鼠相比还是与各种动物相比)决定的。于是,柏拉图暗示说,如果与语境有关的事实对于一个属性的本性来说是必不可少的,那么,该属性就不是可观察的属性,而观察就令我们面对对立物的共存。这就是为什么对那些作为苏格拉底式探究的通常焦点的属性来说,感觉无法成为知识的来源(*Phd.*,65d4—66a8,75c7—d5)。

113. 对感觉的反驳:流变的类型

至此,这些对话确认了亚里士多德的主张:柏拉图将他对理念的论证与对感觉的反驳联系在一起。然而,它们是否确认了他的如下观点则并不是很清楚，即柏拉图之所以相信非可感的理念，是因为他相信可感物都受制于变化与流变；因为我们迄今已经考虑过的这些论证并未提到变化，而是涉及对立物的共存。那么，我们是否错过了柏拉图反对可感物的某个重要方面？还是说亚里士多德错了？[28]

我们有充足的理由相信亚里士多德没有错，只要我们注意到，柏拉图本人谈到了可感物中的变化，并且似乎将此看作否认它们能够成为知识和对象的一个理由。在《克拉底鲁》中，他提出，知识要求存在着作为知识对象的不变的形式；即使可感物全部处于流变中，形式也必定免于流变（*Cra.*，439c6—440d2）。在这一段里，柏拉图实际上并没有确认可感物都处于流变中[29]，但是在其他对话中他似乎确切地肯定了这一点；当他论证了理念不同于可感物之后，他声称可感物经历持续的变化，而理念完全不变（*Phd.*，78c10—e4；*R.*，495a10—b3，508d4—9，518e8—9，525b5—6，534a2—3）。如果柏拉图相信，可感物中的流变意味着对它们不可能有知识，那他为什么要相信这一点？

根据亚里士多德，柏拉图在其青年时代逐步熟悉了克拉底鲁和赫拉克利特式的信念，即可感物处于流变中且不可知；他后来也持有这个同样的信念（*Met.*，987a32—b1）。因此很明显，柏拉图是按照赫拉克利特式的流变信念来看待苏格拉底对定义的追寻。[30] 他用这些信念是想暗示什么呢？

在柏拉图的记述中，"赫拉克利特在某处说，万物流逝而无物留

28　柏拉图关于流变的观点得到以下学者的讨论：Weerts（1931），第6—29页［相关讨论参见 Cherniss（1944），第218—219页］；Conford（1935），第99页；Ross（1951），第20页；Bolton（1975）；Irwin（1977b）；Penner（1987b），第216—221页；White（1989a），第58页；Vlastos（1991），第69—71页；Fine（1993），第54—57页。

29　在439d3—4，"kai dokei tauta panta rhein"（而这一切似乎在流变）是以"mē ei"（如果不是）开头的从句的一部分。因此苏格拉底并未做出断言。对这一段的讨论参见 Weerts（1931），第24页；Calvert（1970），第36页。

30　对柏拉图的流变观点和早期对话之间关系的讨论，参见 Graham（1992）。

驻,在将存在比作河水的流动时,他说你不可能两次踏入同一条河流”(*Cra.*,402a8—10)。这个主张是关于同一个主体身上的属性在时间上的连续。但是柏拉图还将第二个观点归诸赫拉克利特,即万 161
物“总在分离时又被合拢一处”(*Sph.*,242e2—3)。这个主张关系到同一时刻、同一个主体身上各个对立属性的共存。

柏拉图认为赫拉克利特的第二个论点表达了关于流变的信念。他解释了普罗塔戈拉对表象之真实的信念如何通往“没有任何事物是按自身存在的事物本身”的学说,因为,比如说,若任何东西并不显现为小的,你就不能把它称为大的;若不显现为轻的,你就不能把它称为重的(*Tht.*,152d2—6)。这些共存的现象是运动、变化与混合的结果,由此万物都只是生成(例如变得坚硬,柔软,明亮,沉重,等等),而没有任何事物能稳定地保持我们所认识的样子(152d2—e1)。

根据柏拉图,这就是“流与变”的学说(152e8)。当他谈及重、轻等等,柏拉图明显是指赫拉克利特关于对立物共存的学说;他认为不需要进一步的解释来为自己将这样一种学说描述为流变说而做出辩护。因此他假设,如果要描述在对立物共存中显现出来的不稳定性,说到“流”、“变”与“生成”就是恰当的。[31]

《克拉底鲁》谈到普罗塔戈拉学说的时候也用了类似的术语。柏拉图声称,根据该学说,事物会“与我们相关,并且被我们的表象拖着向上和向下”(*Cra.*, 386e1—2)。如果我们对于事物持有相互冲突的(正如一位非普罗塔戈拉主义者会假定的)信念,那事物就会“被我们的表象拖着”,这样(根据一位普罗塔戈拉主义者)相反的属性就属于它们,而(智士和愚人的)相互冲突的信念也就会同时得到坚持。柏拉图并未假设,普罗塔戈拉归诸事物的那种不稳定性只是时间中的改变;他使用了适宜于变化的语汇以便描述对立物共存所

31　柏拉图关于赫拉克利特的观点在 Irwin(1992b,第 55—56 页)那里有进一步讨论。

涉及的不稳定性。

因此我们不应当假设，当柏拉图谈及流变时，他心里想的必定是连续；因此当他由谈论共存入手进而谈论变化的时候，我们不应当对此感到惊讶。我们不需要推断柏拉图确实想要某种关于连续的论证，或不正当地从共存推断出连续；我们应该坦诚地假定，他假设了一个对于流变的宽泛阐释。他谈论流变这个事实本身并不能告诉我们，他所考虑的是随着时间推移的变化，还是对立物的共存，抑或同时考虑这二者。如果我们看到他的论证只是诉诸共存，而不是时间中的变化，那我们就有了理据来提出以下结论：共存是他在解释为什么可感物不可知的时候归于后者的流变类型。

如果亚里士多德认识到这是柏拉图的流变观念，他就不会意图说明，柏拉图认为可感对象经历时间中的持续变化，或认为时间中的变化就是令可感物不宜成为知识对象的原因。他可能只承认，考虑到柏拉图对流变的宽泛阐释，对立物的共存也算一种流变。因此，我们不应当得出结论认为，除了对立物的共存之外，柏拉图从可
162 感物中的流变展开的论证还具有其他基础。[32]

114. 感觉与对立物的共存

柏拉图认为可感物不产生关于形式的知识，这个主张有助于我们解释，为什么苏格拉底没有找到定义。在早期对话中，苏格拉底

32　我们所讨论的这些章节中，没有任何一个提供了明确基础，来支持亚里士多德认为柏拉图从可感物中"分离"出理念的观点。［参见 Vlastos（1991），第 259 页及注释，第 261 页；他声称柏拉图使用"auto kath'hauto"来指理念，而这暗示了分离。但是，另可参见本书第十章，注释 25；以及 Fine（1993），第 165—166 页，第 274—275 页。］然而亚里士多德是否相信分离是明确的，这并不很清楚。他在 *Met.*，1086b7—10 提出，在柏拉图看来理所当然的是，如果他已经证明了理念"离开"（para）可感物而存在（参见 *Phd.*，74a11，74b6—7），那这就足以证明理念必定是分离的。更充分的讨论参见 Fine（1993），第 60 页。

似乎没有说，他对定义的要求是无法回答的；相反，他强调了回答它们的重要性并努力去寻找答案。但是，据说他和其他人都没有找到他想要的那种答案。这些问题无疑是困难的，但是苏格拉底如此努力地尝试去回答它们却好像总是以失败而告终，这还是会令人感到惊讶。他是否对定义施加了过分苛刻的要求？

如果我们被要求说明勇敢是什么，我们由自己对特定的勇敢行动和勇敢之人的信念作为起点是非常正确的，而且我们考虑了在特定情况下如何识别它们。我们观察到，勇敢的人在特定情况下坚定不移，节制的人十分安详，正义的人归还所借之物，等等。对特定情况的这些观察就其本身而言是非常准确的，但是苏格拉底指出，这些可观察的属性（例如坚定不移，安详，等等）并不是我们所寻求的属性，因为在其他特定情况下，我们也可以观察到相反的属性，即使人们展现出同样的美德；或者我们可以观察到同样的属性，即使人们无法展现出同样的美德。

我们该如何应对这个发现？我们可以假定，我们尚未发现正确的、可观察的属性。至少苏格拉底的对话者假定，对 F 的论述应该提到同一个可观察的特性，它出现在某个 F 事物能够被观察到的每一个情境中；既然他们没有找到这样的特性，苏格拉底就指出，他们已经给出了一个不充分的对 F 的论述，但是他并没有告诉他们哪里出了错。他是否假设，如果我们足够努力，我们就应当能够找到对话者尚未找到的那个可观察的单一属性？

苏格拉底对话与《美诺》实际上并没有说，苏格拉底假设可观察的属性是一个定义所需要的。但是至少苏格拉底并没有劝阻对话者不要沿此方向寻找，而且，通过诉诸《游叙弗伦》对争议和量度的论述，以及诉诸《美诺》对辩证条件的论述，我们已经提出了如下建议：他实际上只要求定义指涉可观察的属性。[33]

33　关于《游叙弗伦》和《美诺》，参见本书第 14 节，第 107 节。

与此相反，柏拉图的建议则是，这种寻找定义的方式有时候基本上是被误导的。我们很容易看到，为什么他会认为将大或小鉴别为可观察的属性是一个错误；但是，为什么他相信，道德属性处于那些无法被鉴定为可观察的属性之中呢？

115. 关于道德属性的困难

柏拉图有时提出，道德属性尤其易于引发分歧和争论。在《游
163 叙弗伦》中，苏格拉底对比了道德属性与那些提出了可由量度来解决的引发争议的属性。在《斐德若》中，他区分了“金的”、“银的”与“正义的”、“善的”（*Phdr.*，263a2—b2）。在第一种情况下，当有人用到这个名称时，我们全都“想得一样”，但是在第二种情况下，我们“彼此不一致且自己也不一致”，而且我们感到“困惑”（263a6—b5）。柏拉图并没有说我们对于某个行动是正义还是不正义意见不一，但是也没有说我们对于正义具有不同想法；他可能仅仅是要借此表明，我们对于正义有不同的信念或者我们有不同的正义观念。[34]

有争议的属性和无争议的属性之间的这个区分，似乎与可感物和非可感物之间的区分相联系。在苏格拉底辩驳法中加以审视的那些属性显然是有争议的；它们在《斐多》中作为非可感的属性被提及，而那些在其可感的具体化过程中涉及对立物共存的属性包括了道德属性。因此，我们可以合理地假设，有争议的属性是非可感属性的一个真子集（proper subset）。这些属性和其他非可感属性之间的差别说明了，为什么道德属性是有争议的而数字属性（比如说）

34 *I Alc.*，111a11—112a9 做出了一个类似的区分。这些对有争议的属性加以论述的章节，其重要性由 Strang（1963，第 195—198 页）合理地予以强调（不过他将它们与 Owen 对关系物的观点联系得太紧，参见本书第十章，注释 22）。参见 Irwin（1977a），第 320—321 页。

是无争议的，这个差别是什么？

没有人会论证数字的或比较的属性应该等同于可感的属性。事实上，当柏拉图提到像“一头”这样的说法来解释大的时候，他的要点在于表明这些说法的荒谬之处是多么明显。在这些情况下，找到一个不限于可感属性的论述并不是严重的困难。

然而，道德属性没有那么清晰。确实，我们很容易得出一个柏拉图想要予以拒绝的赫拉克利特式结论。在《克拉底鲁》中，这个讨论转向了“智慧”、“理解”、“正义”等“美好名称”。苏格拉底提出，这些名称的语源学表明，创造这些名称的人假定其背后的实在处于流变之中。但是，在他看来，他们认为这仅仅是由于自己对这些事物的本性摇摆不定且认识不清，而且他们将其信念中的不稳定转移到了事物自身（*Cra.*，411a1—c5）。

这个评论描述了关于对立物共存的一种赫拉克利特式的反应。赫拉克利特的追随者们可以论证，比如说，正义是归还或不归还你借出的东西，遵守或不遵守你做出的承诺，等等。在这样说的时候，他们假设，作为关于正义之争论焦点的不同的可感属性，其本身必定就是用来定义正义的唯一属性。

上述论证暗示，苏格拉底寻求道德属性的定义，这当中结合了互不相容的要求。如果我们假设，道德属性必须被鉴定为某种可感属性，那么这个假设（认为正义、虔敬等属性必定存在着一个形式）就容易遭到怀疑；将每一个道德属性鉴定为一系列的可感属性看起来似乎更为合理。苏格拉底对于充分定义的形而上学要求与这个赫拉克利特式观点不相容，但是如果他假设，一个定义应该将道德属性看作可感属性，他就会招致赫拉克利特式的反驳。

针对这个反驳，柏拉图论证说，赫拉克利特的追随者混淆了正义在不同环境中的不同体现，以及用这些不同的方式体现出来的那 164
个属性，因此这位赫拉克利特的追随者认为，这些体现属性的变化也就是正义本身的变化。在柏拉图看来，我们也可能犯这位赫拉克利特的追随者所犯的错误，如果我们将一条河与在特定时刻偶然漫过河岸的特定水量等同起来的话；按照这个观点就不可能存在任何持续的河流。我们可以通过指出下面这一点来回应这个赫拉克利特式的观点：虽然构成河流的特定水量不断变化，但是河流本身仍是同样的。与此类似，我们可以论证说，对立物的共存仅限于那些将正义体现出来的可感属性；既然其中每一个属性都只有在它的具体语境中才是正义的，那它在一个不同的语境中就不再是正义的，这也就不会令人意外。既然正义本身在一个不同的语境里也不可能是不义的，那它也就不能被鉴定为这些将它体现出来的可感属性。

柏拉图有充分的理由相信，道德属性基本上是和语境相关的。数字的和比较的属性与语境相关，是因为那些决定其中某个属性在某种特定情况下能否得以体现的特性外在于特定的可观察情境。对于道德属性来说，类似的情况似乎也成立。苏格拉底常常坚持说，每一种美德本质上都是美好且有益的，因此关于那些美好且有益之事物的事实就必定会影响到关于这种或那种行动是勇敢还是正义的问题。一个行动是不是美好且有益，除了其他原因之外，可能还取决于行动者做出该行动的理由，实际的或预期的行动效果，以及行动者身处的社会制度与常规。如果是这样，那么对行动本身的观察就不能告诉我们，它是不是美好和有益的，由此也不会告诉我们，一个行动是不是勇敢的。勇敢与正义根本上必须是与语境相关的属性。

如果我们能够表明，比如说，一个道德属性是可感的，因此它就能够用可感的、与语境无关的措辞来定义，因此其他所有道德属性都能按这个属性来定义，那么这个论证就能得到回答。如果我们能够表明这一点，我们就能证明苏格拉底的提议是正确的，即有争议的用语应当从道德属性的定义中予以消除，由此我们就能满足《美诺》中强加的辩证条件。然而，柏拉图有理由相信，道德属性是非可感的,同样可以应用于任何可能被选择作为基础的属性:正义的、美好的或者善的。如果所有这些属性都是非可感的,我们就没有理由假设,其中某个属性必定比其他属性更加基础。如果我们仅按善、美好和正义就能定义它们,那我们就无法指望能发现一种仅仅依赖于与语境无关的可观察属性的论述。

如果这就是柏拉图的观点,如果我们已经正确地理解了苏格拉底对定义的要求,那么柏拉图就会论证说,苏格拉底对单一的解释性属性的形而上学要求与他的认识论要求相冲突,后者只能通过某种可感的属性加以满足。根据柏拉图,我们无法找到一个单一的解释性属性,如果我们坚持认为它必须是一个可感属性的话。因此,《美诺》对定义所施加的不同要求就无法全部得到满足。

这个论证想要表明柏拉图倾向于直接驳倒苏格拉底的定义标
准,而该论证在某些关键点上已经相当可疑。我们必须承认,柏拉 165
图并未确认道德属性的定义之间有基本的相互关联,苏格拉底对话也并未明确地否认这一点。为了表明柏拉图与苏格拉底不一致,我们必须使用比苏格拉底实际上所用的语汇更加明确的术语来解释他的某些要求。很有可能,柏拉图并不相信自己是在拒绝苏格拉底可能说出的东西,如果他已经意识到其中的完整意涵的话。

不过,即使我们不同意,柏拉图审慎地拒绝了苏格拉底或明确或含蓄的关于探究和定义的观点,我们也应当承认,他提出了确切的主张,认为苏格拉底并没有提出或排除某些途径,这些途径旨在获得苏格拉底并未排除的定义。苏格拉底用宽泛的语汇谈论在“多”中寻找“一”,寻找范型,寻找一个解释。如果他没有看到这种寻找道德属性的定义(这些定义将这些属性化约为可感属性)的企图有什么问题,那他也就没有认识到,对苏格拉底式定义的哪些要求是合理的。即使苏格拉底对于柏拉图所强调的那些要点仅仅保持沉默或不予确定,柏拉图的论证也应当对于寻求苏格拉底式的定义产生些许影响。

116. 定义与假设

如果柏拉图拒绝了一种对道德属性的论述,这种论述将道德属性化约为可感属性,那么对于一种有启发性的论述应当是什么样子这一点,他是否有自己的看法?在《斐多》中,他差一点就解答了这个问题。在对诉诸可感属性的解释加以拒绝之后,他提出了自己偏爱的那种解释。他不是通过明亮的色彩、对称的形状或其他可感属性的出现来说明事物是美的,而是更愿意说,任何美的事物之所以是美的,是因为存在不可感的美的理念(*Phd.*,100c3—e3)。这个评论并没有告诉我们,涉及非可感的理念的解释会是什么样子,或者要如何对这个理念加以描述。说 x 之所以是 F 是因为 F 的理念在它面前出现,这是解释性论述的模式,它自身并不是一个令人满意的论述。[35]

然而,柏拉图添加了一些东西,以暗示一个人如何能够获得正确的论述。他暗示说,我们应该提出一个"假设"或假定(100a3—7,101c9—102a1)。这个假设是我们判断为最有分量的那个说明(100a4),而且我们是通过发现结果是否与之一致来判断它的分量。接受这个假设所带来的后果并不仅仅是这个假设本身的逻辑后果,也是接受这个假设加上我们所接受的其他信念的全部后果,这样我们就面对以上全部信念来检验这个假设。如果这个假设解释了我们的其他相关信念(这是其作为解释的一部分功能),如果它并不与

35 Vlastos(1969b,第 91—92 页)论证,柏拉图在 *Phd.*,100c—e 的公式是要暗指对定义的要求。Strang(1963,第 196 页)和 Bostock(1986,第 150—151 页)拒绝了这个论证,但是他们认为 78c10—d7 的不充分的论证使下面这一点变得很清楚,即理念是苏格拉底式定义的对象。同样的理念在 100c—e 又被引入;假定柏拉图仍然希望它们可以界定,这是合理的。关于各种原因的"聪明"论述(105b6—c7)对如何给出一个更为翔实的论述提供了不同的方案,参见 Taylor(1969),第 48—54 页。

这些信念相冲突，那么这个假设就可以接受。[36]

柏拉图承认，这种假设自身不能提供一个充分的解释。我们恐怕不得不对这个假设给出一个论述；为了做到这一点，我们必须找到一个更高的假设，并对其他信念与这个假设是否一致提出同样的问题。我们必须持续这个过程直到我们“达到某个充分的东西” 166
（101e1）。柏拉图并没有说什么算是充分的，但是他强调了诉诸一个更高假设的重要性。如果我们将对于原理或始点（archē）的讨论与对其后果的讨论混起来，那这就是困惑的迹象（101e1—3）。柏拉图暗示说，并不是对一个假设提出的每一种异议都应劝服我们放弃该假设。在某些情况下我们应当坚持这个假设并加以捍卫，方式不在于审视其后果，而是从一个更高的假设中推论出它。柏拉图为什么认为值得坚持这一点，而这一点又是如何与苏格拉底式的定义相关呢？

如果我们考虑“理念是非可感的”这一信念的一个可能后果，我们就能看到诉诸更高假设的意义所在。在前期对话中，苏格拉底有时候似乎申明，如果我们在对道德属性的论述中必须不断参照道德属性，那我们的论述就没有具体内容且不可接受（*G.*，451d5—e1，489e6—8）；而且我们已经看到《游叙弗伦》和《美诺》可能如何支持这个申明。在《理想国》第一卷中，特拉叙马库斯尤为有力地提出了同样的申明论证道，任何将正义作为有利的、有益的或有优势的论述都是不可接受的，而唯一可接受的定义必须用“清楚准确”的措辞说明正义是什么，而这些术语摆脱了对道德属性的循环论述（*R.* 336c6—d4）。[37] 然而，如果理念是非可感的，那么柏拉图就不能保证，对它们的循环论述是可以避免的。

36　对“一致”与“不一致”的意义的讨论可参见：Robinson（1953），第126—136页；Bostock（1986），第166—170页；Gentzler（1991b）。

37　或许柏拉图是在暗示，一个提出特拉叙马库斯这种反驳的人就是一个“antilogoikos”（101e2），即“反驳者”，他针对某个假设竭力提出一项反驳，而这一反驳确实需要借助某种更高的原则加以评估。

为了表明循环论述有时候是可接受的，柏拉图就需要区分不同类型的循环论述。如果术语和定义的范围过小，循环就容易招致反驳。但是如果范围稍宽，则同样的反驳并不一定成立；因为即使我们无法消除一种循环定义，我们也可以通过展示我们对道德属性的论述和其他类型的解释之间的正确联系来使它们变得更可理解。柏拉图或许在要求一个更高的假设时就合理地想到这一点。每一个道德属性的循环论述自身都不提供信息，但它们并非仅仅因为这样就必然遭到拒绝。我们不应试图用不同类型的论述去代替它们；相反，我们应该将它们置于某一个理论语境中，这会令它们可以理解并且按照更高的、更一般的假设而得到解释。

如果将这个段落描述为柏拉图对“假设法”的说明，那是有一点夸张了。他的评论过分简明也不够精确，不足以让我们对他可能想到的任何具体方法留下非常清楚的印象。不过，认识到它们可能以何种方式与某些问题相联系也是有帮助的，我们已经看到，这些问题产生于柏拉图对非可感理念的论证。我们越是能够将柏拉图对理念的评论和解释与我们对其论证的说明联系起来，我们就越有理由相信自己的论述。

这些主张关乎《斐多》，以及更一般地说，关乎理念的非可感特性所具有的内涵，它们看来肯定是颇具思辨性的，除非我们将它们与柏拉图对苏格拉底式定义的实际寻求联系起来。幸运的是，《理想国》为我们提供了一个加以扩展的、对定义的寻求；事实上，它提出了美德的定义，苏格拉底在早期对话中试图定义这些美德却未能成功。是什么解
167 释了《理想国》和更早的对话之间的这个差别？我们可以说，苏格拉底的失败只是一个托词，即柏拉图比苏格拉底更独断，或柏拉图错误地对某些论述感到满意，而苏格拉底本该正确地予以质疑。然而，我们或许会发现，在中期对话里，柏拉图已经更加清晰地构想出他的任务，并在《理想国》中更成功地加以实施。我们对中期对话的讨论将
168 会令我们对这个关于《理想国》的问题所做的探究更有价值。

第十一章

《理想国》第一卷

117. 第一卷的重要性

《理想国》始于两个很长的导言。第一卷看起来是一个独立自足的关于正义定义的对话。第二卷看起来批评了第一卷的论证，因为格劳孔宣称，自己对反驳特拉叙马库斯的论证感到不满（358b1—4），并试图恢复特拉叙马库斯的观点，要求苏格拉底重新做出回应。格劳孔的评论表明柏拉图意在激起我们的不满。

要看清第一卷中有什么东西不能令人满意，我们就应该注意其中的苏格拉底式特征。它与《拉凯斯》和《卡尔米德》的共同点超过了与《普罗塔戈拉》、《高尔吉亚》和《美诺》的共同点，就更不用说与《斐多》和《理想国》其他各卷的差别了。有些读者坚信，这一卷原本是一部早期对话，柏拉图后来将它当作了《理想国》的导言。即便那些不认为这是一部早期对话的读者（这种观点更加可信），也同意柏拉图写下它是为了使我们想起苏格拉底对话。[1]

1　关于第一卷是一部早期对话的观点，参见 Friedländer（1964），第 3 章；Vlastos（1991），第 248—251 页。相反的观点参见 Giannantoni（1957，尤其是第 131 页，（转下页）

我们已经看到,有理由相信在《高尔吉亚》,特别是在《美诺》和中期对话中,柏拉图既试图捍卫又试图修正某些早期对话中的观点和论证。如果是这样,我们就应该询问,第一卷中特有的苏格拉底式特征是不是柏拉图在《理想国》中批评的焦点所在。[2]

我们不应该认为,如果柏拉图批评苏格拉底的某些观点和论证,他就是要拒斥(他所理解的)苏格拉底道德观的主要成分。在《高尔吉亚》和《美诺》中,柏拉图有时候暗示,苏格拉底没有给出令人满意的论证(或者是因为他根本没有给出论证,或者是因为他给出的论证不够充分),但是即便如此,苏格拉底的立场也还是可以得到捍卫的。比如,柏拉图对待苏格拉底的如下看法似乎就是这种态度:美德促进幸福,知识是美德的必要条件。这样我们就可以设想,第一卷勾勒了一些柏拉图意在捍卫的结论,而《理想国》的其他部分会表明他如何捍卫它们。[3]

如何在这些关于第一卷的不同看法之间做出决定,取决于我们如何看待《理想国》的其他部分。但是在阅读第一卷的时候这些看
169 法也值得考虑,从而使我们可以看到,苏格拉底的论证引发了什么样的疑惑,以及他的哪些观点看起来需要进一步的辩护。

118. 克法洛斯

关于克法洛斯是不是一个有吸引力的人物,读者们意见不一。[4]

(接上页)第 143—144 页,论及本卷有意表现出的苏格拉底式的特征);Annas(1981),第 17—18 页,第 47 页;Tarán(1985)。文体上的"早期"特征可能仅仅表明,如果柏拉图想要让第一卷与苏格拉底对话相似,那么他成功地做到了用前期的文体写作。

2 这种对第一卷的阐释可参见 Reeve(1988),第 22—24 页。

3 关于这种看法,参见 Joseph(1935),第 1 章和第 2 章。

4 关于克法洛斯截然不同的看法可参见 Annas(1981),第 18—23 页和 Reeve(1988),第 5—7 页。

这个争议很容易理解，因为柏拉图以一种令人愉快的方式来表现克法洛斯，同时又赋予他一些可疑的道德观。

克法洛斯的某些观点与《高尔吉亚》中苏格拉底的观点相似。克法洛斯赞美“寻常和平静”之人的看法（329d4）。[5]就像苏格拉底反对卡里克勒斯那样[6]，克法洛斯也暗示，我们达到幸福的方式是首先形成我们可以满足的欲求，之后满足它们；幸福并不取决于我们满足的欲求的数量和强度。在这个意义上，能否幸福是取决于我们自己的。克法洛斯还同意苏格拉底，正义与节制促进心灵的平静。节制之人不会尝试去欺诈或说谎，因为他们没有那么贪婪，想拥有那些只有用欺诈或说谎的方式才能获得的利益。

克法洛斯并不认为正义对于幸福来讲是必要的；正义不过是在面对来生时保证心灵平静的方式。如果是那样，我们肯定会奇怪为什么不能用财富代替正义。我们为什么不能通过变得富有来弥补不义，为什么不能明智地使用财富去补偿我们曾经错待的人，用奢华的献祭去安抚诸神？在这个意义上，正义事实上低于财富，因为克法洛斯相信如果没有财富，正义的人生是无法忍受的（330a3—6），而不义则能带来财富和舒适，因此不义对我们有利。这样看来，克法洛斯就没有解释，我们为什么应该接受苏格拉底在前期对话中主张的毫无保留地坚持正义。

这并不是苏格拉底与克法洛斯之间纯粹理论上的分歧。克法洛斯认为他会把自己的财富留给儿子（330b6—7），他也确实这样做了。但事实并非如他所愿。在《理想国》的戏剧时间之后和柏拉图写作这部对话的时间之前，三十僭主剥夺了他儿子吕西阿斯（Lysias）和波勒马库斯（Polemarchus）的财产，并且杀害了波勒马

5 正如 Adam（1902）指出的，“平静”（eukoloi）适合描述索福克勒斯，阿里斯托芬在 *Ran.*，82 用这个词来指称他。

6 在 329a4—8 表现的态度很适合卡里克勒斯对于欲求和快乐的数量和强度的强调，参见本书第 72 节。

库斯。在吕西阿斯对这些事件的记载中，他说他的家庭是民主制下守法的好人，“既没有侵犯任何人，也没有从他们那里遭受不义”（Lysias, XII,4），但是他们的财富对三十僭主来说是无法抵挡的诱惑（XII,6）。克法洛斯提到财富和正义是两种保障幸福的手段，但是它们都没有让他的儿子们受益，如果这里的“受益”是按照克法洛斯的标准来衡量的话。诚然，三十僭主可以剥夺克法洛斯儿子的财富，但是不能剥夺他们的正义，因此他们的正义似乎比财富更加稳固，但是假如他们精明地选择不义，结果会不会更好呢？

如果柏拉图想要提醒读者发生在克法洛斯家的这些事情，他就要强调一个在克法洛斯的评论中无论如何也应该出现的问题。克法洛斯对正义的态度毫无疑问是工具性的，考虑到他对于正义和幸
170 福的观念，他对正义的坚守看起来是不稳固的。如果苏格拉底同意克法洛斯的观点，将正义完全看作实现幸福的工具，那么他就应该说明，如何证成对正义更稳固的坚守。

119. 波勒马库斯

苏格拉底开始讨论克法洛斯关于正义和不义行为的说法，这引入了波勒马库斯的论证。苏格拉底问克法洛斯：“我们是不是说‘正义’正像[7]说实话和归还我们从别人那里得到的东西？还是说，做这些事情也可能有时候是正义的，有时候是不义的？”（331c1—5）苏格拉底对这个定义[8]提出了一个反例，指出如果A和B是朋友，当B发疯时A把剑还给B，“一个人不该归还那个东西，归还也不是正义的”，而且A也不该把关于一切的真相都告诉B（331c7—9）。

---

7 “正像那样”（haplōs houtōs）的说法参见：*Pr.*,351c7；*G.*,468c3；*M.*,73e5；*R.*,377b5,378a2,386b9；*Laws*,633c9,658a6。

8 或者是“标志”（horos），331d2。

波勒马库斯想要捍卫遭到苏格拉底挑战的正义观，指出它符合西蒙尼德斯（Simonides）关于正义的看法[9]，也就是“给每个人应得的就是正义”（331e3—4）。[10] 苏格拉底没有说这是正义或正义行动的定义，而是仅仅将它当作正义行动的一个属性加以考察。他说，西蒙尼德斯的观点应该有些分量，但是很难说西蒙尼德斯到底是什么意思（331e5—8，332b9—c1）。苏格拉底认为，西蒙尼德斯不可能支持克法洛斯的看法，因为那种看法犯了之前提到的错误（331e8—332a8）。

苏格拉底试图澄清波勒马库斯的观点，他问西蒙尼德斯，每个人“应得”或“亏欠”每个人是什么意思。[11] 首先，苏格拉底反驳说，我们很难描述一个具体的主题和好处，可以成为正义特有的对象，因为我们提到的每个对象似乎都已经有某种与之对应的技艺了（332c5—333e2）。[12] 这一反对会引来这样的回应，即正义不是一般意义上的技艺，而是《欧绪德谟》中描绘的高级技艺。[13] 但是苏格拉底没有提到这一回应。

但是在第二个反驳中，苏格拉底或许考虑到了这个回应。他提出，如果波勒马库斯是对的，那么正义之人就是这样一个人：不管用哪种方式使用他的技艺（这项技艺关乎守信和背信），只要能帮助朋

---

9 我们没有更多证据说明，西蒙尼德斯实际的意思是什么。

10 这里的 apodidonai（给）意味着给出所亏欠的东西，比如 *Phd.*，118a7—8；《路加福音》20：25。因此最好是翻译成“给回”（give back，拉丁语的 reddere，也就是我们必然要归还某物），或者更一般地翻译成“应给”（duly give，拉丁语的 tribuere，也就是我们必然要给出某个我们之前可能没有接受的东西）。Shorey（1930）在 331c 和 332a1 用了“归还”（return），而在 331e，332a8 和 332c2 用了“给予”（render）；Grube（1992）在“给回”（give back）和“给”（give）之间互换，没有清晰的原则。参见 Young（1980），第 404 页以及注释。

11 关于西蒙尼德斯与波勒马库斯观点之间的关系，参见 Young（1980），第 407—408 页；Tarán（1985），第 93 页；Lycos（1987），第 35—36 页。

12 关于这种反对，参见 *Amat.*，136c3—e4。

13 关于《欧绪德谟》，参见本书第 42 节。

友并伤害敌人就行(333e3—334b6)。[14] 这个结论是不可接受的,因为它意味着正义之人使用正义和不义的手段去帮助朋友、伤害敌人。

虽然波勒马库斯反对正义包括欺骗他人,但是他依然坚持,正义包括伤害敌人。他的看法意味着,如果我们错误地相信某些人是坏人,是我们的敌人,那么我们就会伤害那些没有做任何不义的好人;但是波勒马库斯承认这样的行为是不义的(334c1—d8)。他的人生随后肯定了这个判断。在他被三十僭主杀害之后,他的弟弟吕西阿斯抱怨说,三十僭主以不义的方式对待他们兄弟,掠夺他们,而
171 他们没有做任何不义,反而对雅典民主充满善意,因此理应得到更好的回报(Lysias, XII,20)。波勒马库斯关于正义的看法许可了他作为受害者时一定会承认的那种公然不义的遭遇。

波勒马库斯进一步修正自己的观点,提出正义之人伤害那些作为其敌人的坏人是正确的(335b2—5)。在《克里同》中,苏格拉底称我们不应该以残酷的方式处置做错事的人,以此来报复不义。在这里他支持那个说法,并且提出了一个更强的论题——正义之人不应该伤害任何人(335b6—d13)。[15] 他认为伤害他人就是让他们变得更不义,而让他人不义并非对正义的恰当运用。

但是这些假设是很有争议的。如果伤害他人就是让他们变得更不义,那就意味着正义是幸福的充分必要条件;因为只有这样,令人们变得更不正义才是唯一令他们变得更糟的方式。即便我们同意,除了让人变得更不义之外,不可能伤害他人,我们又怎么能知道,正义之人不会使他人变得更不义呢?苏格拉底的回答是,运用正义总是会造福他人,并且使他们更正义。我们为什么要相信这个说法呢?

---

14 这个反对是在 *HMi.*, 375d7—376b6 中提出的。柏拉图在 *R.* 334b1 回顾了那个对话,他将奥德修斯作为例子,说明根据波勒马库斯的论述,某人可能因为欺骗的技艺而成为正义的。

15 关于《克里同》,参见本书第 31 节。Vlastos(1991,第 197 页和注释 58)对《克里同》与《理想国》第一卷的关系给出了不同的理解。

尽管我们显然可以对苏格拉底的论证提出这些问题，但这个论证还是表明，波勒马库斯的看法存在问题。因为如果我们把他关于正义的不同说法放到一起，就等于是在说，正义之人需要以任何可能的方式伤害敌人，只要那个敌人确实是一个坏人，只要正义之人不使用欺骗或蒙蔽的手段。这就意味着正义需要施加并无直接缘由的伤害，这些伤害可能与坏人所做的恶事或者他们的恶性（vice）完全不成比例。苏格拉底有理由认为，对伤害采取如此纵容的态度会让受害者更加不义[16]，而这种明目张胆的不义不可能是正义之人的特征。

苏格拉底总结说，如果我们认为西蒙尼德斯相信，正义允许我们伤害他人，那肯定是误解了他。事实上，他说这种正义观反映了明显不义的僭主的看法（336a5—7），而不是圣贤的看法。苏格拉底认为，一个僭主会运用权力去帮助朋友伤害敌人，就像三十僭主对吕西阿斯和波勒马库斯做的那样；这位僭主还会发现，很容易让自己的行为显得正义，但是我们必须承认他这样认为不过是自我欺骗而已。

120. 西蒙尼德斯论正义

这样看来，苏格拉底似乎认为，西蒙尼德斯式的观点不应该被解释成帮助朋友伤害敌人的原则。我们可以用其他正义行为的原则来解释它吗？提出这个问题之后，苏格拉底与波勒马库斯的论证将我们引向《理想国》的某些核心问题。

首先，苏格拉底试图定义的到底是什么？他提出的问题是关于 172
“正义”（dikaiosunē）的。这个抽象名词可以被认为是提出了正义行动或正义之人的某个特征。当苏格拉底说如果 B 发疯之后，A 不应该归还 B 的武器，他是在说行动的正义性（justness，如果我们可以造一个抽象名词的话）；当他说假如 A 这样做了他就不是正义的，苏

16 Joseph（1935，第 14 页）在捍卫苏格拉底的论证时提出了这一点。

格拉底说的是这个人的正义性。《理想国》第一卷就像苏格拉底对话一样,对于正义的行动和正义的人都提出了问题,而没有说这些问题是如何联系在一起的。[17]

我们或许可以首先定义正义的行动,之后将正义的人定义成实施这些正义行动的人。这是克法洛斯将正义说成说实话和归还一个人的所得时隐含的观点。苏格拉底通过与波勒马库斯的讨论考察了这个观点,指出如果我们不考虑任何进一步的道德假设,就很难说明正义行动的清晰和便于应用的充分和必要条件。[18]

苏格拉底论证说,如果我们遵循克法洛斯提出的规则,我们的行动就会"有时候正义,有时候不义"。这样的话,归还一个人的所得就既是正义的又是不义的;它展示了对立物的共存,而柏拉图认为这是与道德属性有关的可感属性的特征。诉诸对立物的共存是第五卷核心论证的一部分,在那里柏拉图要表明,知识乃是对不可感的理念的知识(479a5—8)。[19]

当柏拉图表现苏格拉底对克法洛斯的反驳时,是否想着随后的这个论证呢?显然,这个反驳本身在苏格拉底对话中并不少见,读者无需对柏拉图的理念论有任何了解也很容易理解它。但是这个说法毕竟没有明确出现在苏格拉底对话之中。[20]柏拉图决定在《理想国》第一卷中使用理念论特有的表达方式,即便不是决定性地证

---

17 Dikaiosunē [正义(抽象名词)]与 to dikaion [正义(中性形容词做名词)]在 336a9,343c3,367c 被结合到一起。中性形容词 to dikaion 在 354c1 被用来指正义的美德,在 364a5 指正义的行动。抽象名词 dikaiosunē 在 357d4,358c1,358d5,360d1,361b1,363a1,366b3,366c4,367a6 用来指人,dikaiosunē 没有被用作抽象名词来指行动的正义性。参见本书第三章,注释 11 以及第十二章,注释 5。

18 这种关于柏拉图与波勒马库斯论证的目标的观点在 Joseph(1935,第 1 章)那里得到了最有效的捍卫。他将定义正义的最初尝试与 Xen., *M.*, IV,2.1—20 进行比较,主要参见第 13 和 17 页。

19 Grote(1888,IV,第 3 页)注意到了这里对《理想国》第五卷的预示。

20 关于对立物的共存与早期对话的关系,参见本书第 109 节。

明，至少也是一个迹象，表明柏拉图在写第一卷的时候想着《理想国》的其他部分。

认为正义在于说实话和归还我们得到的东西，这个主张还提出了两个进一步的问题：（1）这些是不是要求正义者所做的全部？（2）它们之间有什么共同之处可以解释正义者需要同时具备两者？这些问题是苏格拉底对美诺关于勇敢的最初描述提出的问题，它们也和第五卷讨论的爱观看者（sight-lovers）有关。

西蒙尼德斯的观点修正了对正义的最初描述中的这些错误；当我们需要说实话和归还东西时，可以说得更加具体，因为只有当它们是另一个人"应得"或"亏欠"的时候我们才这样做。柏拉图是希望我们接受这个对原初描述的修正吗？我们有理由认为他确实这样想，因为他并没有说，反对波勒马库斯对西蒙尼德斯观点的阐释，就意味着要反对这个观点本身，苏格拉底仅仅是说他们肯定没能正确理解西蒙尼德斯。

假如只有第一卷，我们可能会说，对西蒙尼德斯的这种同情态度无需严肃对待。但是如果注意到西蒙尼德斯的观点在随后的对话中非常重要，我们就不能这样说了。在第四卷中，正义在于"做自己的"被说成是一个通常的看法（433a8—b1）。这与西蒙尼德斯关于正义行动的看法不尽相同，但是这两种观点是彼此联系的。如果我们给每个人应得的东西，那么他就拥有了"他自己的"（也就是他 173
应得的），如果他保持这个状态，他也就做了"他自己的"。当第四卷将"拥有自己的"与"做自己的"联系起来时（433e6—434a1），它就更清楚地令人回想起西蒙尼德斯的观点。[21]

在第七卷，柏拉图实际上表明，西蒙尼德斯的观点如何帮助他们揭示了最开始对正义的描述——归还一个人的所得——中正确的成分。苏格拉底论证说，我们应该很有理由地期待，理想城邦中的哲学家承担起统治的职责。这个城邦培养和教育了他们，从而让

21 关于这种对正义的论述，参见 Vlastos（1971c），第 114—123 页。

他们的哲学天赋得以发展，他们对城邦的服务是公平地归还他们得到的东西（520a6—c1）。苏格拉底诉诸正义（520a6，520e1）。这个城邦给了哲学家“他们自己的”以及他们应得的东西，现在要求他们归还亏欠的东西。

这些段落很清楚地表明，理想城邦组织原则的整个道德基础确证了西蒙尼德斯的观点，并且展示了克法洛斯一开始将正义与互惠性联系起来的做法中有一些正确的成分。随后这些对西蒙尼德斯和克法洛斯观点的重述表明，柏拉图希望我们注意，第一卷并没有反对有关正义行动的西蒙尼德斯式的观点。柏拉图并不希望第一卷仅仅排除掉关于正义的错误观点，相反，在完成了漫长而复杂的正确阐释之后，他捍卫了第一卷中提出的一些观点。

那么要得到一个令人满意的对正义的论述，还需要在西蒙尼德斯的观点之外补充什么呢？特拉叙马库斯注意到，这个观点提到了“应得”或“恰当”，却没有确切地从行为角度描述，什么样的行动是应得的或恰当的，而确切的行为描述会告诉我们某些“明白而准确”的东西（336c6—d4）。[22] 特拉叙马库斯的要求是一种普遍的观点，这种观点认为，道德属性的定义应该被还原为某种非道德的、可感的属性。我们必须要看《理想国》中给出的关于美德的论述是否努力去满足这个普遍性的要求。

121. 特拉叙马库斯的论述

苏格拉底认为，正义应该既有益于正义之人（这就是为什么变得不义意味着受到了伤害），也有利于其他人（因为正义的人是好的，而好人是有益的）。特拉叙马库斯同意正义之人对他人有益，但是否

22　关于特拉叙马库斯的要求与波勒马库斯的假设之间的关系，参见 Murphy（1951），第 6 页。

认正义有益于行动者。相反,他认为正义是为了"强者"(或"高位者",kreittōn;338c1—2)的利益。根据特拉叙马库斯的观点,正义行动的共同特征是它们属于正义的秩序[23]:它们由某些高位者为其自身利益而颁布的法律所规定,它们实际上也促进高位者的利益。[24]

在特拉叙马库斯看来,正义的秩序并不是因为一个人或一群人在身体上比其他人更强大,因而处于支配地位,如果这种支配不是由公认的统治者或统治体颁布的法律规范的话,就是不义的。特拉叙马库斯也不认为一切法律自动就是正义的,他承认可能存在不义 174
的法律,某个法律是正义的,当且仅当它确实促进强者的利益。这里说的"强者"是"严格意义上的"统治者,也就是那些知道这个政体利益何在的人(340d1—341a4)。

柏拉图在这个论述上投入的精力以及特拉叙马库斯对这个定义的捍卫都表明,柏拉图很严肃地看待它,将它看作一个需要认真考察和回应的对正义的论述。[25] 他本可以指出,这个论述没有说明正义的必要或充分条件,但是他没有提出这样的反对,为的是将注意力集中在这个论述的合理成分上。[26] 这个论述吸纳了一些通常的

23 本书第128节进一步解释了"正义的秩序"。

24 我们可能会反驳,"更高"或"更强"依然是不清楚的:在哪个方面"更强"呢?苏格拉底也提出了这个问题,他问特拉叙马库斯是否认为,让体弱的人吃对运动员波吕达马斯(Poulydamas)来讲有益的食物是正义的(338c4—d2)。特拉叙马库斯回答,他说的"更强"是指订立法律的政体,因此正义的行动就是臣民服从旨在促进强者利益之法律的行动(338e1—339a4)。

25 柏拉图对特拉叙马库斯论证的处理应该区别于他对特拉叙马库斯品格的呈现,关于这一点参见 Quincey(1981)。

26 对特拉叙马库斯的论述,我们可以提出两个反驳:(1)这个论述没有给出正义与不义的必要条件。他同意一个城邦有可能不义地对待其他城邦,比如试图奴役它们(351b1—c3)。我们很难理解,这样做为何会违背强者的利益。强盗抢劫无辜的旅人也是同样的道理。他们是否正义地对待受害者,似乎与他们是否为了强者的利益而行动完全无关。(2)这个论述似乎也没有给出正义的充分条件。现有政体的支持者可能会形成一个暗杀集团,杀死所有反对现有政体的人。特拉叙马库斯并没有说,假如这样的行动对政体有益,就是正义的。

看法：正义与法律有关；正义促进共同体的稳定，而共同体的法律规定了正义的行动；所有的法律并非自动就是正义的。它解释了在论证正义总是对我们有利时为什么会遇到困难。

当特拉叙马库斯宣称正义是强者的利益时，他设想的是一个稳定的、守法的社会，在其中人们整体而言遵循不伤害彼此的规则，我们通常将这些规则与正义联系起来。他关注的是守法的行为，而不是对较强一方有利的所有行为（338c4—339a4）；他关注的是被统治者的行为，而不是统治者的行为（343d—e）。说正义有利于强者，就必须区分正义规则当下和最终的受益者。如果我遵守诺言，归还从你那里借的东西，你是当下的受益者，而我是当下的失败者。如果我被正义地惩罚，那么我是当下的失败者，但或许没有人是当下的受益者。但是根据特拉叙马库斯的看法，这些正义规则的存在，以及人们对这些规则的普遍遵守，带来的累积效果是现有政体的更加稳定，因此这个政体是最终的受益者。

如果我们这样解释特拉叙马库斯的论述，它是否已经鉴别出那个令所有的正义行动成其为正义行动的特征？那个（按照苏格拉底的说法）我们在称某事物为“正义”的时候所关注（apoblepein, *Eu.*, 6e4）的特征？它似乎并没有确定我们在称任何东西为正义的时候，心里所想的特征；当我们赞赏正义之人做正义之事时，我们想的很可能是他们使邻人受益，或者避免伤害他们，而不是（这里说的）他们使得强者受益。[27]

但是，即便这样说没有把握到我们关于什么使得行动正义的信念，特拉叙马库斯的论述可能还是把握到了正义行动在某种不同的、更令人困扰的意义上的共同特征。[28] 特拉叙马库斯遵从苏格拉

27　Josephy（1935，第19页）提出了这个反驳。

28　关于特拉叙马库斯的论述与一般的定义之间的差别，参见Lycos（1987），第46—48页。

底的建议，在多中寻找一；克法洛斯和波勒马库斯对正义的不同要求都在他的论述中得到了解释。他的观点是，正义之人遵守的规则的最终受益者是共同体以及现有的政体，正义的不同要求总是会指向政体的利益。

对于正义规则的存在、内容和遵守的解释支持了特拉叙马库斯的说法，即要给出一个关于正义的“明白而准确”的论述。它是“明白”的，因为它没有包含任何（诸如“亏欠”、“应得”、“恰当”之类）需要做进一步道德判断的词汇，并且澄清了正义的真正基础。[29] 175

122. 对特拉叙马库斯的反驳：统治者与技艺

苏格拉底做出让步，同意正义在于遵守“严格意义上的”统治者的法律，也就是那些正确履行作为统治者的恰当功能的人；但是他论证，如果对特拉叙马库斯做出这样的让步，我们就不可能同意正义是强者的利益。因为在苏格拉底看来，严格意义上的技艺关注的是对象的利益，医术本身关注的是病人而非医生的利益。与此类似，统治，就它是一种技艺而言，关注的是被统治者而非统治者的利益（342c8—e11）。这是苏格拉底在《高尔吉亚》中关于政治技艺的看法（*G.*，504d5—505b8），现在他要捍卫这种看法。

苏格拉底恰当地论证，虽然正义是由运用统治技艺的统治者确立的，但是这并不意味着正义是为了统治者的利益确立的。苏格拉底说，严格意义上的统治技艺必然关乎被统治者的利益，这似乎走得太远了。特拉叙马库斯指出，即便每种技艺本身都关乎对象的完善和提高，也并不表明每种技艺首先都是为了对象而非实践者的利

29 我们可能会反驳，“利益”或“好处”依然不够清晰。但是这个反驳不会影响特拉叙马库斯，因为他将某个政体的利益理解为任何能够加强它的东西。对“利益”的宽泛理解使得特拉叙马库斯的论述更接近真实，正像《理想国》接下来的几卷表明的那样（只要理解了真正的利益何在，我们就能理解理想城邦的正义为何有益于它的政体）。

益。牧人养肥羊群，并不是为了羊的利益，而是为了那些要去卖掉它们的牧人的利益。如果我们将这个类比用在统治者身上，那么我们就要支持特拉叙马库斯最初提出的有关正义和统治的说法，并且必须要反对苏格拉底提出的替代方案（343b1—c1）。

为了捍卫自己的论述，特拉叙马库斯引入了一个更大的问题，论证不义之人最终比正义之人更好。事实上，特拉叙马库斯说这个结论来自他的正义定义："你不知道正义和正义之人其实是为了别人的好，是为了高位者和统治者的利益，而对于被统治者和处于低位的一方则是伤害，不义与此相反。"（343c3—6）[30] 一旦理解了特拉叙马库斯对正义规则的解释，我们就可以问：如果这些规则最终的受益者是共同体和政体，在其中什么是为了我的呢？特拉叙马库斯论证说，一旦我们看到正义规则的目的，就可以看到违反它们对我们更好。[31] 正义之人总是处境更糟，因为如果他遵守法律，就要牺牲自己的利益；相反，不义之人则可以关照自己的利益，不管是小规模的利益，还是最终达到僭主那种大规模的利益（343c1—344c8）。

作为回应，苏格拉底指出，特拉叙马库斯违反了只考虑技艺本身的策略。如果我们只考虑牧人的技艺本身，就可以看到它完全是为了羊的改善，牧人希望通过养羊赚钱与这个技艺的本质无关，也

---

30 关于特拉叙马库斯立场的不同观点在 Nicholson（1974）和 Reeve（1985）这里得到了总结和讨论。有时候学者们会认为［比如 Annas（1981，第 45 页），她同意 Kerferd（1947）的观点］特拉叙马库斯说正义是为了他人的利益，与他之前说的正义是强者的利益相矛盾，因为（根据前一个定义）强者的正义行动是为了强者的利益。如果我们认识到在这两个说法中，特拉叙马库斯的意思都是正义在于较弱的一方遵守有益于政体的规则，那么这个矛盾就消失了。他并没有预见某个政体行动的正义或不义。（他预见了个体官员的行动，但是他们中的每一个都是为了政体的利益行动，因为拒绝接受贿赂对他们自己的利益来讲并没有好处，因此他们这样做是为了其他人的好处。）如果是这样，我们就不应该遵从 Kerferd（1947）和 Nicholson（1974），否认"强者的利益"是特拉叙马库斯对正义的真正论述（在严格的意义上不同于苏格拉底式的定义）。

31 关于特拉叙马库斯论证的这个部分的进一步讨论，参见本书第 132 节；以及 Lycos（1987），第 50—53 页。

与怎样就算成功地实践这项技艺无关。与此类似,某些统治者的贪得无厌也与统治的本质无关,他们并不影响我们说,统治本身关注的是被统治者境况的改善(345b9—347d8)。

苏格拉底是对的,特拉叙马库斯并未证明,对统治者来说,最重 176
要的是要为了统治者而非被统治者的目的去进行统治。特拉叙马库斯不可能回答说,技艺都是为了匠人的利益,因为那个说法已经被证明是错误的。

但是,即便苏格拉底回答了特拉叙马库斯的论证,他也还是没有确证他自己的观点——技艺不是用来满足自私的目的。即使个人的动机不是自私的,特拉叙马库斯说统治是为了强者的利益也可能是正确的。当他在关于正义的论述中提到“强者”时,他指的是政体;政体的利益可能并不是统治者的个人利益。虽然让统治者的腰包鼓起来而让公民变穷可能有利于这个或那个统治者,但是这也很可能不利于政体,因为可能会让这个政体不那么稳定。因此,统治者无私地统治这个事实本身并不能表明正义不都是指向政体利益的。

123. 特拉叙马库斯论正义与美德

苏格拉底随后转而考虑特拉叙马库斯的另一个说法,不义之人比正义之人更好。特拉叙马库斯将正义看作坏的和愚蠢的,根本不是一种美德,因为它是有害的;而不义是很好的思虑和美德,因为它是有利的(348c5—e3)。苏格拉底说,假如特拉叙马库斯主张正义是某种美德,他就可以“根据通常的意见”向特拉叙马库斯表明,正义比不义更能够促进幸福(348e6—9)。因为特拉叙马库斯否认正义是一种美德,苏格拉底也就无法用这个论证来反对他。

虽然说这个论证是“根据通常的意见”,但是苏格拉底的意思并不必然是每个人都会立刻同意,正义肯定会促进幸福。人们可能会同意,如果正义是一种美德,我们就应该总是选择正义而非不义(就像苏格拉底在《申辩》28b5—9 中说的那样）。如果苏格拉底能够说服他们相信自己的幸福论是正确的（这一点在他看来显而易见），那么他们就必须同意正义总是促进幸福。这也是为什么苏格拉底相信，那些将正义看作美德的人不可能前后一贯地坚持正义不会促进幸福。这种“根据通常意见”的论证正是在《高尔吉亚》中苏格拉底用来反对波路斯的论证[32]；他承认不能用这种论证来反对特拉叙马库斯。[33]

第一个论证（349b1—350c11）始于这样的说法：“能做大事的人想要胜出”（343e7—344a1）。特拉叙马库斯这样说不义之人，他们抓住机会为自己获得利益，并因此“胜出”，或胜过他人。这是为了“完全不义的行动”的人（348d5—9，351b4—5），他抓住一切机会去行不义，尤其是大规模的不义。特拉叙马库斯同意不义之人将这种胜过他人和竞争性的态度用在所有人身上。苏格拉底论证，有能力的匠
177 人不试图胜过其他有能力的匠人，他们承认使用比一个有能力的医生规定的正确药量更大的剂量是愚蠢的。不加区别地想要胜过他人是无能和愚蠢的匠人的标志。以这个标准衡量，不义之人是无能和愚蠢的，因为他试图不加区分地胜过所有人（349b1—350c11）。

基于特拉叙马库斯对“完全不义”的赞美，苏格拉底的论证是对他的充分回应。苏格拉底认为，特拉叙马库斯将不义之人看作与正义之人相反。当面对正义和不义行动的选择时，正义之人总是坚定地选择正义的行动，而苏格拉底和特拉叙马库斯在这一阶段的论证中所理解的不义之人则总是坚定地选择不义的行动。[34] 苏格拉底论证说，如果不义的特征像特拉叙马库斯说的那样，是要在积累好

---

32 不管柏拉图在此是否特别暗示《高尔吉亚》中与波路斯的论证［参见 Adam（1902）关于 348e5 的讨论］，这个论证都很好地例示了特拉叙马库斯排除掉的那种进路；参见 Murphy（1951），第 4 页及注释。

33 特拉叙马库斯否认正义是一种美德，因此他反对卡里克勒斯的观点，即那些有力量占有更多并使用这种力量的人符合“自然正义”。参见本书第 71 节。

34 Joseph（1935，第 32—33 页）注意到了论证的这个方面。注意到这个，我们就可以回应 Annas（1981，第 51—52 页）和 Reeve（1988，第 20 页）提出的反驳了。

东西方面胜过或超过他人，那么不义并不总是最好的策略。在积累方面仅具有竞争性，这看起来并不总是有利的。

这个论证与有关统治技艺的论证相似，因为它们都削弱了特拉叙马库斯实际上能够给出的辩护。但是这个论证还没有表明，这是理解不义之人最合理的方式。

124. 灵魂的秩序

苏格拉底反对特拉叙马库斯的第二个论证（349e11）考察了不义比正义“更强”的说法（344c5）。苏格拉底回应说，不义远非强于正义，它只会在所有群体中制造分裂、冲突，从而无法实施任何合作性的行动。这里我们需要再次假设不义之人毫无保留地做着不义的行动，在面对正义和不义的时候总是选择后者。特拉叙马库斯接受了这个假设，因为他谈论的是“完全”不义的个人和城邦（351b4—5）。如果接受这个关于完全不义的观点，我们就很难理解它为什么能够永远比正义更可取。苏格拉底指出，如果我们总是选择不义胜过正义，我们就无法实现有效的集体行动所要求的最低程度的合作（351c7—10）。

在考虑了完全的不义在人与人之间导致的后果之后，苏格拉底转向了不义在灵魂中的效果。他论证说，不义之人的灵魂是分裂的，不能实现任何合作性的、理性的行动（351c7—352a9）。

从其对灵魂的效果的角度捍卫正义，苏格拉底提出了之前对话中的一个观点。《克里同》说不义伤害灵魂，但是没有清楚地论述这种伤害的性质。《高尔吉亚》将正义说成是灵魂的秩序，来自对行动者欲求的恰当约束和规训。这似乎也是苏格拉底在这里的观点，但是他并没有说清楚这是何种冲突，以及这种冲突如何发生。[35]

---

35 特别是第一卷并未试图诉诸灵魂理性与非理性部分的冲突，来解释灵魂中的冲突。关于《高尔吉亚》中的灵魂正义，参见本书第 79 和 80 节。

苏格拉底也没有解释，导致灵魂冲突的个人内部的不义为什
178 么与导致不同人之间冲突的不义相同，或者来源于后者。[36]他的意思或许是，如果“完全”不义之人一有机会就会做不义之事，那么他也会在自己的灵魂中行不义，这和人与人之间的不义是一样的（351e9—352a9）。如果苏格拉底是这个意思，那么他便将特拉叙马库斯对完全不义的主张阐释成了一种相当根本性的立场。

125. 人的功能

苏格拉底的最后一个论证是要回应特拉叙马库斯所说的不义之人比正义之人更幸福。苏格拉底诉诸某物的美德与它的功能或本质性活动之间的联系：一把好刀就是善于切割，一只好的眼睛就是善于观看，等等。他推论说，灵魂的美德取决于灵魂的本质性活动，那是统治、思虑和生活。根据苏格拉底的看法，这就意味着有美德的灵魂就是活得好的灵魂，既然他们已经同意正义是灵魂的美德，那就意味着正义之人活得好，因此是幸福的。因此，正义之人幸福而不义之人不幸（352d8—354a11）。

苏格拉底认为，如果正义是一种美德，它必然能够促进行动者的幸福。不管怎样，特拉叙马库斯没理由抱怨，因为他也预设了美德与幸福之间的联系，只不过他宣称不义是一种美德，而正义不是。但是我们还不清楚，苏格拉底是否能够预设正义是一种属于人的美德。虽然他已经驳倒了特拉叙马库斯关于不义是美德的说法，但是他并没有证明正义是一种美德。关于“胜出”的论证表明，在某个意义上正义比不义更像美德（因为正义没有试图在任何情况下胜出），但是它并没有表明正义实际上是一种美德。与此类似，关于灵魂秩序的论证表明极端的不义是毁灭性的，但是并没有表明正义是唯一

36 Harrison（1962）批评了苏格拉底论证当中不能令人满意的特征。

的替代物。因此，有关功能论证的关键前提并没有得到它所需要的支持。

即便我们同意苏格拉底的观点，认为正义之人比不义之人情况更好，我们显然也无需同意他这里得出的更强的结论。他问："如果灵魂被剥夺了恰当的美德，它还能很好地实现它的功能吗，还是说这是不可能的？"（353e1—2）特拉叙马库斯同意这是不可能的，并因此同意美德对于幸福来讲是必要的。但是苏格拉底进一步推论，"一个坏的灵魂必然统治和照看得差，而一个好的灵魂则可以很好地做这些事"（353e4—5）；从这里他继续推论，"正义的灵魂和正义的人会活得好，而不义的人活得差"（353e10—11），因此正义之人幸福而不义之人不幸（354a1—5）。苏格拉底没有给我们任何理由接受正义确实保证了幸福的实现。这一点超出了他在反对特拉叙马库斯的过程中想要证明的，也超出了来自功能和美德的论证能够证明的。人的功能的论证合理地开始于特拉叙马库斯接受的东西，却得出了一个过强的结论，超出了之前的论证所能支持的内容。 179

126. 第一卷的结论

《理想国》第一卷考虑了早期对话中没有提出的一些问题。它寻求对正义的定义，而《克里同》和《高尔吉亚》则将有关正义的观点看作理所当然的，并没有寻求定义。在《理想国》第一卷最后，苏格拉底强调了找到正义定义的重要性，说自己为了正义而反对特拉叙马库斯的论证不可能有足够的说服力，除非他们首先找到正义是什么（354a11—c3）。在讨论中，他还提出了正义是不是美德的问题，这个问题也是前期对话中没有提出的。

关于正义和幸福问题讨论最多的早期对话是《高尔吉亚》，《理想国》第一卷似乎提到了其中的一些论证。特拉叙马库斯与卡里克勒斯的区别在于是不是否认正义是一种美德，而卡里克勒斯坚持正义是一种美德，但是要修正关于“正义”外延的通常观点。苏格拉底含蓄地承认，特拉叙马库斯是比卡里克勒斯[37]更难对付的对手（348e5—349a2）。在某些方面他没有卡里克勒斯那么极端，因为他没有反对关于真正的正义行动之特征的通常看法，也没有诉诸卡里克勒斯在自然正义和习俗正义之间的对立。但是他比卡里克勒斯更难对付，因为他比卡里克勒斯更极端地否认正义是一种美德。

苏格拉底的回应提出了对特拉叙马库斯的一些合理反驳。苏格拉底表明，单单下定决心违反正义原则并不是人生的可靠指南，因此特拉叙马库斯以他那种方式主张不义是错误的。就像反对卡里克勒斯那样，苏格拉底论证说，如果我们将不义当作至高的原则，我们就会完全毁掉灵魂的秩序和理性的明智。他对正义的捍卫中最合理的部分指出，想要理性地规划生活，需要某些不同于毫无约束的不义的东西。如果苏格拉底是正确的，那么美德与技艺之间的类比大体上还是合理的，不义之人坚决选择不义看起来就意味着完全不知道我们需要什么去实现自己的利益。

但是，对特拉叙马库斯的这个回应并不足以捍卫正义。我们可以不认为不义之人总是优先选择不义，而只是认为他并不总是优先选择正义，在一些情况下他会选择不义，而正义之人则会拒绝这样做。我们或许认为这种对不义更温和的态度比特拉叙马库斯的态度更有吸引力，因此对苏格拉底有关正义的看法来讲也就更危险。
180 柏拉图在第二卷提出了这种观点。

37 此处作者误写为波路斯，但参考柏拉图原文，应为卡里克勒斯。——译注

第十二章

《理想国》第二卷：反对正义

127. 关于正义的问题

第二卷的第一部分（截至 368c7）是这部对话主题的第二个导论。格劳孔和阿德曼图斯要求苏格拉底说服他们相信，正义在任何意义上都好于不义（357a4—b2）。他们理解“在任何意义上”的方式就是坚持认为，如果要恰当地捍卫正义，就必须说明正义是什么，解释它为什么因自身之故而值得选择，它自身有什么值得选择的东西，以及表明为了正义自身之故选择正义之人的生活，不管结果如何，总是比不用这种态度对待正义之人的生活更加幸福。

在第一卷中，苏格拉底捍卫的是一个不那么确切的说法，即正义之人比不义之人更幸福（345a2—b3，347e2—7）。格劳孔和阿德曼图斯不满足于苏格拉底的论证（358c6—d6），认为它并没有充分驳倒特拉叙马库斯，他们认为只有满足了他们要求的论证才是对特拉叙马库斯的充分回应。

为了说明苏格拉底没有证明正义“在任何意义上”都好于不义（357a6—b3），格劳孔把善分成三类：（1）出于自身之故而不是为了结果而被看重[1];(2)既出于自身之故也为了结果而被看重;(3)只为了结果而不是为了自身之故而被看重(357b4—d3)。苏格拉底相信正义和智慧、视觉、健康一样,属于第二类,并且认为那是最好的一种善(358a1—3)。格劳孔指出,如果我们要证明正义属于这种善,就不能只满足于诉诸后果,因为那样就没有表明正义不只是第三种善,即纯粹工具性的善。

苏格拉底同意格劳孔的看法,认为大多数人都将正义看作第三类善:“我知道[对大多数人来说]是这样,之前特拉叙马库斯也因其具有这样的特征而贬低它,而不义则被人们赞美。”(358a7—9)这非常令人吃惊,因为特拉叙马库斯完全没有说正义是这样的善。假如他将正义看作某种工具性的善,与锻炼身体,接受治疗,给予治
181 疗,以及其他为了利益进行的活动一样(357c5—d1),那就意味着有时候选择正义是好的,也就不能说正义完全是愚蠢的(348c2—e4)。

格劳孔这样解释他关于特拉叙马库斯的看法,说他要“更新特拉叙马库斯的论证[或‘立场’]”(358b7—c1)。他和阿德曼图斯论证说,如果苏格拉底要仅仅因正义自身之故赞美正义,“我们会说你赞美的并不是正义,而是看起来正义之物,你指责的也并不是不义,而是看起来不义之物,你鼓励人们不义但是不要被发现,你其实同意特拉叙马库斯”(367b7—c2)。他们试图说明,苏格拉底实际上同意特拉叙马库斯的观点。

格劳孔分三步捍卫特拉叙马库斯的观点(在357b7—c6做了区分),而阿德曼图斯又补充了第四步:

第一,格劳孔描述了正义的起源和本质,说它是一种社会契约的结果。这一步诉诸正义作为某种保证人们互不侵犯的手段能够

1 “为了自身之故”是对 auto hautou heneka(357b6)的翻译。柏拉图还用“因为自身”(autē di'hautēn, 367b4, 367d3)和“依据自身”(auto kath'hauto, 358b5)作为“为了自身之故”的同义词。

带来的后果（358e3—359b5）。

第二，这种契约论的观点使得我们有理由去接受“所有人都将正义当作某种必要的东西，而非好的东西”（358c2—4）。古格斯的指环就说明了这一点。

第三，我们必然预见人们会采取这种态度，因为（如果不考虑被惩罚的前景）不义之人的生活比正义之人的生活更好（358c4—6）。

第四，阿德曼图斯通过考察人们实际给出的对正义的辩护来确认格劳孔的论证（362e1—4）。

这个论证充分吗？我或许有理由去锻炼身体或者服用药物，仅仅是因为它们对我的健康有好处，但健康是锻炼身体和服用药物的结果，而不是表面上锻炼身体或服用药物，健康给了我理由去锻炼身体和服用药物，而不是只看起来如此。这些例子表明，从有些人把正义看作第三类善，并不足以推论出，他们必然看重正义的表象胜过事实。[2] 柏拉图能够回应这些对他论证的怀疑吗？

128. 正义及其结果

在论证的第一步，格劳孔给出了一个契约论的论述，表明为什么理性自利的人们会合理地接受一个系统，这个系统对成员做出了正义行动的规定。（方便起见，我们称之为“**正义的秩序**”。[3]）每个理性自利的行动者都有理由偏爱正义的秩序，胜过毫无约束的暴力——那是另一个可能的选择。虽然对我来讲可以随意对他人行不义好过必须要遵守正义的秩序，但是成为他人不义的牺牲品则要糟糕得多（358e3—5）。虽然每个人都认为最好的情况是对他人行

2 Grote（1888，IV，第117—118页）清楚地表述了这个反驳。

3 我认为所有“正义的秩序”都是规定正义行为的。我不认为它们都是正义的，也不认为遵从它们规定的人就是正义之人。

182 不义而不受惩罚，但是人们同时认为这种可能性不大，并且认为次好的情况是生活在正义的秩序之下。这就是为什么他们同意制定法律和制度来支持正义的秩序（358e5—359a4）。格劳孔既没有肯定也没有否定这种霍布斯式的对正义秩序的论证，这一点给了人们理由，为了正义的结果而坚持遵守正义。

这个论述说明了"正义如何出现以及它是什么"（359a5；参见358c2）。格劳孔并没有说正义和不义的行动在国家之外不可能，因为他允许人们在法律建立之前的自然状态下，以不义的方式对待彼此（358e3—359a2）。[4] 区别在于，国家形成之后，法律就被确立下来，人们称那些条款为"合法和正义"（359a4）；他们并不是说正义就是由法律的要求定义的，而是说做法律要求的事情满足了正义行动的条件。法律可以宣称规定了正义的行动，是因为它限制了以他人为代价追求自己的利益，也就是规定了不能互相伤害的基本原则。

格劳孔说，法律规定正义的行动解释了正义如何产生（359c5），这并不是因为在法律之前没有正义的行动，而是因为法律促进了正义：正义的行动者的状态包括了做正义之事的可靠倾向。[5] 当我们同意互不侵犯，并且将这一约定反映在规定正义行动的法律之中，我们就有理由变成正义的人，因为我们可以期待正义之人使彼此受益。

乍看起来，对正义行动和正义的这个论述与特拉叙马库斯关于正义是强者利益的观点相冲突，因为我们可能会认为格劳孔的意思是，正义是为了那些无法逃避行不义的惩罚的弱者的利益（参见 *G.*，483a7—d2）。但事实上格劳孔的观点与特拉叙马库斯的观点完全吻合。因为特拉叙马库斯也说到正义的行动是由法律规定的，而法律是政体为了自己的利益制定的（338e1—339a4）。（这里描述的最低

4　格劳孔论述中的这个方面得到了 Gauthier（1982，第 146—147 页；1986，第 309—310 页）的关注和批评。

5　关于人的正义（dikaiosunē）和行动的正义之间的差别，参见本书第十一章，注释 17。Reeve（1988，第 35 页）注意到格劳孔强调的是人的正义。

等的）正义秩序很可能能够保全一个政体，而能够保全一个政体的东西也有利于从正义秩序中受益的人们，因此我们完全可以同意，正义的行动既保全政体又造福其中的被统治者。

特拉叙马库斯太过仓促地想要论证，既然正义的行动促进政体的利益，它对只能服从规则的被统治者来说就是有害的。要看到他的错误，我们只要考虑统治者的目的和技艺的效果之间的区别。牧羊人的技艺是对羊有利的（在一定限度内），因为这项技艺保护它们免受狼的攻击，并且给它们提供食物和庇护，即便牧羊的技艺为的是牧人的利益，牧人关注的依然是羊的利益。[6]

格劳孔捍卫特拉叙马库斯的观点，认为正义是强者的利益这个看似惊人的说法不该被丢弃，因为我们可以诉诸关于正义之意义和价值的一种合理观点对它进行辩护。这个观点看起来非常合理，以至于很多反对柏拉图论证其他部分的理论家也同意这一点。伊壁鸠鲁认为，除了同意彼此互不侵犯之外，并不存在就自身而言的正义（*KD*，33 = DL，X，150）；在他看来，正义不是出于自身之故而被选择的，而只是因为好的结果（Cicero，*Fin.*，I，53）。由于没有认识到 183
特拉叙马库斯在第一卷中的观点的合理方面，苏格拉底选择反驳特拉叙马库斯的观点，而没有考察特拉叙马库斯观点中最好的部分。在第二卷中，格劳孔试图解释特拉叙马库斯的观点为什么可以合理地被认为具有吸引力。

129. 古格斯的指环

在论证的第二阶段，格劳孔指出，如果因其结果而看重正义，我们就必须承认，如果没有了好的结果，正义就不再有价值了。他引入了古格斯的指环来表明，如果可以避免惩罚，大多数人都会行不

6 亚里士多德在 *Pol.*，1278b32—37，从这一点出发讨论了奴隶制。

义(359b6—360d7)。古格斯能够避免对不义的通常惩罚,因此获得了不义的好处,而没有承担通常的坏处。格劳孔(为了捍卫特拉叙马库斯)指出,古格斯的态度也是对待正义的通常态度,所有人都认为不义比正义对个人更好,因此如果免去了通常的惩罚,人们就会行不义(360c5—e7)。

格劳孔承认,我们应该赞赏那些即便在这种条件下也没有选择不义的人,但是在他看来这并不说明人们认为不这样做是合理的。人们赞赏正义之人,只是因为他们想要阻止不义的行动,担心成为它们的牺牲品。他们都承认,事实上不义的行动更有利,如果某人可以避免惩罚却不去做对他有利的不义行动,那么就是“最不幸和最愚蠢的”(360c8—d7)。

格劳孔将注意力集中在人们对制止不义行动的惩罚感到的恐惧上,似乎忘记了他开始提出的关于正义秩序的论述中的一个重要方面。我有理由偏爱正义的秩序,是因为这样我就不会成为其他人不义行动的牺牲品。即便我能逃避对自己不义行动的惩罚,也并不必然能够保证自己不会因为他人的不义行动而遭受损失。如果古格斯恣意妄为地使用他的指环,导致那个社会的正义秩序崩溃,他可能会遭受其他人对他施加的不义;即便他是隐身的,其他人也还是可以偷走他的财物,杀掉他的皇后。[7] 格劳孔没有指出,理性的行动者可能会出于这样的目的保全正义的秩序。

假如格劳孔认识到了这一点,他需要改变自己的论证吗?如果古格斯身处一个很小的、面对面的群体之中,每个人都知道彼此的不义行动,他可能会意识到,像他那样使用指环会导致正义秩序的

---

7 霍布斯(Hobbes)在《利维坦》(*Leviathan*)第15章提出了这一点:“第二,在战争状态下,由于没有一个共同的权力使所有人敬畏,每个人对每个人都是敌人。如果没有联盟的帮助,任何人都不能指望依靠他自己的力量或才智,可以保卫自己免于毁灭。”在考虑古格斯的情况时,Gauthier(1982,第147—148页)过分强调了古格斯像神一样的特征,而低估了他对从属于一个正义秩序的兴趣。

崩溃。因为生活在正义秩序中的收益，会超过行不义和削弱正义秩序的收益，他可能会合理地避免不义行动。但是在任何大规模的社会之中，认为我一个人的不义行动会导致正义秩序的崩溃是非常愚蠢的。正义秩序带来的好结果会给我理由支持一个惩罚系统，有了这个系统之后，包括我在内的每个人行不义都会更加困难。但是我 184
支持这个系统并没有给我理由不去抓住避免惩罚的机会而行不义。格劳孔很有道理地认为，我做正义行动的动机（与我接受正义秩序的动机不同）必然是对正义的奖赏和对不义的惩罚。

在这个问题上，格劳孔与霍布斯笔下的“愚人”一致：

> 他并不……否认存在契约；它们有时候被违反，有时候被执行；违背它们可以被称作不义，而遵守它们可以被称为正义；但是他问道，如果没有了对上帝的恐惧（因为这个愚人在心里说“没有上帝”），不义是否有时候与理性同在，而理性是指引每个人朝向他的好；尤其是在这时，有这样的利益，会将一个人置于这样的境地，让他不仅忽略指责和辱骂，而且忽略其他人的力量。

这个反对正义的人并没有挑战霍布斯关于同意在共同体建立正义秩序的理由；他只是指出，这些理由没有说明他应该按照正义秩序的要求行事的合理性，如果他可以通过不义的行动获得更大的好处，并且可以避免遭到惩罚。[8]

古格斯的指环意在指出，人们“不自愿地实践正义，将它当作某种必要的而不是好的东西”（358c3—4）[9]，他们“不自愿地实践正

8 Hobbes, *Leviathan*, 第 15 章。Gauthier（1982，第 136—137 页，第 144—146 页）讨论了愚人的论证。

9 关于善与必要性（347c7，540b4），参见本书第 205 节；Kirwan（1965），第 167 页。

义，是因为没有能力去行不义”（359b6—7）。在说他们没有将正义看作某种好东西的时候，格劳孔大概并没有收回他之前的看法，即人们将正义看作第三类的善；他同样可以说我们“不自愿”地接受手术，只是将它当作某种必要的东西，因为如果不做手术，我们就无法保全生命和健康。在说到我们不自愿地采取正义的行动时，格劳孔强调，我们承认为了做正义的行动，必须要放弃某些有吸引力的东西。在这个意义上，这很像接受手术，而不同于其他一些工具性的好行动（如果没有工具性的好处，我们对它们可能就是无所谓的态度，而不会那么反感）。格劳孔正确地指出，这种观点使得我们同意，在他描述的那些反事实的条件下，我们有充分理由去行不义。

130. 对人生的选择

古格斯的指环说明，我们关心正义仅仅是因为奖赏和惩罚，而没有表明我们事实上不关心成为正义的人。在论证的第三阶段，格劳孔在第二阶段的假设之上又补充了一个反事实的假设。他不仅设想不义之人能够避免通常的惩罚，而且还假设正义之人与不义之人互换了命运（360e1—362c8）。他指出，这个思想实验会给我们提
185 供正确的基础，去判断正义者与不义者的人生（360e1—3），事实上它给了我们理由去判断，不义者的人生是更可取的（362c6—8）。因为大多数人同意，不义者的人生在这些条件下更好，这也就表明他们相信“不义者的人生要好得多”（358c5）。

这个结论与格劳孔在第二卷开始提出的问题有关。他问苏格拉底，是否想要说服他相信“在任何意义上正义都比不义更好”（357b1—2）。格劳孔认为，“在任何意义上”意味着“不管我们从正义者那里剥夺了什么，或者给不义者增加了什么”。但这是一个应有的要求吗？

我们可能会问，在第二和第三阶段里，这些反事实的假设到底意欲何为？假如条件大为不同并且极不现实，我们会选择不义，为什么这能够说明我们不该在现实的环境下坚持正义呢？休谟说，如果要我们关心正义，一些整体性的经验条件是必需的；但是他并不认为我们在这些经验条件下关心正义就不是真正关心正义。[10] 如果我们说，在某些具体的经验条件下关心正义，这并不是真正关心正义，那么我们为什么不同样说，那些被认为是不义的人也不是真的不义呢？因为假如无需行不义就可以拥有足够的财富和荣誉，那么我们就没有理由去看重不义。如果某人因为在现实条件下愿意去行不义就是不义的，那么为什么不能因为在现实条件下愿意去行正义就是正义的呢？

柏拉图对反事实假设的使用在他的后继者中引发了质疑。西塞罗在论证中提到了古格斯的指环，以此表明在决定是否采取不义的行动时，我们不应该考虑被发现和被惩罚的可能性。他承认有些哲学家（很可能是伊壁鸠鲁主义者[11]）反对诉诸古格斯的指环，因为这个例子是虚构的，事实上也是不可能的。西塞罗回应说这个反对与此无关："我们把他们放到刑架上，如果他们回答说假如可以免受惩罚他们就去做有利的事，那么他们就承认了自己是犯人。"（Cic., *Off.*, III, 39）卡尼亚德斯（Carneades）则捍卫西塞罗所反对的观点，他论证说，在格劳孔设想的命运的颠倒中，偏爱正义之人的处境是荒谬的（Cic., *Rep.*, III, 27）。根据他的观点，假如拥有古格斯的指环，或者面对命运的颠倒时，我们会选择不义，并不说明实际上我们真的偏爱不义者的人生。

这样反驳格劳孔理由充分吗？我们可以合理地反对反事实的假设，如果它们描述的情景距离现实过于遥远，让我们无法看到道

10 参见 Hume, *Inquiry*, III, 第 188 页。

11 参见 Holden（1886）相应的注释。

德原则能够如何应用，或者如果它们与现实的差别正在于道德原则所要应用的关键点上。比如说，假如格劳孔将个体描述成绝对自足和毫无弱点的，不需要任何物质利益，那么我们就可以公正地指控他抽离了正义发挥作用的情境，我们在这些反事实的情境下不关心正义，完全不能表明我们并不是真的正义或者我们只关心表面上的
186 正义。

但是，格劳孔所做的反事实的假设只是通过抽象和夸张，澄清了一个显然与我们在实际情境中的决定相关的考量。如果唯一重要的只是正义与不义的结果，那么当不义带来更好的结果时，我们就必然偏爱不义。虽然古格斯的故事描绘了一个不现实的情境，但是古格斯在大尺度上的那种机会，我们每个人都有可能在现实的更小尺度上获得。我们总是可能有机会去行不义同时免受惩罚；如果我们同意在免除了对惩罚的恐惧之后，古格斯有很好的理由那样做，我们也就必须同意，如果免除了对惩罚的恐惧，我们也有理由去行不义。

此外，比较不同的人生情境也并非完全虚幻。历史上的苏格拉底在被指控不义之后追求他心中的正义，即便实际上遭受了不义的惩罚。吕西阿斯和波勒马库斯正义地行事，却被三十僭主指控行了不义，三十僭主利用这样的机会可以去行不义而免遭惩罚。格劳孔对不同人生的比较正是聚焦于苏格拉底所主张的毫无保留地坚持正义的情境。古格斯的指环和对人生的比较都描述了我们必然会预见到的一些选择。

因此格劳孔用这些例子支持了自己的观点，即那些将正义看作第三类善的人，实际上承认不义者的生活更好（358c5—6）。在实际情况中，不义之人并非抓住一切机会去行不义，即便他不会被抓住；他只是抓住那些确定会给他带来好处又没有被发现的危险的机会。我们中的大多数人都有一些这样的机会，我们愿意抓住它们就表明（像西塞罗说的）我们确实喜欢不义胜过正义。

131. 表面的正义和真正的正义

现在对特拉叙马库斯辩护的第四个阶段看上去也是合理的了。我们可能会对第三阶段做如下回应：即便我们并不是真的关心正义，而只是关心显得正义的通常结果，要显得正义的最好策略依然是坚持遵守正义的秩序。阿德曼图斯反对用这种方式捍卫正义的行动。大多数人捍卫正义的方式实际上是诉诸来自人和神的奖赏和惩罚，但是精明的不义者能够很容易地为自己赢得同样的奖赏（362e1—367a4）。因此，用这种方式捍卫正义的言外之意就是，如果我们可以在行不义之后逍遥法外，那么我们就应该那样行动（365e4—366d5）。

我们可能会说，阿德曼图斯还是没有说明，对于那些将正义看作第三类善的人而言，不义乃是可行的策略。因为我们可以说，避免被发现和避免被惩罚的努力代价太高，也太费力，因此不义并不值得选择。阿德曼图斯提到了这个论证（365c6—7），而伊壁鸠鲁更有力地采取了这个策略。伊壁鸠鲁不认为不义本身是一种恶，但是 187
对于惩罚的恐惧则毫无疑问是一种来自不义的恶，而且这种恶非常严重，足以让我们选择正义（*KD*，34—35 = DL，X，151）。[12] 西塞罗遵循阿德曼图斯，很合理地回应说，伊壁鸠鲁必须要预设不义者的无能，而这是很不现实的（*Fin.*，II，53；参见 *R.*，365c7—d6）。

这个巧妙构造的四阶段论证表明，我不可能完全因为结果而主张正义，同时给出很好的理由，说明为什么要成为正义之人。如果我只是关心正义的结果，就必须承认，我可以通过显得正义而非真正正义来实现这些结果。柏拉图论证，即便正义属于第三类善，它也不同于这类善中的其他那些工具性的善，因为某个正义的行动者

12 参见塞涅卡，*Epp.*，97.13—16。

的正义行为可能没有产生任何有利于行动者自身的明确结果。我们有理由因为结果而喜爱一个真正的锤子,而非一个看上去像锤子的东西;如果某个东西看上去是一个锤子,却不能真的敲钉子,它就不能完成我们想要锤子实现的结果。但是一个理性的自利行动者表面上的正义,则可以给他带来真正的正义所能带来的全部结果。

这个结论的利己特征非常重要。原因在于,声称表面上的正义能够实现真正正义的全部好结果,这是错误的。如果大多数人实际上都遵循正义的规则,那么正义的秩序就能得到加强;如果大多数人都只是表面上正义,那么正义的秩序就会被削弱。但是,这给了我一个理由,希望其他人都遵守正义的规则,并且表明,如果其他人都不只是表面上正义,我就能够从中受益;但是这并不能表明,我自己可以从不仅仅是表面上的正义中受益。这样,柏拉图就用他的幸福论预设表明,我们为什么不能仅仅因为正义的结果而选择正义,同时又选择真正的正义而非表面的正义。

132. 格劳孔、阿德曼图斯和特拉叙马库斯

现在我们可以更确切地看到,格劳孔和阿德曼图斯如何更新了特拉叙马库斯的论证,以及他们反对或接受了特拉叙马库斯论证中的哪些方面。他们没有接受特拉叙马库斯不加限定的说法——遵守正义秩序的规则是愚蠢的,而在某些情况下,尤其是当我们很容易被发现做了不义的行动时,遵守规则是合理的。他们也没有接受特拉叙马库斯的另一个观点——正义者与不义者是相反的,即有些人"在原则上"行不义,也就是抓住每个机会去行不义。苏格拉底在他的反驳中利用了这些极端的方面。他的反驳是合理的,当且仅当他针对的是这样一个将追求不义当作人生的至高信条的不义者。

与特拉叙马库斯不同,格劳孔详细解释了精明的不义者如何"胜出"(获得更多)。这个人想要不义和正义的好处,他在这样做的

时候运用技艺（360e6—361a1），不想“超出”能够实现这些目的的技艺高超的策略；比如，他不想做那么多的不义之事，从而遭到惩罚。 188
因为精明的不义者对于不义行动的欲求被严格限定在自身利益的范围之内，他是由理性控制的，并且是明智的，不像苏格拉底在第一卷中说的那样有内在的冲突。

虽然第二卷中的不义者在这些方面不同于苏格拉底和特拉叙马库斯在第一卷中考察的不义者，但是格劳孔和阿德曼图斯还是可以宣称他们在捍卫特拉叙马库斯的立场。因为他们依然坚持（基于对正义的契约论理解），正义是强者的利益，是为了其他人的利益，因而对正义的行动者有害，不义者的贪婪给了他比正义者通过正义能够获得的更好的生活（360c8—d2，362b2—c8，367c2—5）。如果我们要捍卫正义，这些是特拉叙马库斯立场中最需要反驳的方面；如果这些方面可以与被苏格拉底驳倒的那些方面分离开来，那么这个经过修正的特拉叙马库斯的立场就比被苏格拉底驳倒的立场对正义威胁更大。这是因为，特拉叙马库斯观点中一些令人不安的方面，可以从关于正义的一些看上去非常可取的假设中推导出来。

在更新了特拉叙马库斯的论证之后，柏拉图尝试回答对苏格拉底论证的一个严重反驳。在《理想国》后面，格劳孔说到，不管苏格拉底的论证看起来多么令人信服，大多数人还是会认为，它看上去无法反驳只是因为在这场游戏中苏格拉底的技巧比其他人更为娴熟，并且利用了其他人的错误；即便我们看似能够证明苏格拉底的结论，明显的事实也能够反驳它（487b1—d5）。卡里克勒斯在评论苏格拉底对波路斯的反驳时也提出了类似的指控，只是更为简短。[13]在《泰阿泰德》中，苏格拉底想象普罗塔戈拉告诉他，不要局限于一个人实际上为自己的立场给出的辩护，而是应该为普罗塔戈拉的立场寻求最合理的表述，并且将论证引向那里（*Tht.*，164c2—168c2）。

---

13 关于卡里克勒斯的反驳，参见本书第70节，第86节。

柏拉图在重述特拉叙马库斯的立场时遵从了这个建议。

要清除格劳孔的满心怀疑,唯一的方法就是找到对这个立场的最佳表述,并且表明,即便是这个最佳表述,不管对它的捍卫多么机智,依然可以被驳倒。这就是柏拉图强调反复考察的重要性的原因之一(*G.*,513c7—d1;*M.*,85c9—d1)。只是重复同样的论题和同样的论证并没有意义,但如果同样的论题可以被不同的论证捍卫,并且这些论证都得到了回应,那么我们就能够被说服,这个论题本身面临着严重的挑战。相反,如果柏拉图面对对手的最佳表述依然可以捍卫自己的立场,那么我们也就有充足的理由相信他的立场。

133. 对善的划分

格劳孔和阿德曼图斯并不仅仅想要重述特拉叙马库斯的立场;
189 他们想更清楚地说明需要什么来反驳它。充分答复的第一步是理解对善的三分。要证明正义是因为自身而被选择的,而不仅仅是为了结果,这需要什么呢?

我们可能认为"为了自身"或"因为自身"的意思"完全是就它自己而言,完全不涉及任何其他的善"。但是这样的理解肯定不对。因为根据苏格拉底的看法,第二类善"既因为它自身,也因为其结果而被所有想要幸福的人喜爱"(358a2—3)。"被所有想要幸福的人喜爱",表明这三类善意包括了所有被认为能够实现幸福的善,而没有包括幸福本身。这个三重区分预设了幸福的至上性,以及其他三类善相对于幸福的从属性,因为它们都是为了幸福之故而被选择的。[14]

既然柏拉图认为我们为了幸福可以喜爱正义本身,那么他就不

---

14 如果柏拉图不认为幸福仅仅是一种善,他对幸福的处理就是可以理解的;对善的三重区分可能只是在划分单独的善,因此并没有包括幸福这样的复合的善。

会认为，如果我们为了幸福之故喜爱正义，我们必须因此喜爱不同于它本身的那个结果。如果我们为了幸福之故选择正义，很自然的说法就是，我们选择它是为了它对幸福的贡献。但是柏拉图并没有暗示，当我们说因为正义自身而选择它的时候，幸福是应该被排除出去的结果。此外，所有的对话者都假设，当他们说"它对灵魂做了什么"时，是在描述正义"本身"。在说正义做了什么的时候，他们并不想把结果挑出来。那么，正义与幸福之间有什么样的关系，从而让柏拉图可以说为了幸福之故选择正义，也是为了它本身选择正义呢？

显然，就"结果"的某些意义来讲，幸福是正义的结果。如果我们为了幸福之故选择正义，并且实际上实现了幸福，那么我们就是因为选择正义而实现了幸福。这样的话，我们实现幸福就是选择正义的结果。这样看来，柏拉图必然是在一个更窄的意义上使用"结果"这个概念的。

我们可能会认为，柏拉图的"正义本身"包括了正义的某些结果，也就是那些可以被认为是正义本身不可避免的结果，而不是那些将正义与某些在因果性上独立于它的东西结合起来之后的结果。[15] 这个对比让我们很容易理解，格劳孔为什么想要听到正义本身得到赞美，排除人们通常加给它的那些荣誉和奖赏；因为这些并不是正义本身的结果，而是正义加上人们通常会有但也很容易变化的意见的结果。与此类似，我们可能会说，如果我们描述的是在服了可卡因之后喝酒的后果，那么我们就不是在描述酒本身。

但是这个对比并没有说明，柏拉图为什么用他那种特有的方式区分第二类和第三类善。锻炼被当作第三类善：格劳孔暗示，如果

15 Foster（1937；1938），Sachs（1963，第 39—42 页），White（1979，第 75 页，第 78—79 页）为这种阐释的不同版本做了辩护。最全面的辩护是 White（1984）。我同意 Kirwan（1965），他发展和改善了 Mabbott（1937）的论证。Reeve（1988，第 24—33 页）的立场与此类似。Annas（1981，第 66—68 页）的立场很难归类，参见 Irwin（1982b），第 50—51 页。

我们选择它仅仅因为它带来健康，那么我们选择它就只是为了结果（357c5—d2）。即便更好的健康是节制和有计划的锻炼的自然和必然结果（而不只是在某些条件下的结果），我们仅仅是为了健康选择锻炼这个事实，像格劳孔说的那样，还是表明“我们不是更愿意为了
190 它本身而拥有它”（357c8）。锻炼的可欲结果是不是锻炼本身的结果，这一点似乎并不能改变锻炼属于第三类善。[16]

如果柏拉图不是用“正义本身”包括正义本身的结果（与之相对的是正义加上其他东西的结果），那么他设想的是什么样的对比呢？如果对正义本身的赞美不同于对它产生的任何结果的赞美，那么当我们赞美它使得正义之人幸福时，又怎么能够说是在赞美正义本身呢？

如果我们记住，对柏拉图来讲，“做”（doing）和“使得”（making）并不必然在两个事件之间引入某种动力意义上的因果关系（efficient—causal relation）。说“成为理性的动物”使得某人“成为人”并不是说成为理性的动物和成为人是两个独立的事件，后者是前者动力意义上的结果。在这个例子中，第二个描述挑出了第一个描述的一个逻辑结果，这两个描述挑出的是同一个属性。如果柏拉图说“成为正义的”使得我们正义（being just makes us just），那么他并没有提到两个不同的事件；因此当他说“成为正义的”使得我们幸福或者让我们更好，并不是指两个不同的事件。[17]

16　在我看来，这个反驳破坏了 White（1984，第 420 页）对第二和第三种善所做的区分。

17　柏拉图考虑的关系与亚里士多德的目的因有着密切的联系，也与他在《斐多》中说的安全的和聪明的原因有关（参见本书第 109 节），这些原因不仅被限制在有效的因果关系上。参见 Mabbott（1937），第 60 页：“正义‘对灵魂’做了什么？美对诗歌做了什么？因为它的存在，它使诗歌变得美了。因此正义也有这种力量，将灵魂变得和谐。但是它的和谐**就是**正义，而不是正义的结果。”另参见 Kirwan（1965），第 172—173 页。White（1984，第 410—413 页）合理地强调了《斐多》对于原因的论述与《理想国》第二卷中的区分有关。但是，我不认为《斐多》能够支持下面这个观点，即在《理想国》第二卷中，柏拉图指的是正义在动力意义上的因果关系。

与此类似，当柏拉图问正义“做了”什么或者它的“能力”（dunamis）是什么时，他的问题可能不过是正义“使得”灵魂有何不同，或者换句话说，在什么方面正义的灵魂不同于其他灵魂。如果柏拉图想用“正义本身”和“正义在灵魂中做了什么”来描述正义灵魂的本质属性，那么他就是在问一个合理的问题；他将这些属性和正义的结果区分开来。[18] 既然这样阐释柏拉图在正义本身和正义的结果之间的对比，确证了柏拉图在第二类和第三类善之间的区分，那么它就明显好于第一种阐释（认为柏拉图只是在区分正义本身的结果以及正义加上其他东西产生的结果），这一阐释与那种区分相冲突。

柏拉图想要找到正义本身是什么，而不管它的结果如何，因为他相信，一旦找到了这个，我们就有了充分的理由去选择正义，而无需考虑其结果。我们不是要通过找到对正义灵魂的某些真实描述去找到正义本身。即便我们理所当然地相信，正义满足了西蒙尼德斯的描述，或者正义要求我们不要贪婪，我们也还是没有说明为什么正义对我们更好。但是柏拉图说，当我们发现了正确的苏格拉底式的正义论述，就会认识到正义为什么对我们有利。

134. 正义的优越性

格劳孔和阿德曼图斯要求苏格拉底捍卫一个比较性的论题，即 191
正义者比不义者更幸福。但是，他们并不坚称正义对幸福来讲是充分的。[19] 比较性论题要弱于充分性论题，因为可能 A 比 B 更幸福，但是他们其实都不幸福。当柏拉图论证，正义者在任何情况下都比

18 就本质属性而言，一些结果无疑是必要的。如果我们能够找到本质属性，我们就会发现，为什么一些结果以这种方式出现是必要的。

19 正义被说成灵魂所拥有的东西中最大的善，而不义则是最大的恶（366e8—9）。幸福是最大的善，但是它包括外在的善，并不局限在灵魂之中；因此这个说法并不意味着正义等同于幸福。Grote（1888，IV，第 102 页）认为柏拉图捍卫了充分性论题。

不义者更幸福的时候，他并没有暗示正义者在任何情况下都是幸福的。他保留了这样的可能性，即幸福的一些构成要素并不是正义可以保证的。格劳孔设想了这样一种情况：正义者有不义的名声，遭受着通常伴随这种名声的所有惩罚，而不义者却被认为是正义的，并享受着好名声带来的所有通常的好处，以及由秘密的不义行为带来的好处。柏拉图没有给出任何理由否认，正义之人失去的那些外在善是真正的善。他将讨论限制在关于正义和幸福的比较性论题上，其实隐含地承认了正义之人因为被剥夺了外在的善而遭受了重大的损失。

《理想国》的其他部分也没有主张充分性论题。[20] 柏拉图的政治论证始于这样的假设：个人不是自足的，而是依赖其他人（369b5—c8）。理想的城邦设计出来是为了所有公民的幸福（420b3—421c6），虽然正义是幸福的基础，但是理想城邦并不仅仅为了让公民实现正义。我们不清楚柏拉图是否想说理想城邦中的哲学家—统治者（philosopher-rulers）是幸福的，而不是仅仅接近幸福（420b5，466a8，519c5）。即便他想要这样说，他的意思也不是正义本身对于幸福来讲就是充分的，因为哲学家—统治者显然还有其他有利的外在条件加在正义之上，因此他们无需面对处决苏格拉底的那种充满敌意的环境。这个比较性的说法让我们可以宣称，这些有利的外在条件（生活在一个正义的社会之中、有可靠的必需品供应、接受荣誉等等）都对哲学家的幸福做出了贡献。

柏拉图在第十卷（612a8 以下）论证，正义之人事实上可以期待实现幸福，这通常发生在此世，而且毫无疑问可以在来生实现。但这并不是因为正义本身就可以保证幸福。[21] 当柏拉图论证说，事实

20　比较性的说法还在 387d［尤其是 387d11 的“最自足”（malista … autarkēs）］，392c—d，580b，588d 出现。在健康与疾病之间的类比（445a）并不意味着充分性论题。

21　White（1989b）考察了第十卷的作用，Kraut（1992c，第 337 页以及注释 21）讨论了他的观点。

上正义可以保证外在善（要么通过通常的社会过程，要么通过诸神的眷顾），他的意思是，当这些善加到正义之上，正义之人就能够保证幸福，而如果没有这些善，正义之人的幸福就不能保证。柏拉图并没有说他已经论证了正义足以保证幸福。如果柏拉图坚持比较性论题，那么《理想国》的整个论证就很容易理解，但是如果他接受了充分性论题，就会变得令人困惑。

135. 正义与幸福的关系

格劳孔与阿德曼图斯想让苏格拉底表明，正义本身即便不能让正义之人实现幸福，也能让正义之人比不义之人更幸福。如果这些 192
说法被理解成关于正义本身的说法，而非关于正义的因果关系的说法，那么柏拉图必然是在说正义是幸福的一部分，或者说是部分的构成要素。

在讨论部分和整体的关系时，有时候可以既说部分对整体的善做出了贡献，也说这个贡献是部分自身的特征而不是它作为原因（更准确地说，作为充分原因）的结果。一只健康的脚因其健康和作为身体的一部分，为身体的健康做出了贡献。我们不仅说健康的脚作为原因对身体的健康做出了贡献（就像健康的饮食那样），脚和身体健康之间的关系比因果关系上的贡献要更密切。我们的意思是，有健康的身体就是拥有健康的脚（当然还有其他因素）。[22]

如果这个类比被用在正义和幸福上，我们就要说幸福拥有 x，y，z 这些部分，而正义是其中一个，比如说 x。为了表明这一点，我们需要对 x 做出其他的描述，表明 x 显然是幸福的一部分，之后给出论证表明 x 显然是正义。这样我们就知道了一些之前不知道的东西：一个人的同一个状态既满足了作为幸福一部分的恰当标准，也满足了

---

22 White（1979），第 78—79 页；White（1984）讨论了这种正义与幸福的观点。

正义的恰当标准。

由于柏拉图坚持正义与幸福的比较性论题，部分—整体关系本身就没有把握到他心目中正义在幸福中的作用。[23] 脚的健康是身体健康的一部分，但属于相对次要的部分；如果我有一只健康的脚，这显然并不意味着我比任何没有健康的脚的人更健康，不管我和他在其他方面的状况如何。但是我们可能会说，心脏或大脑是至关重要的器官，因此它的健康比身体其他部分的健康状况更重要。我们可能会说，至关重要的器官的健康在身体的整体健康中占有主导地位。

这个关于主导性的概念暗示了柏拉图关于正义的观点。他想要表明，虽然正义并不是幸福的充分条件，但是在幸福中占有主导性地位，正义本身就保证了正义之人比任何不义之人更幸福，即便正义之人并不是幸福的，即便正义之外的所有善都属于不义之人（在格劳孔所描述的反事实情境下）。如果柏拉图关于正义的内在善的说法与他保证的要证明正义对幸福的贡献相一致，同时，如果那些说法与他对比较性而非充分性论题的辩护相一致，那么他就应该表明，正义是幸福的主导性构成要素。

因此我们可以这样总结柏拉图在捍卫正义时所坚持的主张：（1）正义等同于幸福的一部分；（2）因此，作为幸福的一部分，它以非因果性的方式对幸福做出了贡献；（3）这个非因果性的贡献使得正义成为幸福的主导性部分；（4）它以因果性的方式为幸福对其他部分做出了贡献。这些说法前后一致并且没有明显错误。《理想国》
193 的其余部分就应该表明，柏拉图在多大程度上捍卫了这些主张。

136. 美德与可靠性

格劳孔和阿德曼图斯想要被这些说法说服，因为他们假设，这

23 Reeve（1988，第 30—31 页）提出了这一点。

是唯一的方式可以表明，我们有理由成为真正正义的人，而不是披着正义外衣的不义之人。他们关于真正正义之人的看法又是什么呢？

他们不可能说，正义之人在实际情况下比狡猾的不义之人更经常地做正义之事。因为某人不做不义的事情可能仅仅因为他害怕风险，或者没有认识到做这些事情有多大的好处。阿德曼图斯说，那些采取这种态度的人实际上是受胆怯和懦弱驱使的，因为如果他们认为自己能够不被发现，那么就总是会抓住机会做不义的事情（366d1—5；参见360b3—c8）。但是他允许有某个超群之人，“因为他的神圣本性拒绝不义的行动，或者因为他拥有了知识而避免不义的行动”（366c6—d1）。这样的人构成了关于不义的心理概括的例外，这也就是他们要考虑其幸福与否的那种正义之人。

阿德曼图斯将这种正义之人与那些仅仅为了结果而选择正义行动的人进行对比。他说，只关注结果仅仅表现了美德的“外表”（365a4—c6）。柏拉图为什么要这样认为？他已经表明了这样的人是不坚定的，因为只要环境允许，他就会愿意做不义之事。但是，我们为什么要关心一个人的决心在这个意义上是否坚定呢？

柏拉图在《美诺》中对知识的论述给了这个问题一个答案。在区分知识和真信念时，他区分了“经验上的可靠性”（在经验上可能的条件下倾向于正确）和“反事实的可靠性”（在反事实而非必然在经验上可能的条件下倾向于正确）。[24] 如果说某个信念是在反事实的意义上不可靠，我们指的是我关于这个信念的理由是错误的，即使这个错误在实际情况下不会对我的判断造成影响。

同样的区分在《斐多》当中可能构成了一个段落的基础，就像《理想国》第二卷，在那里柏拉图也谈到了美德的“外表”和真正美德的区别。他说，哲学家是唯一拥有真正美德的人，其他人最多只能达到“奴性的美德”，这种美德不过是真正美德的外表（*Phd.*，

24 关于不同种类的可靠性，参见本书第101节。

68c5—69c3）。[25] 奴性的美德依赖于唯利是图的算计，算计有美德的行动会对满足那些有美德和恶性的人普遍的欲求带来什么样的效果。

从柏拉图所说的可以看到，奴性之人可能有关于什么行动有美德的全部正确信念，只要实际环境需要，他们也都会实施有美德的行动。他们说明了《美诺》在知识和正确信念之间的区别。柏拉图说正确的信念在任何意义上都“不比知识差”，但这并不意味着从道德角度讲也是如此。因为正确的信念只是意味着在恰当范围的实际
194 和可能的情境下正确行动，而美德在要求有正确行动的同时，还要求有正确的理由和动机，因此正确的信念对于美德来讲是不够的。

柏拉图认为，仅仅为了结果而选择有美德的行动是奴性的。正义之人更高程度的幸福并不是正义的结果；因为正义是幸福的组成部分，而不仅仅是工具性的手段——幸福是它的后果。虽然正义之人和不义之人都追求幸福，但是他们对于幸福何在有着不同的观念，因此他们追求不同的目的。

如果格劳孔和阿德曼图斯仅仅关心经验上的可靠性，那么他们论证的第二阶段和第三阶段就是有误导性的。因为这两个阶段要求我们考虑，在经验上不大可能的情境下，还要在何种程度上以及根据什么坚持正义。对人生的选择并没有表明，只要结果好我们就不会坚守正义，但是格劳孔和阿德曼图斯认为，经验上的可靠性并不足以保证一个人是正义的。他们认为，应该拒斥对正义的纯粹工具性态度，而不管它是否削弱了一个人在经验上可能的情境下对正义的坚持。

137. 对美德的钦慕

只有当我们同意正义需要正确的理由和动机，我们才应该接受

---

25 Gooch（1974）；Irwin（1977a），第 322 页；Gosling and Taylor（1982），第 87—95 页；Weiss（1987）讨论了这段文本。

柏拉图所要求的反事实的可靠性。但是我们应该同意这一点吗？柏拉图是不是依赖一种独特而严苛的正义观呢？它能够得到通常信念的支持吗？

首先，我们必须承认，他描述的那种反事实的情境与我们可能面对的情景并没有很大区别。当历史上的苏格拉底面对行不义和将自己置于危险境地的选择时，我们钦慕他所展现出来的正直和道德上的坚守；他坚信正义之人即便要牺牲其他善也要坚持正义，这显然不是独特和狂热的看法。与此类似，我们也倾向于钦慕索福克勒斯笔下的涅奥普托勒摩斯，他拒绝做任何可耻和不义的事情，即使那能够给他带来很多好处。[26]

这些例子说明，真正正义的人坚持正义的行动并不是因为正义的好结果。如果我们不准备否定我们对苏格拉底和涅奥普托勒摩斯的看法，我们就必须同意柏拉图的假设：正义的人之所以选择正义的行动，并非由于上面讨论过的那些结果。

但这是否表明，我们应该努力证明正义真的因其自身之故而值得选择？我们可以论证，正义是工具性的善，因为它可以维持正义的秩序，因此为了正义的秩序，我们训练人们为了正义自身之故而选择正义是件好事。[27] 我们可以看到，有涅奥普托勒摩斯或苏格拉底这种毫无保留地坚持正义的人是件好事，但并非因为这样对行动者本人好，而是因为这样会给其他人带来好的结果。我们或许会和阿德曼 195
图斯一样，反对传统因为正义的结果为正义做出的辩护，因为如果有人可以被训练成不为结果而关心正义，就更好了。但是，他们或许可以被训练成这样，而无需相信正义是一种非工具性的善。设想一个正义的人（比如阿里斯提德）发现自己被训练成选择正义的行动，而不管它们对他是好是坏。他认识到这种态度可以支持正义的秩序，

26 关于涅奥普托勒摩斯，参见本书第 30 节。

27 Grote（1888，IV，第 107 页）提到了这种可能性。

而这显然可以成为他继续保持对正义原有态度的理由，因为他看重正义的秩序，并且认为那需要限制他损人利己的倾向。

但是这种理由不足以支持阿里斯提德对正义的态度，因为对正义秩序的主要支持在于其他人对正义的坚守，而不是他的坚守。只有他人相信他是正义的，而非他真的正义，他才能够从正义的秩序中获益。那么对他来讲最好的策略似乎就是培养其他人身上真正的正义，而在自己那里只需要培养表面的正义。[28] 如果正义的好处不能给阿里斯提德本人足够的理由去成为正义的人，关于正义本性和价值的正确观念似乎只会破坏人们对正义的坚守。

如果个人完全将正义理解成工具性的善，正义的秩序就被削弱了。因此最好是能够训练人们出于某些不同于工具性的利益去关心正义，虽然工具性的利益其实穷尽了正义的价值。最好是能够训练他们相信，正义对他来讲是好的，不管结果如何。只有当阿里斯提德将正义看作某种对他来讲非工具性的善，并因此关心正义本身时，其他人才能够从他的正义中获得恰当的好处，因此这种态度是维持正义秩序最好的态度。

但是，这个结论并不表明阿里斯提德的正义真的对他本人有好处，而是暗示了我们应该在阿里斯提德那里制造和维持错误的信念。格劳孔似乎接受了这种可能性：即便我们相信正义的人是个傻子，我们也依然要赞美他，这样我们就为了正义秩序而鼓励了这种正义的态度（360d2—7）。如果这就是正义的全部价值，我们还是不知道，证明正义真的是一种非工具性的善为什么重要，而我们对苏格拉底和涅奥普托勒摩斯的钦慕并不能证明正义是一种非工具的善。我们会同意，说服足够多的人相信正义是一种非工具性的善非常重要，但是他们的这个信念为什么必须是真的呢？显然，这个信

28　这种困难似乎针对 Gauthier（1982），第 144—145 页；Gauthier（1986，第 326—328 页，第 337—338 页）提出了对格劳孔的挑战的回应。

念，而不是这个信念为真，支持了正义的秩序。

如果是这样，格劳孔和阿德曼图斯并没有证成他们的要求，即对于正义者来说正义就是一种非工具性的善。他们只是表明，能够培养正义是一种非工具的善的教育，比他们所描述的那种不那么有效的道德教育，更能支持正义的秩序。我们可能会论证，一个达到了特拉叙马库斯、格劳孔、阿德曼图斯的认识高度的人，不可能再保持对于正义的坚持。如果是这样，那么他们有理由要确保其他人不能达到他们的认识高度。[29] 196

138. 美德、知识与完善

柏拉图并没有直接面对关于格劳孔和阿德曼图斯论证中的这个问题。但是这绝不意味着这个问题是时代倒错的；柏拉图一点都不反对为了社会的善去培养人们相信有用的谎言（414b8—415d2），他显然知道关于正义好处的那些信念所具有的社会价值。[30] 但是他强调，要证明正义是一种非工具性的善这个信念是真的，而不仅仅是有用的。

在柏拉图看来，我们应该认为指导真正有德之人的是某个关于“美德是什么”的正确观念。如果有些人认为勇敢是好的，仅仅因为他们认作勇敢的行动经常给他们提供健康的锻炼，因此对他们的健康有好处，那么他们就没有把握到勇敢的本质，因此也就并不是勇敢的，即使他们关于勇敢的信念在那些情境中碰巧是正确的。出于

29 Sidgwick 的论证（1907，第 490 页）暗示了一个类似的结论，以表明功利主义者可能不希望功利主义的道德基础得到普遍认可：“因此一个功利主义者可以合理地欲求，根据功利主义的原则，他的某些结论应当受到人们的普遍拒斥；普通百姓甚至应该远离他的整个思想体系。”

30 在 *Laws*，663d6—664a8［Grote（1888），IV，第 107 页引用了它］，柏拉图实际上说，即便有些信念是错误的，为了正义的利益去宣传这些信念也是可欲的。

类似的原因，驱动正义之人的应该是对正义本质上是什么的正确观念，也就是从道德的角度看正义为什么最为重要的观念。如果正义在本质上就是某种非工具性的善，甚至是某种主导性的善，那些仅仅将它作为工具性的善来追求的人就误解了它的本质；因此他们并不是出于正义为什么重要的正确观念行动，也就不可能是真的正义。

如果柏拉图是对的，如果正义是一种美德，并且正义之人应该为了正义自身之故选择它，那么正义必然是一种非工具性的善。当我们设想一个社会因为有那些对正义持有错误观念的人而受益的时候，我们就否认了正义是一种真正的美德，因为我们也就否认了它是人类行动者真正的完善。柏拉图相信，如果正义不是一种非工具性的善，那么正义者的观点就不可能在面对真相时得以保存。如果我没有被骗，而是认识到，我之前只是被训练为了正义自身之故而关心正义，但其实这样只是对正义的秩序有好处，那么我就没有理由在可以行不义后依然逍遥法外的情况下关心正义。另一方面，如果我被骗，我对于正义的态度依赖于我的错误信念，即我的正义对我来说是一种非工具性的善，那么一旦发现这个信念是错的，我对待正义的态度也就无法保存。不管怎样，正义都不可能是一种美德，因为它给正义之人带来的是不完善，而非完善。

柏拉图认为一个人的完善必须包括关于这个世界的真理，尤其是关于什么是真正的好与坏的真理。因此在关于真相的知识面前无法维持的状态就不可能是一种真正的美德。虽然柏拉图未加解释就引入了这个假设，但是它对于《理想国》全书来讲至关重要，因为它解释了一部要证明道德行动者有理由做什么的对话，为什么包括了关于知识，以及在获得关于“什么是真正的好”的知识的同时揭示给我们的现实本质的长篇讨论。[31]

31　这个反对观点并不会针对理想城邦的拥有真信念而没有知识的公民，因为他们的真信念会在面对知识时得到保存。参见本书第 162 节，第 163 节。

这就是柏拉图为什么有理由认为在正义是什么，正义是不是出于其自身之故而被选择的善，以及我们应该将什么样的人看作正义这几个问题之间存在联系。我们对于像苏格拉底和涅奥普托勒摩斯这样的人的钦慕说明我们怀疑正义并不仅仅是获得幸福的工具而是一种非工具性的善。但我们的这种怀疑是否正确还并不确定。197
如果我们不能找到一个关于正义的论述，去表明它是一种非工具的主导性的善，那么我们就不得不承认，我们对于苏格拉底的钦慕缺少恰当的理性根据。

139. 苏格拉底与对正义的赞美

既然看到了柏拉图想要回答关于正义的什么问题，我们就可以将这个问题与第一卷和其他苏格拉底对话中提出并回答的问题进行比较。既然格劳孔和阿德曼图斯相信，没有人用正确的方式赞美正义，他们自然也就认为苏格拉底在第一卷中对正义的辩护是不充分的，也就是没有能够将正义当作非工具性的善来赞美。[32] 对第一卷的这种批评公平吗？

对善的三重区分在苏格拉底那里没有任何先例。苏格拉底在早期对话中关于目的—手段结构的说法只暗示了一种二重而非三重的区分。《吕西斯》和《高尔吉亚》都区分了为了某些目的而选择的事物，和为了它们自身之故而选择的目的。《吕西斯》承认了出于其自身之故而被欲求的目的，这个目的就是爱的首要对象。但是这两部对话都没有说，还有一些为了其他目的的手段本身也是目的。相反，这两部对话都说，如果我们为了 B 选择 A，那么我们就不可能

32 苏格拉底至此的论证没有达到格劳孔的标准，这一点在 357a4—b4，358b1—7，358c6—d3 说得很清楚。

是因为A自身之故而选择它。[33] 这个二重区分意味着,没有哪种善属于《理想国》第二卷里区分的三类善中的第二类。格劳孔的划分经常与苏格拉底对话中讨论的问题相关,但是这些对话却从来没有提到过它。

与此相似,第一卷也没有提到或使用这个对善的三重区分。那些论证都没有说正义是一种因其自身之故而被选择的东西。关于贪婪的论证将正义之人和不义之人看作有能力的和无能力的技艺的实践者,这个类比只有在它们制作同样产品的情况下才成立。关于灵魂划分的论证诉诸不义的不良后果。而最后一个论证诉诸第一个论证的结论,即正义是一种美德,而第一个论证将美德看作保障幸福的工具性手段。

柏拉图对《理想国》第一卷的态度可以和亚里士多德对苏格拉底的态度加以对比。亚里士多德论证,将美德当作技艺是错误的,因为技艺严格说来是一种生产性的知识,而智慧和美德关乎"行动",后者出于其自身之故而被选择。他的意思是,如果我们看到美德行动中独特的非工具性特征,我们就会严格区分美德和技艺。而那些苏格拉底对话要么将美德等同于技艺,要么没有截然区分它们。如果亚里士多德是对的,那么这就是一个迹象,表明苏格拉底没有清楚地认识到美德行动的非工具性特征。[34]

既然柏拉图认为第一卷没有论证正义是非工具性的善,他就支
198 持了亚里士多德对苏格拉底暗含的批评。此外,美德与技艺的类比在第一卷中随处可见,而在《理想国》其他部分完全没有出现。柏拉图因此暗示,对这个类比的使用与他要反对的那种苏格拉底伦理学的错误有关。亚里士多德关于技艺与美德的说法,以及柏拉图关于正义是一种非工具性的善的说法,可以被充分地看作对苏格拉底伦

33 关于手段和目的,参见本书第46节。

34 关于亚里士多德与苏格拉底,参见本书第49节。

理学的共同判断。柏拉图要求从非工具性的善的角度对正义进行辩护，他诉诸历史上的苏格拉底对正义毫无保留的坚守，批评苏格拉底关于正义和幸福的观点。[35]

140. 苏格拉底和美德与幸福的关系

在第二卷中，格劳孔和阿德曼图斯将讨论限制在正义者比不义者更幸福上。在这一点上他们也与第一卷中的苏格拉底不同。在第一卷中，苏格拉底通过论证正义是幸福的充分条件，来论证正义者比不义者更幸福（352d2—6）；在第一卷的最后一个论证里，通过诉诸人的功能，苏格拉底坚持正义者是幸福的（353e）。

就捍卫美德的充分性论题而言，第一卷与苏格拉底对话是一致的。在《申辩》、《克里同》、《欧绪德谟》和《高尔吉亚》中，苏格拉底明显认为美德是幸福的充分条件。此外，在除了《欧绪德谟》之外的这些对话之中，苏格拉底恰恰是在格劳孔给出的那种人生选择的情境中坚持关于正义的这个论题。苏格拉底的这个说法在《高尔吉亚》中得到了最强有力的辩护，在这里苏格拉底坚持一种适应性的幸福观，根据这种看法，以某种恰当方式理解的美德可以被合理地认为是幸福的充分条件。[36]

既然在苏格拉底对话中，苏格拉底如此坚决地捍卫充分性论题，柏拉图在《理想国》中没有坚持这一点就不应该被看作他的疏忽，而是他与苏格拉底不同。

在古代晚期，有哲学家认识到在苏格拉底和柏拉图之间关于美

35 在367d5—e1，阿德曼图斯说他尤其希望从苏格拉底那里听到对正义的捍卫，而不管它的奖赏如何，“因为你的整个一生都在考察这个”。我们不是很清楚“这个”指的是什么，它可能是指“正义”（参见506b8—c1，关于苏格拉底长久地研究善有一个类似的说法），或者“正义的好处，而不管奖赏如何”。

36 关于苏格拉底，参见本书第41节。关于《高尔吉亚》，参见本书第81节。

德与幸福观点上的这个差别。在克吕西普斯(Chrysippus)看来,柏拉图去掉了正义和其他真正的美德,因为他将诸如健康的这类东西当作善(Plutarch, *SR*, 1040d)。克吕西普斯想的很可能是《理想国》(参见1040a—b)。不管怎样,他没有批评苏格拉底犯了他归于柏拉图的这个错误。斯多亚学派很可能也认识到,他们关于美德与幸福关系的看法来自苏格拉底,比如西塞罗(*Parad.*, 4)。斯多亚学派在一定程度上受到了昔尼克学派的影响,而昔尼克学派则受到了苏格拉底的影响。[37] 既然昔尼克学派和斯多亚学派都认为他们的观点是苏格拉底式的而非柏拉图式的,那么他们肯定有充足的理由区分苏格拉底和柏拉图。作为柏拉图主义者的普鲁塔克接受了克吕西普斯关于柏拉图的阐释,认为柏拉图和亚里士多德在这个问题上立场一致,都与斯多亚学派不同。

但是也有人将柏拉图的观点等同于斯多亚派的观点,因此也就等同于苏格拉底的观点。根据克莱门(Clement)的记载,安提帕特(Antipater)这个斯多亚学派成员撰写了三卷本的著作,宣称根据柏拉图的观点,只有美好的东西才是善的,因此美德对于幸福来讲是
199 自足的(Clement, *Strom.*, V, 97.6 = *SVF*, III, Antip., 56)。他撰写了一部关于这个问题的著作,这个事实或许表明斯多亚学派反对关于柏拉图观点的这种阐释。

而在柏拉图主义者一边,阿提库斯(Atticus)将某种接近斯多亚学派的观点归于柏拉图,因此与亚里士多德截然区分(Eusebius, *PE*, 794c6—d13):他认为柏拉图所接受的那个比较性论题使得他必然接受充分性论题。另一个柏拉图主义者阿尔西努斯(Alcinous)

---

37 克吕西普斯关心如何区分苏格拉底与柏拉图,这与西塞罗在柏拉图之中找到支持苏格拉底立场的论证,形成了鲜明对比。西塞罗诉诸《高尔吉亚》和《美涅克塞努斯》,毫不怀疑这些对话表现了柏拉图的观点(*Tusc.*, V, 35—36),即便在另一个地方他承认柏拉图与历史上的苏格拉底之间存在差别(*Rep.*, I, 16)。关于斯多亚学派对苏格拉底与柏拉图观点的区分,参见Long(1988),第161页。关于波塞冬尼乌斯,参见本书第168节。

非常合理地宣称，在《欧绪德谟》中柏拉图接受了斯多亚学派的论题，即只有美好的才是善的（*Did.*，27 = 180.33—37）；但是他不那么合理地推论说，斯多亚学派的论题表达了柏拉图在《理想国》里的看法，柏拉图依靠这个论题来证明，美德因其自身之故而值得选择（181.5—9）。[38]

在阐释柏拉图和将苏格拉底与柏拉图进行对比的方面，我们有充分的理由同意克吕西普斯和普鲁塔克，而反对安提帕特、阿提库斯和阿尔西努斯。《理想国》第一卷和第二卷之间的差别预示了这样两方之间的差别：一方是苏格拉底和希腊化时期的各个学派，另一方是柏拉图和亚里士多德。

141. 苏格拉底与正义的定义

格劳孔正确地指出，第一卷中的苏格拉底不仅没有将正义当作非工具性的善来赞美，也没有在正义本身是什么的基础上赞美正义，因为他并没有寻求正义的定义。苏格拉底对话也是如此。《克里同》和《高尔吉亚》讨论正义为什么优于不义，以及正义要求什么，但是苏格拉底从没有寻求过正义的定义，甚至从没有像在其他美德那里一样宣称寻求对正义的定义非常重要。

在格劳孔看来，苏格拉底不去寻求正义的定义是错误的，因为如果他找到了正义是什么，他就会意识到正义是一种非工具性的善。特拉叙马库斯认为，典型的正义行动会伤害行动者的利益，而同样情况下不义的行动则对他有利。正如格劳孔和阿德曼图斯指出的，苏格拉底没有充分回应关于正义行动的代价的这个说法。他

---

38 关于柏拉图主义者，参见 Dillon（1977），第 251 页，第 299 页。关于阿尔西努斯（Alcinous），参见 Whittaker（1990），第 137 页以及注释 443。Lilla（1971，第 68—72 页）讨论了 Clement, *Str.*, IV, 52.1—2［Stählin 编辑（1906）］，这里涉及 *R.*, 361e（参见 V, 108.2）。

需要表明，这些行动没有充分表达正义的本质。但是如果想要表明这一点，苏格拉底需要更多地讨论正义的本质。

这里需要什么样的正义定义呢？在研究柏拉图关于非可感的理念的论证，并且探讨由此而来的与苏格拉底认识论的差别时，我们看到柏拉图关于理念的看法为什么可以引导他修正关于什么是充分的苏格拉底式定义的一些或隐或现的预设。[39]《理想国》第二卷是否给了我们理由认为，柏拉图与苏格拉底的差别影响了他对正义定义的要求呢？

如果柏拉图关于理念的说法是正确的，那么试图通过没有争议的可感属性去定义有争议的道德属性就必然失败。为了说明这一点，柏拉图可以诉诸有争议的评价性属性在本质上具有的语境化特
200 征（正如他在《理想国》第七卷的那些比较级中做的那样）。行动的正义、美好和善本质上取决于语境化的特征，这些特征仅仅靠观察这个情境中的行动本身是不能被发现的。具体来说，某种行动是不是正义的取决于环境、之前发生的事情以及结果，这些要素影响了这类行动的美好和善。

在《理想国》第一卷中，特拉叙马库斯显然要求给出一个能够避免这种道德性质的循环论的正义定义。苏格拉底和波勒马库斯没有驳倒西蒙尼德斯对正义的论述——给每个人应得的东西，特拉叙马库斯却可以指责这个论述，因为它并不“明晰和准确。”从他反对的那些论述判断，他的意思似乎是，一个清晰而准确的论述应该排除掉那些必须通过其他道德属性才能理解的道德属性。关于特拉叙马库斯要求这种清晰而准确的对正义的论述是否恰当，苏格拉底未置一词。

但是在第二卷，柏拉图表明，很难满足特拉叙马库斯对正义的要求。格劳孔论证说正义的定义应该包括它不是一种非工具性的

39 关于柏拉图对苏格拉底寻求定义的看法，参见本书第 115 节。

善，非工具性的善应该是正义的本质属性，而非偶然属性。格劳孔的要求使得特拉叙马库斯的要求变得更加难以满足。因为满足这两个要求的定义不能用其他道德词汇来定义正义，还要表明正义是一种非工具性的善。我们很难想出一个合理的论述，它能够同时满足特拉叙马库斯和格劳孔的要求。

如果是这样，那么柏拉图对于正义的标准就比苏格拉底对话中所预设的更加宽泛。苏格拉底的标准反映在特拉叙马库斯对清晰而准确的论述的要求上；只要柏拉图反对这个要求，那么对他来讲找到美德的定义就不那么困难了。既然《理想国》的其他部分给出了美德的论述，并且发展了与定义相关的对理念和可感物的论证，我们应该可以看到柏拉图如何回答在第一卷和第二卷中提出的那些问题。

142. 柏拉图的问题是否合理？

虽然柏拉图反对了若干苏格拉底式的假设，但是他依然追随苏格拉底，接受理性幸福论。他认为，我们有充分的理由成为正义的人，当且仅当我们了解正义如何促进我们的幸福。一些道德家认为这是关于道德的本质和证成的一个根本性错误。[40] 他们认为道德要求和道德原理不应该被置于任何其他的原理之下，不管这些其他的原理关乎行动者的善还是其他有价值的事态。从这种观点来看，柏拉图指控其他人用奴性和唯利是图的态度对待美德，但其实这个指控也可以用在他对美德的辩护上；因为他接受了其他人的一个基本错误，将道德置于其他目的之下。

---

40 Prichard（1968，第103—109页，第118—119页）强有力地表达了这个反对观点。叔本华在《作为意志与表象的世界》（Schopenhauer, *Will and Representation*, II, 524）赞美柏拉图避免了幸福论的道德观，但是他的赞美建立在误解之上。White（1979，第43—45页，第80页）否认柏拉图接受幸福论。参见本书第205节。

201 柏拉图可能会否认自己应该受到这样的批评。因为在他看来，正义本身是幸福的组成部分，而不是工具性的手段，这也就意味着他没有在任何值得反对的意义上将道德置于其他目的之下。说正义是幸福的一部分，柏拉图的意思是，如果不认识到正义的非工具性价值，我们就不能充分理解幸福的构成。道德上正义的行动者不需要将道德置于任何非道德的目的观念之下。

但是如果接受这个辩护，我们或许会怀疑，幸福论是否需要用那么高的代价去辩护。[41] 我们的幸福观念如果没有正义就不能得到确定或决定，那么我们似乎就首先少了接受幸福论的一个主要理由。我们很自然地认为，关于幸福的论述给了我们一些理由去把握美德的定义和证成。我们希望我们的定义表明，美德促进按照之前的方式理解的幸福，而一旦找到正确的定义，我们也就表明了为什么按照这种方式定义的美德对理性行动者来说值得选择，这些理性行动者的目标在于他们自身的幸福，而这种幸福是已经得到界定的。

如果不能先于正义的论述找到正确和确定的幸福观，我们就不能用后者表明我们找到了关于正义的正确论述。此外，如果我们不能说幸福不同于正义，那么我们就不能诉诸那些正义和不义之人都承认是理性的关切，从而表明正义者的关切是理性的。如果我们不能用幸福的观念做这些事情，我们还坚持幸福论干什么呢？

如果想要回应这些反驳，柏拉图必须表明他可以诉诸这样一个幸福观，它先于关于正义的论证，并且无需以一种不可欲的方式将正义置于某个独立于它的目的之下。要了解柏拉图是否有某种方式走出我们刚才描述的那个进退维谷的困境，就需要更确切地理解那些反驳。特别是我们必须要理解“置于……之下”，理解幸福观的“确定性”，理解幸福观相对于道德的“独立性”。如果幸福的观念既能提供实质性的内容，又不是以某种可反驳的方式具有确定性；或

41 幸福论被 McDowell（1980，第 366—371 页）化约成了某种毫无争议的立场。

者如果一个正义的观念可以与某个部分独立的幸福观相联系，而无需以某种可反驳的方式被置于其下，那么柏拉图对幸福论的诉求就与他对正义的辩护相关，而无需同时面对他弄错了道德与理性人的其他目标之间关系的反对。

在批评苏格拉底的立场以及界定需要回答的问题时，柏拉图提出了这些关于伦理论证本质和目标的根本问题。即便《理想国》余下的部分没有任何推进，第二卷中表现出来的关切和精致也同样值得我们钦慕。[42] 现在我们必须考虑他是否很好地回答了这些问题。 202

42 Grote（1851，VIII，第539页）很恰当地描述了第二卷："柏拉图著作中几乎没有什么比这些论述更有力量。它们用清晰和强有力的方式提出了伦理理论需要处理的一些最严肃的难题。"

第十三章

《理想国》第四卷：灵魂的划分

143. 第四卷的论证

柏拉图在第四卷末尾宣称，已经给出了回应特拉叙马库斯的第一个概要。[1] 支持其回应的论证有三个主要步骤：首先，柏拉图要论证将灵魂划分为三个“部分”（parts）或“种类”（kinds）。[2] 接下来，他从这个划分出发论证四种主要的美德。最后，他诉诸这个对美德的论述来回应特拉叙马库斯。

尝试理解对灵魂的划分是一个合理的起点，因为这也被用于对美德的论述。首先，我们必须考察柏拉图的划分原则，这样就能够判断出，按照他的标准，我们何时必须识别出灵魂的一个或两个部分。然后我们要问，正确地应用这些标准是否将我们引向柏拉图识别出来的那些部分。

然而，如果不同时考察对美德的论述，我们就不能充分理解对

---

1 对第二卷、第三卷中某些相关问题的讨论，参见 Irwin（1977a），第 330—331 页。

2 柏拉图提到不同的种类（eidē 或 genē，435c1，444a1），或部分（merē，442b11），或事物（中性形容词和代词，436b9）。见 Joseph（1935），第 47 页。关于灵魂结构与城邦结构之间的对应，参见本书第 159 节。

灵魂的这种划分。在描述美德的时候，柏拉图认为某种对灵魂各部分的描述是理所当然的；但是他对美德的描述更多地揭示了各个部分的特点，由此完善了对灵魂各部分的描述。出于这个原因，我们对于灵魂各部分的描述必须按步骤进行，以表明柏拉图论证的各个步骤如何要求某种补充或改变。

144. 柏拉图对灵魂划分的论证

柏拉图认为明显存在着不同的心理状态和活动（学习、感到愤怒或怀有欲望），但是他并不认为这些状态和活动明显属于灵魂的不同部分或方面（436a8—b3）。因此，他对不同部分的论证所要表明的就不仅仅是存在着不同类型的心理活动。[3] 我们需要知道柏拉图所说的不同部分是指什么，以及他关于它们存在的论证在多大程度上是成功的。

柏拉图划分灵魂欲望和理性部分的论证要点如下： 203

(1) 同一个事物不能就自身的同一个方面做出或遭受相反的事物（436b8）。

(2) 接受和追求 x 与拒绝和躲避 x 相反（437b1—5）。

(3) 对 x 的欲望（例如饥饿和口渴）、意愿（willing）和想望（wishing）是接受和追求 x（437b7—c7）。

(4) 不接受、不意愿以及无欲望是拒绝和躲避 x（437d8—10）。

(5) 有时候，我们既有“喝”的欲望又拒绝去喝（439c）。

(6) 既然这些状态是相反的，根据从(2)到(4)的推论，因此它们就不能属于灵魂的同一个方面；根据(1)，它们就必定属于灵魂的不同方面（439d—e）。

---

3 参见 Woods（1987），第 26—30 页。

柏拉图捍卫了他在步骤一提出的“**相反者原则**”（Principle of Contraries），他论证，如果一个射手既运动又保持静止，或者如果一个陀螺既旋转又没有运动，那肯定是因为它们的一个部分运动而另一个部分静止（436c7—e7，439b8—c1）。[4] 相反者原则假设，相反的运动必定源自主体的不同状态。如果我们拒绝相反者原则，我们就不得不承认，射手既是运动的又是静止的，却无法就此做出进一步的解释。

这些例子表明，相反者原则的基础在于一种对解释的要求。当我们将相反者回溯到不同的部分，就发现了那个属性，主体“由之”（by which）或“就此”（in respect of which）而具有相反的属性。柏拉图在《斐多》中讨论了这些解释。[5] 他坚持认为，“x 比 y 更高”应该诉诸 x 的“高”来解释，而不是诉诸像“[高]一头”这样的答案，后者解释“更高”并不比解释“更矮”好（*Phd.*，96e—97b，100c—101c）。如果将这个对解释的限定用在关于相反者的论证上，这就意味着，如果我们试图解释“x 是 F 且 x 是 G”（而 G 与 F 相反），而我们只能提供某个属性 H，它解释“是 F”跟解释“是 G”差不多，那我们就既没有解释“是 F”也不能解释“是 G”。比如说，我们不能用苏格拉底高“一头”或矮“一头”来解释苏格拉底（比斐多）更高还是（比西米亚斯）更矮。“一头”并不能解释这两种属性，因为它不能解释相反双方中的任何一方。[6] 我们必须换种说法，说苏格拉底由于与斐多相比是高的而更高，由于与西米亚斯相比是矮的而更矮。在给出正确解释的同时，我们发现两种不同的属性，主体“由之”或“就此”具有了需要解释的相反者。在《理想国》第四卷的术语中，这两种属性就“由

---

4 这个例子表明，相反者原则与矛盾律（Principle of Non-Contradiction）不同。见 Robinson（1971），第 29 页。从（a）x 有倾向 F，以及（b）x 有与 F 相反的倾向 G，我们不能推出（c）x 既有倾向 F 又没有倾向 F。如果柏拉图认为他有理由主张（c），那他就是做了严重的混淆。然而，没有必要假定他受到了这个混淆的影响。

5 关于《斐多》，参见本书第 109 节，第 133 节；Houston（1986），第 4 章；Woods（1987），第 40 页。

6 关于对比物的相关性，参见本书第 109 节。

之”或“就此”在主体中划分出两个“部分”或“种类”。

一旦相反者原则被接受，柏拉图就将其应用于人类欲求。他假设接受和追求某个事物与拒绝和躲避该事物相反（437b1—6）；继而论证“欲求”相当于接受和追求其目标，而厌恶相当于拒绝和躲避其目标（437b7—d1）；因此，欲求和厌恶就可以算作属于相反者原则范围之内的相反之物。如果我们想要理解为什么 S 具有对 x 的 204
欲求而非厌恶，就不能诉诸 S 的某种属性，该属性同样可以解释为什么 S 对 x 怀有厌恶。如果我们想要解释为什么 S 会有对 x 的厌恶而非欲求，也是同理。因此，如果 S 对 x 既有欲求又有厌恶，那么我们就必须诉诸 S 的不同属性、部分或方面。既然 S 的灵魂的各种属性就是那些与我们解释 S 的欲求和厌恶有关的属性，那么诉诸相反者原则似乎就表明，我们必须识别出灵魂的不同部分。

然而，关于如何做出解释的这些普遍观点并没有告诉我们必须识别出灵魂的哪些不同部分，因为我们还是不清楚自己要尝试解释什么。柏拉图说我们要尝试解释相反的行动，但是与此相关的矛盾又是什么呢？

145. 欲求之间的冲突

柏拉图尝试描述他所设想的欲求之间的那种矛盾（437b—439a）。他将接受与拒绝、追求与躲避描述成和某个给定目标相关的相反倾向，在接受与追求的倾向中间，他谈到了“口渴与饥饿，以及一般而言的欲望、意愿和想望”（437b7—8）；在拒绝和躲避的倾向中，他提到了“不想望、不意愿或没欲望”（437c—10）。[7] 柏拉图接

7 如果柏拉图说的是真正的相反，我们就必须将这些否定的表达理解为是在表示正面的不愿意，而不同于单纯地缺乏意愿；它们类似于英语里的“我不想要”（I don't want to），通常这意味着“我想不要”（I want not to），而不仅仅是“不是说我想要”（It is not the case that I want to）。

着描述了“各种构成欲望的种类”,口渴与饥饿是其中最清楚的例子(437d2—4)。[8]

这些段落并非全然清晰,但是它们表明,柏拉图想要把欲望与他称之为“想望”和“意愿”的那些意动状态加以区分。[9]因为他继续对一般而言的欲望做出了一些评论,但他似乎并不打算把它们用于想望和意愿。[10]

想望和欲望之间的对比何以能够澄清柏拉图关于矛盾的说法?首先,有三种情况需要加以考虑并且暂时放在一边:(1)我又饿又困,但不能同时既吃饭又睡觉。(2)我饿了,于是想吃掉这棵卷心菜;但是我讨厌卷心菜,于是我又不想吃掉它。(3)我是“漫游者”队的铁杆球迷,但是最近我又对“流浪者”队产生了热情,这使我讨厌自己对“漫游者”队的持久迷恋,因为他们是“流浪者”队的死对头。在第一种情况下,这两种欲求都没有蕴含对另一个欲求或其目标的厌恶;而仅仅是我们在这种情况下不可能同时满足两个欲求。在第二种情况下,一个欲求蕴含了对另一个欲求目标的厌恶。在第三种情况下,一个欲求蕴含了对另一个欲求本身的厌恶,而不仅仅是厌恶其目标。

上述每一种情况都可以被看作体现了“相反的”欲求,但是没有一个(甚至第三种情况也不行)可以给我们理由说,这些欲求属于不同的种类或部分。如果欲求只是在导致我们追求那些不能同时获得的目标时才相反(例如第一种情况),那我们就不得不识别出
205 灵魂的多个部分。如果格劳孔又困又饿,他就会既想要吃饭而非睡

8 我遵从 Adam(1902)把 437d2—3,“epithumiōn ... genos”(欲求的种类)中的属格看成是表示限定。

9 参见 Adam(1902)对这部分的讨论。Krohn(1876),第 56—57 页。

10 这一点并不完全确定,原因在于柏拉图在 439b1 对 boulesthai(想望)的使用,相关评论参见 Joseph(1935),第 49 页及注释 1。关于 *M.*,77—78 中的 boulesthai(想望)与 epithumein(欲望),参见本书第九章,注释 29。

觉，同时又想要睡觉而非吃饭，我们当然就必须以不同的欲求来解释他的不同倾向，但是这并不足以引出灵魂的不同部分。即使一个欲求是对另一个欲求之目标的厌恶（比如第二种情况），或者是指向某个欲求的二阶欲求（比如第三种情况），我们似乎还是会被迫识别出灵魂的太多部分。为什么厌恶或者二阶欲求，不能像一阶欲求那样彼此冲突呢？如果在各种厌恶和二阶欲求之间产生了冲突，那么（正如我们至此已经看到的），厌恶和二阶欲求似乎也会属于不同的部分。[11]

如果柏拉图采用"想望"与"欲望"之间的可靠区分作为基础，并且能够表明这个区分界定了恰当类型的矛盾，那么他就可以回答以上问题。亚里士多德说明了柏拉图可能会尝试以何种方式表明这一点，因为他把矛盾和理性欲求与非理性欲求之间的划分联系在一起。如他所说，"欲望与决定相反，但是欲望并不与欲望相反"（*EN*, 1111b15）。所谓"决定"（prohairesis），亚里士多德指的是一种欲求，它来自理性想望（boulēsis）和关于善的思虑，不同于那些不以善为目标的、欲望式的欲求。柏拉图是否也在想望和欲望之间寻求同一种区分呢？[12]

146. 理性欲求与欲望

这个问题要求我们进一步注意柏拉图对欲望的论述。他以口

11 关于各种冲突和识别不同部分的理由，相关讨论参见 Joseph（1935），第 53—55 页；Williams（1965），第 167—169 页［像 Joseph 一样（第 53 页及注释），他似乎假设柏拉图不承认欲望部分存在第二种和第三种冲突］；Woods（1987），第 38—39 页；Penner（1990），第 53—54 页（他明确提出了我归之于 Williams 的假设）。

12 亚里士多德的这段话被以下作者用来澄清柏拉图的思想：Joseph（1935），第 54 页及注释；Murphy（1951），第 28 页及注释；Penner（1971），第 96 页，第 118 页。但是，他们都认为这段话暗示了柏拉图反对这里提到的第二种和第三种冲突。

渴为例，论证说既然口渴被恰当地界定为对饮料的欲望，那它必定是对饮料作为饮料的欲求，而不是对饮料作为F（作为善的、有趣的、健康的，等等）的欲求；而假如口渴是对饮料作为F的欲求，那它就是对F的欲求而不是对饮料的欲求。[13] 由此可知，口渴不是对于饮料作为善的欲求，一般而言，对食物、饮料以及诸如此类的欲望都不同于对善的欲求。因此，如果我们说一个行动者口渴，我们就是说他有一个与对善的欲求不同的欲求（437d8—439b2）。[14]

这一段遇到了一个明显的苏格拉底式的论题。因为柏拉图告诉我们，如果有人说我们的欲望不只是想要饮料而且是好的饮料，因为我们所有人都拥有对善的欲望（438a1—5），而这又是因为欲望就是欲求，所有的欲求都是追求善的，我们也不该就这样被敷衍过去。[15] 我们不该就这样被"敷衍过去"的这个论题，似乎就是苏格拉底在早期对话中持有的论题。它是否真的就是苏格拉底式的论题，以及柏拉图是否真的反对它，这些要等我们考察了柏拉图对它的处理之后才能再作考虑。

对"就口渴而言的口渴"的论证取决于关于定义的一个要点，

13　尽管这个遭到反对的论题表示对饮料的欲求与对好饮料的欲求相反，但是 Murphy（1951，第45—47页）指出，柏拉图很可能是指对饮料作为某种善事物的欲求。这二者并不相同，因为一种饮料，即使是一种好饮料（即喝了对人有好处），也并不一定在所有情况下（比如我已经喝了太多饮料的时候）都是好的（即一种好的事物）。

14　在这个关于口渴作为口渴的论证中，困难在于决定"epithumiai"是限于欲望，还是包括所有的欲求；不幸的是，柏拉图既用它作为一个属概念来指所有欲求（参见431b9—d6），也用它作为一个种概念来指某一种欲求（柏拉图在580d10—581a1诉诸欲望部分所特有的欲求强度解释了这一种概念的用法）。在叙述柏拉图的立场时，我用了"欲求"（desire）来指属的概念（相应于亚里士多德对 orexis 的用法），用"欲望"（appetite）来表达对 epithumia 的种概念的用法。参见 Joseph（1935），第51页及注释；与此相对的观点见 Kahn（1987），第79页。

15　关于438a3中的 ara（那么，因此），参见 Jowett 和 Campbell（1894），II，第207—208页；Des Places（1929），第268—269页，第281页。亦参见358c5［以及 Adam（1902）］，362a4，364b3，364e6；Joseph（1935），第56页及注释；Murphy（1951），第45页及注释。

在第一卷中特拉叙马库斯提到“严格意义上的统治者”（340d—e）时注意到了这一点。[16] 特拉叙马库斯指出，统治者作为统治者是不犯错误的，苏格拉底也指出，匠人作为匠人并不赚钱；犯错和赚钱这些特征并不是统治者或匠人的定义的一部分。在第四卷中，柏拉图论证说，如果**口渴**被定义为对饮料的欲求，而不是把它定义为对于 206
某种更多的东西的欲求，那么它作为口渴，并不同时是对善的欲求。

与第一卷的这种类比暴露出第四卷的论证存在弱点。统治者作为统治者和医生作为医生的事实并不表明，实际上存在着不犯错误的统治者或不赚钱的医生。与此类似，关于口渴的事实也并不能表明，我们对饮料的实际欲求不同于对作为善的饮料的欲求。因为如果苏格拉底对话是正确的，欲望（那些以满足特定的身体需要和冲动为目标的欲求）就不会构成某类欲求以区别于对善的欲求。在苏格拉底看来，没有一种欲求符合“口渴作为口渴”的描述；比如说，我们称之为“恐惧”的，其实是对恶的预期（*Pr.*，358d5—e；*La.*，198b8—9）。如果恐惧作为恐惧必定仅仅指向某种吓人的东西，而“是恶的”不同于“是吓人的”，那么苏格拉底在《普罗塔戈拉》中把“恐惧”不加限定地应用于他所描述的状态就是错误的，但是在人的动机方面他仍可能是正确的。他可以说我们宽泛地称为“对 F 的欲望”的那个欲求严格说来并不仅仅是对 F 的欲求，而是对 F 作为善的欲求（参见 *G.*，468c2—7）。[17] 这就是为什么我们对 F 的欲求取决于对“F 是善”的信念，一旦我们放弃这个“F 是善”的信念，对 F 的欲求也就随即消失。

于是，柏拉图需要表明，确实存在着一些欲求能够满足他对欲望的描述，例如“口渴作为口渴”，它们仅仅是对饮料（等事物）的欲

16 kath'hoson（“就此而言”，340d7）这个表达用来说明特拉叙马库斯的论题，在 437c4 又再次出现。

17 苏格拉底关于欲求的论述，参见本书第 80 节。

求，而不是对饮料作为某种善的欲求。为了表明存在这样的欲求，他设想了一个口渴想要喝水的人。他论证道，“当灵魂感到渴，如果有某种东西将它拖去相反的方向，那么除了感觉渴并引着灵魂如一头野兽般去喝水的那部分之外，灵魂中难道不是还有其他东西吗？”（439b3—5）在他的证明中，他引用了相反者原则。

当柏拉图说到“将它拖去相反的方向”，并将其与相反者原则联系起来时，他是要表达什么意思？他应当不是要说，只要灵魂产生一个与欲望相反的欲求，这个相反的欲求就来自理性的部分。假如他这样说，那么他诉诸矛盾就会使他无法在灵魂中识别出区别于欲望和理性的第三个部分。而这样一来，对矛盾的解释就必须足够宽泛，以便容纳比理性部分的欲求更多的东西使之与欲望相对。什么样的矛盾概念能够标明灵魂的不同部分呢？

147. 欲求与矛盾

要回答这个问题，我们必须区分不同种类的对立。与“一个欲望”对立可能仅仅是厌恶这个欲望的目标；也可能是与按照欲望而行动相对立。在第二种情况下，对立预设了反对追随欲望的某些根据。既然欲望自身不能与按照欲望行动相反对，那么与按照欲望行动相反的
207 欲求必定是某种非欲望的欲求。如果柏拉图认为与欲望相反的欲求就是那些与按照欲望行动相反的欲求，那么他的立场就是合理的。

柏拉图对欲望的论述说明了与按照欲望行动相反会涉及什么。当他说欲望独立于对善的欲求，他是认为与按照欲望行动相反也就是与完全不考虑善而行动相反；换句话说，他是在表明，按照欲望而行动错在哪里。如果这就是他的意思，那么他就有某种理由宣称，欲求之间的这种特殊矛盾要求灵魂具有不同的部分。如果某些欲求对善漠不关心，而另外一些欲求并非对善漠不关心，那么这就是一个有力的理由，使我们识别出两类欲求，它们的成员各有共同之

处，足以构成两个不同的解释性的部分。

要弄清这是不是柏拉图的意思，我们就必须理解他的问题："我们是不是可以说……有时候有些人很渴，但是不意愿（ouk ethelein）喝水？"（439c2—3）他假设，如果我们回答"是"，那么我们必须识别出灵魂的两个不同部分，因为任何与纯粹欲望相反的东西都必定属于灵魂的某个不同的部分（439a9—c1）。那么"不意愿"是否指一般意义上的厌恶？还是说它指某种欲求，它来自某种特定的、追求善的理性欲求？如果柏拉图是指一般意义上的厌恶，这就会产生两个不受欢迎的结果：（1）既然他接下来假设，不意愿（unwillingness）来自推理，那他似乎就是在不恰当地假设，所有矛盾都涉及理性部分；（2）这个假设不仅缺少正当理由，而且还会与柏拉图接下来的论证相冲突，后者是要表明，意气部分可能具有与灵魂的其他两部分都相反的欲求。上述不受欢迎的结果来自对"不意愿"的宽泛理解，因此也就支持了一种更狭窄意义上的理解，认为"不意愿"是指某种追求善的理性欲求。此前我们已经注意到，柏拉图在这个讨论中一般性地使用了"想望"（wish）与"意愿"（will）来指那些并非纯粹欲望的欲求。接下来的评论表明，这就是他在此处的意图。首先，他表明"不意愿"明显是推理的结果（439c9—d2）；然后他说，在理性与欲望的冲突中，理性"决定了一个人不应当违背"它的命令（440b5）；再往后，他具体解释了"不应当"，他说理性部分能够对更好与更坏进行推理（441c1—2）。相反，当他讨论欲望部分与意气部分的冲突时，他并没有说行动者"不意愿"跟从欲望，而是说"他感到恼火并转过身去"（439e9—10）。如果我们假设柏拉图意在限定"想望"与"意愿"的意义，那么他的论证就会比其他理解更加合理。[18]

---

18 这个提议遭到了柏拉图评论的挑战，即在某些情况下意气"是不意愿被唤醒的"（440c5）；不过即使在此处，他实际上也并没有说这个人自己不意愿是因为意气部分不意愿，而他确实在理性部分那里这样说了。我们不得不再次承认（参见本书第十三章，注释10），柏拉图用来表示欲求的词汇太不严格。

柏拉图有关矛盾的主张现在可以根据他对解释的要求来理解。他同意,早期对话中的苏格拉底识别出一种基于理性信念的追求善的欲求,比如说我们在通盘考虑之后,认为忍住不喝要比喝到脏水更好;但是他又论证说,我们有理性欲求的能力无法解释,为什么我们的欲求是去喝水而不是忍住不喝,因为对于怎样做更好的推理,
208 使我们倾向于忍住不喝而不是去喝水。这样,我们欲求作为善的事物的能力就无法解释我们全部的实际欲求和选择,因为我们有时候会欲求理性欲求能力让我们拒绝的东西,而这同一种能力无法解释我们的拒绝和欲求。

因此,柏拉图否定了苏格拉底式的主张,即我们的全部意向行动都基于我们对善的欲求,以及我们相信自己选择的行动比其他的选项更好。如果我们的全部欲求并非都对善的信念做出回应,那么柏拉图就有理由将它们分配给灵魂的不同部分;因为那些基于对善的信念的欲求似乎具有足够的共同特征,从而发挥独特的解释性作用。但是要宣称,参照对善的信念到底如何能够证成对灵魂各部分的区分,柏拉图还需要给出更多说明。

148. 欲望的部分

柏拉图真的是在反对苏格拉底的立场吗?还是他将最富争议的观点看作理所当然,而没有给出恰当的论证?我们可以反驳说,他没有理据在缺乏进一步论证的情况下宣称,确实存在着以下情形,即我们尽管认识到最好忍住不喝水,却依然保持着喝水的欲求。因为苏格拉底难道不是已经论证了,我们相信存在这种情形是错误的吗?

然而,这或许还不是柏拉图的论证中最具争议的一步。因为苏格拉底同意,似乎存在着柏拉图描述的这种情形;在《普罗塔戈拉》中,他承认很多人都相信有这种情况存在。但是他又论证说,既然

大多数人给出的解释是不一致的，我们就必定得出结论认为，这些情形的表象是误导性的。如果我们不能为这些情形给出一个融贯的解释，而这种无能就是我们否认它们存在的全部理由，那么相信其存在的人就只需要对它们提出一个融贯的解释。这就是柏拉图试图去做的事。

要看到柏拉图是否成功，我们必须了解他是否考虑到，苏格拉底基于什么理由认为我们不可能做出与我们关于善的信念相反的选择。苏格拉底相信这一点是基于他的心理幸福论。他认为，只有当我们依据某个目的并最终依据某个自我解释的目的，我们才能解释并理解一个行动者的行动；既然幸福是唯一可以自我解释的目的，那么行动只有在涉及行动者幸福时，才是可解释和可理解的。如果苏格拉底在这一点上是正确的，那么常识观点认为非理性欲求导致行动，看来就是无法理解的。如果我们说一个人知道自己最好站着不动，但他还是因为恐惧而跑开了，苏格拉底就会问，为什么这个人会按照恐惧行动。他不可能是为了自己的幸福而行动，因为我们已经假设，他清楚地认识到自己最好做其他行动。很显然，他的行动必定是像没有任何理由一样，就好像他只是被某种与他的信念和目标无关的外部力量强制着实施了这个行动。[19]

这个关于强制的暗示对苏格拉底反对不自制的论证提出了更
深层的问题。就像苏格拉底理解的那样，承认强制性的非理性欲求 209
和苏格拉底对不自制的否认并不冲突，因为苏格拉底声称，只有当我们既可以做 x 也可以做 y（*Pr.*，355a8），我们才不会既相信 x 更好同时又选择 y。的确，我们甚至可以说，承认强制性的欲求使我们能够更容易地捍卫苏格拉底的立场。或许他不需要说明，不存在既相信 x 更好又同时选择 y 的情形；他可能会说存在着这种情况，但它

19 与苏格拉底和柏拉图相关的对心理强制的讨论，参见：Santas（1979），第 214—217 页；Penner（1990），第 51—52 页。

们只是心理上受迫的例子,并非不自制。

然而,苏格拉底如果依赖这个辩护方案,他就不够明智。因为他想要强调的是理性和知识在解释人类行动与形成道德品格的过程中所起的作用,如果这里所说的不自制的欲求只是心理上的无法抵抗,那这种作用就会被大大削减。在《普罗塔戈拉》中,苏格拉底提到一些表面现象,“多数人”用这些现象来表明不自制可能存在:被愤怒、恐惧、爱、快乐或痛苦“征服”(*Pr.*,352b3—c2)。既然苏格拉底假定,对这种“征服”的信念与他关于知识力量的信念不一致,他大概会认为,多数人并不认为这些欲求具有不可抵挡的强制性。

我们可能想要论证,上述情形中知识的软弱并没有对苏格拉底关于知识力量的主张构成反驳。我们可以说,这些都是强制的例子,而苏格拉底的主张只适用于那些非强制的行动。然而,这个辩护捍卫了苏格拉底的立场,却接纳了一个更不合理的立场。他不应该将所有违背我们对“何者更好”的判断的行动都当作强制而排除掉,以此来捍卫他的立场。这样一种辩护扩展了受强制的、理性上不可理解的行动类别,但是除了有助于捍卫苏格拉底的立场之外,它算不上很合理的理由。

柏拉图对欲望的描述就是要避免上述缺乏吸引力的对苏格拉底立场之辩护,同时还要回应苏格拉底的合理要求,表明按照欲望行动如果独立于对善的信念,那么它如何能够得到理解。饥饿与口渴都被用作最明显的例子来说明被称为“欲望”的那一“种”或“类”(437d2—5)。[20] 柏拉图并不认为,按照非理性的欲求行动无需进一步解释就可以理解;他的意思是,就这些欲求属于某个恰当的“种”或“类”而言,它是可理解的。如果按照这种欲求行动是可理

20 Cooper(1984,第9—10页)和Woods(1987,第41—42页,第45—46页)对柏拉图挑选他在当前论证中所选择的欲望的例子给出了不同论述。

解的，那么按照不同的具体欲求行动也是可理解的。[21]

然而，柏拉图对相关种类的描述并不十分清楚。柏拉图特别谈到那些基本的、生物性的冲动（urges）和驱动（drives），这是我们与其他动物共有的。他说口渴会引领着一个人，就好像他是一头野兽（439b4）。他还说，当欲望与那些追求更好事物的欲求发生冲突时，这些欲望就是“情感与疾病”的结果（439d1—2）；在灵魂中我们因之而具有性欲、饥饿与口渴，并且“刺激起其他欲望”的那个部分是“非理性的和欲望的，是某种填充与补偿的伴生物”（439d7—8）。

柏拉图的意思是，这些欲求解释了非理性动物的行动并使它们可理解，而且同一类欲求也可以通过类似的方式来解释我们的某些行动。因此，如果它们解释动物的行动却不涉及任何动物对于自身的善的观念，那它们也就能用同样的方式来解释我们的行动。非理 210
性欲求的“兽性”模式恰当地回应了苏格拉底暗含的假设，后者认为意向行动如果不涉及行动者对自身善的欲求就无法理解。

这些说法不应被认为是在暗示所有欲望都是疾病的结果或者都是兽性的，或者它们仅仅是基于基本的、生物性的冲动和驱策。正如柏拉图所说（437d2—4），这些冲动是“最明显的”欲望的例子。它们清楚地表明，我们可以满足某些引导苏格拉底得出自己结论的要求，同时依然可以反对他的结论。苏格拉底假设，追求行动者幸福的欲求能够解释行动，因为幸福是一种自我解释的目的，它不需要进一步的目的来解释我们对它的追求。

有人可能认为柏拉图是在暗示，幸福并不是唯一能够自我解释的目的；各种欲望的对象也是自我解释的，因为它们解释某些行动的方式与它们解释非理性行动者的行为相同。如果我们拥有这样的欲求，它们与我们对总体善的欲求相冲突就不会令人感到奇怪。因为，既然它们解释我们的行动而不涉及我们的善，那它们也就不

---

21 关于这些部分的作用，参见本书第 154 节。

会自动服从我们关于善的信念。

柏拉图并没有指出欲望的一个更深层特征，而它有助于柏拉图回答苏格拉底的问题。苏格拉底似乎假设，一个行动者的行动是不可理解的，除非它们集中于某个终极的善。一位有同情心的批评者可能会认为这个假设是对下面这个合理观点的夸张，即完全无目的且未经协调的行动完全不能被解释为意向性行动。[22] 动物的行动表明了，意向行动何以能够不经行动者对总体善概念的协调就得到协调。按照欲望行动展示了某种程度的系统与协调，与行动者的本性和需求有普遍性的联系，而不依赖于行动者所持的总体善的观念。假如柏拉图进一步发展了这个观点，他就可以加强自己的主张，即各种欲望构成一个真正的部分，而不仅仅是一个冲动（impulse）的集合。

149. 意气的部分

至此柏拉图已经区分了灵魂中纯粹欲望的部分，并回应了关于善的推理的部分（439d1—2，439d5）。然而这种区分方式还是不清楚，因为柏拉图没有说明他认为推理的作用是什么。为了确切了解他所指的区分，我们还必须考虑第三个部分，“意气的”（thumoeides）部分。[23]

柏拉图以莱昂提乌斯（Leontius）凝视尸体的例子开始对第三部分的处理（439e）。莱昂提乌斯那不幸的娱乐方式比身体欲望看起

22 这个关于阐释的观点得到了以下学者的发展：Davidson（1970），第 221—223 页；Davidson（1982），第 294—296 页；进一步应用参见 Penner（1990），第 43—44 页。

23 灵魂的第三个部分遭到以下学者反对：Cornford（1912），第 262—264 页；Hardie（1936），第 142—143 页；Penner（1971），第 111—113 页；Penner（1990），第 44 页。然而，Hardie 合理地反对（Penner 接受的）以下观点，即柏拉图这里引入 thumos（意气）只是为了使灵魂的结构对应于城邦的结构。柏拉图的论证得到以下学者的辩护：Joseph（1935），第 63—69 页；Cooper（1984），第 12—17 页。

来更不像是出自他对善的看法。莱昂提乌斯感到愤怒是因为想要观看尸体的冲动[24]；这个例子是要支持人们在愤怒的部分和欲望部分做出区分。

既然这个冲突被用来展示相反的倾向，而这些倾向是需要通过灵魂的不同部分来解释的，那我们就需要看看，柏拉图是否确定了我们所认为的对于划分不同部分来说必要的矛盾。他说得很清楚，意 211
气部分的冲动，就像理性部分的冲动一样，不只是与某个欲望相反，而是与在这种情况下按照欲望而行动相反。意气的冲动不仅仅是对特定欲望的厌恶；它反对行动者在此种程度上受欲望引导的倾向。

为了表明意气部分对欲望持有这种态度，柏拉图描述了它对欲望和理性部分之间冲突的态度。他聚焦于那些“欲望迫使某人反对其推理”的情况（440b1）；而且很明显，他显然要让我们把莱昂提乌斯看成这种强迫的受害者。意气部分支持理性部分反对欲望，因为意气部分依赖于行动者关于什么是好的、什么是对的观念，而不支持欲望反对推理（440b4—7）。柏拉图的意思是，当我们意识到 x 比 y 更好，而 y 比 x 更令人快乐，我们的意气部分不会因为 y 尽管更坏却更令人快乐的信念而被 y 吸引。

这个观点并不意味着意气部分永远不会与理性部分相冲突，甚至也并不意味着它永远不会赞许为欲望部分所支持而为理性部分所反对的行动。柏拉图的意思仅仅是，如果意气部分支持这样一个行动，它这样做是出于某种原因，而不是因为欲望部分偏好该行动。[25] 在这个和下一个关于愤怒与正义感之间联系的例子中

---

24 或许柏拉图认为莱昂提乌斯的冲动是性冲动。不过 Adam 引用 Kock（1880，I，第 739 页）时提到，莱昂提乌斯的引文是基于一处修订。

25 关于 440b4—7，参见 Krohn（1876），第 52 页；Adam（1902）相关注释，第 271—272 页；Murphy（1951），第 34 页；White（1979），第 126 页；Cooper（1984），第 21 页及注释 19。既然这段话并没有否认理性部分和意气部分之间存在冲突，在冲突中意气部分偏爱欲望部分所偏爱的行动，那它就并非与 441a 或 553c 不一致。

(440c—d),柏拉图表明他并非想要简单地引入一个进一步的欲望的厌恶来与欲望的欲求相冲突。意气部分具有评价性的态度,它立足于某些关于其对象之善恶的信念,而不只是其单纯作为欲求对象的事实。

然而,如果接受所有这些说法,我们也可能会想要从相反的方向挑战柏拉图。如果意气部分支持理性部分,那它能否真的与理性部分相区别?我们可以论证说,对某些欲望的单纯厌恶属于欲望部分,而评价的态度属于理性部分,还是没有专属于意气部分的东西。

为了对付这个反驳,柏拉图给出了奥德修斯的例子(441b)。奥德修斯(对自己的侍女与求婚者同床)的愤怒驱使他想要立刻复仇。尽管他认识到这不是最明智的做法,他的愤怒和复仇的欲求还是坚持反对他的更好判断。如果他的愤怒过强,他就会被反对其理性欲求的愤怒征服(就像莱昂提乌斯被欲望征服一样)。

不过,关于意气部分的态度并不仅仅是欲望或厌恶。奥德修斯的意气部分已经知道,他所遭受的是一种不义的伤害,也知道他应当惩罚冒犯者,对伤害的意识促发了对惩罚的欲求。这个态度是评价性的,而不仅仅是一种欲望或厌恶,而且在这个意义上它类似于关于理性部分的态度。然而,意气部分的欲求即使在理性判断表明它们此刻不应被执行的时候也依然存在。[26]

212 在这些例子中,意气部分并没有与理性部分的欲求相对,像理性部分与意气部分的欲求相对一样;也不是像意气部分与欲望部分的欲求相对一样。意气部分不会被下面这个信念驱动,即做总体而言最好的事情是坏的。它是被一个完全不同的信念驱动,即受到侮辱或允许罪行逃脱惩罚是坏的。

---

26 孩子一生下来就充满“意气”(或“怒气”,441a8),并且很晚才能够推理(如果他们确实能够的话)的例子似乎不适合柏拉图的目的。他不能合理地声称,年幼的孩子或非人类的动物对欲望的反应就像莱昂提乌斯对欲望的反应一样,因此并不清楚这些行动者的反应是否属于欲望之外的部分。

柏拉图用愤怒来说明关于意气部分的态度，但是因为指出它也包括一种羞耻感和正义感，他将一系列更宽泛的态度归于意气。受到良好训练的意气部分的标志是它愿意为其自身的错误接受惩罚（441c1—5）；意气部分支持正义的惩罚，制止欲望部分反叛我们所受到的令人痛苦却正义的对待。在这个例子中，意气部分首先表达傲慢、羞耻和正义感，与愤怒的联系则是第二位的，因为愤怒典型而生动地与其他态度联系在一起。

柏拉图认为，意气部分是评价性的（evaluative）而不仅仅是欲望的，同时也不同于理性的欲求，他以此澄清了某些情感的本性。如果你对我感到愤怒，是因为我从你的盘子里拿走三明治并且吃掉了它，你就不仅仅是在表达你被剥夺了某种你想要的东西时感到的痛苦。如果恰好没有三明治，或者是一条狗吃了你的三明治，那你可能会对这种剥夺感到痛苦。如果你对我感到愤怒，那你就是相信我对你造成了某种伤害，而我本不应当这样；"伤害"和"应当"说明你的态度中具有某种基于善的特征。如果你想反过来伤害我的欲求是基于愤怒，那它就表明其自身是一种基于善的欲求，不同于那种因其自身之故对我施加痛苦的欲求（施虐狂），或阻止我拿走你的食物的欲求（对于满足欲望的工具性推理）。不过，愤怒依然可能不依赖于某种理性的欲求；即使我意识到这个特定的F类行动没什么好让人愤怒或内疚的，愤怒和内疚可能依然存在。虽然理性向我们表明，F类行动中的一些是好的而另一些是坏的，情感也还是会倾向于关注一般而言的F类行动，而不去考虑推理得出的区分。

对我们来说，情感的这个不加区分的方面是其优势之一。对某个行动的描述（比如"他正在拿走我的东西"，或者"他正在殴打手无寸铁的受害者"）引发情感，而情感形成了一种强有力的欲求，以某种特定的方式行动（阻止他拿走我的东西，保护受害者），这并不要求我们对该情境做出详尽的反思，但它也不仅仅是在表露我的快乐或痛苦。如果在多数情况下，这些意气的反应多少是正确的，那么在明确反思不太恰当的情况下，这些反应的直接性就赋予它们一种胜过理性反思的优势。[27] 可欲的境况并不是说我的反应总要等待一个完整的理性反思，而是我直接反应的倾向受到正确的理性反思塑造，使它们关注不同情境中的适当特征。在这种情况下，理性部分具有一种调节作用，但是它不应当给出关于在这种情况下要做什
213 么的具体建议。

150. 理性的部分

我们了解灵魂理性部分的本性与能力，部分是通过认识它与灵魂其他两个部分的区别。柏拉图对其他两个部分的描述已经排除了某种最初看来合理的描述理性部分欲求的方式，一旦把这些放在一边，我们就必须弄明白，是否还能找到其他合理的描述。

我们可以假定，理性欲求不同于欲望，因为这两者一个在设定欲求对象时涉及理性的运作，而另一个不涉及。这个区分可以解释口渴和拒绝喝水之间的冲突。根据这个观点，不喝水的欲求来自（比如说）认识到这水混了汽油，而这种混合物是有毒的，喝水的欲求则来自纯粹的表象，即这是水，而没有任何进一步的推理。

这个区分暗示，任何来自推理或推断的欲求都属于理性部分；如果我饿了，想知道哪里能找到吃的，并注意到马路对面有一家餐馆，那么根据这个观点，我所得出的"去那家餐馆"的欲求就必然属于理性部分。如果这就是将一个欲求归入理性部分的全部理由，那么几乎没有欲求可以算作纯粹的欲望。[28]

然而，这不可能是柏拉图一贯的主张。在第八卷中，他论证道，

27 当突然到来的危险即将发生，如果勇敢者不总是反思最好去做什么，这样会对他们更好；参见 Aristotle，*EN*，1117a17—22。

28 关于这个有限的观念，参见 Penner（1971；1990）；Annas（1981），第 129—130 页，第 139—141 页；Cooper（1984），第 9 页。

寡头式的人受到灵魂欲望的部分支配，因为他受到对财富的欲求的支配(553c4—7)。财富关系到欲望的满足，但是要明白这种关系，我们就必须能够对财富与欲望对象之间的工具性联系做出推理。如果来自这种工具性推理的欲求仍然属于欲望部分，那么柏拉图就不可能认为，每一种实践推理都使得产生的欲求从属于理性部分。虽然这个评论出现在第八卷，但是第四卷没有什么与之冲突的地方。

第四卷中关于意气部分的说法也暗示了，灵魂非理性部分的一些欲求依赖于实践推理。如果一个人的意气部分对于自己当逃兵感到愤怒和羞耻，那他就必定想到了勇敢的行为应该是坚守阵地，也想到了自己没有面对本该面对的危险，以及一个逃兵应该对自己感到羞耻。即使他所产生的愤怒和羞耻是上述整个推理的产物，柏拉图也认为它属于意气部分。

如果依赖推理还不够，理性欲求还需要什么呢？柏拉图说，理性部分不仅进行推理，而且“对更好和更坏的事情进行推理”，这与意气的部分相反，后者“感到愤怒而不加推理”(441c1—2)；意气部分大概不能对更好与更坏的事情进行推理(因为，基于此处给出的理由，它显然依赖于对某个事物的推理)。这似乎为区分理性部分与欲望部分构成了一个合理的基础；我们可以说，欲望部分只包括那些对如何满足欲望做出推理后产生的欲求，而不包括任何关于 214
满足某个特定欲望是好还是坏的看法。如果欲望部分的欲求对其对象物的善恶漠不关心，我们就能看到，它们为什么易于和理性部分的欲求发生冲突。我们发现满足某个欲望不好，并不会让欲望的欲求消失，因为欲望的欲求并非基于任何关于其对象之善的假设。

然而，如果我们试图区分理性部分的欲求和意气部分的欲求，这个论证就会面临困难。因为愤怒、怨恨和羞耻似乎都基于某些对所做之事的善恶的预设。当奥德修斯对他的侍女感到愤怒时，他并不仅仅是对其所作所为表达不快；他部分地被这样一个想法驱动，即她们未能表现出我们可以合理地期待她们所具有的忠诚，而且她们应该为其行为承担后果。于是,很明显,他肯定是得出了结论,认为(从某个角度来看)最好是对她们加以惩罚,而不是不予理会。如果是这样,那么意气的部分就不可能不去回应关于什么更好、什么更坏的推理。[29]

要把握柏拉图对理性部分的观念,我们就必须关注一个更深层的说法。他说的不仅仅是理性部分推断什么更好、什么更坏,而且还有理性部分能够知道什么对灵魂的每个部分以及灵魂整体有益(442c6—8)。如果引导理性部分的是,总体而言什么东西对整个灵魂和灵魂的每个部分最好的推理,那么理性部分就与意气部分不同。因为意气部分将它的对象设想为对行动者而言是好的,但不是将它们设想为总体而言对行动者最好。要应用"对我来说是好的"这个概念,行动者就需要某种将不同事物加起来形成某个东西的观念;要认为满足这个欲求对我而言是好的,我就需要某种"我自己"的观念,以及"某类事物对我所设想的自我来说是好的"的观念。但是我可以具有这些看法,而不具备任何关于我自己的整体观念,或者某些事物的结合总体而言对作为整体的我自己最好的观念。[30]

与意气部分的欲求不同,理性部分的欲求依赖于总体而言什么对于作为整体的我自己来说是最好的思虑。我们可以说,这样的欲求是**最优的**(optimizing)欲求。当柏拉图声称理性部分是最优欲求的来源时,他的意思是,理性部分由某种关于行动者的总体幸福或福祉的观念引导,而其他部分不受它的引导。在这个意义上,理性部分的欲求满足了苏格拉底对一般而言的欲求的描述;柏拉图不同

---

29 关于好与坏的信念会出现在非理性部分,对这个事实的强调参见 Lesses (1987)。

30 关于理性部分对整体自我的关切,参见 Joseph (1935),第 58—63 页,尤其是第 59 页:"[理性]使他设想某种善,会令**他**感到满足,而不是仅仅熄灭这个或那个特定的欲求;而且理性让他也欲求这个善。" Murphy (1951,第 32—34 页)采取了一个更有所保留的观点。

意苏格拉底承认另外两部分的欲求，它们不满足苏格拉底的心理幸福论的条件。

如果实践理性有利于全部三个部分的欲求，柏拉图声称其中一个部分与理性有某种特殊联系，这是否正确呢？他的观点意味着，最优的欲求，即由那些基于对作为整体的我来说最好的事物进行推理得到的欲求，是特别理性的。柏拉图与巴特勒（Butler）持有同样的看法，后者论证理性的自爱与特定的激情不同，它诉诸那些依赖权威而不仅仅依赖欲求强度的原则与目标。在选择所要遵从的目的时引导它的是对于“我更有理由做什么”的反思，而不去管“我可 215
能会有更强的欲求做什么”。[31] 巴特勒相信，理性的自爱尤其与实践理性相联系，因为它并不偏袒任何欲求或感情，而是完全根据它们的价值进行考虑。如果这就是柏拉图的意思，那他就有理由宣称，理性部分的最优态度是尤为理性的，它们并非仅仅由某个在先的欲求的强度决定，这个欲求为实践理性提供了所要达到的目的。[32] 它们产生自“总体而言什么是对整个灵魂更好”的考虑，而不是来自一个人当下最强的欲求。[33]

我们必须更仔细地考察这个观点，看看它如何把理性欲求与意气和欲望的欲求区分开。意气部分不会仅仅因为某个对象被欲求而倾向于它（这是欲望部分的视角），而是因为它有某个值得看重的属性这样一个信念而看重它。但是，这个关于更深层的、有价值的属性的信念本身反映了意气部分的欲求和偏好。我对这件不义之事感到愤怒，不是因为我认为总体而言不义是坏的，而是因为这是我一直以来经过训练形成的、对明显的不义做出反应的方式。只有

---

31 参见 Butler, *Sermons*, II, 13—17。

32 理性部分的态度可能由某些非理性的目标引导。参见本书第 197 节。

33 如果对柏拉图所做区分的这个论述是对的，那他就并不认为，理性部分与非理性部分之间的区分也是理性与欲求之间的区分。正如亚里士多德说的，他为每个部分都分配了一个不同的欲求（*DA*, 432b4—7）。

理性部分拥有基于确信什么是最好的欲求，而非基于其他欲求的强度。

151. 灵魂三分的理由

如果这是将理性部分与其他两个部分加以区分的正确方式，我们现在就可以试着决定，柏拉图对灵魂的三分是否合理。他应当识别出三个部分吗？它们应当是他识别出来的这三者吗？

很多批评者都同意，柏拉图在理性和欲望之外，还承认其他部分是可以得到证成的。他们也看到，意气部分的态度与愤怒、自尊、荣誉和羞耻相联系，都与欲望截然不同。然而，更困难的是，看到这些态度如何在整体上构成灵魂的一个部分，并和理性、欲望的部分一起，穷尽各种可能的动机类型。[34]

如果我们假设，柏拉图归于意气部分的各种态度旨在解释而非穷尽那些评价性的欲求，因此这些欲求既不是纯粹欲望的也不是最优的，那么这个困难就可能得到解决。柏拉图认识到，有些欲求既不是最优的也不是纯粹欲望的，但因为涉及基于欲求和厌恶的评价，这样他就识别出了一类重要的欲求，如果我们坚持二分法的话就会漏掉它们。

一旦我们看到灵魂每个部分特有的欲求，就可以判断柏拉图最初诉诸相反者原则在多大程度上充分地把握了他识别这三个部分的理由。我们可以看到，仅仅涉及相反者原则就无法把握各部分之间某些重要的不对称关系。

如果我们考虑同时向前和向后运动，或既白又黑，就像各种相反者的例子一样，那么矛盾关系似乎就是对称的，因为向前与向后相反，就跟向后与向前相反一样。然而，柏拉图描述了一种不对称
216

34 Murphy（1951，第29—30页）根据443d7认为，三部分的划分并不是要穷尽所有部分。

的关系，它包括了一个对称的关系。[35] 在某种议会制政府中，我们可以说，政府和在野党是政治上的对手，在这个意义上他们之间是对称的关系；但是在野党的任务是反对政府的政策，而政府的任务不是要反对在野党，在这个意义上它们的关系是不对称的。与此类似，如果 p 和 q 是相反的陈述，它们的关系是对称的，但是如果发言人 A 主张 p 而不涉及发言人 B 的观点，而 B 通过反对 A 的主张并主张 q 而回应 A，那在这两个发言人和两种主张之间就存在某种不对称的关系。

这些类比涉及柏拉图关于灵魂三部分的说法。理性部分和意气部分都与欲望部分相反，因为它们在特定情况下拒绝按照欲望行动；理性部分以同样的方式与意气部分相反对。然而，欲望的部分并不是在同样的意义上与其他两个部分中的任何一个相反对，尽管它的欲求肯定与另外两者的欲求相冲突。在这个意义上，三个部分之间的关系是不对称的。

如果是这样，那么柏拉图最初意在支持相反者原则的相互矛盾的例子，就显得过于简单，从而无法展示他心中所想的特殊类型的矛盾（包含了不对称的对立要素）。我们已经看到，在划分灵魂的时候，他并没有简单地诉诸相互冲突的欲求，那些欲求实际上倾向于使行动者趋于不相容的方向；他诉诸的是那种用明确拒绝的方式与其他欲求相反的欲求（在上述意义上）。只要我们记得，柏拉图设想的是这个特定种类的矛盾，我们就可以对他未能解释这种矛盾所包含的东西何以不止于通常的矛盾这一点不以为然，然而我们还将看到，为什么他有充分的理由主张，这种矛盾需要用灵魂的不同部分来解释。

---

35 柏拉图缺少明确的术语来表达不同的关系，这不是唯一的例子。当他将可感物描述为理念的“类似物”（homoiōmata）时（*Parm.*，132d3），我们可以认为他仅仅是指这些可感物与理念相类似（homoiōma）。然而事实上，他假设如果 x 是 y 的类似物，那么 x 就是对 y 的模仿；“作为模仿物”是一种不对称的关系，它包含了相似性的对称关系。

152. 灵魂各部分作为行动者

至此，我们已经考察了柏拉图对灵魂各部分特有的欲求的论述。然而，我们无法仅凭理解构成灵魂某部分的欲求的特点来理解该部分的本性。因为柏拉图也将灵魂的各部分类比为行动者；他将理性部分比作人，意气部分比作狮子，欲望部分比作多头的、各式各样的野兽（588c7—d5）。[36] 这个类比意味着每个部分都可以被看作单一的行动者，尽管欲望部分的欲求显现出最显著的多样性（就像野兽呈现出不同的方面，有好有坏）。

各部分作为行动者的观念也构成了柏拉图所认为的它们如何相互一致的基础。节制要求灵魂的各个部分就哪个部分应该统治这个问题达成一致。在统治良好的城邦里，“统治者和被统治者关于谁应该成为统治者也有同样的信念”（431d9—e1）；因此在节制的灵魂中，欲望部分认为理性部分应当统治。在他对基础教育的论
217 述中，柏拉图论证说，在我们有能力从事理性推理之前，应当养成习惯去享受美好的事物，厌恶可耻的事物，这样当理性到来时我们就会欢迎它，“因为亲熟（kinship）而认可它”（di' oikeiotēta，402a3—4）。如果欲望部分在理性部分中发现某种亲熟，它就不会只注意到理性部分也按照欲望部分选择的方式来行动，它也必定注意到这两个部分都是由同样的考虑推动的。非理性部分和理性部分能有这种亲熟关系吗？

理性部分，就像柏拉图描述的那样，关于何者对每个部分以及对整体来说是最好的而进行推理（442c6—8）。因此它也诉诸每一个非理性部分的目标，并确保它们在合理的程度上得到满足。这个保证向两个非理性的部分暗示了理性部分的统治。

---

36 关于这个类比，参见本书第 202 节。

如果我们要将这些接受和拒绝的态度归于欲望部分，就必须假定它具有某种结构，使其不仅限于某种欲望的集合。行动者对他们作为整体的各种欲求具有某种态度，根据这种态度，他们给予某些欲求以超过其他欲求的优先性。如果要让欲望部分承认理性部分使它满足并分享它的目标，而不只是在此时此刻分享它的某个特定目标的话，它就必须能够做到这一点。

然而，柏拉图在将能动性的这些方面归于灵魂的非理性部分时，他是否犯了一个错误？如果非理性的部分与理性部分一致，它们似乎就具有了理性之人的观点，但是既然柏拉图已经否认非理性部分有最优的欲求，那么他是否并未否认它们具有理性之人的观点呢？如果它们缺乏这种观点，它们又何以具备那些为了做到柏拉图期待它们去做的事情而必须具有的态度呢？

这个困难或许表明，柏拉图在将某种结构归于每个部分时犯了错误，这个结构使之能够识别出与其他部分的亲熟性并与之一致。他似乎把政治类比推得太远，在他对灵魂各部分的描述中引入了一个自我挫败的拟人化要素。如果他认为灵魂的两个非理性部分能够像有理性的人那样行动，似乎就是将每个部分看成自身具有理性部分的行动者。要理解这个“行动者”如何做出选择，我们就必须将它的灵魂划分成三个部分；如果我们还必须使这三个部分中的每一个都成为行动者，我们似乎就被迫进入了一个恶性的倒退。

要避免这个反对，柏拉图就必须表明，非理性部分具有足以令其与理性部分相一致的结构和统一性，但它本身却并不拥有理性部分。他能表明这一点吗？[37]

---

37 对于柏拉图划分灵魂时拟人的方面有如下讨论：Murphy（1951），第69页；White（1979），第129页；Annas（1981），第142—146页；Moline（1978），第10—14页，第22—26页；Reeve（1988），第139页。

153. 灵魂某一部分的统一

如果灵魂的一个部分能够识别另一个部分中的亲熟，那它就必定能够识别出对自己的亲熟，这样它也就必定明显具有了一个自身的概念。这样一种概念可能是什么样的？

218 我们很难假定，比如说，欲望部分实际上包含了一个自身作为整体之一部分的观念（正如一个人的自我概念可能包含了一个其自身作为一个共同体之一部分的观念）；因为它也可能需要某种整体观念，它是其中的一部分，而且一旦我们将这样一种观念归于欲望部分，我们就是在冒险使灵魂成为双重的，而它的结构正是我们要加以分析的。如果假定我们的欲望部分关于自身的观念是我们对自身观念的有限版本，就能避免这个困难。我们能够在恰当的限定范围内将什么归于欲望的部分呢？

如果我们有关于我们自身的观念，我们指的就是过去和未来。我们能够感到遗憾（对于我们过去所做的某些事情感到最低限度的不快，例如我们曾经愚蠢地放弃某种本可以获得的快乐）、恐惧和希望。在这些态度中，我们将当下的欲望与一系列其他过去与将来的欲望联系起来。在这个意义上，除了任何特定的欲求之外，我们还有“我们自身”以及“什么能够满足我们”的观念。我们甚至更容易看到，意气部分的态度，愤怒、羞耻和骄傲，如何特别与某种自我的观念有关，它将自我看作某个需要考虑其成就的人，某个做了可耻事情的人，以及某个利益受到伤害的人。从理性部分的角度看，每个非理性部分的自我观念同时也是这个部分所属的那个自我观念的一部分，但是这个部分本身并未认识到与更大的自我之间的关系。

用这些方式意识到自我，并由此具有这些不同的感受，并不必然使人能够参照某种整体利益的观念，来批判或修正当前的欲求。一个孩子可能缺乏这种批判能力，但他仍然能够意识到自己的欲求在时间上延伸，并包含了不止一种欲望。相关的自我观念要求某些理性能力，但是它并不要求属于灵魂理性部分的、在理性上达到最优的欲求。

如果欲望部分拥有基于这种自我观念的欲求，它就能被下面这个意识推动，即 x 是比 y 更有效的工具性手段。如果我的欲望部分排他性地关注这个当前的欲望，它就不会被对有效性的考虑推动。这些考虑告诉我，一种手段比另一种手段更适合我的各种欲望目标，但是这样的信息不会推动我的欲望部分，除非它也关心其他目标。[38]

我们能不能辨明，柏拉图是否认为某些由对有效性的考虑调节的欲求也属于欲望的部分？我们已经看到，在柏拉图看来，如果对 x 的欲求来自对某个欲望对象 y 的欲求，以及对 x 是实现 y 的手段的信念，那么对 x 的欲求就是一种欲望。柏拉图表明，他确实这样认为，因为他将对财富的欲求看作欲望的欲求。然而，如果这就是他的看法，那么他就不能否认，对最有效的手段进行推理也可能产生某种欲望。如果我们不关心有效性的话，就很难理解我们如何能够形成稳定的对财富的欲求，并以之作为手段去满足其他欲望。只有当我们比较财富与其他在一段时间之后满足欲望的手段时，才会将财富作为一种策略来喜爱（因为，比如说积聚和保存财富通常要求 219
对短期内的欲望满足加以限制）。柏拉图承认对财富的欲望，这表明他将某些由对有效性的考虑调节的欲求也看作欲望。

因此，欲望部分与理性部分具有两个共同特征：（1）它关心自己一段时间以后的欲求；对有效性的考虑涉及某些我预期会拥有的欲求，即使没有当下的情境去满足它们。（2）对未来的关注有某种更大的权重，如果我关心有效性，有时候我就必定关心满足某些未来的欲求胜过满足此时此地的欲求。如果我并非有时候会关心这些将来的欲求，那么从欲望部分的角度来看，我就总是对实现同一

38 关于有效性，参见本书第 198 节。

个目的的手段是否更加有效漠不关心。

不过,即使欲望部分有自己的等级偏好,它有时也会打破这些偏好。有时我们会认识到,如果我们不去满足当下的这个欲望,我们将来的欲望或者我们更关心的欲望就会得到满足,但我们可能还是会选择去满足这个当下的欲望。如果这就是欲望部分内部的不自制,而且如果不自制涉及理性部分和欲望部分的冲突,那我们是不是必须承认,欲望部分中的理性部分与欲望部分中的欲望部分发生了冲突?如果是这样,柏拉图就面临恶性的后退。

然而,各种偏好之间的冲突并不意味着不自制,如果不自制所涉及的冲突发生在我们最强烈地欲求的东西和我们承认最有理由看重的东西之间。对最好的理由之承认,要求我们承认巴特勒在权威和强度之间所做的区分。除了欲求的强度之外,我们还必须承认一个特定行动的价值。如果这是不自制的必要条件,那么在短期满足和长期满足的欲求之间的冲突对于不自制来说就既不必要也不充分。尽管欲望部分能够承认短期和长期满足之间的冲突,但是它缺少一种价值体系去考虑在不同欲求的相对强度之外的东西。

因此,欲望部分也认可对有效性的考虑,但是它除了对长期满足的当下欲求之外,没有看到任何别的理由被有效性推动。如果一个追求某种特定满足的欲求变得比我对长期满足的欲求更强,那么欲望部分就不再承认有任何理由来偏好长期的满足。在欲望部分,看起来最像不自制的行为实际上是想法和偏好的改变;没有持久的理性评价去反对我的当下偏好,因此也就没有不自制的空间。

154. 灵魂各部分之间的关系

这个描述使我们更容易看到,欲望部分如何能够认识到理性部分中有某种与自己亲熟的东西,以及它如何能够接受理性部分的统
220 治而自己不必变成另一个理性部分。既然欲望部分对于一个时间

上延伸的自我具有某种关切（虽然这并不总是它的主要关切），那么它就能够看到这种关切得到了理性部分的满足。的确，有时候欲望部分会承认，理性部分做得比欲望部分凭借自身所做的更好；因为欲望部分追求长期满足的主导性欲求会在追求短期满足的强烈欲求的压力下失效，而理性部分则会保持追求最好事物的主导性欲求。

因此，大多数时候，欲望部分想要保障长期免受严重的痛苦胜过获得某种特定的即时满足。在这种情境下，它可能承认，如果受到理性部分稳定计划的引导，追求长期免于痛苦胜过追求即时的满足，它的目标就能更好地实现。诚然，当欲望部分形成了一个对某种即时满足的特别强烈的欲求，就会失去这种偏好；但是当它具有目光长远的偏好时，它也会采取措施让这种偏好更难遭到破坏。

当欲望部分认识到这些与理性部分一致的观点时，它还有可能形成一种二阶的欲求，去做理性部分让它去做的事；尽管它一开始形成这种欲求是基于纯粹欲望的欲求及其对象，但是形成这个欲求的结果可能导致进一步的欲求，它们是行动者在不具有理性部分的情况下不可能具有的欲求。欲望部分的这种能力使它在道德教育中占有一席之地。尽管我一开始并不关心节制或正义的行动，但是我学着听从（我自己的或其他人的）理性部分，因为它满足了我的长期欲望。一旦我开始听从理性部分，我就逐渐开始获得它对于节制和正义的行动的偏好。一旦我形成了这种偏好，它也会促进我遵从更为长远的偏好的倾向，即使我已经形成了一种追求即时满足的强烈欲求。

用这种方式，欲望部分能够接受理性部分的某些目标。它接受这些目标不是出于那些推动理性部分的原因，而是因为它看到了它们与自己的目标之间的联系。尽管它不能成为一个完全开明或平等的搭档（因为它没有认识到推动理性部分的全部理由），但是它能与理性部分合作，而且它的偏好越是受到理性部分的偏好的塑造，它就越能成为一个可靠的搭档。

如果这是对欲望部分结构的合理论述，那么类似的论述也可以用于意气部分，柏拉图认为这个部分没那么多样，而且比欲望部分更加统一。在这两种情况下，我们都可以解释，柏拉图为什么有理由将非理性部分看作具有行动者的某些属性。既然他没有将它们看作理性行动者，那么他在理解这些部分的构成时就可以避免任何恶性的后退。

柏拉图在将结构归于灵魂的一个部分时，他在某一点上同意苏格拉底，这一点并没有清晰地出现在灵魂各部分之间冲突的例子里。[39] 苏格拉底认识到一种单一的欲求自身并不能解释一个行动，一种特定的欲求之所以令一个行动变得可以理解，是因为欲求自身
221 是可理解的，适合选择和行动的某种长期模式。然而，苏格拉底推断，欲求之所以使行动变得可以理解，是因为它们最终追求行动者的幸福，而柏拉图认识到幸福不需要成为唯一的长期目标以使我们能够解释特定的行动。在柏拉图看来，灵魂的非理性部分具有苏格拉底归于理性行动者欲求的部分结构，但是只有理性部分才具有那种聚焦于行动者幸福的结构。

既然灵魂每个部分的结构对其解释性的作用来说都是本质性的，我们就必须假定，柏拉图严肃地看待这一点。我们已经看到，他严肃看待这一点是正确的。他对各部分之间的一致与和谐的说法并不只是隐喻或者不成功的人格化手法。它们依赖关于灵魂三部分本性的合乎情理的看法。这个结果对于我们评价他对美德的论述至关重要，因为这个论述依赖于对灵魂不同部分之间的一致与亲熟的更深层看法。我们必须看到这些更深层的说法是否也能得到
222 辩护。

39　关于不自制和可理解性，参见本书第 148 节。

第十四章

《理想国》第四卷：各种美德

155. 灵魂的划分与关于美德的论述

第四卷对柏拉图早期对话中苏格拉底预设和捍卫的那种道德心理学提出了尖锐和猛烈的批评。苏格拉底将美德等同于知识，这依赖于他的如下信念：关于什么更好的知识足以保证行动者选择更好的行动。因此这依赖于苏格拉底对不自制的否定。《普罗塔戈拉》表明，苏格拉底认识到他对不自制的看法和他对美德的看法之间存在这一联系。《高尔吉亚》有时候在知识和行动的关系上表达了同样的看法，但是另一些时候区分了理性和非理性的欲求，因此很难决定它在多大程度上认同短篇苏格拉底对话中的观点，以及柏拉图在多大程度上认识到自己不同意苏格拉底的立场。《理想国》既然反对苏格拉底关于动机的论述，我们也就有理由预见它同时反对苏格拉底关于各种美德的论述。

《拉凯斯》、《卡尔米德》和《普罗塔戈拉》排除了美德中一切非认知的要素。从常识的角度，我们可以假设某人相信最好是坚守岗位直面危险，但是依然害怕它，于是他逃跑了；看起来他缺少的是“忍耐”（karteria），但是《拉凯斯》关于勇敢的讨论排除了这种可能性。与此类似，某人有可能相信最好躲开这个快乐，但是他依然拥有无序的欲望，使得他还是去追求这个快乐。他缺少了“有序的”或“安静的”欲望，而《卡尔米德》关于节制的讨论也排除掉了这种可能性。

在《理想国》第四卷，柏拉图重新接受了勇敢和节制中的这些非理性要素。在第二卷和第三卷里描述的那种初步的道德教育就是要在人们心中确立正确的非认知反应，因此他们可以不必经受柏拉图（不同于苏格拉底）认为在心理上可能、在道德上危险的那种冲突。塑造年轻人的快乐和痛苦要使他们朝着理性认可的方向前进，这样如果年轻人拥有了正确的理性判断，他们就会欢迎和接受理性所说的（401e—402a）。

223 对四种主要美德的描述似乎反映了柏拉图对于正确行动中非理性来源的强调。勇敢不再被等同于善与恶的知识，而是被等同于灵魂意气部分的某种状态，它即便在危险面前依然顽强地坚持着关于应该做什么的正确信念（429b8—c3）。节制是欲望部分的某种状态，它接受灵魂两个更高部分的统治（432c6—9）。只有智慧被描述成理性部分的美德。正义被等同于每个部分在整个灵魂中履行恰当的功能。

考虑到柏拉图的灵魂三分，与苏格拉底伦理学的上述差别并不令人惊讶。但是，更困难的是确定柏拉图到底在多大程度上反对苏格拉底的立场。在论证美德有非认知的方面时，柏拉图同意常识中的某个方面，并反对苏格拉底。但是常识倾向于认为美德是彼此区别的，甚至是彼此对立的，而且知识对于美德来讲既不充分也不必要。苏格拉底关于动机的看法给了他充足的理由反对这些常识的看法。如果柏拉图反对苏格拉底关于动机的看法，他是不是也要在这些问题上回到常识的看法呢？

156. 各种美德之间的联系：勇敢

在早期对话中，苏格拉底反对各种美德之间的分离，支持互易性论题，他论证每种美德都必然带来美好和有益的行动，而美好和有益的行动需要全部美德。他没有在互易性论题和统一性论题之间做出截然的区分，后者认为所有美德都等同于关于善的知识。统一性论题依赖于知识是美德的充分必要条件。柏拉图在《美诺》中或许表达了对统一性论题的某种怀疑。[1] 既然《理想国》第四卷反对苏格拉底对不自制的否认，我们可能会期望柏拉图推论出知识不是美德的充分条件，由此否定统一性论题。但是，即便他否定了统一性论题，也依然可以坚持互易性论题中的某些要素。他实际上是怎么说的呢？

如果我们关注他最开始的描述，勇敢看起来显然不同于其他美德，因此看起来反驳了互易性论题。柏拉图认为，勇敢的人对于什么应该害怕、什么不该害怕拥有稳定和持久的正确信念（429b8—c3）。教育应该通过非认知性的训练让信念变得稳定；意气部分应该得到训练，从而让勇敢的人保持关于什么更好、什么更差的信念，而不去管快乐、痛苦和恐惧带来的诱惑（429b—430b）。如果保存正确的信念就是勇敢的充分条件，那么懦弱的唯一来源就是那些改变我们关于善恶信念的诱惑。根据这种看法，快乐和痛苦使我们不能勇敢，只是因为它们使我们相信避免危险并不那么坏，怯懦的行动给我们提供了补偿性的好处。

如果这是柏拉图的看法，那么勇敢看起来就是和节制分离的；因为他将节制等同于理性部分的欲求和智慧控制欲望部分的欲求 224
（430e—431d）。接下来他将节制等同于灵魂不同部分同意理性应该统治（442c10—d1）。这个论述将节制与灵魂中的秩序联系了起来（430e6；参见 *Ch.*，159b3，*G.*，504d1）。如果柏拉图假设（1）灵魂的意气部分保存正确的信念就是勇敢的充分条件；（2）对正确信念的这种保存并不意味着欲望部分的同意，那么他就不能前后一致地认

1 关于统一性论题，参见本书第 28 节，第 29 节，第 59 节，第 97 节。

为勇敢要求节制。他接受这两个假设吗？

他承认欲望部分的欲求可能会与意气部分基于正确信念的欲求相冲突，因为他认为，拥有过分强大和误导性的欲望的人可以像莱昂提乌斯那样，保持关于善恶的信念，却不能据此行动。因此柏拉图似乎接受了第二个假设。如果他同时接受了第一个假设，那么某个像莱昂提乌斯那样的人就可能是勇敢的，但是没有做勇敢的行动。因为虽然他依然保持了关于善的正确信念，但是欲望推动了他的行动。

但是柏拉图会接受这个结论吗？如果他接受，那么他必然同意，有些勇敢的人可能会像懦弱的人那样行动，因为他们既勇敢又放纵。如果他必须要这样说，那么他对勇敢的论述就没有描述做那些通常被认为是勇敢者会做的行动的可靠倾向；这样的论述也就不是对美德的充分论述。

既然柏拉图不能接受这个结果，他就必然要否定导致这个结果的两个假设中的至少一个。事实上，同样的考虑倾向于否定这两个假设。柏拉图可能会论证，仅仅具有坚定的正确信念并不是勇敢的充分条件。虽然有某种坚定的正确信念是勇敢的充分条件，但是这种信念不能没有节制。我们可能会论证，莱昂提乌斯这样的人在某种情境下可以保全正确的信念，但是他不可能拥有稳定的正确信念。在这个情境下的快乐会逐渐破坏他关于"这样做是坏的"的正确信念。即使莱昂提乌斯的状况只是一个灵魂未经完美训练的人的一种暂时状况，我们也无需同意这是一种稳定的状况；不自制行动的习惯会逐渐破坏正确的信念。亚里士多德在说到快乐破坏一个人的"本原"时（*EN*，1140b16—20）提到了无序欲望的这种效果。

我们有理由认为，柏拉图在这一点上同意亚里士多德的观点。因为在描述勇敢特有的那种稳定信念时，他提到了可能会洗掉意气部分信念的"清洗剂"（430a6—b2）。其中第一种清洗剂就是快乐。如果柏拉图相信快乐会破坏正确的信念，而莱昂提乌斯既有正确的信念又有错误的快乐，那么他必然像亚里士多德那样认为，快乐的清洗作用是需要时间的。他必须要区分一个像莱昂提乌斯那样的人“短期”的坚定，以及勇敢者特有的“长期”的坚定。短期的坚定可能不需要勇敢，因此允许不自制的行动；而长期的坚定需要免除误导性的快乐和痛苦的清洗作用，因此不允许不自制或懦弱的行动。

如果要理解柏拉图关于勇敢的看法，我们就不能被误导，认为 225
只有意气部分的状况才能影响一个人的勇敢。柏拉图必然认为欲望部分的状况也对勇敢有影响；而既然他这样看，那么他就必然认为，勇敢不可能在没有节制的情况下存在。因此，柏拉图对勇敢的论述并不意味着美德是可分离的。

157. 各种美德之间的联系：节制

柏拉图将节制描述为灵魂不同部分之间的共识，这意味着节制者的欲望不是非常强或者不是非常偏离正轨，从而导致他们去做与他们关于善恶的正确信念相反的行动。这种欲望部分的有序状态似乎与勇敢所需要的那种坚定的信念可以分离，因此节制看起来是与勇敢分离的。

但是我们很难看出，如果没有一个受过良好训练的意气部分，有序的欲望何以保证通常的节制行动。即便某人的欲望部分是有序的，他有时候依然会在一定程度上被诱惑，欲求某些与他开始认为最好的东西相反的快乐，他的灵魂很容易被对于快乐的预期改变。柏拉图不会称这种变化无常的放纵之人为节制者。

因此，真正的节制看起来要求勇敢，正如真正的勇敢看起来也要求节制。如果柏拉图认为各种美德是可以分离的，那么他就要被迫接受一些会让他的论述变得极其可疑的结果。如果他不想接受这样的结果，就要解释为什么他对节制的论述并不意味着拥有有序但摇摆不定的欲求的人是节制的。他或许可以说，如果某个人很容易就被说服去追求那些吸引欲望部分的快乐,那么他其实是缺少了正确的灵魂秩序。如果理性部分想要改变主意去满足欲望部分,那么柏拉图可能会论证说,这就是理性部分其实接受了欲望部分的支配,因此不可能是节制灵魂中的理性部分。理性部分的真正控制要求坚定的正确信念,而这是由勇敢保证的。

因此柏拉图并不认为缺乏有序性的坚定是勇敢的充分条件,也不认为缺乏坚定性的有序是节制的充分条件。在勇敢中从坚定性开始讨论,在节制中从有序性开始讨论,是因为柏拉图从常识开始,但是他并不同意这些特征就是这些美德的全部内容。苏格拉底对话表明,大多数人会以这种方式将勇敢和节制区分开来,苏格拉底并没有解释为什么常识是错误的。在《理想国》第四卷,柏拉图更直接地面对常识中的观点,并且表明常识中关于勇敢和节制之人的预期破坏了常识中关于这些美德彼此区分的看法。关于美德的通常
226 看法确定了每种美德的一些重要的甚至是独特的特征,但是它们并没有给我们足够的理由将一种美德区别于其他美德。即便我们承认灵魂的不同部分,并且承认非认知的部分对每种美德来讲都是必要的,我们也依然要坚持美德不可分。

158. 正义与其他美德

正义在美德的可分离性方面提出了一个尤为尖锐的问题。柏拉图似乎将智慧看作理性部分的美德,将勇敢看作意气部分的美德,将节制看作欲望部分的美德。而正义没有哪个灵魂的部分与之对应;相反它是灵魂各个部分“做自己的工作”或“履行自己的功能”的状态(441e2)。柏拉图是否相信某些人可能拥有其他三种美德或者其中的一些,但不满足灵魂正义的条件呢?如果他这样认为,就是反对美德的互易性论题,但是这样的话,这些美德是什么样的呢?如果相反,他认为其他美德都包括了灵魂的正义,又为什么要将正义当作独

特的美德，而不是其他美德的一个方面呢？

首先，灵魂每个部分需要什么才能履行它自己的功能呢？《理想国》数次预见了正义与履行功能之间的关系。第一卷在讨论西蒙尼德斯的正义观和关于人的功能的论证里都提到了它。[2] 在第四卷的前面，讨论城邦的正义时，柏拉图说人们经常在正义和履行一个人的功能之间建立联系。他进一步讨论了这种联系，论证如果每个人都坚持城邦分配给他的工作，那么这个城邦就是正义的。在讨论个人正义的时候，他再次提到了正义与履行功能之间的联系，柏拉图说，如果灵魂的不同部分履行各自的功能，那么这个人就是正义的，并且可以履行自己的功能；这使得个人的正义类似于城邦的正义（441d12—e2）。

最后这个说法里的“履行自己的功能”还没有得到解释。柏拉图并不是说，一个人只要做了城邦分配给他的工作就是正义的，并因此为城邦的正义做出了贡献。如果是这个意思，那么“履行自己的功能”就已经得到了解释，但是柏拉图却说它依然需要解释。[3] 它的内容是通过灵魂三分得到解释的，柏拉图论证说，与个人正义相关的、履行自己的功能就是灵魂不同部分的状态和关系，而不是外在的行动（443c4—d3）。在谈论功能的时候，柏拉图想的是某种灵魂的状态，这种状态是拥有人类能力的人所特有的。他说这种状态要求理性部分用它的智慧进行统治，意气部分由于接受的训练支持理性的部分，而欲望部分则自愿处于另外两个部分的支配之下（441d12—442b4，443c9—444a3）。

如果没有了灵魂的正义，其他美德又是什么样呢？如果认为勇 227
敢和节制是可分的，我们就可以得出一个简单的答案，因为我们可

2 关于人的功能，参见本书第125节。

3 Vlastos（1971c，第130页）持有我这里所反对的观点，Irwin（1977a，第332页）对此有所讨论。Murphy（1951，第12—14页）对弗拉斯托斯所持的这种观点提出了告诫。Gosling（1973，第55—57页）合理地强调了关于论证的说法的重要性。

以设想，勇敢之人拥有无序的欲望部分，节制之人拥有不稳定的意气部分。但是，既然柏拉图不认为勇敢和节制可以用这种方式彼此分离，他也就不能给出这种论证而让它们与正义分离。由于我们给出的理由，这些美德中的每一个都需要灵魂不同部分的合作。

这种合作是否可以存在于一个不同部分没有履行其恰当功能的灵魂之中呢？最简单的方法是考虑所谓“节制”——某人的欲望部分不情愿地同意接受理性部分的控制。这是否构成了灵魂的良好秩序呢？没有哪个部分偏离恰当位置。政治类比就是较低的等级不情愿或勉为其难地接受护卫者的统治。在这种情况下，节制之人总是要面对莱昂提乌斯所要面对的那种斗争。虽然他会最终胜出，他的欲望总是会不情愿和顽强抵抗。柏拉图会称这种情况为节制吗？

这是亚里士多德称为“自制”（与不自制相对）的人，他并不是严格意义上的有德之人（*EN*，1102b25—28）。在自制者那里，非理性部分服从理性部分的命令，但只是非常勉强地服从。而在有德之人那里，非理性部分与理性部分保持和谐，因为他不具有致使自制者感到勉强的那些欲求（1102b25—28）。自制者为不得不放弃这些欲望的满足感到后悔，因此必须要经过斗争才能做正确的行动，而节制者则有训练良好的欲望，不会后悔或勉强。[4] 虽然柏拉图没有像亚里士多德这样明确做出区分，但我们还是可以问，他认为服从对于美德来讲就足够了，还是会同意亚里士多德的观点，认为在服从之外还需要和谐。

他的一些说法或许说明，服从对于美德来讲就足够了。他将节制说成是“自我控制”和“控制快乐和欲望”（430e6—431a2）。这种

4 Joseph（1935，第 6 章）论证了《理想国》第四卷与亚里士多德中道学说之间的联系，但是没有提到我这里所指出的联系。Murphy［1951，第 19 页；另参见 Reeve（1988），第 316 页和注释 3］提到了此处和亚里士多德在自然美德与完全美德之间所做的对比之间的联系。

描述预示了亚里士多德对于自制的描述。我们可以捍卫某种类似的关于勇敢的看法。这些说法表明，理性部分的控制和非理性部分的服从加在一起就是美德的充分条件。如果这就是柏拉图的意思，那么某些美德的条件就类似于亚里士多德自制的条件，因此不如亚里士多德的美德要求那么高。

但是，这种服从不能构成灵魂的正义。即便自制者灵魂的各部分保持在恰当的位置上，它们也不是为了整个灵魂的善而履行各自的功能。因为较低部分的功能并不是反对或抗拒理性部分的统治。如果柏拉图认为，亚里士多德那里的自制是节制和勇敢的充分条件，而对正义来讲却不充分，那么他必然同意，正义对于节制和勇敢来讲不是必要的。节制和勇敢似乎仅仅要求灵魂的不同部分服从规则，而正义似乎还要求各个部分的正确态度。

但是在正义和其他美德之间的这种对比是否成立，这一点非常 228
可疑。柏拉图对此的反对在政治语境中看得非常清楚。城邦中较低等级不情愿服从并不是最好的状况，而我们应该参照理想城邦去理解有德之人的特征。当柏拉图运用这个类比时，他显然不认为服从对于节制来讲就足够了。虽然他一开始将节制描述成服从和控制，但是他也把它描述成三个不同部分在理性部分的智慧控制之下的和谐一致（431d8，432a6—9），甚至友爱（442c10—d3）。而后面这些描述预示了亚里士多德在美德与自制之间的对比（*EN*，1102b25—28）。

这个在服从与友爱之间的区分可以在柏拉图的如下观点中得到证成，即灵魂的某个部分拥有行动者的某些特征。[5] 每个非理性部分都有对自己的某种关切，它们并不是将自己仅仅看作欲求的集合，我们可以认为理性部分关涉到其他两部分的目的。友爱来自对这些共同关切和利益的认可，在理性部分正确的领导下，灵魂不同部分的友爱是一种亚里士多德式的美德，而不仅仅是自制。

5 关于作为行动者灵魂的不同部分，参见本书第 152 节。

因此节制和勇敢并不能与正义分开,因为节制和勇敢所要求的同心和友爱,只有当灵魂的不同部分像在正义的灵魂中那样履行各自功能时才可能。柏拉图想要将正义与其他的美德状态区分开来,并不是因为他认为正义可以与其他美德分离,而是因为他想要做出亚里士多德在自制与美德之间的区分。柏拉图将正义说成是灵魂的和谐,而非单纯的服从和控制,这样他就清楚地表明了,真正的美德所要求的不只是简单的服从和控制。[6]

159. 知识对美德来讲是否必要?政治类比

如果柏拉图认为这三种美德不可分,他是否也认为它们各自都需要智慧?换句话说,他是否接受苏格拉底的观点,即知识是美德的必要条件?《美诺》对这个苏格拉底式观点提出了疑问。[7]《理想国》第四卷的一些方面似乎可以理解成柏拉图反对苏格拉底的这个观点,但是我们已经看到,柏拉图对美德的一些描述可能会误导我们,如果我们不在整个论证的语境下阐释它们的话。

如果柏拉图将勇敢和节制的美德赋予理想城邦中的非统治等级,那么他必然反对苏格拉底的观点,因为这些人有稳定的恰当信

---

6 这个在柏拉图与亚里士多德之间的联系支持了 Brochard(1912,第 169 页)的一个普遍观察:“道德学说可能是柏拉图体系中被历史学家和批评者研究最少的一部分,至少在法国如此。”他认为这可能是因为柏拉图处在苏格拉底和亚里士多德这两个道德哲学的主要贡献者之间。但是他反对这种解释潮流:“亚里士多德的伦理学在他老师那里早见端倪。学生名下的那些主要学说虽然没有被严整地表达出来(也幸而没有),至少也已被老师清晰地把握并有力地呈现出来。在此,就如同其他问题一样,两种哲学判然有别,却也是继承多于对抗,它们之间的互补性远多于矛盾。”(第 170 页)要完全证明这个说法需要研究柏拉图的后期对话,但是(就像布罗查德理解的)《理想国》本身就可以给出充足的证据支持这个说法。

7 《美诺》中对知识的讨论,参见本书第 102 节。

念，这些信念由非认知的训练保证，但是他们并没有知识。[8]那么他是否认为他们稳定的恰当信念（同时还有灵魂非理性部分的恰当状态）保证了美德呢？

假如对灵魂与城邦类比的某种阐释正确的话，他确实这样认为。柏拉图宣称，在城邦和个人的灵魂中有同样的“种类和特征”，
它们出现在城邦之中是因为它们出现在个人的灵魂之中（435e1— 229
436a7，参见 544d6—e2）。[9]如果这个普遍性的说法意味着，城邦中的任何美德必然出于个人的美德，那些个人对于美德出现在城邦之中负有独特的责任，那么柏拉图的意思就是，军事等级中的个体是勇敢的，因为这个等级对于城邦的勇敢负有独特的责任（431e10—432a2）。相应地，既然城邦中的节制和正义必然来自节制和正义的个人，而没有任何等级为城邦中的这些美德负责，那么每个人似乎都要拥有这些美德。

但是对于“政治类比”的这种阐释无法得到支持。当柏拉图说城邦中的“种类和特征”必然来自个人的时候，他指的是灵魂不同部分的不同动机和倾向，他没有给我们理由将同样的观点延伸到美德之上。当他说有美德的灵魂的结构与理想城邦相应时，他的意思仅仅是，它必然有处于同样关系中的同样部分，而不是拥有某种美德的城邦中的个人也必然拥有那种美德。政治类比并没有给出令人

---

8 Vlastos（1971c，第 136—138 页；1991，第 88—90 页）认为，理想城邦里较低等级的成员也有一种或多种美德［另参见 Vlastos（1981a，第 425—427 页）的补充，他回应了 Cooper（1977a，第 151—157 页）］。Irwin（1977a，第 322 页，第 329 页）和 Reeve（1988，第 310 页）批评了这种观点。Gill（1985）讨论了一些与道德教育相关的问题。

9 Murphy（1951），第 4 章；Vlastos（1971c），第 123—124 页；Neu（1971）；Williams（1973a），第 196—200 页；Irwin（1977a），第 331 页；Cooper（1977a），第 153 页；Lear（1992）讨论了柏拉图关于城邦与灵魂之间的类比。Wilson（1976a）尤其清楚地解释了这个论证，表明它为什么不需要预设城邦中的美德要求个人也具有相同的美德；即便如此，他依然将这个预设归于柏拉图（第 121—122 页）。

信服的理由支持我们认为，柏拉图觉得知识对于美德来讲不是必要的。

事实上，当柏拉图将政治类比应用到个体灵魂上时，他似乎坚持着苏格拉底的观点。因为他说智慧和知识（442c6）是理性部分的美德，并且认为这是产生对灵魂其他部分正确指导的美德。[10] 他没有明确说，拥有其他美德的人必然拥有智慧；虽然他本可以在提到正确信念的地方同时提到知识，但是他没有这样做。如果他的意思是，辅助者个人是勇敢的，乃是因为他们坚持正确的信念，那么他在这里的沉默就是令人困惑的；但是，如果他的意思并非如此，那么他的沉默就可以理解了。

如果用正确的方式阐释政治类比，我们就应该认为知识是美德的必要条件，那么我们就必须了解柏拉图关于个别美德的说法，看看它们是否支持这个来自政治类比的结论。

160. 没有智慧的美德？

我们刚刚反对的那种对政治类比的阐释，能够在柏拉图关于非统治等级的正义和节制的一些说法中找到支持。他将城邦中的勇敢描述成保存关于什么应该害怕、什么不应该害怕的正确信念（430b2—5），而且表示辅助者等级在保存这些正确信念时起到了特殊的作用。如果柏拉图的意思是辅助者等级中的每个人都是勇敢的，那么他的意思就是，个人可以在没有知识的情况下是勇敢的。他同时还说节制“遍布”城邦（432a2—6）。他或许是在说，只有辅
230 助者才需要勇敢，从而保证城邦的勇敢，只有统治者需要智慧，从而保证城邦的智慧，但是每个人（或者是大多数人）都需要节制，从

10　442c5—10 讨论了理性部分的思虑，442b11—c3 讨论了理性部分给出的指导；442c5—8 讨论了在给出指导的那个灵魂部分之中的智慧。

而保证城邦的节制。同样的论证还表明，如果理想城邦想要符合正义，那么三个等级的所有（或大多数）成员都需要是正义的。

但是，除了最初的印象之外，我们并不清楚柏拉图是否认为每个辅助者都是勇敢的。当他说到持久的正确信念（429b—430c）时，他可能并不是要表达这是一个人勇敢的充分条件，而是说这是城邦中的一个方面，它对城邦的勇敢负有独特的责任。[11] 这个因果性的作用并没有要求辅助者个人的勇敢。

要理解柏拉图的意思，我们必须要考察他所说的城邦的勇敢在某个部分“之中”的意思（431e10）。他的意思不可能是这个部分的某些状况对于城邦的勇敢而言是充分必要条件，因为如果统治者没有给出正确的命令，辅助者训练良好的灵魂并不足以保证城邦的勇敢。说城邦的不同美德在不同部分“之中”，可能是指每种美德的独有特征，虽然统治者的智慧对于勇敢来讲是必要的，但它并不是勇敢因不同于其他美德而特有的东西。

如果这是柏拉图所谓勇敢在辅助等级“之中”的意思，那么他的意思就不是说辅助者个人是勇敢的。相反，如果城邦勇敢的独有特征是军事等级遵从拥有智慧的统治者，那么正如柏拉图所说，恰当的类比就是，勇敢者拥有来自理性部分的恰当贡献，以及意气部分的坚定不移（442b5—c4）。

类似的解释也可以帮助我们理解柏拉图关于节制的说法，而无需预设节制城邦中的每个人都是节制的。公民受到良好训练的欲

---

11 关于 430e2 的 politikēn ge（政治性的），参见 Adam（1902）对此的注释。Irwin（1977a，第 329—330 页）认为它指的是城邦而非个人的勇敢。与此不同，这个词可以被解释成“公民的勇敢”，某种区别于真正勇敢的个人的性质（参见本书第十四章，注释 16）。当柏拉图说城邦中的非军事等级并不主导（kurioi）城邦的勇敢和怯懦（429b5—6），他表达了这种独特的责任[关于这个问题，参见 Wilson（1976a），第 117—118 页]。说某个等级主导城邦的勇敢，并不是说其他等级对此毫无贡献。（当柏拉图说非军事等级并不因为他们自己的勇敢起主导作用时，我们或许可以推论，军事等级是因为他们自己的勇敢起主导作用的；但是柏拉图没有这样说。）

望部分对于节制城邦的节制（而非勇敢或智慧）负有独特的责任。但是，这并不意味着拥有这些经过良好训练的欲望部分的个体都是节制的。因此，柏拉图关于具体美德的说法并不意味着没有道德知识的人可以拥有这些美德。

由此，我们可以合理地推论，柏拉图在《理想国》第四卷中依然坚持苏格拉底的论题，即知识是美德的必要条件。但是，我们依然可以反对这个推论，如果我们认为他没有充分的理由坚持美德的恰当条件是知识，而非正确的信念。要理解柏拉图在这个问题上是支持还是反对苏格拉底，我们必须要考察柏拉图关于知识的看法，理解它如何与他对美德的要求相关。

161. 知识与稳定性

我们很难比较柏拉图与苏格拉底关于知识是美德之必要条件的看法，因为在早期对话中，苏格拉底既没有将知识定义为某种不
231 同于信念的东西，也没有解释对于美德来讲它为什么是必要的。柏拉图在《美诺》中面对这些问题，引入了知识与真信念之间的明确区分，之后说知识与真信念的区别在于来自理性理解的稳定性（*M.*, 97e2—98b9）。只要真信念还是真的，它在行动中就像知识一样有用；但是如果我们想要防止真信念在困难的情况下偏离正道，就需要稳定的真信念。

我们可能会论证，从道德角度讲，稳定性是知识唯一优于真信念的地方，因此，如果我们可以找到稳定的真信念，而无需构成知识的稳定理解，它就可以和知识一样发挥作用。《美诺》并没有考虑这一论证。但是在《理想国》第四卷，柏拉图似乎接受了这一论证，因为他说辅助者的稳定的真信念由于他们早年的“音乐”教育而染在了他们的灵魂之中（429c—430b）。如果从道德角度讲，稳定性是唯一与知识相关的特征，那么柏拉图说辅助者拥有稳定的信念，似乎

就意味着他们有了美德所需要的一切，而知识是不相关的。

但是在《美诺》中，柏拉图考虑的那种稳定性与理性的理解是不可分的，它不是辅助者通过道德教育获得的那种稳定性。在《美诺》中，柏拉图论证，正确的信念不如知识稳定，如果他说的那种稳定性是一种反事实的可靠性，那么他的观点就是得到辩护的。[12] 辅助者只是达到了经验的可靠性，因为他们只是被训练拥有在某些情况下做什么的坚定信念，我们甚至可以认为，这些情况穷尽了他们可能遇到的所有情况。他们的信念，以及这些信念是否为真，在更大的范围内似乎就不可靠了。比如说，假如统治者变坏了，并且试图将之前拒为不义的行动看作好的，那些受过初步道德教育的人们依然会按照统治者说的去做，但是他们的道德信念就不再是真的。

柏拉图本人就说明了这一点。在第八卷中，他描述了荣誉政体与理想城邦的差别。荣誉政体中的统治者偷偷聚敛财富，虽然他们公开宣称关注勇敢和军事美德；他们这样做是因为忽视了"理性和哲学"（548b—c）。因为他们的道德教育是错误的，他们缺乏"混合在音乐训练中的理性，而那是一个人身上唯一能够贯穿一生保全美德的东西"（549b6）。如果理性理解对于保全真正美德的那种道德教育来讲是必要的，那么缺少了这种理性理解的初步道德教育就不能保证人们在统治者变坏之后依然坚持美德。既然理想城邦中的辅助者只受到初步的道德教育，柏拉图暗示，他们的信念并没有达到反事实的可靠性，因此没有达到《美诺》所要求的那种稳定性。

柏拉图坚持认为有德之人的道德信念必须在反事实的意义上可靠，这是正确的吗？或许每个合理的信念在反事实的意义上都不够可靠，如果反事实的假设太过度；坚持一个有德之人的真信念必 232
须在所有逻辑上可能的条件下都可靠，这似乎是不合理的。即便如此，对于反事实的可靠性的诉求在一定程度上还是合理的，因为这

12 关于可靠性，参见本书第 101 节。

揭示了行动者的动机和理由。比如我们可以设想，q 是相信 p 的充分理由，而 r 是一个不充足的理由；同时假设我相信 p，q，r。我因为正确的理由 q 相信 p，如果我依然相信 q 并且停止相信 r，我就依然会相信 p；但是如果我不再相信 q 并继续相信 r，那么我就不再相信 p。与此类似，如果我相信 x 是 F 和 G，人们问我选择 x 是因为它是 F（正确的理由）还是因为它是 G（错误的理由），人们就可以合理地问，假如我相信 x 是 G 而不再相信它是 F，我是否还会选择 x。假如我在这些情况下依然选择 x，那么我就不是出于正确的理由选择了 x。

如果柏拉图要求有德之人的信念和选择建立在正确的理由之上，那么他就可以合理地要求反事实的可靠性，并且合理地宣称知识是美德的必要条件。那么我们就必须考虑，他的美德观念是否包含了对于正确理由的要求。

162. 知识、理性与美德

柏拉图在第二卷就已经表明，他关注信念和动机反事实的可靠性。格劳孔和阿德曼图斯考虑了不现实或不大可能的情境：首先是古格斯的指环，之后是正义者遭受所有实际上伴随不义而来的结果。他们想要看到，在这些情境之下是否还有人会坚持正义，因为这种可靠的坚持反映了这个行动者是将正义看作幸福的主导部分，并为了正义自身之故而选择它。既然格劳孔和阿德曼图斯认为，正义之人必然将正义看作幸福的主导部分，并为了正义自身之故而选择正义，他们就期待正义之人展现那种反事实的可靠性。

正义之人被要求坚持正义的行动，就像苏格拉底那样，而不管“荣誉和奖赏”（361b8—c3）。他必须要在正义带来污名而非荣誉的时候依然正义地行事。如果柏拉图的美德观念试图满足格劳孔和阿德曼图斯的要求，他必然认为，有德之人对美德的坚持不会因为污名化而受到影响。理想城邦中的辅助者能做到这一点吗？

辅助者初步的道德教育使得他们能够在面对一些环境变化时依然可靠。因为真信念可能因为痛苦、快乐或恐惧而丧失，辅助者必须要被训练成能够抵抗那些可能会将他们引离正确行动的影响（413b—414a）。因此，他们可以不受第二卷提到的一些恶行的诱惑，在这个意义上他们满足了可靠性的要求。

但是在某种重要的意义上，他们没有达到柏拉图的要求。在第
三卷和第四卷，柏拉图没有提到污名对于一个人勇敢或正义行动的
影响；我们不需要在理想城邦的条件下考虑这个问题，因为这个城
邦会给予正确的事情以荣誉。但是柏拉图从来没有说过，基本的道 233
德教育导致人们无论面对荣誉还是污名都能坚持勇敢的行动。事
实上，他也不大可能这样认为，因为辅助者主要是受到灵魂意气部
分的支配，而这部分也是爱荣誉的部分。

这个关于污名的问题在第八卷比较理想城邦和荣誉政体的时候被提了出来。正如我们看到的，荣誉政体里的统治者缺少“混合在音乐训练中的理性”（549b6），并因此缺少美德。柏拉图在描述爱荣誉者的成长时也说了同样的话。这个年轻人的父亲对于正义有着恰当的态度，因此并不急于通过参与此时已被败坏的政治行动来捍卫自己的名声，他的美德在荣誉和污名面前是可靠的。但是，他的妻子指责他缺少对自己荣誉的关切。因此，当儿子听到正义之人在城邦中被称为蠢货，并且不受尊重，他热爱荣誉的那个方面就受到了刺激，意气部分就从理性部分那里接管了统治权（550a—b）。[13]

柏拉图暗示，由意气部分主导的人不可能不计荣辱地为了正义自身之故而看重正义。初步的道德教育使得人们将勇敢和正义的行动看作荣誉的来源，但是假如污名和侮辱是对勇敢的惩罚，他们就不会坚守勇敢。既然这些对美德的惩罚包括在第二卷里为格劳

13 关于荣誉政体，参见本书第 196 节。

孔所考虑的因素之中,那么如果一个人对美德的坚持不足以对抗这些惩罚,他就不可能拥有柏拉图在第二卷中寻求的那种美德。

163. 美德的程度

以上讨论给了我们充分的理由得出结论,拥有正确的初步道德教育但是缺少知识的辅助者,缺乏柏拉图所认为的对美德来讲必要的那种可靠性。他们既然不知道正义是什么,也就不知道正义本身就是幸福的一部分,即便它不会带来荣誉,因此他们也就不会知道为什么正义对他们来讲更好。他们不是因为正义本身而不计荣辱地选择正义,因此也就缺少了对美德的那种正确的坚守。

格劳孔和阿德曼图斯认为,如果一个人没有出于正确的原因追求正义,那么他不过是拥有了正义的外表,而不是真正的美德。在这样说的时候,他们使我们回忆起了《斐多》对奴性美德的批评,在那里,柏拉图指责了那些因为结果而非理解了美德本身而选择美德的人。[14] 如果辅助者并不是因为美德自身之故而选择美德,我们是否必然得出结论说,他们仅仅拥有奴性的美德呢?这看起来并不是柏拉图的看法,因为他将辅助者"服从法律"的信念与没有训练而产生的那种无所畏惧进行对比。他说这种未经训练的无所畏惧是"兽性的和奴性的"(430b6—c1),但是他没有说辅助者是奴
234 性的。

要理解柏拉图的意思,我们必须要理解,为什么奴性并非真正美德的唯一替代物。第四卷中经过良好训练的人不能被等同于奴性之人,后者只是因为正义的结果而维持着正义的外表。受过良好教育的人虽然没有知识,但是关于某一行动是正义的信念足以让他们想实施正义的行动。如果他们相信某个行动是正义的,那就是他

14 关于奴性的美德,参见本书第 136 节。

们的意气部分立即对其做出反应的特征之一，无需进一步的推论。在这个意义上，没有知识但受过良好教育的人不同于一个只是因为可预见的奖赏而想要显得正义的人（这些奖赏也会吸引没有美德的人）。受过良好教育的人会在行动中感到快乐，因为他们认为那是正义的，而不仅仅因为它有其他可欲的结果。

但是，我们从这里并不能够推论出，没有知识但受过良好教育的人真的因为正义自身而选择正义。如果要为其自身之故而选择正义，我们就必须要在使得它是其本身的描述之下（也就是使得它是正义的属性）选择它。当柏拉图在第二卷里提到"为了自身"选择正义时，他的意思不仅仅是我们必须要出于非工具性的理由选择它，而且必须要真正因其自身之故选择它。在他看来，有德之人必须将正义当作某种非工具性的善而加以选择，因为他们知道，它在本质上就是那种非工具性的善。

有些人相信正义是一种非工具性的善，也有人因为某个它没有的特征或者它所拥有的非本质特征而看重它，这样的人并不是正义之人。比如，某人将正义看作非工具性的善，但是因为错误的信念，相信正义总是在当下就令人快乐，且从来不会让人痛苦，这样的人并不具备有德之人对于正义的态度。如果一个人看重正义行动而不追求更多的奖赏，只是因为他认为不实行正义的行动是可耻的，那么他就有关于正义的正确信念；因为在一个秩序良好的社会中，没有做到正义（按照这个社会的标准）就会带来羞耻和污名。但这并不是柏拉图心中有美德之人的首要动机。

根据这种看法，缺少知识但是受到良好训练的人并不是因为美德行动带来荣誉才关心美德行动。假如那就是他关注的全部，他就不会关注自己因为什么得到荣誉，但是一个受到良好教育的人会关注自己因为美德获得荣誉。即便如此，他相信自己将会得到荣誉，而不仅仅是相信他在实行正义的行动，还是维系着他对美德的坚守。因为不做其他考虑而实行勇敢的行动而获得荣誉，对他来讲非常重要。[15] 从他人那里得到荣誉维系着他不加计算地去实行勇敢的行动，而柏拉图说得很清楚，依赖荣誉而爱美德并不是真正的美德。[16]

164. 美德、知识与自主

因此，《理想国》第四卷并没有放弃苏格拉底式的观点：知识是
235 美德的必要条件。但是，即便柏拉图坚持这个观点，他也是出于某个苏格拉底没有明确说出的原因，因为苏格拉底没有解释，知识为什么优于持久的正确信念。在柏拉图看来，如果必须要出于美德自身之故而选择它们，我们就必须要因为它们的本质而选择它们，因此我们必须要知道它们的本质是什么。柏拉图认为，我们有理由认为有德之人对于美德及其价值拥有某种自主的理解。这种理解是自主的，因为它依赖于有德之人自己发现和理解的理由，而不仅仅是一系列来自对他人的习惯性服从的信念。

在这一点上，柏拉图遵从苏格拉底的要求。在早期对话中，苏格拉底要求对话者对他们自己以及他们的生活"给出论述"（*La.*，187e6—188a3），并且认为，他们面对他的检审所做的回答说明了他们是否真的有美德（*Ap.*，29e3—30a2）。[17] 苏格拉底没有解释，他为

15　亚里士多德在 *EN*，1116a17 描述公民的勇敢时清楚地说明了这一点。他将公民的勇敢（基于羞耻和荣誉）与那些因为惧怕惩罚而实施勇敢行动的人进行对比。

16　受过良好教育的人和奴性的人都追求快乐和荣誉，但是受过良好教育的人在（他认为的）美德行动中感到快乐，并且希望因为这些美德行动而得到荣誉。我们不是很清楚 *Phd.*，82a10—e8 标示的这个区分。68c8—13 的意思似乎是，除了哲学家之外的所有人都是因为恐惧而勇敢，因此都是奴性的；这意味着在 82a10 以下提到的通常的和公民的美德是一种奴性的美德（虽然是比较好的一种）。但是《理想国》从没说受过良好教育的较低等级的成员是奴性的。Archer-Hind（1894，附录 1）的讨论，令人困惑地使用了"功利主义者"来描述非哲学家的动机。Vlastos（1971c，第 137—138 页；1991，第 89 页）不是很充分地区分了两个问题：（1）一个人如果没有知识是否可能不是奴性的？（2）一个人如果没有知识是否可能有美德？我认为柏拉图会对（1）回答是，而对（2）回答否。

17　关于"给出论述"，参见本书第 10 节，第 53 节，第 103 节。

什么认为理性的理解是美德的必要条件。在《美诺》和《理想国》第二卷，柏拉图给了这个苏格拉底式的要求一个理由。他认为，有美德的行动者应该可以表明，他们欣赏美德是因为美德是某种因其自身之故而值得选择的东西；他们不应该不加批判地依赖他人告诉他们的事情。在提出这个要求时，柏拉图将注意力集中在有美德的品格的一个重要特征上。他将这个要求与另一个要求联系起来，即有德之人应该因为美德自身之故而选择美德。既然苏格拉底从来没有给出这个进一步的要求，那么他对于知识的要求就没有得到解释。而柏拉图试图对此给出解释和辩护。[18]

柏拉图强调，这个苏格拉底式的要求，也就是对于自主理解的要求，这看起来似乎有些悖论色彩，因为《理想国》描绘了一个理想城邦，其中大多数公民都缺乏这种理解，而只是不经反思地服从他人。事实上，这并没有什么值得惊讶的。当柏拉图用更敏锐的方式重构苏格拉底的要求时，他也相信大多数人是难以做到的。因此，他坚持认为知识是美德的必要条件，但是大多数人不能获得美德。我们可能会批评柏拉图，认为他过分严格地阐释了自主理解的要求，从而导致很少有人能够达到这一目标，但是我们不应该由此推论，这个要求本身是不合理的或者是非苏格拉底式的。

165. 知识是美德的充分条件吗？

至此我们看到，柏拉图认为勇敢、节制和正义都蕴含了智慧。但是，如果他无条件地坚持互易性论题，那么他必然同时认为智慧蕴含了其他美德（参见 Aristotle, *EN*, 1144b32—1145a2）。他是这样认为的吗？

他当然不能接受苏格拉底认为智慧蕴含其他美德的理由。苏

18 参见本书第 234 节。

格拉底这样认为，是因为他持有一种纯粹认知性的美德观。为了捍卫这种纯粹认知性的美德观，苏格拉底证明了心理幸福论，并且反对不自制的可能性。柏拉图对灵魂的划分反对心理幸福论，因为这个划分意味着，并不是所有欲求都会回应关于好坏的正确信念。莱
236 昂提乌斯和奥德修斯的例子清楚地说明了这一点。柏拉图坚持认为，勇敢和节制需要对灵魂非理性部分的训练，同时需要理性部分拥有正确的信念。因此，他不可能同意苏格拉底的观点，即认知状态是一个人是否有美德的唯一决定因素。

但是，这个观点上的差异并不会迫使柏拉图反对苏格拉底关于知识是美德之充分条件的看法。因为柏拉图可能认为，除非我们同时达到恰当的非认知状态，否则就不能获得不同于正确信念的知识。如果拥有知识，我们就必然对正确信念的基础拥有确定的和有意识的认识，我们也必然能够反对似是而非、充满误导性的相反论证。柏拉图认为，要反对这些，我们就必须拥有对情感的正确训练。

没有控制的恐惧导致不稳定的信念，而要对抗这些恐惧，就需要对意气部分进行恰当的训练（413a4—e5，429c5—d2）。危险和恐惧有时候是带有误导性的相反论证的来源，它们促使一些人对于下面这些问题改变想法，例如：什么危险值得面对，哪些原因配得上他们的忠诚，等等。如果我们想要对信念的正确基础拥有坚实稳定的把握，我们就必须免受这些带有扰乱作用的恐惧的影响。无节制的快乐也可能会导致我们放弃之前关于哪些行动值得追求的信念。亚里士多德认识到非理性动机对理性信念产生的影响，那就是他为什么论证节制对于保全智慧乃是必要的（*EN*，1140b11—20）。

这些反思要求柏拉图对于苏格拉底的说法——知识是美德的充分条件——持有复杂的态度。在《普罗塔戈拉》中，苏格拉底接受这个说法，理由在于知识是关于善的信念，而关于善的信念不可能被非理性欲求“拖来拖去”（*Pr.*，352c2）。柏拉图部分地反对苏格拉底的立场，因为他认为，正确的信念有时候被拖来拖去（就像在莱昂

提乌斯那里），有时候会完全丧失（就像在由于“吓坏了”而放弃信念的懦弱者那里），但是他表面上依然同意知识不能被拖来拖去，因为知识不能出现在拥有错误的非理性欲望的人那里。[19] 与苏格拉底不同，柏拉图认为对于知识来讲仅有认知上的训练是不够的，但是他可能还是认为，一旦我们有了知识，并且得到了正确的非认知训练的支持，我们就有了其他美德。如果是这样，那么柏拉图就可能同意苏格拉底的观点，认为知识是美德的必要条件。[20]

166. 美德的互易与统一

因此，柏拉图似乎接受了互易性论题。我们有很充足的理由认为，他将勇敢、节制、正义看作不可分离的，并且它们也都和智慧不可分离。我们有不那么充足但是也非常合理的理由认为，他将智慧看作其他美德的充分条件。

至于他是否赞成苏格拉底的统一性论题，也就是所有的美德最终都是同一的，则不那么容易确定。我们之前说过，他肯定不会因为苏格拉底的理由而接受统一性论题，苏格拉底接受这个理论是因 237
为，在他看来，所有的美德最终都可以还原为知识，而无需非认知的条件。但这并不是接受统一性论题唯一可能的理由。为了捍卫互易性论题，反驳统一性论题，柏拉图需要表明，美德是相互区分但必然相互联系的品格状态。至于他能否表明这一点则取决于他如何区分品格状态。

《理想国》第四卷的最后一部分或许说明，柏拉图将所有的美德等同于灵魂的正义。他或许是在论证，灵魂中的正义要求每个部分恰当地履行功能，这个正义是一种单一的状态，是所有美德和美德

19 Gosling（1978），第101—102页；Penner（1992b，第127—130页）讨论了柏拉图如何看待苏格拉底关于知识是美德之充分条件的观点。

20 Joseph（1935，第112页）在此基础上论证，柏拉图认为知识是美德的必要条件。

行动的基础，并且解释了所有的美德和美德行动。如果勇敢的人做勇敢的行动，我们可以通过他的灵魂状态和品格解释他的行动，(被认为)互不相同的美德的不同特征都与解释他为什么这么做有关。他(在意气部分的状态中)展示了勇敢，(在欲望部分的状态中)展示了节制，(因为行动展示了他自主的理解)也展示了智慧。他必定是因为具备正义这种品格才能成功地做到这些，因为他做的是一些自愿的行动，没有严重的内在冲突、不情愿或不满，灵魂的各个部分在做这些工作时和谐地彼此合作。我们可能会说，可以用同一个有美德的品格状态来解释他的行动，这个状态拥有这些不同的特征。如果柏拉图同意这样，那么他就必然接受统一性论题。[21]

但是，柏拉图讨论的方式并不总是像我们期待的那样，好像接受了统一性论题。他区分美德的典型方式是说，我们"通过F"勇敢，"通过G"节制。[22] 在这些说法中，F和G不能彼此替换，因为每种美德都与灵魂三部分的某种状态相关。这很可能标识出他与苏格拉底的一个差别。因为苏格拉底也说，人们通过勇敢而勇敢，通过节制而节制，等等(参见 *Pr.*，332a6—c2)。但是他的论证要求"通过"这个短语存在替换性，因此，比如我们可以说：(1)我们通过节制而节制；(2)节制等同于关于善的知识；(3)因此我们通过善的知识而节制。与此不同，柏拉图似乎并没有想过这样的替换。[23]

---

21 Murphy(1951，第18页)讨论了统一性论题。他说："或许他自己的观点可以更合理地表述为，或者有一个美德(正义)，或者有三个(节制、勇敢和智慧，都是由正义赋予生命的)。只有通过补充替代性的美德他才能得到四个。"这个说法非常明确地提出了正义与其他美德在作用上的重要区别。关于美德之间的联系，另参见 Reeve(1988)，第238—243页。

22 参见 442b11：tō(i) merei(通过这部分)；442c5：tō(i) smikrō(i) merei(通过小的部分)；442c10：tē(i) philia(i)(通过友爱)。

23 如果按照 *Eu.*，10e—11b 的论证背后的假设，苏格拉底必然接受这些替换(如果他将节制等同于对善的知识)，在那里他说，如果G是F之所是，那么如果x因为F而是F，那么x就是通过G而是F的。Vlastos(1981a，第433页)讨论了这个说法，同时讨论了统一性论题。

这个关于解释的要点说明了正义可能不同于其他美德，即便美德需要彼此。比如节制包括理性部分的控制，以及非理性部分同意理性部分应该统治，这种同意意味着每个部分做自己的工作，因此节制需要正义。[24] 即便如此，柏拉图还是可以论证，不同部分的同意解释了节制者典型的有序行为，而不同于勇敢者的坚守行为；不同部分做自己工作的灵魂状态是不同部分彼此同意的基础，但是没有完全解释这种同意所解释的东西，因此它们并不是相同的状态。

不同的美德解释了不同的美德行动，这样被认为是合理的，如果我们承认有很多种灵魂上的倾向需要由美德纠正，并且承认每种美德对应着一种独特的纠正方式。我们需要勇敢是因为我们倾向于害怕和不坚定，勇敢正是纠正这些倾向的；而节制是纠正我们在 238
没有什么可害怕的情况下，在快乐方面的放纵倾向的美德。[25] 正义的首要关注不是勇敢和节制纠正的那些倾向；我们需要它是因为要保证纠正所带来的不仅仅是正确的行动，还有灵魂不同部分之间的正确关系。即便我们承认每种美德都需要其他美德，美德之间的这个区别也是成立的。

柏拉图认为不同的美德因为其所能纠正的错误不同而相互区别，这样就表达了他和苏格拉底在道德心理学上的区别。对苏格拉底来讲，纠正我们关于善的信念，以及纠正我们得到这些信念的方式，同时也就纠正了每种恶之中的不同错误。对柏拉图来讲，不同的恶反映了灵魂非理性部分不同的缺陷，要纠正这些缺陷就需要不同种类的训练。他在第二卷和第三卷强调了这一点，并且在第四卷再次提到了它（441e）。这个区别支持了下面这个说法，即不同种类的训练导致不同种类的美德，虽然每种美德只是在同时拥有了其他

---

24 关于正义与节制，参见 Zeller（1876），第 452—453 页；Adam（1902），第 232 页；Larson（1951），他夸大了它们的相似性。

25 这或许是 Joseph（1935，第 80 页及注释）的说法的要点所在："节制是就灵魂欲望的本性而言的卓越。"（虽然我不同意他关于欲望部分所说的所有内容）

美德的灵魂中才是完满的。在柏拉图看来,灵魂的三分法表明了关于美德之间差别的通常信念要比苏格拉底的看法更接近真理。

但是我们很难说,促使柏拉图反对苏格拉底的这些理由是否足以反对统一性论题,以及柏拉图实际上是否反对统一性论题。不同的美德在解释不同的行动时被认为具有不同作用,这可能并非表明勇敢是不同于其他美德的状态,而是表明在谈论勇敢和节制的时候,我们是在说同一个状态的不同方面。我们可以这样为通常信念中的区分做辩护:不同美德的不同名字有不同的含义,因此“勇敢”(大体上)的意思是“纠正恐惧倾向的状态”,而不是“纠正快乐方面的放纵倾向的状态”。但是,这个在不同含义上的区分并不表明作为它们基础的状态也是不同的;相反,我们可以论证,《理想国》第四卷表明纠正这两种倾向的状态其实是同一个状态,只是我们可以用这两种美德的名字来称呼它。

我们还是不清楚,柏拉图是否用关于不同美德的论述来表明,它们虽然不可分但彼此有别,还是认为它们其实是同一种美德。但是,即便他坚持统一性论题,他也和苏格拉底的理由差别巨大。苏格拉底认为除了正确的知识以外再无美德,因此他缺少了在灵魂三分的基础上区分不同美德的基础。而灵魂三分使得柏拉图可以用苏格拉底无法利用的方式展示每种美德的复杂性。

167.《理想国》与苏格拉底对话

反思柏拉图对美德的讨论应该提醒我们,不要夸大他反对苏格
239 拉底学说的程度。有时候他看起来是在反对苏格拉底(比如知识是不是美德的充分和必要条件,以及美德的统一性),但是进一步的反思表明,如果我们采取恰当的阐释,柏拉图很可能还是接受了苏格拉底的学说。但是,即便他接受了苏格拉底的学说,也是出于不同的理由;因为他对苏格拉底更深层的反对(体现在知识在道德心理

学和美德中的作用上）使得他不再依赖苏格拉底给出的理由。

柏拉图可能会说他是真正在为苏格拉底辩护，因为他是用比苏格拉底更合理的前提为苏格拉底式的学说辩护。他接受了苏格拉底对有德之人能够给出灵活回答和理性理解的要求。这些要求在《美诺》关于知识的说法中得到了总结；而如果抛开最初的印象，《理想国》第四卷表明，柏拉图依然给美德加上了这些要求非常高的理智条件。[26]

在苏格拉底的观点与《理想国》第四卷的观点之间进行的这些对比建立在这样的假设之上，即苏格拉底对话将美德等同于知识，这表达了历史上的苏格拉底以及早期柏拉图的看法。我们之前认为苏格拉底对话呈现了相对系统的苏格拉底式的伦理学说。那些对话不大可能是一些独立的文字，孤立地讨论具体的疑难。在处理不同问题的不同对话中，我们能够看到相同的推论，有些对话中的论证和观点可以解决其他对话中的困难。在探索这些困难时，指引柏拉图的是一种前后一致的学说，这一学说从不同的对话中浮现出来，并且在《欧绪德谟》中得到了一贯的表达。

但是有些批评者指出，柏拉图对这些早期对话给出的"解答"很仔细地提出了一些反对，并在之后的对话尤其是《理想国》当中发展了这些反对。这些批评者由此推断，柏拉图不可能真的相信这些早期对话中的解答。如果接受这个论证，我们就可以得出结论，要么这些对话在严格意义上就是疑难式的（aporetic）；要么接受"统一论"，认为柏拉图在写作那些作品时已经想着《理想国》中的解答了。[27]

---

26 关于美德的理智条件，参见本书第 234 节。

27 Shorey（1903，第 14 页）提出了很有分量的统一论："在《理想国》中柏拉图明确给出了对这些问题的解答，它是成熟的建设性思想的杰出成就。但是这个解答所需要的观念和区分都是非常明显的，说它们超出了一个能够创作《普罗塔戈拉》、精致的《吕西斯》和《卡尔米德》，或者雄辩而天才的《高尔吉亚》的思想家的能力，这是荒谬的。" O'Brien（1967，第 122—127 页，第 144—148 页）也接受了类似的观点；Kahn（1986，第 19—21 页）则持有更加有所保留的立场。Devereux（1977；1992）接受了亚里士多德关于历史上的苏格拉底的证言，但是他认为《拉凯斯》意在批评这些看法。

我们必须承认,《理想国》第四卷中的解答与早期对话中设置的问题相当吻合。比如说,假如坚持认为某种忍耐是勇敢的一部分,我们就不会倾向于将勇敢等同于其他美德(至少不是出于说服了苏格拉底和尼西阿斯的那些理由),因此我们就不会反对《拉凯斯》最开始的预设——勇敢只是美德的一部分。与此类似,假如坚持某种有序和素朴是节制的一部分,我们也不会面对《卡尔米德》提出的,在节制与关于善恶的整体性知识之间差别的难题。《拉凯斯》和《卡尔米德》很明显都是疑难式的对话,我们可能会认为,在柏拉图看来,为了解决那个最终的难题,我们就要反对单纯认知性的美德观。那么我们为什么不认为柏拉图希望我们自己得出这些结论,并且他已经看到了美德中非认知方面的重要性呢?

240 但是,如果我们注意到单纯认知性的美德观还在其他语境中出现,并且没有被认为是困难的来源,那么上面这个看法就会显得不那么合理。《欧绪德谟》没有进行任何论证就预设知识造成了幸福与不幸这个决定性的差别。[28] 在《高尔吉亚》中,苏格拉底预设了心理幸福论,以此来表明演说家并没有获得他们想要获得的东西,因此毫无力量;心理幸福论对他的论证来讲至关重要,而且他对此没有提出任何质疑。[29] 柏拉图不大可能在苏格拉底对话里接受《理想国》的立场,而在《高尔吉亚》里暂时抛弃这个立场。

因此,我们不应该认为,苏格拉底对话意在表明将美德等同于知识是论证中的关键性错误。不可否认,柏拉图注意到了苏格拉底式的立场带来的一些困难,也没有对他呈现出来的所有难题给出恰当的解答。但是我们没有理由认为,柏拉图意在将我们引向《理想国》给出的那些解答。苏格拉底可以解释美德在什么意义上是幸福的工具,以及关于“什么是更好行动的知识”如何成为良好行动的充

28 关于《欧绪德谟》,参见本书第 42 节。

29 关于《高尔吉亚》中的心理幸福论,参见本书第 80 节。

分条件，以此回答一些难题。这些解答与《理想国》中的立场大为不同，但是我们没有理由否认（反而有一些理由可以相信），当柏拉图撰写这些对话时，他接受的是“苏格拉底式的”，而非之后“柏拉图式的”解答。

如何看待这些苏格拉底对话与《理想国》之间的差别，在一定程度上取决于我们如何阐释《普罗塔戈拉》和《高尔吉亚》。如果在短篇对话中，苏格拉底要坚持有关美德纯粹认知性的论述，那么《普罗塔戈拉》中反对不自制和偏向快乐主义的论证就是完全恰当的，它们解释了一个人为什么能够合理地坚持纯粹认知性的观点。但是，如果这不是柏拉图在那些短篇对话中的意思，那么《普罗塔戈拉》中的论证要么不是柏拉图严肃的看法，要么标志了柏拉图（或许还有苏格拉底？）在观点上的变化。这篇对话给出了很强的假设性论证，将认知性的观点归于苏格拉底。除非我们有理由认为，只看那些早期对话，苏格拉底也不可能坚持这一观点，否则就不该推翻那个假设。但是我们看到，如果只看早期对话，我们会倾向于认为苏格拉底接受了认知性的美德观。关于早期对话最合理的假设，加上关于《普罗塔戈拉》最合理的假设，给了我们完全可信的对苏格拉底立场的说明。《普罗塔戈拉》是对早期对话中所接受的认知性美德观的辩护和阐明。

假如我们同意，任何发展纯粹认知性理论的企图都是明显荒谬的，或者至少在《普罗塔戈拉》中发展这个理论的企图是明显荒谬的，“统一论”就会显得更有吸引力。如果是那样，我们就应该得出结论认为，《普罗塔戈拉》中的论证很可能并不是严肃的。但是我们没有理由认为，苏格拉底或柏拉图将纯粹认知性的观点看作荒谬的。

我们已经看到，从《高尔吉亚》中也应该得出类似的结论。《高尔吉亚》不同于《普罗塔戈拉》的地方在于，它表现了对苏格拉底认知理论的一些疑虑。在那个意义上，它更接近《理想国》第四卷，但 241
是它与苏格拉底式的道德心理学并不完全一致。如果我们认为柏拉图还没有构造出《理想国》第四卷的立场，理解《高尔吉亚》的立场就要容易很多；相反，如果我们认为柏拉图在写作《高尔吉亚》时已经想着《理想国》第四卷，那么就要困难得多。[30]

168. 希腊伦理学中的苏格拉底学说与柏拉图学说

我们说苏格拉底的认知理论作为一种哲学家真正坚持的立场值得认真对待，并不仅仅是因为我们关于什么是在哲学上合理的立场所做的判断。希腊伦理学接下来的发展史也可以帮助我们了解这一点。亚里士多德毫无疑问认为苏格拉底坚持这种认知理论，柏拉图的早期对话对此给出了证据。事实上，我们在早期对话中看到的学说与亚里士多德归于历史上的苏格拉底的学说高度一致。具体来说，亚里士多德批评苏格拉底将勇敢等同于知识[31]，并且在更普遍的层面上，批评他将美德等同于知识（*EN*，1144b17—21）。《拉凯斯》中最具争议的正面学说（由尼西阿斯提出，参见 *La.*，194c7—d3）在亚里士多德看来确确实实就是苏格拉底的学说。这个外部证据支持下面这个观点，即（这些对话中描绘的）苏格拉底和（撰写这些对话的）柏拉图接受了在对话中发展出来的关于勇敢和美德的观点。

亚里士多德关于柏拉图中期对话的评论，从来没有批评柏拉图持有苏格拉底式的美德观。在提到柏拉图的伦理学说（不同于

30　Kahn（1988）同意这个看法，因此将《高尔吉亚》的写作时间定得很早。参见本书第七章，注释 3。

31　*EN*，1116b3—5 提到了“历史上的苏格拉底”，而 *EE*，1229a15 和 *MM*，1190b28 说“苏格拉底”。参见本书第 5 节。亚里士多德并没有说苏格拉底实际上将勇敢等同于“经验”（empeiria），但是在一定范围内将经验等同于勇敢的倾向可能是苏格拉底将勇敢等同于知识背后的理由。

柏拉图的形而上学和政治学说）时，他有时候会表示同意柏拉图的观点（比如 *EN*，1104b11—13，1172b28—30）；在明确提到柏拉图的地方，他也从来没有提到苏格拉底对话中的伦理学说。事实上还有一次，他说柏拉图避免了苏格拉底在美德和知识上的错误，因为柏拉图承认灵魂的划分（*MM*，1183a23—26）。[32] 亚里士多德虽然明显反对苏格拉底关于美德的看法，但是他并没有说那个立场太过荒谬因而不值得严肃对待。相反，他认为苏格拉底看到了关于美德的部分真理，苏格拉底的立场之所以错误主要是因为太过片面（*EN*，1144b17—30）。

亚里士多德之后的希腊伦理学确认了苏格拉底的这个观点，尤其是《普罗塔戈拉》中的观点。快乐主义、美德的认知主义以及否定不自制，在之后的希腊伦理学家那里都得到了严肃的捍卫。伊壁鸠鲁似乎捍卫所有三个观点；昔勒尼学派的苏格拉底的追随者捍卫快乐主义；斯多亚学派对后两个观点的捍卫被看作是苏格拉底立场的复兴。[33] 如果这些随后的哲学家严肃对待这些观点，我们就没有理由认为苏格拉底不可能严肃对待它们。相反，我们有理由认为，人们广泛相信苏格拉底坚持这些观点。批评斯多亚学派的人从没有说过斯多亚学派从柏拉图那里获得了苏格拉底悖论。波塞冬尼乌斯批评克吕西普斯没有看到柏拉图对灵魂三分的重要性，但是他从来没有批评克吕西普斯不同意苏格拉底的观点。[34]

这些后世的哲学家似乎都从内部来理解苏格拉底对话和《理想 242
国》第四卷。假如柏拉图不拒斥苏格拉底关于理性和动机的看法，

32 关于亚里士多德对苏格拉底伦理学的看法，参见本书第 48 节，第 49 节，第 52 节。

33 关于西塞罗的看法，参见本书第十二章，注释 37。

34 关于波塞冬尼乌斯那里与柏拉图最相关的文本，参见 Edelstein and Kidd（1972），T，95—97，F，141—144，146，152。参见 Kidd（1988），II，第 1 页，第 82—83 页。Galen，*HPP*，588.27—33［De Lacy（1980）］，区分了历史上的苏格拉底和柏拉图的苏格拉底，但是他从来没有将柏拉图的灵魂三分归于苏格拉底。

那么我们肯定会对他重新引入忍耐、灵魂秩序和美德的其他非理性构成要素感到困惑。但事实上,我们看到他在坚持灵魂三分的时候非常坚定地反对这些观点。因此不管是内部还是外部的论证,都表明《理想国》第四卷确实标志了与苏格拉底对话的真正差异。我们看到,柏拉图依然坚持苏格拉底典型的看法:知识是美德的必要条件。此外,我们也看到他并没有明确反对苏格拉底的其他看法:知识是美德的充分条件,以及所有美德最终是一种美德。但是我们看到,柏拉图对于这些苏格拉底式的说法的捍卫建立在非苏格拉底甚至反苏格拉底的前提之上。出于这些原因,我们应该得出结论,认为《理想国》第四卷标志了对于苏格拉底式的美德观的部分否定和
243 全面修正。

第十五章

《理想国》第四卷：正义与幸福

169. 关于正义的问题

灵魂的划分和关于主要美德的论述引出了柏拉图在《理想国》第四卷的主要目的。他要说清楚正义是什么，并以此回答格劳孔和阿德曼图斯提出的问题。在第二卷，他们同意要回答这个问题，就要说明正义是不是一种工具性的善，以及正义之人是不是总比不义之人更幸福。在第四卷，柏拉图宣称对第二卷中提出的这个问题给出了初步（但是还不完整）的回答（444e7—445b8）。

要回答这些问题，显然需要说明正义是什么，柏拉图称在第四卷已经给出了这个定义。他并没有说，我们同时需要关于幸福是什么的论述。假如我们同意卡里克勒斯关于幸福的看法，我们就不会同意正义之人总是比其他人更幸福。柏拉图需要表明卡里克勒斯为什么是错的。在第四卷，他说自己已经表明了正义是一种内在的善，并且在幸福中处于主导性的地位。我们应该认为他持有什么样的幸福观，才能很合理地支持他的这些说法呢？如果回答了那个问题，我们就应该能够说明正义的什么特征使得它成为一种非工具性的善。

如果理解了柏拉图关于正义的明确论述，以及他关于幸福的隐含看法，我们就可以回答，按照他的理解，正义是否以及如何促进他所理解的幸福。如果我们接受了他对这个问题的回答，还要继续追问他关于正义和幸福的看法是否正确。我们不可能合理地期待他同意特拉叙马库斯、格劳孔和阿德曼图斯关于正义之人和正义行动的各种看法，定义正义的部分目的就是要改变他们的误解。但是我们必须知道，柏拉图定义的美德就是特拉叙马库斯和格劳孔讨论的美德，只有这样我们才能确定他是在回答他们提出的问题。

我们必须首先考虑柏拉图关于正义本质的看法，其次是他关于幸福的看法，再次是他给出的正义促进幸福的论证（按照他对二者
244 的理解），最后考虑他是否成功地回答了他们提出的问题。

170. 理性部分的功能

在讨论灵魂的部分和主要的美德时，我们已经引入了正义的一些方面，但是要看清它是否以恰当的方式与幸福相联系，我们还需要进一步的考察。

我们之前看到了两点：（1）理性部分的欲求并不完全依赖工具性的推理，仅仅是为了满足这个或那个非理性部分的欲求，它们是理性的最优欲求；（2）正义不仅要求符合理性部分的判断，而且要求各个部分之间自愿合作。但这还不是对正义的充分描述。在正义的灵魂之中，理性部分就像其他部分一样，必须要履行恰当的功能，那么所有最优的欲求是否都来自理性部分履行恰当的功能呢？

在一些人那里，理性部分选择遵从非理性部分的欲求来形成理性的最优欲求。理性部分可能选择欲求部分在任何时刻想要去做的事情；或者支持欲望部分更具远见的偏好，选择明天不生病而不是今天暴饮暴食。在这些情况下，我们可以说理性部分被欲望部分的偏好引导，欲望部分并没有挑战理性部分的决定，因为它对这些决定施加了主导性的影响。

但是在柏拉图看来，理性部分的功能是通过明智的思虑形成对整个灵魂来说是好的欲求。一个人的非理性部分接受理性部分的决定，并不能保证行动者按照对整个灵魂来说是好的明智思虑行动。如果一个人认为人生中最重要的事情是挣钱，为此制定理性的计划，并让他的愤怒、羞耻、骄傲全都围绕这些理性计划，我们也可以说他的理性控制着他。但是柏拉图会合理地否认这个人在按照对整个灵魂来说是好的方式行动。如果理性和意气部分服务于欲望，它们就没有履行自己的功能。

如果考虑一个政治性的类比，我们就能理解柏拉图为什么这样认为。假如理想城邦的统治等级只是追随更低等级的偏好，即便是比较稳定的偏好，并且决定这总是最好的，那么这些统治者就没有做柏拉图希望他们做的事情。柏拉图认为较低的等级没有能力形成城邦整体的观念以及整体善的观念，他们只拥有反映各自品格和观念的偏好。假如统治等级只是追随这些偏好，他们就没有根据自己关于什么对于城邦整体以及各部分最好的独立判断，来塑造较低等级的偏好。这样城邦中的理性要素就被非理性要素支配了，虽然这种支配与较低等级的、若实际上成为统治者时的那种支配不同。假如统治等级仅仅是认可较低等级的偏好，他们就没有履行自己的恰当功能。

柏拉图有同样充分的理由论证，在个人的灵魂中，假如理性部 245
分仅仅是认可非理性部分的偏好，那么理性部分就没有履行它的恰当功能，因此有这种结构的灵魂就缺少灵魂的正义。理性和意气的部分没有很好地追求整个灵魂的善，因为它们没有这个善的观念。每个非理性部分都有行动者的一些特征，特别是每部分都有关于自己及其目标的观念，但是这个观念并不包括非理性部分所属的整个自我的观念。非理性部分没有其他部分所追求的目标具有何种价值的观念，也没有由这些部分构成的整个灵魂的观念。只有理性部分才有整体的观念。仅仅服务于非理性部分偏好的理性部分没有履行它特有的能力和功能,因此由这样一个理性部分引导的灵魂就不是正义的。

如果柏拉图认为,履行自己功能的理性部分应该对其他两部分的偏好做出独立和批判性的判断,而不是直接认可它们,那么理性部分应该进行什么样的考量来形成自己的判断呢?柏拉图只是用非常普遍的方式描述了这些考量。他说理性部分依赖关于什么更好、什么更坏,什么对于整个灵魂及其各个部分更好的思虑。

当柏拉图要求理性部分考虑灵魂各部分的善时,我们有理由认为非理性部分的偏好并非以偶然的方式与它们各自的善相关联,因为假如没有合理程度的欲望满足,我们就很难理解这怎么可能是非理性部分的善。事实上,如果我们从欲望部分的角度去看理性部分的判断,也会必然得出同样的结论,因为除非欲望部分看到按照理性行动能带来一定程度的欲望满足,否则就无法理解欲望部分为什么会同意理性部分的判断。理性部分不仅认可欲望部分的长期偏好,而且要按照灵魂整体以及每个部分的善修正这些偏好。这样,欲望部分在服从理性决定的时候也是在促进自己长期偏好的满足。

柏拉图认为,理性部分的视野要比其他两部分更宽,因为它有各部分的善的观念,同时有它们作为构成整体的各个部分的观念。理性部分的看法更加客观,因为它可以包括和解释其他两个非理性部分的观点。如果我们可以看到一座建筑的四个面,就可以理解四个只能看到一面的观察者的看法。虽然他们的看法有某种误导性,虽然如果我们只是简单地将四个看法加在一起就依然会受到误导,但是如果我们从整体的角度看,他们的看法也有一定的可靠性。[1]

---

1 Bosanquet(1906),第 365 页[参见 Murphy(1951),第 32 页]:“理智的等级首先来自它将整体表现出来的能力。”在这个意义上,如果我们后退一步,从我们之前对某物的看法中多少抽离出来,并且通过将我们自己以及我们之前的看法包括进来从而达到一种新的关于整体的看法,“客观性”即可以得到促进,那么理性部分的观点就可以被说成是更加客观的[Nagel(1980),第 97 页]。

理性部分就是从这个更宽阔的视角去看待非理性部分的各种欲求和兴趣，因此它可以比简单遵从非理性部分的欲求更好地满足后者的兴趣。假如腿可以理解它的利益何在，它就能够意识到，将 246
它和整个生物连在一起要比它单独存在更好，虽然和整个动物联系在一起会比它希望的更容易疲惫，整个动物能够意识到一些腿自己没有意识到的考量，这事实上会让腿受益，虽然腿自己并不能够考虑到这些。

171. 实践理性的作用

柏拉图坚持认为，理性部分的恰当功能要求它思虑整个灵魂的善。因此他形成了比苏格拉底更加复杂的关于实践理性的看法。正如我们预期的，在理性和非理性部分之间的截然区分也导致了对理性部分特征更加确切的描述。在苏格拉底对话中，实践理性除了推论工具性的手段之外毫无作用。[2] 虽然苏格拉底并没有明确否认实践理性有其他功能，但是他也没有认可任何功能。柏拉图认为苏格拉底对话对于理性能动性的描述是不充分的和偏颇的。如果实践理性仅仅局限于工具性的计算，那么就只是局限在它能够发挥的一种功能之上，如果行动者仅仅由实践理性的这个方面引导，那么他还并不是完全由理性部分引导。

关于理性部分的这一点对于《理想国》来讲尤其重要；因为柏拉图构造关于正义和幸福问题的方式要求理性部分的作用要超出工具理性。根据格劳孔和阿德曼图斯要求苏格拉底给出辩护的立场，正义是一种非工具性的善，并且是幸福的一部分，但是包括特拉叙马库斯在内的很多人并没有意识到这一点。如果要发现关于正义的这个事实并依此行动，我们就必须能够对那些非工具性的善形

2 关于苏格拉底对实践理性的看法，参见本书第 49 节，第 50 节。

成正确的理性欲求，这些善是我们可以用理性的方式发现的。如果没有用这种通过理性发现的结果引导自己，一个人就不是完全被灵魂的理性部分引导。

假如柏拉图提出了《理想国》第二卷的问题，但是没有修正苏格拉底关于理性欲求的工具性观念，那么他就没有说明，《理想国》意在达到的结论为什么能够给我们的选择带来任何实质性的变化。柏拉图在第四卷区分了独立和批判性的理性判断与仅仅认可非理性部分的偏好，以此澄清了理性欲求的非工具性特征。理性部分考虑我们的整个本性，而不仅仅是那些对于非理性部分显现的本性，以此去发现什么对我们来说是好的。

如果理性部分履行这些功能，那么正义之人就是在最完全的意义上由实践理性引导。在正义之人那里，实践理性发现值得追求的
247 目的，它不是仅仅发现某些方式去满足这个或那个部分的欲求，而是通过理性反思灵魂的本性去发现整个灵魂的善。既然正义的灵魂有这种理性的反思引导，而其他的灵魂没有，那么正义的灵魂就实现了其他灵魂没有实现的理性活动能力。

如果要证明正义之人比其他人更幸福，柏拉图就应该表明，实现理性行动的能力如何与幸福相联系，因为关于正义本质的考量表明，实现这种能力是正义的灵魂相对于那些不完全由理性部分引导的灵魂独特的特征。如果格劳孔和阿德曼图斯这么说是正确的，那么一旦我们理解了正义是什么，就应该能够理解它为什么促进幸福。我们关于正义的论述应该已经告诉我们很多，足以说服我们相信（根据一种合理的正义观）正义之人是最幸福的。

172. 苏格拉底论幸福：一些反驳

因此我们必须考虑，柏拉图认为合理的幸福观是什么。在《尼各马可伦理学》的开头，亚里士多德认为，在决定关于如何获得幸福

的不同观点是否正确之前，确定关于幸福的观念至关重要。我们注意到，苏格拉底对话并没有讨论亚里士多德的这个问题，但是我们必须要尝试确定关于幸福的预设，正是这些预设说服他相信正义者比不义者更加幸福。

《高尔吉亚》对那些否认做正义之事对幸福有所贡献的批评者给出了一个回答。我们应该讨论《高尔吉亚》里的这个幸福观在《理想国》的语境中是否能够让柏拉图满意。如果能够回答这个问题，我们就能够确定，柏拉图是否应该加强《高尔吉亚》中的论证，还是应该另起炉灶。

在《高尔吉亚》中，苏格拉底适应性的幸福观解释了，美德为什么是幸福的工具，以及它为什么是幸福的充分条件。[3]但是如果欲求的简单满足并不是幸福的充分条件，那么这个幸福观就面临批评。我们可以设想，一个人有一些琐屑或荒谬的欲求，而我们不想拥有这些欲求，即便这些欲求都可以得到满足。我们应该合理地希望拥有不那么琐屑和荒谬的欲求，即便可能因此受到更多挫败。这个适应性的幸福观将某些我们认为对于理性行动者来讲并不充分的生活也算作幸福的，因此没有给出关于幸福的真正论述。

卡里克勒斯或许暗示了这个反驳。他抱怨说苏格拉底式的幸福适合石头或尸体，而不是人（*G.*，492e5—6），因为石头和尸体什么都不需要，没有满足不了的欲求，因此是苏格拉底式的幸福的合适备选。苏格拉底没有很有力地回应这个反驳。他认为这个反驳建立在一个错误的信念之上，即幸福在于大量的快乐，需要过分的欲求。但是卡里克勒斯的反对可能还暗示了更合理的反驳，即简单的 248
满足可以和较低水平的理性能动性保持一致。

苏格拉底自己的一个论证其实也暗示了同样的反驳。在挑战卡里克勒斯的快乐主义时，苏格拉底说懦弱者的生活也能够使自己

3 关于美德与幸福，参见本书第82节。

的快乐最大化，但是对于卡里克勒斯这样的关心自己未来筹划的理性行动者来讲毫无吸引力。苏格拉底由此推论，只是将快乐最大化的生活不可能是幸福的生活，因为它会破坏理性的能动性。他的反驳是合理的，暗示了我们并非不顾及令我们快乐的对象，因此我们并不仅仅关心快乐的数量。就像亚里士多德说的，“没有人会选择一辈子都按照小孩的想法生活，享受尽可能多的令他快乐的东西，或者在做一些完全可耻的行动时感到快乐，即便他永远不会因此遭受痛苦”（*EN*, 1174a1—4; 参见 *EE*, 1215b22—25）。这是对卡里克勒斯很充分的反驳，但是同样的反驳也可以针对苏格拉底适应性的幸福观。

《理想国》第二卷给了我们一些理由相信，柏拉图对于《高尔吉亚》中提出的这个适应性的幸福观有所怀疑。假如这个观念是对的，那么美德就成了幸福的充分条件，但是我们在第二卷看到，柏拉图只想要证明比较性论题，而非充分性论题。[4] 在《理想国》里，他从来没有说过，即便有格劳孔和阿德曼图斯描述的所有不幸，正义者依然是幸福的。他也没有像适应性的幸福观所要求的那样说有美德的人是自足的。[5] 柏拉图很可能看到，他不可能诉诸适应性的幸福观去回应特拉叙马库斯。

此外，适应性的幸福观也没有对正义给出很充分的辩护。它最多将正义看作幸福的工具，苏格拉底确定为正义的那种灵魂秩序是实现某种特殊结果的工具，这个结果就是排除掉不可行的欲求。既然格劳孔和阿德曼图斯坚称，苏格拉底要将正义当作非工具性的善来进行辩护，柏拉图就不应该满足于这种适应性的幸福观所能给出的辩护。

这个反驳提出了一个在《高尔吉亚》的论证中更加严重的困难：

4 关于比较性的论题，参见本书第 134 节。

5 关于自足，参见本书第十二章，注释 20。

这个论证似乎根本没有给出针对正义的辩护。显然，我可以有经过调整和容易满足的欲求，这些欲求没有特别考虑他人的利益。苏格拉底可以说服我相信，我的幸福不需要我损人利己，但是如果我的欲求是灵活的和可行的，那么即便不做那些正义和勇敢之人的行动，我也可以保证自己的幸福。如果我贪婪、恶毒、残忍、奢侈，那么适应性的幸福观并没有禁止我实现这些倾向，如果我确实有机会实现它们的话。

《理想国》第二卷展示了《高尔吉亚》中的这个缺陷，因为正义首先被说成是关注他人利益的美德，对正义的辩护也必然要为这种关注辩护。如果格劳孔和阿德曼图斯是对的，那么苏格拉底选择 249
让卡里克勒斯作为自己的对手就没有充分考虑反对正义的论证的力度。卡里克勒斯反对正义，因为他的幸福观反对限制欲求，因此一旦他的幸福观被驳倒了，他也就被驳倒了。但是要质疑正义的价值，我们并不需要同意卡里克勒斯的幸福观。我们可以论证，对正义的真正反驳并不是它要限制我们的欲求，而是它要求我们将自己的利益置于他人的利益之下。我们当然可以拥有苏格拉底所说的那些有序的欲求，同时依然反对正义关切他人的方面。这个反驳意味着，柏拉图需要更小心地给出关于正义的论证，而不仅仅是关于某种与不义相合的审慎的灵魂秩序的论证。《理想国》第二卷暗示，相较于写作《高尔吉亚》的时候，柏拉图在这里更清晰地意识到了这个问题。

如果我们比较第一卷和第二卷，这一点会更加清楚。在第一卷中，苏格拉底就像在《高尔吉亚》中一样，诉诸正义与健康之间的类比，暗示正义可以通过有效性得到辩护（352a）。如果灵魂的正义仅仅是有效性的问题，那么一个人如果由以实现欲望为目的的工具理性指引，他似乎也拥有“健康的”灵魂。如果柏拉图是这个意思，那么他就并不必然在幸福的本质上反对特拉叙马库斯；如果只需要在有效性的意义上为正义辩护，正义者就仅仅因为他更善于获得那些正义者和不义者认为的构成幸福的东西而更幸福。如果不义意味着不加限制的贪婪和灵魂中的冲突，那么它看起来并不能促进大多数人理解的幸福。

第二卷表明，对特拉叙马库斯的这个反驳为什么是不充分的。格劳孔和阿德曼图斯论证，通常的正义观支持一种比特拉叙马库斯更温和的对不义的态度，但是依然不足以支持正义。如果幸福在于安全地拥有荣誉、物质财富和权力，在于因为拥有这些而来的欲求满足的快乐，那么特拉叙马库斯立场的核心部分依然完好无损。我们还是不清楚，正义这种关心他人的美德如何能够促进行动者的幸福。

假如柏拉图依然满足于《高尔吉亚》中的幸福观，我们就很难理解，他为什么要像《理想国》前两卷那样表述关于正义与幸福的难题。对这些难题的解答不可能依赖一种纯粹适应性的幸福观。

173. 苏格拉底论幸福：一些模糊之处

要理解柏拉图如何修正苏格拉底的幸福观，我们应该注意到《高尔吉亚》论证中的一个线索，它可以与那种适应性的幸福观分离。苏格拉底诉诸灵魂的正义和身体健康之间的类比，一旦我们看到身体需要什么样的健康，我们就应该看到正义也是灵魂中同类的
250 善（*G.*，504e）。[6] 但是这个与健康的比较并不是那么直截了当，关于健康之善的不同看法可能导致关于正义之善的不同看法，同时可能预设了关于善的本质的不同看法。

我们可能认为，与健康的比较意在表明灵魂中的正义如何促进计划和行动的有效性。而灵魂处于完全混乱状态下的人无法有效地促进自己的利益，因为他总是会发生冲突和自我挫败。这样的论证可以和适应性的幸福观相吻合。

6　他在 *Cri.*，47d 使用了这个类比。参见本书第 30 节，第 41 节，第 76 节。

但是苏格拉底有时候通过不同的方式来使用与健康的比较。他论证说，如果身体处于不良状态，这不会给这个人带来什么好处，因为他的生活必然很糟糕（*G.*，505a2—4）。这个说法似乎与苏格拉底适应性的幸福观冲突。如果身体疾病对我们来讲是坏的，因为它挫败了那些我们总是会有的欲望，那么他必须要承认，保证幸福的适应性策略是失败的，因为我们不可能让欲求完全适应能够满足它们的资源。

另一种理解是，苏格拉底可能论证，即便我们不再欲求不可能获得的健康，我们依然缺少幸福，因为幸福取决于我们是什么样的，而不是我们感觉如何。如果这样理解这个类比，那么苏格拉底就可能将幸福等同于本性或能力的完善，而不仅仅是欲求的满足。但是这样的话，美德看起来就不是幸福的充分条件。因为一个有美德的人可能并不健康，疾病会剥夺他的幸福，一些坏事可能降临到他身上，他的智慧也不能使好运对他的幸福变得不必要。诉诸人性和能力需要依赖一种规范性的幸福观，因为它诉诸一种对人来讲恰当的生活方式，因此要求的就比适应性的幸福观中所说的满足欲求更多。而这种规范性的幸福观看上去与苏格拉底所捍卫的美德充分论的一些假设存在冲突。

这些关于幸福的问题对苏格拉底使用的正义与健康的类比（*G.*，506c—507c）提出了质疑。如果我们论证不义者的错误仅仅在于他的幸福观是非适应性的，那么对正义的辩护就面对适应性幸福观的内在局限。另一方面，如果我们诉诸规范性的幸福观，那么就很难证明正义（像健康那样）是幸福的必要条件，或者（与健康不同）是幸福的充分条件。

苏格拉底幸福观中的这些模糊之处还导致了进一步的问题，就是灵魂的秩序对于幸福有何作用。如果适应性的幸福观是对的，那么灵魂的秩序对于幸福的贡献就在于让可行的欲求，而不是要求太高难以实现的欲求，指引我们的行动。但是，如果苏格拉底有时候接受更具规范性的幸福观，他就必须对灵魂的秩序另有看法。因为根据规范性的幸福观，无序的灵魂是不可欲的，由于它只允许低水平的理性能动性，因此不适合理性的行动者。苏格拉底在灵魂正义和健康之间的类比暗示了这种对灵魂正义价值的看法，但是这种看
251 法意味着美德并非幸福的充分条件。

174. 幸福与人的功能

《高尔吉亚》说幸福与一个人本性和能力的完善相关，这一点在《理想国》第一卷的最后，苏格拉底展开“功能论证”（352d8—354a11）的地方被再次提出。他说某物如果缺少了特有的美德，就不能很好地履行它的功能，比如一把刀如果没有了刀刃的锋利，就不能很好地切东西，诸如此类。我们可以粗略地看到，这种形式的论证如何将某物的美德与它的功能联系起来，如果“功能”的意思是它被设计出来或者预期会完成的任务。我们可能会说一个飞行员的美德就是那些他履行飞行员的功能需要的素质，比如飞行技巧、迅速反应、保持清醒，等等。

但是这种功能很难与行动者的好或幸福联系起来，因为对于一个职业飞行员来讲，拥有飞行员的美德并不一定是件好事。（或许它们导致压力、焦虑，甚至是精神崩溃；我们可以比较拳击手的美德。）如果人的美德（相对飞行员、拳击手等等）是所有人（不管他们具体的社会角色如何）都需要的，那么这些美德为什么会对行动者自己是好的呢？或许我们希望人们正义，充满合作精神，因为这些特征对其他人是好的，但那并不会使这些特征对行动者自己来说是好的。

柏拉图需要（有时候也暗示了）对“功能”的另外一种理解，不诉诸某物被设计出来或者预期会完成的作用。他说灵魂的功能是“指导、统治和思虑”（353d5），以及普遍而言“活着”（353d9）。这

些都是对一个灵魂，一个有灵魂的人而言自然的和必要的功能（这里考虑的是有灵魂的生物）。这些关于自然和必要功能的说法与《高尔吉亚》中提出的关于幸福的问题有关，因为苏格拉底反对卡里克勒斯的论证表明，好生活必须包括理性的某些运用；而卡里克勒斯的论证表明好生活必须包括行动，而不仅仅是满足的状态。

在第四卷中，柏拉图再次诉诸健康。在解释这个类比时，他并没有申说有效性，而是论证健康和正义都包含自然的秩序（444d3—6）。健康的状态是自然的，因为控制身体的支配性力量依据自然而适合完成这项任务；与此类似，在正义的灵魂中，也是依据自然适宜的力量而居于支配地位。[7]

这个关于自然适宜性的说法必须依赖关于整个人的恰当行动的预设。这些预设不同于有效性的预设。一个人如果可以更好地适应黑暗，能够更好地让自己的肢体长时间保持弯曲的姿势，那么他就可能是一个更有效能的矿工，但是这些状态毕竟是有害健康的，因为它们对于人体的典型功能来讲是坏的（即便它们不会缩短生命）。只要我们简单而合理地看待人的本性和典型的行动，我们就能理解矿工的身体所处的状态都是有害健康的，而不管它对于采矿来说是多么有效。

柏拉图暗示，关于人类灵魂的结构和状态也有类似的观念，也 252
就是“什么是依据自然适合这个灵魂的东西”。灵魂的正义状态就是做依据自然适合它的事情，以此促进它的善。他在将正义描述成履行自己的功能时表达了这个看法。[8]灵魂的正义是做最完全意义上的“自己的”事情（443c—d），不仅仅是关乎外在的行动，而是关乎灵魂各部分的态度和关系，这些实际上就代表了一个人自己。

---

7 这个对自然适宜性的诉求并不排除同时诉诸有效性，但是与直接诉诸有效性不同。

8 关于如何阐释“做自己的事情”，参见本书第158节。Mohr（1987）将“做自己的事情”［按照Vlastos（1971c）的理解方式］与柏拉图的幸福观联系起来。

我们很容易理解为什么依据自然的适宜性会引发质疑。我们可能会质疑,我们能否得到什么是依据自然的适宜性的确切看法,而没有在这个我们希望通过诉诸它来解决的伦理争论中选择自己的立场。但是柏拉图认为,他可以表明灵魂的正义对人而言是自然的和恰当的。如果考虑他说的健康乃是自然秩序,我们就可以理解他如何表明这一点。假如一个肢体或器官的过度发展影响了整个动物的正常功能,那么对这个动物而言就是不健康的和依据自然不适合的,我们需要从整个动物而非某个部分的角度来看这个问题。

我们必须承认,柏拉图并没有明确将他关于功能的看法和他的幸福观联系起来。他使用功能的首要目的是解释美德而非幸福。如果我们的理解是正确的,那么他就是隐含地将功能与幸福联系起来。亚里士多德在讨论各种美德之前,用“纲要”的方式论述幸福(*EN*, 1098a20—22),他论证幸福应该被等同于人的功能的实现,因此等同于灵魂理性部分的生活,更具体地讲,就是等同于理性灵魂在完整的一生中符合完全美德的活动(1096a16—18)。我们已经看到,柏拉图隐含地接受了在幸福、功能和理性行动之间的同类联系。要看清这个观点是否正确,我们就要考察柏拉图对灵魂正义的论述,看它能否支持正义构成了幸福(如果按照我们理解幸福的方式)的一部分。

175. 正义与人的功能

说人类的善必须要包括理性行动,依然相当模糊,但这已经是柏拉图对他的论证所需要的那种“功能”最确切的描述了。如果他能够表明,在包括恰当的理性活动的生活中,实质性的组成部分就是被称为正义的那种品格状态,那么他就回应了特拉叙马库斯。

在正义和健康之间的比较说明,柏拉图依赖这个论证建立正义与幸福的联系。正义与健康类似,因为它也维持着适合我们整个本性的欲求的秩序和结构。理性部分的统治着眼于整个灵魂的利益,

而不是某个部分。如果我们不仅仅将自己等同于某个范围有限的 253
欲求，我们就会同意，理性部分的统治实现了整个自我的能力，而不是仅仅满足构成我们一部分自我的欲求。

如果理性部分由整个灵魂的善引导，那么它就不同于其他部分，只有它才拥有关于整体善的独特观念。灵魂功能的一部分是理性活动，理性部分的理性活动不仅仅是保证整体善的手段，而且是它所要保证的那个善的一部分。理性部分不是一个外在的指导者，完全是在思虑其他两部分的利益而不考虑自己的利益。它自身的特征也是它所要考虑的行动者利益的重要特征。

从这个角度看，理性部分的统治也是更好的，因为人类的善在本质上要求理性行动，而美德就是体现理性行动的灵魂状态。理性部分的实践推理是我们本性的一个方面，如果灵魂的另外两个部分处于支配地位，那么实践推理就没有完全实现。如果我们的善包括实现作为理性行动者整体的各种能力，那么灵魂的正义就是我们善的一部分，因为它是理性能动性的实现。

柏拉图暗示，如果理性计划能力被剥夺，我也同样不可能完全实现我的善。假设某个人替我做了所有我之前自己做的计划，并且我也相信他的计划至少和我自己的一样令人满意。柏拉图认为，如果我接受这一点，我的状况就在某个意义上变得更差了，而不管结果如何。他认为，我可以运用自己的实践理性决定对于我的整个灵魂来讲什么是好的，这一点是具有内在价值的。他必然这样说，如果他认为正义本身是好的，并且正义的灵魂实际上是由实践理性指引的。

这些说法能够得到比柏拉图在第四卷所给出的更合理的辩护。我们应该去看他是否在《理想国》的其他部分更进一步为它们辩护。但是我们至少已经看到，他认为幸福意味着运用本质性的人类能力，尤其是理性能力。[9] 他接受了亚里士多德捍卫的那种关于人

9 关于幸福与理性活动，参见本书第 224 节。

类善的观点，从人类自然和人类本质的角度去支持关于人类善的说法。这些关于幸福的说法与我们在第二卷看到的那些预设相吻合。柏拉图需要这样一种幸福观，使他能够合理地说正义是幸福的组成部分，在第四卷中我们可以粗略地看到，他想到的是什么样的观念。

176. 正义的主导性

柏拉图认为，在正义与健康之间的类比不仅能帮助我们解释正义为什么是一种内在的善，而且可以解释它为什么能够主导其他善
254 （444e7—445a4）。假如正义只是一个次要的非工具性的善，那么它就并不总是比不义更可取，有些被当作内在善的快乐（357b）应该为了更重要的善而被牺牲。但是柏拉图认为，一旦我们看到正义在幸福中的地位，我们就应该看到，没有别的东西可以弥补它的损失。格劳孔认为如果没有了身体健康，那么生活显然是不值得过的，他由此推论，灵魂不义的生活也显然是不值得过的（445a—b）。他认为，至此的论证足以支持在正义和健康之间较强的类比关系。

如果格劳孔的推理成立，那么这个较强的类比关系确实必然是正确的。导致生活不值得过的必然是对健康的严重破坏。格劳孔大概不会认为，我们不能合理地牺牲任何程度的健康以换取任何其他善，或者健康任何程度的下降都会导致生活不值得过。如果我们可以在牺牲所有其他的善但拥有完全的正义，和牺牲很少的正义换得其他的善，这两者之间进行选择，那么与健康的类比就没有告诉我们为什么不能选择后者。

健康的丧失导致生活不值得过，只能是因为它导致我无法在值得选择的程度上完成重要的人类活动（比如我只保留了非常基本的意识，再比如我经受持续和严重的痛苦以至于无法思考任何别的事情，或者对任何别的事情产生兴趣）。在这种情况下，我就有理由选择健康（更确切地说，是足以避免这种让人无法忍受的状况的

健康程度）胜过任何其他身体或外在善的集合，因为如果健康没有了，其他善对我来讲毫无意义，而且在我当前的情况下，它们不可能给我带来任何有意义的活动。因此健康主导着其他的身体和外在的善。

柏拉图或许可以论证，正义正是以这种方式支配着其他的善，假如他可以表明灵魂的不义意味着实践理性的完全丧失，因此行动者完全没有办法通过思虑指导自己的行动。但这并不是柏拉图对不义的看法；只思虑如何满足自己欲望的人也可以过着有序的生活，并不会陷入灵魂上的混乱或无效，而柏拉图认为这样的人是不义的。如果我们认为，与健康的类比意味着灵魂的正义对于最低限度的能动性来讲是必要的，那么柏拉图就不可能为这个类比进行辩护。

但是，我们并不需要这样理解这个类比。当格劳孔问灵魂不义的生活是不是值得过时，他问的是"当我们依据它生活的那个东西的本性被搅扰或败坏"的时候，生活还是不是值得过（445a9—b1）。他已经被说服接受，不义意味着灵魂中不同部分依据自然的恰当秩序受到了搅扰。如果这个秩序受到了搅扰，我们就不再能够完全实现我们的理性能动性。如果我们珍视其他善超过了灵魂的正义，我们就忽略了本质上属于人的活动与人类的善之间的联系。

这个灵魂正义的观念说明，如果柏拉图能够表明，没有了灵魂的正义，其他的善就都失去了我们希望它们拥有的价值，那么他就能够说灵魂的正义主导着其他的善。正义之人有着关于自己善的正确观念，因此他能够追求其他的善，这些善能够使他作为理性的 255
行动者而受益；而不义之人可能拥有其他善，但是如果没有正义，他就不可能让那些善对自己有益，因为他并不是完全在实践理性的指导下运用其他善。如果柏拉图对于灵魂正义和不义之间差别的描述能够澄清不义之人到底缺少了什么，那么他支持这个结论的论证就会更有说服力。在第四卷中，他坚持认为，灵魂的正义是灵魂不同部分的恰当秩序，每个部分做自己的工作，但是他并没有多说正义的灵魂是什么样子。在前面我们已经看到，他的灵魂正义的观念比初看起来的要求更高，但是我们还不清楚正义之人应该持有何种态度和目标。

因此我们可以合理地认为，苏格拉底一方面同意格劳孔关于正义主导地位的回答，另一方面并不认为现在就可以彻底放下这个问题。他虽然相信关于灵魂三分和美德的论述指出了答案，但是他也知道，一个有说服力的答案要求更清楚地说明，灵魂的正义和不义到底包括什么。在第八卷和第九卷，当讨论经过第五卷到第七卷的离题重新回到原来的主题时，苏格拉底捍卫了第四卷给出的答案，更加详细地描述了灵魂不义的本质和结果。

177. 对柏拉图正义论述的一个反驳

现在我们看到了柏拉图如何论证（或者可能如何论证）正义是幸福的组成部分（正义和幸福都是按照他的方式来理解）。此外，他将幸福理解成实现理性能动性的能力也是可以得到辩护的。但是人们对他的正义观提出了很多质疑，事实上这个正义观经常被认为是《理想国》第四卷论证中的致命缺陷。

一个主要的反驳来自两种正义观之间表面上的差别，一个是第四卷引入的作为一种灵魂美德的正义，也就是“**灵魂的正义**”，另一种是通常理解的正义，也就是在与特拉叙马库斯的论证中讨论的那种美德，我们可以称之为“**通常的正义**”。通常的正义被特拉叙马库斯描述为“他人的善”，因为它要求我不超出自己应得的份额去占别人的便宜，因此不能损人利己。格劳孔和阿德曼图斯也预设了正义意味着对他人的某种尊重，因此对于一个首先关注自己利益的行动者来讲，正义需要特别的辩护。与此相对，灵魂正义是对应城邦正义的灵魂中的美德。它是通过灵魂各个部分之间的关系来界定的，而不是通过行动者与其他人之间的关系来界定的。它看起来完全是一种指向自身的美德，关注行动者灵魂的善。[10]

那么我们为什么要认为这个灵魂的正义是特拉叙马库斯关注的通常的正义呢？灵魂的正义或许值得拥有，但是对它的捍卫似乎并没有表明，我们为什么应该像通常的正义所要求的那样尊重他人的利益。如果某人拥有灵魂的正义，他为什么不应该去损人利己， 256
展示通常的不义呢？如果那是可能的，柏拉图就没有证明，包括尊重他人利益在内的美德确实是行动者幸福的一部分，但是如果他想要回应特拉叙马库斯，他就需要证明这一点。

178. 关于正义的通常看法

在我们考察柏拉图如何回答关于通常正义和灵魂正义的问题之前，我们应该在一些术语的帮助下更加仔细地审视这个问题本身。在讨论通常的正义时，我们的意思可能是（1）根据**通常描述**的正义，或者（2）**通常直觉**认可的正义。对正义的通常描述是人们遇到提问时给出的回答，没有经过辩驳法的反思。而通常的直觉是当辩驳法指出了他们最初的回答里面有什么困难之后，他们承认自己相信的东西。显然，我们很难说关于正义的哪些说法仅仅反映了通常的描述，哪些表达了通常的直觉；人们的直觉甚至可能并不是他们开始给出的关于正义的说法。辩驳法的一个任务就是从人们对

10 Grote（1888, IV, 102—120）详细地提出了这个反驳。他将为了他人的正义与为了自己的柏拉图式正义进行对照，说为了他人的意义是“更普通的，是柏拉图在将自己反对的观点置于格劳孔和阿德曼图斯口中时临时预设的”（第 103 页）。在格罗特看来，柏拉图（最多）证明了为了自己的灵魂正义是促进幸福的。在评论第九卷的论证时，格罗特反对道：“如果我们同意这一点，那么柏拉图就没有证明关于正义之人和不义之人的任何东西，除了这些词在柏拉图那里特别的用法之外。”（第 120 页）一些进一步的讨论可以参见 Prichard（1968），第 106 页；Sachs（1963）；Vlastos（1971c）；Kraut（1973a）；White（1979），第 131—133 页；Annas（1978）；Annas（1981）第 6 章。

某个美德的描述中梳理出他们的直觉，并且让他们看到，他们的直觉是一直以来坚持但是没有清楚地看到其意义的信念。这就是爱比克泰德所说的澄清前观念。[11]

我们必须要区分通常的描述和通常的直觉，因为它们可能给出了完全不同的关于正义的看法。第一种观点认为，通常对正义的描述清晰地描述了常识设想的条件。如果通常的描述仅仅将正义描述成避免不义行动的倾向，那么这种坚持通常正义的倾向就是柏拉图应该讨论的。[12] 而第二种观点认为，通常的描述在一定程度上错误地表现了通常的直觉所设想的条件，我们可能发现通常的直觉将正义看作某种可敬的品质，而不仅仅是通常的描述所说的避免不义行动的习惯。如果我们接受第二种对正义的论述，我们依然可以论证，柏拉图是在论证通常的正义，虽然他并没有完全接受通常对正义的描述。

如果考虑柏拉图如何讨论其他三种美德的通常信念，我们就能看到他要做什么。在每种美德里面，柏拉图都认为常识认可某种有着特别关切的美德是正确的，但是常识却被关于有德之人的动机和行动的错误描述误导了。比如大多数人认为，勇敢要求坚定地面对危险，他们这么说是对的；很多人还认为勇敢可以与节制和正义分离，这就是错的。柏拉图在反对通常的描述时，他是从通常的直觉
257 出发进行论证的；他指出，如果一方面将勇敢或节制看作一种真正的美德，另一方面认为它可以与其他美德完全分离，这样会产生什么困难。他能用同样的方式论证关于正义的说法吗？

在特拉叙马库斯的论证背后似乎是一种肤浅的通常正义观。在解释正义者为什么比不义者更糟的时候，他说他们必然要放弃

11　关于爱比克泰德，参见本书第 15 节。

12　Grote（1888，第 1—3 页，第 4 页）和 Annas（1981，第 162—163 页）预设了通常正义的第一种看法。Vlastos（1971c，第 138—139 页）的说法暗示了区分这两种论述的重要性（虽然他考虑的并不是这一点）。

一些利益，因为他们不肯损人利己。格劳孔和阿德曼图斯也描述了不义行动的好结果，以及正义之人可能因为做正义的事而遭受的损失；他们重述了特拉叙马库斯的说法，即正义是为了别人好（367c2—5），在这么说的时候，他们指的是正义行动的结果。所有这些反驳都会对通常的正义观造成严重的困难，假如通常的正义仅仅是避免不义行动的倾向，而且行动者的理由和动机并没有给他是不是在通常意义上正义带来任何差别。

相反，如果“通常的正义”指的是通常的直觉认可的真正的正义美德，那么它就可能包括了比正义的通常描述中未经反思的常识更多的东西，特别是包括了正义之人特有的动机。我们应该记住，格劳孔和阿德曼图斯认为，特拉叙马库斯的问题指的是正义的美德，而不仅仅是正义的行为，因为他们坚持认为，出于错误的动机做正义行动的人仅仅拥有美德的外表。[13]

格劳孔和阿德曼图斯对那些号称正义，但是当不义的行动带来更多外在善的时候就抛弃正义行动的人毫无兴趣。他们感兴趣的是那些坚持正义，只因为正义自身之故关心正义，总是会选择正义胜过不义的人。在他们看来，这种观点才是通常的正义，因此他们要求苏格拉底表明灵魂中的正义是什么，并期待对这个问题的回答能够表明，正义之人是不是真的比不义之人更好。

如果通常的正义被认为是真正的正义美德，柏拉图就可以论证这是通常的直觉认可的美德，虽然它并不是有些通常的正义行动唯一可能的来源，但它是被人们认可的正义行动背后真正的美德。通常的直觉承认，柏拉图在真正正义之人和只是出于正义者会拒绝的理由而做正义行动的人之间的区分。柏拉图将注意力集中在美德和动机上，并没有放弃关于正义的通常直觉。但是他反对的通常看法恰恰是关于，正义的哪个方面最能够决定正义是否有益。

---

13 关于第二卷的问题，参见本书第 136 节。

柏拉图想要证明，拥有正义美德的人比任何其他人都更加幸福。并不是任何做了通常正义行动的人（也就是通常的正义之人会做的行动；参见 Aristotle，*EN*，1105b5—9）就是通常的正义之人，柏拉图也没有想要表明，任何通常的正义之人都会做所有通常被认为是正义的事。他的目标使得他的任务在一种意义上更加困难，在另一种意义上更加容易：他的任务比表明“有时候做正义的行动是有回报的”要困难，正如格劳孔和阿德曼图斯论证的，对正义有限的辩
258 护是相对容易的。但是更困难的是表明我们从成为正义之人当中获益，从那些即便我们会遭受不幸却依然愿意恪守正义的行动中获益。与此相对，柏拉图对灵魂正义的辩护集中在灵魂某种状态带来的好处上；这个论证在某种意义上与通常的正义有关，因为通常的正义被等同于某种灵魂状态，而非某种行为类型。

即便柏拉图有很合理的论证将注意力集中在灵魂状态而非行动上，他依然需要表明，他关注的灵魂状态可以被合理地等同于通常的正义。我们可能会反对说，他关注的是与实际不符合的灵魂状态，因为他所说的灵魂正义实际上是整体美德的一个方面。柏拉图似乎描述了每种真正美德的一个必要组成部分，而不是一个有自己特定行动的美德。如果是这样，我们或许会说，灵魂的正义不可能是通常的正义。

但是，我们可以这样回应这个反驳：想要分离出勇敢和节制的特定行动也很困难，我们为什么要认为正义的情况要容易些呢？柏拉图实际上可以诉诸常识来寻求一定的支持，因为关于正义的一些说法倾向于将它等同于美德整体，而不是与其他美德相对的一种单独的美德。亚里士多德实际上区分了两种正义。“特殊正义”关注的是在分配外在善的时候违反了平等和公平的情况（*EN*，1129a32—b11，1100a32—b5），而另一种正义被等同于完全的美德整体。这第二种“普遍正义”被说成是“其他人的善”（*EN*，1130a3—5）。在这里，亚里士多德提到了特拉叙马库斯关于正义的说法，他必然认为

这是特拉叙马库斯与苏格拉底讨论的那种正义。[14]

亚里士多德认为，普遍正义由于指向他人的善而使美德得以完善（*EN*，1129b25—1130a1）。如果柏拉图明确讨论正义，他也必须要表明灵魂正义有这种指向他人的方面。因为正义引起特拉叙马库斯质疑的特征就是它倾向于造福别人，尊重他人的利益，并且克制损人利己的欲求。假如柏拉图认为，没有任何真正的美德包括造福他人的倾向，他就必须要表明，当我们认为训练人们关注他人的利益就是在训练美德，这种看法是错误的。但是《理想国》中论证的发展没有给我们任何理由认为这么看是错误的；相反，关于理想城邦中正义的论述认为，城邦的每个部分都为了整个城邦的利益而去做恰当的工作。柏拉图显然认为理想城邦的统治者会寻求整个城邦的善。在第五卷中他说得更加清楚，坚持认为统治者会深深关切其他公民的利益（462a2—463c7）。他给了我们各种理由相信，常识正确地认为某些美德是关注他人的，而正义最有可能如此。

因此，不管是根据柏拉图自己的标准还是根据常识的标准，我们都有理由期待他确证这种关心他人的正义美德。如果灵魂正义不意味着关心他人的利益，我们就有很充足的理由推论它不是正义，因此证明灵魂正义者比任何其他人更幸福，也还是没有证明正 259
义者比任何其他人更幸福。如果柏拉图关于灵魂正义的论证是要证明正义促进幸福，他必然要证明灵魂正义是关心他人的。

179. 对特拉叙马库斯的回答？

柏拉图认识到，在灵魂正义与通常正义的关系上提出问题是很

14 Grote（1888，IV，第102—103页）论证柏拉图在第一卷和第二卷从亚里士多德式的特殊正义开始，在第四卷中转向了普遍正义。Vlastos（1977，第3—11页）和Annas（1981，第12页）论证了柏拉图关心特殊正义，因为这是避免贪婪（pleonexia）的美德。这些论证都没有正确理解*EN*，1130a3—5［普遍正义是一种他人的善（allotrion agathon）］。

正常的。因为他关于灵魂正义者的通常正义给出了一些“常识性的”说明，认为这种人会避免公然做出通常意义上的不义行动（442d—443b）。[15] 他说，灵魂正义者因为灵魂的正义而不会做这些通常的不义行动。但是非常不幸，他并没有用任何细节告诉我们，灵魂正义者对自己的关心为什么会带来通常意义上的正义行动。[16]

他是否有足够的理由对灵魂正义者的行为如此自信？他可以合理地说（1）很多通常意义上不义的行动都是意气或欲望的产物，（2）灵魂正义之人拥有节制和得到控制的意气和欲望部分，因此（3）灵魂正义之人没有理由去做这些通常的不义行动。过度的欲望可能导致贪婪，意气部分的错误发展可能导致恶意和暴力。柏拉图很合理地论证，灵魂正义者没有这样的动机，让通常的不义行动对他显得有吸引力，因此会避免通常意义上的不义行动。

但是通常意义上的不义行动难道仅仅对无序的灵魂才有吸引力吗？我们可能会认为，某些有着有序灵魂的人明显也会有很好的理由去做通常意义上的不义行动。设想某人有一个明智的、理性的、长期的计划要尽可能保持健康或提高社会地位。这两个计划都可能意味着，通常的不义行动对他来讲可能是有用的。这是否足以反驳柏拉图关于正义的说法呢？[17]

这个反驳没有考虑到柏拉图所强调的找到“正义是什么”的重要性，也没有考虑到他在描述灵魂理性部分的恰当功能时对这个问题的回答。他并不认为某个在工具意义上为了获得财富等目的而理

15　442e1 的“通常”也可以译为“粗鲁的”。参见 Aristotle, *EN*, 1178b16；赞美神的节制是“粗鲁的”，因为这样的赞美远在恰当的赞美之下，因此提到它都是粗鲁的。

16　在 444c10—e6，苏格拉底说正义的行动会促进灵魂的正义。他引入这个事实作为理由，以使人相信做正义的行动对我们有好处，格劳孔在 444e7—445b4 也是这样理解的。但这并不是正义之人做正义行动的理由；443b1—3 提到了相反的因果关系。

17　Sachs（1963，第 48 页）提到了这个反驳：“智慧、勇敢和节制……表面看来与一系列低俗的不义和恶事相容……因此看起来对柏拉图最合理的辩护也就是，一个柏拉图意义上正义的人不能用愚蠢、无知、怯懦、放纵的方式去犯下罪行和恶行。”

性地制定和执行计划的人在灵魂上是正义的，因为他不认为，只要理性部分履行纯粹工具性的任务，就履行了恰当的功能。

但是这个回答会引起进一步的问题。即便我们承认灵魂正义之人不会像那些由灵魂非理性部分支配的人那样，受到诱惑去做通常的不义行动，我们又怎么能确定通常的不义行动从来不会诱惑他们呢？在第四卷中，柏拉图没有回答这个问题，因为他还没有充分讨论理性部分要做什么，以及灵魂的不同部分如何做它们的工作。既然他还没有充分讨论正义灵魂的形态，我们也就还不清楚，拥有正义的灵魂会导致何种行动。这是需要通过更充分的论述灵魂的美德来回答的问题之一。

即便柏拉图令人信服地回答了这个问题，他也要面对进一步 260
的问题。即便一个灵魂正义的人没有任何动机去做通常的不义行动，这是否表明他真的是一个通常的正义之人呢？通常的正义是否只提出了消极的条件——不管我们的动机如何，都要避免对他人做通常的不义行动，还是它要求更积极的东西？我可能不去抢劫或欺骗，仅仅是因为不想要这些通常的不义行动带来的结果，即便我完全不关心他人的利益。如果通常的正义之人必须要出于特别的动机而避免通常的不义行动，比如出于对他人利益的关切或尊重，那么柏拉图仅仅表明灵魂上的正义之人没有做通常的不义行动的动机，就还不足以说明灵魂上的正义之人是通常的正义之人。

要理解这个问题，我们需要回到特拉叙马库斯关于通常正义的问题和格劳孔以及阿德曼图斯的问题之间的差别上。特拉叙马库斯关于通常正义的反驳似乎是针对它避免通常的不义行动，而要回应这个反驳，表明这种避免了通常的不义行动倾向的灵魂状态使我变得更好就足够了。但是格劳孔和阿德曼图斯更清楚地聚焦于正义的行动者，而不只是正义的行动。既然柏拉图同意，正义之人必须要依据正确的动机行动，要论证灵魂正义确实是正义就必须要表明，灵魂正义之人依据正义之人典型的动机行动。

如果关于正义问题的充分回答必须要满足这个条件，我们就更清楚地看到柏拉图该如何填补《理想国》第四卷的论证留下的漏洞。他需要更清楚地解释理性部分的控制意味着什么，以及我们可以合理地期待，灵魂真正和谐之人会有什么样的态度和选择。对这个问题的回答应该也能够帮助我们回答关于正义的问题。一旦我们看到灵魂正义之人真正偏好和选择什么，我们就能看到灵魂正义之人是否具有正义之人特有的对他人利益的关切。《理想国》其余的部分并没有完全回答这些问题，但是它表明了柏拉图会尝试怎样合理
261 地回答它们。

第十六章

《理想国》第五至七卷

180.《理想国》中的苏格拉底式定义

在第五至第七卷，柏拉图打断了关于正义的论证，强调和捍卫了理想城邦中一些明显有悖常理的特征。他花了最多时间捍卫下面这个观点：理想城邦中的统治者所具有的智慧美德必须包括哲学知识，因此统治者必须是哲学家。第五卷中的论证试图表明，知识就意味着对不可感的单一的理念 F（相对于大量可感的 F）的知识。在第六卷和第七卷，他更多地讨论了这种知识是什么，以及如何获得。

单一的理念和众多可感物之间的对比与苏格拉底对定义的追求有关，因此它也与《理想国》的主要论证有关。在苏格拉底对话中，苏格拉底寻求对美德的定义，但是没有宣称找到了它们。事实上，这些对话通常以他承认自己依然困惑告终。苏格拉底经常坚持自己并不知道关于美德本质的问题的答案。而《理想国》第四卷则给出了各种美德的定义，而非通常的苏格拉底式的对知识的否认或对困惑的承认。

要解释这个差别，我们需要解决一些关于苏格拉底式定义的问题。在第一卷开头，西蒙尼德斯的正义观并没有被驳倒，只是苏格拉底和波勒马库斯无法用在具体情境中可轻易观察到的方式解释它。如果人们"应得"的东西类似于一个人从其他人那里得到的东西,那么我们就可以用更容易应用到具体情境当中的东西来代替"应得",因为承认我们从其他人那里得到了什么,比承认一个人应得什么需要更少的道德判断。但是,试图代替"应得"的努力并不成功,苏格拉底和波勒马库斯并没有找到令人满意的替代物。

特拉叙马库斯指责他们的这一失败,他要求苏格拉底给出"清晰而准确"的论述,清除掉诸如"应得"、"恰当"、"有益"这样的词汇,而要用更容易应用在具体情境中的词汇。特拉叙马库斯的要求
262 很符合苏格拉底在早期对话中似乎隐含地接受的标准。[1] 如果苏格拉底确实接受这些标准,那么我们就很容易理解在早期对话中为什么没有找到令他满意的美德定义了。因为清除道德属性的要求使得我们很难找到让人满意的关于美德的论述。但是在《理想国》第一卷,苏格拉底并没有明确接受特拉叙马库斯对"清晰而准确"的要求;此外,假如接受了特拉叙马库斯的要求,那么格劳孔和阿德曼图斯在第二卷中的要求就很难得到满足。

中期对话给出了理由反对特拉叙马库斯的要求,因为它们论证可感属性没有充分满足苏格拉底对定义的要求。[2] 这些对话暗示苏格拉底对话中的某些并未明言的东西存在错误(这种错误与特拉叙马库斯的看法一致),也就是要求对正义单一形式的知识给出一个只提及可感属性的论述。

这些关于定义的问题应该影响到我们对第四卷提出的关于美德的论述的看法。因为这些论述没有满足特拉叙马库斯的要求,因此它们看来也就没有满足苏格拉底对话的要求。勇敢被描述为由保存理性部分的智慧控制之下的正确信念;节制是在理性部分的智慧控制之下的灵魂各部分的和谐。其中每一个论述都提到了理性

1 关于特拉叙马库斯的要求,参见本书第 120 节,第 141 节。

2 关于可感属性,参见本书第 112 节。

的部分及其智慧，这种智慧就是对于善的知识。与此类似，正义是每个部分在理性部分的智慧的控制下做各自的工作。假如我们能够用非道德的方式界定善的知识，这些论述就可以排除道德词汇；想要实现这个目的，我们就需要用非道德词汇论述善。柏拉图从没有说过他可以给出这样的论述，也没有说过为了给出关于美德的充分论述，他需要这样一个论述。

所以柏拉图并没有说，他可以完成苏格拉底在早期对话中试图完成的工作。因为苏格拉底试图达到的定义标准在柏拉图看来是错误的，而苏格拉底至少没有意识到自己不该试图达到这些标准。在柏拉图看来，苏格拉底很难回答那些问题，因为他关于充分回答的标准是错误的。《理想国》第四卷隐含地得出了我们预期他会在讨论理念的不可感特征的中期对话里得出的结论。

但是柏拉图或许不应该那么轻易得出结论，认为苏格拉底对话因为关注可感属性而犯了错误，或许我们不应该那么轻易地满足于他在《理想国》第四卷中给出的论述。我们可能会说，柏拉图的论证表明，既然正义不是一种单一的可感属性，它就不可能是一种单一的属性。如果是这样，柏拉图就犯了和苏格拉底一样的错误，寻找使得所有 F 事物是 F 的那个单一的 F（*M.*，72c6—d1）。

柏拉图认为，从他关于可感属性的论证中得出这个结论是错误的；在他看来，苏格拉底的基本假设是正确的，也就是关于 F 的知识意味着对单一形式 F 的知识，因此我们应该否认，F 可以被等同于任何可感属性。但是在中期对话中，他并没有捍卫这个苏格拉底的计 263
划，反对可能会彻底否定单一形式的更加根本的观点。因此，他在《理想国》第五卷回到这些问题就非常合理了。

181. 哲学家与爱观看者

苏格拉底在第五卷中将哲学家描绘成爱真理者，与“爱观看者”

对比，后者只喜欢可感的事物和属性(475d1—e4)。比如正义与不义是两个事物，每一个都是一，但是每一个都与不同的物体和行动相结合。因为同样的可感事物可能既正义又不义，因此正义与不义在这些可感事物上结合在一起(475e6—476a8)。[3]在F和众多具有F属性的事物之间的差别，解释了哲学家与爱观看者之间的差别，因为在柏拉图看来，爱观看者无法把握这些关于理念的事实。

爱观看者的错误体现在四个方面：

> 一，理念与可感事物的关系使得每个理念都显得是多(476a7)。爱观看者接受美的形状、颜色等等，但是“他们的思想不能看到和接受美自身的本质”(4767b6—8)，而哲学家则能够看到美“本身”(476b10—11)。
>
> 二，爱观看者“认识美的事物，但是认识不到美本身，如果有人指引他走向关于美的知识，他也无法跟随”(476c2—4)。
>
> 三，哲学家“认为有某个美本身，能够认识它和那些分有它的事物，既不认为那些分有者是它，也不认为它是那些分有者”(476c9—d3)。哲学家看到这两种彼此相似的事物的差别，一方是复制本(那些具有F属性的事物)，而另一方是原本(F本身)。因为爱观看者没有认识到这个差别，他们就是在做梦。[4]
>
> 四，爱观看者“认为没有美本身，也没有同一个美的某种观念(idea)总是处于不变的状态，而认为美就是多”。因此他“无法忍受有人说美是一，以及用同样的方式讲述正义和其他东西”(478e7—479a5)。

3 关于这里提到的“结合”，我同意Owen(1957，第174页及注释)，反对Adam(1902)的相关译注。

4 Austin(1979，第205页)讨论了爱观看者的这个特征。

上述引文中的第二段文本如果独立来看，可能会让我们这样理解这一对比：（1）爱观看者否认有任何东西可以被称为“美本身”，不同于美的画面、美的声音等等。但是第一段文本给出了另一种对比：（2）哲学家和爱观看者都承认有某些“美本身”，但是爱观看者认为有很多这样的事物，而哲学家认为只有一个。第三段文本也暗示了这第二种理解。

第四段文本很清楚地表明柏拉图持第二种理解。他将美是多与美是一这两个说法对立起来。后者，也就是存在一种美的理念，是他自己的看法。如果前者仅仅是存在很多可以被称为“美”（或 264
者“美好”）的事物（马、神庙、制度等），柏拉图并不会反对，事实上，他将存在（这个意义上的）“很多美的事物”当作显而易见的。既然他完全反对爱观看者的看法——有很多美的事物，柏拉图必然认为爱观看者的观点在于，有很多事物可以被称为“美本身”，而不仅仅是有很多事物可以被称为美的。

当爱观看者确认美的事物是多，他的意思是有很多属性可以很好地回答“美是什么”的问题，没有任何一个属性可以对所有的情况给出充分的回答。[5]说“美是多”，而不是“有很多美的事物”，可以被理解成是在说“美的属性是多”。爱观看者认为，对苏格拉底式问题的正确回答在于指出很多不同的属性可以使不同的事物成为美的。[6]

182. 爱观看者的重要性

“爱观看者”的立场之所以值得讨论，是因为它反对了苏格拉底

5 亚里士多德描述了爱观看者的看法，他说这意味着用同名异义的方式谓述 F 本身。参见亚历山大的《〈形而上学〉评注》（83.7—11）；Fine（1993），第 150—155 页。

6 Adam（1902）很好地解释了这一点：“这里的 ta kala（479a3）不是 kalon ti（某个美的东西）的复数，而是 to kalon（确定的美）的复数。柏拉图的意思是，爱观看者有很多美的标准。”

在早期和中期对话中关于什么是有关美德的充分论述的标准看法。爱观看者认为，我们可以对这个苏格拉底式的问题给出令人满意的回答，只要我们说在这些行动中的正义就是归还你借的东西，在那些行动中是不归还你借的东西（参见 331c），或者在这个情况下美是明亮的颜色，在那个情况下是对称的形状，等等。

在这个意义上，爱观看者同意美诺的看法，美诺在第一次回答苏格拉底时列举了一系列在不同人那里属于不同种类的美德。但是爱观看者比美诺更加坚决，因为他们坚决反对苏格拉底式的预设。当苏格拉底向美诺解释了他想要找什么，美诺同意（虽然也有些不情愿；*M.*，73a1—5）去寻找美德的单一形式。爱观看者则坚持认为，不去找一个单一的形式并不是误解了苏格拉底的方法，而是对于是否存在这样单一的形式怀有合理的怀疑。柏拉图意识到自己必须要回应这个怀疑。

在这个文本中（而非在《美诺》中），柏拉图说，如果我们从很多 F 事物转向 F 本身，就必须从感觉转向理性，并且反对任何只提及可感属性的论述。这个说法与《美诺》的差别非常重要，因为苏格拉底从来没有说（不管是在《美诺》还是在前期对话中）寻找美诺在诉诸各种美德时提到的那些可感属性是错误的。相反，苏格拉底似乎是在坚持，一个可以接受的定义必须要满足"辩证法的条件"，要求这个定义中只包括那些提问者同意的属性。[7] 这个条件意味着任何定义都不能包括尚未知道的属性，虽然这个条件实际上并没有说我们只能提到可感属性，但是这些可感属性似乎是唯一合理地被看作已知的东西。

在《理想国》第五卷中，柏拉图说我们不可能同时坚持两个苏
265 格拉底式的要求：（1）要求一而非多；（2）辩证法条件要求定义中提到的属性是已知的。柏拉图认为如果坚持第二个条件，我们就要将

7　关于辩证法的条件，参见本书第 107 节。

自己限制在可感属性之内,而这些属性绝不会给我们关于单一形式的论述。如果是这样,那么苏格拉底没能找到令人满意的定义就很容易解释了,那是因为他结合了两个无法调和的要求。假如爱观看者正确地认为,苏格拉底式的问题只能通过可感属性来回答,他们也就正确地认为,这些相关的谓述("正义"、"美"等等)对应着多个属性。

《斐德罗》中的一些说法暗示,爱观看者没有在回忆之路上走很远。在这部对话中,柏拉图将回忆说看作我们如何从"多"开始发现"一"的过程:"一个人必须要理解根据一个形式所说的东西,通过从很多感觉走向[8]由理性汇集到一起的单一对象,这就是对那些我们的灵魂曾经看到的东西的回忆。"(*Phdr.*,249b6—c2)这个从多走向一的能力在《美诺》和《斐多》中都没有明确和回忆相联系。《斐德罗》还在柏拉图之前的说法上补充了一个重要的观点,也就是将回忆说明确与苏格拉底寻找解释很多F事物的那个单一的F联系在一起。理解了爱观看者为什么是错误的,以及为什么要寻找不能被还原到不同情境中的很多属性的单一属性F,我们也就在回忆之路上迈出了第一步。

183. 知识与信念

为了表明爱观看者是错误的,柏拉图开始区分知识与信念。他论证,如果我们关注为数众多的可感的F事物,就无法满足关于F的知识的恰当条件。这个论证中的主要步骤如下:

---

8 我跟随 Hackforth(1952)把这里读成"(to)kat'eidos legomenon",以及"iont'"。他引用 *R.* 476b10,指出了一个很有说服力的平行关系[但是并不能够支持他整体的阐释,正如 Scott(1987,第 361—362 页)指出的那样]。

1. 知识关乎真，无知关乎不真，而信念关乎既真又不真。

2. 为数众多的F事物（美的事物、正义的事物等等）既是F又不是F。

3. 爱观看者关于美、正义等事物的观点介于真与不真之间：既不是完全真也不是完全假。

4. 因此他们的观点不是知识，而是信念。

虽然这个论证引发了很多阐释上的困难，但是我们应该将注意力集中在最直接与知识和苏格拉底式定义有关的问题上。

首先，我们可能会惊讶于柏拉图忽略了他在《美诺》和《高尔吉亚》中强调的知识的一个特征；他没有说知识与信念的不同在于知识能够给出论述。[9]《理想国》没有放弃关于知识的这个说法，第七卷认为给出论述的能力是辩证法家的特征（531e4—5）。柏拉图为什么没有在第五卷中说，拥有知识的哲学家之所以不同于只有意见
266 的非哲学家，这是因为他们能够对自己的信念给出论述呢？寻求论述和证成是寻求知识的重要部分，柏拉图在第五卷中对此不置一词确实显得有些奇怪。

如果理解了这个论证在整部对话中的位置，我们就可以理解柏拉图在这里的沉默。如果第五卷的目的是继续讨论对话进行至此所处理的苏格拉底式的定义问题，那么柏拉图就预设了我们已经同意知识需要论述。爱观看者并不否认关于美的知识需要对美的论述；相反，当他们提及很多在其看来构成美的可感属性时，他们认为这就给出了正确的论述。如果柏拉图的目的是反驳他们，那么他就要表明，并非每种论述都给我们知识。他预设了知识要求给出论述，以此区分可接受的和不可接受的论述。这是他在《泰阿泰德》里明确的任务；而在《理想国》第五卷中，他隐含地承认了这个问题的

9 关于给出论述，参见本书第100节。

重要性。[10]

既然柏拉图不能说爱观看者没有给出论述,他就只能关注知识与信念的其他差别,也就是知识与真的必然联系。他说知识“关乎所是”。他的意思是关于命题p的知识意味着p是真的,而关于p的信念并不意味着p是真的。我们相信的东西可真可假,但是我们知道的东西必然是真的。[11]

柏拉图要说服爱观看者相信他们是错误的,他在那个论证的开始引入了这个有关知识与信念的描述(476e7—477a5)。如果注意到这一点,我们就更容易理解这个描述的意义所在了。柏拉图认为,对我们来讲(不是对爱观看者来讲)非常明显,由于爱观看者相信,数量众多的F事物就是F本身,他们必然拥有关于F的信念而非知识。众多F事物与F本身相似,但是爱观看者的错误在于,他们认为除了这些F事物之外没有F本身;这也是为什么他们与做梦的人相似,因为做梦的人认不清真正的树与梦中的树有差别(467c2—7)。柏拉图论证说,既然他们关于F的一些信念是错的,他们就不可能拥有关于F的知识。如果他想要说服他们接受自己的论证,那么他最好是从毫无争议的预设出发,也就是知识意味着真。

当我们说“既是又不是”可以用在信念的内容上时,对于“是”、“既是又不是”之类的这种解释可以指引我们。说信念的内容“既是又不是”很容易理解,如果这个说法的意思是,它们既对又不对,因此信念包括真的信念和假的信念。说信念既真又假,而知识总是真的,就相当于柏拉图的另一个说法:知识是不可能错的,而信念是可能错的(477e6—7)。我们必须认为“既是又不是”可以应用到我们相信的所有命题上。我们也可以说相信的东西有时候(或者在某些

10 《泰阿泰德》从201c8开始的最后一部分提出了关于知识所需要的“论述”本性的问题。

11 Fine(1978;1990)沿着这个思路给出了详细的阐释。Kahn(1981b,第112—115页)捍卫了其中一些方面。Annas(1981,第8章)则对此提出了异议。

267 情况下)是真的有时候是假的,而知道的东西总是真的。说无知是关于“不是”,并不是说所有的错误信念应该算作无知而非信念,而是说信念既包括真的信念也包括假的信念,而无知并不包括任何真的信念。

如果我们区分了知道和相信某个命题,我们也就可以说拥有关于某个对象的知识和信念意味着什么了,比如美和正义。如果我们关于美的本质的说法有些是对的有些是错的,那么我们就仅仅拥有关于美的信念。如果我们说的全是错误的,那么我们就对美完全无知。而如果我们知道美,那么我们对于美的本质的论述必然是真的,没有任何错误。我们现在就要看一下,爱观看者关于理念的认识属于知识、信念,还是对其无知。

184. 柏拉图对爱观看者的反驳

柏拉图论证了如果爱观看者仅仅将自己局限于众多美的事物,那么他们就不可能给出关于美的正确论述。就像在《斐多》和《会饮》中那样,柏拉图指出众多美的事物要接受对立物的共存,因为它们每一个都同时表现为丑(479a5—b10)。对立物的共存使得一个属性不能成为解释,因为正像柏拉图在《斐多》里说的,如果亮色既美又丑,那么它就既没有很好地解释一个事物为什么美,也没有很好地解释它为什么丑,因此它不可能是某物为什么美的正确解释。[12]

柏拉图论证的后面几个步骤引发了严重的问题。(1)在提到很多可感的F事物不可能被确切地认为是F或者非F之后(479b11—c5),柏拉图说它们应该被置于“是与不是”之间(479c6—d1),这里最合理的含义是“在是F和不是F之间”。(2)接下来他推论说,“我们

12 关于解释,参见本书第109节。

看到大多数人关于美和其他事物的习俗观点（nomima）在不是与完全是之间摇摆不定”（479d3—5）。[13]（3）他说我们之前已经同意，这种东西属于信念而非知识（479d7—10）。

如果我们之前关于知识和信念差别的论述是正确的，那么第三步就将第二步阐释为，大多数人关于美和其他对象的看法“摇摆不定”，因为它们既真又假；因此在第二步里面的“不是”和“完全是”就必须被看作断真的意义（veridical sense）。但是第一个说法中的“是”是谓述的意义（比如“是美的”等等）。“是”的含义在第一个和第二个说法中发生了转变。这是不是论证中的一个致命的含混呢？

我们必须考虑柏拉图基于前面的论证可以说些什么。爱观看者相信美是明亮的颜色、对称的形状等等，这在一定程度上是正确的。比如这座颜色明亮的神庙确实是美的，它的明亮颜色对它的美有所贡献。那么爱观看者在下面这个意义上是正确的：很多美的东西在合适的条件下能够发挥一定作用，使得其他事物成为美的；但是他们认为这众多美的事物就是美本身，这种观点是错误的。

如果在前面一部分的论证中，柏拉图想要这样来指称爱观看者，那么我们就不该认为第二步（也就是大多数人的观念介于完全真和完全假之间）赋予爱观看者的每个信念以部分的真。柏拉图让我们考察他们关于美的看法，并且问这些看法构成了关于美的信念还是知识。当我们看到他们关于美的看法既包括真的也包括假的，那么我们就可以推论出，他们的观点整体而言是关于美的信念而非知识。他们的看法并不是完全离谱，从而可以被看作对美无知，但是他们也不可能被看作拥有知识。如果是这样，那么之前关于信念内容既真又假的描述就可以毫无歧义地应用在爱观看者关于美、正义等问题的看法上。 268

13 关于 F 的很多习俗观点是 F 性的多种标准，这些习俗观点提到了众多 F 事物，但是它们本身并不是众多 F 事物。对比 Penner（1987b），第 236 页。

我们可以设想，假如柏拉图完全清楚他对“既是又不是”的不同用法，他会使用其他说法。我们可以合理地认为，柏拉图并不是完全清楚他这里所说的，以及他需要和意在得出的结论。尽管如此，我们也无需认为他的论证中存在破坏性的含混，他的结论可以从他对爱观看者以及他们对试图定义的属性的态度中合理地得出。

185. 爱观看者被驳倒了吗？

这个论证看起来对爱观看者依然不是很公平。诚然，他们必定同意，既然明亮的颜色让某些事物美而让另一些事物丑，“明亮的颜色”就不可能是“美”在所有情况下的正确论述。假如爱观看者声称，明亮的颜色是使得所有美的事物之所以为美的东西，那么同意上面这一点就会让他们感到难堪。但这恰恰是他们否认的东西，在他们看来，明亮的颜色使得一些事物美，对称的形状使得另一些事物美，等等。众多美的东西经受对立物的共存，恰恰是爱观看者之所以认为存在很多属性，其中每一属性都是某一种事物中的美的原因，也是他们之所以认为没有一种属性是所有美的事物中的美的原因。柏拉图似乎没有看到这一点，我们可能认为他的反驳仅仅是当爱观看者试图给出对美的单一论述时才有效。

这个对爱观看者的辩护表明，我们要区分两种关于对立物共存的说法。设想爱观看者说明亮的颜色是雕像中的美。作为回应，柏拉图可能会说：（1）明亮的颜色是雕像中的美，但并不是比如说达·芬奇（Leonardo da Vinci）的草图中的美；（2）明亮的颜色是一些雕像中的美而不是另一些雕像中的美。第一个说法对于爱观看者来讲毫无威胁。但是第二个说法则会威胁到他们，因为它说明即便在他们限定的情况下，也就是在他们认为明亮的颜色可以等同于美的情况下，依然有一些情况不美，因此它不可能是雕像中的美。

269 当柏拉图说众多美的东西中每一个都可能显得丑，他的意思是这两个说法中的哪一个呢？[14]众多美的东西是众多爱观看者等同于美的属性，这些属性并不是绝对意义上的明亮的颜色、对称的形状等，而是它们在具体情境中的应用。除非柏拉图糊涂了，否则他说的就是诸如雕像中的明亮颜色（而不是绝对意义上的明亮颜色）既是美的又是丑的。那么他就是指第二种意义的对立物的共存。如果是这样，这个说法就会破坏爱观看者的观点。

柏拉图是否可以在所有相关的情况下提出第二种说法呢？《理想国》第一卷表明他可以如何捍卫这一点。“归还一个人借的东西”（不同于某人得到了某个礼物）是在描述众多正义对象中的一个，但是苏格拉底向波勒马库斯表明，这还不够具体，不足以避免对立物的共存，因为有些时候归还一个人借的东西是不义的。如果是这样，那么正义，即便在这个非常有限的范围内，也不可能被等同于归还一个人借的东西。

这个反驳将柏拉图引向了一个至关重要的问题：我们如何判断明亮的颜色使这个雕像美而使那个雕像丑，或者归还借的东西在一种情况下正义而在另一种情况下不义？对此可能给出两个回答：（1）我们的判断不依赖任何进一步的依据，我们只是记得一系列属性，使得某些对象美或正义；也记得一系列情况，在这些情况下这些属性不能使得这些对象美或正义。至于哪些项目出现在这份清单上只不过是一个简单的事实而已。（2）有一些进一步的理由帮助我们判断不同情况下具有 F 属性的事物，这个进一步的理由将我们引回到单一的理念之上，这个单一的属性真正解释了我们关于规则以及例外的判断。

爱观看者必然给出第一个回答，但是这看起来不足以展示对立物的共存。因为我们当然可以解释，当邻居发疯并威胁自己和其他人的生命时，归还我从他那里借来的枪为什么并不正义。我们通常

14　我将“显得”理解成断然为真。参见本书第十章，注释 13。

预计，正义的行动会造福而不是伤害行动的对象；这个普遍的预期是我们认为在通常情况下归还所借的东西是正义的，而有些时候这样做并不正义的原因。假如爱观看者是对的，并且我们的正义观并不依赖于任何比我们认识的多种正义行动更为基本的原则，那么我们就很难理解在这种情况下的推理过程。[15]

这个对爱观看者的反驳也解释了，柏拉图为什么认为他们展现了那些有信念而无知识之人的一个典型特征：他们缺少理性的基础去批判习俗中的观念。虽然他们试图给出对正义的论述，但他们不过是将正义等同于通常认可的正义行动（或正义的人、正义的法律）的特征。柏拉图试图表明，对于习俗中正义规则的缺陷来讲，这是一个非常肤浅的反应。因此他认为，不能认识到不可感的理念将我们
270 囚禁在习俗规则之中，使我们无法理解它们的缺陷，以及同样重要的，无法理解它们在什么意义上是可辩护的（493e2—494a4）。爱观看者的态度的这个方面在洞穴喻的形象中得到了进一步的讨论。[16]

186. 太阳喻

第五卷的论证通过说明苏格拉底式定义不是什么而说明了一些关于知识是什么的内容。因为苏格拉底式定义不能被限制在可感属性之内，因此知识必然关乎不可感的理念。我们有理由要求柏拉图更详细地讨论这个知识是什么。在第六卷和第七卷，他转向了这个任务，给出了三个彼此相关的形象——太阳喻、线段喻和洞穴喻。[17]

---

15 关于很多种类的正义行动，参见本书第 217 节。

16 Nettleship（1901，第 196—197 页）和 Bosanquet（1906，第 215 页）强调了爱观看者的观点所具有的习俗和非批判特征。

17 我用首字母大写表示这些形象的名字（文中翻译成“XX 喻”。——译注）；小写字母表示这些形象中提到的事物（太阳等）。

太阳喻向我们揭示了理念的知识与对善的意识之间的更多联系。它描述了视觉的两个条件,从而说明了灵魂的两个认知条件:[18]

s1:在没有阳光的黑暗中去看可见的事物。

s2:在阳光下看可见的事物(508c4—d2)。

S1:灵魂观看众多F事物,而没有涉及善的理念,只拥有信念(508d6—9)。

S2:灵魂观看理念,涉及善的理念,拥有知识(508d4—6,508e1—509a5)。

在S1与S2之间的对比对应着第五卷中的对比,也就是在诉诸众多F事物的爱观看者与诉诸理念的哲学家之间的对比(507a7—b11)。太阳喻始于解释那个对比,坚持诉诸理念就需要涉及善。

苏格拉底提醒格劳孔和阿德曼图斯,他们所接受的关于灵魂三分和主要美德的论述并不是完备和准确的(504a4—b8)。完备和准确的论述所需要的论证和证明只能通过"更长的道路"才能获得,这条道路要求关于善的理念的知识(504e7—505a4)。[19] 既然正义和其他美德本质上是好的和有利的(505a2—4),关于这些美德的知识就要求关于善的知识。[20]

但是太阳喻清楚地表明,诉诸善的理念不仅限于那些已经精通了更长的道路和已经获得善的知识的人。柏拉图坚持认为,对善的诉求指引着每一个成功地从众多可感的F事物转向F理念的人,因

18 我使用小写字母(s1等)表示说明中提到的状态,而用与之对应的大写字母(S1等)表示所要说明的状态。

19 关于"更长的道路",参见本书第192节。

20 关于善的理念,尤其参见Shorey(1895);Joseph(1948);Gosling(1973),第62—71页;Santas(1980;1985)。善的理念与苏格拉底对话中提到的关于善的问题之间的联系主要在Shorey(1895,第39—41页)那里得到了强调。

为正是S2中的善使得我们认识各种理念,就像s2中的阳光为我们照亮了可见的对象。虽然柏拉图可能会坚持,对任何理念的完全知识都要求关于善的知识,但是他必然允许我们用某种认知状态把握理念,这种把握高于信念,但是并不要求善的知识。事实上,他必然认为《理想国》中的道德理论建立在这样一种认知状态之上。他宣称,自己给出了各种美德的定义,那么他就必然认为自己认识到了
271 相关理念的某些特征,但是他否认自己有关于善的知识。

187. 善的理念

为什么给出关于美德的论述比给出关于善的论述更容易呢?柏拉图在考虑人们为讨论"善是什么"所做的不同努力时回答了这个问题。[21] "大多数人"将善等同于快乐,但是他们不得不承认存在坏的快乐,因此他们被迫承认"同样的事物既好又坏"(505b1—2,505c6—11)。和之前一样,对立物的共存必须被应用到种类而非单个例子上,因此柏拉图反驳说,既然快乐有时好有时坏,那么仅仅实现快乐就不可能被等同于实现了善。

柏拉图用另外的方式展示了将善等同于智慧的困难。他指出,那些说善就是智慧或知识的人"不可能表明那是何种智慧,最终不得不说那是关于善的智慧"(505b8—10)。他们的困难并不在于他们的论述应用到了错误的情况之下,而在于这个论述必然回过头来诉诸善,却无法解释善是什么。

这两个遭到反驳的论述提出了一个悖论。我们可能想要捍卫善等同于知识,方法是将善等同于普遍意义上的知识,而不是具体

---

21 我用首字母大写表示善的理念,首字母小写表示作为追求对象的善。美德促进善(这里的善等于幸福),而不是促进善的理念,亚里士多德指出善的理念不是追求的对象[*EN*,1096b31—35;参见 Kraut(1992c),第335页和注释29]。但是它们所促进的善拥有善性,因为它分有善的理念。

的关于善的知识,但是这样的话我们就不得不承认,有些知识如果没有了善的知识相伴,对我们来讲就是坏的。这样我们就引入了某些既好又坏的东西,因此反对快乐主义的论证就可以应用在我们这里。另一种情况是,我们可能想要快乐主义的论述,将善仅仅等同于好的快乐,但是这样的话我们就要诉诸善而不是解释它,因此反对将善等同于智慧的论证就可以应用在这里。[22]

柏拉图选择了这个悖论的后一分支。在第四卷,他表明对美德的论述即便要诉诸评价性的属性,不能完全被化约为非评价性的属性,也依然是有意义的。第五卷中的说法(即知识需要涉及不可感的理念而非可感属性)捍卫了第四卷提出的这类论述。在第六卷中,柏拉图说对各种美德的理想定义不可能建立在这样一种对善的定义之上,它完全不诉诸任何需要解释的评价性的属性。当柏拉图说善的理念"超越存在",自己本身并不是一个现实性和可知性都由它产生的存在(509b6—10)[23],他的意思是善的理念不同于任何其他理念。否认善的理念本身是一种存在,柏拉图的意思是,它不是一个独立于理念总体的理念,而理念总体的善需要它来解释。我们追求其他事物是因为它们是好的和有益的(505d5—10),但是这并不意味着我们因为某个独立于它们的善而追求它们。

为了捍卫他的说法,柏拉图必须转向他关于正义价值的观点。
我们不是因为正义促进某个独立于它的善才看重正义,而是因为它 272
部分地促成了那个善的实现。我们可以将那个善理解成不是某个独立于美德和其他具体善的东西,而是这些善的恰当结合和组织。这就是为什么柏拉图认为,善的理念本身不是一种"存在",而是超越存在,虽然这个善高于构成它的各种具体的善,但是它不能在不提及它们的情况下得到理解、定义或实现。

22 快乐和智慧是善的备选项,这一点在《斐莱布》中得到了进一步的讨论。参见本书第 215 节,第 226 节。

23 关于 epekeina tēs ousias(超越存在),参见 Joseph(1948),第 23—24 页。

柏拉图已经论证，正义对于幸福来讲并不是单纯工具性的，而是主导性的构成要素，因此善不可能在缺乏正义的情况下实现。即便如此，也并不意味着善不能独立于正义而得到理解（比如说，身体的健康是四元素的某种平衡，但是就算我从来没有听说过四元素也可以理解健康是什么）。但事实上柏拉图否认了善具有独立的可理解性。我们对于人类善的理解并不是完全先于我们对不同美德的理解。对它的理解在于我们对各种美德之间联系的理解，而不是我们对某种可以不考虑美德的价值就能理解的善的理解。

如果这是柏拉图所谓“善的理念超越存在且本身不是存在”的意思，那么这个说法就和《理想国》中的做法相吻合。他对各种美德的论述并没有试图满足苏格拉底对话中提出的充分定义的条件。他关于正义之善的说法并没有试图表明，正义如何能够促进某种可以独立于它而加以理解的善。柏拉图关于善的理念的说法表明，为什么用这种方式表现他的伦理论证是合理的。柏拉图告诫我们，如果想要寻找一个关于善的“清晰而准确”的论述（就像特拉叙马库斯说的那样），那么我只能得到一个错误的论述。

柏拉图让苏格拉底坚持一个观点，即他不能诉诸关于善的理念的知识来支持关于美德的论证（506b2—e5）。当格劳孔和阿德曼图斯要求苏格拉底给出类似美德论述那种关于善的理念的论述时，苏格拉底承认自己无法做到这一点（506d2—8）。我们可以理解他的无能为力，只要我们考虑到善与秩序、系统之间的密切关系。只要我们充分地理解了美德和其他的善，看清它们如何相互协调，如何彼此结合，我们也就开始形成关于善的充分观念。柏拉图说，第四卷的论述并没有给我们这种程度的洞见去看待美德和其他的善，它们仅仅是这种洞见的起点而已。政治类比让我们形成了灵魂理性部分的观念，由此让我们形成了美德的观念，但这些观念还是不完美的。如果我们更充分地理解了灵魂的理性部分及其目标，就能够更恰当地理解美德，我们就可以看到它们如何彼此结合，和其他的善一起构成最高的善。

在说这些的时候，柏拉图暗示，即便没有关于善的理念的知识，我们还是可以用信念之外的方式把握理念。这一暗示在线段喻中得到了解释。 273

188. 线段喻

线段的形象给出了四种认知状态：

L1：幻象（eikasia）：对可感对象的形象的意识。

L2：信念（pistis）：认识到L1是其形象的那些可感事物。

L3：思想（dianoia）：依赖假设以及将可感事物当作形象。

L4：理智（noēsis）：抛掉了假设和形象，找到了假设背后的第一原理。

柏拉图花了最多的篇幅解释线段喻的前两个部分，但是如果我们考虑整个线段喻要点何在，关于这两部分的一些困难也会变得更容易解决。[24]

线段的四个部分是对太阳喻中两种认知状态（S1 和 S2）的进一步划分（509d1—8）。L1 和 L2（也就是太阳喻中的 S1）都是关于可感对象的，而 L3 和 L4（也就是 S2）都是关于理念的。柏拉图明确说，在 L3 部分我们缺少理智的对象，这些对象就是在 L4 部分我们认识到了恰当的原理之后理智的对象（511d1—2）。[25]

---

24 关于线段喻和洞穴喻中的一些困难，可参见 Joseph（1948），第 4 章；Ross（1951），第 4 章；Cross and Woozley（1964），第 9 章；Irwin（1977a），第 334—336 页；White（1979），第 184—186 页；Strang（1986）；Fine（1990）。

25 关于 L3 的对象产生的问题，Ross（1951，第 58—65 页）做出了简短的讨论。之后对这个问题的讨论，可参见 Annas（1975），第 160—164 页；Burnyeat（1987）。

柏拉图将依靠假设的论证归于 L3，他利用了《斐多》中关于"假设"的讨论。《斐多》中的假设法在表明可感属性不能充分论述理念的论证之后。[26] 与此类似，《理想国》在柏拉图（比在《斐多》中更充分地）论证了可感属性不能给出关于理念的论述，尤其是不能给出关于善理念的论述之后，引入 L3。在这两部对话中，柏拉图诉诸假设法表明，他虽然反对用可感属性给出定义，但是这种反对并不会让寻求定义本身变得枉然。

《理想国》更清楚地区分了《斐多》中区分的两种有关假设的进路：（1）我们针对反对意见为某种假说辩护，证明该假说的后果在我们的其他信念中是可以接受的；（2）我们通过诉诸更高级的假设捍卫这个假设，直到我们"达到某种充分的东西"（*Phd.*，101d5—e1）。在线段喻中，第一个进路是处在 L3 中的人的特征，他们考察假设的结果，但是不会对假设本身给出更多的辩护。他们诉诸形象和类比使得那些假设看上去更加合理，但是这种诉求并不是从更高的原则出发进行的辩护。那是 L4 的特征。柏拉图放大了《斐多》中关于"充分的东西"的说法，论证这个充分的根据是一个其自身并非假设的原则（511b3—c2）。发现这个并非假设的原则并且追踪它的结果，就是辩证法的任务。

对 L3 和 L4 的描述大致告诉我们，第四卷中给出的对美德的论述如何让我们超越单纯的信念，却又没有达到 L4 的那种完全的知
274 识。但是我们如何从一个阶段前进到下一个阶段呢？柏拉图没有明确告诉我们，因为确切的论述需要关于善的理念的知识，而他否认自己拥有这种知识。因为他不可能达到 L4，于是就使用了 L3 中典型的方式，依靠形象去表达自己的看法。为了描述朝向善理念的过程，他引入了洞穴喻。

26　关于假设，参见本书第 116 节。

189. 洞穴喻论信念

就像线段喻划分了太阳喻中的两种状态(S1 被划分为 L1 和 L2, S2 被划分为 L3 和 L4),洞穴喻划分了太阳喻中用来说明的两种状态(s1 被划分为 c1 和 c2, s2 被划分为 c3 和 c4)。因此洞穴喻不同于线段喻的地方就在于,它所描述的四种情况完全是说明性的,而不必然是它们所要说明的状态的例子。洞穴中的四个阶段如下:

c1: 对幻象的说明:洞穴中的囚徒看着影子、反射等等。

c2: 对信念的说明:囚徒被释放并认出木偶是那些影子的来源。

c3: 对思想的说明:被释放的囚徒走出洞穴,发现了作为木偶来源的可见对象,首先是通过它们的形象来发现,之后通过观看对象本身发现,最后是通过阳光发现。

c4: 对理智的说明:他看到了太阳,并且认识到那是他得以看到可见对象的来源。

洞穴喻与线段喻的另一个不同之处在于它有明确进展。它要表明某人如何沿着它所区分的各个步骤前进,因此必须说明一个人如何沿着线段的不同阶段前进。[27]

洞穴喻比太阳喻和线段喻告诉我们更多关于两种较低认知状态的情况(L1 和 L2)。苏格拉底解释,洞穴喻说明了"我们的本性,就它受到和受不到教育来看"(514a2,515a5)。大多数人保持在由洞穴居民刻画的状态之中,至少有些人保持在囚徒所刻画的状态之

27 关于洞穴喻和幻象的问题参见 Ross (1951),第 68 页,第 77—78 页; Malcolm (1981); Karasmanis (1988),第 159—162 页。

中(516e8—517a7)。因为出现在法庭上的人不得不对付"正义的影子背后的影子和形象(agalmata)"(517d8—9)。即便是在理想城邦中,大多数人也是处在洞穴居民的状态之中;因为当哲学家统治的时候,他们不得不"下到洞穴之中"(520c1—6,539e2—3)。

我们可以从这些关于洞穴的要点当中得出一些关于幻象的结论:(1)幻象不能被定义为这样一种状态,在其中我们只能面对可感对象的影子和形象,因为每个人都面对着实际的可感对象,而不仅仅是它们的影子和形象,但是很多人没有超出幻象的范围;(2)柏拉图关心的是道德领域,既是在实际的城邦也是在理想的城邦之中。

275 如果存在关于F的幻象是由于某人缺少标准去区分真正的F和与F相似的东西的条件,那么幻象的这些特征就容易理解了。如果一个人只有关于马的幻象,他就无法区分马、马的图画、马的影子和梦中出现的马的形象。洞穴中的囚徒认为出现在他们面前的那些形象就是真正的马,因为他们不能区分看上去像马的东西和真正的马,这也是他们为什么会认为"马"是某种表象(他们不知道这个表象就是一个影子)的名字。[28] 我们也可能处于这种状态,假如我们去看一匹真的马,却不知道如何将它与其他像马的东西区别开来。

这是对幻象的合理论述,因为它非常适合道德问题,正如柏拉图明确希望的那样。即便每个人在马、桌子、椅子的问题上都超出了幻象的状态,也不是每个人都能够在道德上超越同一状态。如果我们只是不加质疑和批判地接受那些从小就熟悉的观念,或从我们的社会环境中吸收的观念,我们就不能在这个领域区分表象和真实。柏拉图认为这就是第五卷中讨论的爱观看者的状况,也是那些只知道不加批判地重复和说明流行观点的智者的状况(493a6—c8)。在这种状况下,人们不会听从(不同于诸多正义事物的)正义

---

28 在515b4—5的tauta hēgē(i) an ta parionta onta nomizein onomazein或许应该被翻译为:"你们难道不认为,他们会认为这些人将流变的东西称作存在吗?"

本身的说辞(493e2—494a3),因为他们没有认识到,诸多正义的事物并不能给我们带来对正义的理解。

这个对幻象的论述表明,人们在这个阶段的信念为什么不一定在大体上是假的,事实上它们还可能在大体上是真的。这就是柏拉图的看法,因为他认为,在理想城邦中,那些没有经过哲学训练的人也是处在洞穴囚徒的状况之中[519d5, desmōtas(囚徒)],因为他们从小就被培养拥有在他们能够把握的范围内的真信念,他们被置于线段最低的部分,必然是因为他们缺乏批判性的理解。

我们理解了幻象的本质之后,洞穴喻也就给了我们对信念更清晰的理解。它告诉我们(而线段喻并没有),通过苏格拉底式的辩驳法,我们可以从第一阶段前进到第二阶段(515d1—8)。我们并不认为,辩驳法在c2阶段就已经达到了它的目标,因为被释放的囚徒还不可能看到洞穴外面的马,因此他还不能正确地说出那些木偶到底是什么,但是他已经可以认识到,之前称为马的东西事实上是对他现在看到的原型的歪曲和不完美的相似物。

柏拉图暗示,苏格拉底的辩驳法可以强化对话者的信念,即使它没有引向对苏格拉底式的问题的回答。比如说,我们比较关于"勇敢是什么"的最初回答,或者关于"哪些行动是勇敢的"最初信念,与我们关于"勇敢必然是美好和有益的"坚定直觉,就有了某些根据去评价和批评我们最初的信念。但是,假如我们最初的信念没有正确的理性结构,假如我们不能跟随苏格拉底的指引而沿着正确的方向修正最初的信念,我们就不可能这样做。[29]

这些关于苏格拉底辩驳法的好处的说法,必须要与柏拉图关 276
于其害处的批评进行比较(537e1—539d2)。柏拉图论证,在一些年轻人那里,辩驳法导致他们对于自己学到的道德原则产生怀疑,而

29 Wilson(1976b,第119—122页);Malcolm(1981,第65—66页)和Fine(1990,第103页)讨论了c2与苏格拉底辩驳法的关系。

这种怀疑论削弱了任何能够约束他们不去服从趣味和欲望的道德信念。这就是被驳倒和驳倒他人的做法带来的后果，在此之后，有些人形成了偏爱破坏性论证的趣味，并且用它来破坏传统的道德信念。

对辩驳法形成这种看法的人显然没有了解，苏格拉底的辩驳法既可以反对信念，又可以改善信念。柏拉图并没有暗示苏格拉底在使用辩驳法的时候对雅典青年做了任何错事，他们中的一些人只是没有听全苏格拉底的话。[30] 柏拉图也没有暗示，他自己不会用辩驳法训练青年。假如苏格拉底或柏拉图仅仅对三十岁以上的雅典人使用辩驳法，那么他们的对话者恐怕早就形成了错误的习俗信念和实践，以至于几乎没有希望再将他们从错误中解放出来。在理想城邦中，并不需要辩驳法将人们从巨大的错误信念中解放出来（因为他们得到了正确的教育），因此人们不需要在一个危险的年纪学习它。

这是否意味着在理想城邦中，人们不会在三十岁以前上升到信念的阶段呢？柏拉图不需要走那么远。辩驳法可能向我们指出了最初信念的不充分，并且激励我们去改善它们，但是并没有教导我们去演练辩驳法。比如说，以尼西阿斯为例，他建设性地反思自己的信念，但是他本人并没有进行苏格拉底式的探究或辩驳（*La.*, 187e6—188c3）。比如说，我们可以学着区分我们被训练发自内心地服从的不同行为规则；我们可以学习，美德是美好的和有益的，这个信念远比相信勇敢要求我们在战场上坚守阵地更加重要。我们可以通过辩驳法学习这些，而无需用辩驳法把自己武装起来去驳倒他人，禁止年轻人练习反驳别人并不意味着禁止使用辩驳法。因此我们不需要从后面关于辩驳法的文本推论，柏拉图建议将辩驳法的全

30　以下几处地方认为这段话表达了柏拉图对苏格拉底使用辩驳法的批评：Ryle（1966），第 11 页，第 18 页，第 155—156 页；Nussbaum（1980），第 87—88 页（尤其是注释 87）；Vlastos（1991），第 110 页。

部使用都推迟到三十岁以后。

既然历史上的苏格拉底建设性地使用辩驳法却没有找到美德的定义,那么柏拉图是否想让我们将苏格拉底放在 L2 阶段呢? 这不大可能。因为被释放的囚徒达到 c2 之后不会怀疑洞穴外面还有什么东西,而苏格拉底则寻求能够解释其道德信念的论述,因此他认识到存在超越“众多 F”的形式。在这一点上他就已经超越了第二个阶段。

190. 洞穴喻论知识

与线段喻不同,洞穴喻细致地描述了前两个阶段,让我们可以
看到柏拉图想的是什么样的状态,以及我们如何从一个阶段前进到
下一个阶段。他还用对前两个阶段的描述去澄清上面的两个阶段。
在上面的两个阶段,我们继续进行在第二阶段开始的对解释的追 277
寻。看清了那些木偶,我们就更好地理解了影子;当我们达到了洞
穴外面的世界,我们就逐渐理解了木偶为什么是那个样子,因为我
们认识了木偶的原型。最终,当我们看到太阳,并且理解了外面世
界中的那些生物为什么会有各自的生命,这个寻找解释的过程也就
得以完成(516b4—c6)。

洞穴喻的这个部分让我们更容易看到 L3 和 L4 之间的差别。L3 阶段对美德的论述建立在假设之上,这解释了已通过 L2 阶段的批判性检验的关于美德的信念,虽然我们还不理解为什么这些论述是正确的。只有达到了 L4 阶段,我们才能理解它们为什么是正确的,并且理解它们如何系统地结合到一起,从而给我们关于善的知识。

在线段喻中,柏拉图告诉我们,从 L3 阶段上升到 L4 阶段需要超越假设,去寻找它们的原理。在这里,他再次告诉我们,这是辩证法的任务,并且特别需要使用辩驳法,“不是根据信念,而是根据真

实”去运用辩驳法(543c2)。这个辩证法式的考察是系统的,它看到事物彼此的共同之处是什么(531c9—d4),并寻求综合性的看法(537c6—7)。结果是辩证法家对研究对象“给出论述”,从而达到了知识的必要条件(531e4—5,534b3—6)。

这些论述说明了辩证法如何“去除”假设,同时又“确认”它们(533c7—d1)。柏拉图认为,我们已经找到了关于美德的论述,这些论述符合 L2 中所说的有根据的信念。我们现在要试图理解这些不同论述之间的系统性联系,这样我们才能最终给出关于善的论述,而这个关于善的论述可以修正之前的论述,并确认那些经过修正的论述。对美德的每一个论述都建立在某种关于善的预设之上,因为我们预设了每种美德都是促进善的。要理解我们的论述是否令人满意,就需要理解它们是否对善的本质有共识。当我们对着善的看法考察那些对美德的论述的含义时,我们可能会看到它们彼此冲突。如果是这样,我们就必须要修正那些论述。当我们有了对善的充分论述,它可以成为不同美德的目标时,我们同时也就有了对美德的充分论述。这样,我们就“确认”了我们的假设,也就是确认了那些我们之前当作假设的说法。用这种方式确认了它们之后,我们就不再需要将它们当作假设,因此也就“去除”了假设。

关于这种用辩证法进行的探究,柏拉图说得很少,但是第四卷中的一些考虑暗示了他的意图。我们可能接受勇敢和节制都能够促进善,但是无法给出关于它们共同促进的那个善的统一论述,因为我们可能会说节制促进了平静的生活,而勇敢加剧了攻击性,而这两种倾向经常相互碰撞。[31] 柏拉图说,如果我们达到这样的结
278 果,就必须重新考虑我们对美德的论述,并且考虑如何修正它们,从而达到更融贯的关于善的论述。与此类似,如果我们认为智慧要求自私,而正义要求无私,我们就在关于善的论述中引入了矛盾,于是

31 关于勇敢与节制之间的冲突,参见本书第 228 节。

就应该重新考虑关于美德的这些论述,考虑如何去除这个矛盾。如果我们吸收了《理想国》第五卷的论证和第六卷关于善的理念的讨论,我们就不会去寻求这样一种独立于各种美德的关于善的论述,也不会不加批判地接受关于美德的最初论述。

既然柏拉图没有说自己完成了对各种美德论述的批判性考察,他也就没有说自己达到了关于善的论述,因此他也就没有宣称已经达到了 L4 这种严格意义上的"理智"或者完全的知识状态。看起来他离 L3 更近,在那里我们依赖假设。但是正如(早期对话中表现的)苏格拉底不能被置于 L2 阶段,作为《理想国》作者的柏拉图也不该仅仅属于 L3 阶段。

柏拉图提到的处于 L3 阶段的例子是数学家。他们依赖假设,而这些假设需要进一步的证成,但是他们并没有认识到自己需要这样做,因为他们将假设看作是无需进一步证成的,他们从假设开始进行推理,就好像这些假设就是真正的原则(510c1—d3)。作为数学家,他们无需超出自己的起点,只有辩证法家能够认识到,数学家做出了需要进一步证成的假设(这是出于哲学而非数学的理由)。

虽然柏拉图也使用假设,但是他知道它们只是假设,并且认识到它们需要进一步的证成。因为他理解 L3 阶段的特征和局限,他自己不可能处在 L3 阶段。与此类似,他使用来自可见事物的形象,就像处在 L3 阶段的人那样。太阳喻、线段喻、洞穴喻本身就是柏拉图使用形象的例子;在城邦与灵魂之间的类比是他建立关于美德论述的形象。但是,既然柏拉图既认识到自己在使用形象,又指出了形象的局限性,因此他自己不可能处在那种他所描述的毫无批判性的认知状态之中。[32]

---

32 Gallop(1965),第 121—124 页;Gallop(1971),第 195—198 页;Cooper(1966);Austin(1979)讨论了《理想国》本身与线段喻的关系。

191. 认识论与道德理论

太阳喻、线段喻和洞穴喻完成了第五卷结尾提出的对知识与信念划分的解释。柏拉图有理由将这个关于认识论和形而上学的讨论,紧接着他对特拉叙马库斯的第一个回答插入讨论。因为那个回答建立在对各种美德的定义之上,尤其是正义的定义。柏拉图认识到,如果用苏格拉底对话的方式考察这些定义,我们很可能会感到不满意。第五卷到七卷的要点就在于去除这种不满。

柏拉图论证了理念是不可感的,而且不可能为那些将自己局限于可感属性的人所认识,他试图说服我们不要去寻求那种满足特拉叙马库斯对“清晰而准确”的要求的论述。柏拉图反对我们试图打
279 破评价性属性的循环去论述善,他也反对我们诉诸某种独立于美德的善观念去支持关于美德的论述。我们看到,为什么有理由认为苏格拉底以这种独立的善观念为目标。因为《理想国》反对这种观念,它也就反对导致苏格拉底无法给出关于美德的论述的那些限制。

即便如此,柏拉图还是不想让他关于理念的论述首先成为否定性的。他坚持认为,即便反对关于善理念的独立论述,我们依然可以让善的观念在捍卫对美德的论述时起到至关重要的作用。我们可以合理地期待,关于美德的看法可以解释某些美德的系统目标,我们应该修正关于美德的论述,直到它们揭示正确的目标。这个建
280 议是否能够帮助我们加强《理想国》主要的伦理论证呢?

第十七章

《理想国》第八至九卷：论正义

192. 第八至九卷的位置

第五卷至第七卷讨论完知识论和形而上学的问题之后，在第八卷开头，苏格拉底回到了他在第四卷结束时所做的承诺，考察正义和不义是否符合我们的利益（444e7—445b8）。他描述了偏离正轨的政体——荣誉政体、寡头制、民主制和僭主制，它们逐渐远离理想城邦的政体。[1]这个描述的目的在于区分四种偏离的人，其灵魂的结构与这些偏离的政体类似。柏拉图试图表明，偏离的政体比理想的贤人制政体更差，因此所有灵魂偏离的人也不如灵魂正义的人好。如果偏离的人穷尽了不义灵魂的各种可能性，那么灵魂正义的人就比一切灵魂不义的人更加幸福。

这个详尽的比较在第四卷的论证之上增加了什么东西呢？柏拉图在第四卷结尾说，他已经回应了特拉叙马库斯（445a5—b5）。但是他同时坚持，第四卷中的论证建立在对灵魂划分的概要讨论之

---

1 我不会讨论政体循环的政治和历史意蕴（亚里士多德在 *Pol.*，1316a1—b27 批评了这种循环）。

上，我们需要更多的讨论去支持那种划分，以及（由此暗示的）扩充对这三部分的描述。柏拉图承认第四卷中的论证是不完全的，即便他坚持它是正确的。就像亚里士多德在类似的情况下说的，之前讨论的“是对的，但是并不清晰（saphes）”（*EN*，1138b25—26），柏拉图想要让这个论证尽可能清晰（hoion te saphestata，445b6）。[2] 这样看来，我们就不该认为后面的几卷仅仅是说明性的。柏拉图现在告诉我们，如果灵魂被非理性的部分控制是什么样子，因此他也就暗示了理性部分的控制以及灵魂的正义需要什么。[3]

后面几卷不可能完全补足第四卷留下的缺口。因为柏拉图认为，要补足缺口就需要走上“更长的道路”，并给出对于善理念的论述，但是他否认自己可以给出这个论述。[4] 灵魂的理性部分是由关于善的推理引导的，而其他部分如果能够恰当地被这种推理引导，就
281 是做了各自的工作；因此除非给出了关于善的论述，否则我们就不能充分理解理性部分特有的欲求。柏拉图放弃了在《理想国》中对灵魂各部分给出充分论述的目标。

即便如此，后面几卷还是可以澄清柏拉图对灵魂理性部分的看法，以及他对灵魂正义的看法。即便我们不能给出论述来表明，理性部分履行恰当功能时都做了什么，但依然可以通过理解它必然会避免什么而更好地把握它做了什么。如果可以更充分地看到不义灵魂的样子，我们就可以看到正义灵魂必须要避免的错误；“如果处在这种状态之下是极其不幸的，我们就必须热切地逃离恶德，并努力实现德性”（Aristotle，*EN*，1166b26—28）。在柏拉图看来，每个偏离的灵魂都是不义的，因为它的各个部分，尤其是理性部分，都没有履行它们的恰当功能。

---

2 White（1986，第 34—41 页）对这段话提出了不同的阐释。

3 对《理想国》第八卷和第九卷的最好讨论参见 Kraut（1973a）和 Annas（1981），第 294—305 页。

4 关于更长的道路，参见 Murphy（1951），第 9—11 页，第 152—153 页。

193. 灵魂不义的来源

如果要决定偏离之人是否拥有不义的灵魂，我们就必须要回忆柏拉图提出的拥有正义灵魂的条件。我们在第四卷看到，并不是每一种理性部分的控制都是柏拉图所说的灵魂正义的控制。

即便我的欲求是非理性的和不自制的，也可能引向纯粹技术性的实践推理（比如说，如何实现不自制的欲求）；如果我跟随这种推理的结论，我就在某种程度上依赖理性部分。我们看到，柏拉图不认为来自这种技术性推理的欲求属于理性部分，因此他也不认为，按照这种欲求行动的人受到理性部分的控制。[5]

如果我们避免不自制，并且按照实现长期目标的理性计划行动，实践推理就不是局限于有关个别情况的工具性思虑，它必然还要考虑整个人生中不同目标之间的关系。要找到实现某个给定目标最有效的手段，就要求我关注其他的目的，因为只有涉及这些，才能决定若干同样有效的手段中哪个最有效且最经济。理性部分的这些功能依然在严格意义上是工具性的。理性审慎的思虑将我要追求的目的当作给定的，只需关注如何实现它们。

这种对有效性的关注也可以在非理性部分看到。柏拉图将包括这个特征在内的一些行动者的特征赋予灵魂非理性的部分，它们也具有关于自我和目标的观念，并且使用实践理性去实现它们。[6]因此仅仅看到一个人避免不自制，并且坚定地按照得出最有效的行动方案的推理结论行动，并不足以表明他是由理性部分控制的，因为这种类型的行动同样也是非理性部分的特征。

如果只看第四卷，我们就很难决定柏拉图会怎么看下面这种情

5 关于工具性的推理，参见本书第 150 节。

6 关于作为行动者的部分，参见本书第 153 节。

况：我考虑了为自己的目的应该去追求什么，并且决定遵从意气或欲望部分的目标。在这种情况下，我比单纯的工具性思虑又前进了
282 一步，我选择遵从哪个目的是出于理性部分的作用。柏拉图对这种行动者持有确定的看法，这一点非常重要，因为如果他认为这种思虑和行动真的是由理性部分控制的，那么他必然同意这个行动者的灵魂是正义的。如果他同意这一点，我们就很难理解灵魂正义为何必然关心他人的善，相应地也就很难理解灵魂正义与通常正义之间有任何联系。因为很多通常的正义之人，似乎都是由偏爱意气或欲望部分目标的理性选择引导的。

我们看到，柏拉图关于灵魂正义的观念给了他理由，去否认追求非理性部分目标的理性选择是正义灵魂的选择。他坚持认为主导正义灵魂的理性部分要关心整个灵魂以及每个部分的善。[7]用这个标准衡量，选择非理性部分的目标，似乎就忽略了整个灵魂的利益，也没有选择其目标的那些部分的利益。

虽然柏拉图本可以在第四卷提出这一点，但是他显然没有明确提出，因为他没有考虑刚才描述的这种情况，也没有直接否认那是灵魂正义。这就是为什么考虑第八至第九卷非常重要，因为这两卷给出了不同种类的不义的灵魂，这些描述让我们可以看到，柏拉图关于灵魂正义的标准到底意味着什么。偏离的灵魂显然是通常意义上不义的灵魂，因此柏拉图也要表明，它们同时是在灵魂上不义的。因此他必须要表明它们由非理性部分主导，这使得它们无法实现灵魂的正义。既然我们刚刚看到了非理性部分用不同的方式主导灵魂，并且实践理性有不同的方式决定我们的选择，我们就不能过分简化关于偏离之人的问题。我们必须要考虑不同类型的理性控制，从而考虑这些人拥有哪些，缺少哪些。

---

7 关于正义灵魂中的理性部分，参见本书第 175 节。

194. 灵魂的堕落

柏拉图描述了从正义的政体开始，经历不同种类的不义政体的堕落过程。在正义的政体中，统治者知道公益何在，并且关注在城邦中实现公益；而在不义的政体中，不同的统治团体要为各种伤害城邦的不义负责。在城邦中我们可以在不同的等级那里看到不义的各种来源，我们可以看到政治变化的效果。与之对应的是描述从正义的灵魂开始经历一系列不义灵魂的堕落，我们可以通过考察不义在城邦中的效果去理解不义在灵魂中的效果。在个体那里，我们可以看到类似的效果，这些不义改变着个人的品格。每个灵魂不义的状态都可以被归因于某一种非理性部分的支配。意气的部分支配着爱荣誉的人，而欲望部分的不同方面用不同的方式支配着寡头式的、民主式的和僭主式的个人。

这种支配的本质是什么呢？如果偏离之人是不自制的，我们就很 283
容易看到，他们为什么在灵魂上是不义的。这是柏拉图在描述莱昂提乌斯时提到的支配，一个人如果被与理性目标相反的非理性冲动指引，我们就可以合理地说，这样的人是由非理性部分支配的。这是卡里克勒斯赞美或者被迫赞美的那种人。[8] 一个人如果训练自己按照当下的冲动行动，并且反对一切来自对其长远的善进行反思的欲求，那么根据苏格拉底迫使卡里克勒斯接受的理由，这个人就可能将自己的快乐最大化。如果这成为一种习惯，这个人就会变成一个完全由当下的冲动支配的生物，反对生活中任何理性的计划具有重要作用。

《理想国》中与这种人最相似的就是僭主式的人，以及他身上带有支配性的和要求很多的欲求和目标。[9] 假如柏拉图的意思是这种

8 关于卡里克勒斯，参见本书第 76 节。

9 Annas（1981，第 303—305 页）和 Kraut（1992c，第 325—326 页）讨论了僭主式的个人（但是他们低估了他的理性控制的程度）。

人习惯性地违背自己的理性计划，或者完全没有形成理性计划，那么我们就可以理解他关于非理性部分支配的看法了。

但是这种对“支配”的解释并不能应用到其他偏离之人那里。[10] 爱荣誉的、寡头式的和民主式的人都有人生的理性计划，并且坚决执行，不会经常陷入不自制。爱荣誉的人并不必然特别容易发怒，事实上他的计划促使他控制自己的欲望和情绪，从而更有效地追求荣誉和声望的长期目标。柏拉图特别强调了寡头式的人那种专一而系统地计划（553b—d）。民主式的人遵从各种欲求行动，没有明确的等级结构，但这并不是因为他不能控制自己的欲求。相反，他的理性计划正是要给他的各种欲求一定程度的自由，因此在他按照各种欲求行动的时候，他也正是在做理性计划的事。

我们甚至不清楚，僭主式的人是不是在习惯上由欲望支配，从而反对他的实践理性和思虑。他被一种非常强大的冲动或爱欲（erōs）支配（573d），但是这种爱欲并没有导致他反对或违反理性的计划或欲求。相反，他过分的爱欲也控制着他的理性计划。因此，他在行动中服从这些计划。就像其他偏离之人一样，他也是由理性计划指引，并不必然倾向于不自制。

出于这些理由，柏拉图不能合理地论证，偏离之人是最明显的灵魂不义之人——或者不自制地行动，或者在选择中完全没有任何理性的秩序。

195. 不义灵魂中的选择

既然柏拉图认为灵魂的非理性部分拥有行动者的某些特征，他或许可以这样解释偏离之人有序和审慎的方面：他可以说他们被非

10 对偏离之人的理性方面的强调，参见：Morris（1933），第135—136页；Kraut（1973a）；Cooper（1984），第20页及注释13。

理性部分的目标（尤其是那些长期目标）指引，而理性部分则被局限在为这些目标提供工具性的推理上。284

柏拉图对于从一种灵魂结构过渡到另一种灵魂结构的描述，将灵魂的不同部分看作具有行动者的某些特征。一个人变成了热爱荣誉的，是因为将灵魂的统治权“交给了”（paradidonai）意气的部分（550b6）；一个人变成寡头式的，是因为给欲望的部分加冕（553b—c）。而在描述一个人如何获得民主式的灵魂时，柏拉图首先描述年轻人中不同欲望之间的冲突（559e4—561a5），但是接着说当一个人长大之后，他可能会让之前被驱逐的欲求回来，可能不会让自己完全追求不必要的欲求（561a6—b6）。而当要求很多且无法无天的欲望生长起来（572d5—573c10），并且吵闹着想要得到关注（573e3—574a11）的时候，僭主式的灵魂就发展了起来，看起来是这个人自己对它们给予了关注，并且按照它们行动。

灵魂的不同部分被当作行动者，是因为每部分都追求一组相对确定和相互融贯的目标。因为不同的灵魂不义之人被这些目标中的某一组支配，柏拉图的意思或许是，这种支配同时也是非理性部分的支配。这样，偏离之人就是灵魂上不义的，因为理性部分没有确定他们在生活中所要追求的目标。

关于偏离之人的这种看法与柏拉图的一些描述相吻合，但是不符合他说的某人将灵魂中的统治权“交给”另一部分。比如将统治权交给欲望部分的行动者（或者部分意义上的行动者），它不可能是欲望部分；假如是这样，它也就不必交出去了。但是那两部分为什么会将统治权交给另一部分呢？如果柏拉图的意思不是指交出统治权的行动者是灵魂的一个部分，那么他的意思或许是指由这三部分组成的人或灵魂。但这个行动者是柏拉图灵魂三分中的哪一个呢？灵魂三分说就是在解释我们归于一个人的选择，如果这个解释重新引入了人的选择而没有给出进一步的解释，那么这个三分说似乎就没有完成解释的任务。

人的角色与灵魂三部分之间的关系引发的这些困难，可以用下面这三种方式中的一种解决：（1）我们可以不那么严肃地看待这里提到的人，柏拉图的意思仅仅是一个部分的支配代替了另一部分的支配；（2）我们要严肃看待这里提到的人，因为柏拉图关于人的观念超出了灵魂的这三部分；（3）我们要严肃看待这里提到的人，但它指的是灵魂三部分中的一个（或多个）所具有的特殊作用。

诚然，柏拉图很可能没有对这些回答做出区分，或者可能含混地在这几个回答中摇摆。但是即便如此，我们还是可以问，哪个回答最符合他的说法。

196. 灵魂堕落中的理性选择

如果这些回答中的第一个是正确的，那么我们就不应该过于严
285 肃地看待这里说的“交出”。这个说法看上去好像是一个行动者有要做什么的选择权，但是我们可以认为这个说法带有误导性，柏拉图的意思或许不过是描述一种纯粹心理的而非理性的过程。根据这种看法，当环境加强了某人意气或欲望的部分，那个部分就会主导他的计划，并且确定实践理性所要追求的目的。如果一个人的选择仅仅来自灵魂不同部分的欲求之间的强度对比，那么也就没有一个阶段是这个人将控制权“交给”灵魂最强的部分；一旦灵魂的某个部分足够强大，它就支配了这个人的选择，并没有任何“交出”的过程。根据这种看法，“交出”仅仅是政治过程的一个特征，柏拉图将它转移到了个体灵魂的堕落之中，他的意思并不是要描述一个人一生中的某个特别阶段。

但是，这个解决方案并没有解释柏拉图关于“交出”的实际说法，因为他非常详细地描述了这个过程，这表明，他认为这个过程有某种独特的心理现实性。事实上，他很清楚地表明，这个过程并不是单纯心理上的，同时也是理性的。偏离之人反思自己的生活，并

且在灵魂另一部分的欲求中（或者是在同一部分欲求的不同组织方式中）看到了比之前更大的价值，这成为他确定终极目的的根据。柏拉图暗示，某人可能给出理由来解释，他为什么放弃一种生活方式而选择另一种。可以给出这些理由说明，理性部分在灵魂堕落的每个阶段都在发挥作用，在每个阶段它都确认了不同部分力量平衡的变化。

对理性的诉求在灵魂堕落的第一阶段表现得很清楚。当一个之前的好城邦开始产生教育得不好的人，有德之人就会受到其他人的侮辱。虽然他认识到应该忍受这个，他的孩子却不那么容易被说服，他们可以合理地表明父亲的生活方式并没有真正公正地对待灵魂的各个部分。[11] 儿子的推理反映了一个也被用在之后几个阶段的普遍原则：人们从第一种生活转向第二种生活，因为在他们看来第一种生活没有实现自己的目的，而第二种生活提供了更好的前景去确定他们可以期待实现的合理目的。

同一模式的理性选择和思虑在其他偏离之人那里得到了重复。爱荣誉的生活是不稳定的，它引向了爱钱的生活，但是过这种生活的人必须要使用强力去反对很多不必要的欲求。而不使用强力则反映了对待欲望的平等主义的民主态度。民主式的人认为，任何对欲求的区分都意味着任意的、无法得到辩护的强力，因为他看到这就是寡头式的人的态度，他没有看到更充分的根据去做这样的区分。因此他反对人们应该培养某些欲求及其快乐，而压制另一些欲求（561b7—c5）。即便他的一些欲求伤害了他，并且必须通过去除这些欲求才能得到修复（561c6—d2），他也不会去阻止它们。他平等地看待、培养和满足一切欲求（561b2—6）。

这个民主式的政策是自我否定的。因为民主式的个人不加区 286

11 将这个观念植入他的头脑实际上是正义者妻子的问题，她对自己荣誉的过分欲求（549c8—d1）或许是家庭“私人化”（idiōsasthai，547c1）的结果。

分地接受和培养一切欲求，他必然要接受和培养一种执着的和要求过高的爱欲，这种欲求不满足于平等的份额。这种欲求运用民主式的态度所赋予的宽容去破坏民主生活本身。因为民主式的人追求一切欲求，他也不得不去追求那种将他完全吞没的欲求。由于那种执着的欲求越来越强，民主式的政策就要求他去追求这个欲求，直到欲求完全主宰了他。

这些说法表明，柏拉图并非不小心地说，从一个阶段到另一个阶段的转化是这个交出控制权的人的理性过程。如果是这样，那么应用到个体灵魂时，政治类比的一个方面就要被修正。在政治变化的过程中，一个政体被推翻，另一个被建立起来，不存在所有政体都认可的单一的权威来源。但是在个人那里，柏拉图似乎意在让个人成为权威的永久来源；灵魂中支配权的任何变化都需要灵魂本身的接受。

197. 非正义灵魂的理性部分

如果严肃对待柏拉图所说的“交出”，我们就不能认为灵魂的堕落是单纯的心理过程。如果这是一个理性过程，我们是否必须认为它属于个人，而不是灵魂的某个部分？我们是否可以将它归于灵魂的理性部分？

说服行动者将控制权交给另一部分或另一种欲求的理由，似乎是灵魂理性部分接受的理由。如果理性部分可以被不同种类的欲求应该进行统治的不同理由说服，这个过程就是可理解的。柏拉图没有说过，行动者会做出不体现任何一部分欲求的决定，他的意思很可能是，当行动者决定哪些欲求可以控制他，这个决定就来自理性部分的选择。

我们不该认为，如果考虑整个灵魂的利益，那么必然是这个人而非理性部分被这些利益推动。因为我们看到，理性部分的特征在于它考虑整个灵魂的利益。虽然它只是需要考虑其利益的一方，但是它也可以考虑自己以及构成整体的另外两部分。

理性部分无偏倚的视角解释了，它为什么无需一直要求自己掌握控制权。比如，寡头式的人决定将理性和意气部分压制到从属地位，让它们支持贪婪的欲望所确定的主导目标（553d1—7）。如果我们可以说这些是理性部分的选择，那么理性部分就选择为自己在灵魂的统治中指定了一个从属性的地位，即使它保持着可以改变这种统治并用其他统治加以代替的能力。

虽然理性部分并没有消失或陷入被动，但它毕竟还是受到了由 287
其确立的不同统治方式的影响。理性部分之前犯下的错误也歪曲了它在考虑下一步做什么的时候的看法。如果某人决定做一个爱荣誉的人，却对此感到失望，他就不会让理性的部分重新夺回控制权，因为他的偏好已经受到了爱荣誉生活的影响，他不可能接受选择其他非理性欲求，只能最终决定臣服于贪婪欲望的控制。

在交出控制权时，理性部分有意选择降低它在灵魂中的影响。遵从非理性部分的目标意味着实践理性的消极或放弃。如果我决定遵从意气或欲望部分的目的，我就是决定在某些具体情境下选择目的时，停止使用那种在选择整体目的时发挥作用的实践理性。用霍布斯的话说，理性部分放弃了它的权利，授权非理性部分去选择追求某种目的。[12]

如果理性部分认为自己无法实现那种看似可以完成的思虑任务，那么实践理性的这种自我约束就是可以理解的。如果我只是默许了某个非理性部分的偏好，那就意味着实践理性无法评价非理性欲求的目标，而必须在这些目标之中进行选择。这样的话，我就意识到自己无法做出任何超出非理性部分偏好的关于目的的、独立的

12 参见 Hobbes, *Leviathan*, c.17：“我授权，并将统治我自己的权利赋予这个人……并且认可他的所有行为。”

理性决定。

如果这是偏离的灵魂中理性部分的情况，它的错误何在呢？看起来偏离之人也还是可以论证自己属于灵魂上正义之人，因为他们的灵魂也是由思虑如何对整个灵魂最好的理性部分的偏好控制的。他们回答这个需要思虑的问题的方式是决定遵从某个非理性部分的目标。不过，既然那是理性部分的决定，那么，他们遵从非理性部分的目标本身就不表明，他们不是由理性部分控制的。事实上，如果他们能够说，除了遵从非理性部分的偏好之外，理性部分无法指导我们的选择，那么我们就不能期待比偏离之人的程度更高的灵魂正义了。

198. 理性部分的功能

如果柏拉图要表明偏离之人的灵魂并非正义，他就必须表明，他们并不是由履行恰当功能的理性部分所控制。理性部分的恰当功能是为整个灵魂以及每个部分的善进行思虑。柏拉图必须要说，为了实现这个功能，我们必须要思虑在多大程度上接受非理性部分的目的。如果我们这么来看思虑，就不会接受偏离者所喜爱的理性部分的消极或放弃了。相反，我们会假设实践理性能够自己决定非
288 理性部分偏好的优劣。如果对于非理性部分采取这种态度，我们就可以通过运用实践理性来决定在具体情况下（或者某类情况下）采纳什么目的，而不仅仅是决定默许意气或欲望部分的目标。[13]

偏离之人可能会承认，柏拉图认为应该由思虑决定的这些问题是完全可理解的问题，似乎我们可以问自己，应该在多大程度上默许非理性部分的目的。但是，偏离之人否认会有任何在理性上可辩

13　柏拉图关于实践理性的不同作用的看法，与 Taylor（1997，第 19 页）关于“建立在较弱的评价之上的二阶欲求”与建立在“较强的评价”上的欲求之间的区分部分对应。Taylor 也在其另一著作（1989，第 122 页）中提到了柏拉图。柏拉图所做的划分或许对 Falanagan（1990）关于 Taylor 的批评给出了某些回应。

护的回答。柏拉图能够回应这种对实践理性能力的怀疑态度吗？

偏离之人并没有被说成对实践理性的能力持极端怀疑态度。我们需要看到，他们允许实践理性发挥多大的作用，这样我们就能够聚焦于其怀疑主义的根据。

如果我们只允许理性部分做工具性的推理，我们就将它限制在康德意义上的技艺的律令（“技术律令”，technical imperatives）或者审慎的律令（“实用律令”，pragmatic imperatives）。[14] 偏离之人让实践理性扮演这些角色，根据一些对实践理性的看法，这就是它的全部角色。出于苏格拉底式或休谟式的理由，我们或许认为理性没有非工具性的作用，关于哪种目的值得追求的问题不可能诉诸实践理性得到回答，而只能通过独立于理性的欲求来回答。

如果只看到实践理性的这种工具性的角色，我们就会否认巴特勒（Butler）在目的选择中的强度与权威之间做出区分。在巴特勒看来，合理的自爱不同于具体的激情，因为前者根据做 x 的理由行动，而这些理由不同于做 x 的欲求的强度。[15] 在决定是做 x 还是 y 时，理性的自爱并不仅仅试图衡量我欲求 x 和 y 的强度，而是比较这两个行动本身的优劣。假如关于实践理性的严格的工具性看法是正确的，那么除了欲求的相对强度之外，就没有其他根据去决定不同的目的了。

如果（与休谟相反）我们接受，对有效地满足我们的欲求进行计划是理性的，那么我们就很难接受这种严格的工具性看法。[16] 如果我们承认这是理性的，那么我们似乎就接受了实践理性的非工具性作用。高效的计划者同意，如果我对 A、B、C 有着同样强度的欲求，如果 x 可以带来 A 和 B，而 y 只能带来 C，那么我就有理由选择 x 而

14 参见 Kant, *Grundlegung*, Ak.，第 414—415 页。

15 关于巴特勒，参见本书第 150 节，第 153 节。

16 参见 Hume, *Treatise*, II, 3.3，第 416 页：“选择较小的善而放弃较大的善，对前者有比对后者有更明显的感情，这并不违反理性。”

非 y。但是,同样的推理似乎也可以证成在不同目的之间的区分。如果我同样在乎 A、B、C,但是意识到追求 C 会妨碍我获得 A 和 B,而追求 A 或 B 都不会妨碍追求其他的目的,那么放弃 C 而追求 A 和 B 难道不是理性的吗?如果比较性的考虑可以帮助我调整对于手段的选择,它们为什么不能帮助我调整对目的的选择呢?

对有效性的关注是每个非理性部分的特征,因为柏拉图将某种自我的观念以及每个部分的整体利益(而不是满足每一种当下的非
289 理性欲求)的观念归于灵魂的每个部分。[17] 而理性部分拥有关涉整个灵魂利益(不同于每个部分欲求的满足)的观念。理性部分关心在选择手段和目的时的有效性和相互协调,因为它关心未来自我的满足,这个未来的自我还会有不同强度、不同种类的欲求。因为它有一种自我的观念,并且独立于当下的欲求及其强度,理性部分就有了可以批判当下欲求目标的视角。

偏离之人接受所有这些。但是如果接受这些,他们还能有力地证明,理性部分能够做的促进整个灵魂利益的事情不过是采纳某个非理性部分的目的吗?在偏离的灵魂中,理性部分在一定程度上思虑目的,因为偏离之人舍弃某种生活正是由于它无法完成他们的主要目标。除了整个生活方式是否融贯这一整体性的测试之外,我们可以说某些目标适合而另一些目标不适合理性部分吗?我们可能认为,目的本身必然来自非理性部分,理性只能决定将确定目的的功能交给非理性部分中的某一个或全部两个部分。

199. 理性部分与对目的的选择

在柏拉图看来,偏离者的怀疑态度低估了理性部分对整个灵魂的关切的重要性,也低估了这种关切与非理性部分更加偏颇的关切

17 关于各部分对自我的观念,参见本书第 153 节。

之间的差别。理性部分看到每个非理性部分所做的考量都是独立于其他部分的,这两种考量都应该得到独立的权重。某些东西会满足我们的欲望,这是对欲望部分有利的,不管它是否诉诸我们的荣誉感和羞耻感;有些东西会诉诸我们的荣誉感,这是对意气部分有利的,不管它是否在我们的欲望中有所反映。

非理性的部分不可能看到这些灵魂其他部分的欲求。虽然每个非理性部分都有行动者的某些特征,但是它们没有自己作为整体之一部分的观念。每个非理性部分被涉及其他部分的考量推动,只是因为那些考量与它自己的考量碰巧一致。欲望部分不会因为某些行动诉诸意气部分的荣誉感而赋予它欲望上的权重,它只是有时候想成为意气部分事实上想要的东西,而不是因为意气部分想要它。

与非理性部分不同,理性部分从灵魂整体而非某一部分的角度出发,考虑不同欲求及其对象的优劣来做出决定。一旦我们认识到非理性部分片面的观点,就能理解,我们如果想要关注整个灵魂的善,为什么不能采取这种观点。即便我们不知道整个灵魂的善在何处,我们还是可以看到非理性部分太过片面,无法给出理由让我们信 290
任它们。我们必须要看到,不该像偏离之人那样默许它们的目标。

柏拉图对于偏离灵魂堕落的论述表明,我们为什么不应该信任它们而毫无批判性地采纳某一部分的目的;每个非理性部分片面的观点都改变着理性部分的欲求,使它们也变得越来越片面,越来越不能表达整个灵魂的善的观念。爱荣誉的人在一定意义上追求理性人的目标,因为这些目标满足了他的荣誉感,但是他对荣誉过分夸大的关注使得他太容易失望,而他的失望使得他采纳了寡头式的人的更为狭窄的目标。由于寡头式的政策鼓励了越来越难以遏制的欲望的生长,他最终放弃了区分不同的欲求,并采纳了试图满足任何一种欲求的民主式政策。一旦民主式的人开始了他的生活方式,他就发现,自己没有任何论证可以阻止无法无天和破坏性的欲求甚嚣尘上的要求,也就没有任何论证可以反对僭主式的观点。默许某个非理性部分片面的观点会导致我们采取越来越片面的观点。

这些对非理性部分的反对表明，如果我们由理性部分引导，情况就会好得多，因为理性部分的观点不会在非理性部分的目标之间失之偏颇，并且在它关注整个灵魂的意义上非常全面。柏拉图有理由认为，他对不义灵魂的描述确证了由理性部分引导的正义灵魂的生活。当苏格拉底让格劳孔按照幸福的程度给偏离的灵魂排序时，格劳孔认为，很明显，由理性部分控制的"君王式的"灵魂也是最正义和最幸福的（580a9—c8）。苏格拉底将这说成是表明他恰当地回答了格劳孔关于正义与幸福关系的原初问题的第一个"证明"（580c9）。非理性部分的错误应该说服我们相信，由理性部分指引我们会更好，即使我们还没有学到多少理性部分的观点。

200. 理性部分的快乐

但是，柏拉图并没有这样结束他的论证。在第一个证明之后，他又补充了三个证明。第二个证明是灵魂上正义的人对于不同生活之快乐程度所做的判断更加可靠，因此我们应该接受他关于自己的生活最快乐的判断（580c9—583b2）。第三个证明是灵魂上正义的人有最真实的快乐，因此有最快乐的生活（583b2—588a11）。第
291 四个证明引入了另一个形象来说明灵魂三部分的本质和关系。柏拉图将三个部分分别比作人、狮子和多头野兽，它们都被包裹在一个人形之中，他捍卫理性部分的方式是论证它保护整个人的利益（588b1—592b6）。

关于快乐的论证引出了一些困难的问题，但是其中一些要点与偏离的灵魂以及理性部分控制的本质有格外密切的关系。[18] 苏格拉

18 Murphy（1951，第 10 章）给出了关于这些论证与《理想国》主要论证之间关系的最佳讨论。Joseph（1935，第 15 章）对柏拉图不那么友好。另参见 Kraut（1992c），第 312—314 页。Gosling and Taylor（1982，第 6 章）充分讨论了这里的困难。

底同意，既然每种生活方式的不同组成部分都由灵魂的某一部分主导，他们都会偏爱自己的生活方式（581c—582e）。但是他论证，只有由理性部分主导的人才会去发展和应用那些为了判断何种生活更好的需要的能力。这些能力是经验、智慧和理性（582e7—9）。每个非理性部分片面的观点都使其无法找到人生的正确目标。

人们经常会反对，理性部分主导的人其实并不像柏拉图宣称的那样有资格做出判断，因为他也不可能真正拥有正确类型的知识和经验。[19] 虽然他有欲望的经验，但是（我们假设）他获得了恰当的教育，因此并没有被欲望或意气主导的成年人的经验。但是如果他想要比较欲望之人、意气之人的情况与他自己的经验，难道真的需要那些经验吗？

如果我们认识到，理性部分对其他部分的态度不同于其他部分对理性部分的态度，这个反驳就变得无效了。其他部分不可能在各自的目的观念中表现理性部分的利益。因此理性的人不应该被局限在它们的目的之观念中，因为一旦局限于那种观点，我们就很难摆脱它，就像柏拉图在描绘偏离灵魂的堕落时表明的那样。如果被非理性部分主导，我们关于满足这些部分有多大价值的看法就会被扭曲，因为我们无法赋予灵魂其他部分的欲求和快乐以恰当的价值。

因为理性部分有根据去判断，满足意气或欲望部分的欲求有多大价值，因此它就能从全面的视角去评价对其他部分快乐的经验。那些由理性部分指引的人没有理由认为，缺少了其他两部分主导的经验是一种与判断人生快乐与否相关的缺失。

19　类似的批评也经常针对密尔（Mill）在《功利主义》（*Utilitarianism*）第 2 章中提出的，诉诸经验作为判断快乐相对价值的类似测试。参见 Joseph（1935），第 137—141 页。

201. 理性部分的特别关切

这个辩护并没有说清楚，相对于其他两部分的利益，理性部分如何考虑自己的利益。在表明灵魂上正义的人可以更好地判断快乐的论证中，柏拉图暗示了这个问题的答案。他将理性部分描述成“哲学性的”，致力于理性的运用（581d10—e4）。在关于真正快乐的论证中，他指出来自理性思想的快乐更加真实，因为它关乎那些真的、不变的东西，而非总是流转变化的东西（585b11—c5）。

292 我们可能会认为，这些说法意味着理性部分也对它自己的行动和快乐带有某种片面的感情，从而无视非理性部分的目标。根据这种看法，理性部分的控制就意味着其他部分的目标被限制，一同服务于理论活动最大化的观念。

我们已经看到，这不可能是关于理性部分的全部真相。柏拉图坚持理性部分拥有“整体性的”视角，关注整个灵魂和各个部分的善，而不只是理性部分的善，或者理性部分特殊欲求的满足。但是，关于理性部分的这个事实并没有解决它的特殊关切。因为如果理性部分有纯粹理性和理论性的关切，同时还有一种整体性的关切，那么这两种关切看上去很容易发生冲突，理性部分似乎并不能被看作灵魂的一个单独部分。[20]

如果柏拉图让理性部分的整体性视角用于满足理性部分独特的理性关切，那么他的观点就会显得更合理，因为从整体性视角出发的思虑本身就是在以真为目标运用理性思想。我们想要追求整个灵魂的善，因为我们希望自己被不同活动的真正价值指引，而不仅仅是由我们倾向于它们的程度指引。在这个意义上，我们将自己

---

20 Bosanquet（1906，第 350—351 页）和 Murphy（1951，第 94—96 页，第 211 页）讨论了理性部分的不同方面。参见本书第 226 节。

看作本质上理性的行动者，想要形成关于善的正确判断并据此行动。形成这些判断并据此行动不仅仅是保证我们的善的有用的工具性手段，同时也是理性行动的一部分，而理性行动本身就是我们善的一部分。

关于实践理性作用的这个事实，并没有表明追求理论活动不可能与理性部分的整体关切相冲突。但是它表明，基于柏拉图的理由，我们不可能对理论活动同时持有下面两种看法：一方面将它当作达到真知识的道路，另一方面却不同时看重理性部分的整体性视野。因为理性部分的这两个方面反映了相同的价值——理性部分赋予它自己独特行动的价值。

现在，我们就更容易理解，柏拉图为什么认为理性部分可以更好地判断真正的快乐。从非理性部分的角度看，选择什么目的完全是由我们倾向于它们的强度决定的，因为非理性部分只能将自己理解成倾向的主体。但是倾向是不可靠的，一种倾向的强度依赖于形成这一倾向的条件，而这些条件可能扭曲我们关于更深层满足的预期。比如喝水在恰当的口渴背景下是令人快乐的，但是如果背景变了，喝水可能就不再令人快乐了（583c10—584a11）。因为非理性部分在形成目标时由当下的倾向推动，它们很容易被形成当下倾向的背景的误导性特征所误导。[21]

与此不同，理性部分关注的是对整体而言什么是真正的更好和更坏。这种对真的关切使得它去追求整个灵魂真正的好，如果它采取这个视角，那么就不仅仅是在倾向强度的基础上形成目标，也不 293
是在影响非理性部分的那种扭曲的情况下做出决定（585b12—c5，585d11—586b4）。

虽然我们还是可以对这些关于快乐的论证细节提出问题，但是

21 参见 Bosanquet（1906），第 363 页。

它们整体而言还是对灵魂正义的论证提出了恰当的结论。[22] 柏拉图说明了，为什么理性部分的目标和偏好使得它的决定对整个灵魂而言最好，同时解释了为什么非理性部分遵从理性部分的指导对它们自己也最有好处。如果它们一直追求自己欲求的满足，而“没有推理和理智”（586d1—2），那么它们只会伤害自己。柏拉图诉诸理性部分的至高地位来解决每个非理性部分内部的冲突。不管是从理性部分的外在视角，还是从每个非理性部分的内在视角，柏拉图都可以论证，理性部分对每个非理性部分来说最为有利。

202. 整个灵魂的善

理性部分关心整个灵魂的善，这一点支持了柏拉图的第四个证明，这个证明依赖于将理性部分比做人中之人（588b10—e1）。整个“内在之人”本身也有人形，暗示了外在之人的表象并没有完全误解人的真正本质。因为人是由三部分组成的，如果内在之人也由三部分组成，那么它就是外在之人的完美形象。但是这种对内在之人的看法会导致无穷后退。因此，理性部分不可能像外在之人那样，包括欲望的部分和意气的部分。即便如此，这个形象意味着理性部分必然以某种方式“包含”非理性部分。

前面的讨论表明，非理性部分的要求如何被“包括”在理性部分之中，并且可以得到满足而不会导致荒谬的结果。如果我们记得，其他两部分的利益也在理性部分的关切之中得到了恰当的表现，而非理性部分完全不能恰当地表现理性部分的关切，那么我们就清楚了这一形象的要点。因此理性部分可以说自己关心整个人的利益，而不只是理性活动的目标。柏拉图坚持认为，我们需要考虑其利益的行动者是由三个次级行动者（subagents）组成的人（588e3—

22　本书第 222 节进一步讨论了这些关于快乐的问题。

589b6）。[23]

如果我们关于各种偏离的灵魂的论述以及灵魂正义的论述是正确的，它们就可以支持柏拉图这里的说法。被灵魂的非理性部分主导就是反对实践理性用理性选择来确定目的，而非默许其他部分的偏好。如果我们没有试图在这些范围内做出理性的选择，就不能评价我们通过非理性拥有或者获得的目的。既然由理性部分指引的人将价值赋予整个灵魂的目标，他就会有欲望和意气部分的欲求 294 和满足的经验，这些欲求和满足正是他作为有经验的裁判者判断它们相对价值时所需要的。

当理性部分考虑整个灵魂和各个部分的善时，并不只是要在不同的欲望，或者在欲望和意气部分的欲求之间谋求平衡；它还要考虑自己。它用两种方式实现自己的目标：一种是计划理性的运用和其他欲求的满足，另一种是在这个计划中运用理性。柏拉图赋予理论推理极大的重要性，这就是实践理性第一个任务的主要关切，也是为什么理性部分认为满足自己哲学活动的欲求至关重要。但是我们也不能忽视，在进行理性计划的活动自身之中，它也在满足自己的某些欲求。

如果考虑三个部分对于某部分内部的冲突以及不同部分之间的冲突持何种态度，我们就能够理解，为什么理性部分是最好的统治者。欲望的部分（或许还有意气的部分，虽然可能程度不同）很不善于保障自己未来的利益。[24] 在它平静的时候，它更愿意满足未来的欲求，因此不想破坏未来的前景。但是，它对这个长期政策的坚持并不稳定，因为它会随着当下欲求的强度发生改变。此外，关于快乐的论证表明，即便非理性部分形成了长期的偏好，它也是在扭

23 588e3—4 的 toutō (i)…tō (i) anthrōpo (i)（“这个人”）表明柏拉图考虑的是那些作为复合物的人[588e5 的 autō (i)（“自己”）也是指他]，而不是那个“内在之人”（589a7）。

24 关于欲望部分及其利益，参见本书第 154 节。

曲的条件下形成的,因为未来情况表面具有的快乐会受到当下缺失的影响。

因此,一个有充分认知的非理性部分必须要在比较平静的时候认识到,它无法保证会遵循自己(在平静的时候)偏好的策略。它可能会意识到自己可以更有效地遵循这个策略,如果它形成欲求去做理性部分告诉它要做的事。这种进一步的欲求在一定程度上平衡了其他当下欲望的强度。

在各部分之间的冲突中,我们可以更明显地看到,非理性部分是不能指望的。因为那两部分都不是由诉诸权威的原则指导的,它们只能比较不同欲求的强度。我们没有理由认为,仅仅诉诸欲求强度的指导能够促进整个灵魂的利益,或者能够用彼此满意的方式解决不同部分之间的冲突。既然理性部分对于两个非理性部分的要求比非理性部分对彼此的态度更加充满同情,两个非理性部分就应该认识到,遵从理性部分比它们总是彼此冲突要好。

203. 更完整的灵魂正义观

柏拉图完全可以说,第八卷和第九卷中的论证发展和强化了第四卷中的论证。因为我们现在可以看到,由灵魂理性部分控制的人
295 的目标为什么排除掉了偏离之人的生活。在第四卷中,柏拉图坚持认为,灵魂正义要求灵魂的每个部分履行恰当的功能;但是他并没有再说灵魂每部分的功能是什么,特别是几乎没有讨论理性部分的功能。只有知道了理性部分的功能,我们才能说一个人是不是被非理性部分支配的。而第八卷和第九卷回答了其中一些问题;因为当我们更清楚地看到理性部分的功能,我们就可以看到偏离之人灵魂中的理性部分为什么没有履行恰当的功能。

对理性部分恰当功能的完整理解要求我们对人类的善有完整的理解,但是柏拉图警告我们,不要期待这个完整的理解,因为他否

认自己有关于善的理念的知识。但是，我们依然可以得到关于善的有根据的信念的指引。[25] 当柏拉图说明偏离之人缺少什么的时候，他依赖的就是这些信念。他暗示，偏离之人缺少善的实质性要素，是因为他们缺少恰当的理性活动——实践理性决定的对目的的理性选择。如果看到偏离之人缺少了这一要素之后会有什么结果，我们就能理解为什么不能缺少这种理性活动。偏离之人不能恰当地考虑整个灵魂的利益，而灵魂正义的人必须要考虑这些。

既然柏拉图解释灵魂正义观的方式是描述几种灵魂上的不义，他就没有多论及灵魂正义要求的活动。他只是从整体上告诉我们，这些活动并非来自默许某个非理性部分的偏好，而是来自实践理性的更有效运用，达到偏离之人所缺乏的全面视野。但是，要想回答第四卷结尾提出的问题，也就是灵魂正义与通常正义的关系，依然非常困难。第四卷的否定性论证依然可以用在这里，并且适用于更宽的范围。柏拉图有理由宣称很多不义的行动似乎具有吸引力，因为我们的灵魂处于偏离之人的状态。如果我们的灵魂可以由理性部分控制，这些行动就显得不那么有吸引力了。这个对不义来源的分析在第八卷和第九卷中比在第四卷中显得更加合理。因为柏拉图已经表明，很多似乎对正义灵魂有吸引力的通常的不义行动，实际上只是对偏离之人的不义灵魂才有吸引力。假如我们认为灵魂的正义允许偏离之人在灵魂上正义，那么我们就可以认为，有一系列反例可以驳倒柏拉图的说法（即灵魂的正义意味着通常的正义）。但是，如果我们理解了偏离之人不是灵魂正义之人，那么对柏拉图的这种反驳也就崩塌了。

这并不意味着所有合理的反驳都得到了回应。柏拉图的论证形式不该说服我们相信，所有通常的不义行动对于灵魂正义之人都没有吸引力。不管怎样，我们已经看到，很难赋予灵魂上正义之人

25 关于善的信念，参见本书第 191 节。

对他人利益必要的积极关切。如果缺少这种,我们就可以怀疑他是否真的在通常的意义上合乎正义。

296 因此我们还是可以要求柏拉图给出进一步的论述,说明当理性部分为整个灵魂的善进行思虑的时候,它会做何决定。因此他必然要面对一个进一步的问题,这个问题需要更确切的善的观念。对这个问题他有一个答案,虽然这个答案并不直接,也不完全明确。要

297 理解它,我们就必须考虑柏拉图对爱的论述。

第十八章

柏拉图式的爱

204. 关于正义与利益的问题

在柏拉图看来，理性部分只有在不从属于某个非理性部分的确定目的时，才履行它的恰当功能；它必须要考虑整个灵魂以及每个部分的善，而非默许非理性部分的目标，从而形成它自己关于目的的观念。我们还能对这些要求的结果说什么呢？特别是，我们能否捍卫柏拉图所说的，某个有着正义灵魂的人同时拥有对正义来讲恰当的对他人的关心呢？

要理解《理想国》中对灵魂正义之人所持观点的任何正面描述，我们必须要考察柏拉图对哲学家的看法。他从正义者说起，最终通过描述哲学家回到了之前关于正义者的问题（581b5—10，586e4—587b10，588a7—10，590c8—d7）。他并不认为自己改变了主题，因为在他看来，哲学家的观点揭示了我们可以合理期待的灵魂正义之人和通常的正义之人的观点。

对于哲学家的描述引发了更多的困惑。当他们沉思理念时，他们认为自己生活在至福之岛，不愿意承担统治理想城邦的任务（519c）。但是，允许他们毫无搅扰地沉思理念对城邦不好。因为他们是最能进行统治的,他们对于理念的知识使其能够理解洞穴中的影子和表象(520c—d)。如果必要,他们可以将理念运用在城邦的制度和公民的品格之中(500d)。由于城邦的利益对此有所要求,因此他们就必须承担起统治的任务。

格劳孔对此感到惊讶,问道,这样要求哲学家难道不是不义吗,因为他们本来可以过更好的生活,却被要求过更差的生活(519d8—9)。苏格拉底回答说,理想城邦的设计是为了所有公民,而不是为
298 了某个人群排他的幸福(519e9—520a4);如果这个城邦的统治者是一些不把统治看作值得争夺的奖赏的人,那才是对整个城邦来讲最好的,因此让哲学家为了回报对他们的培养来统治城邦就是正义的(520a6—d8)。

205. 作为统治者的哲学家

这个解释是否足以回答格劳孔的问题?苏格拉底没有否认,哲学家被要求放弃一种更好的生活,因为他们被要求放弃纯粹沉思的生活。事实上,他似乎认为,哲学家不情愿进行统治,恰恰是因为他们本可以过更幸福的生活。

如果这是柏拉图的看法,那么他就是认为,总体而言哲学家更喜欢沉思理念,只有城邦权威对他施加的强迫才能让他们进行统治。[1] 如果他们可以遵从自己的决定,就不会承担正义施加的义务。这样的话,柏拉图就必须接受特拉叙马库斯对正义的主要反驳。如果拥有正义灵魂的哲学家不得不被迫去做通常意义上的正义行动,那么柏拉图就没有满足格劳孔的要求。灵魂正义之人似乎不过是拥有真正正义的外表,因此我们没有充足的理由说服人们成为正义

1　这似乎是 Adkins(1960,第 290—292 页)的观点隐含的意思,也就是说柏拉图无法解决自己提出来的困难。

之人。

柏拉图很可能认为，总体而言哲学家更喜欢进行统治。他的一些说法暗示了这一点。他们是正义之人，会认识到正义要求他们去统治城邦（520e1），即便他们仅仅将统治看作“必要的”，而非“美好的”（540b4—5）。他们接受了这种“必要性”（500d），将他们关于理念的观点表现在城邦之中。这种必要性并不是统治者通过法律或身体上的强制加给他们的；因为哲学家是正义之人，他们想要做正义要求他们的事情，而无需被强迫。他们认识到，如果想要满足正义的要求，那么统治就是必要的，这种必要性不需诉诸强制。

柏拉图将必要的东西与美好的东西进行对比，并不是为了说明哲学家不想统治。但是这个对比还是有意义的，因为它承认了特拉叙马库斯对正义的反对也有真实的成分。特拉叙马库斯论证，正义要求我们做出不受欢迎的牺牲，如果正义者是统治者，他必须要放弃不义者拥有统治权所获得的好处，他必须要承担统治的负担，而没有任何补偿性的好处（343e1—7）。加给正义之人的牺牲促使格劳孔说，正义是必要的，但不是好的（358c3）。在第一卷中，苏格拉底说正义之人从统治中看到的好处微乎其微，因此一个由正义之人组成的城邦，统治者都是不情愿地进行统治（347b5—d8）。在第七卷中柏拉图同意，正义的义务并不令人愉快，它们来自我们宁可不出现的情境。

柏拉图虽然同意特拉叙马库斯的这些观点，但是并不同意他关
于正义的哪些方面不受欢迎的看法。特拉叙马库斯认为，不受欢迎 299
的是我们被要求关心他人的利益，而非我们自己的利益，但是柏拉图不认为对正义之人来讲这是不受欢迎的。我们需要进一步解释，柏拉图认为对哲学家来讲，统治为什么不受欢迎。

我们设想哲学家愿意接受正义的要求，因此愿意统治。他们为什么愿意这样做呢？如果纯粹沉思的生活是更好的生活，我们可能

会认为,他们为了正义的要求牺牲了自己的利益。[2] 在统治中,他们实现了某种善,但这看起来并不是对他们来讲最大的善;我们可以设想,他们最大的关切是善的理念,而非自己的善。[3]

如果这是柏拉图的看法,他似乎就没有回应格劳孔的要求,表明正义之人比任何其他人都更加幸福,因为如果哲学家的这个看法是对的,那么他就必须承认,正义之人要为了正义牺牲自己的利益。格劳孔要求苏格拉底表明,正义本身就是灵魂中最大的善(366e5—9,367c5—e5)。如果正义要求牺牲自己的利益,柏拉图就不可能表明这一点。如果正义要求这种牺牲,那么最幸福的人看起来就是能够沉思理念,同时逃避正义义务的人。即便柏拉图设计出理想的城邦,防止人们逃避正义的义务,他还是没有表明,正义本身是灵魂最大的善,而只是表明,它是在理想城邦的环境下,最大的善的必要却令人遗憾的伴生物。

格劳孔问题的性质也表明,仅仅论证在实际的人生中过一种纯粹沉思的生活并不具备现实的可能性,这是不够的。我们可以同意,假如哲学家不生活在理想城邦中,他们就不能很好地过沉思生活,而如果所有的哲学家都不愿意进行统治,那么理想城邦就会崩溃。即便如此,如果这是他们关心正义的唯一理由,他们就不是为了正义本身而选择正义,对他们来讲正义也就不是非工具性的善。[4]

要理解柏拉图有哪些选择,我们需要区分摆在哲学家面前的统治的两个方面。它当然是一种日常的管理任务,需要关心城邦以

---

2 Foster(1936,第 301—302 页)认为哲学家为了正义牺牲了自己的利益,White(1986)非常详尽地为这种观点做了辩护;而 Kraut(1992d)和 Mahoney(1992)反对这种看法。

3 正如 Morris(1933,第 138 页)说的:"哲学家由关于善理念的知识推动,而非由对他自己善的欲求推动。"另参见 Cooper(1977a),第 55—56 页;Annas(1981),第 267—269 页;White(1986),第 41—46 页。Waterlow(1972)提出了不同的观点,认为从哲学家的角度讲,他自己的善与其他人的善并没有差别。

4 Reeve(1988),第 202—203 页的论证就面临这种反驳。

及其中三个等级的各种需要。统治的这个方面所揭示的不过是它的工具性价值；没有哪个可以从事哲学的人会合理地喜爱为了战争自身的原因去筹划战争。就像亚里士多德说的，统治是劳累的(ascholoi)、繁重的，人们不是为了它们自身之故而选择它们(*EN*, 1177b6—18)。但是柏拉图认为，统治还有第二个方面：这是正义原则所要求的正义行动，这里的正义原则要求我们为了公益行动，要求我们恰当地偿还之前获得的好处。如果统治者的任务是正义的行动，那么正义之人就会为了它们自身之故选择它们。统治的第二个方面，使得它对于正义之人来说(在正确的情况下)是因其自身之故而值得选择的。

如果柏拉图要回答格劳孔，他不需要论证哲学家有理由为了自己的幸福而喜爱统治本身，胜过喜爱不受搅扰的沉思。他只需 300
要论证，哲学家有理由为了自己的幸福喜爱统治(因为统治是正义的行动)，胜过喜爱与正义无涉的纯粹沉思。如果正义要求哲学家轮流承担这个并不令人快乐的统治任务，这也不会将统治当作本身就是善的东西，因此柏拉图依然可以说，哲学家不会迫切地进行统治。

柏拉图应该去论证，哲学家选择进行统治是因为他们将统治看作正义的，并且将正义的行动看作幸福的一部分，因此他们不认为在义务和利益之间存在冲突。如果他不能捍卫这个看法，他就在《理想国》的主要论证中留下了一个严重的漏洞。因此我们应该去看看，柏拉图是否可以表明，满足这种关切他人的正义要求符合哲学家的利益。

206. 理性部分的目标

当柏拉图提出这个哲学家如何看待统治的问题时，他已经说过，哲学家们尤其有资格进行统治，因为他们在生活中有着唯一的目标，一个人不管在私人生活还是公共生活中做任何事情都应该瞄准这个目标（519c2—4）。哲学家通过教育（这种教育体现在洞穴喻的形象中，在对善的理念的把握中达到顶点）获得了恰当的目标。

柏拉图用洞穴喻表明，训练灵魂的理性部分与训练其他两部分大不相同。在他看来，理性部分的教育首先不是获得我们之前缺少的信息，这类似于将视觉赋予盲人的眼睛之中（518b6—c2）。对理性部分的恰当教育是让灵魂转向它应该看的东西，让它可以用自己的能力看到这些东西（518c4—d1）。教育的这个特征在洞穴喻中得到了说明，那些学习者靠自己得出关于他们所面对的不同对象的结论。如果囚徒们被释放，没有人告诉他们看到的是什么，他们就需要自己找到答案。柏拉图认为在接下来的进步中也是如此。

在柏拉图看来，如果想让理性部分追求正确的目的，灵魂的转向就是必需的。非理性部分的所谓美德是习惯化的产物，而理性部分的美德与此不同。如果灵魂没有被转到正确的方向，理性部分就会为了灵魂其他部分设定的或好或坏的目的而进行工具性的推理（518d9—519b5）。理性部分的这种错误选择在各种偏离之人那里得到了详细的讨论。

为了避免关于理性部分恰当功能的这个错误，柏拉图规定了数学的学习。他主张学习数学，不仅仅因为它将灵魂带离感觉，而且因为那是一种建设性的推理，却不含任何直接的工具性作用（525b11—c6，526d7—527b11，527d5—e6，530b6—c1）。数学的这个
301 方面与实践推理也有关系，因为理性部分要习惯于反思不同行动的优劣，而不仅仅反思其为了满足某个非理性部分而具有的工具性作用。

柏拉图认为，如果有正确的问题，我们又得到鼓励通过推理而自己得出答案，而且这种推理不只是关注满足非理性的欲求，那么理性部分就会获得私人和公共生活中正确的“单一目标”。他说这个过程最终会带来对善理念的把握，由此带来私人和公共生活的恰

当目标。[5]强调自己得出结论，这与柏拉图在对比回忆和一般意义上的教学时所要强调的东西是一样的，这就像他诉诸回忆说来解释苏格拉底式的探究为什么会成功，他以此表明苏格拉底式探究会带来灵魂的转向（515d4—5，534b8—c1）。

207.《理想国》中关于爱的疑难

如果灵魂的转向有这些结果，它就必然影响哲学家的欲求和信念。柏拉图说明了这是如何发生的。他说哲学家必然爱真理和实在（501d1—2）。与此类似，在《斐多》中（68a—b），柏拉图也将对智慧的爱欲[6]赋予哲学家。他坚持认为，他们必须要被训练去培养这种爱（485a10—d5）。真正爱真理和知识的人直到完成了怀孕、与真正的实在交媾，并且产出理智和真，才能使自己的爱和欲求得以完全（490a—b）。[7]只有当他认识了理念，他的欲求才能得以完全。城邦的恰当统治要求哲学家控制城邦，或者统治者及其子孙通过神启拥有对哲学的爱欲（499c1—2）。这种爱欲解释了认识到理念的哲学家为什么会模仿理念，模仿是“带着钦羡的交媾”（admiring intercourse）的必然结果（501c6）。[8]

5　柏拉图没有说善的理念本身是哲学家—统治者追求的目标；更合理的看法是，他们参照善的理念形成自己的目标。参见本书第十六章，注释 21。

6　为方便起见，我下面不再使用斜体或长音符号。（此处作者指的是不再用 erōs 来指代爱欲，而是直接用 eros。——译注）

7　将男性与女性的性活动的不同方面结合和组织起来，是柏拉图关于爱欲理论的特征。参见 Price（1989），第 15—16 页。

8　就像英语里的 intercourse（交媾、交往）一样，homilein 可以用在与性有关和与性无关的语境之中［它没有 migeis（490b5）那么确切］，因此对柏拉图关于爱欲的说法特别有用。参见 *Symp.*，209c；*Phdr.*，252d5，255b1。关于这个语境中的“钦慕”（agasthai），参见 *Euthd.*，276d2。

这些段落超出了比喻的范围。[9]它们诉诸爱欲去描述和解释哲学家在思想方面的发展。这相当令人困惑,因为《理想国》中其他关于爱欲的说法并没有将它当作理性部分的欲求。在第四卷中,爱欲与性欲联系在一起,并且与饥饿和干渴一起被归于灵魂的欲望部分(439d6—8)。这是对爱欲的通常看法。

在第九卷中,僭主式的灵魂被说成是由爱欲主导的,灵魂的其他欲求都臣服于它,这被认为是僭主式的灵魂最根本的错误。这是对"爱欲"的一种非字面的或者引申意义的使用,不像第四卷那样仅仅用在性欲之上。[10]但是"爱欲"依然是一个明显恰当的名字,因为这种欲求拥有性欲的某些标志性特征。柏拉图这样描述僭主式的人的爱欲:它非理性、执着,即便对一个人的其他利益和关切具有破坏性,也总是试图支配灵魂。

《理想国》没有给柏拉图关于理性爱欲的说法提供更多解释。但是如果我们不能更恰当地理解它,就不能理解柏拉图关于将灵魂
302 转向真理的论述中的一个关键要素。因为灵魂的转向对于把握正确的目的来讲必不可少,而正是对正确目的的把握使得哲学家成为好的统治者,因此如果不能理解将他们引向正确目的的爱欲,我们也就无法理解哲学家为什么是好的统治者。[11]柏拉图暗示,《理想国》论证中的一个关键要素不能从《理想国》本身之中得到理解。由于提到了爱欲,柏拉图就授权我们去寻找其他论述来理解他的观

9　关于比喻意义上的"爱欲",参见 *Euthd.*,276d2;*Pr.*,317c7;*G.*,481d1—482b2;*M.*,70d3;Dover(1978),第 156—157 页;Price(1989),第 15 页。在这些篇章中,这个词指的是热情(对某事"疯狂"),但并不意味着对这种热情的本质或来源持有某种理论性的看法。

10　虽然 573b6 在性的语境中引入了爱欲[这就是"legetai"(被说成)所指的],573d4—5 的 diakuberna(i) ta tēs psuchēs hapanta(指引着灵魂中的全部)表明柏拉图现在所说的"爱欲"范围要大得多。

11　Demos(1964)[Wilson(1977),第 594—596 页批评了他]和 Kraut(1973b)格外强调在《理想国》中柏拉图的爱欲理论与正义问题的相关性。

点，因为他大量使用的交媾、怀孕以及生育本身的隐喻并不是很容易理解。既然他关于爱欲的观点在《会饮》和《斐德若》里说得更加详细，我们就有必要转向它们去考察《理想国》中的看法是否可以得到辩护。

208. 爱欲的不同方面

在《会饮》和《斐德若》中，柏拉图也像在《理想国》中那样认可了爱欲的通常范围和联系，但是在论述哲学家的爱欲时，他对此做出了修正。

柏拉图认识到，常识将爱欲看作某种性欲，表达了被某一个体吸引而产生的对爱欲对象之美的意识。因为爱欲与性欲联系在一起，柏拉图便认为它与繁衍的欲求相联系。因为爱欲通常被看作充满激情的强烈欲求，而不是平静而温和的欲求，它经常被认为要求很多、非理性并且执着。《普罗塔戈拉》也提到了它，（根据大多数人的看法）将它看作一种冲动，能够压服一个人对善的知识（*Pr.*，352b8）。

《会饮》中苏格拉底与狄俄提玛的讨论始于爱欲与性欲有关的方面，它是对美的欲求（204d）。但是这一描述很快就得到了另外两个说法的补充或取代：爱欲是对善和幸福的欲求（204e），爱欲是对“在美中生育”的欲求（206b7）。柏拉图并不是在通常限定的意义上使用“爱欲”的，而是用它来指对善的普遍欲求，更具体的欲求都是从这些欲求中衍生出来的（205a—d）。柏拉图的意思是，他可以通过诉诸这一普遍性的欲求来解释具体的对人的爱，特别是解释对美的爱。[12]

12　柏拉图不需要说，自己可以通过这种对善的欲求来解释任何一种人与人在爱欲方面的吸引。如果他接受了《理想国》和《斐德若》中的灵魂划分，他在《会饮》里关于爱欲的论述就不能应用到意气和欲望的欲求上。在《会饮》中，他既没有认可也没有反对这种对灵魂的划分，因为他既没有确认也没有否认心理幸福论。参见 Moravcsik（1971），第 290—293 页；对比 O'Brien（1967），第 224—225 页和 Markus（1955），第 137—138 页。

但是从《理想国》的角度讲，柏拉图在《会饮》中完全没有提到灵魂三分，这掩盖了哲学家爱欲的一个重要方面。《会饮》没有解释，我们为什么可以将僭主式的灵魂中主导性的欲求说成是某种爱欲。从《会饮》的角度讲，说僭主式的灵魂被爱欲主导，就像说其他灵魂被爱欲主导一样。《会饮》并没有暗示，如果我们将某种爱欲赋予哲学家，就是将某种通常归于爱欲的强烈的、表面看来非理性的东西赋予哲学家。在这个意义上，《会饮》排除了通常对爱欲的看法，而支持苏格拉底式的对欲求的看法。

那么《斐德若》区分不同种类的爱欲就是合理的。苏格拉底论
303 证，将爱欲与其他事物区分开来的通常方式是错误的，当我们找到了关于爱欲的正确论述，我们就同时找到了对不同种类爱欲的正确区分。事实上，这并不是两种不同的探究，因为只有理解了爱欲比人们一般所认为的更加复杂，尤其是它既出现在灵魂的理性部分又出现在非理性部分，我们才能理解爱欲的本质。

《理想国》已经说明了正确划分的重要性。我们可能倾向于将欲求和快乐与理性对立起来，而柏拉图却坚持认为某种类型的欲求和快乐属于灵魂的理性部分，另外两部分有不同类型的欲求和快乐（*R.*，580d7—8）。他补充说，不同部分的不同欲求使得人们成为不同事物的爱欲者（philo-，581c3—4）；他并没有说不同人有不同种类的爱欲，但是这个说法是将《理想国》中的划分与《会饮》中对爱欲的论述联系起来的自然方式。而《斐德若》澄清了这一联系。

在苏格拉底的第一篇讲词中，爱欲被归于非理性部分，因为它表达了疯狂，而疯狂似乎属于非理性部分（*Phdr.*，238b7—c4）。欲求或欲望（epithumia）[13] 属于非理性部分，不同于"以最好的东西为目标的信念"（237d8—9）。说信念或者理性信念以最好的东西为目标（参见 237e2—3），苏格拉底的意思是它可以用与某个非理性欲望相

13 关于柏拉图使用 epithumia 时的困难，参见本书第 145 节。

反的方式推动或者阻止我们，但是他并没有说，它在安排事物从而有序地满足整体的非理性欲求之外，还有什么别的功能。爱欲被当作非理性的东西，因为它有时候会妨碍工具性的审慎提出的要求。这篇讲词完全忽视了《理想国》中的观点，即理性部分有自己的欲求（第四卷和第九卷确认了这一点）和快乐（第九卷确认了这一点），而不仅仅是为了满足其他两部分的欲求。[14]

但是苏格拉底的第二篇讲词将爱欲当作一种属于理性部分的疯狂（249c8—e4）。他说理性部分包括了某种疯狂，因为他反对将理性部分仅仅限制在工具性的审慎方面。从那些只看到理性是服务于非理性部分的工具性的审慎的人的角度看，正义之人的观点是疯狂的，因为它与这种纯粹工具性的审慎相冲突。

这个冲突可能解释了，在《申辩》中苏格拉底为什么想象某个人问他，他是否为自己如今面临死刑感到羞愧（*Ap.*，28b3—5）。同样的思想可能支持了卡里克勒斯在《高尔吉亚》中反复强调的一点，即苏格拉底忽视自己的利益，将自己暴露在《申辩》中所面临的危险之中，是非常愚蠢的（*G.*，486a4—c3，521b2—d4）。[15] 在《理想国》和《斐德若》中，柏拉图重申了在正义之人与其他人之间并没有“共同思虑”（*Cri.*，49d2—5）的基础。苏格拉底对话没有解释，为什么没有共同思虑的基础。《理想国》和《斐德若》给出了一个解释：共同的思虑要求对所要实现目的达成共识，而正义之人及其反对者并没有这样的共识。反对正义的人在一定程度上是对的，因为苏格拉 304
底在《申辩》中认同的那种对正义的坚持会受到格劳孔在《理想国》第二卷中描述的那些折磨的威胁。

14　Hackforth（1952，第 40—42 页）和 Ferrari（1987，第 101 页，第 253 页）论证道，苏格拉底第一篇讲词中关于灵魂和美德的观念与《理想国》中柏拉图的观念大不相同。对比 Rowe（1986），第 184 页；以及 Nussbaum（1986），第 204—210 页。

15　我说“可能解释了”和“可能支持了”，是为了指出这些并非历史上的苏格拉底所说。

理性部分纯粹工具性的任务，正是《理想国》第八卷和第九卷中偏离之人赋予理性的唯一任务。如果我们没有看到理性部分的功能都包括哪些，我们可能会认为他们是对的。柏拉图反对纯粹工具性的态度，称它仅仅是“有朽的”节制（*Phdr.*，256e3—257a1），它展示了《理想国》斥为美德“外表”的那种错误。[16]

《斐德若》将爱欲者的疯狂解释为回忆的一个方面。[17] 当灵魂的理性部分回忆起美的理念（249e4—250b1），它的反应是疯狂，因为它忽视了工具性的审慎的通常要求。柏拉图在这里诉诸回忆，表达了他在《理想国》里通过洞穴喻表达的心智发展。在这两部对话中，他坚持认为，如果理性部分转向了正确的方向，就会形成自己关于善的观念，而不是被其他部分的目标主宰。

在《理想国》中，柏拉图没有像在《斐德若》里面那样说，在形成自己善的观念时，哲学家的灵魂展现了某种疯狂。但他还是认可了《斐德若》里面描述为疯狂的特征，在《理想国》第六卷和第七卷里，他好几次强调（通常是提醒我们苏格拉底与他的同胞公民之间的冲突），在其他人眼里，哲学家自己的行为及其给别人的建议都不是理智的。大多数人认为哲学家是古怪的和无用的，甚至是有害的（487c4—d5）。这是因为他们不能理解不同于众多可感物的理念，因此不能实现《斐德若》中提到的回忆的任务（*R.*，493e2—494a3；*Phdr.*，249b6—d3）。[18]

《理想国》的论证解释了表面看来属于认知性的任务——把握理念的整体（对比爱观看者给出的性质的杂多）——为什么也会影响我们的动机和态度。如果不认真思考关于正义的通常信念，我们

16 关于美德的外表，参见本书第136节。

17 Griswold（1986，第111—114页）讨论了疯狂与回忆之间的联系。

18 关于这里描述的回忆的功能，参见Scott（1987），第359—363页。《理想国》493e—494a（以及476a，他在第362页引用了这个文本）倾向于支持他关于回忆的整体看法。参见本书第十六章，注释8。

可能会倾向于认为，正义无非是通常说的遵守某些规则，比如克法洛斯和波勒马库斯提到的那些规则；我们也可能会同意特拉叙马库斯的观点，认为这些规则是保障他人利益，损害自己利益的伎俩。如果是那样，我们就可以推论出，面对正义的正确态度是《斐德若》中苏格拉底第一篇讲词或《理想国》第八卷中寡头式的人所推荐"奴性的"态度。但是，当我们理解了真正的正义是什么，我们也就同时理解了它是一种非工具性的善；如果这样认为，在那些持有爱观看者观点的人眼中，我们对正义的态度就是荒谬的。

我们可以预见，当哲学家不得不去面对洞穴之中的人，他会显得荒谬和无能，他们想要用对待苏格拉底的方式对待他（*R.*，516e8—517a6）。因为他不会去追求其他人的目标，他的行为就显得毫无意义。这正是《斐德若》说的哲学家疯狂的一面，这种疯狂来自他们对 305
理念的回忆，以及认识到理念与众多可感物之间的差别。

当柏拉图将哲学家与"大多数人"进行对比，并且强调他们观点之间的鸿沟时，我们必须对这一对比进行限定，大多数人关于哲学家和美德所说的话，并没有充分反映他们自己隐含的直觉。当我们进行辩驳的时候，首先同意爱观看者的观点，因为它们似乎符合对正义的通常描述。但是，如果他们的看法已经充分地反映了我们最坚持的直觉，我们就看不到苏格拉底反对其观点的力量了。[19]

柏拉图有时候会说，爱观看者和智者不过是服务于大众的看法，但这只是关于大众的部分真相。因为通常的人们容易被苏格拉底式的辩驳影响，他们的信念也就必然超出了智者给出的相对肤浅的论述。柏拉图认识到了这一点，因为他说，大多数人对哲学家的敌意并非不可改变，因为他们可以被苏格拉底式的辩驳影响，经过恰当的训练，他们必然也可以分享正义之人的某些正义观念，将正义看作非工具性的善。

19　关于"描述"和"直觉"，参见本书第 178 节。

在《斐德若》中，柏拉图结合了他在《理想国》和《会饮》中对爱欲的说法。他坚持认为，就像《会饮》中说的，有一种爱欲属于理性部分。但是他也说，这种爱欲具有非理性欲望的一些特征——它的强度和表面看来的非理性，这就是为什么“爱欲”是指称它的恰当名字。如果我们对实践理性采取偏狭的工具性态度，那么就连理性的爱欲也会显得非理性，但是柏拉图反对这种态度。这三部对话从通常的爱欲观念中的不同要素开始，发展了柏拉图理论的不同方面。它们关注理性欲求和实践理性非工具性的方面，这是《理想国》中有预设但是没有得到充分发展的。我们需要去考察，柏拉图对理性部分这一特征的讨论，是否能够支持灵魂正义之人将利他的正义作为自己幸福的一部分。

209. 对未来的关切

在《会饮》中，狄俄提玛说对一个人自身的善的开明欲求会让人们想要在美中生育。她论证说，因为我们想永远拥有善(206a)，我们就必然想要拥有善的不朽状态(207a)，但是我们只能在可能的范围内实现不朽，只能通过在美中生育达到不朽。[20] 她诉诸不朽的欲求去解释字面意义上繁衍的欲求；我们可以称之为“**人与人之间的繁衍**”(interpersonal propagation)，也就是生成另一个不同的人。[21]

但是狄俄提玛认为，繁衍的欲求同时也解释了“**个人之中的繁衍**”(intrapersonal propagation)，也就是我对自己未来的关切。按照我们通常的理解，在一生中，某个动物“是活着的和相同的”(208d4—
306 5)，我们的身体和灵魂都会变化，因此我们的特征、品格、记忆、目标

20 关于不朽的说法可能遭到挑战(因为这里有对“我们希望善永远在我们之中”这句话里“永远”的误读)，但是柏拉图可以给出不那么充分的说法，即我们希望以拥有这个善的方式存在。这个不那么充分的说法足以解释在美中生育的欲求。

21 在207a—c 中，关于要给非人的动物赋予什么样的欲求，会引发进一步的问题。

等等都会变化。我们的自我依然活着，是因为“老的”自我成功地为“新的”自我做出计划，并且在老的和新的特征之间有恰当的联系：“用这种方式，每个有朽的生物都得以保存，不是像神圣的存在那样在所有方面都相同，而是让老的离开，让与之同种的新的[22]取而代之”（208a7—b2）。想要实现持存的欲求，就意味着老的自我繁衍出新的自我。

柏拉图的意思是什么？古代和现代的读者都认为，他所说的个人之中的繁衍其实就是人与人之间的繁衍。[23]我们可以从狄俄提玛关于新的自我代替老的自我的说法中推论出这一点。如果她的意思是，每个变化都意味着经历变化的那个自我的毁灭，那么她的意思就是，通常的一生其实是一连串短命之人的生命的前后相继。

但是，我们没有理由认为柏拉图就是这个意思。狄俄提玛的论证没有说拥有新特征的人不同于拥有老特征的人。当她说老的让位于新的，她的意思可能是同一个人的老的特征让位于新的特征，而不是一个人代替了另一个人。如果柏拉图的意思是，同一个自我的持存更像人与人之间的繁衍，因为它将我的特征和品格用某种方式传递给了某个不同于我自己的人，那么关于繁衍的说法就变得容易理解了。一个人的持存并不要求个人的任何组成部分在一生中保持性质上的同一，而只需要在不同阶段之间保持恰当的因果和性质上的联系。[24]

这些恰当的联系是什么呢？因为我们不是神，因此不能免于变

22　或者“年轻的”（neon）。

23　参见：Seneca, *Ep.*, 58.22—24；Plutarch, *De E*, 392c—e；Anon., *in Tht.*, 70.5—26［参见 Long and Sedley（1987）, #28 B］；Price（1989），第 21—25 页（他认为这是柏拉图关于肉体而非灵魂的看法）。

24　“留下”（leaving behind）说明了一种因果性的联系。“与之前同种［也就是在前一阶段的人］”表明性质上的联系。Parfit（1984）在第 12 章讨论了这些关系在持存和同一性方面的作用。Warner（1979）、Wolf（1986）和 Whiting（1986）讨论了它们对关心自我和他人的意义。

化（参见208b），因此希望未来的自我在全部方面与现在的自我完全同一是徒劳的。那么我应该想要让自己的哪些特征保存下来呢？我们可以设想，未来的自我只是在一些琐屑的口味和偏好上与现在的我相同，比如喜欢在茶里面放糖。如果这就是我所能期待保存下来的全部特征，而其他所有的东西都完全变得面目全非，那么我似乎没有什么理由那么在意我的持存。

在未来自我中保存下来的特征的数量也不是关键性的。我会更关注一个保存下来少量最重要特征的自我，而非一个仅仅保存了数量众多的琐屑特征的自我。我有理由关心的那个未来的自我，必须承载着一些我看重的特征。这就是为什么柏拉图说，我们对于繁衍的欲求是对在"美"或"美好"中繁衍的欲求。

柏拉图的灵魂三分区别了不同的欲求，有些依赖对于对象整体价值的评价，有些则不依赖于这种评价。当柏拉图说我们对于个人之中的繁衍的关切依赖于我们对美好的评价时，他指的是理性部分的欲
307 求，因为他指的是基于我们的价值而不仅仅是欲求强度的关切。在《会饮》中，柏拉图没有提到欲求的三分，但是如果我们认为他也考虑了这一点，那么关于在美好之中繁衍的要求就变得更加清晰了。他反对《理想国》第八卷和第九卷中偏离之人对理性部分欲求的态度。

进一步反思在美好中繁衍的重要性，我们就必须修正我们想要同样的特征在未来的自我中持存的说法。即便区分我看重的特征和仅仅反映我的口味和倾向性的特征，我可能依然不希望那些我现在看重的特征在未来的自我中持存。因为在未来，我可能更多地了解到什么是美好的东西。在《理想国》第九卷中，柏拉图将理性部分描述成爱真理者（581d10—e2），与爱表象者形成对照。他进一步讨论了这个特征，认为我们想要美好的东西，而不仅仅是对我们显得美好的东西能够持存。[25] 如果我关心美好的东西，而不仅仅是现

25　关于理性部分和真理，参见本书第201节。

在认为美好的东西，我就会希望未来的自我拥有那些因为学习了更多关于美好的东西而产生的特征。从我现在看重的价值出发，经过理性的发展得到某种观点，而未来的自我能够拥有这样的观点，这对我来讲至关重要。这一理性的发展就是柏拉图在讨论欲求的“上升”时关注的东西（*Symp.*，210—211）。

在柏拉图看来，在对自我的关切中，真正重要的是保存那些我在这个自我中看重的东西（这个自我包括上面提到的那些修正），以及这些保存是通过我的行动而实现的。这些联系保证了之后的那个人还是我，不管现在的自我和之后的自我之间有多大差别。假如没有这些联系，未来的我就不会是我了。并不是未来的那个人和我相同这个事实，给了我理由关心自己，就像某个人是我的“另一半”给了我理由去关心他（参见 *Symp.*，205d10—206a2）。假如某个未来的自我和我之间没有这些联系（在柏拉图看来这当然是不可能的），我们就不能理解为什么我应该关心他。当那个未来的人与我同一，我对他的关切就是可以理解的，因为他保存了（或者改善了）之前的那个人之有价值的特征。

210. 对他人的关切

柏拉图开始用人与人之间的繁衍（也就是一般意义上的生殖）来解释个人之中的繁衍（也就是自我保存）。之后，他又从个人之中的繁衍返回到人与人之间的繁衍。但是，通过个人之中的繁衍解释的人与人之间的繁衍已经不是之前描述的那种人与人之间的繁衍了。最开始说的人与人之间的繁衍是生物学意义上的父母生下孩子，也就是生成新的人。但是，柏拉图之后描述的繁衍是改变已经存在的人，我们在他们之中繁衍自身。那意味着让人们成为新的，而不是制造新人。狄俄提玛用这种动机来解释立法者、诗人和其他 308
通过自己行动的效果影响他人的灵魂和品格，以此实现他们对不朽的欲求(208d—209a)。

柏拉图认为,他对个人之中的繁衍的分析使得这种新的人与人之间的繁衍变得更容易理解。他已经论证了,我看重个人之中的繁衍,是因为我身上有价值的方面通过繁衍在一个未来的人之中继续存在。现在他指出,我在其中繁衍自己这些方面的那个人不一定是未来的我,他可能是某个现在已经存在的人。因此,如果我将自己的这些方面在另一个人身上繁衍,我也能够实现个人之中繁衍的目的;如果我看重个人之中的繁衍,我就应该同样看重人与人之间的繁衍。事实上,有时候我应该更喜欢人与人之间的繁衍,因为我不能总是保证自己的持存,这个局限使得我不能在自己身上完全实现我所希望实现的东西。这样,促使我关心个人之中的繁衍的理由,就应该会促使我更喜欢在另一个人身上繁衍这些有价值的特征。[26]

在《会饮》的这段话中,柏拉图说人与人之间的繁衍是仅次于个人不朽的好事。[27]我们或许可以由此推论,如果我们的那些特征是不朽的,我们也就没有理由对人与人之间的繁衍那么有兴趣了。但是柏拉图关于神的看法说明,一个特点是有朽的,并不是欲求那个特点能够得以繁衍的必要条件。在《理想国》中,柏拉图坚持认为神不可能是恶的来源,神是善的,他必然也是有益的(379b1—c7)。在《蒂迈欧》中,柏拉图描述了有序世界的创造,这个世界是一个善神的作品,他完全没有一点恶意[28],因此创造出来的东西不会比他力所能及的更差。因为他想要一切东西都尽可能好,于是他从前宇宙

26 这是 Price(1989)在第 33—35 页中讨论的问题。

27 关于不朽的问题,参见 Price(1989),第 30—31 页。

28 关于"恶意"(phthonos), Taylor(1928, 第 78 页)引用了 *Phd.*,61d9; *Phdr.*, 247a7; Aeschylus, *Ag.*,263。柏拉图反对如希罗多德在《历史》(I,32, III,40)中表达的对神的看法。

的无序之中创造出了一个有序的世界（*Tim.*，29d7—30c1）。[29]

柏拉图想要解释，如果神必须创造世界，他为什么要创造一个更好而非更差的世界。但是他同时预设了神想要创造出某种好的东西，而不是让一切保持原样。神为什么要关心这个呢？因为他并不是有朽的，他就不会将自我繁衍看作仅次于不朽的好事。柏拉图似乎认为，神想要表现他的善，即便他的自我持存并不要求这一点。神表达自己善的方式，是运用自己的能力创造他所拥有的那种善，这种表现自我的欲求并非因为他在保全自己的能力上存在局限。

如果想要全面理解柏拉图所认为的可以支持人与人之间繁衍的各种动机，我们就必须要包括表现和扩展一个人身上为他看重的特征，使它们也体现在其他事物上。在有朽的行动者那里，这种扩展的欲求带来的结果是通过人与人之间的繁衍达到时间上的延续。《理想国》和《蒂迈欧》说明了自我表现的欲求是人与人之间繁衍的一种来源，而这种繁衍是先于自我保存的欲求的。 309

关于繁衍的说法在一定程度上澄清了幸福在理性欲求中的作用，以及幸福与其他善之间的联系。柏拉图接受了理性幸福论的基本假设：每个理性行动者的最终目的是他自己的善（*Symp.*，204e3—205a4）。[30] 他同意灵魂的理性部分必须要有一个整全的视野，超越非理性部分有限和片面的看法。他现在指出，如果我的理性部分有了这个整全和全面的视野，它在时间上也必然是全面的，必然会向前看到我未来的利益。他论证，对我的现在和未来的全面关心不可能允许我仅仅关心自己，因为既然我不可能永远保存自己，我就必须要将自己身上那些有价值的方面在他人身上繁衍下去。

29　Taylor（1928，第 78 页）说，在柏拉图看来，“善与爱的本质就是‘流溢’”。Cornford（1937，第 34—35 页）批评泰勒所说的“流溢的爱”；他忽视了柏拉图对神的描述与其爱欲观之间的相似性。

30　关于理性幸福论，参见本书第 36 节。

211. 繁衍与对他人的爱

如果柏拉图表明，我们看重个人之中的繁衍给了我们充足的理由看重人与人之间的繁衍，他又会如何看待对个别人的爱呢？狄俄提玛认为，对他人真正的爱可以被理解成一种人与人之间的繁衍（209a—c）。A 被 B 吸引，是因为 B 看起来既美又好：B 是一个恰当的对象，可以接受 A 想要繁衍的特征和品格。恰当的教育过程使 A 改变了那些他想要在 B 那里繁衍的特征的想法，当 A 修正了关于什么是美好的想法，（狄俄提玛认为）他也就改善了对 B 的爱，即他关于 B 的善形成了更加真实的看法。

当一个爱欲者考察了不同种类的美的和好的事物，他最终得以看到美的理念本身，从而理解了所有真正值得钦慕的事物的共同特征（210a—211c）。但是这个从身体，经由灵魂、品格、知识等等，达到美的理念的欲求的上升过程，并不会剥夺我们对人的关切。狄俄提玛坚持认为，我们都欲求幸福作为我们的终极目的，当我们足够智慧，就会通过人与人之间的繁衍表达我们的自我关切。既然我们想要我们身上有价值的东西繁衍下去，我们关于想要繁衍什么的看法就反映了我们关于什么有价值的看法；欲求上升到理念，这改变了我们关于想要繁衍什么特征的看法。但是，在这个问题上改变看法并不能给我们理由放弃对人的关切。因为我们是人，因此没有什么我们能够影响的东西，可以比一个人更充分地体现我们在自己身上看重的特征。[31]

---

31 关于讨论“上升”段落的重要性，学者们有着不同的看法，可参见 Moravcsik（1971）；Vlastos（1973），第 30—34 页；Warner（1979）；Price（1989），第 43—45 页。《斐德若》尤其关注回忆美的理念给爱中的个体带来的影响。它没有解释在欲求一个人自己的幸福中这种爱的基础。与之形成对照的是，《会饮》并没有像《斐德若》那样考察个人之间的关系。但是我们没有理由认为，柏拉图在两部对话中对爱的看法及其伦理意蕴持有不同的看法。[Rowe（1986，第 190 页）部分赞成这个说法]。

这种对于他人的态度是否真的有我们通常赋予的对人的爱那么重要的伦理意义？一种对人的爱是非剥削性的，并非完全工具性地关心他人的善。柏拉图描述的是这种爱吗？另一个人适合我们进行繁衍，这为什么要求我们关心他人的善呢？

柏拉图说爱的效果是“教育”或“塑造”被爱者（*Phdr.*，252d5—e1），使他达到爱欲者所认为恰当的状态。这和被爱者的利益有什么关系呢？如果B被塑造成最能够满足A自我繁衍的欲求的状态，那么看起来A试图在B中引起变化，是为了A的利益而非B的利益。如果我用木头做一个雕塑，我可以被说成是“爱”这个雕塑，因为我可能会钦慕自己的工作（参见Aristotle，*EN*，1168a5—9）；但是这并非关切木头的利益（因为它并没有利益；参见*EN*，1155b29—31）。在柏拉图看来，对人的态度为什么与此不同呢？ 310

柏拉图的幸福论帮助我们解释了，为什么柏拉图的爱包括对他人利益的关切。因为A关心B是A自我延伸的一种方式，并且由于A为了自身之故关心他自己的利益，那么A就会为了B自身之故关心B，而不只是为了某个进一步的目的，工具性地关心B。就B延伸了A而言，B应该得到A对自己的那种关切。虽然A做这些都是为了A自身之故，但是为了B做这件事也同时是为了A，因为B是A自我延伸的方式。就像A关心A的未来阶段（作为在个人之中繁衍的结果），A有同样的理由关心B（作为人与人之间繁衍的结果）。如果B真的继承了A认为自己身上有价值的东西，那么A就有很好的理由像关心自己一样关心B。

212. 柏拉图式的爱与柏拉图式的正义

如果我们接受这些关于柏拉图式的爱的说法，它们是否表明，某个爱欲得到恰当启蒙的人也是一个正义之人呢？在《斐德若》中，柏拉图承认，自我繁衍的欲求并不限于灵魂完全由理性部分控制的人。因为他承认，不同种类的爱欲者也会将他人塑造成有着不同观点的不同类型的人（*Phdr.*，252e—253c）。即便我们同意柏拉图关于爱的理论，同意他找到了那种对他人利益的关切的基础，我们也无需同意这种关切给了我们充分的理由成为正义之人。如果柏拉图式的爱被认为是不同个体之间的关系，那么我对他人的关心要建立在我成功地将他变得跟我相似的基础之上，这看起来就会很奇怪。这看起来是一种值得批评的飞扬跋扈的态度。它怎么会构成正义之人对他人利益的关切呢？

根据柏拉图的看法，人们在人与人之间的繁衍方面会犯错误，因为他们对自己持有狭窄而片面的看法，错误地赋予某种非理性部分的观点以优先性。为了自我保存和繁衍，他们必须要采纳理性部分的看法，但是他们并非坚决地采纳这种看法，从而正确看待自我的哪些部分应该得到繁衍。就像《会饮》说的，他们没有沿着不同的美好的观念上升到足够的高度。这就是为什么他们对自己的善和
311 他人的善持有某种竞争性的态度，认为其他人获得越多，自己获得就越少；他们承认的善只有那些“竞相争夺的”善（*R.*，586a1—d2）。在为自己积累这些善的过程中，他们形成了为谁积累这些善的错误的自我观念。

柏拉图关于自我繁衍的看法可以通过《理想国》第八卷和第九卷中理性控制的不同程度得到解释。偏离之人也由理性部分关于哪些目的值得追求的决定来指引。[32] 但是他们同时被非理性部分指引，因为理性部分完全默许了非理性部分的目的，以此来形成自己的决定。《会饮》更清楚地说明，如果理性部分独立做出决定而非默许非理性部分的偏好，会有什么不同。

在描述自我繁衍的时候，柏拉图否认，我的幸福观可以独立于我的道德信念而得以确定。我自己的幸福观取决于我想要什么样

32　关于偏离之人，参见本书第 198 节。

的未来,我对这种未来的观念取决于我对未来自我的观念,而我对未来自我的观念取决于我想要"在美好中繁衍"什么,以及我认为哪些特征有足够的价值应该被繁衍。我关心自己未来的存在,因为我认为那是一个有价值的存在,因此我必须要有关于什么是有价值的存在的观念,而不只是将它看作持续存在的手段;这个观念会告诉我,满足未来的欲求是不是会在美好中繁衍。繁衍的这个规范性的方面使得我们可以合理地认为,我们通过反思正义和其他美德可以发现幸福的构成要素。我们不能期待从某种之前关于幸福的假设中推论出关于美德的看法。

具体来说,柏拉图认为,如果我们考虑自己未来会看重什么、关心什么,我们就会看到,理解自我繁衍的这种关切应该引领我们修正关于善的观念。我们会想要追求促进自己以及我们看重的那些状态和行动的保存,而不仅仅是满足我们现在的欲求。如果我们发现了理性活动在我们的善中所具有的优先性,也就发现了灵魂正义是我们的善的组成部分,它主导着外在的善,而其他人的注意力全都集中在这些外在善上。

因此,柏拉图认为,如果一个人真的由灵魂的理性部分指引,那么他对待他人善的态度就会不同于偏离之人。灵魂正义之人想要维持自己灵魂之中理性部分的控制,因此也会希望其他人的灵魂也由理性部分指引。但是在柏拉图看来,尽可能由理性部分指引,比其他东西都更符合一个人的利益。[33] 因此,如果一个人有柏拉图这种对繁衍的关切,并且有关于自己利益的正确观念,他就会关心他人的利益。

如果这个论证正确,那么柏拉图关于爱的观念就帮助我们弥补了《理想国》论证中的一个缺憾。因为根据柏拉图对自身利益和个

33　"尽可能"允许理想城邦中非统治等级的成员也可以在有限的意义上由理性引导。参见 590c2—591a4;本书第 234 节。

人之中繁衍的看法，理性之人有理由关心他在其中繁衍自身的那些
312 人，就像他有理由关心自己的未来状态。因此我们可以预见，一个灵魂正义之人关心他在其中繁衍灵魂正义的其他人的利益。因为他对他人有这种非工具性的关切，他就可以合理地宣称，自己拥有通常意义上的正义。因此，柏拉图就可以说，他对灵魂正义的辩护也是他对特拉叙马库斯一开始挑战的通常意义上的正义的辩护。

这种对他人的关切是为了他人的目的吗？柏拉图不能证成完全无条件的关切，因为灵魂正义之人没有理由仅仅因为那是他人的利益就关心他人的利益。另一方面，他可以说自己证成了为他人自身之故而对他们怀有的非工具性的关切。在他看来，这种关切并不意味着我们关心他人的善仅仅是出于我们自己某些更深层的好处。因为，如果我实际上是要在他人之中繁衍自己，那么我们关心他人的理由就和我们关心自己的理由一样。柏拉图迫使我们追问，要求一个正义之人无条件地关心他人是不是合理的？如果这不是一个合理的要求，那么柏拉图对他人关切的辩护就不该被抛弃。

一个进一步的疑问是，柏拉图的论证所能证成的对他人的关切可以达到何种范围。如果我们同意，自我繁衍的关切证成了某些对他人内在的、非工具性的关切，这似乎并不要求我们关心很多人。如果不关心很多人，我就不能自我繁衍了吗？我们或许可以理解柏拉图的爱的理论如何解释，在个人之间的友爱关系中我们为什么会关心他人，这似乎就是《斐德若》中的用法。但是，这似乎不能证成我们在道德中要求的那种更加普遍的关切。

213. 哲学家—统治者的正义

柏拉图在《理想国》里部分回答了这个问题，他论证哲学家—统治者会关心他们的共同体。柏拉图关于爱的说法表明，哲学家应该认为统治是有利于他们自己的。他们对自我繁衍的欲求，使得他

们发现并且看重那些完全体现在理念中的性质，而他们对于人与人之间繁衍的欲求促使他们想要在其他人身上体现这些性质。《会饮》提到了立法，认为它是通过人与人之间的繁衍表达自我繁衍之欲求的方式（209a），这个动机解释了柏拉图在《理想国》中的预设。

哲学家对具体他者的关切通过他对更大的共同体的关切得以实现。柏拉图认为，更大的共同体能够最好地实现繁衍的欲求，而对具体的他人的关切建立在他们与共同体的关系之上。我们还是需要强调，这并不意味着对具体的人的关切是纯粹工具性的。如果对共同体的关切可以得到证成，那么对他人的关切就不会局限在少数人身上。在这个意义上，柏拉图可以说满足了《理想国》开篇所说 313
的正义的道德要求。

为了表明他已经完成了开始确定的任务，柏拉图引入了正义影响哲学家—统治者的三个方面，并论证哲学家考虑到了所有这些：（1）哲学家的爱欲将他们引向关于善理念的知识，这个知识给了他们的全部行动一个单一的目标（519c2—4）。（2）他们愿意承担自己在城邦中的任务，关注公益而非他们的私利（519e1—520a5）。（3）他们愿意偿还之前从城邦获得的好处（520d6—e1）。

这三个方面以相反的顺序出现在第一卷和第二卷关于正义的难题之中。第三个方面让我们回忆起苏格拉底对克法洛斯正义观点的第一个概括，也就是归还一个人得到的东西（331c1—3）。第二个让我们想起特拉叙马库斯对正义的反对，也就是正义是为了他人的善，会伤害行动者（343c1—5）。第一个说法表达了一种视角，从这个视角来看，特拉叙马库斯的反驳最强有力：如果我们关心自己的幸福，那么正义关心他人的要求这一点就是无法得到辩护的。柏拉图的论证首先是从克法洛斯关于正义的初步想法“上升”到善的理念，现在又“下降”（511b3—c2；参见 Aristotle, *EN*, 1095a30—b4），回到关于正义的最初信念。虽然柏拉图的论证并没有达到线段的第四个阶段（因为他坚持自己缺少关于善理念的知识），但他还是认为这个论证是有效的。

柏拉图关于爱欲的论述意在表明，行动者追求自己幸福的自利视角如何转向关注公益的共同体视角。关于繁衍的论证解释了，为什么关心个人利益要求开明的行动者不是在所有行动中排他性地关心自己的幸福。繁衍要求在共同体之中关心他人，一个共同体不允许排他性地关心某些成员的幸福而不顾其他人（420b3—421c7）。假如哲学家—统治者不是为了他人之故而关心他人的幸福（也就是关心他们灵魂的正义），那么他就没有用他对待未来自己的态度去面对他们，因此他也就不能在他们之中繁衍自己。

从这个角度看，要求公平地归还一个人得到的好处是合理的。这个互惠性的要求，以及更普遍地说，给其他人应得之物的要求（西蒙尼德斯的正义观，332a7—8）[34]会带来很多困难，如果我们仅仅考虑行动者的利益（就像《理想国》第二卷那些精于计算的不义之人那样）；但是如果我们从基于互惠性利益的共同体的角度看，就完全可以理解了（这种互惠性利益在柏拉图的理想城邦，尤其是在不同等级的分工中得到了保证）。

柏拉图将正义的这三个方面联系起来，由此表明他如何看待道德的一个核心领域。他对克法洛斯和西蒙尼德斯的辩护也解释了，我们为什么应该接受苏格拉底在第一卷中未经辩护就表达出来的关于正义的其他说法：正义之人是好处而非伤害的来源（335b—e），
314 最好的统治者是那些最不想统治的人（347b5—e2）。柏拉图认识到，正义的特征使得我们认为它表达了一种无偏倚的视角，而不是关注某个行动者的善。正义的这种无偏倚的特征，也就是人们通常理解正义的方式，使得卡里克勒斯和特拉叙马库斯得出结论，认为正义之人必然不幸福。柏拉图想要既不否认正义的无偏倚特征，又反对他们的结论。如果有一个共同体可以让哲学家适宜地繁衍他

34　关于西蒙尼德斯的看法，参见本书第 120 节。

最看重的价值，那么哲学家对这个共同体的关切就给了他理由，按照促进共同利益而非个人利益的原则行动。

柏拉图论证，哲学家（也就是正义之人）对于一个缺少正义政体的城邦，也就是没有训练哲学家—统治者将他们的灵魂正义体现在城邦整体之中的城邦，并不具有完全相同的义务（520a9—c1）。柏拉图说，在一个不义的城邦中，哲学家应该尽量远离麻烦，就像在墙后面躲避风雨（496c5—e2）。即便如此，他们对自身之善的理解也并不独立于城邦的善——即便是他们对其没有义务的城邦；他们保持“安静”，“做自己的事情”（496d6），避免不义和不虔诚的行为（496d9—e1）。在《克里同》中，苏格拉底说自己对城邦给予自己的东西有一些义务（*Cri.*，50c7—e1），但是没有解释他在那里认可的义务的基础如何能够用其普遍的幸福论观点进行解释。柏拉图当然没有补全苏格拉底在论述正义的通常义务时留下的漏洞，但是他关于爱和自我繁衍的理论说明了我们应该如何理解其中的一些义务。

柏拉图在讨论正义特征的同时，也讨论了道德探究的特征。最清楚地体现这一点的是，他在论证的这个阶段回顾了第一卷的很多说法。虽然他依然严厉批评“大多数人”的道德观，但是并没有完全反对它。大多数人未经教导和反思的说法带有误导性并且有害，这些说法表达了其道德观相对肤浅的特征。常识观点是柏拉图的起点，但是更重要的是，这也是他在捍卫正义的第二个和第三个方面时所要回归的要点。

《理想国》让我们瞥见了它所描绘的目标，虽然不能将我们引到那里。被善的理念启蒙的哲学家，如果练习运用关于理念的知识，就能够更清晰地看到洞穴中的事物（520c1—d1），《理想国》的论证就是要让这个说法变得合理。道德探究使我们超越“很多正义的事物”，这些是大多数人在未经反思的状态下会等同于正义本身的。但是如果理解了正义本身，我们就看到了在人们的道德说辞背后合理的直觉。我们不仅看到了为什么人们认为正义是给其他人应得的东西是对的，而且看到了他们认为正义不是为了行动者的利益这个错误的原因（参见 Aristotle, *EN*, 1154a22—25）。他们合理地认为，正义不是排他性地关注行动者的利益，因为它要求我们关心共
315 同体的公益，他们也合理地认为，如果我们按照特拉叙马库斯的方式理解利益，那么正义确实与行动者的利益相冲突。但是，如果合理理解了一个人的利益及其与正义的关系，我们就理解了反映在通常信念中的真理（这种真理虽然被歪曲了，却并非无法识别）。

在论述哲学家为什么会进行统治时，柏拉图概要地解释了开明地理解自己的善的行动者为什么有理由成为正义之人。在做这一解释的时候，他也重申了自己的看法：通常的道德信念是恰当的始点（archē），通过回忆让灵魂最终转向，得以理解它们的理性基础（archē）。[35] 在这一点上，《理想国》和《美诺》一样确认了柏拉图对苏格拉底辩驳法的建设性作用充满信心。虽然《理想国》的道德理论、形而上学和认识论都远远超出了苏格拉底的理论，但柏拉图依然有理由认为，它们捍卫了苏格拉底关于道德以及道德探究的信念和坚守。

即便柏拉图可以在这个意义上证成关切他人的正义，也并不意味着他可以证成所有合理的道德要求。我们可能会坚持认为，其他人对我们的道德要求并不依赖于他们是我们的朋友，或者他们在某个我们关心的共同体之中。他们是他者本身，似乎就意味着他们的利益应该得到考虑。如果采纳这种道德观，我们或许能够从柏拉图那里得出两个结论：一个结论是，他的那种论证可以证成的只是道德的一部分，也就是关乎同一个共同体成员的部分，而道德的其他部分需要其他的论证。另一个结论是，柏拉图的这种论证可以证成整个道德理论，根据这种看法，我们应该扩展他的共同体观念，使它

35 archē 的这两种用法来自 Aristotle, *EN*, 1095b2—8（紧跟着关于柏拉图的评论）。在《理想国》第六卷和第七卷，柏拉图只在理论原理的意义上使用 archē。

可以容纳那些之前并不在同一个共同体之中,但是应该被看作和我们属于同一个共同体的人的道德要求。虽然柏拉图的论证并没有替我们回答这个问题,但是它对关涉他人的道德关切的辩护非常合理地提出了这些关切与整体道德的关系问题。

214. 从《理想国》中得出的结论

柏拉图最终是否表明,灵魂的正义本身就是一种善,而不是仅仅因为其结果而被选择呢?我们可以同意关于理性部分最低程度的控制的说法。但是,柏拉图所要求的控制是要用理性来选择目的。[36] 某种最低程度的自制本身是一种善,能够说服我们接受这一点的理由是否也足以说服我们接受,理性更强的控制本身也是一种善呢?

《理想国》的论证表明,我们要更严肃地看待理性部分应该履行其功能的要求。如果接受柏拉图的要求,我们就可以看到,对理性 316
控制的要求为什么是合理的,但是关于履行一个人作为理性行动者功能的善,我们应该比柏拉图更为慎重地考虑这一点。

一个进一步的问题会引领我们达到同一个地方。柏拉图是否表明,他最终理解的灵魂正义是幸福的主导部分,其重要性足以保证一个灵魂正义之人总是比灵魂不义之人更加幸福?我们大概会同意,如果灵魂完全处于混乱状态,那么生活是不值得过的;但是,为什么不能牺牲一些灵魂正义以换取更多的其他善呢?要回答这个问题,我们需要更多地了解,灵魂正义本身为什么是好的,以及其他的善为什么是好的;我们还需要重新考察人类善的特征及其与理性活动的关系。

看到这个问题,我们就要面对《理想国》未能完成的最重要的

36　关于灵魂正义与理性控制,参见本书第 199 节。

任务。柏拉图经常合理地坚持,我们需要仔细考察正义的本性,对它的错误看法会导致我们认为正义不能促进幸福。柏拉图没有同样地坚持重新考察另一个错误观念的来源:对幸福的通常描述。但是关于这个问题,他必然有一些隐含的看法,否则他就不能期待人们会立即认为,灵魂正义之人的状况好于拥有充足的外在善和使用这些善的机会的灵魂不义之人。

关于爱的理论回答了其中一部分问题,因为柏拉图认为,自我关切的恰当对象是我们理性能动性的繁衍。如果能在这些关于爱的说法之下形成善的观念,我们就可以理解柏拉图在正义与幸福之间预设的联系。他的不同对话给了我们足够多的信息去勾勒这一观念。一些后期对话,尤其是《斐莱布》,更加充分地发展了这一观念。但是,对柏拉图善观念的恰当解释和捍卫是由后来的希腊道德哲学家做出的,尤其是亚里士多德与斯多亚学派。《理想国》对于它给出的论证以及其达到的结论来讲都是非常重要的。柏拉图合理地指出,有些关于善的论证是值得严肃对待的,虽然他本人并没有
317 充分证明它们。

第十九章

快乐、理智与善

215.《斐莱布》的范围

《斐莱布》以苏格拉底和斐莱布之间的一场争论开始，主题是快乐与理智（或智慧）是不是善？斐莱布站在快乐主义一边，而苏格拉底捍卫了理智的主张。在《理想国》第六卷中，柏拉图拒斥了这两种对善的论述（*R.*，505b—d），而且，对于任何试图对善进行化约定义（即通过参考能够独立于善而加以理解的属性来定义善）的前景，他都表示怀疑。[1] 在《斐莱布》中，柏拉图更加彻底地考察了快乐和理智。

第一个问题涉及对不同种类的快乐的划分与评估。在《理想国》中，柏拉图声称，善不能等同于快乐，因为既有好的快乐也有坏的快乐；不过，他声称，就正义的人拥有最好的生活而言，他们也拥有最快乐的生活。[2] 这些主张的预设在《斐莱布》中得到了审视。在反驳"快乐即善"这个主张的时候，苏格拉底坚持认为快乐具有多样

1　关于对善的那种受到拒斥的说明，参见本书第 187 节。

2　有关正义之人的快乐，参见本书第 200 节。

性（12c—d），并声称最初关于“快乐”（单数）价值的问题应当得到重新思考，只要我们对于不同的快乐及其不同价值具有更清楚的看法。事实上，这部对话的大部分篇幅都被用来划分和讨论各种类型的快乐。这个讨论应当解释，我们如何能够正当地比较不同生活中的快乐，以及这样的比较是否支持《理想国》中得出的结论。

在《理想国》中，柏拉图论证说，相关类型的知识必定是关于善的知识，因而将善化约为知识就会失败，他由此反对将知识等同于善。《斐莱布》对理智做了更宽泛的考察，并在其中考察了对知识的主张；它审视了不同种类的知识及其在好生活中的不同地位。

柏拉图在《理想国》中提出的关于快乐与知识的主张预设了某些关于善的主张。他在为正义所做的辩护中预设了关于善的进一步观点；因为他声称正义的人总是比不义的人更幸福，但是没有说
318 正义对幸福来说是充分的，而在提出这个主张的时候，他诉诸某种关于善及其构成的观念，但是他没有试图捍卫这个观念。在《斐莱布》中，他论证支持一种对快乐和理智的失败加以解释的善观念；这种观念可能也澄清了《理想国》中站在正义的立场上提出的主张。

这些关于快乐和善的问题是在一场形而上学讨论的语境中来探讨的，而那个讨论被插入对快乐的讨论中。首先，苏格拉底提出了“一”和“多”的问题。稍后，他引入了有限和无限。这些讨论旨在帮助我们回答苏格拉底就快乐、理智和善而提出的“它是什么？”的问题。尽管这个问题是苏格拉底式的，但是苏格拉底在早期对话中并没有就这些东西提出上述问题。在《理想国》中，柏拉图比苏格拉底更明确地提出自己的观点，但是只有《斐莱布》直接将焦点集中于理智、快乐与善的本性。

《斐莱布》很有趣，部分是因为它的论证复杂且详细。它有很多地方也很模糊和困难。若只想简要地论述它对柏拉图有关伦理学的、不断发展的观点有什么贡献，未免就过于简单化了。但是一个过分简单的论述也可能是有用的，只要它能够为这部对话的论证提

出一个可靠的概括，并合理地说明该对话对我们理解柏拉图的道德观点来说具有什么样的意义。[3]我们有充分的理由假定，亚里士多德受到了《斐莱布》的影响[4]；因此这部对话对于我们理解柏拉图和亚里士多德的道德理论之间的联系就尤为重要。

216. 快乐的多样性

在开始讨论的时候，苏格拉底针对一切关于快乐价值的普遍声明提出警告。他提到了各种各样的快乐以及享受这些快乐的人：

> 我们说行动不节制的人感到快乐，但是我们也说行动节制的人从节制行动本身获得快乐。再者，我们说一个愚蠢的、满脑子愚蠢信念和希望的人感到快乐，但是我们也说一个理智的人从作为理智的人这件事情本身获得快乐（12c8—d4）。

苏格拉底评论说，节制的人恰恰是从作为节制的人这件事情本身获得快乐，但他并未暗示，不节制的人从成为不节制的人或不节制地行动中获得快乐。这样一种关于不节制的人的暗示是错误的；因为一个不节制的人就是一个享受（比如说）某种特定的身体快乐的人，而且不在意这是不是一种不节制的享受。与此相反，节制的人则不会不在意"这是一个节制的行动"这个事实。

当柏拉图标示出这个差异时，他将注意力集中于一种快乐的原因与其意向对象之间的区别。说不节制的人快乐的原因是一个不节制的行动，以及说它是一种身体快乐，这都是真的；但是只有第二种描述挑出了快乐的意向对象，因为它说明了在这个行动中有什么 319

3　对于这部对话的一种概要观点的有用性，参见 D. Frede（1992），第 425—426 页。

4　关于亚里士多德，主要参见本书第 45 节，第 174 节，第 224 节。

是令他感到享受的。快乐的原因和对象可能就是同一个事件,但是只有其中的某些属性构成了快乐的对象。[5]

原因和对象之间的区别与普罗塔库斯(Protarchus)关于快乐的多样性和统一性的观点有关。在回复苏格拉底关于快乐多样性的评论时,他说:“是的,苏格拉底,这些快乐来自相反的事物,但它们本身不是彼此相反的。因为一种快乐怎么可能不是所有事物中与另一种快乐最相似的呢,既然它是一种事物与其自身的相似性?”(12d7—e2)普罗塔库斯恰当地指出,仅仅是两种快乐的原因之间的差别并不表明这些快乐自身存在任何重要差别。不同钻井里涌出的油,不同奶牛产出的奶,除了其来源之外或许没有任何不同;如果这就是各种快乐之间唯一的差别,那么好人和坏人都享受快乐这个事实就不会表明,某些快乐是好的,而另一些快乐是坏的。

在柏拉图看来,这个答案不符合苏格拉底关于快乐多样性的主张。苏格拉底所声称的不只是不同快乐具有不同的原因;他也声称它们具有不同的对象,而且这种差别捍卫了一个主张,即快乐本身彼此相反。柏拉图相信,一个残忍的人(比如说)很享受将痛苦强加给别人这件事情,并非只是因为别人将承受痛苦或因为残忍是不好的而且是坏的。一个快乐主义者可能会说,残忍之人的快乐就是这种情况的一个好的特性,无论有多少善可能被这种情况的坏特性抵消。然而,根据柏拉图,残忍的人所获得的享受是另一种坏特性。即使我们不考虑残忍行为的另一个坏方面,即使我们可以避免在其他人身上造成坏的影响,但有人从这种事情上获得快乐这件事情本身就是坏的。

普罗塔库斯反驳说,苏格拉底自己的信念(即一个被称为“F”的东西是F的多个实例共有的)实际上与苏格拉底的主张(即各种

5 在错误快乐的情形中(本书第222节就此有所讨论),快乐的原因和对象是不同的事件。

快乐自身因其对象而彼此相反）相冲突。[6] 既然所有的快乐必定具有某种作为快乐的共同属性，它们就不可能“就快乐而言”或“作为快乐”（kath'hoson ge hēdonai；13c5）而有所不同；因此，普罗塔库斯推断，它们不可能彼此相反，而且我们不可能说，就快乐而言其中有些是好的而有些是坏的。

苏格拉底解释了，为什么普罗塔库斯的论证误用了关于一和多的苏格拉底式主张。这个论证利用了“作为快乐”之中的一个含混之处，它的意思可能是（1）“作为某一种快乐或另一种快乐”或（2）“作为它们所是的那类快乐”。即使 G 和 H 基本上是 F 的种（species）并因此分有对于 F 来说必不可少的属性，但对于 G 和 H 来说，作为 F 的种，它们彼此相反也可能是必要的。

这个观点在苏格拉底关于颜色和形状的例子中说得很清楚（12e3—13a5；参见 *M.*，74b2—75a9）。红色就其作为某种颜色而言并不与绿色相区别；因为（我们为了这个目的而假定）对颜色的同一定义适用于这两种颜色。但是没有什么东西可以只是颜色，而不是某种具体的颜色，而且那些使一个颜色是红色的特性不同于那些 320
使另一个颜色成为绿色的特性。红和绿并不仅仅在那些外在于作为颜色的必要与基本条件的属性上有所差别；比如说，它们之所以不同并非仅仅因为红色恰好出现在莓果上，而绿色恰好出现在树叶上。当苏格拉底向普罗塔库斯提供这个例证的时候，他试图表明，不能将快乐之间的矛盾仅仅作为其原因之间的矛盾而打发掉；那也是各种具体快乐自身之间的矛盾。

于是，苏格拉底已经表明，普罗塔库斯没有充分的理由拒绝他的提议，即快乐的对象所具有的特点影响到快乐本身的特点。尽管还需要进一步的论证来说明他的提议是对的，但他到目前为止提出

6 普罗塔库斯的观点得到了以下支持：Gosling（1975），第 73—74 页，第 162 页；Gosling and Taylor（1982），第 134 页。

的评论还是暗示了为什么这个主张是合理的。如果在不同的快乐本身之间没有什么可选择的,那我就不应当介意,我是从作为一个残忍的人之中获得快乐,还是从作为一个善良的人之中获得快乐,如果我考虑的是快乐本身的话;我的反驳应当仅仅基于残忍之人对手段的选择。但是残忍之人的快乐基本上涉及一个想法,即其他人因为他的行动正在遭受痛苦;一种并不赞成上述想法的快乐则是一种不同的快乐。善良的人会拒绝涉及这样一种信念的快乐。之所以如此,并不只是因为残忍的人一定会残忍地行动;如果这就是全部,那么到了残忍的人从他所做的事情中获得快乐之时,恶也就会结束,而他对于自己做了这件事感到享受这个事实,就不会比他做了这件事这个事实本身更令人反感。[7]

如果这就是理解苏格拉底的例子和论证的正确方式,那么我们就应当指望他会更加充分地论证自己在快乐和信念之间所假定的那种联系。考察他对节制和不节制人的快乐所做的评论,这将会表明,他对普罗塔库斯的反驳基于他的一个观点,即快乐和信念之间的联系不能成为纯粹的外部联系,而如果普罗塔库斯关于所有快乐的善的观点是正确的,那么这一联系就必须成立。

217. 一与多

在考察快乐之前,苏格拉底开始讨论关于一和多的更为普遍的问题。他提出,普罗塔库斯关于快乐的主张依赖于某种对一和多之间关系的误解(13e2—14c10)。

关于一和多,有两个问题值得注意:(1)人是多个特定的人中的一个。(2)声音是多个不同种类的声音中的一个。其中第一个问

7 关于苏格拉底的论证与对话的主要目标之间的相关性,见 Gosling(1975),第142页。

题关系到普遍物与特殊物；第二个问题关系到更确切的普遍物和不那么确切的普遍物之间的关系。[8]

柏拉图在他对以下设定的评论中似乎提到了第一个问题：“人是一，公牛是一，美好是一且善是一”（15d4—6）。这些“单一物”（henades，monades）与那些有生有灭的事物形成对比（15a1—2）；这个对比令人回想起中期对话里对理念的描述。[9] 联系语法和音乐 321
对声音所做的讨论使我们想起的则是第二个问题，而不是第一个问题（16c5—17a5）；这个任务似乎是要区分不同类型的声音，而不是将不同声音的具体实例从它们所例示的那个普遍的声音中区分出来。

然而，柏拉图认为这两个问题是相关的，这并不令人惊讶。在中期对话中，提及“多个 F”通常标示着各种类型的 F 和 F 本身之间的对比。当柏拉图考虑对多个 F 的关注会妨碍我们去发现和定义 F 本身时，他可能被认为是在警告我们，不要将普遍物与它的多个特定实例混淆起来；然而，通常情况下，他批评了那些诉诸可感属性的人所犯下的错误，他们相信一份可感属性的清单对 F 自身提出了一个充分的定义。

《斐莱布》帮助我们认识到，为什么柏拉图用如此相似的术语来谈论两个不同的错误。[10] 如果我们理解了第一个错误，就会更容易理解不那么明显的第二个错误。如果我们只是给出一份特殊例子的清单，我们就不会找到苏格拉底式的定义，因为特定的多个 F，其数量在原则上不受限制，而且与 F 的本性无关。F 的定义被假定为

8　关于这两个问题，参见 Gosling（1975）关于 17b4 的论述。

9　《斐莱布》中的“理念”与中期对话中的“理念”之间的关系是一个处于争议中的问题。参见 D. Frede（1992），第 462 页及注释 40。我相信对中期对话的理念论提出一种正确论述，削弱了很多支持柏拉图后来放弃该理论的论证。有关《斐莱布》的统一论观点得到了 Hampton（1990）的捍卫，他依赖于一个我不会接受的、有关中期对话的论述。进一步的论述参见本书第一章，注释 29。

10　关于多个 F，参见本书第 110 节，第 181 节。关于这两个错误之间的联系，参见 Fine（1993），第 71—76 页，此处述及亚里士多德对不确定的论证。

解释了清单上的成员之所以成为适当成员的原因，而我们不能仅仅通过给出这份清单来回答这个问题。如果这是对特殊物的异议，那么，对于诉诸一系列特定类型的做法，也可以提出一个同样强度的异议。这样一份清单也包括不相关的特性，而且它并未解释，为什么构成那份清单的那些不同的类型应该被恰当地列入。这是美诺的错误，在《理想国》第五卷中，爱观看者（sight-lovers）重复了这个错误。因此，如果柏拉图认为，在对定义加以考虑的时候，一和多之间的这两种关系又提出了类似的问题，那也没有什么令人惊讶或者不合理的。

《斐莱布》对一个 F 和多个 F 之间的这种对比又加上重要的一点。柏拉图坚持认为，如果我们仅仅是提供一个对 F 的描述并将这个描述与多个 F 对立起来，那我们就没能理解 F 的本性。因为，即使我们的描述是对的，对于理解在多个 F 中展现出来的“F 性”（F-ness），它也不像本应会有的那样对我们提供帮助。对 F 的恰当理解和对 F 的种的恰当理解是相互一致的。

在《美诺》中，苏格拉底没有否认美诺恰当地鉴别了美德的种。事实上，他的例证涉及形状的本性，假设我们能够正确地鉴别正方形、三角形等形状的种；他没有挑战形状的这个分类。然而，在《理想国》第五卷，柏拉图似乎挑战了爱观看者所提供的分类。无论如何，他的论证都是有效的，只要该论证宣称，多个 F 中的每一个，在爱观看者将它鉴定为 F 的那个精确的范围内，也是非 F（因此，比如说，即便是在两个人进行的交易中，正义也不可能仅仅是归还你已经借出的东西）。[11] 如果这是对的，那么爱观看者喜欢的属性就无法将正义划分为恰当的种。

在《斐德若》中，通过强调在自然恰当的节点上划分实在的重要性，柏拉图更加清楚地表达了这一异议（*Phdr.*，265e1—266b1）。

11　关于爱观看者，参见本书第 185 节。

不加批判地从常识中提出我们对各种F的分类，并将我们限定于寻找那些多个F中的一个F，这是错误的。相反，我们应当期望，只要 322
我们发现了F的本质，在那些使得各种F彼此相似或相异的重要方面，我们就会改变自己的想法。

与此类似，《斐莱布》提出了一个关于恰当划分快乐的问题：在那些从自然节点上划分快乐的显著特性中，我们是否应该纳入不同快乐的对象？如果我们同意普罗塔库斯，我们就会假定，不同的对象反映了各种快乐之间表面的和不相关的差别；如果我们同意苏格拉底，我们就会假定，不同的对象反映了各种快乐之间的本质差别，这就相应于《斐德若》在各种爱欲中所标示的差别。[12] 柏拉图论证说，对这个问题的回答与关于“快乐是什么”的苏格拉底式问题的答案是不能分离的。

218. 限定与无限定

柏拉图在他对一和多的讨论中引入了限定［limit，或者“确定因素”（determinant）］和无限定［unlimited，或者“不确定因素”（indeterminate）］之间的区分。他把“多”说成“生成和无限定的事物”（15b5），意味着多个F要被鉴定为无限定者。识别“这一个”F和多个F只是第一步（16c9—d2）；当我们识别出多的时候，我们不应当立刻将它们看作无限定的。在一和无限定者之间，我们应当识别出一个确定的数，只有当我们已经找到了恰当的数时，我们才应该把“一”打发到无限定者之中（16d3—e2）。在柏拉图举出的声音例子中，找到确定的数似乎就是鉴别具体的元音和辅音（17b3—9）。于是，他提到要发现原初的属（genus）的正确的种（species），并将这点与对不确定性的承认对立起来。

12　关于《斐德若》对爱欲的论述，参见本书第208节。

《理想国》第五卷的论证可能又一次有助于我们澄清柏拉图的关注点。他说，爱观看者将美等同于各种颜色、形状等等。对美本身的合理论述不一定会把这些东西接受为美的恰当种，因此它们也就不会被纳入我们在探究美的真正的种时所发现的“有限数量”。出于这个原因，我们不会满意于一和无限定的多之间的简单二分。不过美在爱观看者识别出来的不同属性和多个例示这些属性的特殊物中显现自身，这依然是真的；因此我们也必须承认这个事实。柏拉图说我们对这个事实的承认就是将原初的“一”打发到无限定者之中。

于是，柏拉图论证，如果我们理解苏格拉底对定义多个 F 中的“这一个”F 提出的要求，那么我们就必须寻找一个对各种 F 的论述。在这种情况下，理解划分快乐的正确原则也就是理解快乐是什么。出于这个原因，《斐莱布》继续展开苏格拉底式的探究，即使其
323 问题的形式看起来可能与苏格拉底对话中的问题不同。

219. 限定与规范

当苏格拉底回到（23c1—d1）无限定者、限定以及通过把一个限定施加到无限定者之上而产生的有限定者之间的划分时，他还加上了第四项，“混合物的原因”（23d7—8），这样一个原因将一个限定强加于无限定者之上。他是否想要做出和早前引入这一划分的时候所做的同样的区分？[13]

在这个阶段所引入的例子似乎提出了一种不同的区分。早先把一个限定施加到无限定者之上的做法似乎是承认了将属划为种的原则。然而，柏拉图现在关心的是这样一些事物、属性以及事态，

13 对柏拉图关于限定和无限定者的不同主张，参见 Gosling（1975），第 155—181 页；Waterfield（1980），第 280—282 页。

它们能够服从某个规范或者把它体现出来,但自身并不包含任何规范性原则。如果我们把事物看成热的和冷的,我们并非因此就这样把它们看作在接近任何完满(telos;24b1)或规范;成为热的并不是要接近任何完满或完美的热性(hotness)标准,在它之外不可能有任何更热的东西。相比较而论,线是直的或圆的,颜色相契,鞋子合脚到某个程度,几乎接近于某种完备的或完美的限度,在它之外不可能再有所增加。

无限定者和有限定者之间的这个区分不一定将事物划分为两种不相连的类别。相反,就像柏拉图暗示的,一锅水可以被描述为热的,也可以被描述为比冰箱里的水更热;在这个意义上它具有一种不确定的或"无限定的"属性。但是如果它一直加热到泡茶的适宜热度,它也就有了一个恰当地确定的或"有限定"的热度;正如柏拉图所说,"它已经获得了一个[确定的]量"(24d3)。其他关于"施加限定"的例子,健康与合适的温度(25e—26b),也都属于那些具有"无限定的"属性但是又不仅仅具有这些属性的事物,因为它们已经达到了恰当的规范。[14] 是"有限定的"并非仅仅涉及具有某种确定的温度(比如说 100 摄氏度),而是要具有与某个规范有关的适当温度。

苏格拉底想要使用限定和无限定之间的这个对比来支持一个进一步的主张,该主张关系到恰当限定的来源。这个来源就是"混合物的原因"。他从这个讨论中抽取的原则如下:(1)如果(a)W 是某个由 F 和 G 构成的整体,(b)W 是 H,(c)H 是一种"有限定的"属性,类似于直(straightness)等等,以及(d)F 和 G 是"无限定的"属性,与热(等属性)相类似;那么(e)H 在 W 中的原因就是某个外在于 F 和 G 的东西(27a—b)。如果这个原则是正确的,那就会得出,如

14　关于有限定和无限定之间的联系,参见 Crombie(1962),II,第 426—436 页;Striker(1970),第 47—58 页;Gosling(1975),第 194 页;Cooper(1977b),第 715 页。

果我们想要解释为什么 W 是 H,也就是说,如果我们想要把 W 中那个说明 W 是 H 的特性鉴定出来,那么相关的特性就不能是 F 或 G;因为 F 和 G 并未说明那个规范性的、施加限定的元素,而这个元素对于 H 是必不可少的,因而对于说明为什么 W 是 H 也就是必不可少的。为了说明为什么一个人的身体是健康的,比如说,只说热与冷都存在于身体中是不够的。一个完整的解释必须提出这样的说法:热和冷都是在恰当的程度上出现的,而且在适当的平衡中要达
324 到健康的本性所蕴含的规范。我们因此就需要表明,健康的身体包含某种恰当地结合了热和冷的东西,而不只是包含了热度和冷度。

苏格拉底将他的原则(1)应用于有关好生活的问题(27c—d)。他得出了(但是没有对之加以明确阐述)下面这个原则:(2)如果(a)幸福(相当于最好的生活)是由快乐和痛苦构成的整体,(b)幸福是善的,(c)善是一种有限定的属性,并且(d)愉快(pleasantness)与痛苦(painfulness)都是无限定的属性;因此(e)幸福中的善的原因是某种外在于快乐与痛苦的东西。这个原则意味着,一种对幸福的论述必须将其描述为某种快乐和痛苦的数量之外的东西。幸福中必定存在着其他某个规范性的因素,它决定了快乐和痛苦的恰当层次,以便确保它们构成某种善事物。

220. 关于限定与无限定的问题

我们很难看到柏拉图对有限定和无限定所做的不同评论之间的联系。他较早做出的评论似乎适用于全部属的特性及其种;然而,柏拉图现在似乎暗示说,某些属性(例如热)本来就是无限定的,而其他属性(比如面包发酵的恰当热度或者水的沸点)则本来是有限定的。不仅如此,当前的讨论似乎并不像以前的讨论那样与分类学有明确联系;面包发酵的恰当热度,作物生长的恰当热度等等,都不是热的种。在一种情况下,相关的“限定”似乎是分类学意义上

的；在其他情况下则似乎是规范性的。[15]

我们必须推断说，柏拉图此处不是要提出他先前在对比限定和无限定时提出的同一个观点。那么，为什么他使用了同样的术语？他的各个观点是否能够紧密地联系起来，以至于他能有理据地用同样的术语来谈论它们？

如果他想要表明，在某些情况下，分类学上的划分和规范性的划分是相互联系的，那他就有某种理由使用同样的术语。在拼写和音乐的例子中，这种联系是清楚的：这些学科并非只是将不同的语音或字母加以分类，而是同时描述它们在正确拼写的单词和正确弹奏的和弦中所允许的结合。虽然对于所允许的结合的知识构成了语音分类的基础，并且是从它们本身加以考虑，但是我们也可以合理地声称，这是理解各种音符、口语以及书写的一部分。比如说，通过了解文字和拼写，我们理解可以用来构成一个字母 A 的不同形状；仅仅检查一个字母的物理形状不会告诉我们它是什么字母，除非我们也知道它可以恰当地用于拼写这个或那个单词。在这些情况下，恰当的分类法来自规范的约束。

规范性的分类在《政治家》(*Statesman*)中，在一场对量度的讨
论(从 *St.*，283c3 开始)中得到了进一步的审视。[16] 柏拉图区分了两
种技艺。某些技艺是以纯粹量化的术语进行度量，以决定哪一个更 325
大；其他技艺涉及与某个规范的比较。在第二种情况下，我们并不
在更大与更小之间相互比较；我们将这二者都与第三个东西进行
比较，即“规范”或“量度”，它确定了其中每一个与进行比较的目标
相适宜的程度(283e8—284b2)。当我们在选择很多事物时，我们都

15　关于分类学的和规范性的限定，参见 Gosling (1975)，第 187—188 页；Cooper (1977b)，第 715 页。

16　《斐莱布》与《政治家》之间的联系得到以下学者讨论：Bury (1897)，第 196—197 页；Skemp (1952)，第 78—80 页；Cooper (1968)；Striker (1970)，第 69 页；Gosling (1975)，第 189 页；Waterfield (1980)，第 276—280 页。

可以说是以某个“中道”或“中间的”量为目标，但这个量自身并不是由纯粹数量上的中道来决定的；通过发现达到某种标准的恰当的量，而这个标准自身是由非量化的术语来界定的（284e2—8），我们就发现了正确的“量度”。这个量度就是柏拉图在《斐莱布》中正在寻找的那种“限定”。

分类学上的“限定”和规范性的“限定”之间的联系阐明了柏拉图对快乐的讨论。我们可以假设，对各种快乐加以恰当划分将取决于快乐的特性，这些特性可以从一个伦理上中立的观点来界定和鉴别，而不涉及任何关于它们的善的观点。柏拉图拒绝了这个关于快乐的观点；他论证，对快乐的正确理解预设了一种规范的“限定”，而后者取决于一种对好生活、对各种快乐与好生活之间的联系的真实看法。

对一个规范限定的要求说明并一般化了柏拉图在《理想国》第五卷中对爱观看者的方法提出的异议。如果它们是正确的，那我们就能通过诉诸各种正义的行动（以及正义的人，等等）来理解正义，这些行动是用非评价性的语汇（归还你所借出的东西，等等）所阐明的规则来分类的。[17] 柏拉图论证说，相关规则必须用评价性的语汇加以陈述；如果确实要归还你所借的东西的话，那就只是在某些情况下才这样做，就像亚里士多德所说，“在他应当的时间，以他应当的方式”，等等（*EN*，1106b18—23）。《政治家》中对于量度的讨论指明了以下三者之间的这一联系：对爱观看者的反对、对规范限定的要求以及亚里士多德的中道原则。

在中期对话里，柏拉图使用了道德属性的这个特性来说明，为什么它们不可能是可感属性。《政治家》提到了对可感属性的这种异议，当时柏拉图评论说，“最重要和最有价值的事物”不能通过诉诸可感的相似性来解释（*St.*，285d9—286b7）。这个评论直接得出了

17 有关正义行动的规则，相关讨论参见本书第 120 节，第 185 节。

两类度量之间的区别;《政治家》中的整个段落有助于表明《理想国》第五卷和《斐莱布》的关切之间的联系。[18]

那么,《斐莱布》讨论以下两个问题就是合理的:(1)对不同快乐的分类(31b),以及(2)为了获得善而对各种快乐施加限定。[19] 完成第二个任务预设了完成第一个任务;因为如果我们不知道都有哪些种类的快乐,那我们又要如何知道哪些快乐属于好生活呢?第一个任务的完成要求第二个任务的实现,这一点则不那么明显;但是如果柏拉图正确地声称,在某些情况下,分类依赖于规范原则,那么他就能够表明,这在快乐的情形中也是真的。如果对快乐的正确分类部分地取决于我们对快乐和善之间的联系所持有的观点,那我们就不能期望可以推迟对快乐和善的探究,直到我们已经发现某种伦 326
理上中立的快乐分类。然而,为什么我们要假设,对快乐的正确分类取决于对快乐与善的关系的正确看法?

221. 选择快乐

柏拉图论证说,关于限定和无限定的一般原则适用于快乐和善,因为快乐是无限定的,而善要求施加限定。在这种情况下,限定必须由理智(intelligence)来施加。为了指明理智在好生活中扮演的角色,苏格拉底(28c)描述了理智在整个宇宙中的作用。理智在整个宇宙中的巨大功能就在于从各种元素中生产出美好的、令人欣羡的和有益的结果,而如果仅凭这些元素自身,则只会产生无序(30b)。与此类似,在个人生活中,通过追求各种快乐的结合就可以获得一个人的善,而为了发现这种结合就需要理智。

18　Strang(1986,第 23 页)将 *St.*,285d9—286b7 与对定义的寻求联系起来。Owen(1973)用这个段落提出了一个较窄的观点。

19　关于柏拉图的策略,参见 Gosling(1975),第 208—210 页。

主张快乐是无限定的只是在主张:“是快乐的”(being pleasant)并不意味着接近了完满的愉快(complete pleasantness),在这种完满的愉快之外,任何更高程度的愉快都是不可能的。相比较而论,只要一种生活接近了那种只要求适量快乐的完满的善,它就是好的。善是我们在追求快乐的过程中旨在获得的目的,就此而言,“善”和“快乐”并不是同样的概念。

斐莱布相信,他能够做出这个让步,同时不用放弃快乐主义(27e7—9)。的确,他实际上假设,快乐具有无限定这个特征,是因为它始终如一地就是善的:“因为快乐不会全是善的,要是在数量和程度方面(或多或少),它事实上都不是自然地无限定的话(27e7—9)”。[20] 我们可以同意,愉快(pleasantness)是无限定的,因此有别于善,同时依然可以提倡快乐的最大化。有理性的人在规划其人生时可以遵从理性规定的简单规则,目的在于将快乐胜过痛苦的平衡最大化。这可能被说成是施加了某个形式上的“限定”,因为好生活的善是由某个外在于快乐和痛苦本身的东西来施加的。但那只是一个最低限度,它并没有为快乐的最大化施加任何约束。斐莱布暗示说,对苏格拉底关于善和限定的主张所提出的一个最低限度的解释,实际上不会涉及对追求快乐的实质性限制。[21]

然而,苏格拉底认为,善要求限定和秩序的方式意味着,追求快乐必须受到理智的限制。他依然需要充分地论证这个观点,但他已经给出了某个理由来严肃地看待它。他在开始讨论的时候声称,至少在某些情况下,不同的享受对象蕴含着不同的快乐。如果我们能够着手将一个单一的量值最大化,那么最大化快乐的策略就是可理

20 抄本中 27e8 的 pan agathon 可以得到辩护,意为“善的,它的全部”。Bury(1897)、Hackforth(1945)、Gosling(1975)以及 Waterfield(1982)都将之校订为 panagathon,意为(不那么恰当地)“完全地善的”。

21 关于斐莱布对苏格拉底的主张所做的阐释,参见 Gosling(1975),185 页。

解的，但是如果快乐因其对象而有所不同，那么仅仅积聚快乐，而不考虑它们的对象，这就是不合理的。

苏格拉底暗示说，从各种好的状态和活动中所获得的快乐是好的快乐，从坏的状态和活动中产生的快乐就是坏的快乐。要区分不 327
同类型的快乐，我们就必须区分好的活动和坏的活动；因此我们在区分各种快乐的时候就必须提到善。因此，理智的任务不可能只是把某种确定的量（由纯粹量化的术语加以界定）挑选出来；它的首要任务是选出正确的活动以及依附于它们的快乐。

关于柏拉图对快乐的看法，我们已经说得够多，因此可以理解他对"一"和"多"、对有限定和无限定所做评论的要点；关于快乐及其对象的最初主张表明，他是在发展一条单一的论证路线：（1）他已经强调了对种类进行研究的重要性。在寻求对苏格拉底式的"F是什么？"这一问题的回答时，这种寻求不应当把我们从对F的种类和多样性的考察中转移出来；因为有时候这种考察就是理解F自身本性的唯一方式。苏格拉底对快乐多样性的评论就阐明了这一点。如果我们并不理解快乐的多样和对立，那么我们就不会理解一种快乐与其对象的内在联系；如果我们不理解这种联系，那么我们就不会理解快乐自身的本性。（2）他已经既与分类相联系，又与规范性的设计相联系，并据此谈到了限定和无限定者。这两个方面都与那些涉及规范性的辨别的分类情形有关。苏格拉底已经暗示，对快乐的分类就是这些情形之一；对各种快乐的正确划分取决于它们的对象的好坏，因此取决于不同的快乐在好生活中的地位。

222. 错误的快乐

柏拉图已经暗示说，一个从错误的事物中获得快乐的人之所以享受这些东西，是因为它们就是他所享受的事物，而不是因为某些进一步的效果，就此而论，他的处境就变得更加糟糕。根据这个观点，价值判断不仅进入了对各种快乐之后果的考虑，而且也进入了对快乐自身价值的估量。这一点在对错误快乐的讨论中得到了发展。乍看之下，这些很不寻常的快乐在一场伦理讨论中占据这样显眼的位置令人感到惊讶，不过这其实也很容易理解，只要我们看到柏拉图聚焦于快乐和信念之间的联系，并论证说与某种快乐相联系的信念和判断并非外在于它的价值，而是决定了这种快乐自身是否应该被承认为一个人的善的一部分。

对快乐中的错误所做的讨论涉及四个变种：

> 1. 错误预期的快乐：我预期从某件事情中会获得快乐，而它实际上不会发生（32b—40e）。
>
> 2. 基于对快乐程度的错误预期的错误快乐：我对将来的状态与当前的痛苦所做的比较引导我去期待，将来的状态会比它实际上将会表现出来的样子更令人快乐（41a—42c）。
>
> 3. 由于错误地设想中间状态而产生的错误：我假设没有比解
> 328 除痛苦更大的快乐，由此我进一步假设，我已经在某些情况下获得了快乐，而实际上在那些情况下我真正获得的是不同的东西。在这些情况下，我混淆了中间阶段的生活与快乐的生活（42c—44a）。
>
> 4. 因为误解某种混合状态而产生的错误：我认为自己只是在享受快乐，但实际上我是处于一种快乐和痛苦的混合状态（44a—50e）。

这些都是错误有可能在快乐中出现的不同方式；它们并不是“错误的快乐”这个短语在同一种意义上的所有变种。在前两种情形中，错误的快乐仍然是真正的快乐，而不是其他某种状态。柏拉图坚持认为，他的意思并不是说它们不是快乐，正如他并不认为错误的信念不是信念；的确，他强烈地坚持在快乐和信念之间存在类似特点(40b2—c2)。[22] 然而,在第三种和第四种情形中,错误则相当不同。在第三种情形中,我们并不拥有真正的快乐,而是将快乐与某种不同的状态混淆起来,而在第四种情形中,我们混淆了快乐的状态与某种混合了快乐和痛苦的状态。在第三种和第四种情形中,与前两种情形相反,我们的状态都不是不加限定的快乐状态。

柏拉图相信,在一种追求快乐的生活中,所有这些方面的错误都有助于我们说明,为什么快乐的最大化不能成为一种追求最好生活的合理策略。他不需要表明,一个深信不疑的快乐主义者可以被快乐主义的论证说服,从而承认,投身于这些快乐的生活是坏的生活。相反,如果快乐主义的论证能够说明对这些快乐的追求有什么糟糕之处,对于投身于这样一些快乐生活的反对也就不会构成对快乐主义的反驳。柏拉图的任务更为复杂。他必须表明,对于每一种这样的生活来说,有些东西显然是坏的,而且一个快乐主义者无法鉴别出对于它们来说什么是坏的。

然而,柏拉图不需要从一开始就呈现快乐主义的错误。一种对于快乐的详尽论述有助于表明,哪些关于善的信念影响了我们对快乐的判断。柏拉图并没有不加论证就简单地断言,我们对善的直观看法将快乐从善中排除出去。他也表明,对不同快乐的合理判断如何依赖于这些关于善的直观看法,这样他就表明了拒绝这些直观看法是多么困难。

错误预期的快乐例示了柏拉图的一般要点。从快乐主义者的立场来看,这些快乐似乎不会比其他快乐更不可欲,因为错误的信念仅仅是(根据普罗塔库斯最初的观点)这种快乐产生的原因,并因此不会影响它自身的特征。如果错误的快乐对于一个快乐主义者来说是不受欢迎的,这只是因为发现了预期的错误就会产生令人失

---

22 对快乐和错误的大量讨论,参见 Williams(1959);Penner(1970);Gosling and Taylor(1982),第 429—453 页;Frede(1985)。

望的痛苦。[23]

这种快乐主义的回答看来不能说明，对快乐的错误预期真正错在哪里。我们反对它们是因为我们不想把自己的快乐建立在欺骗的基础上。错误的快乐在快乐方面的劣势在于，它们可能被压倒或降低，只要我们能够习惯于在期望落空时不会形成那么强烈的失望感，或者在欺骗的工具性劣势不那么严重的情形下避免去发现真
329 理。[24]但是柏拉图可以合理地指出，这些消除错误快乐（从快乐主义的观点看）的策略实际上不会令我们确信它们是值得欲求的；事实上，这个观点（即这些策略会使错误的快乐成为值得欲求的或无可非议的）露出了失败的迹象，无法从一开始就看到错误快乐的不当之处。如果我们避免错误快乐的理由不被归入快乐主义的工具策略，那么快乐主义就无法说明那些我们认为在生活中的这些方面具有价值的东西。

对错误预期的快乐提出的这一论述，暗示了柏拉图对不同种类的错误快乐提出异议的一般形式。为了拥有错误预期的快乐，我们就必须忍受某些可辨认的缺陷，在这种情形中就是令我们形成错误预期的认知缺陷。我们有理由更倾向于摆脱这种缺陷，这样的话，那种离开认知缺陷就无法存在的生活就不可能是最好的生活。我们还可以更进一步。如果我们本来能有这样一种生活，它包含着快乐，却没有错误预期的快乐所涉及的认知缺陷，那么我们就有理由偏爱那种生活，而不是偏爱包含了错误预期的快乐的生活；但是快乐主义者认为，我们应当说这两种生活都同样好。这就是对快乐主义提出合理异议的基础。

23　在已经错过的机会中，同样也会由于我的错误信念（比如说“我将能去看一场电影”）而存在着工具层面的不利条件，且一个不同的信念本来可以产生一个完全不同的晚间活动安排。

24　这个例子的提供者是 Nozick（1974），第 42—45 页；Kraut（1979，第 177—179 页）举例说明了这种策略。

在其他情形中，关于快乐本性及其与痛苦、与中间状态之联系的错误观念实际上使我们相信，我们恰好拥有快乐，而事实上我们是处在某个不同的状态。这个关于快乐和痛苦的、可能的错误观念尤其关系到卡里克勒斯在《高尔吉亚》中所提倡的那些快乐；柏拉图在讨论特别强烈的快乐时暗指的就是这些快乐，它们似乎会根据所填补的沟壑的大小而变得越发强烈（44b—c）。这些快乐要求更大的痛苦和丧失以便产生更多的快乐，这样它们似乎就要求我们为了享受最高程度的快乐而令自己的处境变得更糟。

这就是苏格拉在描述懦弱者对快乐的特殊敏感性时用来反对卡里克勒斯的要点。要求某种痛苦背景的强烈快乐吸引了越来越多的注意力；它们因此也会缩减我们或许会偏爱的其他活动范围。这就是为什么柏拉图暗示说，它们取决于某种身体与灵魂的坏情形，而非取决于某种美德（45e5—7）。[25] 这就是这种快乐的倡导者不得不将之视为幸福生活的那种生活（47b4—7）。如果是这样，那么提倡这种快乐的快乐主义者就不能说明我们的观点，即身体和灵魂的某些特定状况比其他状况更好。

223. 更好与更坏的快乐

柏拉图对卡里克勒斯式的强烈快乐提出的反对，有助于我们解释他如何甄选更好的快乐。卡里克勒斯式的快乐，就像其他错误的快乐一样，要求我们为了享受它们而伤害自己，因为它们要求某种知识、身体条件或品格上的缺陷。相比较而论，纯粹的快乐并不要求我们为了享受它们而伤害自己；因此，就此而论，它们就不会和我们对一种好生活的恰当部分所做出的其他判断相冲突。有美德的 330

25　这与 D. Frede（1992，第 450 页）的主张形成对照，即柏拉图依赖于纯粹“科学—医学”的标准。

人在合乎美德地行动时所获得的快乐，仅仅取决于"一个人正在合乎美德地行动"这个真信念。因此，它并不依赖于某种使生活显然变得更糟的痛苦或无知的背景。柏拉图反对某些形式的快乐，这有助于说明他为什么接受其他形式的快乐。

纯粹快乐是这种快乐的清晰例子，它们并不要求把某种有缺陷的状态培养为其背景。然而，柏拉图的意思并不是说，有美德的人在其生活中只承认纯粹的快乐（62e3—64a6）。当他纳入某些快乐而排除其他快乐时，他主要考虑的不在于它们是否涉及身体的需要和不足，而在于它们是否"伴随着健康、节制和全体美德"（63e3）。一个有美德的人和一个有恶习的人都可以享用一顿饭菜，但他们并不是在享受它的同一个方面。有美德的人把它当作一种健康的、恰当的身体快乐来享受，而有恶习的人仅仅把它作为身体快乐来享受。他们享受的对象再一次决定了他们的快乐的价值。[26]

柏拉图在一种好生活中接受某些形式的快乐，这并不意味着他接受快乐主义。因为一个快乐主义者无法得到这样的判断——这种判断说明了为什么有美德之人的快乐比有恶习之人的尽管强烈却不健康的身体快乐更好。快乐主义者无法认识到这两种生活方式之间的差别，唯有将其作为最大化快乐的策略；柏拉图论证说，快乐主义者无法在此基础上说明，为什么要优先选择有美德之人的生活。

如果柏拉图挑出来的是某些相当粗鄙的身体快乐，那也不一定是不公正的。如果我们说，更为精致的快乐主义者偏爱更加吸引人的快乐，那其实就没有回答他的问题；因为问题在于，精致的快乐主义者是否可以按照快乐主义的理由来捍卫他们的选择。[27] 柏拉图可能会承认，两个不同的人，即使都运用快乐主义原则，也可能选择不

26 关于有美德之人的快乐，参见 Cooper（1977b），第 728—729 页。

27 比如说，密尔自称是一位快乐主义者，而且也将更高的快乐和更低的快乐加以区分（《功利主义》，第 2 章）。他能否依赖纯粹的快乐主义原则来做出他想要的区分，这一直是有争议的。

同类型的快乐。但是，如果从快乐主义的理由来看，在他们两人的生活中没有什么东西好选择的，那么它本身就构成了对快乐主义价值观念的反对。于是柏拉图就不需要论证，一个快乐主义者必定鼓吹追求最粗鄙的快乐；他只需要表明，快乐主义者不能说明我们为什么应该避免此类快乐。

对定量的快乐主义提出的这个反驳首先出现在《高尔吉亚》，当时柏拉图提出，如果纯粹量化的考虑就是一切，那么懦弱者的快乐就会等于或大于勇敢者的快乐。[28] 为了支持这个反驳，柏拉图需要表明，懦弱的劣势是无法用纯粹快乐主义的术语恰当地表达出来的；但是在《高尔吉亚》中他没有试图表明这一点。《理想国》第九卷并未直接面对快乐主义，尽管它提供了《斐莱布》论证思路的一个重要元素，因为它表明，快乐的对象对于快乐自身的特征有重要影响。

因此，《斐莱布》标志着柏拉图对快乐的反思有一个重要进展。他认识到快乐因其本身而值得研究，对快乐与其对象的关系的一种恰当理解强化了他对快乐主义作为一种关于善的论述所提出的反驳。他的论证要点并不在于表明一致的快乐主义立场是不可能的。他想 331
要表明的是，对快乐的不受约束的追求乃是立足于价值判断，而一旦这些判断得到了清晰的阐述，那最后就会证明它们是不可接受的。

224. 善的特征

然而，如果柏拉图只是依赖对不同类别的快乐背后的不同状态的好坏所做的直观判断，那我们仍会发现这种做法并不令人满意。如果柏拉图能够表明这些判断反映了一种合理的善观念，那我们对它们就应该更有信心。我们已经看到在前期对话尤其是在《理想

28　关于懦弱者的快乐，参见本书第 74 节。这个论证在 *Phil.*，55b1—5 得到了简要重述。

国》中，他极度地依赖对正义所具有的善以及正义对幸福的贡献所做的判断，而没有尝试表明他具有合理的善观念。在《斐莱布》中，他试图填补其论证中的缺口。亚里士多德论证说，一场对于美德和幸福的讨论必须始于对幸福本性所做的论述，尤其是必须承认幸福是完满和自足的（*EN*, I,7）。在《斐莱布》中，柏拉图看到了亚里士多德就幸福本性而提出的问题的重要性，而且他也是用那种近乎预料到了亚里士多德的答案的方式予以回答。

苏格拉底说他曾经做过一个梦（也或者他是醒着），并听到说善既不是快乐也不是理智，而是第三种东西，善既不同于前二者也胜过它们每一个（20b6—9）。他确保人们在关于善的四个特性上有一致意见：

（1）它是完满的（teleon；20d1）。

（2）它是充分的（hikanon；20d4）。

（3）它具有普遍的吸引力；每一个知道它的行动者都追求它，想要得到它，除了它之外不再关心其他任何事物，除非行动者在获得这个其他的东西时也能够一起获得各种善（20d7—10；参见 *Rep.*，505d—e）。

（4）它无所匮乏，也不需要增加任何东西（20e5—21a2）。[29]

第四个条件很有可能意在表达前面的条件，或得自前面的条件；苏格拉底引入它，但不是把它作为善的某个新条件，而是作为我们一旦开始考虑在两种人生之间做选择就会提出的恰当问题，这两种人生都将自身呈现为对善的实现。因此似乎是前两个条件表达了他的意思。

第三个条件是令人困惑的。它的要点似乎在于，在解释一个知

29 关于这些术语，参见 Bury（1897），第 211—214 页。

道什么是善的行动者的欲求和关注时，对善的提及无所不在。或许柏拉图意在以此来检验对善的一种精确描述；这种描述必定是这样的：只要一个行动者知道善符合这种描述，它就会使得善对他具有普遍的吸引力。如果我们说善是 F，那我们就必须能够表明，任何行动者都想要获得 F 并且除了 F 之外不在乎任何东西，除非行动者能在获得 F 的同时获得这个其他的东西。

柏拉图很可能是指，如果我们将善描述为 F，那么就会很清楚，知道这个关于善的描述的行动者，就会把得到某物 F，或得到某个构 332
成 F 的东西，看作其他事物值得欲求的一个必要条件。如果这就是柏拉图的意思，那他就是在重复对完满和充分的要求。假设我们将善描述为 F，这并不是在描述某个完满的东西。那样的话我们或许会将 x 作为 G 而欲求，即使 G 并不构成 F；G 会是一种可欲的属性，它超出了 F 的范围。然而，如果 F 是完满的，那么任何作为 G 而可欲的事物也必定是因其对于 F 的构成作用而可欲。

如果第三个条件指的是对完满的要求，那这个要求仍然需要某种说明。柏拉图通过添加第五个条件来说明这一点：（5）某种生活 L 是完满的，当且仅当我们选择 L，完全因为其自身而不是因为任何额外添加到 L 之上的东西（20e）。然而，就像柏拉图自己在《理想国》第九卷（582d—e）注意到的一样，诉诸选择权的风险很大。我们可能认为，完满取决于在某种生活之内的选择：（6）生活 L 是完满的，当且仅当一个过着 L 生活的人，从某个过着 L 生活的人的角度来看，会因为 L 本身且没有任何更深层的原因而选择 L。但是，这个条件似乎使善关系到不同的人所具有的欲求和限制。因为某些生活可能实际上会令人失去欲求或知识，而这些本来会让他们想要的东西比他们在当前生活中拥有的更多。[30]

30　关于诉诸选择的这个困难得到了 Gosling（1975，第 182 页）的注意。关于《理想国》第九卷，参见本书第 200 节。

柏拉图表明，他将（6）中的这个困难看作对（5）的一种解释。尽管苏格拉底问普罗塔库斯，他会不会完全为了快乐生活本身而选择它，但是苏格拉底表明，自己并不想要用（6）来说明正确的选择条件。因为普罗塔库斯声称，他"会拥有一切"（21b2），只要他能享受乐趣。如果他的意思是他会满足（6），那他可能就是对的；因为在他将要过的这种生活中，他可能不会错过任何东西，可能不会想要任何在它之外的东西。然而，苏格拉底指出，在一种没有理智的快乐生活中，我们过的将是某种低等动物的生活，而不是人的生活（21c6—8）。他的意思并不是说，在快乐的生活之中，我们还想要其他的东西。相反，我们不会想要任何别的东西这个事实，正是快乐生活的一个错误之处。

当柏拉图拒绝没有理智的快乐生活时，他依赖于自己对快乐和善的问题的最初声明。苏格拉底及其对话者同意寻找那种令人类生活变得幸福的灵魂状态（11d4—6）；因此他们就寻求最佳的生活形式（11e11—12a1）。因此，苏格拉底问普罗塔库斯，他会为自己选择什么样的生活（21c8—9），并考虑没有理智的快乐生活是不是一种好生活（21d3；参见22b6），这就是合理的。苏格拉底问的是，普罗塔库斯会想要自己的整个生活是什么样子。如果我们只是在片刻之间对自己加以考虑，那我们就会忽视心灵状态中的某些值得欲求的特性，这些特性只有在我们考虑到自己的整个一生，并且在一段时间之内都这样考虑自身的时候才会变得清晰。

因此，苏格拉底指出，没有理智的快乐生活缺少不同形式的理性意识，后者涉及行动者把自己看作一个在其不同的经验和快乐中持续下去的理性行动者。既然我们缺少记忆，我们就不记得我们有过快乐；由于缺乏信念，我们就意识不到自己正在享受所拥有的事物；由于缺乏理性的计算，我们就没有能力去计算将来会享受到的乐趣（21c）。

333 如果苏格拉底本来就打算把这些形式的理性意识仅仅称赞为

获得更大快乐的手段，那他就是在不公正地对待快乐主义的立场。[31]因为他已经承认，非混合的快乐生活包含最大的快乐（21b3—4）。如果各种形式的理性意识作为实现这些快乐的手段是必要的，那么它们就已经被包含在快乐的生活中，但是既然它们对快乐是纯粹工具性的（根据纯粹的快乐主义观点），那它们自身大概就不会构成任何快乐生活中的善。因此，柏拉图考虑不带有理性意识的这些方面的快乐生活，追问它是否包含了所有我们认为应该包含在内的、有内在价值的元素，这是有足够理由的。快乐主义者不会承认，理性意识是构成生活的内在价值的元素之一。

对快乐主义做这样的回应似乎还是过于粗暴。因为一个快乐主义者或许会回应，最好的生活是由在各种形式的理性意识中所获得的快乐构成的。根据这个观点，并非所有的快乐都是善的一部分，不过善在总体上也还是由某些具体的快乐构成。这难道不是针对混合的善而对快乐主义所做的辩护？在谈到某种生活时，柏拉图似乎施加了一个更加宽松的标准，而如果只是谈论善，他所提出的标准就没这么宽松。因为我们可能会说，除了那些严格意义上内含善的事物，好生活也包括了其他事物。

如果柏拉图能够说服我们相信，我们从理性意识之中获得的快乐预设了理性意识本身的内在善，那他就能够表明，一个论证如果证明了善就存在于这种具体快乐之中，那它就不会真的是对快乐主义的辩护。因为如果快乐在根本上是与它们的对象绑在一起的，如果它们涉及“这个对象是内在地善的”这一信念，那么我们自己就不可能是快乐主义者，只要我们相信好的生活由这些快乐构成。这样的话，对某种表面上的快乐主义学说予以更为细致的考察，就能够表明，对于理性意识中相关的快乐所做出的某种恰当论述，是如何提供理由使我们拒绝成为快乐主义者的。柏拉图对各类快乐的分

31　Gosling（1975，第183页）认为柏拉图是在提出一个快乐主义的主张。

析试图表明，纯粹的快乐主义论证无法解释坏的快乐（以错误的快乐为例）之中的坏，也无法解释好的快乐中的好。

柏拉图所关心的理性意识是那种随着时间的流逝而觉察到自身时所涉及的理性意识；记忆、自我意识以及理性计算，都是我在所有这些经验中觉察到自己是同一个行动者的不同方式。柏拉图并没有简单地谈及对往昔快乐的记忆；他特别谈到的是，我记得自己之前感到快乐（21c1）。一种生活之所以是一种好生活的部分原因——在那种非混合的快乐生活中缺失的那部分原因——就在于觉察到自己在不同的经验中都是一个理性行动者。

于是，柏拉图指出，我们不会承认快乐是善，除非我们认为它构成了一种快乐的生活，其中各步骤都与不同的理性意识形式相连。接下来，他要求我们考虑，我们为什么关心理性意识和活动之中的这一联系。既然我们不会仅仅在工具层面看重它，我们就必须将施展理性能动性作为我们的一部分善而予以重视，这种善有其自身的理由，而不仅仅是作为实现快乐的手段。

334 对纯粹快乐的生活所做的这个反驳暗示了柏拉图必定如何去阐释完满。他的条件（5）将某种生活描述为完满的，如果“我们会选择它”而不增加任何进一步的条件。我们可以看到，为什么条件（6）声称，如果一个过着某种生活的人不想再要任何更多的东西，那这个生活形式就是完满的，而这样的话，条件（6）就给出了错误的结果。柏拉图对快乐的反对暗示了对完满的以下阐释：（7）生活 L 是完满的，当且仅当一个理性行动者对他作为理性行动者的本性采取恰当的说明，并完全因为 L 本身而不增加任何其他条件选择它。如果（7）就是柏拉图的意思，那么诉诸选择就不像它最初看上去的那么有用。因为他最后表明，自己要在重要的选择上施加非常严格的条件。即使是知情的选择对他的目的而言也是不充分的；因为他显然不是意在接受某个人的选择，后者一直被告知自己是一个理性行动者却对此毫不关心。为了确定这个正确的选择，就必须知道对一个人作为理性行动者的本性采取恰当说明所要求的是什么。既然追求卡里克勒斯式的快乐与审慎和自我关注相冲突，那它就无法考虑一个人的理性能动性。

因此，最后，诉诸选择引导我们回到《理想国》中诉诸人的功能而提出的那些问题。在苏格拉底反对普罗塔库斯的论证中，他假设一个理性行动者的生活对他而言没有价值，除非它包括了（作为其内在价值的一个方面）某些类型的理性活动，这些活动在行动者的如下自我理解中得以涉及：他是一个从某一时刻持续到下一个时刻，并为他的未来制定规划的理性行动者。他坚持认为，理性行动者的这个方面不能被合理地看成是这样一个行动者的生活的一个从属的、纯粹工具性的方面。

225. 完满与外在善

柏拉图用对于完满的要求表明，仅仅具有快乐的生活不可能是最好的生活，因为最好的生活必须把理性活动作为它的善的一个构成要素（而不仅仅是获得它的手段）包含在内。另一方面，普罗塔库斯坚持认为（而且苏格拉底也没有否认），只有理智的生活，如果没有快乐，也是不会被人或其他任何能同时拥有理智和快乐的动物所接受的（21d—e；要了解这个主张的范围，参见22b）。柏拉图并不指望在各种生活之间做出选择的行动者会将自身看成是纯粹理性的行动者，而没有任何来自人性中非理性方面的欲求和感受。一个人的完满生活不可能令她在通常的感受和人类的激情面前“不受影响”（apathēs，21e1—2）。“摆脱情感”（apatheia）对柏拉图的吸引力不比对亚里士多德的吸引力强多少（*EN*，1104b24—26）。

关于非混合的快乐生活的问题是一个纯粹反事实的问题，如果结果表明，某些快乐本质上要求承认某种不是快乐的东西也具有内在价值。同样的观点也适于对非混合的理智生活所做的审视。如

果某些形式的理性活动必然涉及快乐,那么包含它们的生活也就涉
335 及快乐。然而,苏格拉底想要我们将这种可能性放到一边,将目光集中在一个问题上,即快乐本身是否构成一个好生活之所以是好生活的部分原因。如果它是好事物的一部分,那么只有理智本身不可能是好的。

柏拉图现在已经澄清了一个问题,快乐是善?抑或理智是善?他并不只是想知道二者中哪一个才是最好的意识状态,因为他提出的问题关涉一种整体的生活,而不仅仅是关于其中的一段意识。然而,他也并不只是想要我们去认定那种把最好的存在形式体现出来的生活,因为结果有可能表明,无论是包含了最好的快乐的生活,还是包含了最好的理智形式的生活,都体现了快乐和理智的恰当混合,但是,无论是“最佳快乐的生活”还是“最佳理智的生活”都不是对柏拉图的问题的正确回答。[32] 正确的答案必须抓住最好的生活中具有内在价值的因素,由此鉴定出使得这种生活成为最好生活的那种属性。要鉴定出最好生活的这种特性,我们就必须将它描述成混合的生活。

如果我们注意到完满的善的这个方面,那么就很清楚,为什么《理想国》没有肯定美德对幸福而言是充分的,而它这样做是正确的。如果缺乏快乐,那么即使有美德的人因为具有美德而愿意忍受这种生活,它也揭示出,其生活的某个方面可以变得更好,而且确实也必须变得更好,只要他的生活是要达到某种完满的善。如果我们运用“普遍的吸引力”(条件 3)加以检验并且声称,理性意识和活动是整体的善,那么某个找到理由去追求快乐的人就会发现某种虽有价值却对善无所贡献的东西;而这就表明我们还没有找到完满的善。即使我们相信,正义的生活实际上将快乐最大化,但是这并不表明正义被恰当地鉴定为幸福;我们必须承认,快乐本身就能够成为幸福的一个部分。柏拉图在《理想国》第九卷中含蓄地承认了这一点;他的论

32 关于柏拉图的问题之阐释,参见 Gosling(1975),第 140 页。

证表明正义产生了更多的快乐，并旨在由此表明，正义通过作为它所是的那种内在善而对幸福的一个有别于正义的要素提供了保障。

如果这就是柏拉图用来表明幸福除了美德还必须包括快乐的论证，那它岂不是也倾向于表明，幸福必须包括《理想国》中提到的“外在的”各种善？对这个问题的回答可能取决于我们如何应用这个要求，即善无所匮乏。如果S拥有美德和快乐并且对世俗的成功漠不关心，那这是否表明世俗的成功在S的幸福中毫无分量？如果柏拉图将他的检验应用于一种完满和自足的生活，那么他就不会同意，如果S不在意外在善的话，它们就与S的善无关。他可能会合理地论证说，如果我们关心理性规划，我们也就有理由关心它的成功——这就是为什么我们计划做某件事而不是做另一件事。如果我们将这个对完满的检验运用到《理想国》第二卷所描述的那个正义却不够走运的人身上，那我们就必须说，某种事物可以合理地添加到一种正义却不够幸运的生活之上。柏拉图自己在《理想国》第十卷承认了这一点，当时他将外在善交还给正义的人，这些外在善之前出于对主要论证目的的考虑而被拿掉了。[33]

因此，在这些问题上，《斐莱布》采取了某种方式来填补《理想国》中的裂隙。虽然《理想国》提出了很多关于正义和幸福之间关 336
系的主张，但这部对话还是没有将它们与任何关于幸福本性的确切观点联系起来。《斐莱布》探究了关于人类善的某些普遍问题；对于这些问题的答案为一个主张提供了根本支持，即这种或那种状态或活动都是善的一部分。

226. 理智的特殊地位

一旦苏格拉底和普罗塔库斯一致认为，混合的生活比非混合的

33　关于外在善，参见本书第134节。

快乐生活和理智生活更好，苏格拉底就站在理智的立场一边提出了进一步的主张。现在无论快乐还是理智都不能拔得头筹，因为他说还有一个进一步的问题，即关于二者之中哪一个是“混合物的原因”（23c—d），而他在这一点上也捍卫了理智的主张。他说，这意味着授予理智二等奖。

理智，若要在作为第二个最高善而有资格获得二等奖的意义上成为混合物的原因，还需要满足什么条件呢？在《斐莱布》中，就像在《理想国》中一样，“理智”并不仅仅是指实践推理，而且还包括了柏拉图在《理想国》中如此赞叹的那种理智活动：哲学研究与反思，以及其他因其自身而开展的理论活动。按照这个思路理解，理智就是一种重要的善的成分，并且可能最后被证明是比快乐更为重要的成分。

在《斐莱布》中的某些地方，我们很难断定柏拉图在谈到理智时心里想的是什么；但是在这个阶段，诉诸纯粹的理论理智不会以正确的方式支持他的论证。纯粹的理论理智可能被看成是最好的生活中善的一个主要的形式因（formal cause，这是亚里士多德的术语），因为它是这样一个要素：通过出现在最好的生活中，它使得这种生活成为善的。不过，它看起来并不像是混合物的原因；柏拉图尚未表明，它是如何与其他构成因素相互作用来产生最好的结合物。为了找到混合物的原因，我们就必须转向理智的实践功能。[34]

如果实践功能的价值被认为是纯粹工具性的，那它对于柏拉图的目的来说似乎也是不充分的。在规划不同场合的恰当享受以及为这种享受提供恰当的资源方面，实践理智是重要的。理智的这种工具层面的功能将它与快乐区分开来；但是它对苏格拉底的情形并没有帮助，因为它没有表明，在规划过程中所动用的理智本身就是善的任何部分。[35]

---

34 理智的实践功能的重要性得到了强调，参见 Murphy（1938），第 118—119 页。

35 关于技艺知识在“善”之中的地位，参见 Cooper（1977b），第 725—726 页。

因此，柏拉图需要说的是，“最好的生活就是实践理智的产物”这个事实，正是使得这种生活具有内在价值的部分原因。他必定为实践的、工具性的理智活动赋予了内在价值。根据这个观点，混合的生活就是有价值的，不仅是因为它包含了恰当的事物，也是因为它已经以恰当的方式生成；关于其因果关系的这些事实对其内在价值做出了贡献。

为了捍卫这个关于理智的主张，柏拉图必须表明，一个人的善的其他要素，只有当理智选择它们，而且它们是一种由理智引导的生活的一部分时，才是他的善的构成要素，而同样的情况在理智与 337
其他善事物的关系中并不成立。柏拉图也可以合理地诉诸他用来反对非混合的快乐的论证。在反驳普罗塔库斯的时候，苏格拉底论证说，这样一种生活缺少理性意识的基本元素，也缺少那种将不同的快乐片段和理性行动者的生活联系起来的规划。如果他们不是相互联系的，那么不同的快乐依然是善事物，而且它们就是某种好生活的原材料；但是它们并不构成一种好生活的各个部分，除非它们与正确的理性意识相联系并由其安排。

理智生活本身并不会招致类似的反对。即使我们被剥夺了快乐，我们也可以在自己的处境中做到一个人所能做到的最好的事，而且我们拥有自身之善的关键部分，即使我们缺少它的某些必要元素。柏拉图在《理想国》中讨论涉及其他善事物的正义时声明了这一点，而且一个类似的论证将会表明，他会如何捍卫自己的观点，即理智（对照其他的善事物）是混合生活中好的混合物的原因。

当柏拉图声称理智是好的混合物的原因时，他部分地涉及了动力因（efficient causation）；实践推理和理智规划产生了善之中的其他元素的恰当秩序与安排。但是，他也提到了形式因。混合生活中的善，部分地包含在理智的实践作用中，而不是仅仅产生于理智的实践作用；这种作用是生活的必要组成部分，而这种生活的组织和连接方式，使它对一个理性的行动者来说是好的。 338

第二十章

理性与美德

227. 晚期对话提出的问题

《斐莱布》标志着柏拉图关于某些道德问题的思考有重要发展，这些问题在《理想国》中已得到了讨论，它们关系到快乐和善的关系，以及善自身的本性。柏拉图没有拒斥《理想国》的学说，但是他在一些关键地方延展并加强了这部对话的论证。

《理想国》中另一个主要的伦理主题是各种美德的本性及其与灵魂本性之间的关联。后期对话表明，柏拉图的思想在这些领域也有发展，但是它们对问题的处理没有《斐莱布》中对快乐的处理那么详尽。因此我们很难确切地说，这个发展的重要性何在，以及它在多大程度上涉及《理想国》中各种立场的剧烈转变。与此尤为相关的对话是《政治家》和《礼法》，但是对相关问题的处理常常还是过于简明的，因此就留下了很多尚未解决的问题。

因此，我们就不能总是指望能够就柏拉图的评论所具有的理论重要性形成某个确定的结论，但是它们足够重要，值得讨论。在多数问题上它们与《理想国》达成了一致，或者至少没有明确地不一致；但是在一个重要问题上，关于美德与知识之间的联系，柏拉图似乎拒斥了（而且很可能想要拒斥）他在《理想国》中采取的立场。

228. 美德的不统一

在《政治家》中，异乡人评论说，“美德的各个部分是彼此冲突的”这个观点不受欢迎，对于依赖流行观点且好争论的人们来说，它是一个容易攻击的靶子（*St.*，306a8—10）。这是一个令人惊讶的主张；异乡人描绘为不受欢迎的那个观点看起来非常类似普罗塔戈拉在同名对话中作为受欢迎的观点而加以捍卫的那一个。在早期对话中，不受欢迎的观点似乎是苏格拉底式的观点，即各种美德不可能相互冲突。在当前的语境下，异乡人甚至都没有提出美德事实上 339
是一还是多的问题；他将“美德是多”看作理所当然的，并且认为，在声称美德彼此敌对的时候，自己是在捍卫一个不同寻常的观点（306a12—c1）。

异乡人考察了勇敢和节制，以此来支持他关于美德各部分彼此对立的观点。他认为勇敢等同于强健、刚愎自用以及暴烈，并认为节制等于抑制与有序（306e9—307b3）。当这些倾向与情境不适合时，我们就以相反的方式来批评它们（307b5—c7）。那些被节制主导的人容易表现出懦弱，因为他们在面对那些必须加以面对的危险时行动过分缓慢；那些被勇敢主导的人容易表现得不节制，因为他们在追求自身的欲求时表现得如此鲁莽，以至于都不曾停下来想想不去追求它们的理由。

这是一个用来支持如下主张的糟糕论证，即勇敢和节制是美德的不同且相反的部分。首先，甚至连异乡人是不是一直在讨论勇敢和节制都不是很清楚。如果我们要么诉诸早期对话，要么诉诸《理想国》的话，我们显然就可以论证，他一直是在谈论各种美德背后的自然趋向，而不是美德本身。无论是苏格拉底式的还是柏拉图式的美德观念都提出，一种真正的美德既要求培养自然的心理趋向，也要求用关于善的信念来控制和修改这种趋向。的确,在《理想国》中,柏拉图注意到不同美德背后的自然趋向,但是没有声明它们实际上就是美德(*R.*,410e)。亚里士多德把“自然的美德”(有助于获得特定美德的自然趋向)与“完全的美德(当受到良好训练的自然趋向与智慧相结合的时候,这种美德就产生了)分离开来,以此作为这个相关区分的标志(*EN*,1144b4—9)。《政治家》中的论证是否仅仅忽视了这个至关重要的区分?

异乡人似乎对这个问题给出了某个答案,因为他说,如果一个人要被训练成为一个有美德的人,还需要在一种冲动的或平静的自然倾向(disposition)上补充什么。道德教育产生关于美好、正义和善事物以及与之相反的东西的稳定的真信念(309c5—8);这种确信属于灵魂的这个神圣部分(309c1—2)。当一个勇敢的灵魂获得了恰当的确信,它就变得温和且正义,而不是桀骜不驯(309d10—e3);当一个节制的灵魂获得了这个确信,它就获得了做正义所要求的事情的智慧。[1]那么我们就可以假设,道德训练消除了节制的人和勇敢的人之间最初的对立。他们每一种人都已经获得了智慧和正义,而且,在这样做的时候也会消除那些使得节制和勇敢似乎彼此对立并与美德的要求相对立的自然趋向(tendency)。

然而这看起来不像是异乡人的观点。因为他假设,勇敢的人和节制的人之间的对立依然存在,即使是在他们已经接受恰当教育之后;这就是为什么政治家要通过安排他们之间的联姻来尝试结合勇敢和节制的品格(310a7—e3)。联姻需要加以密切注意,因为勇敢
340 的人和节制的人易于受到与他们相似的那些人的吸引,而且他们的心理倾向在下一代身上也会以一种放大的形式表现出来。

从这些关于美德的评论中,我们应当得出什么结论?异乡人尚

1 这就是 Skemp(1952,“审慎,或者至少足以符合其公共义务的审慎”)附加在 hōs ge en tē(i) politeia(i) 上的意义,参见 309e6—7。

未找到非常充分的理由来说明他的主张,即不同的美德相互对立。勇敢和节制显然应该被视为道德教育的结果,而不是必须接受教育的自然倾向。如果这是对的,那么,在试图论证各种美德之间的对立的时候,把焦点集中到自然的趋向就是武断的。在这个问题上,亚里士多德似乎表达了柏拉图在《理想国》第四卷中含蓄地接受的立场;令人困惑的是,《政治家》似乎忽视了《理想国》中关于美德的必要条件的观点。

不过,就美德各部分之间的差别而论,《政治家》也许有助于我们理解某些东西。在《理想国》第四卷,柏拉图是通过将这三种美德与灵魂的不同部分相联系来鉴别它们的;因此他就不得不解释正义如何涉及灵魂的所有三个部分。《政治家》没有将这些美德与灵魂的各部分如此清楚地联系起来;表面上看,勇敢或许表现在对欲望对象的追求之中,一如它表现在任何其他活动中。相反,柏拉图坚持认为,美德的某些方面涉及对自然趋向的修改,其他方面则需要某些趋向重新改变方向,这些趋向所追求的是由理性规定的目的。智慧和正义是灵魂的"神圣"部分的信念所产生的结果;美德可能只是被设想为在一个人的经过良好训练的自然趋向与其理性确信达到恰当和谐后所产生的那种正义。结果表明,勇敢和节制并不是与正义处于同一层次上的品格美德;勇敢和节制似乎被看成是正义的原材料。[2]

这个观点的一个效果是,柏拉图坚定地否认如下任何提议,即我们可以拥有经过良好训练的、灵魂的非理性部分,而不需要拥有一个经过良好训练的理性部分。事实上,我们曾论证,他在《理想国》第四卷中也没有接受这个提议,他坚持认为每一种真正的美德都要求灵魂的理性部分中的知识;但是《理想国》第四卷的很多读

2　Murphy 关于正义之地位的评论(参见本书第十四章,注释 21)相较《理想国》第四卷而言甚至更适用于《政治家》。

者都已经假设,他采取了一种不那么严格的美德观点。《政治家》没有为这样一种观点留出余地。它清楚地坚持认为,受到良好训练的道德行动者必须受到理性部分的控制。另一方面,柏拉图不再在理性部分中要求知识;稳定的真信念对于相关类型的智慧(309e6)和正义来说似乎就足够了(遵循对一个人的自然趋向所进行的恰当训练)。

坚持认为《政治家》必定旨在否认柏拉图在《理想国》第四卷中对美德所提供的论述,这样想是不明智的。声称柏拉图的观点发生了进展也同样不明智;因为似乎很容易面对《政治家》在表面上提出的异议来捍卫《理想国》第四卷中提出的论述。不过,《政治家》中的评论也不应当被忽视;因为它们提出了一些论证思路,或者能够澄清《理想国》中的某些观点,或者提出了某些值得探究的选择。

229. 快乐与欲求

341 《礼法》提出的某些困难类似于《政治家》提出的困难;与《理想国》的表面差别应该归于不同的强调重点,归于从《礼法》的特定目的所产生的一个不太确切的表述,还是归于一个真正的学说转变,这往往是不确定的。不过,《礼法》与《理想国》的表面差别总体上构成了一幅很有趣地不同于《理想国》的图景。不仅如此,甚至当《礼法》的不同主张并不标志着与《理想国》的对比时,它们有时也会进一步阐明《理想国》中所处理的某些话题。

《礼法》中对于快乐的讨论有助于解释,为什么柏拉图相信这是伦理论证中的一个重要话题。在其他对话中,他假设这是重要的,但是并没有如此充分地解释为什么他会这样想。在《普罗塔戈拉》和《理想国》第九卷中,柏拉图着手表明,有美德之人的生活比其他人的生活都快乐。在《普罗塔戈拉》中,他想要表明这一点,因为他相信,快乐是欲求的最终目的,而且关于善的判断最终必须通过诉诸关于快乐的判断来加以辩护。在《理想国》中他既没有确认关于快乐的心理主张，也没有确认其认识论主张；《斐莱布》按照快乐与其对象的内在联系提出了拒斥这些主张的理由。不过，柏拉图拒绝承认，有美德之人的生活可能不如其他人的生活快乐。

在《礼法》中，柏拉图确认，对于食物、饮料和性的三种欲望在人性中都是基本的。这样，对人来说，一切都"取决于"（ērtēmena）它们；这些欲望在得到正确引导的时候就产生美德，在被错误地引导的时候就产生恶习（782d10—e1）。在这些欲望的影响下，人们追求快乐并拒绝痛苦（782e4—6）。重要的是通过"将这些欲望转向与所谓最快乐者截然相反的最好的东西"来训练它们（783a4—5）。柏拉图提出，在这些基本欲望的影响下，我们是按照不同的行动过程可能产生的快乐来判断它们；当我们恰当地训练这些欲望时，我们判断行动就是按照对于更好和更坏的考虑，而不是按照对快乐和痛苦的考虑。然而我们不清楚他这么说的用意何在。当我们已经对我们的基本欲望进行教导时，我们只是改变了对"何为最快乐"的想法、将最好的东西等同于最快乐的东西吗？还是说我们形成了关于"何为最好"的某种观念，而它独立于我们关于"何为最快乐"的观念？

柏拉图暗示说，快乐和痛苦是"来源"或"源泉"，必须使之转向正确的方向以确保幸福。它们对人类来说是"最自然"的（732d4—5），而且一切事物都取决于它们。然而，它们是不理智的（aphrone）劝告者（644c6—7）；这也是为什么有美德的人必须控制他的快乐和痛苦的趋向（632e1—6，635c3—d8）。它们的敦促需要由把更好的东西和更坏的东西辨别开来的理性原则来调节；这个理性原则是我们若想过得好就必须加以掌握的"金绳索"（golden cord；644d7—645b8）。 342

这些主张关系到作为人类动机的快乐和痛苦的基础特征以及训练它们的重要性，它们既不蕴含也不排除某种快乐主义动机的观点。柏拉图或许会始终如一地接受快乐主义,并坚持控制快乐的重要性;如果是这样,他关于控制的评论就意味着,我们必须学着用我们关于长远看来什么东西能够使快乐最大化、使痛苦最小化的观点,来调节我们对于直接快乐的欲望和对于直接痛苦的厌恶。不过,尽管快乐和善之间的对比可以用这些快乐主义的术语加以解释,但是柏拉图并没有选择用这种方式来解释它。如果我们不能发现他提供了一种快乐主义的解释,那么我们迄今所发现的评论就不能为我们将一种快乐主义的立场归于柏拉图而提供辩护。[3]

230. 快乐与幸福

然而我们可以假设,当我们发现柏拉图想要在多么紧密的程度上将对于快乐的主张和对于幸福的主张联系起来时,我们就已经找到了快乐主义的更加正面的证据。他敦促说,当我们称赞一种有美德的人生,我们就必须将它作为比其他竞争项更快乐的选项加以称赞,而且我们千万不要认可在幸福和快乐之间所做的任何分离。他想要表明,正义的人是幸福的[4],无论他是富有还是贫穷,强壮还是羸弱(660d11—e5),而一个不义的人是悲惨的,无论他多么健康、强壮并有权有势(661d6—e4)。但是他并不满足于声称正义的人比不义的人更幸福;他还相信,重要的是坚持认为正义的人拥有更多快乐。

柏拉图捍卫其观点的方式是考虑,如果它是假的,会有怎样的结果;他论证说,既然若它为假则后果不可接受,那么这个主张必定是真的。如果我们将最正义的生活从最快乐的生活中分离出去,我们就必须决定其中哪一种生活更幸福。柏拉图假设,不可容忍的是,在这种情况下不得不说,最快乐的生活比正义的生活更幸福

3 对《礼法》中快乐的作用所做的探讨,参见 Stalley(1983),第6章。

4 这个主张与关于美德和幸福的比较性论题之间的联系,参见本书第231节。

（662c5—d7）。他想象一位父亲告诉他的儿子，最快乐的生活更加幸福；那儿子就会反过来问他父亲，为什么父亲还总是告诉自己要做一个正义的人，既然他确实想要儿子尽可能地幸福（662d7—e8）。

柏拉图在此假设，如果我们承认某种生活方式不会比其他选择更能促进我们的幸福，那就没有充足的理由向我们推荐这种方式。柏拉图实际上并没有说，这个儿子对他父亲的建议所做的反应就是正确的，但是他似乎暗指这个意思。他甚至拒绝考虑一种反事实的可能性，即众神说出了这位作为凡人的父亲所说的话；在他看来，我们甚至都不应该考虑这种想法，即众神告诉我们要做一个正义的人，却又同意正义的生活不是最幸福的生活。

也许下面这个提议看来更加合理：正义的生活是最幸福的，同时也承认它不是最快乐的；根据这个观点，最大量的幸福就与最大量的快乐分离开来。然而，柏拉图也拒绝了这个提议。他说，任何一个听从此提议的人都会想要知道，我们在幸福生活中可能予以赞美的那些胜过快乐的、美好与善的事物是什么。他通过附加下面这 343
段话来解释这一点：“因为，最终表明对于一个好人来说是好的那个东西还能是什么呢，如果它不是快乐的话？告诉我，我们是不是要说，从人和神那里得来的声望和赞扬就是善的和美好的却没有快乐，而坏声望则与此相反？”（663a1—4）说服人们相信这样一个主张是真的将会十分困难：“因为没有人会准备好被说服去自愿地做某种不会带来更多快乐和更少痛苦的事”（663b4—6）。即使这一点不是真的，即使最幸福的生活不是最快乐的生活，我们也应当说服人们相信它是真的，这样当他们被说服相信正义的生活就是最幸福的生活时，他们就会乐于成为一个正义的人（663d6—e4）。然而，与此同时，柏拉图确信“正义的生活就是最快乐的生活”这一点是真的，而不仅仅是一个有用的虚构（663d2—5）。

为了判定柏拉图是否正确，我们就必须选择要采取谁的立场。从不义的、有恶习的人的立场来看，正义的生活似乎没那么快乐，但是从正义之人的立场来看,这种生活似乎更为快乐,在这种情况下我们应采取正义之人的立场(663d7—8)。柏拉图并没有提供任何证据来证明,正义的生活对于任何思索它的人来说都会显得更加快乐。他也没有暗示,存在着某种中立的角度,既不承诺正义也不承诺不义,从中我们还能看到正义的人比不义的人拥有更多快乐。为了确信正义的人拥有更多快乐,我们首先必须同意,不义之人的立场是扭曲的,而且不存在任何中立的立场。

在另一个段落中,柏拉图回到了关于快乐与幸福之间联系的问题,在那里他强调对快乐的欲求是基础性的。在我们的整个生活中,我们想要快乐胜过痛苦的净盈余:"如果我们说,我们想要某种与此相反的东西(或'超出这个';para touto[5]),而我们这样说是出于对各种实际存在的生活方式的某种无知和缺少经验。"(733d4—6)我们对柏拉图此处观点的论述取决于如何解释"para touto"。如果他的意思是,我们除了最大化快乐和最小化痛苦的欲求之外,没有其他欲求或动机,那么他就断言了一种强版本的心理快乐主义。然而,这看起来并不是他在《礼法》中的通常观点。只有当他在文本中的其他评论看起来要求这样一种观点,我们才应当在此处将这个观点归于他。

当柏拉图解释为什么有美德的生活会比有恶习的生活包含更多的快乐时,他说这个观点会被所有"知道"这种生活方式的人接受(733e6—734a8)。这里的"知道"意味着什么?我们可以假设(1)柏拉图心里想的是某个中立的观察者,他已经观察到有美德的人和有恶习的人,并从其中立的立场出发、加以比较之后得到这个

5 译者们用以下说法来解释 733d4 的 para touto:"在此范围之外"[Saunders(1970)];"除了快乐在量上的优势之外的其他所有考虑"[England(1921)];"前述对象之外的其他所有对象"[Taylor(1934)];"如果我们偶有超出此限的欲望"[si par hazard nous prétendons avoir quelque désir en dehors de ces limites, Des Places and Diès(1951)]。对这个段落的讨论参见 Stalley(1983),第 67—69 页。

结论。或者我们也可以假设(2)柏拉图指的是这样一个人,他知道过一种有美德的生活是什么样的,因为他自己就过着这种生活。如果柏拉图采取的是第一种观点,他就超出了在之前的章节中所表达的观点,而他在那里将自己限制于那些从有美德之人的立场提出的快乐主义观点。如果他采取的是第二种观点,他就重复了在之前的章节中说过的话。

在我们当前章节的开始,有一个评论暗示,柏拉图可能采取了第二种观点。他声称,我们应当称赞最美好的生活,因为"如果一个人在年轻的时候愿意品尝它的滋味,而不是想要逃离它,那它在我 344
们所寻求的所有事物中就是较好的,是在一个人的整个一生中更大的享受和更少的痛苦"(733a1—4)。在此柏拉图认识到,一个人接受美德并不会影响其生活的快乐。不幸的是,这个评论仍然模糊不清。它的意思可能是(1)我们可以从一个中立的立场看到,一个人接受了有美德的立场,他就拥有更快乐的生活,或者(2)一个人接受了有美德的立场,他就会判断,有美德之人的生活更加快乐。[6] 第一个阐释令柏拉图不得不承认一种对快乐和痛苦进行比较的中立的立场。第二个阐释容许他坚持认为,这种比较必须从有美德的或有恶习的立场提出。

柏拉图对于有美德的生活所具有的快乐持有什么态度,我们对此无法获得一个有把握的结论。然而,我们没有理由推断,他提出了任何与他在《礼法》中所做的最详细的讨论不一致的说法。在这场讨论中,他拒绝了一切中立的立场。他反而论证说,为了看到正义的人在生活中拥有总体上更多的快乐,我们首先就必须同意,正义的人对快乐的比较所做的评价是正确的。

如果这就是柏拉图的意思,那么他在《礼法》中的主张就依赖于《斐莱布》中所发展的那种论证。如果一种快乐的价值不是抛开

6 注意到这种模糊性的是 Crombie (1962), I, 第 271 页。

其对象的价值而得到估量，那么我们就无法正确地估量不同快乐的价值，而不必依赖对作为快乐对象的各种状态和活动所做的判断。在这种情况下，我们必须依赖于正确的观点来评价不同快乐的对象。[7]

如果柏拉图采取了这一观点，那么我们就不会对下面这件事情感到特别惊讶：在拒斥把正义的生活作为最好的生活，但不一定作为最快乐的生活来称赞的那个看似合理的见解时，他好像对快乐主义做出了巨大让步。只要我们假设，我们能够用某种纯粹定量的标准来判断什么东西更令人愉快、什么东西不太令人愉快，而这种标准不依赖于我们对快乐的对象所做的价值判断，那么这一见解看起来就是合理的。如果该假设是正确的，那么这一主张，即有美德的生活是最快乐的生活，似乎就是相当冒险的经验假说。然而，柏拉图并没有将其作为经验假说；而是把它看作承认“有美德的生活是最好的”并理解了快乐主义与非快乐主义的价值之间关系的后果。如果我们假定，有美德的生活可能无法成为最快乐的生活，那么在柏拉图看来，我们就会将某种快乐主义的价值观念看作理所当然，而这种观念正是他在《斐莱布》中予以攻击的。

231. 美德与幸福

柏拉图关于快乐的主张有时看起来提出了一个比他所能辩护的版本更强的主张，即关于有美德的生活和快乐生活之间的联系，与此类似，他的某些关于美德和幸福的评论似乎比我们在别处发现他给出的表述说得更具体。在快乐和幸福的情形中，我们已经发现现象是欺骗性的；美德和幸福是否也同样如此呢？

345 特殊的困难来自一些评论，它们似乎超过了柏拉图的比较性论题，即正义的人在所有环境中都比其他人更加快乐。在《理想国》

7 Stalley（1983，第63页）批判了柏拉图的观点，即有美德的生活就是最快乐的生活。

中，柏拉图坚持这个与苏格拉底的充分性论题相对的论点，而根据苏格拉底的论题，正义的人就是快乐的。然而，《礼法》有时候似乎断言了充分性论题。在马革内西亚（Magnesia），每一个人都被教导去相信，有美德的人“是幸福的和受到保佑的，无论他是高的、强壮的还是矮的、虚弱的，也不管他是不是富有”（660e3—5）。在这个语境中，可以理解的是，柏拉图并没有像《理想国》第二卷中的格劳孔和阿德曼图斯那样去说明，对于不幸的、正义的人来说，环境可能有多么恶劣；但他是否想要我们从他在此处的评论进行概括并推断，无论外部环境可能有多糟糕，正义的人也都是幸福的？

这不是我们从马革内西亚人为有美德的生活所做的辩护中加以概括的唯一方式。在我们当前的章节，柏拉图是在指出，如果我们想变得幸福，我们就不需要在非道德的善事物方面进行攀比；即使不像克洛伊索斯那样富有，我们也可以幸福（参见 Aristotle, *EN*, 1179a1—16）。这不足以得出如下主张：我们能够幸福，无论我们缺少什么样的非道德的善，无论我们遭受什么样的非道德的恶。既然柏拉图并没有确认这个较强的主张，那他就没有回到苏格拉底式的观点，即美德对幸福来说是充分的。

关于美德和幸福的上述主张，应当与柏拉图对非道德的善事物与美德和恶习之间的关系的看法发生联系。在《欧绪德谟》中，苏格拉底试图将一个观点（非道德的善事物具有某种积极价值）与他的信念（美德对幸福是充分的）加以调和；他论证说，对于有美德的人而言，非道德的善事物与其对立物相比是“更大的善”。在《礼法》中，柏拉图更加明白地确认了，财富、健康以及其他公认的财产对于有恶习的人来说都是坏的，因为它们使其得以按照绝对恶劣的方式来行动，但是对于好人来说，它们是好的，因为他在有美德的行动中正确地使用它们（661b4—d4；参见 *M.*, 88b—d）。[8] 这就是为什

8　关于《欧绪德谟》，参见本书第 40 节。关于《美诺》，参见本书第 97 节。

么我们不会想要人们的祷告得到回应，除非他们的祷告是由智慧引导的，并引导他们去追求对其而言真正是善的那些外在善(687d1—e9)。就像亚里士多德解释的，我们不应当祈祷获得外在善，除非我们有了能让我们正确使用它们的智慧，这样它们对我们来说就真正是善的(*EN*, 1129b1—6)。

关于外在善和美德之关系的上述主张暗示，柏拉图认为它们促成了有美德之人的幸福；原因在于，既然它们对于一个有美德之人来说是善的，那它们就必定有助于构成幸福，如果幸福包含所有内在善的话。我们无法有把握地推断，柏拉图认为外在善对于幸福是必要的，因为我们无法确定地说，柏拉图在《礼法》中持有这种综合性的幸福观念。不过，我们还是很难相信柏拉图并不持有这个观点。因为他否认了一个观点，即有美德的生活不是最快乐的生活；他坚持认为，如果这种生活是最幸福的，那它就必定是最快乐的。很容易看到，为什么他会坚持这样一种观点，如果他持有一种综合性的幸福观念的话；然而，不那么容易看到的是，他是否相信存在着某些不包含在幸福之中的、关键的善事物。

《礼法》的政治目标令我们有更充足的理由将一种综合性的幸福观归于柏拉图。尽管他经常强调灵魂之善(尤其是各种美德)
346 优越于身体的善和外在善(例如631b6—d1, 697a10—c4, 728c9—729b2, 743c5—744a7)，他也提倡在合适的地方追求各种非灵魂的善。他似乎并没有说是因为某种高于幸福的善而提倡它们。相反，他假设立法的恰当目标就是城邦及其公民的幸福(683b1—6, 697a10—b2, 743c5—6)。马革内西亚的法律旨在促成公民的幸福，不仅仅是因为它们令美德优先于非道德的善(即使我们忽略了追求非道德的善，我们也可以这样做)，而且是因为，在非道德的善恰当地服从美德的情况下，它们为有效地追求那些善做好了准备。

出于上述原因，我们不应假定《礼法》背离了关于正义和幸福的比较性论题。相反，比较性论题为柏拉图反复评论善的层级做出了很好的解释。如果我们将充分性论题归于柏拉图，那么这个层级就会难以理解；我们没有充分的理由认为，这个困难存在于理解《礼法》的方式当中。既然比较性论题是最切合《礼法》的，我们也就有了进一步的理由（尽管就其自身而言当然并不充分）在《理想国》中将其归于柏拉图。因为柏拉图在《礼法》中关于善的层级的主张自然地与《理想国》相契合；在这两部对话中，柏拉图都强调了正义对幸福的最高价值，而且没有将非道德的善事物从幸福中全盘排除。

232. 主要的美德

在《政治家》中，柏拉图确认了勇敢和节制之间存在对立，这种对立似乎标志着《政治家》与《理想国》的一个尖锐分歧；但是很难说他究竟在多大程度上不同意《理想国》对美德所提出的论述的主旨。《礼法》提出了类似的困难，这些困难既是内在的，又是与《理想国》相比较而论的。[9]

柏拉图在某些地方似乎对于美德的可分离性毫无疑虑；他批评斯巴达人因为关注勇敢而排除了其他美德。在美德的各部分当中，勇敢在重要性方面排第四位（630c6—d1，631a2—8）。对勇敢的这种看法将其处理为一种出现在孩童和动物身上（963e1—8）并且可以清晰地与节制和其他美德分离开来的自然趋向。单纯的勇敢是用在《政治家》中得到处理的那种方式来处理的，即被处理为自然的无畏；它引导人们在追求其目的时变得自信，甚至是冲动，不管他们可能面对何种危险或障碍。这种趋向并不是无条件地好，因为它可以鼓励我们既坚持好的目的也坚持坏的目的；如果不是结合了节

9　关于《礼法》中论述美德的不一致，相关讨论见 Görgenmanns（1960），第 113—155 页；Stalley（1983），第 5 章。

制，它甚至会使一个人变得更加不受约束和不节制（696b6—10）。

在《政治家》中，柏拉图将节制处理为与勇敢类似的趋向，带有彼此相反的、好的和坏的目的。在《礼法》中，这个方面没有这么突出，而且柏拉图似乎对它是否确实与勇敢类似有所怀疑。当雅典人问道，不伴随其他美德的节制是不是还值得尊敬，墨吉路斯
347 （Megillus）并不确定要如何回复，而雅典人说他不确定是对的；因为尽管节制是某种值得尊敬的事物的一个要素，但是不清楚它本身是否值得尊敬（696d4—e6）。这种自然趋向后来被称为“属民的节制”（710a3—b2），与我们在“迫使节制也要成为智慧”（710a5—6）时所提到的那种状态（state）相对立。[10]

柏拉图在承认一种节制要求智慧的时候，暗示我们可能也会承认一种勇敢要求智慧，这种勇敢与斯巴达人所培养的那种原始形式的勇敢形成对比。就他承认勇敢与节制都是道德教育的产物这一点而论，他似乎承诺了这种关于勇敢的观点。人们自少年时就被训练着战胜他们的恐惧而变得勇敢，被训练着缓和他们的快乐而变得节制（791b10—c2，815e4—816a3）。人们从教育中获得的不仅仅是一种引导他们去做天性勇敢和节制的人所做的事情的更强趋向；他们被教导在恰当的环境中抵挡恐惧和快乐。这就是为什么如果人们要变得“无条件的勇敢，并且自由”（635d5—6），他们就需要正确的道德教育。当柏拉图说到“无条件的勇敢”时，他承认，我们有理

10 Saunders（1978）的翻译“一种夸张的和扭曲的语言用法”似乎超出了希腊语的范围。译文暗示，在用“节制”作为包括智慧的条件时，这中间有某种实际上并不正确或者不自然的东西。Taylor（1934）的翻译“高的和人为产生的意义”［跟从 England（1921）］传达了同样缺乏根据的暗示［Des Placed and Diès（1951）的译法与之类似］。Robin（1960）的译法更好：“我们将行动中的节制冠以思想中的智慧之名，也即赋予它某种高贵性”（à laquelle on donnerait une certaine noblesse, en attribuant de force à la modération dans les actes le nom de sagesse dans la pensée）。Görgenmanns（1960，第 133 页）讨论了这个段落。

由说自然地无畏之人的“勇敢”并不是真正的勇敢美德(“完全的”勇敢),而只是它的自然基础。当柏拉图说到正义产生于智慧、节制与勇敢的混合时,他似乎是在谈论从有美德的人身上发现的那种勇敢,而不是在单纯无所畏惧的人身上所发现的那种勇敢。

如果这就是对勇敢和节制的合理论述,那么柏拉图用这些不同的方式谈论它们就依然是令人困惑的。如果他只是指责斯巴达人培养一种作为获得勇敢之始点的趋向而未能培养美德本身(这还要求其他的主要美德),那么不就更加清楚吗?或许柏拉图避而不谈这个悖论式的主张,即斯巴达人(普遍认为他们是勇敢的士兵)并没有成功地培养勇敢。然而,他其实不应该避谈这个悖论,因为只要我们看到他通过将勇敢识别为美德的用意何在,我们就能看到,在否认斯巴达人培养了勇敢的时候,他不会否认任何关于他们的明显事实。

即使柏拉图必须同意亚里士多德在勇敢或节制的“自然的美德”和“完全的美德”之间所做的区分,他好像还是决定不说所有的美德实际上就是一个美德,因此他似乎拒斥了苏格拉底的统一性论题。夜间议事会(Nocturnal Council)成员应该去了解各种美德的共同之处,这样他们就不仅理解了“多”,而且也理解了“一”(965c9—e2),但是柏拉图对这一点的陈述并没有危害美德的多元性。议事会成员所承认的“一”是各种不同美德的共同特性,该特性使它们都成为美德;但是承认这个共同特性并不意味着它们不是互有区别的美德。柏拉图似乎对不同美德的自然来源之间的差异印象深刻,以至于坚持认为,即使它们在一种由正义和智慧来调节的品格中结合在一起,它们依然是不同的美德。在这一点上,他可能是在更清楚地表达《理想国》中所接受的观点。[11] 348

11 关于《理想国》对美德统一性的态度,参见本书第166节。

233. 智慧与美德

在各种美德当中，柏拉图给予智慧某种优先性。他说，我们应该更喜欢用智慧来引导我们的需求，而不是祈祷获得我们想要的一切东西（687e5—9），他还说“所有美德的引导者”是“智慧、理解和信念，并伴有追随它们的激情和欲望”（688b1—4）。智慧属于灵魂的理性部分，属于按照对更好和更坏的考虑来调节我们追求快乐和厌恶痛苦的“金绳索”（644c9—645b8）。我们需要智慧来确保自己正确地使用了非道德的善事物（631c4—5），而且智慧本身就是灵魂的各种善之间的引导者（631c5—d1）。

这种智慧要求什么？它与“愚蠢”（amathia）相对照。愚蠢的人承认某事物是美好的和善的，但是他讨厌它，不然就是他承认某事物是低级的（ponēros）和不义的，但他还是爱它并且乐于接受（689a5—7）。愚蠢是理性信念和快乐及痛苦之间的不协调（689a7—9）。对愚蠢的这个论述暗示，智慧涉及理性判断和快乐之间的协调。柏拉图仅仅是说协调对智慧来说是必要的：“因为如何……才有可能产生智慧而没有协调呢？哪怕是最小程度的智慧？不可能。相反，最美好和最好的同心会被再合适不过地称为最大的智慧”（689d4—7）。

这个评论暗示，智慧不是被鉴定为任何具体的认知状况，而是灵魂的和谐。的确，区分智慧和节制变得非常困难；不仅如此，那种不只是自然趋向的节制似乎包括了智慧（710a5—6）。然而，如果智慧和节制要被等同起来，那就很难看到柏拉图为什么会将智慧看作各种美德之间的引导者，而节制（已经发展的美德，而不是自然趋向）是跟从智慧的美德之一（631c5—7）。智慧因其涉及理性判断而被假定为不同于其他美德（963e5—8）；因此它也就不能仅仅是灵魂的和谐。

于是，尽管柏拉图对不协调与协调提出了以上说法，我们还是很难假设，愚蠢的人和智慧的人能够在他们对价值所做的一切理性判断上达成一致。如果他们能就此达成一致，那他们的区别就仅仅在于，智慧之人对快乐和痛苦的感受会跟从他的价值判断，而愚蠢之人的快乐和痛苦会与他的价值判断相冲突。如果这就是柏拉图的观点，那么智慧之人就和愚蠢之人有所区别，仅仅是因为其灵魂的非理性部分有所区别。这肯定不是柏拉图想要的结论。

那么，我们要如何理解和谐一致与智慧之间的联系？如果我们区分愚蠢之人的两个判断，即"x 是美好的和善的"与"x 在经过全面考虑后对他来说是好的"，那么柏拉图的见解就变得可理解了。愚蠢的人对快乐的感受可能偏离了他的理性判断，因为他并不确信 x 会有助于实现自己的幸福。如果这是对的，那么明智之人与愚蠢 349 之人的不同之处就在于，他承认美好且善的事物对自己来说也是善的；也就是说，他已经被柏拉图希望在马革内西亚得到普遍接受的那些论证所说服。

如果我们假定，快乐与痛苦遵循一个人对其幸福的判断，那么我们就能看到，为什么智慧之人的理性判断和愚蠢之人的理性判断之间的分歧会导致他们关于快乐的判断也发生分歧。关于幸福的判断与关于快乐的判断之间的联系并不令人惊讶，只要我们同意柏拉图在《斐莱布》中的主张，即某些快乐内在地与其对象相联系。

人们对于善恶的判断以这种方式影响他们感受快乐和痛苦的趋向。对柏拉图来说，强调快乐和痛苦对价值判断的影响也是合理的。在《理想国》第四卷，他提出被误导的快乐和痛苦易于引起信念动摇。[12] 这就是亚里士多德提到的那种动摇，当时他说保有智慧需要节制，因为被误导的快乐"败坏原则"（*EN*, 1140b11—20）。如果柏拉图是要强调快乐和痛苦在形成和保持真的价值判断中所具有

12　关于快乐的作用，参见本书第 165 节；Stalley（1983），第 52—54 页。

的这种作用，他就不需要将智慧化约为灵魂各部分之间的一致，他也不需要暗示说，智慧的人之所以不同于愚蠢的人，只是因为前者具有处于良好状况的非理性部分。

柏拉图在《礼法》中关于智慧的不同评论似乎太过零散。他谈到智慧的不同方面，却没有解释它们如何彼此相契。不过，这些评论的零散表象可能有一些误导性；因为当我们追问它们如何可能合理地彼此相契，我们就可以看到，它们与《理想国》第四卷和亚里士多德的智慧观念都有着紧密联系。虽然我们无法确定这是柏拉图所依靠的系统观点，但它还是为柏拉图的论述给出了一个合理的解释。

234. 智慧的条件

虽然柏拉图在《礼法》中关于智慧和节制的评论可能并不反映任何与《理想国》的严重分歧，但是在考虑什么人拥有智慧的时候，他似乎更加明确地背离了其前期观点。在《理想国》中，柏拉图前后一致地（即使一些现象与此相反）打算要求一切有美德的人都有智慧。[13] 这个要求意味着，只有理想城邦中的统治者（因此最终只有哲学家）才能具有真正的美德，而且理想城邦中的较低阶层都受到其非理性部分的引导。尽管他们的灵魂具有理性部分且这些部分吸收正确的价值，但是较低阶层的成员受到不同欲求强度的引导，而不是受其权威的引导。

在《礼法》中，知识和真信念之间的区分依然重要，而且智慧有时候被鉴定为知识；这正是夜间议事会的成员所拥有的（632c4—
350 6）。至少从道德角度来看，夜间议事会的成员拥有《理想国》中哲学家所拥有的那种知识。他们被指望要认识到在作为“多”的 F 所出

13 关于美德与智慧，参见本书第 162—164 节。

现的那个作为“一”的F（962d1—964b6，965b7—966b8），要对引导和调节城邦的一切法律和制度的那个目标有一种观念（962a5—c3；参见*R.*，519b7—c7）。这些要求都与《理想国》第五卷至第七卷中对哲学家施加的要求相类似。

然而，这些要求并不适用于一切柏拉图在《礼法》中称之为智慧的东西。他期待所有公民都具有那种最终会让他们受灵魂的理性部分引导的教育，那个控制着他们对快乐和痛苦的感受的“金绳索”（644c4—645c6），而且他相信，当公民达到这个条件时，他们就拥有全部的主要美德，包括智慧（631c1—d1，688a1—b3）。如果是这样，智慧所需要的就必定少于夜间议事会所要求的知识水平。的确，我们已经看到，柏拉图在某些地方提醒我们，不要夸大智慧的纯粹认知的特点；他告诉我们要看重那个灵魂中具有良好秩序的人，而不是那个有更高的理智能力、灵魂却纷乱无序的人（689c6—e2）。

这些主张可能会让我们做出如下猜测：《理想国》和《礼法》之间的差异并不反映某种真正的理论差别。因为（我们可能认为）柏拉图在《礼法》中关于智慧的说法并非真的不同于他在《理想国》中关于正确信念的说法。当《礼法》承认智慧属于所有公民而不仅仅属于最高阶层的时候，柏拉图不需要说，他们已经获得《理想国》中较低阶层未能获得的某种东西；他可能只是在说，《理想国》中较低阶层所获得的东西应该被算作智慧（在他于《礼法》中引入的那种有所削弱的意义上）。[14]

我们应当拒斥这种把《理想国》和《礼法》调和起来的尝试。在《礼法》中，柏拉图对普通公民提出了他在《理想国》中没有提出的要求，在这样做的时候，他表明自己并不只是在用不同的言辞来重述《理想国》中的观点。《理想国》中没有什么对应于以下要求，即道德教育旨在获得理性部分的控制。的确，当《理想国》讨论这个问

14 关于《理想国》中更低的阶层，参见本书第159—163节。

题时，它和《礼法》的差别是关键性的。柏拉图论证，次优的事物是要由一个人自己的理性和智慧来管理，但是如果这不可能的话，那么最优的事物就要由其他人的理性和智慧来管理；这第二个条件是柏拉图在理想城邦中为较低阶层制定的（*R.*，590c2—d6）。他既没有明说也没有暗示，统治者的智慧和理性是通过臣民自己的理性和智慧去引导他们；这也并不令人惊讶，因为他从未暗示，较低阶层的成员都由其自身的理性部分来统治。[15] 相反，《礼法》在《理想国》置之不论的那些方面都非常明确。柏拉图同意，普通公民的智慧取决于其他公民的智慧；不过，他坚持认为智慧和受理性控制也是普通公民所达到的状况。

与仅仅具有正确信念的人的相比，柏拉图指望从具有智慧的人
351 那里获得更多东西吗？在《礼法》的某些引人注目且重要的章节中，柏拉图说得很清楚，他希望他们展现出一种与信念形成对比的知识的突出特点。他们肯定理解，为什么自己被告知的那些正确的和好的事物真的就是正确的和好的；他们肯定不只是用别人的话来述说它。为了解释这个要求，柏拉图引入了与医生的对比。一方面，奴隶医生也治疗奴隶，他们只给出指令而不给出任何理由。另一方面，自由医生治疗自由人，他解释了为什么所提出的治疗方案对病人来说是最好的。自由的医生不是只给出命令，而是和病人讨论他们的状况并告诉他们足够的信息以说服其相信，所提出的治疗对他们来说就是最好的（719e7—720e5）。这种讨论需要传达给病人某种理论理解；正如柏拉图评论的，一个旁听自由医生诊断的局外人可能会抗议，他们对待病人就像对待一个学医的学生，而不像是一位病人（857c6—e6）。[16]

在马革内西亚，城邦被认为是遵循自由医生的实践。它通过向

---

15 参见本书第十八章，注释 33。对比 Kraut（1973a），第 216—222 页。

16 对劝说的本性与要点的讨论，参见 Bobonich（1991），特别是第 386 页。

公民解释为什么某种特定的法律是合理的来劝说并教育他们，这样他们就能看到法律的意义并认识到立法者的目的（822e4—823a6）。法律的导言（preface）意在起到这种解释的作用，这样法律就不只是像一位独裁的僭主一样发出命令（720c6—7，821a2—5，859a1—6）。

很明显，公民从马革内西亚的当权者对他们的说服中所获得的这种理解和辩护，不同于从夜间议事会的成员被认为会获得的那些东西；但它也并不是在种类上与之完全不同。在这两种情形中，柏拉图同意，真正具有美德的人应该能够对于他们所做的和所相信的事物“给出一个说明”，而且这个说明应该解释，为什么他们认为正确的这些行动实际上是正确的。若不承认（比如说）正义和节制的某些共同特点使得那些行动对于正义的和节制的人来说是好的，就很难看到他们如何做到这一点。

在《理想国》中，柏拉图承认，对一种说明和辩护的要求能够在不同程度得到满足。线段喻的第三段提到了一类知识，因此必定提到了不得不在某种程度上回应对说明的要求的某个人；但是柏拉图看到，我们能够给出一个说明来支持我们最初的道德信念，而不必有能力表明，为什么这个说明就是正确的。这两种级别的知识之间的划分在《理想国》中并没有用来说明，我们有理由将任何知识归于理想城邦中的较低阶层（因为他们都在线段的底部），但是它也可能暗示了柏拉图在《礼法》中使用的一般观点。

对智慧和理解的要求表明，《礼法》在实质上而不只是在言辞上与《理想国》有所不同。柏拉图相信，普通公民应当拥有某种层次的智慧，因为他相信可以合理地期待某个层次的理解，它超出了单纯接受一个人被告知的东西。柏拉图保留了苏格拉底式的确信，即美德不仅要求正确的行动和正确的信念，也要求理解和理性。早期对话中的苏格拉底没有承认他的确信的含义；特别是，他没有说明，可以指望多少人能满足他对一种理性论述的要求。在《理想国》中，柏 352
拉图依靠苏格拉底式的确信来捍卫自己的主张，即只有很少人才能成为有美德的。在《礼法》中,柏拉图暗示了《理想国》中的立场过于受限;他想要保持苏格拉底式的确信,却又坚持认为它令美德对于普通人来说也是可能的。在这一点上,《礼法》比《理想国》更符
353 合苏格拉底式道德探究的精神。

参考文献

Ackrill, J. L. [1974]. 'Aristotle on eudaimonia', *PBA* 60, 339–59. Reprinted in Rorty [1980], chap. 2.

Adam, J., ed. [1902]. *The Republic of Plato*. 2 vols., Cambridge.

Adam, J., and Adam, A. M., eds. [1893]. *Plato: Protagoras*. Cambridge.

Adams, D. [1992]. 'The *Lysis* puzzles', *HPQ* 9, 3–17.

Adkins, A. W. H. [1960]. *Merit and Responsibility*. Oxford.

———. [1963]. '"Friendship" and "self-sufficiency" in Homer and Aristotle', *CQ* 13, 30–45.

———. [1973]. '*Aretê, Technê*, democracy, and sophists', *JHS* 93, 3–12.

———. [1975]. 'Merit, responsibility, and Thucydides', *CQ* 25, 209–20.

Allen, R. E. [1970]. *Plato's Euthyphro and the Earlier Theory of Forms*. London.

Annas, J. [1975]. 'On the "intermediates"', *AGP* 57, 146–66.

———. [1977]. 'Plato and Aristotle on friendship and altruism', *Mind* 86, 532–54.

———. [1978]. 'Plato and common morality', *CQ* 28, 437–51.

———. [1981]. *An Introduction to Plato's Republic*. Oxford.

———. [1982]. 'Aristotle on inefficient causes', *PQ* 32, 311–26.

———. [1985]. 'Self-knowledge in early Plato', in O'Meara [1985], chap. 5.

———. [1992]. 'Plato the sceptic', *OSAP* supp., 43–72.

Anton, J., and Kustas, G., eds. [1971]. *Essays on Ancient Greek Philosophy*. Albany.

Anton, J., and Preus, A., eds. [1983]. *Essays on Ancient Greek Philosophy, II*. Albany.

———. [1989]. *Essays on Ancient Greek Philosophy, III*. Albany.

Archer-Hind, R.D., ed. [1894]. *Plato's Phaedo*. 2d ed. London.

Austin, J. L. [1979]. 'The Line and the Cave in Plato's *Republic*', in Urmson and Warnock [1979], chap. 13.

Barnes, J. [H. Maconi] [1988]. 'Nova non philosophandi philosophia', *OSAP* 6, 231–53.

———. [1991]. 'Enseigner la vertu?' *RP* 181, 571–89.

Benson, H. H. [1989]. 'A note on eristic and the Socratic elenchus', *JHP* 27, 591–99.

———. [1990a]. 'The priority of definition and the Socratic elenchus', *OSAP* 8, 19–65.

———. [1990b]. 'Misunderstanding the "What is F-ness?" question', *AGP* 72 (1990), 125–42. Reprinted in Benson [1992], chap. 8.
———. [1990c]. 'Meno, the slave-boy, and the elenchos', *Phr* 35, 128–58.
———, ed. [1992]. *Essays on the Philosophy of Socrates*. Oxford.
Beversluis, J. [1987]. 'Does Socrates commit the Socratic Fallacy?' *APQ* 24 (1987), 211–23. Reprinted in Benson [1992], chap. 7.
Bluck, R. S., ed. [1961]. *Plato's Meno*. Cambridge.
Blundell, M. W. [1989]. *Helping Friends and Harming Enemies*. Cambridge.
Bobonich, C. [1991]. 'Persuasion, compulsion, and freedom in Plato's *Laws*', *CQ* 41, 365–88.
Bolotin, D. [1979]. *Plato's Dialogue on Friendship*. Ithaca.
Bolton, R. H. [1975]. 'Plato's distinction between being and becoming', *RM* 29, 66–95.
Bosanquet, B. [1906]. *A Companion to Plato's Republic*. 2d ed. London.
Bostock, D. [1986]. *Plato's Phaedo*. Oxford.
Boutroux, E. [1912]. *Historical Studies in Philosophy*. E.T., London.
Brandwood, L. [1976]. *A Word Index to Plato*. Leeds.
———. [1990]. *The Chronology of Plato's Dialogues*. Cambridge.
———. [1992]. 'Stylometry and chronology', in Kraut [1992a], chap. 3.
Brickhouse, T. C., and Smith, N. D. [1984]. 'Vlastos on the elenchus', *OSAP* 2, 185–95.
———. [1987]. 'Socrates on goods, virtue and happiness', *OSAP* 5, 1–27.
Brochard, V. [1912]. *Études de philosophie ancienne et de philosophie moderne*. Paris.
Brown, L. [1991]. 'Connaissance et réminiscence dans le "Ménon"', *RP* 181, 603–19.
Brunschwig, J. [1991]. 'Pouvoir enseigner la vertu?' *RP* 181, 591–602.
Burnet, J., ed. [1900–1907]. *Platonis Opera*. 5 vols., Oxford.
———. [1924]. *Plato's Euthyphro, Apology, and Crito*. Oxford.
Burnyeat, M. F. [1971]. 'Virtues in action', in Vlastos [1971b], chap. 10.
———. [1977]. 'Examples in epistemology: Socrates, Theaetetus, and G.E. Moore', *Phil* 52, 381–98.
———. [1987], 'Platonism and mathematics: A prelude to discussion', in Graeser [1987], 213–40.
Bury, R. G., ed. [1897]. *Plato's Philebus*. Cambridge.
Butler, J. [1970]. *Fifteen Sermons*, ed. T.A. Roberts. London.
Calvert, B. [1970]. 'Forms and flux in Plato's *Cratylus*', *Phr* 15, 26–47.
Cambiano, G. [1991]. 'Remarques sur Platon et la "technè"', *RP* 181, 407–16.
Canto, M., tr. [1987]. *Platon: Gorgias*. Paris.
Cherniss, H. F. [1944]. *Aristotle's Criticism of Plato and the Academy*, vol. 1. Baltimore.
Classen, C. J., ed. [1976]. *Die Sophistik*. Darmstadt.
Cohen, S. M. [1971]. 'Socrates on the definition of piety', *JHP* 9, 1–13. Reprinted in Vlastos [1971b], chap. 8.
Cooper, J. M. [1973]. 'The *Magna Moralia* and Aristotle's moral philosophy', *AJP* 94, 327–49.
———. [1977a]. 'The psychology of justice in Plato', *APQ* 14, 151–57.
———. [1977b]. 'Plato's theory of the human good in the *Philebus*', *JP* 74, 714–30.
———. [1982]. 'The *Gorgias* and Irwin's Socrates', *RM* 35, 577–87.

———. [1984]. 'Plato's theory of human motivation', *HPQ* 1, 3–21.
Cooper, N. [1966]. 'The importance of *dianoia* in Plato's theory of forms', *CQ* 16, 65–69.
———. [1968]. 'Pleasure and good in Plato's *Philebus*', *PQ* 18, 12–15.
Cope, E. M., tr. [1883]. *Plato: Gorgias*. London.
Cornford, F. M. [1912]. 'Psychology and social structure in the *Republic*', *CQ* 6, 246–65.
———. [1935]. *Plato's Theory of Knowledge*. London.
———. [1937]. *Plato's Cosmology*. London.
———. [1952]. *Principium Sapientiae*. Cambridge.
Creed, J. L. [1973]. 'Moral values in the age of Thucydides', *CQ* 23, 213–31.
Croiset, M., and Bodin, L., tr. [1923]. *Platon: Oeuvres Complètes*, vol. 3. Paris.
Crombie, I. M. [1962–1963]. *An Examination of Plato's Doctrines*. 2 vols., London.
Cross, R. C., and Woozley, A. D. [1964]. *Plato's Republic*. London.
Dancy, J., ed. [1988]. *Perceptual Knowledge*. Oxford.
Davidson, D. [1969]. 'How is weakness of will possible?' in Feinberg [1969], chap. 8. Reprinted in Davidson [1980], chap. 2.
———. [1970]. 'Mental events', in Foster and Swanson [1970], 79–101. Reprinted in Davidson [1980], chap. 11.
———. [1980]. *Essays on Actions and Events*. Oxford.
———. [1982]. 'Paradoxes of irrationality', in Wollheim and Hopkins [1982], chap. 17.
De Heer, C. [1969]. *Makar, Eudaimôn, Olbios, Eutuchês*. Amsterdam.
De Lacy, P. H., tr. [1980]. *Galen: On the Doctrines of Hippocrates and Plato*. 3 vols, Berlin.
Deman, T. [1942]. *Le témoignage d'Aristote sur Socrate*. Paris.
Demos, R. [1964]. 'A fallacy in Plato's *Republic*?' *PR* 73, 395–98. Reprinted in Vlastos [1971a], chap. 3.
Dent, N. J. H. [1984]. *The Moral Psychology of the Virtues*. Cambridge.
Des Places, E. [1929]. *Études sur quelques particules de liaison chez Platon*. Paris.
———, tr. [1989]. *Jamblique: Protreptique*. Paris.
Des Places, E., and Diès, A., trs. [1951–1956]. *Platon: les Lois*. 4 vols., Paris.
Detel, W. [1973]. 'Zur Argumentationsstruktur im ersten Hauptteil von Platons Aretedialogen', *AGP* 55, 1–29.
Devereux, D.T. [1977]. 'Courage and wisdom in Plato's *Laches*', *JHP* 15, 129–41.
———. [1978]. 'Nature and teaching in Plato's *Meno*', *Phr* 23, 118–26.
———. [1992]. 'The unity of the virtues in Plato's *Protagoras* and *Laches*', *PR* 101, 765–89.
Diels, H., and Kranz, W., eds. [1952]. *Die Fragmente der Vorsokratiker*. 10th ed., 3 vols., Berlin.
Dillon, J. M. [1977]. *The Middle Platonists*. Ithaca.
Dirlmeier, F., tr. [1963]. *Aristoteles: Magna Moralia*. Berlin.
Dodds, E. R., ed. [1959]. *Plato: Gorgias*. Oxford.
Dover, K. J. [1974]. *Greek Popular Morality in the Time of Plato and Aristotle*. Oxford.

———. [1978]. *Greek Homosexuality*. Cambridge, Mass.
Dretske, F. I. [1970]. 'Epistemic operators', *JP* 67, 1007–23.
———. [1972]. 'Contrastive statements', *PR* 81, 411–37.
———. [1981]. *Knowledge and the Flow of Information*. Cambridge, Mass.
———. [1988]. *Explaining Behavior*. Cambridge, Mass.
Düring, I., and Owen, G. E. L., eds. [1965]. *Aristotle and Plato in the Mid-Fourth Century*. Gothenburg.
Dybikowski, J. C. [1981]. 'Is Aristotelian *eudaimonia* happiness?', *Dialogue* 20, 185–200.
Dyson, M. [1974]. 'Some problems concerning knowledge in Plato's *Charmides*', *Phr* 19, 102–11.
———. [1976]. 'Knowledge and hedonism in Plato's *Protagoras*', *JHS* 96, 32–45.
Ebert, T. [1973]. 'Plato's theory of recollection reconsidered', *Man and World* 6, 163–83.
Edelstein, L., and Kidd, I. G., eds. [1972]. *Poseidonius: Vol. 1, the Fragments*. Cambridge.
Elster, J. [1983]. *Sour Grapes*. Cambridge.
England, E. B., ed. [1921]. *The Laws of Plato*. 2 vols., London.
Everson, S., ed. [1990]. *Companions to Ancient Thought 1: Epistemology*. Cambridge.
Feinberg, J., ed. [1969]. *Moral Concepts*. Oxford.
Ferejohn, M. T. [1982]. 'The unity of virtue and the objects of Socratic inquiry', *JHP* 20, 1–21.
———. [1984]. 'Socratic thought-experiments and the unity of virtue paradox', *Phr* 29, 105–22.
Ferrari, G. R. F. [1987]. *Listening to the Cicadas*. Cambridge.
Festugière, A. J., ed. [1948]. *Hippocrate: l'Ancienne Médecine*. Paris.
———. [1973]. *Les trois Protreptiques de Platon*. Paris.
Fine, G. [1977]. 'Plato on Naming', *PQ* 27, 289–301.
———. [1978]. 'Knowledge and Belief in *Republic* V', *AGP* 60, 121–39.
———. [1987]. 'Forms as causes: Plato and Aristotle', in Graeser [1987], 69–112.
———. [1988]. 'Owen's progress', *PR* 97, 373–90.
———. [1990]. 'Knowledge and belief in *Republic* V–VII', in Everson [1990], 85–115.
———. [1992]. 'Inquiry in the *Meno*', in Kraut [1992a], chap. 6.
———. [1993]. *On Ideas*. Oxford.
Fitzgerald, W. [1853]. *Selections from the Nicomachean Ethics of Aristotle*. Dublin.
Flanagan, O. [1990]. 'Identity and strong and weak evaluation', in Flanagan and Rorty [1990], chap. 2.
Flanagan, O., and Rorty, A. O. [1990]. *Identity, Character, and Morality*. Cambridge, Mass.
Foster, L., and Swanson, J. W., eds. [1970]. *Experience and Theory*. Amherst.
Foster, M. B. [1936]. 'Some implications of a passage in Plato's *Republic*', *Phil* 11, 301–8.
———. [1937]. 'A mistake of Plato's in the *Republic*', *Mind* 46, 386–93.
———. [1938]. 'Rejoinder to Mr Mabbott', *Mind* 47, 226–32.

Frede, D. [1985]. 'Rumpelstilkin's pleasures', *Phr* 30, 151–80.
———. [1992]. 'Disintegration and restoration: Pleasure and pain in Plato's *Philebus*', in Kraut [1992a], chap. 14.
Frede, M. [1992]. 'Plato's arguments and the dialogue form', *OSAP* supp., 201–19.
Friedländer, P. [1964]. *Plato: The Dialogues*, vol. 2, E.T. Princeton.
Gallop, D. [1964]. 'The Socratic paradox in the *Protagoras*', *Phr* 9, 117–29.
———. [1965]. 'Image and reality in Plato's *Republic*', *AGP* 47, 114–31.
———. [1971]. 'Dreaming and waking in Plato', in Anton and Kustas [1971], 187–201.
———, tr. [1975]. *Plato: Phaedo*. Oxford.
Gauthier, D. P. [1982]. 'Three against justice', *Midwest Studies in Philosophy* 7, 11–29. Reprinted in Gauthier [1990], chap. 6.
———. [1986]. *Morals by Agreement*. Oxford.
———. [1990]. *Moral Dealing*. Ithaca.
Gauthier, R. A., and Jolif, J. Y. [1970]. *Aristote: l'Ethique à Nicomaque*. 2d ed., 4 vols., Louvain.
Geach, P. T. [1966]. 'Plato's *Euthyphro*', *Monist* 50, 369–82. Reprinted in Geach [1972], 31–44.
———. [1972]. *Logic Matters*. Oxford.
Gentzler, J. K. [1991a]. 'Knowledge and method in Plato's early and middle dialogues', PhD diss., Cornell University.
———. [1991b]. '*Sumphônein* in Plato's *Phaedo*', *Phr* 36, 265–76.
Giannantoni, G. [1957]. 'Il primo libro della "Repubblica" di Platone', *Rivista Critica di Storia della Filosofia* 12, 123–45.
———. [1983]. *Socraticorum Reliquiae*. 4 vols., Naples.
Gibbs, B. R. [1974]. 'Virtue and reason', *PASS* 48, 23–41.
Gifford, E. H., ed. [1901]. *Plato; Euthydemus*. Oxford.
Gill, C. J. [1985]. 'Plato and the education of character', *AGP* 67, 1–26.
Glidden, D. K. [1981]. 'The *Lysis* on loving one's own', *CQ* 31, 39–59.
Glucker, J. [1978]. *Antiochus and the Late Academy*. Göttingen.
Goldman, A. I. [1976]. 'Discrimination and perceptual knowledge', *JP* 73, 771–91. Reprinted in Dancy [1988], chap. 2.
———. [1986]. *Epistemology and Cognition*. Cambridge, Mass.
Gomme, A. W., Andrewes, A., and Dover, K. J. [1945–1981]. *A Historical Commentary on Thucydides*. 5 vols., Oxford.
Gomperz, T. [1905]. *Greek Thinkers*, vol. 2, E.T. London.
Gooch, P. W. [1974]. 'The relation between wisdom and virtue in *Phaedo* 69a–c', *JHP* 12, 153–59.
Görgenmanns, H. [1960]. *Beiträge zur Interpretation von Platons Nomoi*. Munich.
Gosling, J. C. B. [1960]. '*Republic* V: *ta polla kala*, etc.', *Phr* 5, 116–28.
———. [1973]. *Plato*. London.
———, tr. [1975]. *Plato: Philebus*. Oxford.
———. [1977]. 'Reply to White', *CJP* 7, 307–14.
———. [1978]. 'Plato's moral theory', *Philosophical Books* 19, 97–105.
Gosling, J. C. B., and Taylor, C. C. W. [1982]. *The Greeks on Pleasure*. Oxford.
Gould, C. S. [1987]. 'Socratic intellectualism and the problem of courage', *HPQ* 4, 265–79.

Graeser, A. [1975]. 'Zur Logik der Argumentationsstruktur in Platons Dialogen "Laches" und "Charmides"', *AGP* 57, 172–81.
———, ed. [1987]. *Mathematics and Metaphysics*. Berne.
Graham, D. W. [1992]. 'Socrates and Plato', *Phr* 37, 141–65.
Greenwood, L. H. G., ed. [1909]. *Aristotle: Nicomachean Ethics Book VI*. Cambridge.
Griswold, C. L. [1986]. *Self-Knowledge in Plato's Phaedrus*. New Haven.
———, ed. [1988]. *Platonic Writings, Platonic Readings*. London.
Grote, G. [1851]. *A History of Greece*. 2d ed., 10 vols., London.
———. [1888]. *Plato and the Other Companions of Socrates*. New ed., 4 vols., London.
Grube, G. M. A., tr. [1992]. *Plato: Republic*. 2d ed. (revised by C. D. C. Reeve), Indianapolis.
Guthrie, W. K. C. [1975]. *A History of Greek Philosophy*, vol. 4. Cambridge.
Hackforth, R. [1928]. 'Hedonism in Plato's *Protagoras*', *CQ* 22, 39–42.
———, tr. [1945]. *Plato's Examination of Pleasure*. Cambridge.
———, tr. [1952]. *Plato: Phaedrus*. Cambridge.
Hamilton, E., and Cairns, H., eds. [1961]. *Collected Dialogues of Plato*. Princeton.
Hampton, C. M. [1990]. *Pleasure, Knowledge, and Being*. Albany.
Hardie, W. F. R. [1936]. *A Study in Plato*. Oxford.
Harrison, E. L. [1962]. 'A red herring in Plato's *Republic*', *Eranos* 60, 122–26.
Hart, H. L. A. [1968]. *Punishment and Responsibility*. Oxford.
Hawtrey, R. S. W. [1981]. *Commentary on Plato's Euthydemus*. Philadelphia.
Heidel, W. A., ed. [1902]. *Plato: Euthyphro*. New York.
Henrich, D., et al., eds. [1960] *Die Gegerwart der Griechen in neueren Danken*. Tübingen.
Hirschberger, J. [1932]. 'Die Phronesis in der Philosophie Platons vor dem Staates', *Philologus* supp. 25.1.
Hobbes, T. [1968]. *Leviathan*, ed. C.B. Macpherson. Harmondsworth.
Holden, H. A., ed. [1886]. *Cicero: De Officiis*. 6th ed. Cambridge.
Hornblower, S. [1991]. *A Commentary on Thucydides*, vol. 1. Oxford.
Houston, A. C. [1986]. 'Plato's moral psychology', PhD diss., Cornell University.
Hume, D. [1888]. *A Treatise of Human Nature*, ed. L.A. Selby-Bigge. Oxford.
———. [1902]. *Inquiry concerning the Principles of Morals*, ed. L.A. Selby-Bigge. 2d ed. Oxford.
Irwin, T. H. [1977a]. *Plato's Moral Theory*. Oxford.
———. [1977b). 'Plato's Heracliteanism', *PQ* 27, 1–13.
———, tr. [1979]. *Plato: Gorgias*. Oxford.
———. [1982a]. 'Aristotle's concept of signification', in Schofield and Nussbaum [1982], chap. 12.
———. [1982b]. Review of Annas [1981], *Canadian Philosophical Reviews* 2, 49–54.
———. [1986]. 'Coercion and objectivity in Plato's dialectic', *RIP* 40, 49–74.
———. [1991]. 'Aristippus against happiness', *Monist* 74, 55–82.
———. [1992a]. 'Socratic puzzles', *OSAP* 10, 241–66.
———. [1992b]. 'Plato: The intellectual background', in Kraut [1992a], chap. 2.
Joseph, H. W. B. [1935]. *Essays in Ancient and Modern Philosophy*. Oxford.

———. [1948]. *Knowledge and the Good in Plato's Republic.* Oxford.

Jowett, B., and Campbell, L., eds. [1894], *The Republic of Plato.* 3 vols., Oxford.

Kahn, C. H. [1981a]. 'Did Plato write Socratic dialogues?' *CQ* 31, 305–20. Reprinted in Benson [1992], chap. 3.

———. [1981b]. 'Some philosophical uses of "to be" in Plato', *Phr* 26, 105–34.

———. [1983]. 'Drama and dialectic in Plato's *Gorgias*', *OSAP* 1, 75–121.

———. [1986]. 'Plato's methodology in the *Laches*', *RIP* 40, 7–21.

———. [1987]. 'Plato's theory of desire', *RM* 41, 77–103.

———. [1988]. 'On the relative date of the *Gorgias* and the *Protagoras*', *OSAP* 6, 69–102.

———. [1992]. 'Vlastos's Socrates', *Phr* 37, 231–58.

Kant, I. [1956]. *Grundlegung zur Metaphysik der Sitten*, tr. L. W. Beck. Indianapolis.

Karasmanis, V. [1988]. 'Plato's *Republic*: The Line and the Cave', *Ap* 21, 147–71.

Kerferd, G. B. [1947]. 'The doctrine of Thrasymachus in Plato's *Republic*', *Durham Univ. J1.* 9, 19–27. Reprinted in Classen [1976], 545–63.

Kidd, I. G. [1988]. *Poseidonius: Vol. 2, Commentary.* Cambridge.

Kirwan, C. A. [1965]. 'Glaucon's challenge', *Phr* 10, 162–73.

———. [1974]. 'Plato and Relativity', *Phr* 19, 112–129.

Klosko, G. [1979]. 'Towards a consistent interpretation of the *Protagoras*', *AGP* 61, 125–42.

———. [1980]. 'On the analysis of *Protagoras* 351b–360e', *Phoenix* 34, 307–22.

———. [1981]. 'The technical conception of virtue', *JHP* 19, 95–102.

———. [1987]. 'Socrates on goods and happiness', *HPQ* 4, 251–64.

Kock, T. [1880]. *Comicorum Atticorum Fragmenta*, vol. 1. Leipzig.

Kosman, L. A. [1983]. 'Charmides' first definition', in Anton and Preus [1983], 203–16.

Krämer, H. J. [1990]. *Plato and the Foundations of Metaphysics*, E.T. Albany.

Kraut, R. [1973a]. 'Reason and justice in the *Republic*', in Lee, Mourelatos, and Rorty, [1973], chap. 11.

———. [1973b]. 'Egoism, love, and political office', *PR* 82, 330–44.

———. [1979]. 'Two conceptions of happiness', *PR* 88, 167–97.

———. [1983]. 'Comments on Gregory Vlastos, "The Socratic elenchus"', *OSAP* 1, 59–70.

———. [1984]. *Socrates and the State.* Princeton.

———, ed. [1992a]. *Cambridge Companion to Plato.* Cambridge.

———. [1992b]. 'Introduction to the study of Plato', in Kraut [1992a], chap. 1.

———. [1992c], 'The defence of justice in Plato's *Republic*', in Kraut [1992a], chap. 10.

———. [1992d]. 'Return to the Cave', *BACAP* 8, 43–61.

Kretzmann, N. [1971]. 'Plato on the correctness of names', *APQ* 8, 126–38.

Krohn, A. [1876]. *Der Platonische Staat.* Halle.

Kube, J. [1969]. *Technê und Aretê.* Berlin.

Lacey, A. R. [1971]. 'Our knowledge of Socrates', in Vlastos [1971b], chap. 2.

Lafrance, Y. [1969]. 'La problématique morale de l'opinion dans le *Gorgias* de Platon', *Revue Phil. de Louvain* 67, 5–29.

Larson, C. W. R. [1951]. 'The Platonic synonyms, *dikaiosunê* and *sôphrosunê*', *AJP* 72, 395–414.
Lear, J. [1992]. 'Inside and outside the *Republic*', *Phr* 27, 184–215.
Ledger, G. R. [1989]. *Re-counting Plato*. Oxford.
Lee, E. N., Mourelatos, A. P. D., and Rorty, R. M., eds. [1973]. *Exegesis and Argument*. Assen.
Lesher, J. H. [1987]. 'Socrates' disavowal of knowledge', *JHP* 25, 275–88.
Lesses, G. [1985]. 'Is Socrates an instrumentalist?' *PT* 13, 165–74.
———. [1987]. 'The divided soul in Plato's *Republic*', *HPQ* 4, 147–61.
Levin, D. N. [1971]. 'Some observations concerning Plato's *Lysis*', in Anton and Kustas [1971], 236–59.
Lewis, C. I. [1946]. *An Analysis of Knowledge and Valuation*. La Salle, Ill.
Lilla, S. R. C. [1971]. *Clement of Alexandria*. Oxford.
Locke, J. [1975]. *An Essay concerning Human Understanding*, ed. P. Nidditch, Oxford.
Long, A. A. [1988]. 'Socrates in Hellenistic philosophy', *CQ* 38, 150–71.
Long, A. A., and Sedley, D. N. [1987]. *The Hellenistic Philosophers*. 2 vols., Cambridge.
Luce, J. V. [1964]. 'The date of the *Cratylus*', *AJP* 90, 136–54.
Lycos, K. [1987]. *Plato on Justice and Power*. Albany.
Mabbott, J. D. [1937]. 'Is Plato's *Republic* utilitarian?' *Mind* 46, 468–74. Revised and reprinted in Vlastos [1971a], chap. 4.
Mackenzie, M. M. [1982]. 'A pyrrhic victory: *Gorgias* 474b–477a', *CQ* 32, 84–88.
———. [1986]. 'Putting the *Cratylus* in its place', *CQ* 36, 124–50.
———. [1988]. 'The virtues of Socratic ignorance', *CQ* 38, 331–50.
Mahoney, T. A. [1992]. 'Do Plato's philosopher-rulers sacrifice self-interest to justice?' *Phr* 37, 265–82.
Malcolm, J. [1981]. 'The Cave revisited', *CQ* 31, 60–68.
Markus, R. A. [1955]. 'The dialectic of eros in Plato's *Symposium*', *Downside Review* 73, 219–30. Reprinted in Vlastos [1971a], chap. 8.
McDonald, M. [1978]. *Terms for Happiness in Euripides*. Göttingen.
McDowell, J. H. [1980]. 'The role of *eudaimonia* in Aristotle's ethics', *Proc. African Classical Assoc.* 15, 1–15. Reprinted in Rorty [1980], chap. 19.
McKim, R. [1988]. 'Shame and truth in Plato's *Gorgias*', in Griswold [1988], chap. 2.
McKirahan, R. D. [1984]. 'Socrates and Protagoras on *sôphrosunê* and justice', *Ap* 18, 19–25.
McMurrin, S., ed. [1980]. *Tanner Lectures on Human Values*, vol. 1. Salt Lake City.
McPherran, M. L. [1985]. 'Socratic piety in the *Euthyphro*', *JHP* 23, 283–309. Reprinted in Benson [1992], chap. 13.
McTighe, K. [1984]. 'Socrates on desire for the good and the involuntariness of wrongdoing', *Phr* 29, 193–236. Reprinted in Benson [1992], chap. 15.
Mill, J. S. [1979]. *Utilitarianism*, ed. G. Sher. Indianapolis.
Mills, K. W. [1957]. '*Phaedo* 74bc, Part 1', *Phr* 2, 128–47.
———. [1958]. '*Phaedo* 74bc, Part 2', *Phr* 3, 40–58.
Mischel, T., ed. [1977]. *The Self*. Oxford.
Mohr, R. D. [1987]. 'A Platonic happiness', *HPQ* 4, 131–45.
Moline, J. [1978]. 'Plato on the complexity of the psyche', *AGP* 60, 1–26.

Moravcsik, J. M. E. [1971]. 'Reason and eros in the ascent-passage of the *Symposium*', in Anton and Kustas [1971], 285-302.
Moreau, J. [1939]. *La construction de l'idéalisme platonicien*. Paris.
Morris, C. R. [1933]. 'Plato's theory of the good man's motives', *PAS* 34, 129–42.
Morrison, D. R. [1987]. 'On Professor Vlastos' Socrates', *AP* 7, 9–22.
Morrow, G. R. [1960]. 'Aristotle's comments on Plato's *Laws*', in Düring and Owen [1960], 145–62.
Murphy, N. R. [1938]. 'The comparison of lives in Plato's *Philebus*', *CQ* 32, 116–24.
———. [1951]. *The Interpretation of Plato's Republic*. Oxford.
Nagel, T. [1980]. 'The limits of objectivity', in McMurrin [1980], 77–139.
Nakhnikian, G. [1973]. 'The first Socratic paradox', *JHP* 10, 1–17.
Nehamas, A. [1975a]. 'Plato on the imperfection of the sensible world', *APQ* 12, 105–17.
———. [1975b]. 'Confusing universals and particulars in Plato's early dialogues', *RM* 29, 287–306.
———. [1985]. 'Meno's paradox and Socrates as a teacher', *OSAP* 3, 1–30. Reprinted in Benson [1992], chap. 16.
———. [1986]. 'Socratic intellectualism', *BACAP* 2, 275–316.
———. [1992]. 'Voices of silence: On Gregory Vlastos' Socrates', *Arion* 2, 157–86.
Nettleship, R. L. [1901]. *Lectures on the Republic of Plato*. London.
Neu, J. [1971]. 'Plato's analogy of state and individual', *Phil* 46, 238–54.
Nicholson, P. P. [1974]. 'Unravelling Thrasymachus' argument in the *Republic*', *Phr* 19, 210–32.
Nozick, R. [1974]. *Anarchy, State, and Utopia*. New York.
Nussbaum, M. C. [1980]. 'Aristophanes and Socrates on learning practical wisdom', *YCS* 26, 43–97.
———. [1984]. 'Plato on commensurability and desire', *PASS* 58, 55–80. Reprinted in Nussbaum [1990], chap. 3.
———. [1986]. *The Fragility of Goodness*. Cambridge.
———. [1990]. *Love's Knowledge*. Oxford.
O'Brien, M. J. [1963]. 'The unity of the *Laches*', *YCS* 18, 131–47. Reprinted in Anton and Kustas [1971], 303–15.
———. [1967]. *The Socratic Paradoxes and the Greek Mind*. Chapel Hill.
O'Meara, D. J., ed. [1985]. *Platonic Investigations*. Washington.
Owen, G. E. L. [1953]. 'The place of the *Timaeus* in Plato's dialogues', *CQ* 3, 79–95. Reprinted in Owen [1986], chap. 4.
———. [1957]. 'A proof in the *Peri Ideôn*', *JHS* 77, 103–11. Reprinted in Owen [1986], chap. 9.
———. [1973]. 'Plato on the undepictable', in Lee, Mourelatos, and Rorty [1973], chap. 17. Reprinted in Owen [1986], chap. 7.
———. [1986]. *Logic, Science, and Dialectic*, ed. M.C. Nussbaum. Ithaca.
Parfit, D. [1984]. *Reasons and Persons*. Oxford.
Patzer, A., ed. [1987]. *Der historische Sokrates*. Darmstadt.
Penner, T. [1970]. 'False anticipatory pleasures', *Phr* 15, 166–78.
———. [1971]. 'Thought and desire in Plato', in Vlastos [1971a], chap. 6.

———. [1973a]. 'The unity of virtue', *PR* 82, 35–68. Reprinted in Benson [1992], chap. 10.
———. [1973b]. 'Socrates on virtue and motivation', in Lee, Mourelatos, and Rorty [1973], chap. 7.
———. [1987a]. 'Socrates on the impossibility of belief-relative sciences', *BACAP* 3, 263–325.
———. [1987b]. *The Ascent from Nominalism*. Dordrecht.
———. [1990]. 'Plato and Davidson: Parts of the soul and weakness of the will', *CJP* supp. 16, 35–74.
———. [1991]. 'Desire and power in Socrates', *Ap* 24, 147–201.
———. [1992a]. 'What Laches and Nicias miss', *AP* 12, 1–27.
———. [1992b]. 'Socrates in the early dialogues', in Kraut [1992a], chap. 4.
Polansky, R. M. [1985]. 'Professor Vlastos's analysis of Socratic elenchus', *OSAP* 3, 247–59.
Price, A. W. [1989]. *Love and Friendship in Plato and Aristotle*. Oxford.
Prichard, H. A. [1968]. *Moral Obligation*. Oxford.
Quincey, J. H. [1981]. 'Another purpose for Plato, *Republic* I', *Hermes* 109, 300–315.
Race, W. H. [1979]. 'Shame in Plato's *Gorgias*', *Classical Journal* 74, 197–202.
Raphael, D. D. [1969]. *British Moralists*. 2 vols., Oxford.
Raz, J. [1975]. *Practical Reason and Norms*. London.
Reeve, C. D. C. [1985]. 'Socrates meets Thrasymachus', *AGP* 67, 246–65.
———. [1988]. *Philosopher-Kings*. Princeton.
———. [1989]. *Socrates in the Apology*. Indianapolis.
Richardson, H. S. [1990], 'Measurement, pleasure, and practical science in Plato's *Protagoras*', *JHP* 28, 7–32.
Robin, L., tr. [1950]. *Platon: Oeuvres Complètes*. Paris.
Robinson, R. [1953]. *Plato's Earlier Dialectic*. 2d ed., Oxford.
———. [1956]. 'A criticism of Plato's *Cratylus*', *PR* 65, 324–41. Reprinted in Robinson [1969], chap. 6.
———. [1969]. *Essays in Greek Philosophy*. Oxford.
———. [1971]. 'Plato's separation of reason and desire', *Phr* 16, 38–48.
Roochnik, D. L. [1986]. 'Plato's use of the techne-analogy', *JHP* 24, 295–310. Reprinted in Benson [1992], chap. 11.
Rorty, A.O. ed. [1980]. *Essays on Aristotle's Ethics*. Berkeley.
Ross, W. D., ed. [1924]. *Aristotle: Metaphysics*. 2 vols., Oxford.
———. [1933]. 'The Socratic Problem', *Proc. Classical Assoc.* 30, 7–24. Reprinted in Patzer [1987], 225–39.
———. [1951]. *Plato's Theory of Ideas*. Oxford.
———, ed. [1955]. *Aristotelis Fragmenta Selecta*. Oxford.
Rowe, C. J. [1975]. 'A reply to John Cooper on the *Magna Moralia*', *AJP* 96, 160–72.
———, ed. [1986]. *Plato: Phaedrus*. Warminster.
Rudberg, G. [1953]. '*Protagoras, Gorgias, Menon*: eine platonische Uebergangszeit', *Symbolae Osloenses* 30, 30–41.
Rudebusch, G. [1989]. 'Plato, hedonism, and ethical Protagoreanism', in Anton and Preus [1989], 27–40.

———. [1992]. 'Callicles' hedonism', *AP* 12, 53–71.
Ryle, G. [1966]. *Plato's Progress*. Cambridge.
Sachs, D. [1963]. 'A fallacy in Plato's *Republic*', *PR* 72, 141–58. Reprinted in Vlastos [1971a], chap. 2.
Santas, G. [1969]. 'Socrates at work on virtue and knowledge in Plato's *Laches*', *RM* 22, 433–60. Reprinted in Vlastos [1971b], chap. 8.
———. [1972]. 'The Socratic fallacy', *JHP* 10, 127–41.
———. [1973]. 'Socrates at work on virtue and knowledge in Plato's *Charmides*', in Lee, Mourelatos, and Rorty [1973], chap. 6.
———. [1979]. *Socrates*. London.
———. [1980]. 'The Form of the Good in Plato's *Republic*', *Philosophical Inquiry* 2, 374–403. Reprinted in Anton and Preus [1983], 232–63.
———. [1985]. 'Two theories of the good in Plato's *Republic*', *AGP* 57, 223–45.
Saunders, T. J., tr. [1970]. *Plato: Laws*. Harmondsworth.
———, ed. [1987]. *Plato: Early Socratic Dialogues*. Harmondsworth.
Schaefer, H. J. [1981]. *Phronêsis bei Platon*. Bochum.
Schaerer, R. [1930]. *Epistêmê et Technê: études sur les notions de connaissance et d'art d'Homère à Platon*. Macon.
Schanz, M., ed. [1874–1879]. *Platonis Opera Omnia*. 13 vols., Leipzig.
Schleiermacher, F., tr. [1977]. *Platon: Werke*, revised by H. Hoffman. 8 vols., Darmstadt.
Schofield, M., and Nussbaum, M., eds. [1982]. *Language and Logos*. Cambridge.
Schopenhauer, A. [1966]. *The World as Will and Representation*, tr. E. F. J. Payne. 2 vols., New York.
Schulz, W. [1960]. 'Das problem der Aporie in den Tugenddialogen Platos', in Henrich, et al. [1960], 261–77.
Scott, D. [1987]. 'Platonic anamnesis revisited', *CQ* 37, 346–66.
Sharples, R. W., ed. [1985]. *Plato: Meno*. Warminster.
Sharvy, R. [1972]. '*Euthyphro* 9d–11b: Analysis and definition in Plato and others', *Nous* 6, 119–37.
Shorey, P. [1895a]. 'The idea of the good in Plato's *Republic*', in Shorey [1895b], 188–239; and Shorey [1980], 2:28–79.
———. [1895b]. *Studies in Classical Philology* 1. Chicago.
———. [1903]. *The Unity of Plato's Thought*. Chicago. Chap. 1 reprinted in Vlastos [1971a], chap. 1.
———, tr. [1930–1935]. *Plato: Republic*. 2 vols., London.
———. [1933]. *What Plato Said*. Chicago.
———. [1980]. *Selected Papers*, ed. L. Tarán. 2 vols., New York.
Sidgwick, H. [1907]. *The Methods of Ethics*, 7th ed. London.
Skemp, J. B., tr. [1952]. *Plato's Statesman*. London.
Smith, M. [1987]. 'The Humean theory of motivation', *Mind* 96, 36–61.
Snider, E. [1992]. 'The conclusion of the *Meno*', *AP* 12, 73–86.
Sprague, R. K., tr. [1965]. *Plato: Euthydemus*. Indianapolis.
———. [1976]. *Plato's Philosopher King*. Columbia, S.C.
———. [1977]. 'Plato's sophistry', *PASS* 51, 45–61.

Stählin, O., ed. [1906–1909]. *Clemenes Alexandrinus: Stromata*. 2 vols., Leipzig.
Stallbaum, G., ed. [1877]. *Platonis Opera Omnia*, revised by M. Wohlrab. 10 vols., Leipzig.
Stalley, R. F. [1983]. *Introduction to Plato's Laws*. Oxford.
Starr, W. C., and Taylor, R. C., eds. [1989]. *Moral Philosophy*. Milwaukee.
Stewart, J. A. [1892]. *Notes on the Nicomachean Ethics of Aristotle*. Oxford.
Stewart, M. A. [1977]. 'Plato's sophistry', *PASS* 51, 21–44.
Stokes, M. C. [1986]. *Plato's Socratic Conversations*. London.
Strang, C. [1963]. 'Plato and the Third Man', *PASS* 37, 147–64. Reprinted in Vlastos [1970], chap. 8.
———. [1986]. 'Plato's analogy of the Cave', *OSAP* 4, 19–34.
Striker, G. [1970]. *Peras und Apeiron*. Göttingen.
Sullivan, J. P. [1961]. 'The hedonism of Plato's *Protagoras*', *Phr* 6, 10–28.
Tarán, L. [1985]. 'Platonism and Socratic ignorance', in O'Meara [1985], chap. 4.
Taylor, A. E. [1928]. *A Commentary on Plato's Timaeus*. Oxford.
———, tr. [1934]. *Plato: Laws*. London. Reprinted in Hamilton and Cairns [1961].
———. [1937]. *Plato: The Man and His Work*. 4th ed. London.
Taylor, C. [1977]. 'What is human agency?' in Mischel [1977], 103–35; and Taylor, C. [1985], chap. 1.
———. [1985]. *Human Agency and Language*, vol. 1. Cambridge.
———. [1989]. *Sources of the Self*. Cambridge, Mass.
Taylor, C. C. W. [1967]. 'Pleasure, knowledge, and sensation in Democritus', *Phr* 12, 6–27.
———. [1969]. 'Forms as causes', *Mind* 78, 45–59.
———. [1979]. Review of Irwin [1977a], *Mind* 88, 597–99.
———. [1982]. 'The end of the *Euthyphro*', *Phr* 27, 109–18.
———, tr. [1991]. *Plato's Protagoras*. 2d ed. Oxford.
Thompson, E. S., ed. [1901]. *Plato: Meno*. London.
Tiles, J. E. [1984]. '*Technê* and moral expertise', *Phil* 59, 49–66.
Urmson, J. O., and Warnock, G. J., eds. [1979]. *Philosophical Papers*, 3d ed. Oxford.
Van Fraassen, B. C. [1980]. *The Scientific Image*. Oxford.
Versenyi, L. [1975]. 'Plato's *Lysis*', *Phr* 20, 185–98.
Vickers, B. [1985]. *In Defence of Rhetoric*. Oxford.
Vlastos, G., ed. [1956]. *Plato: Protagoras*. New York.
———. [1969a]. 'Socrates on acrasia', *Phoenix* 23, 71–88. Reprinted in Vlastos [1994], vol. 2.
———. [1969b]. 'Reasons and causes in the *Phaedo*', *PR* 78, 291–325. Reprinted in Vlastos [1981a], chap. 4.
———, ed. [1970]. *Plato I*. Garden City, N.Y.
———, ed. [1971a]. *Plato II*. Garden City, N.Y.
———, ed. [1971b]. *The Philosophy of Socrates*. Garden City, N.Y.
———. [1971c]. 'Justice and happiness in the *Republic*', in Vlastos [1971a], chap. 5.
———. [1972]. 'The unity of the virtues in the *Protagoras*', *RM* 25, 415–58. Reprinted in Vlastos [1981a], chap. 4.
———. [1973]. 'The individual as object of love in Plato', in Vlastos [1981a], chap. 1. (First published 1973.)

———. [1975]. 'Plato's testimony concerning Zeno of Elea', *JHS* 95, 136–62. Reprinted in Vlastos [1994], vol. 1.
———. [1977]. 'The theory of social justice in the *polis* in Plato's *Republic', Mnemosyne*, supp. 50, 1–40. Reprinted in Vlastos [1994], vol. 2.
———. [1981a]. *Platonic Studies*. 2d ed. Princeton. (1st ed., 1973.)
———. [1981b]. 'What did Socrates understand by his "What is F?" question?' in Vlastos [1981a], chap. 19.
———. [1981c]. 'Socrates on the "parts of virtue"', in Vlastos [1981a], chap. 20.
———. [1983a]. 'The Socratic elenchus', *OSAP* 1, 27–58. Reprinted in Vlastos [1993], chap. 1.
———. [1983b]. 'Afterthoughts'. *OSAP* 1, 71–74. Reprinted in Vlastos [1993], chap. 1.
———. [1985]. 'Socrates disavowal of knowledge' *PQ* 35, 1–31. Reprinted in Vlastos [1993], chap. 3.
———. [1990]. 'Is the Socratic fallacy Socratic?' *AP* 10, 1–16. Reprinted in Vlastos [1993], chap. 3.
———. [1991]. *Socrates: Ironist and Moral Philosopher*. Ithaca.
———. [1993]. *Socratic Studies*. Cambridge.
———. [1994]. *Studies in Greek Philosophy*. 2 vols., Princeton.
Von Arnim, H., ed. [1905]. *Stoicorum Veterum Fragmenta*. 4 vols., Leipzig.
Warner, M. [1979]. 'Love, self, and Plato's *Symposium*', *PQ* 29, 329–39.
Waterfield, R. A. H. [1980]. 'The place of the *Philebus* in Plato's dialogues', *Phr* 25, 270–305.
———, tr. [1982]. *Plato: Philebus*. Harmondsworth.
———, tr. [1987]. '*Euthydemus*', in Saunders [1987].
Waterlow, S. [1972]. 'The good of others in Plato's *Republic*', *PAS* 73, 19–36.
Weerts, E. [1931]. 'Platon und der Heraklitismus', *Philologus* supp. 23.1.
Weingartner, R. H. [1973]. *The Unity of the Platonic Dialogue*. Indianapolis.
Weiss, R. [1981]. '*Ho agathos* as *ho dunatos* in the *Hippias Minor*', *CQ* 31, 287–304. Reprinted in Benson [1992], chap. 14.
———. [1985]. 'Ignorance, involuntariness, and innocence: A reply to McTighe', *Phr* 30, 314–22.
———. [1986]. 'Euthyphro's failure', *JHP* 24, 437–52.
———. [1987]. 'The right exchange: *Phaedo* 69a6–c3', *AP* 7 57–66.
Westerink, L. G., ed. [1990]. *Prolégomènes à la philosophie de Platon*, tr. J. Trouillard. Paris.
White, F. C. [1977]. 'The "many" in *Republic* 475a–480a', *CJP* 7, 291–306.
———. [1978]. 'J. Gosling on *ta polla kala*', *Phr* 23, 127–32.
White, N. P. [1974]. 'Inquiry', *RM* 28, 289–310.
———. [1976]. *Plato on Knowledge and Reality*. Indianapolis.
———. [1979]. *A Companion to Plato's Republic*. Indianapolis.
———. [1984]. 'The classification of goods in Plato's *Republic*', *JHP* 22, 393–421.
———. [1985]. 'Rational prudence in Plato's *Gorgias*', in O'Meara [1985], chap. 6.
———. [1986]. 'The rulers' choice', *AGP* 68, 22–46.
———. [1987]. 'Forms and sensibles', *PT* 15, 197–214.
———. [1989a]. 'Perceptual and objective properties in Plato', *Ap* 22.4, 45–65.

———. [1989b]. 'Happiness and external contingencies in Plato's *Republic*', in Starr and Taylor [1989], 1–21.
———. [1992]. 'Plato's metaphysical epistemology', in Kraut [1992a], chap. 9.
Whiting, J. E. [1986]. 'Friends and future selves', *PR* 95, 547–80.
Whittaker, J., ed. [1990]. *Alcinoos: Didaskalikos*, tr. P. Louis. Paris.
Wiggins, D. [1978]. 'Weakness of will, commensurability, and the objects of deliberation and desire', *PAS* 79, 251–77. Reprinted in Rorty [1980], chap. 14; and Wiggins [1987], chap. 7.
———. [1987]. *Needs, Values, Truth*. Oxford.
Wilkes, K. V. [1979]. 'Conclusions in the *Meno*', *AGP* 61, 143–53.
Williams, B. A. O. [1959]. 'Pleasure and belief', *PASS* 33, 57–72.
———. [1965]. 'Ethical consistency', *PASS* 39, 103–24. Reprinted in Williams [1973b], chap. 11.
———. [1973a]. 'The analogy of city and soul in Plato's *Republic*' in Lee, Mourelatos, and Rorty [1973], chap. 10.
———. [1973b]. *Problems of the Self*. Cambridge.
Wilson, J. [1982]. '"The customary meanings of words were changed"—or were they?' *CQ* 32, 18–20.
Wilson, J. R. S. [1976a]. 'The argument of *Republic* IV', *PQ* 26, 111–24.
———. [1976b]. 'The contents of the Cave', *CJP* supp. 2, 117–27.
———. [1977]. 'Reason's rule and vulgar wrong-doing', *Dialogue* 16, 591–604.
Wolf, S. [1986]. 'Self-interest and interest in selves', *Ethics* 96, 704–20.
Wollheim, R. A., and Hopkins, J., eds. [1982]. *Philosophical Essays on Freud*. Cambridge.
Woodhead, W. D., tr. [1953], *Plato: Gorgias*, Edinburgh. Reprinted in Hamilton and Cairns [1961].
Woodruff, P. [1976]. 'Socrates on the parts of virtue', *CJP* supp. 2, 101–16.
———. [1986]. 'The sceptical side of Plato's method', *RIP* 40, 22–37.
———. [1988]. 'Aporetic Pyrrhonism', *OSAP* 6, 139–68.
———. [1990]. 'Plato's early theory of knowledge', in Everson [1990], chap. 4.
Woods, M. J. [1987]. 'Plato's division of the soul', *PBA* 73, 23–48.
Wright, J., tr. [1910]. *Plato: Lysis*. London. Reprinted in Hamilton and Cairns [1961].
Young, C. M. [1980]. 'Polemarchus' and Thrasymachus' definitions of justice', *Philosophical Inquiry* 2, 404–19.
Zeller, E. [1876]. *Plato and the Older Academy*. E.T. London.
———. [1885]. *Socrates and the Socratic Schools*. E.T. London.
Zeyl, D. J. [1980]. 'Socrates and hedonism', *Phr* 25, 250–69. Reprinted in Anton and Preus [1989], 5–25.
———. [1982]. 'Socratic virtue and happiness', *AGP* 54, 225–38.

出处索引

（条目后的编码指代本书的章节和注释序号，例如：137，指本书第137节；10n25，指本书第十章，注释25）

其他古代作者

人名索引

（本索引仅包括现代的学者和哲学家，其他人名请参见总索引）

总索引

（条目后的编码指代本书的章节和注释序号，例如：137，指本书第137节；10n25，指本书第十章，注释25）

译后记

宏伟的建筑物总是具有复杂的结构与多个入口，而入口的选择往往决定了观者对整幢建筑的认识与观感。在某种意义上，柏拉图的思想仿佛一幢宏大的建筑，入口和解读路径的选择往往会极大地影响读者对其哲学的理解、定位和评价。因此，对于初步阅读柏拉图的人来说，找到一位值得信赖的向导既很重要又比较困难，因为这样一位向导不仅需要精熟柏拉图哲学本身，也需要了解柏拉图与其他古代哲学家的思想联系；不仅需要钻研古希腊哲学，也要对整个西方哲学传统及其核心问题的演进有所把握。而且，在兼具对具体问题的精微探究和对整个论题的宏大设想的基础上，如果这位向导还能对哲学方法和路径具有较为中立平和的立场，不囿于一家一派之言，则堪称理想人选。

本书作者特伦斯·埃尔文几乎就是这样一位理想向导。自 1960—1970 年代在牛津大学和普林斯顿大学完成学业后，他曾先后任教于哈佛大学、康奈尔大学及牛津大学，主要研究领域为古代哲学（尤其是柏拉图和亚里士多德）以及伦理学史。埃尔文的研究范围很广，其著作一方面聚焦于具体的经典文本译注，例如《柏拉图的〈高尔吉亚〉》（*Plato's Gorgias*, 1979）和《亚里士多德的〈尼各马可伦理学〉》(*Aristotle's Nicomachean Ethics*, 1999);另一方面则对古典哲学思想乃至整个道德哲学史都有宏论,例如《古典思想》(*Classical Thought*, 1989)乃至三卷本的《伦理学的发展》(*The Development of Ethics*, 2007, 2008, 2009)。正是因为有了这样一种研究视野,这本关于柏拉图伦理学的导论性著作与同类著作相比具有某种独特性,不仅在解读柏拉图的思想时充分注意到柏拉图与亚里士多德的思想联系,从亚里士多德的相关论述来反观柏拉图的理论立场,同时也将古代伦理思想置于更加开阔的哲学史视野,因此不论是对实质性的哲学问题还是对哲学方法论都给予了恰当的关注和回应。基于此,尽管今天国内学界在柏拉图的研究和译介方面成果日益丰硕,但是这部导论性的著作无论对于专业研究者还是初涉该领域的读者来说,都同样具有阅读和借鉴的价值。

本书由陈玮和刘玮共同翻译。其中刘玮翻译了第十一到十八章,陈玮翻译了其余部分并统校全书。在此也特别感谢曾怡和刘哲帮助翻译了注释中的法语部分;感谢徐向东、詹文杰、葛天勤、王妹、钟世文和陈晓京先生帮助校对了译稿;感谢张卜天、杨俊杰、何博超、张波波在术语翻译方面给出的意见。感谢教育部基地重大项目"古希腊罗马政治伦理研究"(12JJD720001)的资助。尤其要感谢译林出版社的包容和帮助,正是因为有了他们的信任与支持,本书的翻译和出版才得以顺利进行。

本书的翻译和校对工作最紧张的时候正值2015年春节,我们的整个假期几乎都是在工作中度过的。为此,我们也特别要感谢各自的家人,谢谢他们一直以来的理解、爱与宽容。

陈玮　刘玮

2015年3月

人文与社会译丛

第一批书目

1.《政治自由主义》(增订版),[美]J. 罗尔斯著,万俊人译 118.00 元
2.《文化的解释》,[美]C. 格尔茨著,韩莉译 89.00 元
3.《技术与时间:1. 爱比米修斯的过失》,[法]B. 斯蒂格勒著,裴程译 62.00 元
4.《依附性积累与不发达》,[德]A. G. 弗兰克著,高铦等译 13.60 元
5.《身处欧美的波兰农民》,[美]F. 兹纳涅茨基、W. I. 托马斯著,张友云译 9.20 元
6.《现代性的后果》,[英]A. 吉登斯著,田禾译 45.00 元
7.《消费文化与后现代主义》,[英]M. 费瑟斯通著,刘精明译 14.20 元
8.《英国工人阶级的形成》(上、下册),[英]E. P. 汤普森著,钱乘旦等译 168.00 元
9.《知识人的社会角色》,[美]F. 兹纳涅茨基著,郏斌祥译 26.00 元

第二批书目

10.《文化生产:媒体与都市艺术》,[美]D. 克兰著,赵国新译 49.00 元
11.《现代社会中的法律》,[美]R. M. 昂格尔著,吴玉章等译 39.00 元
12.《后形而上学思想》,[德]J. 哈贝马斯著,曹卫东等译 58.00 元
13.《自由主义与正义的局限》,[美]M. 桑德尔著,万俊人等译 30.00 元

14.《临床医学的诞生》,[法]M. 福柯著,刘北成译 55.00 元
15.《农民的道义经济学》,[美]J. C. 斯科特著,程立显等译 42.00 元
16.《俄国思想家》,[英]I. 伯林著,彭淮栋译 35.00 元
17.《自我的根源:现代认同的形成》,[加]C. 泰勒著,韩震等译 128.00 元
18.《霍布斯的政治哲学》,[美]L. 施特劳斯著,申彤译 49.00 元
19.《现代性与大屠杀》,[英]Z. 鲍曼著,杨渝东等译 59.00 元

第三批书目

20.《新功能主义及其后》,[美]J. C. 亚历山大著,彭牧等译 15.80 元
21.《自由史论》,[英]J. 阿克顿著,胡传胜等译 89.00 元
22.《伯林谈话录》,[伊朗]R. 贾汉贝格鲁等著,杨祯钦译 23.00 元
23.《阶级斗争》,[法]R. 阿隆著,周以光译 13.50 元
24.《正义诸领域:为多元主义与平等一辩》,[美]M. 沃尔泽著,褚松燕等译 24.80 元
25.《大萧条的孩子们》,[美]G. H. 埃尔德著,田禾等译 27.30 元
26.《黑格尔》,[加]C. 泰勒著,张国清等译 135.00 元
27.《反潮流》,[英]I. 伯林著,冯克利译 48.00 元
28.《统治阶级》,[意]G. 莫斯卡著,贾鹤鹏译 98.00 元
29.《现代性的哲学话语》,[德]J. 哈贝马斯著,曹卫东等译 78.00 元

第四批书目

30.《自由论》(修订版),[英]I. 伯林著,胡传胜译 69.00 元
31.《保守主义》,[德]K. 曼海姆著,李朝晖、牟建君译 16.00 元
32.《科学的反革命》(修订版),[英]F. 哈耶克著,冯克利译 58.00 元

33.《实践感》,[法]P. 布迪厄著,蒋梓骅译 75.00 元
34.《风险社会》,[德]U. 贝克著,何博闻译 17.70 元
35.《社会行动的结构》,[美]T. 帕森斯著,彭刚等译 80.00 元
36.《个体的社会》,[德]N. 埃利亚斯著,翟三江、陆兴华译 15.30 元
37.《传统的发明》,[英]E. 霍布斯鲍姆等著,顾杭、庞冠群译 21.20 元
38.《关于马基雅维里的思考》,[美]L. 施特劳斯著,申彤译 78.00 元
39.《追寻美德》,[美]A. 麦金太尔著,宋继杰译 68.00 元

第五批书目

40.《现实感》,[英]I. 伯林著,潘荣荣、林茂译 30.00 元
41.《启蒙的时代》,[英]I. 伯林著,孙尚扬、杨深译 35.00 元
42.《元史学》,[美]H. 怀特著,陈新译 89.00 元
43.《意识形态与现代文化》,[英]J. B. 汤普森著,高铦等译 68.00 元
44.《美国大城市的死与生》,[加]J. 雅各布斯著,金衡山译 29.50 元
45.《社会理论和社会结构》,[美]R. K. 默顿著,唐少杰等译 128.00 元
46.《黑皮肤,白面具》,[法]F. 法农著,万冰译 14.00 元
47.《德国的历史观》,[美]G. 伊格尔斯著,彭刚、顾杭译 58.00 元
48.《全世界受苦的人》,[法]F. 法农著,万冰译 17.80 元
49.《知识分子的鸦片》,[法]R. 阿隆著,吕一民、顾杭译 45.00 元

第六批书目

50.《驯化君主》,[美]H. C. 曼斯菲尔德著,冯克利译 68.00 元
51.《黑格尔导读》,[法]A. 科耶夫著,姜志辉译 45.00 元
52.《象征交换与死亡》,[法]J. 波德里亚著,车槿山译 68.00 元
53.《自由及其背叛》,[英]I. 伯林著,赵国新译 48.00 元

54.《启蒙的三个批评者》,[英]I. 伯林著,马寅卯、郑想译 48.00 元
55.《运动中的力量》,[美]S. 塔罗著,吴庆宏译 23.50 元
56.《斗争的动力》,[美]D. 麦克亚当、S. 塔罗、C. 蒂利著,李义中等译 31.50 元
57.《善的脆弱性》,[美]M. 纳斯鲍姆著,徐向东、陆萌译 55.00 元
58.《弱者的武器》,[美]J. C. 斯科特著,郑广怀等译 82.00 元
59.《图绘》,[美]S. 弗里德曼著,陈丽译 49.00 元

第七批书目

60.《现代悲剧》,[英]R. 威廉斯著,丁尔苏译 45.00 元
61.《论革命》,[美]H. 阿伦特著,陈周旺译 59.00 元
62.《美国精神的封闭》,[美]A. 布卢姆著,战旭英译,冯克利校 68.00 元
63.《浪漫主义的根源》,[英]I. 伯林著,吕梁等译 28.00 元
64.《扭曲的人性之材》,[英]I. 伯林著,岳秀坤译 22.00 元
65.《民族主义思想与殖民地世界》,[美]P. 查特吉著,范慕尤、杨曦译 18.00 元
66.《现代性社会学》,[法]D. 马尔图切利著,姜志辉译 32.00 元
67.《社会政治理论的重构》,[美]R. J. 伯恩斯坦著,黄瑞祺译 25.00 元
68.《以色列与启示》,[美]E. 沃格林著,霍伟岸、叶颖译 128.00 元
69.《城邦的世界》,[美]E. 沃格林著,陈周旺译 85.00 元
70.《历史主义的兴起》,[德]F. 梅尼克著,陆月宏译 48.00 元

第八批书目

71.《环境与历史》,[英]W. 贝纳特、P. 科茨著,包茂红译 25.00 元
72.《人类与自然世界》,[英]K. 托马斯著,宋丽丽译 35.00 元

73.《卢梭问题》,[德]E. 卡西勒著,王春华译 15.00 元
74.《男性气概》,[美]H. C. 曼斯菲尔德著,刘玮译 28.00 元
75.《战争与和平的权利》,[美]R. 塔克著,罗炯等译 25.00 元
76.《谁统治美国》,[美]W. 多姆霍夫著,吕鹏、闻翔译 35.00 元
77.《健康与社会》,[法]M. 德吕勒著,王鲲译 35.00 元
78.《读柏拉图》,[德]T. A. 斯勒扎克著,程炜译 68.00 元
79.《苏联的心灵》,[英]I. 伯林著,潘永强、刘北成译 59.00 元
80.《个人印象》,[英]I. 伯林著,林振义、王洁译 35.00 元

第九批书目

81.《技术与时间:2. 迷失方向》,[法]B. 斯蒂格勒著,赵和平、印螺译 59.00 元
82.《抗争政治》,[美]C. 蒂利、S. 塔罗著,李义中译 28.00 元
83.《亚当·斯密的政治学》,[英]D. 温奇著,褚平译 21.00 元
84.《怀旧的未来》,[美]S. 博伊姆著,杨德友译 85.00 元
85.《妇女在经济发展中的角色》,[丹]E. 博斯拉普著,陈慧平译 30.00 元
86.《风景与认同》,[美]W. J. 达比著,张箭飞、赵红英译 68.00 元
87.《过去与未来之间》,[美]H. 阿伦特著,王寅丽、张立立译 58.00 元
88.《大西洋的跨越》,[美]D. T. 罗杰斯著,吴万伟译 108.00 元
89.《资本主义的新精神》,[法]L. 博尔坦斯基、E. 希亚佩洛著,高铦译 58.00 元
90.《比较的幽灵》,[美]B. 安德森著,甘会斌译 79.00 元

第十批书目

91.《灾异手记》,[美]E. 科尔伯特著,何恬译 25.00 元

92.《技术与时间:3. 电影的时间与存在之痛的问题》,
[法]B. 斯蒂格勒著,方尔平译 65.00 元
93.《马克思主义与历史学》,[英]S. H. 里格比著,吴英译 78.00 元
94.《学做工》,[英]P. 威利斯著,秘舒、凌旻华译 68.00 元
95.《哲学与治术:1572—1651》,[美]R. 塔克著,韩潮译 45.00 元
96.《认同伦理学》,[美]K. A. 阿皮亚著,张容南译 45.00 元
97.《风景与记忆》,[英]S. 沙玛著,胡淑陈、冯樨译 78.00 元
98.《马基雅维里时刻》,[英]J. G. A. 波考克著,冯克利、傅乾译 108.00 元
99.《未完的对话》,[英]I. 伯林、[波]B. P. -塞古尔斯卡著,
杨德友译 65.00 元
100.《后殖民理性批判》,[印]G. C. 斯皮瓦克著,严蓓雯译 79.00 元

第十一批书目

101.《现代社会想象》,[加]C. 泰勒著,林曼红译 45.00 元
102.《柏拉图与亚里士多德》,[美]E. 沃格林著,刘曙辉译 78.00 元
103.《论个体主义》,[法]L. 迪蒙著,桂裕芳译 30.00 元
104.《根本恶》,[美]R. J. 伯恩斯坦著,王钦、朱康译 78.00 元
105.《这受难的国度》,[美]D. G. 福斯特著,孙宏哲、张聚国译 39.00 元
106.《公民的激情》,[美]S. 克劳斯著,谭安奎译 49.00 元
107.《美国生活中的同化》,[美]M. M. 戈登著,马戎译 58.00 元
108.《风景与权力》,[美]W. J. T. 米切尔著,杨丽、万信琼译 78.00 元
109.《第二人称观点》,[美]S. 达沃尔著,章晟译 69.00 元
110.《性的起源》,[英] F. 达伯霍瓦拉著,杨朗译 85.00 元

第十二批书目

111.《希腊民主的问题》,[法]J. 罗米伊著,高煜译 48.00 元
112.《论人权》,[英]J. 格里芬著,徐向东、刘明译 75.00 元
113.《柏拉图的伦理学》,[英]T. 埃尔文著,陈玮、刘玮译 118.00 元
114.《自由主义与荣誉》,[美]S. 克劳斯著,林垚译 62.00 元
115.《法国大革命的文化起源》,[法]R. 夏蒂埃著,洪庆明译 38.00 元
116.《对知识的恐惧》,[美]P. 博格西昂著,刘鹏博译 38.00 元
117.《修辞术的诞生》,[英]R. 沃迪著,何博超译 48.00 元
118.《历史表现中的真理、意义和指称》,[荷]F. 安克斯密特著,周建漳译 58.00 元
119.《天下时代》,[美]E. 沃格林著,叶颖译 78.00 元
120.《求索秩序》,[美]E. 沃格林著,徐志跃译 48.00 元

第十三批书目

121.《美德伦理学》,[新西兰]R. 赫斯特豪斯著,李义天译 55.00 元
122.《同情的启蒙》,[美]M. 弗雷泽著,胡靖译 48.00 元
123.《图绘暹罗》,[美]T. 威尼差恭著,袁剑译 58.00 元
124.《道德的演化》,[新西兰]R. 乔伊斯著,刘鹏博、黄素珍译 65.00 元
125.《大屠杀与集体记忆》,[美]P. 诺维克著,王志华译 78.00 元
126.《帝国之眼》,[美]M. L. 普拉特著,方杰、方宸译 68.00 元
127.《帝国之河》,[美]D. 沃斯特著,侯深译 76.00 元
128.《从道德到美德》,[美]M. 斯洛特著,周亮译 58.00 元
129.《源自动机的道德》,[美]M. 斯洛特著,韩辰锴译 58.00 元
130.《种族与文化少数群体》,[美]G. E. 辛普森、[美]J. M. 英格尔著,马戎、王凡妹译(即出)

第十四批书目

131.《城邦与灵魂:费拉里〈理想国〉论集》,[美]G. R. F. 费拉里著,刘玮编译 58.00 元
132.《人民主权与德国宪法危机》,[美]P. C. 考威尔著,曹晗蓉、虞维华译 58.00 元
133.《16 和 17 世纪英格兰大众信仰研究》,[英]K. 托马斯著,芮传明、梅剑华译 168.00 元
134.《民族认同》,[英]A. D. 史密斯著,王娟译 55.00 元
135.《世俗主义之乐:我们当下如何生活》,[英]G. 莱文编,赵元译 58.00 元
136.《国王或人民》,[美]R. 本迪克斯著,褚平译(即出)
137.《哲学解释》,[美]R. 诺齐克著,林南、乐小军译(即出)
138.《自由与多元论:以赛亚·伯林思想研究》,[英]G. 克劳德著,应奇等译 58.00 元
139.《暴力:思无所限》,[美]R. J. 伯恩斯坦著,李元来译 59.00 元
140.《中心与边缘:宏观社会学论集》,[美]E. 希尔斯著,甘会斌、余昕译 88.00 元

第十五批书目

141.《自足的世俗社会》,[美]P. 朱克曼著,杨靖译 58.00 元
142.《历史与记忆》,[英]G. 丘比特著,王晨凤译 59.00 元
143.《媒体、国家与民族》,[英]P. 施莱辛格著,林玮译(即出)
144.《道德错误理论:历史、批判、辩护》,[瑞典]J. 奥尔松著,周奕李译(即出)

145.《废墟上的未来:联合国教科文组织、世界遗产与和平梦想》,
[澳]L. 梅斯克尔著,王丹阳译(即出)
146.《为历史而战》,[法]L. 费弗尔著,高煜译(即出)
147.《语言动物》,[加]C. 泰勒著,赵清丽译(即出)
148.《我们中的我:承认理论研究》,[德]A. 霍耐特著,
孙逸凡译,张曦校(即出)
149.《人文学科与公共生活》,[美]P. 布鲁克斯著,
余婉卉译(即出)
150.《理解海德格尔:一种范式转换》,[美]T. 希恩著,
邓定译(即出)

有关"人文与社会译丛"及本社其他资讯,欢迎点击 www. yilin. com 浏览,对本丛书的意见和建议请反馈至新浪微博@译林人文社科。